MANUEL
DES
ACCOUCHEMENTS
ET DES MALADIES
DES
FEMMES GROSSES ET ACCOUCHÉES.

TOME PREMIER.

Librairie Médicale de Germer Baillière.

Ouvrages du même Auteur.

DE L'AUSCULTATION, appliquée au système vasculaire des femmes enceintes, des nouvelles accouchées et du fœtus. 1837, in-4.

RECHERCHES sur les vaisseaux utéro-placentaires. 1838, in-8.

RECHERCHES D'ANATOMIE, de physiologie, et de pathologie sur l'utérus humain pendant la gestation, et sur l'apoplexie utéro-placentaire, pour servir à l'histoire des hémorrhagies utérines, du part prématuré et abortif. 1839, in-8, br.   2 fr.

DES FRACTURES DE LA CLAVICULE (Thèse de concours). 1844, in-4°.   2 fr.

Atlas de 69 planches

SUR L'ART

DES ACCOUCHEMENTS,

Par F.-J. MOREAU,

Professeur d'accouchements, des maladies des femmes et des enfants à la Faculté de médecine de Paris, médecin de la maison d'accouchements (Maternité).

Ces planches, exécutées d'après nature, par ÉMILE BEAU, sur les préparations anatomiques du docteur JACQUEMIER, ancien interne de la Maison d'accouchements de Paris, sont destinées à servir de complément

A TOUS LES TRAITÉS D'ACCOUCHEMENTS.

Nouveau Tirage.

PRIX DE L'ATLAS COMPLET ET CARTONNÉ :

Avec figures noires,   25 fr. | Avec figures coloriées, 60 fr.

Le même Atlas, avec le *Traité pratique des accouchements* de M. le professeur MOREAU, 2 vol. in-8, figures noires, 30 fr., et figures coloriées, 65 fr.

On vend séparément.

TRAITÉ PRATIQUE DES ACCOUCHEMENTS, suivi : 1° de considérations sur les perforations du périnée et sur le passage de l'enfant à travers cette partie ; 2° d'une observation très curieuse sur un cas d'accouchement difficile par la présence d'une tumeur dans l'excavation du bassin. 1841, 2 vol. in-8.   8 fr.

Paris. — Imprimerie de Bourgogne et Martinet, rue Jacob, 30.

MANUEL

DES

ACCOUCHEMENTS

ET

DES MALADIES

DES FEMMES GROSSES ET ACCOUCHÉES,

CONTENANT

LES SOINS A DONNER AUX NOUVEAUX-NÉS;

PAR

J. JACQUEMIER,

Docteur en médecine de la Faculté de Paris, ancien interne de la Maison d'accouchements (Maternité).

Avec 63 figures intercalées dans le texte.

TOME PREMIER.

PARIS.

GERMER BAILLIÈRE, LIBRAIRE-ÉDITEUR,

17, RUE DE L'ECOLE-DE-MÉDECINE.

1846.

AVANT-PROPOS.

Sous l'influence de tendances longtemps repoussées, mais à la fin acceptées, l'art des accouchements ou l'obstétrique a subi récemment en France, dans la forme et dans le fond, de nombreux et importants changements, qui ont presque tout-à-coup fait vieillir de près d'un demi-siècle les traités élémentaires les plus légitimement consacrés : de là ces tentatives récentes et bien accueillies pour en édifier de nouveaux.

Pour s'expliquer une résistance aussi longtemps victorieuse, il faut se rappeler (il y aurait à la fois de l'injustice et de l'ingratitude à l'oublier) que cette école si longue à se transformer est l'expression d'un mouvement scientifique qui fera éternellement honneur à la chirurgie française. Cette dernière branche de l'art s'emparant, comme les sciences physiques, avec ardeur, de la méthode de l'observation et de l'expérience, se livre pendant le XVIIIe siècle, surtout dans la dernière moitié, à un travail fécond qui la pousse, de progrès en progrès, à l'état de science presque entièrement faite; elle s'affranchit de la médecine dont elle était la tributaire, et fait rejaillir jusque sur elle un reflet de la gloire qu'elle s'est acquise dans le monde, en élaborant pour l'Europe, comme on l'a souvent répété, un code chirurgical dont les articles fondamentaux ne sont pas encore abrogés.

L'art des accouchements associé à la chirurgie dans ce mouvement d'étude et d'activité, est cultivé avec une égale ardeur, passe par les mêmes métamorphoses, et n'exerce pas une moindre influence au dehors. Antérieurement à l'Académie de chirurgie et pendant son règne, dans son sein et en dehors, de nombreux travailleurs viennent sans cesse ajouter à l'œuvre commune, qui reçoit des Mauriceau, des De La Motte, des Levret une si forte impulsion, et les époques de généralisations nouvelles, ne sont plus séparées par de longs intervalles. Parvenu à un état aussi avancé, et en quelque sorte voisin de la perfection, il trouve dans Baudelocque, comme la chirurgie trouva un peu plus tard dans Boyer, l'homme à qui il était réservé de réunir avec le plus de bonheur ses éléments pratiques encore un peu confus, en un corps d'ouvrage qui date dans la science et destiné à être longtemps un livre classique.

Sous l'empire de l'ordre social nouveau, tandis que la chirurgie s'enrichit de nombreux perfectionnements et qu'elle s'ouvre des voies nouvelles et inattendues, en se livrant sans relâche à un travail de révision, l'obstétrique, pour qui on a laissé fermées les sources fécondes des études cliniques, se contente de vivre sur le passé comme s'il ne lui restait aucun agrandissement à poursuivre, de défendre ce passé contre les empiètements du présent, et de réformer timidement des classifications surchargées de divisions et de subdivisions. Impuissante à créer par elle-même rien qui puisse être assimilé à des cliniques réelles, quelque restreintes qu'on veuille les supposer, elle se borne à y suppléer par des manœuvres sur le bassin ou sur le mannequin, étude rebutante et mensongère qui ne peut que nuire à la science, en donnant de fausses idées de la pratique, et en persuadant aux élèves que l'art des accouchements est facile, d'un ordre peu élevé, et se réduit à ce qu'il présente de mécanique. Hâtons-nous d'ajouter que, s'il en est ainsi, ce n'est pas la faute des hommes qui cultivent cette science, mais des institutions et de l'autorité. Par une contradiction singulière et malheureuse, tandis que l'enseignement pratique de la chirurgie et de la médecine est divisé et libéralement organisé ; qu'à côté de cliniques officielles multipliées, il en existe presque autant d'autres qu'il y a de services ; que dans chaque hôpital il se forme, sous des maîtres rivalisant d'émulation, toute une génération de praticiens qui, en s'initiant aux études d'observations, paie déjà son tribut à la science en apportant chaque jour de nouveaux matériaux à la masse commune, les maisons d'accouchements restent fermées aux élèves et ne sont en quelque sorte que nominalement sous la direction d'accoucheurs, et cela, au détriment de la science et de l'humanité. Sans doute, dans des conditions si fâcheuses le progrès et même un progrès rapide est encore possible, mais il faut alors que la science soit encore peu avancée et qu'une activité fébrile s'empare des esprits, comme cela est arrivé vers le milieu du dernier siècle ; mais ces dispositions s'éloignant de l'ordre naturel, ne s'étendent pas au-delà d'un but déterminé à atteindre.

L'étude des accouchements est négligée, peu répandue ; toutefois il n'y a pas encore précisément décadence. Des auteurs, des professeurs et des praticiens justement renommés à divers titres, favorablement placés, semblent même élever l'enseignement théorique et la pratique, en tirant tout le parti possible des connaissances acquises et de leur expérience personnelle : des productions originales qui font honneur à l'époque et qui lui seront comptées voient aussi le jour ; mais ce ne sont en quelque sorte que des efforts individuels qui ne décèlent pas une impulsion commune et générale. L'une de ces productions a même une très grande valeur, et a déjà pris sa place à côté des ouvrages qui, tout en vieillissant, restent dans la science : c'est *la pratique des accouchements* de madame Lachapelle. Cet ouvrage, qui embrasse toutes les parties pratiques de la science des accouchements, procède exclusivement de l'observation et non de l'école dominante, dont il met à jour les vices de ses classifications, et montre en outre que dans un grand nombre de points ses doctrines ont pour origine des déductions rationnelles qui, quoique fondées en apparence, ne sont pas moins souvent contredites par l'expérience. Aussi tandis qu'il est accepté avec faveur par l'Allemagne, qui nous l'a rendu en partie avec ses propres travaux, il est à peine accueilli avec courtoisie dans le pays qu'il honore. Quoiqu'il ne lui manque, pour être un traité complet, que la partie anatomique, c'està-dire rien pour les médecins et pour les élèves à l'époque où ils s'occupent d'obstétrique, il ne reste pas moins à une première édition, tandis que ceux qui sont conçus d'après les anciens errements se renouvellent et se succèdent sans subir de modifications importantes. Pour que l'ouvrage si éminemment pratique de madame Lachapelle obtînt une influence immédiate, il aurait fallu qu'au lieu de voir le jour à la fin de sa carrière et après sa mort, il servît de base à un enseignement clinique public. Et la maison d'accouchements aurait été ce qu'étaient, et ce que sont encore, les grands hôpitaux de Paris pour les autres branches de la médecine, une école de progrès et d'instruction fructueuse pour tout le monde.

En s'éloignant davantage des hommes qui ont illustré l'école que nous a léguée le xviiie siècle, on s'est aperçu de plus en plus qu'on ne faisait guère que vivre sur le passé, comme s'il ne restait plus rien à faire; dès lors la résistance à accepter les progrès réalisés chez nous, en dehors de cette école, et à l'étranger, s'est rapidement affaiblie, et une réforme devenait imminente. On la voit déjà poindre dans quelques uns des articles publiés par Désormeaux, dans les leçons de M. Moreau; elle apparaît d'une manière tranchée dans les traités de madame Boivin et de Dugès, et reçoit de l'enseignement et des écrits de M. Velpeau une forte impulsion; les articles publiés par M. Dezeimeris et d'autres savants qui nous font connaître exactement l'état de la science à l'étranger, font une vive impression; enfin, l'enseignement clinique de M. P. Dubois, celui de M. Stoltz, à Strasbourg, la complètent et la naturalisent tout-à-fait. Sous l'influence de cette nouvelle direction des esprits, on accueille mieux les progrès réalisés dans la patrie de Smellie, où l'art des accouchements, comme la chirurgie, a eu dans le dernier siècle un mouvement propre d'une grandeur incontestable, et où de nombreuses maisons d'accouchements, dirigées par des hommes, ont fourni et fournissent tous les jours une foule de travaux d'observations d'un grand intérêt. On se montre plus empressé encore pour l'Allemagne, dont les universités, pourvues de cliniques d'accouchements, forment comme autant d'écoles rivales, et celle de Heidelberg, où le vénérable M. Nægèle a imprimé, par lui-même et par les élèves qu'il a encouragés et dirigés, un mouvement scientifique si fécond, est en quelque sorte aujourd'hui pour la France ce qu'était à une autre époque l'école de Paris, représentée par Baudelocque.

La France, après avoir été dans cette branche de la science, comme dans les autres, à la tête du mouvement, et avoir rempli le monde du bruit de ses travaux, ne peut consentir à se laisser classer en obstétrique à la suite de l'Angleterre et de l'Allemagne; il faut qu'elle conserve son autorité au milieu de ces nations actives et fécondes. Aujourd'hui que l'impulsion est donnée, la presse médicale suffit pour nous faire connaître les résultats du travail étranger, et l'on peut dire à son honneur qu'elle s'acquitte avec zèle de ce devoir. Nous avons indiqué les causes de ce temps d'arrêt, de ce commencement de décadence, amené par une situation qui subsiste toujours et qui est mauvaise pour tout le monde : pour la science, qui ne peut appliquer ses méthodes d'observation, devenues plus parfaites et plus rigoureuses que sur un théâtre trop restreint; pour les maîtres portés à la tête de l'enseignement par leur mérite, qui ont besoin, pour féconder leurs vues et grandir, du concours des élèves; pour ceux-ci, dont le plus grand nombre n'emporte guère que des connaissances théoriques, tandis que la plupart puisent en médecine et en chirurgie, dans de nombreuses cliniques, une instruction pratique solide qui les met sous ce double rapport à la hauteur de la nouvelle position qu'ils vont prendre; pour les femmes en travail et en couches qui courent de grandes chances de ne trouver dans les cas difficiles et les maladies puerpérales graves que des secours insuffisants ou dangereux ; pour celles qui sont forcées d'aller accoucher dans les établissements publics que l'encombrement ou d'autres causes d'insalubrité transforment en asiles de la mort ; pour les dépositaires de l'autorité, dont la responsabilité est de plus en plus engagée par la prolongation d'une telle situation, et à qui la science et l'humanité demanderont quelque jour un compte sévère dont leur nom pourra avoir à souffrir. Reconnaissons, cependant, que déjà des améliorations ont été introduites : il faut placer en première ligne l'établissement d'une clinique dont nous avons déjà signalé les heureux résultats, et un peu plus tard, dans la plupart des écoles préparatoires, l'admission des élèves et des médecins dans l'intérieur des Maternités. Mais ces réformes, surtout à Paris, sont insuffisantes pour les besoins de la science et de l'instruction pratique, et celles qui ont pour but l'amélioration des établissements consacrés aux femmes en couches, quoique recommandées annuellement par une mortalité effrayante, semblent devoir se faire encore longtemps attendre.

Passons maintenant à des considérations qui ont pour objet principal cet ouvrage.

L'art des accouchements est, avec la chirurgie et la médecine, l'une des trois divisions fondamentales que les exigences de la pratique ont fait admettre de tout temps dans l'art de guérir. *C'est l'ensemble des connaissances relatives à la reproduction de l'espèce humaine*, c'est-à-dire un ensemble de connaissances fournies par l'observation, empruntées à l'anatomie, à la physiologie, à l'hygiène, à la pathologie et à la thérapeutique, et liées en corps de doctrines pour s'éclairer mutuellement par leur rapprochement. Comme le terme *art* des accouchements désigne plus particulièrement l'ensemble des préceptes qui s'y rapportent, il faudrait le faire précéder de celui de *science*, et dire *la science et l'art des accouchements*. L'emploi d'un seul mot, alors même qu'il ne serait pas parfaitement approprié, est sans contredit préférable; l'on doit accepter celui d'*obstétrique*, employé depuis longtemps en Allemagne, et dont l'usage tend à devenir de plus en plus général dans le langage scientifique.

Nous avons divisé les matières qui font naturellement l'objet de l'obstétrique en *cinq livres*.

Le *livre premier* comprend le bassin et les organes de la génération, considérés dans leur rapport avec la gestation et la parturition.

Le *livre deuxième* contient la fécondation, la grossesse et l'ovologie.

Le *livre troisième* renferme les maladies des femmes grosses, de l'œuf et du fœtus.

Le *livre quatrième* est consacré à l'accouchement proprement dit.

Le *livre cinquième* est relatif à la femme en couches, au nouveau-né, aux soins qu'ils réclament et aux maladies qui leur sont propres.

Cette distribution sommaire des matières donne une idée exacte du cadre naturel de l'*obstétrique* et pose les limites dans lesquelles elle doit rester renfermée. Les maladies qui se développent après la naissance chez l'enfant, dont l'étude a pris de grands développements, n'en font pas naturellement partie, et nous avons évité de suivre les auteurs des *Traités d'accouchements* qui ont cru pouvoir faire connaître les maladies des femmes en couches et celles du nouveau-né, en donnant des têtes de chapitre et en réduisant la médecine, absolument comme le fait le vulgaire, en collections de recettes. Mais nous nous sommes attaché à mieux apprécier qu'on ne l'a fait jusqu'à présent *les maladies du nouveau-né* qui sont liées à l'accouchement, et qui constituent un groupe d'états morbides d'autant plus intéressants à connaître, que la plupart n'ont encore été étudiés que d'une manière incomplète et confuse.

Nous avons également traité, avec tous les développements qu'elles comportent, *des maladies des femmes grosses, de l'œuf, du fœtus, et des affections puerpérales*, qui ont à peine trouvé place jusqu'à présent dans les Traités d'accouchements, quoiqu'elles fassent naturellement partie de l'obstétrique.

En empruntant à tous les travaux publiés jusqu'à ce jour pour constituer un ouvrage qui représente l'état actuel de la science, nous avons soumis à une analyse rigoureuse tous les matériaux employés, et vérifié scrupuleusement si les doctrines et les conséquences étaient déduites de faits bien observés. En se conduisant ainsi, sans préoccupation, on peut généralement faire ressortir la vérité sur une foule de points controversés. La forme de cet ouvrage nous a empêché d'indiquer, aussi souvent que nous l'aurions voulu, les sources où nous avons puisé.

Des figures au nombre de soixante-trois ont été intercalées dans le texte; nous les avons presque toutes empruntées à l'atlas de M. le professeur Moreau, dont les dessins nous ont paru très bien conçus et très bien exécutés.

TRAITÉ D'OBSTÉTRIQUE.

LIVRE PREMIER.

DU BASSIN ET DES ORGANES GÉNITAUX CONSIDÉRÉS DANS LEURS RAPPORTS AVEC LA PARTURITION ET AVEC LA GESTATION.

CHAPITRE PREMIER.

DU BASSIN.

Le *bassin*, *pelvis*, termine inférieurement le tronc en formant une ceinture osseuse complète, unie en arrière et en haut à la colonne vertébrale; en bas et en avant aux membres inférieurs. Chez l'adulte il est composé de quatre pièces, le sacrum, le coccyx et les deux os coxaux.

SECTION Ire. — **Du bassin à l'état normal.**

I. Os du bassin.

1. *Sacrum*. Os symétrique situé à la partie postérieure et médiane du bassin, au-dessous de la colonne vertébrale, au-dessus du coccyx, entre les deux os coxaux. Sa direction est oblique de haut en bas, et d'avant en arrière, de manière à former en s'unissant à la colonne vertébrale un angle obtus, saillant en avant et rentrant en arrière. Cet os, dont le volume est con-

sidérable, peut être comparé à une pyramide triangulaire recourbée en avant.

La face antérieure du sacrum, lisse, fortement concave,

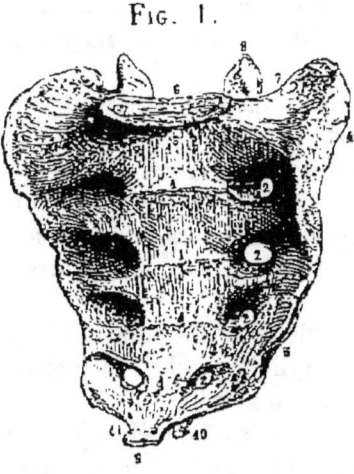

Fig. 1.

surtout vers sa partie inférieure, présente sur la ligne médiane quatre saillies transversales [1], indices de la réunion des pièces primitives de l'os. Les lignes saillantes séparent des espaces quadrilataires [3], légèrement excavés, correspondant à la partie antérieure du corps des vertèbres. De chaque côté de la partie médiane se rencontrent les trous sacrés antérieurs [2], au nombre de quatre, s'évasant en gouttière par leur côté externe. En dehors des trous sacrés antérieurs se trouve une surface assez large en haut, très étroite en bas, principalement destinée à des insertions musculaires.

La face postérieure, convexe, très inégale, présente sur la ligne médiane la crête sacrée, assez souvent interrompue, bifide inférieurement [10], où elle se termine par deux cornes qui complètent avec le coccyx un dernier trou sacré [11], et forment les bords de la gouttière qui termine le canal sacré. Cette crête médiane est l'analogue des apophyses épineuses vertébrales auxquelles elle fait suite. En dehors de la crête sacrée, on rencontre les gouttières sacrées et les trous sacrés postérieurs. Les gouttières sacrées sont limitées, en dedans et en dehors, par une série de saillies inégales : les premières, plus petites, représentent les apophyses articulaires soudées, et les secondes les apophyses transverses.

Les faces latérales sont larges en haut et étroites en bas. Sur leur partie élargie, on voit en avant une surface articulaire [4], en forme de croissant, à convexité dirigée en avant, articulée avec le coxal, en arrière des inégalités pour des insertions ligamenteuses ; au-dessous, elle dégénère en un bord [5] sinueux destiné à l'insertion des ligaments sacro-sciatiques.

La base présente d'avant en arrière sur la ligne médiane, 1° une facette articulaire [6], ovalaire, large transversalement, inclinée d'avant en arrière et de haut en bas ; 2° l'ouverture supérieure du canal sacré ; 3° une apophyse épineuse. De chaque côté sont deux surfaces triangulaires [7], lisses, inclinées en avant, séparées de la face antérieure par un bord mousse, qui forme la partie postérieure du détroit supérieur; en arrière et en dehors de la facette articulaire du corps, on trouve, 1° deux échancrures qui concourent à former les derniers trous de conjugaison; 2° les apophyses articulaires [8], concaves, dirigées en arrière et en dedans.

Le sommet [9], très étroit, présente une facette elliptique transversalement, destinée à s'articuler avec le coccyx.

Le canal sacré est la continuation du canal vertébral, triangulaire, large en haut, étroit en bas, où il dégénère en une gouttière convertie en trou par des ligaments. Le canal sacré loge les nerfs sacrés et communique avec les tous sacrés antérieurs et postérieurs.

Le sacrum est un des os sur lesquels les différences de sexe sont exprimées de la manière la plus tranchée : chez la femme, il est beaucoup plus large, plus court et plus droit.

Pendant le jeune âge, le sacrum est formé de cinq pièces [fig. 11] qui présentent une analogie complète avec les vertèbres; chacune de ces pièces s'ossifie comme les vertèbres par huit points d'ossification, trois principaux, et cinq épiphysaires, excepté pour les deux dernières pièces, qui manquent d'apophyse épineuse. Les vertèbres sacrées se réunissent de quinze à dix-huit ans.

2. *Coccyx*. Cet os représente, au volume près, la forme et la courbure du sacrum, auquel il fait suite. Il est formé le plus ordinairement de quatre tubercules aplatis, décroissants, placés à la suite les uns des autres, de manière à présenter une série de renflements et d'étranglements. Quoique peu distincts, ils sont rarement complétement soudés, même à un âge avancé. Convexe en arrière et inégal, il est concave et plane en avant; ses bords minces, tuberculeux et sinueux, donnent attache à des ligaments; sa base présente en avant sur la ligne médiane une facette articulaire plus large transversalement, en arrière, deux apophyses dirigées de bas en haut, destinées à s'articuler avec les cornes du sacrum. Le sommet est ordinairement renflé, quelquefois bifide. Comme le sacrum, le coccyx résulte de l'assemblage de vertèbres, mais plus petites et plus imparfaites, et chacune des pièces se développe par trois points principaux. La réunion des vertèbres caudales entre elles est beaucoup plus tardive que celle des *vertèbres* sacrés. Le coccyx conserve même après son ossification complète de la flexibilité, en raison de son peu de volume. De cinquante à soixante ans, il se soude ordinairement au sacrum, même chez les femmes.

Le sacrum et le coccyx forment la partie terminale de la colonne vertébrale, épine, rachis, tige osseuse, creuse et flexible qui sert de soutien à presque tout l'édifice osseux, et du canal protecteur [D] à la moelle. Verticalement dirigée, elle présente plusieurs courbures alternatives dans le sens antéro-postérieur : en avant, une convexité au col, une concavité à la région dorsale, une convexité à la région lombaire, une concavité à la région sacro-coccygienne ; en arrière, correspondent des courbures en sens opposé. Elle est située à la partie postérieure et médiane du tronc, au-dessous du crâne, avec laquelle elle s'articule à la réunion du tiers postérieur de cette cavité avec ses deux tiers antérieurs ; elle mesure toute la longueur du tronc, concourt à soutenir et à protéger le canal alimentaire, les organes de la respiration, de la circulation, de la génération, derrière lesquels elle est placée. De ses parties latérales naissent les côtes, ainsi que les membres thoraciques et abdominaux, qui prennent sur elle un point d'appui mobile et médiat pour les premiers, immobile et fixe pour les seconds.

La colonne vertébrale est composée de vingt-six os (vertèbres) superposés : sept correspondent à la région cervicale, douze à la région dorsale [8, 19], cinq à la région lombaire [20, 24]. La région sacrée n'est formée que de deux pièces, le sacrum et le coccyx ; mais ils sont eux-mêmes, comme nous l'avons dit, composés de plusieurs vertèbres soudées.

Nous aurons plusieurs fois l'occasion de rappeler quelques dispositions de la colonne vertébrale, et surtout de sa portion lombaire. C'est pour cela que nous en donnons la figure, qui pourra suppléer à une description détaillée.

3. *Coxal*, *os iliaque*, *innominé*, *os des îles*. Il forme avec son semblable les parties latérales et antérieures du bassin. Rétréci et comme tordu sur lui-même à sa partie moyenne, il représente un carré fort irrégulier dont les plans n'ont pas la même direction en haut qu'en bas; le supérieur est renversé en dehors de manière à former un angle obtus avec l'inférieur, qui est presque vertical et recourbé en dedans.

Fig. 3.

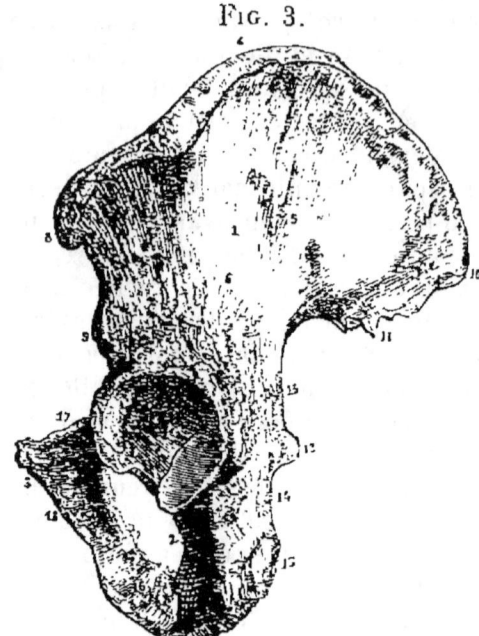

La face *externe* ou *fémorale* présente, sur la partie épaisse et rétrécie, la cavité cotyloïde, hémisphérique, dirigée obliquement en bas, en dehors et un peu en avant, à bords sinueux et interrompus par une dépression profonde [19], convertie en trou par des fibres ligamenteuses.

Au-dessus de la cavité cotyloïde, on voit une large surface [4], alternativement convexe et concave, appelée *fosse iliaque externe*, offrant des inégalités et deux lignes demi-circulaires [5, 6], pour l'insertion des muscles fessiers. Au-devant de la cavité cotyloïde, la face externe présente: 1° le trou sous-pubien [2], légèrement incliné en dehors et en bas, ovalaire chez l'homme, triangulaire et plus petit chez la femme, échancré en haut, en gouttière, pour le passage des vaisseaux et des nerfs obturateurs; 2° la face externe de l'ischion, du pubis et de la branche ischio-pubienne [16, 18].

La face *interne* ou *pelvienne*, lisse dans toute son étendue, est divisée en deux parties presque égales par une ligne saillante [fig. 5 et 6] horizontale, concave, un peu oblique d'arrière en avant et de haut en bas, formant la limite inférieure *de la fosse iliaque*, large surface concave [10 fig. 5]. Derrière cette ligne, on trouve une surface sur laquelle on observe, en avant, une facette articulaire semi-lunaire, destinée à s'articuler avec le sacrum, en arrière, des inégalités nombreuses pour des insertions ligamenteuses.

La portion de la face interne située au-dessus de la ligne

marginale ou innominée conserve la même courbure que cette ligne, et présente d'arrière en avant : 1° une surface rétrécie par une échancrure profonde (échancrure sciatique) ; 2° une surface plus étendue en hauteur qu'en largeur, correspondant à la cavité cotyloïde et au côté interne de l'ischion ; 3° le trou sous-pubien et sa gouttière ; 4° au-dessus et au-dessous, la face interne des branches horizontale du pubis et ascendante de l'ischion ; 5° tout-à-fait en avant, la face postérieure du pubis, qui forme une surface quadrilatère plus large en haut qu'en bas.

Le bord supérieur ou crête iliaque [8 à 10] est contourné en S italique ; son épaisseur assez considérable, surtout à ses extrémités, y a fait distinguer une lèvre interne, une lèvre externe et un interstice.

Le bord inférieur, le plus court, présente en haut une surface ovalaire, un peu inégale, destinée à l'articulation médiane des deux os. Le reste de ce bord [3], plus mince, plus déjeté en dehors chez la femme que chez l'homme, forme l'arcade pubienne.

Le bord *antérieur* représente, dans son ensemble, une grande échancrure, sur laquelle on rencontre, de dehors en dedans, l'*épine iliaque antérieure et supérieure* [8] une *petite échancrure*, l'épine iliaque antérieure et inférieure [9] ; une *seconde échancrure*, ou la gouttière des muscles psoas et iliaque, le corps du pubis [17], l'*éminence iléo-pectinée*, la surface pectinée, limitée en arrière par la crête du pubis ; enfin l'épine du *pubis*, distincte de l'angle du pubis.

Le bord *postérieur*, le plus irrégulier de tous, présente d'arrière en avant deux saillies séparées par une légère échancrure ; ce sont : les *épines iliaques postérieures, supérieures et inférieures* [10, 11], la *grande échancrure sciatique* [12], l'*épine sciatique*, la *petite échancrure sciatique* ; enfin une grosse saillie, la *tubérosité de l'ischion* [15].

Le coxal se développe par trois points primitifs d'ossification encore peu avancée à la naissance [fig. 11], époque à laquelle la cavité cotyloïde est encore cartilagineuse. De treize à quinze ans, ces trois pièces se soudent. Aux trois points principaux s'ajoutent des points secondaires : pour l'*ilium*, l'apophyse marginale, qui occupe toute la crête iliaque ; pour l'ischion, un prolongement vers sa branche ascendante ; un troisième pour le corps du pubis ; un dernier pour le fond de la cavité cotyloïde ; de dix-huit à vingt ans l'ossification est complète.

II. Articulations des os du bassin.

1. *Articulation sacro-coccygienne*. C'est une amphiarthrose ou symphyse, semblable à celle du corps des vertèbres. Un disque inter-articulaire, composé de fibres peu serrées, unit les deux surfaces articulaires. Chez les individus dont la coccyx est très mobile, il existe quelquefois une bourse synoviale au centre. Des fibres ligamenteuses très minces, verticales, faisant suite au ligament vertébral antérieur passant du sacrum au coccyx, complètent cette articulation en avant. Elle est complétée en arrière par des fibres plus nombreuses qui s'insèrent au pourtour du canal sacré, le ferment, et s'étendent jusque vers la pointe du coccyx. La mobilité du coccyx est encore favorisée, pendant une longue période de la vie, par l'union tardive de la première pièce de cet os avec la deuxième. Par une disposition contraire, il arrive quelquefois que l'articulation sacro-coccygienne s'ossifie peu de temps après l'union des pièces du coccyx entre elles.

2. *Articulation ou symphyse pubienne*. Les deux surfaces ovalaires, planes, revêtues d'une couche mince de cartilage, laissent entre elles un intervalle plus large en avant qu'en arrière, rempli par le ligament interosseux [3 fig. 5] qui est le principal moyen d'union de cette articulation; il présente la forme d'un coin à base tournée en avant; son sommet tronqué représente souvent une ligne saillante en arrière; d'autres fois il ne s'avance pas jusqu'au niveau des bords du pubis, et forme une gouttière au lieu d'un rebord saillant. Le ligament inter-osseux est composé de fibres croisées en forme de sautoir, à la manière des disques inter-vertébraux. Cette disposition du ligament inter-pubien n'est pas constante; on trouve sur quelques sujets qu'il n'occupe que la partie antérieure de l'interstice articulaire; et la partie postérieure de la symphyse, libre d'adhérence, est revêtue par une petite synoviale. Ce second mode d'articulation est plus commun chez la femme, sans qu'il paraisse être une conséquence de la grossesse. Quelques fibres [fig. 4] croisées, au-devant de l'articulation, confondues en partie avec celles des piliers du canal inguinal, constituent le *ligament antérieur*. Un ligament de forme triangulaire, faisant suite au ligament inter-osseux adhérant aux bords des branches descendantes des pubis, au-dessous de la surface pubienne, occupe la partie la plus élevée de l'arcade, qu'il élargit et arrondit. On trouve aussi quelques fibres ligamenteuses à la partie postérieure et supérieure des pubis.

3. *Articulation* ou *symphyse sacro-iliaque*. Les deux surfaces articulaires du sacrum et du coxal, sinueuses, alternativement convexes et concaves, présentent une double obliquité, l'une de haut en bas, l'autre d'avant en arrière, de manière que le sacrum se trouve enchâssé entre les os coxaux comme un coin. Le principal moyen d'union de cette articulation est en arrière; c'est le ligament *sacro-iliaque postérieur* qui remplit la presque totalité de l'espace profond que laissent entre eux les deux os. Il représente assez exactement un ligament inter-osseux, constitué par des faisceaux nombreux, qui laissent entre eux de petits intervalles remplis de tissu cellulaire, et livrent passage à de petits vaisseaux artériels et veineux; il s'insère, d'une part, sur les inégalités de la face interne du coxal, et de l'autre sur les tubercules de la face postérieure du sacrum. Ces faisceaux sont généralement obliques du sacrum vers le coxal; l'un d'eux est vertical, et s'étend de l'épine iliaque postérieure et supérieure, à la tubérosité de la troisième pièce du sacrum.

Le *ligament sacro-iliaque supérieur* est constitué par un faisceau épais, étendu de la base du sacrum à la partie correspondante de l'os iliaque. On a donné le nom de *ligament sacro-iliaque antérieur* à une couche fibreuse mince, qui recouvre en avant l'articulation, et qui s'étend des bords de la face antérieure du sacrum aux parties attenantes de l'os coxal.

Une couche cartilagineuse, plus épaisse sur le sacrum que sur le coxal, revêt ces surfaces articulaires.

On y trouve également une membrane synoviale qui disparaît dans la vieillesse, mais bien apparente dans les autres âges de la vie, surtout chez la femme, pendant la gestation.

La synovie y est peu abondante, et quelquefois coagulée sous forme de flocons.

On peut rattacher à cette articulation, 1° le *ligament iléo-lombaire,* faisceau triangulaire et épais, qui s'étend du sommet de l'apophyse transverse de la cinquième vertèbre lombaire au renflement que présente la crête iliaque, au-devant de l'épine iliaque postérieure et supérieure;

2° Les deux ligaments sacro-sciatiques [fig. 6 et 7], qui se portent obliquement des parties latérales du sacrum et du coccyx à l'épine et à la tubérosité sciatique.

Le grand ligament sacro-sciatique, situé derrière le petit, large en haut, où il s'insère sur les parties latérales du sacrum et du coccyx, rétréci au milieu, élargi de nouveau à son insertion inférieure, à la lèvre interne de la tubérosité sciatique.

Le petit ligament sacro-sciatique a une forme assez exactement triangulaire; placé au-devant du précédent, né aussi des bords latéraux du sacrum et du coccyx, en confondant ses insertions supérieures avec celles du précédent, il se termine sur la pointe de l'épine sciatique.

Ces deux ligaments convertissent en trous d'une grandeur fort inégale les échancrures sciatiques.

D'autres parties ligamenteuses du bassin sont propres seulement aux coxaux, et ne sont pas destinées à maintenir en rapport des surfaces articulaires. Ce sont: 1° la *membrane obturatrice*, qui ferme le trou sous-pubien, excepté en haut, où elle convertit la gouttière osseuse en une espèce de canal; 2° le *ligament de Fallope*, qui s'étend de l'épine iliaque antéro-supérieure à l'épine du pubis, etc., et forme l'arcade crural, le canale inguinal. Les deux articulations suivantes sont communes au bassin et aux parties avec lesquelles il est en rapport.

4. *Articulation sacro-vertébrale.* Comme celle des vertèbres entre elles, elle est constituée par un disque cartilagineux, des ligaments vertébraux antérieur et postérieur; des ligaments sur-épineux et inter-épineux; des ligaments jaunes. Il y a pour les apophyses articulaires une arthrodie pourvue d'une membrane synoviale et de quelques faisceaux irréguliers de tissus fibreux. La coupe oblique d'avant en arrière, et de bas en haut, de la face inférieure du corps de la cinquième vertèbre lombaire, et la disposition inverse de la surface articulaire de la base du sacrum, changent la direction de la colonne vertébrale, qui forme en avant un angle saillant, qu'on désigne par le nom d'*angle sacro-vertébral* ou *promontoire*. Le disque inter-vertébral, très épais en avant, tend encore à augmenter et arrondir l'angle sacro-vertébral.

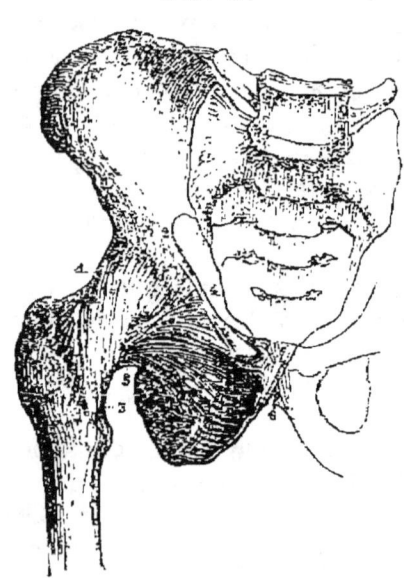

Fig. 4.

5. *Articulation coxo-fémorale.* C'est le type le mieux caractérisé de l'*énarthrose*. La tête sphérique du fémur et la cavité cotyloïde sont revêtues de cartilages, excepté au niveau de la dépression que présente d'une part la tête du fémur, et de l'autre la cavité cotyloïde; la dépression de cette dernière est remplie par un tissu adipeux rougeâtre. Les moyens d'union sont : 1° le bourrelet co-

tyloïdien, couronnant le pourtour de la cavité cotyloïde, qu'il complète, et dont il augmente la profondeur; 2° le ligament inter-articulaire, qui de la dépression de la tête du fémur se porte, en se divisant en deux faisceaux, aux bords de l'échancrure cotyloïdienne; 3° la *capsule articulaire* (1, 2, 3, 4, 5), espèce de sac fibreux à deux ouvertures, dont la supérieure embrasse le pourtour de la cavité cotyloïde, en dehors du bourrelet cotyloïdien, et l'inférieure le col du fémur. Une capsule synoviale revêt sa face interne et toutes les parties contenues dans ses limites.

III. Du bassin en général.

Le sacrum, le coccyx et les os coxaux articulés forment une grande cavité irrégulière, plus profonde en arrière qu'en avant, aplatie d'avant en arrière, évasée en haut et rétrécie en bas, en forme de canal. C'est à l'état le plus complexe, revêtu des parties molles, tel qu'il est sur la femme vivante, qu'il faut en définitive étudier le bassin. En séparant ces objets, on arrive forcément à se faire une idée fausse et inexacte du bassin considéré sous le point de vue obstétrical.

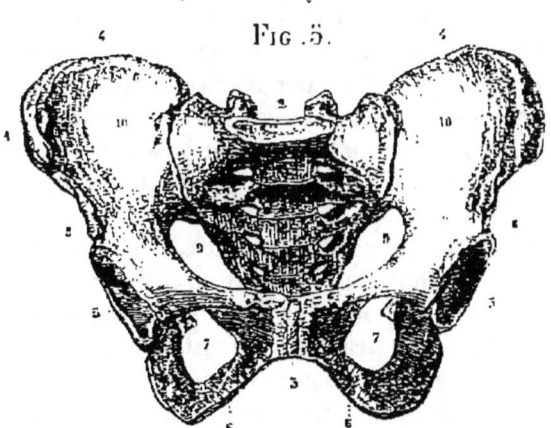

Fig. 5.

1. *Surface extérieure.* On la divise ordinairement en quatre régions. L'antérieure présente sur la ligne médiane la symphyse des pubis [3], dont la direction est oblique de haut en bas et d'avant en arrière; de chaque côté une surface irrégulièrement quadrilatère que forme la branche descendante du pubis; plus en dehors, les trous obturateurs [7] limités en haut par la face antérieure des branches horizontales des pubis, en bas par les branches ascendantes des ischions. La région postérieure offre, sur la ligne médiane, la crête sacrée; sur les côtés, les gouttières sacrées, rendues plus profondes en haut par le bord postérieur du coxal qui déborde le sacrum; on trouve au fond de ces gouttières les rangées des saillies correspondantes aux apophyses articulaires et transverses, les trous sacrés postérieurs, et la partie postérieure de l'articulation sacro-iliaque.

Les régions latérales sont formées, en haut et en arrière, par la fosse iliaque externe; dans le même sens et en bas, par la face postérieure des ligaments sacro-sciatiques, et pour les trous du même nom, en avant et en bas par la cavité cotyloïde [5] et la face externe de la tubérosité de l'ischion. La ceinture pelvienne est revêtue à l'extérieur de parties molles qui en modifient beaucoup l'aspect. Les gouttières sacrées sont remplies par la masse commune des muscles sacro-lombaire et long dorsal. La crête sacrée, sans former de saillie, se sent immédiatement sous les téguments; mais en bas elle correspond à une gouttière profonde déterminée par la présence des fesses. En avant les pubis ne sont séparés de la peau que par une couche de tissu cellulaire adipeux qui rend cette région légèrement saillante, plus large et plus régulière. Sur les côtés, la ceinture pelvienne est profondément cachée par la racine des membres inférieurs, en arrière par les muscles de la région fessière, en avant par les droits antérieurs, les abducteurs, les obturateurs externes. Je me borne à cette énumération sommaire et très incomplète. L'étude du bassin à l'extérieur offre très peu d'intérêt sous le point de vue obstétrical. La couche cellulo-adipeuse sous-cutanée, généralement épaisse chez la femme, tend encore à effacer les saillies et à dessiner en lignes régulières et gracieuses le contour de l'excavation pelvienne. Je rappellerai, comme ayant un rapport plus directe à notre objet, que la crête sacrée, les pubis, les grands trochanters, les crêtes iliaques, restent presque entièrement sous-cutanées, et que, de ces points, des mesures peuvent être prises de manière à déterminer dans les points correspondants les dimensions du bassin à l'extérieur.

II. *Surface intérieure*. Elle est divisée en deux parties très distinctes par une ligne saillante, circulaire, ligne *innominée*, qui s'étend de l'angle sacro-vertébral à la symphyse des pubis. Les parties situées au-dessus de cette ligne constituent le *grand bassin*; celles qui sont au-dessous forment le *petit bassin* ou *cavité pelvienne*.

1. Le *grand bassin*, évasé transversalement, formant à l'excavation pelvienne un espèce d'entonnoir, présente, en avant et en arrière, deux grandes échancrures qui sont remplies, la première par la région hypogastrique, la seconde par la région lombaire; sur le squelette, il est réduit aux deux fosses iliaques internes [10] et aux parties latérales de la base du sacrum, qui, avec les fosses iliaques internes, forment un plan incliné concave, dirigé en avant et en dedans. Le grand bassin n'a qu'une existence conventionnelle : c'est un segment de la cavité abdo-

minale, correspondant aux fosses iliaques internes, à la région hypogastrique et à la partie inférieure de la région lombaire. Il a, d'une épine iliaque supérieure et antérieure à l'autre, 26 centimètres d'étendue (9 pouces 1/2); du milieu d'une crête iliaque à l'autre, 30 centim. (10 pouces 1/2); de la symphyse des pubis à l'apophyse épineuse de la cinquième vertèbre lombaire, 19 cen. (7 p.); de la crête iliaque à la ligne innominée, 9 cent. (3 p. 1/4).

Le grand bassin n'a pas de rapports directs avec les phénomènes de la parturition.

Les fosses iliaques sont recouvertes par les muscles iliaques [5, fig. 7], par du tissu cellulaire lâche, par la partie correspondante du fascia iliaca, inégalement, par une portion du péritoine. La droite supporte le cœcum, la gauche, l'S iliaque du colon; leurs bords internes sont recouverts par un faisceau musculaire important à connaître.

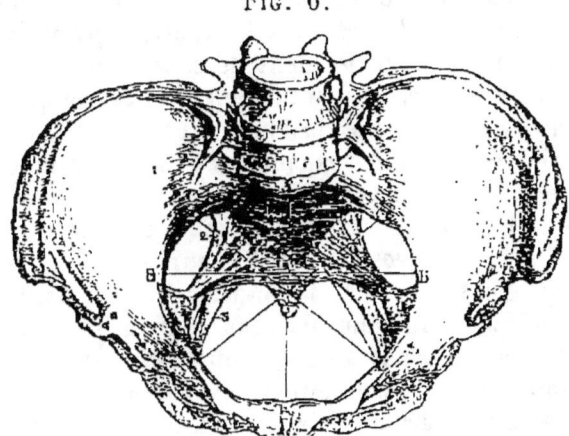
Fig. 6.

2. Le *petit bassin*, appendice terminal de la cavité abdominale, examiné sur le squelette, offre une cavité profonde, évasée à sa partie moyenne, et deux ouvertures qui portent le nom de détroits.

1° *Détroit supérieur abdominal; grand détroit*. Formé par le bord antérieur de la base du sacrum, par les crêtes horizontales de la face interne du coxal, par la crête pectinée et le bord supérieur du pubis, il figure une ellipse dont le grand diamètre est transversal, ou plutôt un triangle curviligne dont la base est tournée en arrière, présentant une saillie au niveau de l'angle sacro-vertébral, et un léger sinus au niveau du pubis. Son étendue, prise dans les principales directions, est représentée par les chiffres suivants: du bord antérieur de la base du sacrum à la partie postérieure et supérieure de la symphyse du pubis (AA), *diamètre sacro-pubien, antéro-postérieur, diamètre droit, petit diamètre*, 108 millimètres (4 po.); du bord inférieur d'une fosse iliaque interne au point opposé de l'autre, derrière les cavités cotyloïdes (BB), *diamètre bis-iliaque, transversal*, *grand diamètre*, 134 millimètres (5 po.); des symphyses sacro-iliaques à la partie postérieure des éminences iléo-pectinées du côté opposé (CC), *diamètres obliques, moyens*, 121 millimètres (4 po. 1/2); celui qui part de la symphyse du côté droit, et qui va au côté gauche, est appelé diamètre oblique du côté *droit*, et l'autre diamètre oblique du côté *gauche;* du milieu du promontoire au niveau des cavités cotyloïdes (AC), *distances sacro-cotyloïdiennes*, comme les diamètres obliques, au nombre de deux, 94 millimètres (3 p. 1/2). La circonférence du détroit abdominal est de 35 à 40 centimètres (13 à 15 p.).

Parties molles. Le détroit supérieur est notablement modifié, dans sa forme et ses dimensions, par la présence des muscles psoas [4, fig. 7] et des vaisseaux iliaques qui forment de chaque côté une colonne charnue, épaisse en arrière, mince en avant, obliquement dirigée de dedans en dehors, et de haut en bas, des parties latérales de la région lombaire, vers les éminences iléo-pectinées et les petits trochanters. En dedans des faisceaux charnus, formés par les muscles grand et petit psoas, se trouvent en arrière les veines et artères iliaques primitives [9, fig. 7]; sur les côtes, les veines et artères iliaques externes [12, 11, fig. 7]; au-dessous, les nerfs sous-pubiens; en dehors du même faisceau charnu, les nerfs cruraux [6, fig. 7]. Ces parties sont unies par du tissu cellulaire, et recouvertes par une toile fibreuse, mince, et par le péritoine. Ainsi envisagé, le détroit supérieur présente un triangle curviligne dont la base, au lieu d'être tournée en arrière, est dirigée en avant; le sommet est représenté par les vaisseaux iliaques primitifs et l'angle sacro-vertébral, dont la saillie est en grande partie effacée; la base par la partie du détroit osseux, comprise entre les éminences iléo-pectinées, les côtés par les vaisseaux iliaques externes, et les muscles psoas, qui donnent en arrière et sur les parties latérales plus de profondeur au petit bassin. La plus grande largeur se rencontre en avant, entre les vaisseaux iliaques, au niveau de la partie postérieure des éminences iléo-pectinées; elle est de 121 millimètres. Le diamètre bis-iliaque n'a plus qu'environ 100 millimètres. Les diamètres obliques perdent peu de leur étendue, excepté celui dont l'extrémité postérieure correspond à la symphyse sacro-iliaque gauche, et qui peut être notablement rétréci par la présence du rectum, suivant que cet organe est distendu ou vide. Le diamètre sacro-pubien est très peu diminué par la présence de la vessie, dont les parois peuvent facilement être mises en contact. Mais sous une pression un peu forte, le droit abdominal peut reprendre jusqu'à un certain point la forme et les dimensions qu'il a sur le squelette.

2° *Excavation pelvienne.* Elle forme, à proprement parler, le petit bassin, les détroits n'ayant que peu d'étendue en hauteur. Elle est constituée en avant par la partie postérieure de la symphyse des pubis, qui présente quelquefois un rebord fibreux saillant ; par la face postérieure des branches descendantes des pubis, concaves transversalement, obliques de haut en bas et d'avant en arrière, plus en dehors par les lames fibreuses obturatrices au-dessus et au-dessous, par les faces postérieures des branches horizontales des pubis et ascendantes de l'ischion. Cette portion conserve à peu près la même direction que la symphyse pubienne. En arrière, elle est formée par la colonne concave sacro-coccygienne. Les parties latérales présentent deux portions très distinctes: une antérieure tout osseuse, répondant à la partie postérieure de la cavité cotyloïde et à la face interne des corps de l'ischion, se rapprochant en avant et en bas de celle du côté opposé, et s'en éloignant en arrière et en haut ; une postérieure, formée par le bord supérieur du grand trou sciatique, par les ligaments du même nom. Celle-ci offre une obliquité en sens inverse de la précédente ; elle est plus rapprochée de celle du côté opposé, en arrière et en bas, et plus éloignée en haut et en devant. Ces deux portions de la région latérale forment ce qu'on appelle les *plans inclinés, antérieurs* et *postérieurs* de l'excavation, plans qui se répondent comme les côtes d'un lozange ; l'antérieur se continue avec la région antérieure de l'excavation ; le postérieur avec la face antérieure du sacrum : l'épine sciatique se trouve sur la ligne de rencontre de ces plans.

L'excavation pelvienne a plus d'étendue que le détroit supérieur. Le diamètre sacro-pubien augmente et diminue dans le rapport de la courbure du sacrum : du point d'union de la seconde vertèbre sacrée avec la troisième, au milieu de la hauteur de la symphyse du pubis, il est de 135 millimètres.

Le transversal, qui conserve d'abord la même étendue qu'au détroit supérieur, diminue graduellement en descendant vers le fond de l'excavation ; il est de 121 millimètres à la base des épines sciatiques. Les diamètres obliques changent peu, car leur augmentation au niveau des grands trous sciatiques est plus apparente que réelle, cet espace étant en grande partie rempli par les muscles pyramidaux, qui, avec la lame aponévrotique du *fascia pelvia*, y forment un plan solide très faiblement dépressible. Les dimensions de l'excavation en hauteur sont fort inégales en arrière et en avant. La colonne sacro-coccygienne est, en suivant la courbure du sacrum et du coccyx, de 121 à 135 millimètres ; la hauteur du pubis est de 4 millimètres (1 pouce 1/2). Latéralement, entre les éminences ilio-pectinées et les tubérosités de l'ischion, on trouve 94 millimètres.

Parties molles. En tapissant les parois de l'excavation elles en changent peu la forme, et n'apportent pas un rétrécissement bien sensible. De chaque côté des parties latérales de la face antérieure des trois dernières pièces du sacrum, de la face anté-

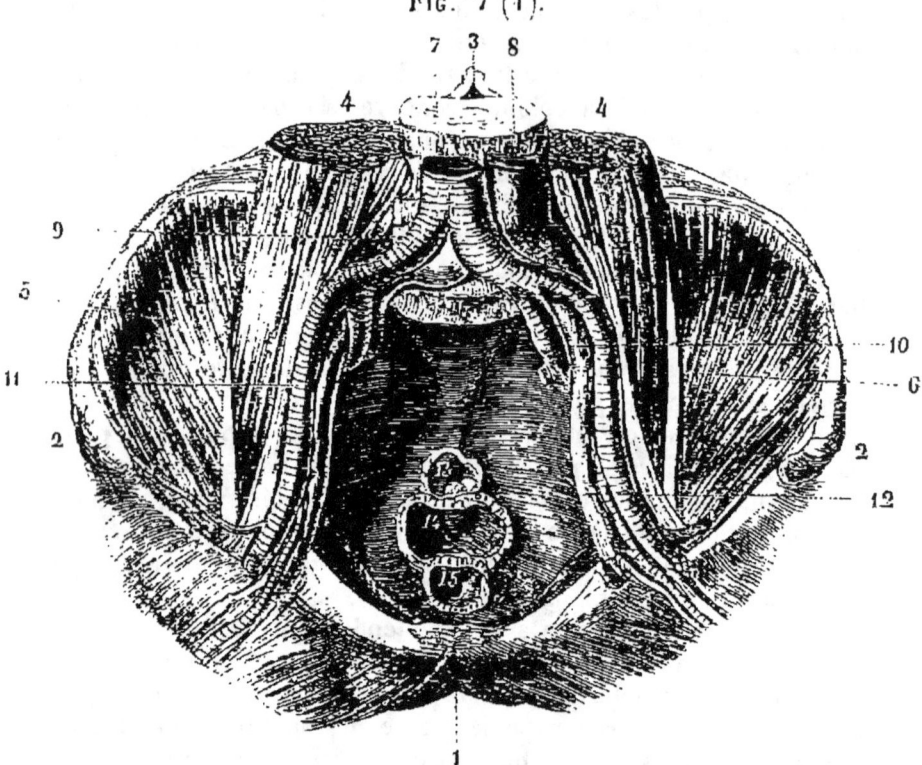

Fig. 7 (1).

rieure du grand ligament sacro-sciatique et de la partie supérieure de l'échancrure sciatique, naissent les fibres des muscles pyramidaux, qui, de ces divers points, convergent vers le grand trou sciatique, dont elles forment la partie la plus élevée en se réunissant en un corps charnu, et complètent le plan postérieur latéral. Les branches du plexus sciatique sont situées au-devant de ces muscles, et suivent la même direction dans le bassin. En se rapprochant davantage du détroit inférieur, on rencontre les petits faisceaux musculaires ischio-coccygiens s'étendant de l'épine scia-

(1) Par inadvertance, le graveur a transposé l'aorte et la veine cave : la première [7] occupe la place de la seconde [8]. Les rapports redeviennent naturels sur les côtés du bassin.

tique et des petits ligaments sacro-sciatiques aux bords du coccyx et de la partie inférieure du sacrum. En avant et en dehors de la symphyse des pubis [1], on trouve les deux muscles obturateurs, larges, aplatis, recouvrant la membrane obturatrice ; leurs fibres convergent en dehors et en bas vers le petit trou sciatique, par lequel elles sortent du bassin. Les muscles que nous venons d'indiquer, si ce n'est les ischio-coccygiens par leur partie inférieure, tapissent dans une assez grande étendue les parois de l'excavation, et les complètent dans plusieurs points, mais ils n'empiètent pas sur le détroit inférieur. Il n'en est pas de même des muscles releveurs de l'anus, dont la figure 7 présente la face supérieure, et des aponévroses *fascia pelvia*, qui tapissent la face interne de la ceinture pelvienne dans une assez grande étendue, et concourent pour une très grande part à former le périnée. Les muscles releveurs de l'anus, minces, membraneux, naissent dans la direction d'une ligne non interrompue, s'étendant des côtés de la symphyse du pubis à l'épine sciatique en suivant le bord supérieur des trous sous-pubiens et la partie antérieure des grands trous sciatiques ; ils se continuent par leurs bords postérieurs avec les muscles ischio-coccygiens, tapissent ainsi les régions antérieures et latérales de l'excavation pelvienne, et, parvenus vers le fond, ils convergent vers la ligne médiane du périnée de la manière indiquée ci-après.

Le plan musculaire dont nous venons de faire connaître la disposition est recouvert et bridé par l'aponévrose *fascia pelvia*, qui est fixée près de la circonférence du détroit supérieur ; ses deux moitiés sont séparées du côté de la symphyse du pubis par un intervalle d'environ 1 centimètre, en arrière par l'étendue du sacrum. La portion antérieure de cette aponévrose est très forte au niveau des muscles obturateurs internes, et forme en haut une arcade d'où résulte l'ouverture interne du canal sous-pubien ; elle descend obliquement en dedans, et forme un plan incliné qui regarde en arrière et en haut. Dans cette partie, elle est fortifiée par une bandelette fibreuse étendue de l'épine sciatique à la face postérieure des pubis, et recouvre la partie antérieure des muscles releveurs de l'anus, et en dehors les muscles obturateurs internes. La portion opposée des pelvias fascias s'insérant sur les côtés de la face antérieure du sacrum, du coccyx, et au-devant de l'épine et de la grande échancrure sciatiques, recouvre et bride les muscles pyramidaux, et forme en haut une échancrure à arcade renversée, qui convertit en trou une petite partie de la grande échancrure sciatique. C'est par ce trou que sortent du bassin les nerfs du plexus sciatique, les vaisseaux fessiers, ischiatiques ; il existe une autre ouverture pour les vaisseaux honteux internes. Les lames aponévrotiques à double feuillet, des muscles pyramidaux, obturateurs internes, représentent quatre triangles, ayant leur sommet renversé en bas, et forment ainsi quatre plans inclinés qui se regardent en sens opposé. Une couche de tissu cellulaire adipeux recouvre la portion du fascia pelvia que nous venons de décrire, et s'étend au-devant du sacrum et derrière la symphyse des pubis ; elle est recouverte par le péritoine, excepté au niveau des pubis, où il passe au-devant de la vessie ; en arrière et à gauche dans l'écartement du méso-rectum, et sur les côtés entre les lames des ligaments larges. C'est dans la couche cellulo-adipeuse que rampent les vaisseaux et nerfs qui sortent du bassin par les ouvertures que nous avons indiquées, ou qui se distribuent dans sa cavité même. On trouve, au-devant de la partie moyenne du sacrum, les artères et veines sacrées moyennes ; sur les côtés, un peu en dedans des articulations sacro-iliaques, les vaisseaux [6, fig. 7] hypogastriques et leurs divisions, les uretères, qui croisent de dehors en dedans les vaisseaux précédents, des ganglions et des lymphatiques, qui convergent vers le détroit abdominal.

3° *Détroit inférieur, périnéal ; petit détroit.* Il est formé par la pointe et les bords du coccyx, par les ligaments sacro-sciatiques, les tubérosités des ischions et les branches ischio-pubiennes. Il présente ainsi trois saillies triangulaires, le coccyx en arrière, les deux ischions sur le côté, et trois échancrures ; une antérieure, très profonde,

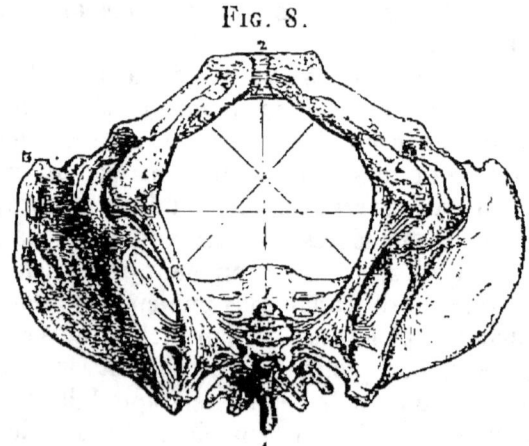

Fig. 8.

constitue l'arcade des pubis, dont les bords sont déjetés en dehors, disposition beaucoup plus prononcée chez la femme que chez l'homme ; deux postérieures, encore plus profondes et très irrégulières en l'absence des ligaments sacro-sciatiques, mais qui deviennent assez superficielles lorsque ces ligaments sont en place. Par sa forme, le détroit périnéal représente assez exactement un cœur de carte à jouer ; mais il peut devenir ovalaire ou plutôt circulaire par le redressement du coccyx.

Le diamètre (AA), *coccy-pubien*, *droit*, *antéro-postérieur*, mesuré de la pointe du coccyx au sommet de l'arcade des pubis, a 108 millimètres, et même plus, en tenant compte de la mobilité du coccyx. Le diamètre (BB), *bis-ischiatique transversal*, a la même étendue. Des tiers postérieurs des grands ligaments sacro-sciatiques au point de réunion des branches descendantes des pubis, et ascendantes de l'ischion (CC), *diamètres obliques* du détroit périnéal, on trouve 121 millimètres en faisant la part du refoulement, à la vérité peu étendu, que peuvent éprouver les ligaments sacro-sciatiques. L'arcade des pubis a 94 millimètres à sa base et 40 millimètres à son sommet, sa profondeur est d'environ 60 millimètres. On évalue la circonférence du détroit périnéal 35 centimètres (13 pouces).

Plancher périnéal. Le détroit inférieur est fermé par des parties molles qui forment la paroi inférieure de l'excavation pelvienne, ou le périnée. Nous avons déjà indiqué l'origine et les rapports de l'aponévrose pelvienne supérieure avec la face interne de la ceinture pelvienne et les parties qui la tapissent. Au niveau du détroit inférieur, elle se porte de chaque côté, dans des directions différentes, vers la ligne médiane ; la portion antérieure embrasse successivement le col de la vessie [15, fig. 7], le vagin [14] et le rectum [13], sur lesquels plusieurs de ses fibres se réfléchissent. Les releveurs de l'anus, dont nous avons aussi fait connaître les attaches au bassin et la disposition dans une partie de leur étendue, sont situés au-dessous de cette aponévrose : parvenus vers le fond de l'excavation, leurs fibres convergent vers la ligne médiane, et embrassent successivement le col de la vessie, les parties latérales du vagin et du rectum, et forment, par leur rencontre derrière cet organe, un raphé qui s'étend à la pointe du coccyx.

Entre les bords du coccyx et l'épine sciatique, le plancher musculaire est continué par les muscles ischio-coccygiens. Au-dessous, on trouve une autre aponévrose, dite *moyenne*, *ano-pubienne* ; elle est située au-dessous et en arrière de la symphyse des pubis, entre les branches ischio-pubiennes ; elle présente deux couches, une inférieure, qui passe au-dessus des muscles ischio-caverneux et constricteur du vagin, et se continue sur le canal de l'urètre et sur la portion inférieure du vagin ; elle se replie en arrière pour se continuer avec l'aponévrose superficielle du périnée; une supérieure, qui dans sa partie moyenne atteint le rectum, et dans ses deux moitiés latérales se replie sur les muscles transverses du périnée, pour se continuer avec la couche inférieure, comme celle-ci avec l'aponévrose superficielle, de manière que ces trois lames s'unissent en arrrière des muscles transverses. Entre les deux couches de l'aponévrose moyenne, on trouve quelques fibres musculaires appartenant aux transverses et au sphincter de l'anus. Cette aponévrose est moins résistante chez la femme que chez l'homme. En continuant de procéder de haut en bas, on trouve encore, comme concourant à former le plancher de l'excavation pelvienne : 1° les muscles transverses du périnée, qui naissent de chaque côté de la lèvre interne de la tubérosité sciatique, et marchent transversalement en dedans pour se réunir sur la ligne médiane, au-devant du rectum ; leur réunion a lieu au point où commence le constricteur du vagin ; 2° les muscles ischio-caverneux, fort petits, se portant de la lèvre interne de la tubérosité sciatique au-dessous du transverse sur chacune des racines du clitoris ; 3° le constricteur du vagin, commençant en arrière, à la réunion des deux transverses avec l'angle antérieur du sphincter anal, se plaçant dans l'épaisseur des deux grandes lèvres, et embrassant l'orifice externe du vagin ; 4° dans sa portion anale, sur un plan un peu inférieur à celui des muscles précédents, le sphincter externe, qui est tout-à-fait sous-cutané.

L'*aponévrose inférieure* du périnée se trouve au-dessus de la couche cellulo-graisseuse cutanée, et au-dessous des muscles ischio-caverneux, constricteur du vagin, des racines du clitoris, du canal de l'urètre. Elle envoie des prolongements entre les parties que nous venons d'indiquer, s'insère sur les branches des ischions et des pubis, et se continue en arrière avec les deux lames de l'aponévrose moyenne. Le sang est apporté dans les parties qui composent le plancher du détroit inférieur, autour de l'anus et à la fin du rectum, par les artères hémorrhoïdales supérieures fournies par la mésentérique inférieure et l'hémorrhoïdale moyenne qui provient de l'hypogastrique. Toutes les autres artères sont fournies par la honteuse interne. Cette branche de l'hypogastrique se dirige en bas et en dehors jusqu'au niveau de l'épine sciatique, sur laquelle elle se contourne en arrière ; puis se place entre les deux ligaments sacro-sciatiques, pour se réfléchir et marcher ensuite en haut et en avant. Au-delà des ligaments sacro-sciatiques, elle appartient à la région périnéale ; accolée à la face interne de la tubérosité sciatique, elle marche enveloppée dans les lames de l'aponévrose ischiatique, le long de la branche ischio-pubienne, et fournit quelques rameaux. Des deux branches terminales, l'inférieure ou superficielle est la plus volumineuse ; elle se porte à la grande lèvre ; la supérieure ou clitoridienne, très petite, en rapport avec le volume des parties où elle se distribue, fournit une artère transverse qui se porte au bulbe du vagin, et se termine par la dorsale du clitoris et la caverneuse. Indépendamment de leurs branches satellites, les veines affectent des dispositions particulières, notamment autour du col de la vessie, où elles forment un plexus très développé. Une disposition semblable existe pour les veines du rectum autour de l'anus. On ne trouve pas de ganglions lymphatiques dans l'épaisseur du périnée ; les vaisseaux se rendent aux ganglions des aines et du bassin. Les nerfs viennent tous des honteux et du petit sciatique. Du reste, la distribution des nerfs et des vaisseaux n'offre qu'un intérêt très secondaire sous le point de vue obstétrical.

Lorsque les cuisses sont rapprochées, la largeur du périnée est presque nulle à l'extérieur ; il est réduit à une rainure profonde qui correspond au raphé médian, sur le trajet duquel on trouve, d'arrière en avant, l'anus, l'ouverture vulvaire qui cache l'orifice du vagin et de l'urètre. L'espace qui sépare l'anus de la commissure postérieure de la vulve a environ 27 à 33 millimètres (12 à 15 lignes) d'étendue. C'est la base d'un triangle, limitée en arrière par la face antérieure du rectum, en avant par la face postérieure du vagin, qui s'adossent en haut, et forment la cloison recto-vaginale. L'étendue du périnée, de la pointe du coccyx à la commissure postérieure de la vulve, est d'environ 67 millimètres (2 pouces 1/2).

Périnée converti en gouttière. Les parties molles qui ferment le détroit périnéal sont dilatées de haut en bas et d'arrière en avant pour le passage du fœtus, et creusées en une gouttière profonde, qui se continue avec la circonférence du détroit, et se termine à la vulve. Cette gouttière forme un segment de canal entièrement composé de parties molles ; il est étroit en avant, où son bord inférieur est peu distant de l'arcade des pubis et peut être considéré comme formé par elle ; mais il est très étendu en arrière, et on trouve environ 135 à 162 millimètres (5 à 6 pouces) de la pointe du coccyx à la commissure postérieure de la vulve ; de sorte que la portion charnue du canal pelvien, à son plus haut degré de développement, rappelle par sa forme la portion osseuse. Comme celle-ci, elle est étroite en avant, et gagne en étendue en se portant en arrière, où elle est développée suivant la direction de la courbure sacro-coccygienne. Le détroit inférieur forme la fin de la portion osseuse du canal pelvien ; ce n'est pas suivant la direction qu'il a sur le squelette qu'il est traversé par le fœtus, mais suivant celle que prennent les parties molles en s'écartant, et l'orifice de la vulve dilatée forme la sortie du canal pelvien. Il est à peine nécessaire d'ajouter que la portion charnue du périnée n'a qu'une existence temporaire à l'état de dilatation, et passe dans la dernière période du travail de l'état de cloison à l'état de canal. Qu'on se représente en outre, par la pensée, le col de l'utérus et le vagin dilatés et distendus, appliqués contre les parois de l'excavation et sur la gouttière charnue périnéale, on aura une idée exacte de ce qu'est le canal pelvien à une certaine époque du travail. La figure 9 est très propre à faire bien apprécier cette disposition importante. Quoique le plancher du détroit inférieur ne conserve, le plus souvent, d'autres traces de ses distensions antérieures que quelques légères déchirures dans la partie antérieure de sa portion vulvo-anale, néanmoins une première distension affaiblit sensiblement la résistance et l'élasticité des parties qui le composent, et sa conversion en canal est ordinairement plus longue et plus pénible dans un premier accouchement que dans ceux qui le suivent. Cette résistance offre d'ailleurs de nombreuses variétés individuelles.

III. *Inclinaison et axe du bassin.* Étudié en place et dans l'attitude verticale propre à l'espèce humaine, le bassin offre, par rapport à l'axe du corps [AA, fig. 9], une inclinaison en avant très prononcée. Latéralement l'inclinaison est nulle; toutes les lignes tirées d'un point au point symétrique opposé sont horizontales et parallèles, et forment de chaque côté avec l'axe du corps des angles droits. Nous n'avons donc qu'à nous occuper que de l'inclinaison antérieure. Plusieurs causes concourent à la produire. La principale résulte de l'union du bassin avec la colonne vertébrale. Cette inclinaison est représentée par la saillie de l'angle formé en avant par la base du sacrum avec la cinquième vertèbre lombaire, et par la convexité antérieure de la portion lombaire de la colonne vertébrale; la totalité du bassin y participe au même degré. On trouve d'autres causes d'inclinaison dans la forme même du bassin, dont la hauteur et l'incurvation en arrière, et l'étroitesse en avant, modifient non seulement l'inclinaison des détroits, mais de tous les points intermédiaires; de sorte qu'elle ne peut être la même, ni au détroit supérieur, ni au détroit inférieur, ni dans l'excavation. L'*axe du bassin*, ou la *ligne centrale*, supposée à égale distance de tous les points de la circonférence, ne peut être qu'une ligne courbe assez exactement représentée par la colonne sacro-coccygienne. L'inclinaison qui résulte du mode de connexion du bassin avec la colonne vertébrale n'est pas complétement invariable, l'attitude du tronc, un certain degré de flexibilité de la colonne lombaire peuvent la faire varier. Elle offre aussi des modifications individuelles relatives aux variétés de formes du bassin, au plus ou moins de saillie de l'angle sacro-vertébral, au plus ou moins de courbure de la région lombaire, sans que la conformation des individus s'écarte du type normal. Ainsi chez l'enfant l'inclinaison est plus prononcée que chez l'adulte. Cet excès d'inclinaison dépend principalement de la forme du bassin. Il en est de même chez le vieillard, mais parce que le tronc est plus penché en avant et dans un état plus prononcé de rotation que sur les fémurs. Le volume du ventre, comme chez les femmes enceintes, forçant de renverser le tronc en arrière pour rétablir l'équilibre, augmente aussi l'inclinaison

Fig. 9.

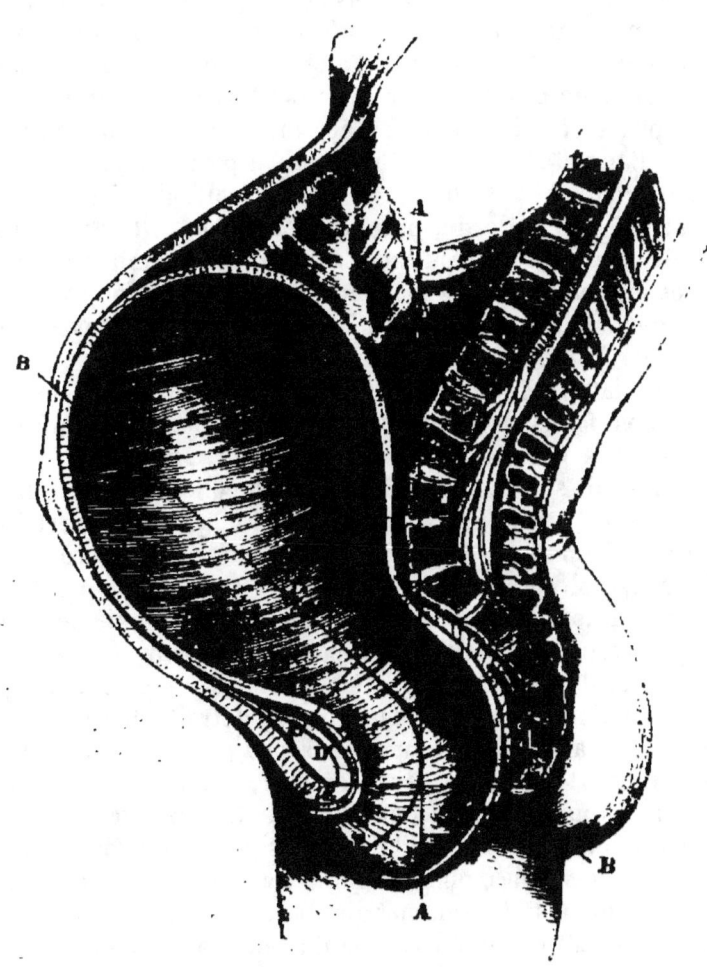

du bassin. Elle est plus prononcée dans l'attitude verticale que dans le décubitus dorsal, surtout si on applique sous le bassin un plan saillant et solide; elle n'est pas sensiblement diminuée dans le décubitus sur le côté; et si un degré plus prononcé d'inclinaison favorise l'expulsion du fœtus, la position donnée par les accoucheurs anglais, pendant le travail, semblerait préférable. Dans l'attitude sur les genoux, accroupie, quadrupède, etc., l'inclinaison du bassin est beaucoup plus prononcée que dans l'attitude debout. Cette différence provient de la rotation du bassin sur le fémur dans l'articulation coxo-fémorale. Les accoucheurs ont cherché à exprimer par des chiffres et des lignes l'inclinaison des détroits et l'axe du bassin, et à déterminer le degré d'élévation de l'angle sacro-vertébral par rapport au bord supérieur de la symphyse des pubis, et de la pointe du coccyx par rapport au bord inférieur de cette même symphyse. Levret a assigné 35° à l'angle formé par le diamètre sacro-pubien avec une ligne tirée du bord supérieur de la symphyse des pubis parallèlement à l'horizon. Smellie a donné à cet angle 45°, Bang 55°, Camper 75°. Stein a porté l'inclinaison du détroit supérieur à 45° 1/5, et à 5° 1/3 celle du détroit inférieur; Carus à 55° celle du premier, et à 18 celle du second. Cette différence dans les résultats s'explique suffisamment par les variétés et les modifications de l'inclinaison du bassin, et par les différents moyens souvent défectueux qui ont été employés pour résoudre, par l'observation, un problème aussi difficile.

Les appréciations de M. Naegelé, déduites d'un grand nombre d'observations faites dans des circonstances bien déterminées, sont de nature à fixer les idées sur ce point. Il estime l'inclinaison du détroit supérieur de 59 à 60°, et celle du détroit inférieur, de 10 à 11°. Dans cette attitude l'angle sacro-vertébral est de 100 millimètres (3 p. 9 l.) plus élevé que le bord supérieur de la symphyse des pubis. Une ligne tirée de ce point parallèlement à l'horizon tomberait à l'union de la deuxième pièce du coccyx avec la troisième. La pointe du coccyx est placée, terme moyen, de 15 à 18 millimètres (7 à 8 l.) plus haut que le sommet de l'arcade des pubis. Ainsi le détroit inférieur n'est pas incliné en avant, mais en arrière, à peu près suivant le degré indiqué plus haut. Sur cinq cents femmes, M. Naegelé a trouvé quatre cent cinquante-quatre fois le niveau de la pointe du coccyx au-dessus du sommet de l'arcade du pubis, vingt-six fois au-dessous, et vingt fois à la même hauteur. Le maximum d'élévation du coccyx au-dessus du sommet de l'arcade du pubis a été de 49 millimètres (22 l.); le maximum d'abaissement au-dessous de ce même point a été de 20 millimètres (9 l.). Le redressement du coccyx diminue de 4 à 6 millimètres son élévation au moment où la tête du fœtus franchit le détroit inférieur; mais il reste encore ordinairement plus élevé que le sommet de l'arcade des pubis. On voit, comme nous l'avons déjà démontré plus haut, que ce n'est pas en suivant l'axe du détroit inférieur que les parties du fœtus le traversent. L'habitude d'étudier le bassin dépourvu de ses parties molles a fait donner à ce détroit une importance qu'il n'a pas, et a conduit à de fausses appréciations. Il suffit d'en bien établir la forme et les dimensions. La portion charnue du canal pelvien qui lui fait suite, formée par le périnée distendu, prend une tout autre direction. Si l'on voulait se faire une idée de la direction de son ouverture à l'extérieur sur le détroit inférieur, il faudrait faire abstraction de l'échancrure postérieure, et supposer l'ouverture formée suivant le plan de l'arcade des pubis. Mais dans la réalité la commissure postérieure de la vulve s'avance bien au-delà du plan de l'arcade, et dans le plus haut degré de distension du périnée, l'ouverture de la vulve dépasse une ligne perpendiculaire abaissée du sommet de l'arcade des pubis.

Une ligne perpendiculaire [BB, fig. 9], abaissée sur le milieu du diamètre sacro-pubien, représente l'axe du détroit abdominal; son prolongement supérieur passe à 50 ou 60 millimètres au-dessus de l'anneau ombilical, l'inférieur à 4 millimètres environ au-devant de la pointe du coccyx, et ne suit la direction de l'axe de l'excavation que dans une très petite étendue supérieurement. Une autre ligne perpendiculaire, abaissée sur le milieu du diamètre sacro-pubien, représente l'axe du détroit inférieur; son prolongement inférieur se dirige en arrière, le supérieur passe un peu au-devant de l'angle sacro-vertébral et croise, à peu près vers le centre du bassin, l'axe prolongé du détroit supérieur. Sur la figure 9, la pointe du coccyx étant sur le même niveau que le bord inférieur de la symphyse du pubis, cette ligne est verticale et représentée par l'axe du corps. La ligne brisée [A F] qui en résulte est loin de représenter exactement l'axe de la cavité pelvienne [F F]; d'ailleurs ce n'est pas dans la direction du détroit périnéal que se prolonge le canal pelvien.

On tracera d'une manière géométrique l'axe du canal pelvien dans toute son étendue, en menant de la face postérieure de la symphyse des pubis, au-dessous du diamètre sacro-pubien, des rayons très rapprochés sur la colonne sacro-coccygienne, sur le raphé médium du périnée, jusque sur la commissure postérieure de la vulve distendue, et en abaissant une perpendiculaire sur le milieu de chacun de ces rayons, à commencer par le diamètre sacro-pubien. L'axe est représenté par la ligne centrale brisée, dont la partie inférieure, à commencer du tiers inférieur de la colonne sacro-coccygienne, se recourbe fortement en avant et figure assez exactement une portion d'arc de cercle inscrit avec la moitié d'un des rayons tirés de la face postérieure de la symphyse pubienne.

Plus simplement encore, il suffit, pour se faire une idée exacte de l'axe ou la ligne centrale du canal pelvien dans toute son étendue, de prolonger la perpendiculaire [BF] abaissée sur le milieu du diamètre sacro-pubien en modelant son prolongement sur la colonne sacro-coccygienne, sur celle du périnée distendu en gouttière, et en le maintenant à égale distance de tous les points de la circonférence, de manière à la faire sortir par le centre de la vulve supposée à son plus haut état de distension. Cette ligne se maintient presque droite et dans la direction du prolongement de l'axe du détroit supérieur, au niveau des deux premières pièces du sacrum; puis elle se recourbe en avant d'une manière régulière dans le reste de son étendue. Elle est, suivant l'expression de M. Naegelé, composée d'une portion invariable ou constante qui correspond au sacrum, d'une portion variable ou mobile qui correspond au coccyx et à la gouttière périnéale. C'est en suivant le trajet de cette ligne que le fœtus est expulsé à travers le canal pelvien, qu'il faut faire pénétrer les instruments, exercer les efforts de traction, etc. Lorsque le périnée est à l'état de repos ou non distendu, on pénètre dans l'excavation du bassin en suivant la direction du vagin sans tenir aucun compte de l'axe du détroit inférieur, tel qu'il existe sur le bassin dépouillé des parties molles.

IV. *Différents types du bassin.* — *Bassin de l'homme.* Ce qui précède se rapporte principalement au bassin de la femme; en le comparant à celui de l'homme on y trouve, dans la forme et les dimensions, plusieurs différences importantes, que chacun des os en particulier concourt à produire. Nous avons fait remarquer que le sacrum de l'homme

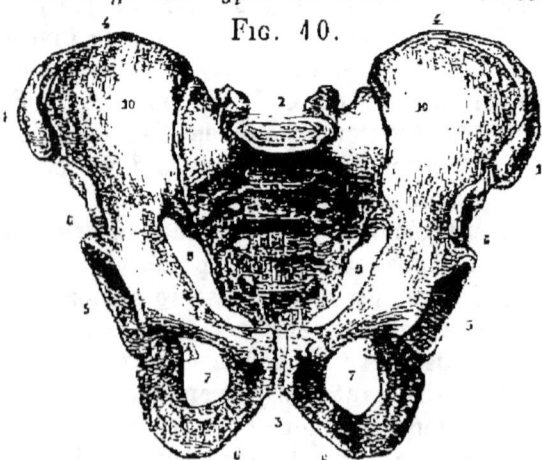

Fig. 10.

est plus long, plus concave et plus étroit; qu'il en est à peu près de même du coccyx, dont l'articulation reste moins longtemps mobile. Le coxal de l'homme est plus court, plus large et plus épais ; les fosses iliaques sont droites ; le trou obturateur est plus grand, ovale et non triangulaire ; le pubis plus étroit, plus saillant ; les branches ascendantes de l'ischion moins arrondies, moins déjetées en dehors. Ces différences partielles en produisent de plus sensibles, lorsque les os sont articulés : chez l'homme, les creux et les saillies sont plus prononcés, les contours plus angulaires et moins arrondis. Chez la femme, les cartilages inter-articulaires sont plus épais, plus longs, les faisceaux fibreux plus nombreux et plus solides. Le bassin de la femme l'emporte sur celui de l'homme par la prédominance de ses diamètres horizontaux. Le bassin de l'homme l'emporte sur celui de la femme par la prédominance de ses diamètres verticaux.

Différences relatives aux races. Dans les races éthiopienne ou nègre, malaise et japonaise, la hauteur et l'étroitesse du bassin paraissent plus prononcées que dans la race caucasique. Le docteur Wrolick, qui a eu l'occasion d'examiner comparativement les bassins de quelques sujets nègres, javanais, boschismans, mestiches, européens, a cherché à fixer ces différences sur les planches qui accompagnent son mémoire.

Bassin de l'enfant. A la naissance et pendant la première enfance, le bassin, relativement aux parties situées au-dessus de lui, est très petit et participe au peu de développement que présentent les membres inférieurs. Ne pouvant contenir dans sa cavité plusieurs des organes qui doivent y être renfermés plus tard, il contribue à produire la saillie considérable de l'abdomen à cette époque de la vie. Toutes les parties du bassin ne participent pas également à cette disproportion de grandeur. Sur l'os coxal, c'est la partie qui correspond à la cavité abdominale, l'ilium qui est la plus développée, bien que son bord supérieur ne soit pas sensiblement contourné et que les fosses iliaques internes soient presque planes et peu déjetées en dehors ; les parties inférieures et surtout la cavité cotyloïde sont beaucoup moins développées. L'excavation pelvienne égale à peine en profondeur la hauteur

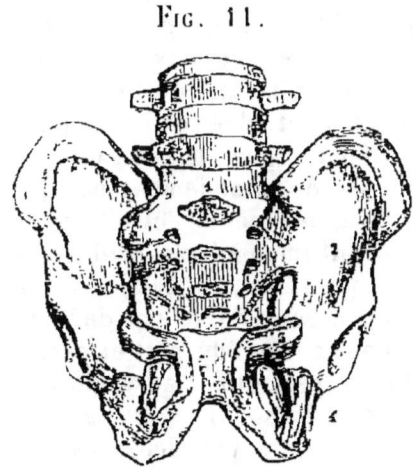

Fig. 11.

des fosses iliaques. Le sacrum, par le peu de développement de ses parties latérales, concourt également d'une manière très sensible au rétrécissement de l'excavation ; il en résulte que les diamètres transverses sont très courts et que les antéro-postérieurs paraissent plus longs. L'inclinaison est également plus prononcée. Les différences relatives au sexe ne sont pas encore sensibles et ne se prononcent que dans le développement ultérieur ; en approchant de l'époque de la puberté, le bassin de l'homme s'éloigne moins du type primitif. Chez la femme, le développement est assez précoce ; souvent, d'après Bichat, à l'âge de neuf à dix ans, le bassin est déjà régulièrement conformé pour l'accouchement ; cependant ce n'est généralement que de quinze à dix-huit ans que l'évolution et la réunion des différents points osseux s'effectuent.

Bassin chez les animaux. Le sacrum des mammifères est en général beaucoup plus étroit que celui de l'homme, et forme avec la colonne vertébrale une ligne droite. Ceux qui ont l'habitude de se tenir quelquefois debout, l'ont, proportion gardée, plus large que les autres : tels sont les singes, les ours, les paresseux. Chez la roussette, il est dépourvu du coccyx ; il forme une longue pointe comprimée dont l'extrémité se soude avec les ischions. Les coxaux sont allongés, étroits, plus ou moins droits, et forment en général un angle droit avec la colonne vertébrale ; le bassin, presque réduit au seul détroit supérieur, est sans inclinaison. Le coccyx correspond aux os mobiles de la racine de la queue. Le bassin des animaux, quoique comprimé latéralement et proportionnellement plus petit que dans l'espèce humaine, offre moins de difficulté pour le part, tant en raison de sa structure que du volume proportionnellement moindre de la tête du fœtus. Cependant dans quelques espèces, l'étroitesse du bassin est telle, que la parturition serait impossible sans des dispositions particulières. Pendant la gestation, le bassin de la *taupe*, du *cochon d'Inde*, de la *musaraigne* s'ouvre par devant ; les pubis, considérablement écartés au moment du part et seulement unis par un long faisceau fibreux, permettent au vagin distendu de sortir en grande partie hors du bassin. Les *cétacés* manquent de bassin, ou plutôt il est représenté par deux osselets suspendus transversalement dans les chairs et fixés au rachis par des ligaments qui forment une ceinture presque toute fibreuse, extensible, de manière à n'opposer qu'un faible obstacle au passage du jeune animal.

V. *Usages du bassin.* Ces usages sont complexes ; jusqu'à présent, c'est sous le point de vue de la parturition que nous avons étudié le bassin; mais nous devons encore faire remarquer qu'il sert d'abri et de protection aux organes importants contenus dans sa cavité ; il résiste aux violences extérieures non seulement par sa solidité intrinsèque, mais encore par sa forme, qui lui fait partager les avantages des voûtes. Son usage le plus général est de servir de base de sustentation au tronc, dans la station, la progression, etc. Le bassin se trouvant entre deux efforts opposés : l'un, le poids du corps transmis par la colonne vertébrale, l'autre, la résistance que lui opposent les fémurs, tendrait à exécuter un mouvement de bascule, en se déprimant en arrière, si les muscles puissants qui, du fémur, vont s'attacher à sa partie antérieure et à la colonne vertébrale, ne le maintenaient dans sa situation. L'espace qui sépare l'articulation sacro-vertébrale des articulations coxo-fémorales constitue la base de sustentation dans laquelle peut osciller le centre de gravité du tronc. Le poids du tronc et des membres supérieurs est transmis au sacrum, disposé entre les coxaux comme la clef d'une voûte, non en ligne droite, mais dans la direction que représente l'angle sacro-vertébral; il se décompose sur l'angle sacro-vertébral, sur le sacrum et les articulations sacro-iliaques, en se transmettant aux coxaux, dans la direction des cavités cotyloïdes et des pubis qui pressent l'un contre l'autre avec force. Ces considérations ne sont point étrangères à des applications obstétricales ; au contraire elles servent merveilleusement à donner la raison de plusieurs formes de viciation du bassin chez des sujets rachitiques ou affectés d'ostéomalaxie.

V. *Mouvements du bassin*. Les mouvements intrinsèques du bassin sont très obscurs, même pendant la gestation ; ce sont de légers glissements ou plutôt de faibles affaissements des disques fibreux inter-articulaires. Ils tendent à atténuer les effets des violences extérieures, des chutes sur les pieds, les genoux, etc. La mobilité du coccyx fait exception; nous l'avons appréciée ailleurs.

Le bassin peut être fléchi, étendu sur la colonne vertébrale ; il peut s'incliner latéralement et même exécuter un mouvement de rotation. Mais tous ces mouvements sont resserrés dans des limites assez étroites ; ils sont un effet composé de la mobilité de l'articulation sacro-vertébrale et des articulations vertébrales. Les mouvements que le bassin peut exécuter sur les fémurs sont très étendus ; leur étude ne doit pas nous occuper.

SECTION II. — **Du bassin à l'état anormal. Viciations.**

On désigne sous le nom de *bassins* viciés ceux dont la grandeur, la forme, la direction, etc., s'éloignent du type regardé comme normal, et qui peuvent par cela même rendre difficile ou impossible la parturition. Dans des limites assez étendues, les viciations du bassin n'excluent pas la parturition spontanée. Elles sont le produit de causes diverses; sous ce rapport elles offrent souvent des caractères différents, forts distincts. Les viciations les plus simples, celles qui s'éloignent le moins du type normal, se rapportent à de simples *variétés de formes* dont elles ne sont qu'une exagération. Les viciations qui sont le produit de maladies diverses du système osseux, comme le rachitisme, l'ostéomalaxie, la carie des symphyses, les tumeurs osseuses, sont plus nombreuses et changent plus profondément les caractères primitifs du bassin. Examinons d'abord les viciations qui se rapportent à la première catégorie.

I. *Bassin régulier vicié par excès de grandeur*. On trouve dans les collections anatomiques un assez grand nombre de bassins, fort réguliers du reste, dont les dimensions en plus s'écartent d'une manière notable du type commun. Parmi les individus auxquels ces bassins ont appartenu, les uns n'offrent rien de particulier dans leur construction générale, l'excès de dimensions ne porte que sur les os du pelvis; les autres, au contraire, offrent dans toutes leurs parties des dimensions plus grandes, et forment, en quelque sorte, dans l'espèce humaine une variété d'individus. G. de la Tourette a mesuré un bassin dont le diamètre sacro-pubien avait 5 pouces 1/2, le bis-iliaque 6 pouces 1/2, et les deux diamètres du détroit inférieur 5 pouces 1/2. M. Burns donne la description de deux bassins dont les dimensions sont très considérables, et se rapprochent de celles du précédent.

Les accoucheurs ont attribué aux bassins qui offrent un excès de grandeur une foule d'accidents qui peuvent compliquer la gestation, la parturition et les suites de couches, tels que le prolapsus, l'antéversion, la rétroversion de l'utérus, son renversement par le fait de l'expulsion trop prompte du fœtus, l'œdème, les varices des membres inférieurs, etc. Madame Lachapelle et

Dugès ont révoqué en doute cette influence fâcheuse attribuée aux bassins trop grands ; elle ne semble avoir été établie que d'une manière purement rationnelle et conjecturale.

II. *Bassin régulier vicié par défaut de grandeur.* Il est tout aussi commun de rencontrer des bassins dont toutes les dimensions restent au-dessous du terme moyen admis comme type de la grandeur normale. Ce genre de viciation du bassin n'avait été l'objet que de remarques superficielles, lorsque M. Naegelé est venu fixer l'attention sur sa fréquence et sur son importance par rapport à l'accouchement. Il a rappelé les observations de G. W. Stein, qui avait avancé que le bassin simplement trop étroit descend moins au-dessous des proportions normales que le bassin trop ample ne s'élève au-dessus de ces mêmes proportions ; que la limite extrême de l'étroitesse simple ne dépasse pas 13 millimètres (6 l.), et que dans les cas où le rétrécissement simple paraît plus considérable, on trouverait après un examen attentif, s'il pouvait avoir lieu, que ces bassins commencent à se déformer, en un mot, qu'ils appartiennent à des sujets rachitiques.

Ces propositions sont contredites, en ce qu'elles ont d'erroné ou de trop général, par quatre pièces de la collection de M. Naegelé, qui sont des exemples de bassins simplement trop étroits, dont toutes les dimensions sont inférieures de 27 millimètres (1 p.) aux dimensions normales. Rien, dans l'ensemble de la constitution chez trois des femmes à qui ont appartenu ces bassins, ne devait faire soupçonner cette étroitesse générale ; elles étaient bien conformées ; la taille de l'une était au-dessus de la moyenne : une seulement était d'une petite taille. Les os de ces bassins ne présentent aucune trace de rachitisme ou d'autres affections ; l'ossification est complète, et la forme du bassin ne rappelle pas celle qui est propre à l'homme ou à l'enfance des deux sexes. Les conséquences de la parturition ont été des plus fâcheuses pour ces trois femmes. La première a succombé peu de temps après un accouchement, dont la terminaison par le forceps présenta des difficultés excessives. La seconde, après quatre jours de travail, accoucha pour la première fois d'un enfant non tout-à-fait à terme et putréfié. Mais la seconde fois elle mourut, avant d'avoir été délivrée, d'une rupture de l'utérus et du vagin. En comparant la tête de l'enfant avec le bassin de la mère, il parut évident qu'il n'était pas possible d'avoir l'enfant vivant autrement que par l'opération césarienne. Chez la troisième, après une version très laborieuse, on tenta, mais en vain, l'application du forceps ; il fallut avoir recours à la perforation du crâne ; encore l'extraction de la tête présenta-t-elle les plus grandes difficultés. La femme succomba vingt-quatre heures après. Indépendamment des trois cas qui précèdent, M. Naegelé en mentionne un autre presque en tout semblable sous tous les rapports; la femme était pareillement bien conformée, d'une taille au-dessus de la moyenne; elle avait aussi succombé aux suites d'un accouchement artificiel dont la terminaison avait présenté des difficultés auxquelles on était loin de s'attendre. Depuis que M. Naegelé a appelé l'attention sur ce sujet, M. Nichet, de Lyon, a observé trois cas de bassins rétrécis dans tous leurs diamètres, sans courbures ni déformation, où les suites de la parturition artificielle ont été aussi fâcheuses pour la mère que pour l'enfant..

Le quatrième bassin de la collection de M. Naegelé offre une étroitesse absolue qui doit former une variété distincte de la précédente, et appartient à une variété spéciale d'individus rare dans l'espèce humaine. Si, dans les cas précédents, rien, dans la conformation générale, ne devait faire présumer l'étroitesse du bassin, ici, au contraire, elle semble la conséquence nécessaire de la conformation générale, car il s'agit d'une naine âgée de trente et un ans, haute de 1 mètre 14 centimètres (3 pieds 1/2), mais, d'ailleurs, bien conformée. Son père était un homme fort, d'une taille au-dessus de la moyenne; sa mère était d'une petite stature; son frère, âgé de vingt-neuf ans, était d'une taille moyenne. Sa tête et ses membres étaient en proportion avec sa taille, et n'eussent été les traits de son visage, elle ressemblait tout-à-fait à un enfant de sept ans. Les articulations des membres supérieurs et inférieurs ne présentaient aucune trace de gonflement. Les mamelles avaient un développement proportionné à celui de tout l'individu. La menstruation s'était établie sans accident à dix-huit ans. Sous le rapport des penchants et du développement de l'intelligence, elle ressemblait, comme pour le développement physique, à un enfant; son caractère était aimable.

Elle cohabita avec un homme vigoureux, et devint bientôt enceinte. Elle fut bien portante pendant toute la grossesse. Afin de rendre la délivrance naturelle ou artificielle plus facile, M. Naegelé détermina, dans la trente-cinquième semaine de la grossesse, l'accouchement prématuré. L'accouchement fut terminé avec le forceps, mais non sans des efforts considérables. L'enfant, du sexe masculin, était mort; il pesait 5 livres 6 onces. Tout alla bien pendant les premiers jours; le dixième, la femme mourut, dit M. Naegelé, d'une *indigestion*, déterminée par des friandises qu'elle aimait beaucoup. Le bassin, non seulement sous le rapport de la capacité, mais encore relativement au volume et à la forme des os qui le composent, ressemble à un bassin de femme bien conformé dont toutes les proportions auraient été réduites. Le petit diamètre du détroit supérieur a 3 pouces; le transverse 3 pouces 7 lignes; le diamètre antéro-postérieur de l'excavation 3 pouces 3 lignes; le transverse 3 ponces, et le diamètre transverse du détroit inférieur 3 pouces. Les dimensions en hauteur sont réduites dans la même proportion. Ni les vertèbres, ni aucune partie du squelette ne présentent cette structure délicate, cette faible épaisseur qui appartiennent aux rachitiques. Le bassin se distingue des précédents, parce qu'il semble avoir subi, de même que le reste du corps, un arrêt de développement. Un cas à peu près semblable s'est présenté à l'observation de M. P. Dubois; mais l'accouchement a eu des suites moins fâcheuses. Il s'agit aussi d'une naine, âgée de vingt-trois ans, haute de 3 pieds 2 pouces; son père est un nain de 3 pieds 6 pouces; quant à sa mère, elle est de taille ordinaire. De ce ménage sont nés six enfants, trois dont la stature n'offre rien d'anormal, et trois nains, parmi lesquels se trouve la jeune femme en question. Celle-ci vint au monde très petite, et figura, à Paris, sur le théâtre de madame Saqui, sous le nom de la Lilliputienne. Devenue enceinte en 1838, l'accouchement fut des plus pénibles; de violentes attaques d'éclampsie survinrent. M. P. Dubois essaya vainement l'application du forceps; il fut réduit à vider le crâne de l'enfant pour déterminer sa sortie, qui ne put avoir lieu qu'en occasionnant une déchirure latérale de la vulve; le produit de cette première grossesse pesait 5 livres.

La jeune naine étant devenue une seconde fois enceinte, M. P. Dubois lui proposa de provoquer avant terme la sortie de l'enfant. Comme l'abdomen était peu distendu, et qu'il soupçonnait que l'enfant était d'un très petit volume, il attendit jusqu'au huitième mois. Le travail marcha régulièrement; les fesses se présentèrent, mais l'accouchement n'en eut pas moins lieu très heureusement. L'enfant pesait 3 livres 12 onces. Cette naine, comme celle de M. Naegelé, ne présentait pas la plus légère trace de rachitisme.

La cause de l'étroitesse générale et absolue du bassin régulièrement conformé, soit qu'on l'observe chez des sujets dans les conditions ordinaires, soit chez des nains, reste entièrement ignorée. Plusieurs, en l'attribuant à un arrêt de développement, ont supposé que ces bassins doivent offrir les caractères propres au bassin du fœtus ou de l'homme; mais les observations de M. Naegelé contredisent cette supposition. Néanmoins, il n'est pas invraisemblable qu'il puisse se rencontrer des cas où le bassin trop étroit offre ce caractère; M. Naegelé en rapporte lui-même un exemple remarquable, tiré d'une naine âgée de vingt et un ans, idiote, bien constituée d'ailleurs, mais n'ayant jamais pu marcher. Son bassin ressemble, pour la forme et la grandeur, à celui d'un enfant de sept à huit ans. Les pièces primitives des coxaux sont encore séparées par des intervalles cartilagineux; il en est de même des pièces du sacrum. L'appareil génital avait aussi subi un arrêt de développement qui le rendait impropre à la reproduction. Il ne doit point être ici question du rétrécissement rachitique, car il est très rare que l'effet reste borné à un simple arrêt de développement; il existe presque toujours en même temps des déformations plus ou moins notables. Les nains ne procèdent pas le plus ordinairement de parents nains eux-mêmes; d'ailleurs ils sont fréquemment privés de la faculté de reproduire. Les exemples de naines fécondes que nous avons cités semblent en quelque sorte des exceptions. Si on n'a point affaire à une naine, on ne peut guère avoir connaissance de ce genre d'étroitesse que par un accouchement antérieur, ou par l'obstacle que rencontre la sortie du fœtus après un travail plus ou moins long ; car on ne peut dire, avec Stein, que les signes du rétrécissement simple du bassin se tirent seulement de l'état extérieur de la femme, particulièrement de sa petite stature, surtout lorsque les membres ne sont pas d'un développement en rapport avec cette petite taille, d'où résulte un défaut de proportion dans l'ensemble et une démarche pesante. Ces remarques s'appliquent plutôt à des sujets rachitiques, dont le squelette a éprouvé un arrêt de développement sans déformation profonde.

De la connaissance des dimensions du détroit inférieur, faciles à apprécier, on peut déduire d'une manière assez exacte l'étendue des diamètres du détroit supérieur et de l'excavation, puisque les rapports de grandeur entre les différentes parties du bassin ne sont pas altérés. Dans les bassins trop étroits, mais réguliers, l'étroitesse absolue, considérée sous le point de vue de l'accouchement, commence par le détroit périnéal, qui a peu à perdre en étendue, sans créer des obstacles sérieux au passage de la tête du fœtus. Si elle est retenue par l'étroitesse du détroit abdominal, on peut en conclure que sa disproportion avec le détroit inférieur est considérable. La profondeur moindre du bassin peut faire croire que la tête est descendue dans l'excavation, et qu'elle est arrêtée au détroit inférieur, lorsqu'elle n'est encore que fortement engagée dans le détroit supérieur.

III. *Bassin rétréci oblique-ovalaire ; rétrécissement oblique-ova-laire.* M. Naegelé a décrit sous ce nom une espèce particulière de vice de conformation du bassin entièrement inconnue avant lui. Sa monographie, traduite en notre langue par M. A. C. Danyau, résume la série de ses travaux sur ce sujet, et montre avec quelle sagacité et avec quelle infatigable persévérance il les a poursuivis. M. Naegelé a donné la description de trente-sept bassins de ce genre, dont deux seulement appartiennent à des individus du sexe masculin ; un grand nombre font partie de sa collection ; ses élèves lui ont fourni des détails circonstanciés sur la plupart de ceux qui se trouvent dans les divers cabinets d'anatomie, soit en Allemagne, soit à l'étranger. Nous allons nous attacher à reproduire sommairement ce long et intéressant travail. Les bassins ainsi viciés, quoique déformés, n'en présentent pas moins des caractères propres et constants, de manière qu'ils ressemblent aussi exactement les uns aux autres que des bassins régulièrement conformés. Ils doivent leur forme à une disposition constante, l'atrophie ou l'arrêt de développement de l'une des moitiés du sacrum. Cette régularité dans la déformation établit une ligne de démarcation tranchée entre ces bassins et ceux dont la viciation est le résultat du rachitisme ou de l'ostéomalaxie.

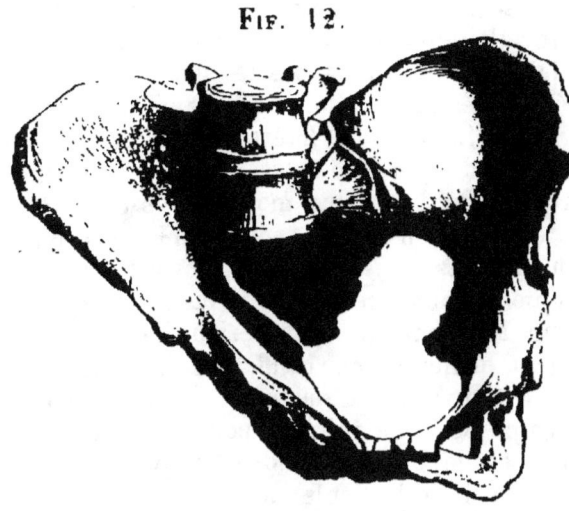

Fig. 12.

Avant d'examiner le bassin oblique ovalaire dans son ensemble, nous allons étudier les modifications éprouvées par chacun des os en particulier. Les plus profondes portent sur le sacrum : l'une de ses moitiés est atrophiée et réduite au tiers, à la moitié, et même au-delà de sa largeur ordinaire. Cette disposition paraît un peu plus fréquente à droite qu'à gauche. Sur les trente-sept cas rassemblés par M. Naegelé, elle existe vingt-deux fois à droite et quinze fois à gauche ; on ne trouve d'autres altérations que la réduction des parties situées en dehors de la ligne médiane, et quelquefois l'absence de quelques points du bord. Les trous sacrés sont plus petits que ceux du côté opposé. Cette moitié du sacrum est moins longue, et surtout moins large que l'autre ; l'aileron destiné à l'articulation sacro-iliaque est considérablement réduit dans tous les sens. Le sacrum conserve sa forme générale; néanmoins, dans un assez grand nombre de cas, il a subi une légère incurvation latérale sur le côté atrophié, une courbure antérieure un peu plus ou un peu moins prononcée. Cette atrophie de l'une des moitié du sacrum est accompagnée d'une altération non moins remarquable et propre à ce genre de viciation du bassin : je veux dire l'ossification de la symphyse sacro-iliaque du même côté. Il y a fusion complète du tissu des os. On ne reconnaît pas à l'intérieur la moindre trace de l'articulation et même d'une ossification incomplète. Mais à l'extérieur, on trouve assez souvent, vers la partie la plus élevée de la symphyse, une rainure peu profonde, qui s'efface en descendant ; c'est le principal indice qui puisse faire reconnaître la place primitive de l'articulation.

Le sacrum et le coxal ne semblent former qu'un seul et même os.

Le coxal, correspondant à lui-même, subit quelques modifications. Il semble avoir participé, mais à un plus faible degré, à l'arrêt de développement de la moitié du sacrum. La distance de l'épine iliaque antéro-supérieure à la postéro-supérieure, celle de la symphyse sacro-iliaque ankylosée à la ligne iléo-pectinée, sont plus courtes que les distances correspondantes du côté opposé. La portion du coxal qui concourt à former le petit bassin a subi un redressement notable, et dans le cas où la viciation est portée à un très haut degré, la ligne innominée, au-devant de la symphyse sacro-iliaque jusqu'à la symphyse des pubis, est presque droite. Le coxal opposé a aussi subi quelques modifications, mais qui ne sont, comme le redressement mentionné plus haut, qu'une conséquence de l'atrophie de la moitié opposée du sacrum. La portion que nous avons dit être redressée du côté ankylosé est en arrière moins courbe et en avant plus courbe que sur un bassin bien conformé ; il participe d'ailleurs à la mauvaise position et à la direction vicieuse de celui du côté où il y a ankylose. Ces os, du reste, relativement à leur force, leur grosseur, leur dureté, leur texture, etc., ne diffèrent pas des os de sujets jeunes et bien constitués.

Sur le bassin articulé, le sacrum paraît poussé vers le côté ankylosé ; sa face antérieure est aussi plus ou moins tournée de ce côté. La symphyse sacro-iliaque, ou plutôt les rudiments qui la représentent se trouvent presque immédiatement ou à très peu de distance sur le côté de l'angle sacro-vertébral. En même temps, la symphyse pubienne est entraînée du côté opposé, de sorte qu'elle ne correspond plus directement, mais obliquement à l'angle sacro-vertébral. Les deux pubis ne sont pas exactement affrontés ; celui du côté ankylosé est sur un plan un peu postérieur. L'arcade pubienne est plus rétrécie, et sa forme se rapproche de celle qui est propre au bassin de l'homme. La cavité cotyloïde du même côté est tournée plus en avant que dans un bassin bien conformé ; celle du côté non ankylosé regarde presque directement au-dehors. Les tubérosités ischiatiques ne sont pas non plus sur le même plan que celles du côté ankylosé, mais sur un plan postérieur. La distance qui existe entre le promontoire et la région située au-dessus de l'une ou de l'autre cavité cotyloïde, et celle qui existe entre le sommet du sacrum, et l'une ou l'autre épine sciatique, ne sont pas égales des deux côtés ; elles sont plus petites du côté où il y a ankylose. La grande échancrure ischiatique est moins large ; elle est convertie en une large fente dans les cas où l'atrophie de la moitié du sacrum est considérable. Le bassin est rétréci obliquement, c'est-à-dire dans la direction du diamètre qui croise celui qui, du point de l'ankylose, s'étend à la cavité cotyloïde du côté opposé, tandis que ce dernier diamètre, au contraire, n'est point diminué, et offre même, quand le vice de conformation est considérable, plus d'étendue que dans l'état normal. Le détroit supérieur du bassin présente alors, vu par devant, un ovale placé obliquement ; il en est de même du plan de la partie moyenne de l'excavation. Le petit diamètre de cet ovale n'est autre chose que le petit diamètre oblique du détroit supérieur et de l'excavation, tandis que son grand diamètre correspond à l'autre diamètre oblique. M. Naegelé termine en faisant remarquer que, sur les deux cas qu'il a observés, les vertèbres lombaires sont droites ; que dans les autres, il y a inclinaison des vertèbres de la région lombaire vers le côté ankylosé. Dans tous les bassins qu'il possède, et sur lesquels il existe des vertèbres lombaires, la face antérieure du corps de ces vertèbres est plus ou moins tournée du côté où existe l'ankylose. Pour rendre les généralités qui précèdent plus faciles à saisir, je vais rappeler les principaux traits d'un exemple particulier qui nous montre un bassin oblique ovalaire vicié au plus haut degré.

Sous le n° 4, M. Naegelé donne la description d'un bassin oblique-ovalaire qui se trouve dans le musée de l'hospice de la Maternité de Paris. Le cas s'y était présenté en 1822. La femme, âgée de vingt ans, était primipare, grande, forte, et, suivant toutes les apparences, bien conformée. Elle était en travail depuis quatre jours, et les eaux étaient écoulées depuis quarante-huit heures, lorsqu'elle fut amenée à la Maternité, où elle mourut non délivrée, pendant les tentatives faites pour perforer le crâne du fœtus.

Sur ce bassin, c'est la symphyse sacro-iliaque gauche qui est ankylosée et la moitié gauche du sacrum mal conformée ; le sacrum est porté à gauche et la symphyse des pubis à droite. Le sacrum est composé de cinq pièces ; sa face antérieure est peu concave de haut en bas, sa hauteur de la base au sommet est de 11 centimètres (4 pouces), sa plus grande largeur de 76 millimètres (2 pouces 10 lignes); du milieu du promontoire à la symphyse sacro-iliaque droite, on trouve 59 millimètres (2 pouces 2 lignes), du même point à la symphyse sacro-iliaque gauche ankylosée 29 millimètres (1 pouce 1 ligne). Le développement imparfait de la moitié gauche du sacrum existe à un très haut degré ; il n'y a point de traces des apophyses transverses des trois premières vertèbres sacrées ; le corps de la première se confond sans intermédiaire avec l'os iliaque gauche. La place qui correspond à cette fusion des deux os est sans saillie aucune, et rien absolument n'indique qu'ils aient été à une époque antérieure distincts l'un de l'autre. L'os iliaque gauche mesure de l'épine iliaque antéro-supérieure à la postéro-supérieure 14 centimètres (5 pouces 3 lignes), le droit 16 centimètres (6 pouces). Du sommet du sacrum à l'épine sciatique gauche, 27 millimètres (1 pouce), à l'épine sciatique droite, 63 millimètres (2 pouces 4 lignes).

Du milieu du promontoire à l'épine iliaque antéro-supérieure gauche, 8 centimètres (2 pouces 11 lignes), et à celle du côté droit, 14 centimètres et demi (5 pouces 5 lignes); d'une épine iliaque à l'autre, 20 centimètres (7 pouces 5 lignes).

Détroit supérieur : diamètre obligé gauche, 137 millimètres (5 pouces 1 ligne); droit, 83 millimètres (3 pouces 1 ligne). Distance sacro-cotyloïdienne gauche, 40 millimètres (1 pouce 6 lignes); droite, 105 millimètres (3 pouces 11 lignes). Du promontoire à la symphyse des pubis, 114 millimètres (4 pouces 3 lignes).

Une ligne tirée de la partie moyenne de la surface articulaire de la base du sacrum directement en avant, coupe le pubis gauche au point de jonction du corps et de la branche horizontale.

Excavation : du point d'union de la seconde et de la troisième vertèbre sacrée à la partie moyenne de la symphyse des pubis, 126 millimètres (4 pouces 8 lignes); d'une cavité cotyloïde à l'autre, 94 millimètres (3 pouces 6 lignes); d'une épine sciatique à l'autre, 60 millimètres (2 pouces 3 lignes).

Détroit inférieur : du sommet du sacrum à la partie inférieure de la symphyse pubienne, 126 millimètres (4 pouces 8 lignes); d'une tubérosité sciatique à l'autre, 76 millimètres (2 pouces 10 lignes).

M. Naegelé a encore observé une autre espèce de bassin oblique-ovalaire, qui a tous les caractères de cette viciation, si ce n'est pourtant que, du côté où le sacrum est imparfaitement développé, il n'y a point d'ankylose de la symphyse sacro-iliaque, et que le fibro-cartilage existe comme à l'ordinaire. Il en rapporte quatre observations avec la description exacte des bassins. Le rétrécissement est porté un peu moins loin que dans la plupart des cas où il y a, avec atrophie de la moitié du sacrum, ankylose de la symphyse sacro-iliaque du même côté. M. Naegelé n'ose pas encore décider positivement si ces bassins doivent être considérés comme formant la transition qui conduit à la première espèce. Quoi qu'il en soit, ils doivent en être rapprochés non seulement par les caractères, mais encore vraisemblablement pour la cause.

Le nombre assez considérable de bassins obliques-ovalaires rassemblés par M. Naegelé doit conduire à faire admettre que cette espèce de viciation du bassin n'est pas très rare, et qu'elle mérite autant de fixer l'attention des praticiens que les autres espèces. Il est facile de concevoir qu'elle a souvent dû passer inaperçue. L'homme n'en est pas exempt, puisque, sur le nombre total, il existe deux bassins d'homme, un rétréci obliquement avec ankylose, et un sans ankylose de la symphyse sacro-iliaque. Mais on peut à peine conclure que la femme y soit plus prédisposée que l'homme ; car, chez celui-ci, le hasard seul peut le faire reconnaître, tandis que, chez la femme, la mort qui suit un accouchement très laborieux ou impossible conduit souvent à l'examen attentif du bassin et à la connaissance de l'espèce de rétrécissement dont il est affecté. De là, sans doute, la grande proportion de bassins-obliques ovalaires appartenant à des femmes.

La cause de l'atrophie de l'une des moitiés du sacrum et de l'ankylose de la symphyse sacro-iliaque du même côté est fort obscure. On peut cependant affirmer que le rachitisme, l'ostéomalaxie, n'y sont absolument pour rien ; les inflammations aiguës ou chroniques y sont également étrangères; car les antécédents qui ont été recueillis sur un assez grand nombre de ces femmes éloignent toute idée d'affections de la nature de celles qui viennent d'être indiquées, soit pendant l'enfance, soit à une époque postérieure. On doit être conduit à admettre, avec M. Naegelé, comme l'opinion la plus vraisemblable, que cette vicieuse conformation résulte d'une anomalie de développement, et que la fusion des deux os est congéniale. L'arrêt de développement de l'une des moitiés du sacrum et la soudure de la symphyse sont-ils deux faits simultanés et inhérents? Les bassins obliques-ovalaires avec atrophie d'une moitié du sacrum sans ankylose semblent prouver, au moins exceptionnellement, que la première lésion peut exister sans entraîner nécessairement à sa suite la seconde ; car il semble impossible de séparer, même sous le point de vue de la cause originelle, ces deux variétés de bassin oblique-ovalaire. Cette espèce de viciation du bassin n'a pas, sous le rapport de la conformation extérieure, les conséquences qu'on pourrait supposer *à priori*. Les femmes qui en sont affectées paraissent bien conformées ; leur marche est naturelle et nullement gênée. Chez l'une, M. Naegelé crut reconnaître une légère claudication ; mais elle était si faible, que les assistants ne purent partager son impression.

On peut, d'après ce qui précède, se faire une idée des difficultés du diagnostic, puisque rien dans l'état général ne peut faire présumer un rétrécissement du bassin et mettre sur la voie d'une exploration. Dans aucun des cas cités par M. Naegelé, le rétrécissement du bassin n'a été reconnu avant l'accouchement. Ce qui a conduit à cette connaissance, c'est la difficulté du travail, c'est l'application infructueuse des ressources de l'art. Bien plus, l'application du compas d'épaisseur d'après le procédé ordinaire induirait nécessairement en erreur, et ferait croire à l'absence d'un rétrécissement, puisque le diamètre sacro-pubien, loin de diminuer, devient souvent plus étendu. M. Naegelé s'est proposé, par une opération complexe à l'aide du compas d'épaisseur, d'arriver sur le vivant au diagnostic du rétrécissement oblique-ovalaire ; il a pris des distances sur des points facilement accessibles et qui peuvent être aisément reconnus, pour les comparer avec les mêmes distances sur des bassins bien conformés et parfaitement symétriques. Sur ceux-ci, les distances devront être égales ou peu différentes, tandis que, dans les bassins obliques-ovalaires, elles seront assez grandes pour en tirer d'utiles lumières relativement au diagnostic. M. Naegelé a mesuré, dans ce but, sur huit bassins obliques-ovalaires les distances suivantes :

1° De la tubérosité sciatique d'un côté à l'épine iliaque postérieure et supérieure du côté opposé. Sur les huit bassins, la plus grande différence entre le côté droit et le côté gauche a été de 54 millimètres (2 pouces), la plus petite de 27 millimètres (1 pouce).

2° De l'épine iliaque antéro-supérieure d'un côté à l'épine

iliaque postéro-supérieure de l'autre côté. La plus grande différence, entre un côté et l'autre, a été de 51 millimètres (1 pouce 11 lignes), la plus petite de 27 millimètres (1 pouce).

3° De l'apophyse épineuse de la dernière vertèbre lombaire à l'épine iliaque antéro-supérieure de l'un et de l'autre côté. La plus grande différence, entre chaque côté, a été de 35 millimètres (1 pouce 4 lignes), la plus petite de 18 millimètres (8 lignes).

4° Du grand trochanter d'un côté à l'épine iliaque postéro-supérieure du côté opposé. La plus grande différence a été de 42 millimètres (1 pouce 7 lignes), la plus petite de 27 millimètres (1 pouce).

5° Du milieu du bord inférieur de la symphyse des pubis à l'épine iliaque postéro-supérieure de l'un et de l'autre côté. La plus grande différence a été de 27 millimètres (1 pouce), la plus petite de 15 millimètres (7 lignes). Nous montrerons, en traitant de l'application des pelvimètres à l'extérieur sur le vivant, ce que l'on peut attendre de cette méthode pour le diagnostic du vice de conformation en question, et pour quelques autres. *Voyez* iiie section.

Les conséquences de la parturition, dans les cas de rétrécissement oblique-ovalaire, ont été des plus fâcheuses. Ceux assez nombreux que M. Naegelé a pu connaître avec des détails suffisants nous montrent que la mort de la mère et de l'enfant en a toujours été la suite, excepté dans un seul. Lorsque le forceps a suffi pour extraire le fœtus sans le mutiler, l'opération a été si meurtrière qu'elle est devenue funeste à l'enfant et à la mère. Dans plusieurs cas, la perforation du crâne n'a pu garantir celle-ci; enfin, quelques unes sont mortes sans être délivrées. Je vais donner quelques détails sur le cas où l'accouchement a pu se terminer heureusement, afin de mettre à même de juger dans quelle limite le rétrécissement oblique-ovalaire peut permettre un accouchement spontané. Il s'agit d'une femme dont le bassin fait partie du musée de la maison d'accouchement de Giessen, qui avait accouché plusieurs fois par les seuls efforts de la nature, et même sans beaucoup de difficultés, bien que les enfants fussent à terme.

C'est la symphyse sacro-iliaque gauche qui est ankylosée, et la moitié gauche du sacrum imparfaitement développée : du milieu de l'angle sacro-vertébral à la symphyse sacro-iliaque gauche 36 millimètres (1 pouce 4 lignes), à la symphyse sacroiliaque droite, 64 millimètres (2 pouces 4 lignes).

Détroit supérieur : diamètre oblique gauche 139 millimètres (5 pouces 2 lignes) ; diamètre oblique droit 94 millimètres

(3 pouces 6 lignes); distance sacro-cotyloïdienne gauche 102 millimètres (3 pouces 9 lignes 1/2); droite, 105 millimètres (3 pouces 11 lignes), du promontoire à la symphyse pubienne 104 millimètres (3 pouces 9 lignes). Une ligne tirée du milieu de la surface articulaire de la base du sacrum, directement en avant, couperait le pubis gauche à l'union du corps avec la branche horizontale.

Excavation : de l'union de la seconde avec la troisième pièce du sacrum au milieu de la symphyse pubienne 123 millimètres (4 pouces 7 lignes); du fond d'une cavité cotyloïde à l'autre 112 millimètres (4 pouces 2 lignes); d'une épine sciatique à l'autre 97 millimètres (3 pouces 7 lignes 1/2).

Détroit inférieur : du sommet du sacrum au bord inférieur de la symphyse pubienne 128 millimètres (4 pouces 9 lignes); d'une tubérosité sciatique à l'autre 94 millimètres (3 pouces 6 lignes). La femme à laquelle avait appartenu ce bassin s'était toujours bien portée ; elle était de taille moyenne ; et, autant qu'on pouvait en juger par une exploration attentive, elle était bien conformée. Elle était accouchée deux fois, la première fois à l'âge de vingt ans, lorsqu'en 1820 elle fut reçue, vers la fin de sa grossesse, dans la maison d'accouchement de Giessen. Par la suite, elle vint encore faire quatre fois ses couches dans le même établissement.

A l'exception de son avant-dernier accouchement, qui, à cause de la faiblesse des douleurs, avait été terminé par le forceps, tous les autres avaient été naturels, et s'étaient accomplis sans beaucoup de difficultés. Chaque fois elle était allée jusqu'à terme, et tous ses enfants étaient nés vivants et bien constitués. Le troisième, né en 1820, était une fille qui pesait 6 livres 3 onces 1/2; le quatrième, une fille également, pesait 6 livres 6 onces; le cinquième, un garçon, pesait 7 livres 15 onces, et le dernier, également un garçon, 7 livres 8 onces. A son quatrième accouchement et à son dernier (1834), dont la marche et l'issue paraissent avoir été suivies avec soin, la tête s'engagea et traversa le bassin dans la position la plus favorable à son expulsion, eu égard à la viciation du bassin, c'est-à-dire avec l'occiput dirigé en avant et à droite. A la suite de son dernier accouchement, qui, une fois la poche des eaux rompue, se termina assez vite, la femme éprouva, au quatrième jour, un refroidissement qui fut suivi d'une inflammation du bas-ventre à laquelle elle succomba au bout de trois semaines.

La forme régulière que prend le bassin oblique-ovalaire en se déformant et en se rétrécissant, n'altérant pas d'une manière très sensible les rapports de capacité entre les diverses parties du canal pelvien, il en résulte que l'étroitesse, par rapport à la tête du fœtus, commence par le détroit inférieur qui a peu à perdre en étendue, soit dans un sens, soit dans l'autre, sans apporter des obstacles au passage d'un fœtus à terme. Une étendue suffisante entre les tubérosités sciatiques, pour permettre à la tête de passer, doit faire supposer que le détroit supérieur et l'excavation ont une capacité plus que suffisante, et que si la tête y est retenue, c'est plus par sa mauvaise position, eu égard à la forme du bassin, que par défaut de capacité. Si, au contraire, engagée dans la position la plus favorable, elle reste au-dessus du détroit supérieur par un défaut réel de proportion, la disproportion devra être telle, au détroit inférieur, qu'il ne doit rester d'autres chances de délivrer la femme que l'opération césarienne ou la mutilation du fœtus, les avantages de la symphyséotomie, à cause de l'ankylose de la symphyse sacro-iliaque, devenant problématiques. Ainsi, dans les premiers degrés du rétrécissement oblique-ovalaire, la descente de la tête du fœtus peut n'être que médiocrement gênée ; à un degré un peu plus considérable, elle est ralentie, mais elle peut encore être déterminée par les seules forces de l'organisme ou à l'aide du forceps. Au même degré de rétrécissement, il peut arriver que le bassin soit primitivement grand ou petit, et que les chances d'une terminaison heureuse soient augmentées ou diminuées par cette circonstance. La tête en descendant doit prendre une direction en rapport avec la nouvelle forme du bassin ; et, sous ce rapport, elle peut se trouver dans une position favorable ou défavorable. Elle sera dans une position défavorable si le diamètre fronto-occipital correspond au diamètre oblique rétréci ; elle le deviendra encore davantage si l'occiput, au lieu de correspondre à la cavité cotyloïde, correspond à la symphyse sacro-iliaque, car la forme du bassin devra s'opposer au mouvement de rotation qui doit ramener en avant dans l'excavation la partie postérieure de la tête ; si la tête s'engage dans le détroit inférieur en conservant sa position primitive, aux obstacles dus à la mauvaise position viendront se joindre ceux qui proviennent des rétrécissements de ce détroit. Les mêmes difficultés n'existeront pas si elle se présente dans la direction du grand diamètre oblique, l'occiput tourné vers la cavité cotyloïde. C'est le but qu'on devra s'efforcer d'atteindre, si on est conduit à pratiquer la version dans un cas de rétrécissement oblique-ovalaire.

IV. *Bassin vicié consécutivement aux luxations coxo-fémorales congéniales, accidentelles, à l'amputation d'une cuisse.* Je traite ici de cette espèce peu commune de rétrécissement, parce que le bassin, en se déformant et en se resserrant sous l'influence de ces causes, conserve, comme dans les espèces précédentes, une certaine régularité, et prend une forme particulière à ce genre de viciation.

Des observations assez nombreuses prouvent que le bassin se déforme et se rétrécit à la suite des luxations originelles de la tête du fémur. Le même phénomène a lieu à la suite de la luxation accidentelle survenue dans le jeune âge, et non réduite. Madame Lachapelle, Herbiniaux, ont noté un effet semblable chez des femmes qui, dans leur enfance, avaient subi l'amputation de la cuisse. M. Sédillot a établi et étudié avec beaucoup de soin les modifications que subit le bassin consécutivement aux luxations originelles de l'articulation coxo-fémorale. C'est principalement d'après les observations de cet auteur que nous allons les faire connaître. Ces modifications se rapportent à un arrêt de développement dans le coxal correspondant à la luxation ou à la cuisse amputée, et à une déformation de l'os, qui en entraînent d'autres sur le sacrum, le coccyx, et sur l'iliaque opposé.

L'atrophie ou l'arrêt de développement est surtout manifeste lorsque la lésion ancienne n'existe que d'un seul côté. la comparaison avec le côté opposé la fait ressortir davantage. Le coxal est un peu plus court et plus petit que l'autre; dans le cas de luxation, la cavité cotyloïde est considérablement réduite; une nouvelle beaucoup moins profonde que dans l'état naturel, quelquefois peu marquée, s'est formée dans le point correspondant à la tête du fémur. Plus ces phénomènes sont prononcés, plus l'atrophie de la totalité de l'os est sensible. Le raccourcissement de la portion du coxal qui forme le canal pelvien changeant les repos des pubis, tend à redresser en avant sur l'os atrophié la ligne innominée, et à la rendre plus courbe sur l'autre, de manière à repousser la symphyse pubienne vers ce côté, et à donner à un très faible degré au bassin la forme oblique-ovalaire. Mais ce n'est pas là la cause principale de la déformation : après l'amputation de la cuisse, par exemple, le membre artificiel ne pouvant prendre son point d'appui que sur l'ischion, change les conditions de pression dont le bassin est le siége. Chez une femme âgée de dix-huit ans, observée par madame Lachapelle, le détroit supérieur s'était réduit à la moitié de son étendue, du côté droit seulement, et déjeté en totalité du côté opposé, vers la cuisse gauche, qui avait été amputée quatre ans auparavant. Il est à regretter que cette observation manque de détails. Les effets de la pression sont encore plus manifestes à la suite de la luxation congénitale ; la fosse iliaque est redressée, et plus particulièrement vers sa partie moyenne qui correspond à la nouvelle articulation ; la ligne innominée, avec la portion osseuse située au-dessous, est aussi redressée, tandis que la tubérosité de l'ischion, avec sa branche ascendante, est, au contraire, portée en dehors ; la dernière pièce du sacrum et le coccyx sont un peu entraînés en avant et de côté, et prennent une courbure plus prononcée. M. Sédillot a parfaitement fait ressortir la cause de ces modifications, et a montré qu'elles étaient la conséquence de la position vicieuse du fémur sur la fosse iliaque externe. L'écartement en dehors du membre luxé porte la tête du fémur contre la fosse iliaque évasée en dehors, et tend à la redresser et à la porter en dedans. La portion du coxal qui concourt à former le détroit supérieur obéit à cette action de la tête du fémur, mais à un moindre degré que la fosse iliaque, qui subit plus directement la pression. Le fémur, en remontant dans la fosse iliaque externe, tire fortement dans ce sens les muscles qui l'entourent, et principalement ceux qui se portent de la tubérosité sciatique à son extrémité supérieure : les muscles carrés jumeaux, obturateurs internes, poussent et tirent l'ischion en dehors; les fibres inférieures de l'obturateur externe, celles des adducteurs, la partie interne de la capsule articulaire, agissent de la même manière sur la branche correspondante de l'arcade pubienne. L'écartement de l'ischion et la tension des ligaments sacro-sciatiques entraînent en avant la partie la plus inférieure de la colonne sacro-coccygienne. Le poids du corps, dans la station, est donc l'agent principal de ces diverses déformations. La déformation porte principalement sur un des côtés du bassin. Au détroit supérieur, et dans l'excavation, le diamètre transverse est rétréci ; il en est de même du diamètre oblique du côté de la luxation; le diamètre antéro-postérieur reste le même, ou est sensiblement allongé, tandis qu'au détroit inférieur c'est le diamètre transverse qui est agrandi, et le diamètre antéro-postérieur qui est raccourci. On conçoit facilement que lorsque la luxation n'existe que d'un côté, le rétrécissement est peu considérable, et ne paraît pas de nature à mettre un obstacle très sérieux à l'accouchement; mais on peut craindre qu'il n'en soit plus de même dans les cas de luxation double, lorsque la déformation et l'atrophie ont porté sur les deux coxaux. Nous allons en rapporter un exemple d'après M. Sédillot, afin de mieux préciser les caractères de la déformation et le degré de rétrécissement que peut éprouver le bassin.

Grand bassin : d'une épine iliaque antéro-supérieure à l'autre 204 millimètres (7 pouces 7 lignes); du milieu d'une crête iliaque au côté opposé 215 millimètres (8 pouces).

Détroit supérieur : diamètre sacro-pubien 105 millimètres (3 pouces 10 lignes); diamètre transverse 114 millimètres (4 pouces 1 ligne); diamètre oblique 105 millimètres (3 pouces 1 ligne).

Détroit inférieur : diamètre coccy-pubien 96 millimètres (3 pouces 4 lignes); diamètre transversal 135 millimètres (5 pouces); diamètre oblique 120 millimètres (4 pouces 5 lignes).

Base de l'arcade pubienne prise au niveau du bord inférieur du trou ovalaire 105 millimètres (3 pouces 10 lignes).

Profondeur de la concavité sacrée 30 millimètres (1 pouce 3 lignes).

Sur ce bassin, la viciation paraît régulière et symétrique. Mais elle peut être plus prononcée d'un côté que de l'autre. En général, elle est en rapport avec le degré d'organisation de l'articulation nouvelle. A en juger par le cas cité, qui paraît un de ceux où la viciation a été portée le plus loin sur les deux moitiés du bassin, on doit être porté à conclure qu'elle ne paraît pas de nature à mettre un obstacle absolu à l'expulsion du fœtus, à moins qu'elle ne se rencontre sur un bassin déjà primitivement petit. Au détroit supérieur, le rétrécissement portant sur le diamètre le plus grand peut être considérable, avant qu'il y ait défaut de proportion avec la tête du fœtus.

Au détroit inférieur, l'évasement transversal, auquel participe l'arcade du pubis, est favorable au passage du fœtus : cet avantage peut être compensé par la courbure plus prononcée de la dernière pièce du sacrum et du coccyx; mais comme ce dernier os est mobile et flexible, l'obstacle, s'il existait, serait surmonté sans trop de danger pour la mère et pour l'enfant. Les faits justifient les considérations qui précèdent : je ne connais pas de cas d'une semblable viciation qui ait exigé une opération sanglante sur la mère, ou la perforation du crâne du fœtus. Dans un cas observé par madame Lachapelle, une luxation non réduite du fémur avait déterminé le raccourcissement de l'ischion, l'évasement de l'arcade pubienne et le rétrécissement du détroit supérieur de ce côté seulement. La femme qui portait cette difformité est accouchée naturellement à l'âge de vingt-cinq ans. Chez celle dont le bassin s'était rétréci et déformé à la suite de l'amputation de la cuisse, l'accouchement a été spontané, mais lent et pénible. La métropéritonite qui a emporté ces deux femmes ne paraît pas avoir été déterminée par les difficultés du travail. Herbiniaux avait déjà signalé par des exemples les effets de l'amputation de la cuisse sur le bassin.

Des antécédents aussi positifs, des affections aussi faciles à constater, mettent sur la voie du diagnostic, et indiquent dans quel sens il faut diriger les moyens d'exploration.

V. *Bassin vicié par le rachitisme.* C'est l'espèce de viciation la plus commune. L'on peut facilement trouver, dans les collections publiques et particulières, des exemples de toutes ses variétés possibles ; par là, leur étude si importante est rendue plus facile. Mais jusqu'ici le rachitisme a été si mal connu, qu'une confusion inévitable, des erreurs nuisibles se retrouvent dans tous les écrits au sujet de ces viciations. Les travaux de MM. Bouvier et Guérin sur les déformations du squelette, sur leurs caractères, leurs causes, auront, pour une de leurs conséquences immédiates, de rendre moins confuse l'étude des viciations du bassin, de les faire distinguer plus facilement les unes des autres et d'apporter sur ce sujet de nouvelles vues pratiques importantes.

Les viciations rachitiques du bassin peuvent se rapporter : 1° à des altérations de dimension ; 2° de forme ; 3° de direction. Ces altérations sont quelquefois isolées, mais le plus souvent elles sont combinées. Les bassins des sujets rachitiques sont en général plus petits que ceux des autres individus. La plupart des observateurs n'ont fait attention qu'aux rétrécissements produits par les déformations des os ; cependant l'arrêt de développement n'avait pas été complétement inaperçu ; Levret le signale déjà ; il a surtout fixé l'attention de Stein neveu. M. P. Dubois, dans sa Thèse de concours (1834), dit que le rachitisme, quand il existe dans l'enfance, a deux modes d'action différents sur le bassin : l'un consiste dans le ramollissement et l'affaiblissement des os, l'autre dans une espèce d'arrêt de développement. Depuis, plusieurs auteurs en ont fait mention ; M. Burns est un de ceux qui en ont parlé de la manière la plus explicite. Mais il y a loin de ces simples notions à une étude complète, telle que l'a faite M. Guérin. Cet auteur admet que l'influence immédiate du rachitisme sur le système osseux se révèle par quatre ordres de faits différents : 1° sa déformation ; 2° sa réduction en longueur ; 3° une altération de son tissu ; 4° et un retard de la marche de l'ossification. Quant à ce qui concerne la réduction en longueur, il a trouvé que la plupart des os du squelette rachitique comparés aux os du squelette normal sont frappés d'un arrêt de développement par rapport à leurs différentes dimensions ; que cette réduction, indépendamment de celle qui résulte de la déformation de l'os, peut être portée jusqu'à la moitié de l'étendue ordinaire de l'os. Il a observé plusieurs exemples de rachitisme général très marqué, dans lesquels tous les os longs ont conservé une rectitude remarquable : le gonflement des épiphyses, la réduction en longueur des os longs ont été les seuls caractères physiques de la maladie. Les caractères suivants sont communs à la déformation et à la réduction en longueur ; toutes deux s'opèrent de bas en haut, et graduellement de haut en bas. Ainsi les os des jambes sont généralement plus courts ou plus difformes que les fémurs; ceux-ci un peu plus que les iliaques ; ces derniers plus que les os des membres supérieurs et du thorax. Viennent ensuite les vertèbres et les os du crâne, qu'il faut à peu près placer sur la même ligne. D'où l'on voit que les déformations isolées de la partie supérieure du tronc, de la colonne vertébrale, par exemple, sans la déformation des parties situées au-dessous, ne sont point dues au rachitisme, et les os du bassin y restent ordinairement étrangers. La réduction ou la déformation rachitique des os du bassin est accompagnée de la réduction ou de la déformation des membres inférieurs dans un degré qui est en rapport avec celui des fémurs, ou plutôt intermédiaire aux fémurs et aux humérus. Le sacrum, faisant partie de la colonne vertébrale, ne subit l'influence du rachitisme qu'à son plus haut degré de développement, tandis que les coxaux, par leur place, en sont atteints dès les premières époques. Ainsi nous aurons à examiner les effets du rachitisme à sa période de consolidation, sous le double point de vue de la réduction et de la déformation sur les os du bassin isolés, puis réunis; cela nous conduira à admettre plusieurs types de viciations rachitiques, dont la connaissance est la source d'indications précises.

1. *Bassin rachitique vicié par défaut de grandeur, sans déformation.* Cette viciation du bassin n'est pas, assurément, la plus commune; cependant il en existe un certain nombre d'exemples; nous la plaçons la première, pour procéder des formes simples aux compliquées. Elle présente deux variétés: dans l'une, les os iliaques seuls sont réduits ; dans la seconde, le sacrum et le coccyx participent à la réduction, parce que la maladie a parcouru toutes ses phases avant d'arriver à la consolidation. Tous ces os sont petits, minces, mais réguliers; quelquefois cependant ils sont fort épais, du moins dans leur partie spongieuse, parce que le gonflement primitif ne s'est pas complétement dissipé; dans quelques cas ce gonflement peut concourir à rétrécir le bassin. Ainsi réduit par arrêt de développement, il reproduit dans son ensemble les caractères du bassin avant la puberté. Cette réduction peut être portée jusqu'à la moitié de la grandeur ordinaire. M. Guérin possède un squelette qui représente exactement cette disposition; mais les degrés intermédiaires sont bien plus communs.

La réduction rachitique simple du bassin peut être portée beaucoup plus loin que dans les bassins simplement trop étroits, auxquels ils ressembleraient, sans les empreintes rachitiques des os et de l'ensemble de la constitution : ce sont des bassins de naines rachitiques dont les os ont conservé leur rectitude. On peut rapprocher de cette espèce, à titre de variété, les bassins rachitiques dont l'un des coxaux et les deux n'ont subi, malgré un arrêt de développement très notable, que des déformations peu prononcées, de sorte qu'ils ressemblent pour la forme beaucoup plus à des bassins réguliers d'enfant qu'à tout autre type de déformation. Les bassins rachitiques trop étroits, mais réguliers ou à peu près, donnent lieu aux mêmes considérations pratiques que les bassins simplement trop étroits sans maladie préalable : c'est aussi le détroit inférieur qui devient le premier relativement trop petit.

2. *Bassin rachitique vicié par arrêt de développement et par déformation.* C'est là le cas le plus commun : la réduction en grandeur à des degrés différents est presque constante, et il faut presque toujours en tenir compte ; quelquefois, cependant, elle est très peu marquée, comparativement à la déformation qui imprime alors des caractères particuliers au bassin. La déformation s'opérant en suivant un ordre jusqu'à un certain point régulier, il en résulte un certain nombre de formes assez tranchées, auxquelles se rattachent un grand nombre de variétés. Nous allons d'abord nous occuper des cas où le bassin est aplati dans le sens transversal et oblique, comme s'il avait été comprimé d'un côté à l'autre.

1° *Rétrécissement transversal ou oblique du détroit supérieur, avec évasement dans le même sens du détroit inférieur.* Les coxaux pressés entre le sacrum et les têtes des fémurs sont refoulés dans le sens d'une ligne qui s'étend des cavités cotyloïdes vers l'angle sacro-vertébral. Mais leur redressement ne se fait pas sur tous les points de leur étendue d'une manière régulière : ce sont les points

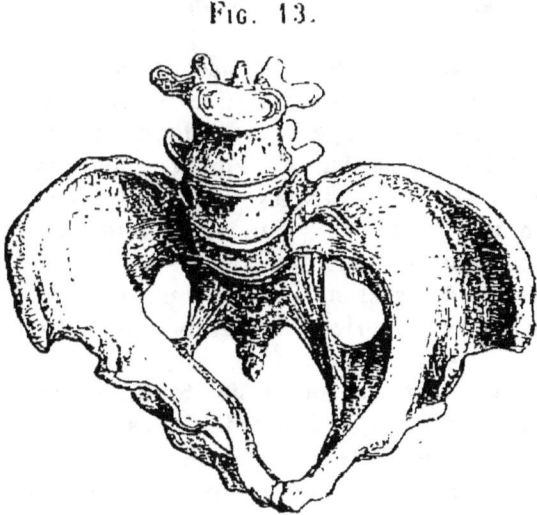

Fig. 13.

les plus faibles qui cèdent d'abord, ceux où l'ossification est tardive, c'est-à-dire à l'union de leurs diverses pièces. Le plus souvent, c'est au niveau de la cavité cotyloïde, suivant une ligne qui s'étend de la partie antérieure de la grande échancrure sciatique à la fin de la crête iliaque; il se fait dans ce point un redressement de l'os qui tend à porter vers l'angle sacro-vertébral la portion du coxal qui correspond à la cavité cotyloïde; en même temps l'extrémité pubienne de la ligne innominée est sensiblement élevée. Ce double changement survenu dans les coxaux détermine un mouvement de bascule qui rejette en dehors les ischions, et rend l'arcade des pubis plus évasée, mouvement favorisé, et peut-être même, dans quelques cas, produit par l'action des muscles qui s'insèrent à la tubérosité de l'ischion, aux branches de l'arcade des pubis. Il résulte de là que le détroit supérieur prend une forme triangulaire en perdant sa forme curviligne. Son inclinaison diminue, et les pubis forment en avant une saillie plus prononcée; les diamètres obliques et transverse du détroit supérieur ont plus ou moins perdu de leur étendue, tandis que le sacro-pubien a gagné. L'excavation s'est rétrécie dans le même sens. Le détroit inférieur présente une disposition inverse; l'écartement des ischions l'a agrandi transversalement. Il n'est pas rare de trouver ce détroit aussi grand, et même plus grand qu'à l'état normal, malgré la réduction générale qui résulte de l'arrêt de développement. La dernière pièce du sacrum et le coccyx sont plus ou moins entraînés avant, et le diamètre coccy-pubien est rétréci. Ce type de déformation rachitique est assez commun; c'est en quelque sorte le premier qui se manifeste, et il reste dominant, tant que le sacrum ne participe pas à la déformation.

La pratique a permis à presque tous les accoucheurs de constater les conséquences de ce genre de viciation, savoir, la difficulté ou l'impossibilité que le passage de la tête du fœtus rencontre si souvent au détroit supérieur seulement. Dans ces bassins, le rétrécissement, ayant lieu transversalement suivant les diamètres les plus longs, peut être porté assez loin avant de mettre obstacle à l'accouchement spontané.

L'on voit, en outre, que la section de la symphyse aura pour résultat de rendre au détroit supérieur un agrandissement considérable dans le sens des diamètres rétrécis.

Cet aplatissement transversal est loin d'être toujours parfaitement régulier et symétrique; le redressement des os iliaques peut être fort inégal et même n'être très manifeste que sur l'un des os. Dans ce cas, les pubis sont inégalement saillants et déjetés vers le côté le moins déformé, de manière que la symphyse pubienne ne correspond plus exactement à la ligne médiane [fig. 13]. Mais, malgré ces particularités, on retrouve encore les caractères généraux du type de la déformation que nous venons de décrire.

2° Rétrécissement transversal du détroit supérieur et du détroit inférieur. A une phase plus avancée de la maladie, les coxaux subissent de nouvelles déformations qui altèrent encore davantage la forme du bassin : les branches horizontales du pubis se courbent au niveau de la gouttière obturatrice, de manière que la portion pubienne tend à se porter en avant, et quelquefois même presque directement, au point de former un angle aigu derrière la symphyse des pubis. Les branches ascendantes de l'ischion subissent une inflexion semblable vers le milieu de leur longueur. Cette disposition tend à rapprocher les deux ischions l'un de l'autre, rétrécit l'arcade des pubis, et déforme le détroit supérieur, l'excavation et le détroit inférieur dans le sens transversal. Il existe, au musée Dupuytren, un bel exemple de cette déformation [fig. 14] : les branches horizontales des pubis sont parallèles dans l'étendue de 58 millimètres (2 pouces 2 lignes), et forment derrière la symphyse des pubis une gouttière profonde et étroite. Le diamètre sacro-pubien agrandi a 121 millimètres (5 pouces 6 lignes), l'oblique 94 millimètres (3 pouces 6 lignes), le transverse 99 millimètres (3 pouces 8 lignes).

Au détroit inférieur, le diamètre antéro-postérieur a 94 millimètres (3 po. 6 l.), le bis-ischiatique 67 millimètres (2 po. 6 l.).

C'est encore la forme triangulaire avec l'angle qui correspond au pubis très étroit. Il existe un troisième point où les iliaques se ploient ; c'est presque immédiatement au-devant de leur articulation avec le sacrum, suivant une ligne qui s'étend de la partie la plus élevée de la grande échancrure sciatique au tiers postérieur de la crête iliaque. Cette déformation est presque toujours associée aux précédentes, et tend à donner au bassin une forme triangulaire plus tranchée. Ces déformations sont souvent plus prononcées d'un côté que de l'autre, sans que cela change d'une manière essentielle le résultat. En parlant des déformations des coxaux, nous avons omis celles de la portion iliaque, parce qu'elles n'entrent pour rien dans le rétrécissement des passages : disons cependant que les fosses iliaques sont tantôt redressées également ou inégalement, tantôt planes et presque horizontales ; quelquefois elles sont très irrégulièrement contournées ; cette connaissance peut être utile pour se faire une idée de la déformation de la cavité abdominale chez les sujets rachitiques, et pour apprécier la forme du bassin à l'extérieur.

3. *Rétrécissement antéro-postérieur combiné à des degrés différents avec le rétrécissement oblique peu ou très prononcé.* Jusqu'à présent nous avons considéré le sacrum comme étranger aux déformations rachitiques du bassin. C'est qu'en effet, dans un grand nombre de cas, il y reste étranger, et n'y prend part que lorsque l'affection a envahi la colonne vertébrale, c'est-à-dire lorsqu'elle a parcouru toutes ses phases sans s'arrêter.

1° *Bassin rétréci par la projection de l'angle sacro-vertébral directement en avant.* Le sacrum ramolli, pressé entre les coxaux et la colonne rachidienne, s'écrase, se courbe davantage ; sa base s'incline en avant et assez souvent, en même temps, à droite ou à gauche, et son sommet se porte en arrière autant que le permettent les ligaments sacro-sciatiques. Mais comme cette projection en arrière est toujours assez bornée, le sacrum se ploie quelquefois au niveau de l'union de ces deux dernières pièces, ou de l'avant-dernière, de manière à présenter une excavation plus ou moins profonde vers sa partie inférieure, ou même un coude à angle droit. A ces influences passives peut s'ajouter l'action active des muscles psoas et iliaques, qui tend à produire des résultats à peu près semblables. Il est facile de prévoir les formes que peuvent donner ces divers états du sacrum. L'angle sacro-vertébral projeté en avant rétrécit plus ou moins le diamètre sacro-pubien et les distances sacro-cotyloïdiennes. Le diamètre correspondant du détroit inférieur est souvent agrandi. Il est des cas, cependant, où la partie infé-

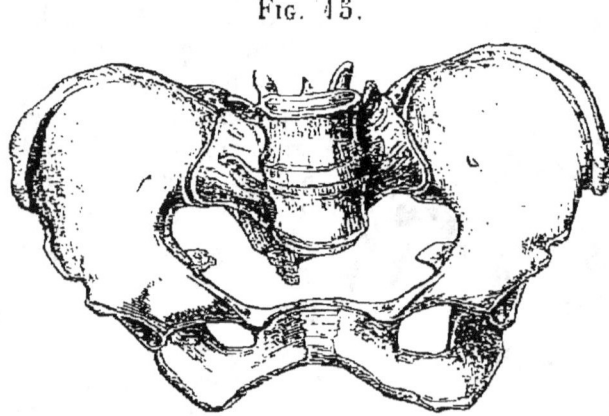

Fig. 15.

rieure du sacrum est même restée plus fortement recourbée en avant; alors le détroit supérieur et le détroit inférieur sont rétrécis dans la même direction. Nous avons déjà mentionné, pour les cas où la déformation porte principalement sur les coxaux, des altérations sensibles dans la direction de l'axe du bassin, mais ici elles prennent une étendue plus considérable. Il arrive quelquefois, lorsque la déformation est portée très loin, que le corps de la cinquième ou même de la quatrième vertèbre lombaire a pris la place du promontoire. La projection en avant de la base du sacrum et de la dernière lombaire coïncide ordinairement avec l'une des formes de viciation résultant de la déformation et de l'arrêt de développement des coxaux, de manière à présenter tous les caractères, toutes les formes de la viciation rachitique; mais la saillie du promontoire en avant paraît le fait dominant, et l'est réellement sous le point de vue de l'accouchement. Les expressions de bassin *trilobé*, *cordiforme*, pour indiquer la forme de ces bassins, employées par les auteurs, sont souvent fort justes. On l'a appelé *réniforme* dans les cas où il semble avoir été déformé par une double pression dans la direction antéro-postérieure. [Fig. 15.]

2° *Bassin rétréci par la projection du promontoire en avant et de côté.* Dans un assez grand nombre de cas, le promontoire est poussé en avant et en même temps déjeté à gauche ou à droite, de manière à être dirigé vers l'une des cavités cotyloïdes. D'un côté, la distance sacro-cotyloïdienne est plus ou moins considérablement réduite, tandis qu'elle s'est accrue de l'autre dans la même proportion. Comme l'espèce précédente dont elle n'est qu'une variété, elle est ordinairement combinée avec l'une des formes précédentes.

Dans le type des viciations rachitiques du bassin que nous venons d'étudier, où le rétrécissement antéro-postérieur de l'entrée du bassin prédomine, les conséquences, sous le rapport de l'accouchement, sont généralement plus graves que dans le type opposé; car, de tous les diamètres du détroit supérieur, le sacro-pubien est celui qui peut le moins, sans inconvénient, perdre en étendue. Le rétrécissement du bassin dans cette direction, même à un faible degré, gêne plus ou moins l'expulsion du fœtus, et par cela même, il échappe rarement à l'observation. C'est pour cela qu'il paraît plus fréquent que le transversal et l'oblique, quoique dans la réalité il le soit moins. D'un autre côté, on voit clairement que les avantages de la section de la symphyse restent fort limités.

Dans les formes de viciations rachitiques du bassin qui viennent d'être établies, nous avons vu la déformation se faire dans la direction des causes productrices. Les coxaux, le sacrum, sous la pression du bassin, entre le tronc et les fémurs, se redressent, se ploient là où ils sont plus faibles, et où ils ont été le plus tardivement envahis par l'ossification.

Le poids du tronc étant principalement transmis sur les fémurs par le cercle osseux qui forme l'entrée du bassin, les diverses inflexions de coxaux qui ont pour effet de rapprocher les crêtes iliaques, de resserrer l'entrée du petit bassin, tendent, au contraire, à écarter les ischions, à évaser la base de l'arcade du pubis, de manière à agrandir transversalement le détroit inférieur. L'affaissement, la flexion plus grande en avant de la partie supérieure du sacrum sous la pression directe du tronc, tendent également à faire basculer son sommet en arrière; de sorte que le rétrécissement du détroit supérieur, par déformation rachitique, tout en altérant d'une manière très prononcée la forme du détroit inférieur, donne souvent plus d'étendue à ses diamètres. On peut même les trouver aussi grands que dans un bassin normal, ou pas très sensiblement plus petits, lorsque la réduction en longueur, en épaisseur des coxaux a été portée assez loin. Il serait difficile de trouver un bassin véritablement rachitique, dont la réduction de ses principaux diamètres dépendrait principalement de la déformation des os, conserver au détroit supérieur et dans l'excavation assez de capacité pour livrer passage au fœtus à terme, tandis que le détroit inférieur serait relativement trop petit.

4. A la suite des considérations qui précèdent, il importe beaucoup de rappeler qu'en parlant de quelques unes des formes des bassins rachitiques, nous avons déjà cité quelques cas qui font exception aux règles précédentes, comme le rapprochement des ischions et des branches de l'arcade des pubis coïncidant avec le refoulement des cavités cotyloïdes, et le resserrement des diamètres obliques et transverses du détroit supérieur; la projection en avant de la base du sacrum, avec une flexion très prononcée du sommet dans le même sens, de manière à rétrécir à la fois le diamètre antéro-postérieur, et au détroit supérieur et au détroit inférieur, tandis que l'excavation conserve dans le même sens une grande étendue.

S'il est avantageux de suivre, comme nous l'avons fait, les déformations rachitiques du bassin dans les formes qu'elles prennent sous l'influence des causes productrices, il ne l'est pas moins, dans l'intérêt de la vérité et de la pratique, de signaler les exceptions, et de montrer les cas qui sont en contradiction avec ces lois de déformation; c'est ce qui arrive surtout lorsque les viciations de bassin sont portées à un très haut degré. Nous citerons avec quelques détails un cas rapporté par M. Naegelé, parce qu'il nous montre, en outre, le rétrécissement le plus considérable qu'on ait observé sur un bassin rachitique. Les os de ce bassin, ainsi que les trois vertèbres lombaires qui y sont attachées, sont peu développés et de cette structure mince, grêle, délicate, qui est propre aux sujets rachitiques.

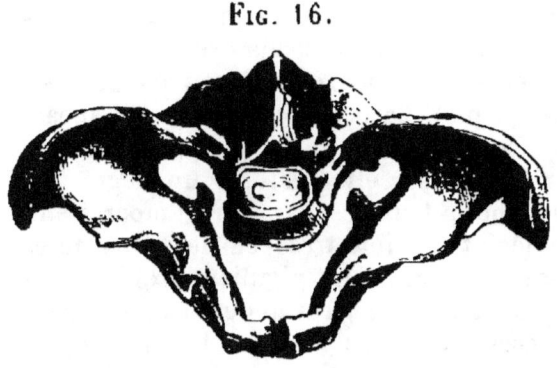

Fig. 16.

De l'épine iliaque antérieure et inférieure à la partie postérieure de la ligne innominée des deux côtés, 54 millimètres (2 po.); de la tubérosité sciatique à la partie la plus élevée de la crête iliaque, à droite, 162 millimètres (6 po.); à gauche, 150 millimètres (5 pouces 7 lignes), la dimension normale est de 200 millimètres (7 pouces 5 lignes). De la tubérosité sciatique au point de la ligne iléo-pectinée qui correspond à l'union du corps avec l'os des iles, à droite 81 millimètres (3 pouces), à gauche 79 millimètres (2 pouces 11 lignes). La tubérosité sciatique gauche est plus élevée que la droite; à gauche, la branche de l'ischion est plus recourbée qu'à droite. La hauteur de la symphyse des pubis est de 40 millimètres (18 lignes). Le sacrum et les vertèbres lombaires sont si déprimés, que le bord supérieur de la symphyse pubienne correspond à la partie moyenne du corps de la quatrième vertèbre lombaire. La courbure du sacrum commence à sa troisième pièce; elle est si considérable, que la distance entre le point d'union de la première et de la seconde vertèbre lombaire est de 33 millimètres (15 lignes) seulement. D'une épine iliaque antéro-supérieure à l'autre 231 millimètres (8 po. 7 l.).

Détroit supérieur : du corps du pubis droit au bord antérieur de la surface articulaire inférieure de la quatrième vertèbre lombaire, deux points qui se trouvent sur la même ligne horizontale 11 millimètres (5 lignes), même distance de l'autre côté 14 millimètres (6 lignes 1/2). Du bord supérieur de la symphyse pubienne au corps de l'avant-dernière vertèbre lombaire (ces deux points se trouvent sur le même niveau), 29 millimètres (1 pouce 1 ligne). Distance des branches horizontales des pubis, prise à peu près au niveau du point d'union avec le corps, 42 millimètres (1 pouce 7 lignes). Détroit inférieur : d'une tubérosité sciatique à l'autre, 39 millimètres (1 pouce 5 lignes 1/2); écartement le plus considérable des branches ascendantes des deux ischions, pris du point où elles se recourbent un peu en dehors, 29 millimètres (1 pouce 1 ligne). La personne à qui avait appartenu ce bassin était une femme de trente ans, haute de 1 mètre 38 centimètres (4 pieds 3 pouces); elle avait, à un degré très prononcé, depuis son enfance, tous les caractères propres aux sujets rachitiques. Elle devint enceinte très peu de temps après son mariage. Sa grossesse suivit un cours régulier jusqu'à la fin du huitième mois, époque à laquelle le travail de l'accouchement se déclara. Les eaux s'écoulèrent précipitamment; un peu plus tard le cordon ombilical s'échappa par la vulve. La saillie que faisait dans l'excavation la base du sacrum et les deux dernières vertèbres lombaires furent prises, pendant quelques instants, par deux accoucheurs expérimentés pour la tête du fœtus. Les dépressions au niveau des fibro-cartilages inter-vertébraux leur paraissaient être des sutures; mais le retard de l'accouchement et un examen plus complet leur firent connaître la vérité. L'opération césarienne fut pratiquée. Le placenta était détaché, et l'enfant paraissait avoir cessé de vivre assez longtemps avant l'opération. La malade mourut vingt-six heures après.

La douzième planche de l'Atlas de M. Moreau représente un bassin qui porte l'empreinte rachitique et dont la déformation s'éloigne beaucoup des formes ordinaires : les deux tubérosités de l'ischion et les branches de l'arcade des pubis sont fortement rapprochées; le promontoire et la courbure du sacrum sont moins prononcés qu'à l'état normal. L'entrée du bassin et l'excavation jusque vers sa partie inférieure sont régulières et amples : seulement elles représentent un ovale fort régulier et assez allongé dont la grosse extrémité est dirigée en arrière, et la petite en avant correspond aux pubis.

Détroit supérieur : diamètre sacro-pubien 121 millimètres (4 pouces 1/2); diamètre transversal, 108 millimètres (4 pouces); diamètres obliques, 114 millimètres (4 pouces 3 lignes).

Détroit inférieur : diamètre coccy-pubien, 94 millimètres (3 pouces 6 lignes); diamètre bis-sciatique, 45 millimètres (1 pouce 8 lignes); diamètre oblique droit 94 millimètres (3 pouces 6 lignes), gauche 81 millimètres (3 pouces); d'une épine sciatique à l'autre 49 millimètres (1 pouce 10 lignes); celle du côté gauche est plus rapprochée du sommet du sacrum que l'autre; l'arcade des pubis, mesurée au niveau du bord postérieur des trous sous-pubiens, 30 millimètres (1 pouce 4 lignes).

On trouve quelques bassins d'apparence rachitique sur lesquels le sacrum, au lieu d'être courbé, est droit et rétrécit l'excavation et le détroit inférieur. Le sacrum peut même présenter une convexité antérieure; le musée Dupuytren en fournit un exemple.

On a figuré des bassins sur lesquels le corps des pubis est refoulé vers l'angle sacro-vertébral, de manière à former un sinus ouvert en avant, et le détroit supérieur représente un 8 de chiffre placé en travers; mais il est vraisemblable que ces figures sont idéales. Il est bien entendu qu'il n'est pas ici question de ces bassins qui représentent plus ou moins le 8 de chiffre, par la projection de l'angle sacro-vertébral en avant, et par un médiocre refoulement du corps des pubis, avec l'évasement de l'arcade; ces bassins réniformes ne doivent pas être considérés comme une déviation sensible des déformations rachitiques ordinaires.

5. Ce n'est pas précisément sur la forme des viciations du bassin qu'on doit se fonder pour en constater la nature rachitique, mais sur les antécédents et sur l'ensemble de la constitution, qui conduisent à distinguer les déformations rachitiques de celles qui dépendent de toute autre cause. Il n'entre pas dans notre sujet de rechercher la cause du rachitisme : cette recherche ne nous conduirait d'ailleurs qu'à des hypothèses. Le véritable rachitisme est une maladie de l'enfance, débutant principalement vers l'âge de dix-huit mois à deux ans. D'après M. Guérin, toutes les espèces de ramollissements chez les adultes, toutes les difformités de la taille qui surviennent chez les jeunes filles, vers l'âge de la puberté, ne sont pas causées par le rachitisme et n'impliquent pas une viciation du bassin. Il faut donc se déshabituer de voir toujours, dans les déviations latérales, les incurvations de l'épine, des signes de rachitisme.

Sur soixante-neuf cas de déformation de l'épine dont M. Bouvier a donné la description, cinquante-sept offrent le bassin à l'état normal, et sont presque tous exempts d'altération des membres; douze sont accompagnés d'une déformation de cette cavité, et offrent des membres incurvés. Pour les distinguer de celles qui dépendent du rachitisme, il suffira de bien établir l'invasion et la marche de la maladie. D'après les observateurs cités, et en particulier d'après M. Guérin, le rachitisme de la colonne vertébrale est précédé des symptômes généraux du rachitisme, et en particulier des déformations des membres inférieurs. En conséquence, toutes les difformités de l'épine manquant de cet accompagnement, du moins dans l'immense majorité des cas, ne sont point de nature rachitique. Mais les affections à la suite desquelles divers points du système osseux peuvent se déformer, coexistent quelquefois avec le rachitisme. La simultanéité de ces affections que M. Guérin a rencontrées plusieurs fois n'implique pas l'identité de nature, et les caractères particuliers de chaque maladie peuvent être reconnus.

VI. *Bassin vicié par l'ostéomalaxie.* Le rachitisme, comme nous venons de le voir, n'est pas la seule maladie qui ait pour effet la déformation du squelette. Outre le rachis, le bassin en particulier est assez souvent le siège de déformations qui ne reconnaissent pas cette cause. L'état morbide des os qu'on a désigné par le nom d'ostéomalaxie paraît appartenir à des maladies fort différentes, mais qui ont pour résultat commun le ramollissement et la dégénérescence du tissu osseux : telles sont le cancer, la syphilis, le scorbut, le rhumatisme chronique, etc. La plupart des observations connues semblent du moins se rapporter à l'un de ces états et principalement au vice cancéreux. Mais il n'est pas possible, dans l'état actuel de la science, d'établir que l'ostéomalaxie ne soit pas véritablement une maladie spéciale. Quelle que soit du reste l'idée qu'on se fasse de la nature de ces altérations des os, il importe de constater leur rapport avec la grossesse et l'accouchement. L'ostéomalaxie semble plus fréquente en Angleterre que dans la plupart des autres pays ; ce qui dépend peut-être seulement d'une étude plus attentive. Suivant M. Burns, cette maladie est plus commune dans les villes manufacturières ; elle se développe après la puberté, et affecte généralement les femmes vers leur âge moyen. Elle se montre plus rarement chez les femmes qui ont eu des enfants que chez les autres, et commence quelquefois immédiatement après l'accouchement, mais plutôt pendant la grossesse, et s'accroît rapidement pendant cet état. M. Burns ajoute qu'elle débute généralement par des douleurs dans la région lombaire et dans la cavité pelvienne ; que dans quelques cas, ces douleurs ressemblent à celles du rhumatisme chronique, que la taille diminue graduellement, et que, la malade finit par tomber dans le marasme, sans qu'il soit possible d'arrêter les progrès du mal. Mais il est certain que, dans un assez grand nombre de cas, la maladie ne suit pas cette marche, que les os ramollis et consécutivement déformés passent, comme pour le rachitisme, à l'état de consolidation. Cette maladie peut être générale et affecter à un haut degré tous les os. La femme Supiot, dont le squelette a été réduit à 62 centimètres (23 pouces), en offre un exemple mémorable. Le plus souvent ses effets sont bornés à quelques uns, et principalement aux vertèbres et aux os du bassin. Mais les vertèbres, les os des membres, etc., peuvent être déformés, et ceux du bassin rester intacts ou à peu près. M. Capuron a vu une femme âgée de quarante ans qui, outre la plus bizarre contorsion des membres et l'inflexion de la colonne vertébrale, avait la poitrine enfoncée et le dos surmonté d'une saillie considérable, résultat d'une maladie essuyée à l'âge de dix-huit ans. Mariée depuis, elle avait eu six enfants, dont elle était accouchée sans la moindre difficulté. Une autre femme non moins bizarrement contrefaite, a accouché deux fois très naturellement dans l'amphithéâtre de M. Capuron. Celle-ci avait perdu sa bonne conformation à l'âge de douze ans. Quoique le bassin fût un peu vicié, il avait conservé son amplitude. Levret, qui avait des idées si justes sur les déformations du système osseux et en particulier sur celles des os du bassin, s'exprime ainsi : « Les femmes bossues et les boiteuses qui, dans leur jeunesse, n'ont pas subi de ramollissement dans les os, accouchent pour l'ordinaire aussi facilement que celles qui ne sont pas contrefaites ou claudicantes, si ces difformités ne leur sont survenues qu'après l'âge de puberté ; il est rare qu'il en arrive autant à celles à qui la claudication est arrivée en bas âge. »

Les coxaux peuvent être intacts ou à peine déformés, tandis que le sacrum a subi des modifications profondes, qu'il a été affaissé sur lui-même, que sa base a été portée en avant vers la symphyse des pubis, ou de côté vers l'une des cavités cotyloïdes. Il peut même arriver que le bassin ait conservé son amplitude, qu'il soit à peine déformé par l'affaissement de la base du sacrum, mais que la région lombaire fortement courbée en avant soit projetée sur l'entrée du bassin, de manière à s'opposer au passage de la tête du fœtus entre l'une des dernières vertèbres lombaires et la moitié antérieure du cercle pelvien. Si le ramollissement est limité à une portion des coxaux, la viciation peut être peu considérable. Les déformations du bassin par l'ostéomalaxie peuvent aussi n'être pas très étendues, mais en général elles sont plus prononcées que celles qui sont la suite du rachitisme. Ce n'est pas le cas ordinaire que l'ostéomalaxie reste limitée sur une partie et même sur un seul des os du bassin. Le plus souvent ils en sont tous affectés en même temps, ou au même degré, ou à des degrés différents ; et comme le ramollissement est plus prononcé que dans le rachitisme, les déformations prennent une étendue plus considérable. Les bassins excessivement rétrécis par déformation appartiennent, en général, à des sujets qui ont été affectés d'ostéomalaxie. C'est, comme dans le rachitisme, sous l'influence de la distribution du poids du tronc sur le bassin que se produisent les déformations ; mais comme le ramollissement est plus grand, les influences actives ou musculaires doivent avoir un effet plus marqué. On retrouve dans les déformations par l'ostéomalaxie du bassin toutes les formes de déformations rachitiques que nous avons signalées, mais avec cette différence cependant que la régularité des formes est bien plus souvent troublée, et que les cas où il est impossible de suivre l'action des causes productrices, ceux qui semblent tout-à-fait en contradiction avec ces causes sont beaucoup plus nombreux. Dans les cas où le ramollissement a été porté très loin, il est vraisemblable que plusieurs parties du bassin ont été déformées par des pressions extérieures, dans le décubitus, etc. ; de là des formes inexplicables et en contradiction avec les causes productrices ordinaires. Ainsi nous n'indiquerons pas pour l'ostéomalaxie des formes spéciales de déformation du bassin, elles rentrent sous ce rapport dans les formes rachitiques ordinaires, et plus souvent encore dans les formes exceptionnelles. L'arrêt de développement dans le rachitisme est plus que compensé par la déformation des os en général plus considérable dans l'ostéomalaxie. D'ailleurs, dans cette dernière maladie, il y a aussi, assez souvent réduction dans la longueur des os. Par son affaissement sur lui-même, le sacrum devient plus court qu'à l'état normal; l'arc que forment les coxaux et plusieurs autres points du bassin peuvent être refoulés et réduits dans leur longueur, et leur volume semble alors avoir augmenté.

Dans le cas où le rétrécissement du bassin n'est survenu qu'après plusieurs accouchements spontanés et faciles, il ne peut guère venir à la pensée que le bassin soit vicié, surtout si l'ostéomalaxie s'est développée d'une manière latente, ou avec des symptômes peu tranchés, et sans déterminer des déformations extérieures évidentes. Les suites fâcheuses de l'accouchement, les opérations imprévues rendues nécessaires, pourraient être à tort attribuées à l'impéritie de l'accoucheur. M. Naegelé fut chargé en 1805, comme expert, de l'examen d'un cas dans lequel un accoucheur était publiquement accusé d'avoir pratiqué sans nécessité une opération césarienne dont l'issue avait été fatale. Beaucoup de circonstances, parmi lesquelles on citait les suivantes, savoir : que la femme était précédemment accouchée sans peine de cinq enfants forts, semblaient contredire hautement l'existence d'un rétrécissement assez considérable pour avoir nécessité l'opération césarienne. Le sixième enfant était venu mort: c'est au septième que l'opération césarienne fut pratiquée. Le cadavre de la femme fut exhumé trois mois après la mort, et offrit le bassin le plus rétréci par ostéomalaxie qui ait jamais attiré l'attention des accoucheurs. L'excessive déformation des os s'était produite dans un très court espace de temps, et leur tissu avait repris, à l'époque de l'accouchement, la consistance ordinaire. La distance qui s'étend de la branche horizontale du pubis gauche enfoncé vers l'excavation, au corps de la quatrième vertèbre lombaire, qui se trouve en face et sur le même niveau, est de 5 mill. (2 l. 1/2); la même distance du côté opposé est de 14 mill. (6 l. 1/2); le sacrum est si recourbé sur lui-même, que sa hauteur n'est que de 36 millimètres (16 lignes); la paroi antérieure du bassin est dans son ensemble portée en haut, la postérieure en bas; c'est ce qui fait que le bord supérieur de la symphyse pubienne est au niveau du bord antérieur de la surface supérieure du corps de la quatrième vertèbre lombaire. Les côtés de l'arcade pubienne convergent en bas, au point qu'ils ne sont plus séparés en cet endroit que par un intervalle de 6 millimètres (3 lignes). Les os iliaques semblent avoir été comprimés d'avant en arrière, et présentent une gouttière dirigée de dehors en dedans et se terminant en bas par une pointe ou sommet aigu, semblable à un morceau de carton plié. Il en résulte que la distance de l'épine iliaque antérieure et inférieure au point de la crête iliaque diamétralement opposé en arrière, est à gauche de 63 millimètres (2 pouces 4 lignes); et à droite 67 millimètres (2 pouces 6 lignes), et qu'une ligne tirée d'une épine iliaque antérieure à l'autre, traverse la surface supérieure du corps de la troisième vertèbre lombaire dans sa moitié postérieure.

Chez une femme qui avait accouché sept fois naturellement, au huitième accouchement, Stein dut avoir recours au forceps à cause du rétrécissement du bassin. Le rétrécissement continuant à faire des progrès, au neuvième accouchement, il fut forcé de perforer le crâne; enfin au dixième, il fallut avoir recours à l'opération césarienne. Dans quelques cas d'ostéomalaxie, le ramollissement des os paraît excessif, et si l'accouchement a lieu avant qu'il se soit fait un travail de consolidation, les os peuvent céder et permettre le passage du fœtus. Weld s'étant aperçu, dans un cas d'ostéomalaxie, que tous les os du bassin étaient ramollis au plus haut degré, au lieu de pratiquer l'opération césarienne, comme il se l'était proposé, eut l'idée de porter la main dans l'utérus, et de retirer l'enfant par les pieds. L'extraction fut facile, les os prêtèrent comme s'ils eussent été membraneux.

Les caractères qui distinguent les bassins viciés par le rachitisme de ceux qui le sont par l'ostéomalaxie, ne peuvent point se tirer de la forme du rétrécissement ou de la déformation. C'est un point sur lequel M. Naegelé a beaucoup insisté, parce qu'une opinion contraire paraît assez répandue en Allemagne. Quoique l'on puisse dire, en général, que la déformation est plus étendue dans l'ostéomalaxie, qu'elle donne lieu à des formes moins constantes, moins régulières; que le rétrécissement a lieu souvent dans la direction des diamètres obliques et transverses, et qu'il porte à la fois sur le grand bassin, le détroit supérieur et l'inférieur, ce ne sont pas là des caractères constants qui puissent servir de signes différentiels. Les os du bassin étant ramollis, quelle qu'en soit la cause, la déformation, les rétrécissements dans divers sens, se font sous l'influence des mêmes causes productrices qui tendent à produire un certain nombre de formes. Les exceptions à ces formes sont déjà nombreuses pour le rachitisme, mais elles le sont bien davantage dans l'ostéomalaxie. Sur le squelette, l'arrêt de développement, la petitesse des os, la transparence des fosses iliaques, etc., peut bien faire distinguer le bassin vicié par le rachitisme, de celui qui l'est par l'ostéomalaxie; mais il s'agit d'arriver à cette connaissance sur le vivant, et c'est, comme nous l'avons dit, par les antécédents, par la marche de la maladie qu'on devra chercher à s'éclairer, et si de la connaissance de la cause de la déformation du bassin, on conclut la forme que doit représenter le rétrécissement et les points où il existe, c'est à titre de probabilité seulement.

VII. *Bassin vicié par la présence de tumeurs osseuses ou autres adhérentes à sa surface interne.* Ces tumeurs reconnaissent des causes différentes, et ne sont pas identiques dans leur nature; elles sont d'ailleurs peu communes, et les cas où elles ont mis obstacle à la parturition sont extrêmement rares.

1° *Tumeurs ou saillies résultant de la consolidation vicieuse de fractures.* On trouve au musée Dupuytren, un bassin dont la cavité cotyloïde droite a été enfoncée; le cal osseux qui réunit les fragments forme une tumeur arrondie, assez régulière, de plus de 40 millimètres (1 pouce 1/2) de saillie. La portion iliaque a été aussi fracturée au-devant de la symphyse iliaque, le fragment antérieur s'est porté en dedans et en arrière, et s'est consolidé dans cette position, de sorte que la saillie formée par la région cotyloïdienne se trouve très rapprochée du promontoire et du bord droit du sacrum.

2° *Tumeurs osseuses provenant de la carie des symphyses ou du corps des dernières vertèbres lombaires.* L'anatomie pathologique offre quelques exemples de dépôts osseux volumineux, irréguliers, formés au-devant de l'une des symphyses sacro-iliaques ankylosées; des productions de même nature s'étendent quelquefois de la cinquième ou de la quatrième lombaire cariée jusqu'à l'entrée du bassin. J'ignore si de pareilles tumeurs, de même que celles qui sont le résultat de fractures du bassin vicieusement consolidées se sont rencontrées chez des femmes qui soient devenues enceintes.

3° *Saillie, dans le bassin, du fibro-cartilage inter-pubien*. Le fibro-cartilage inter-pubien forme quelquefois à l'intérieur du bassin une saillie verticale, proéminente et tranchante, qui peut mettre obstacle à l'accouchement, surtout si cette disposition existe avec d'autres viciations. M. Burns a vu dans un cas semblable la vessie et le col de l'utérus déchirés pendant le travail.

4° *Exostoses*. On rapporte à cette cause un assez grand nombre de rétrécissements du bassin et d'obstacles à l'accouchement. La critique judicieuse de ces observations faite par M. Naegelé montre avec quelle légèreté on a admis l'existence d'exostoses à la surface interne du bassin, où elles sont en réalité fort rares. Dans le cas rapporté par Thierry, l'exostose naissait par un double prolongement du corps de la cinquième vertèbre lombaire et de la partie supérieure du sacrum; elle ne laissait entre elle et la symphyse du pubis qu'un intervalle de 67 millimètres (2 pouces 1/2). Un des cas les plus remarquables est celui qui a été communiqué à M. Naegelé par le docteur Leydig; il s'agit d'une femme à qui il fallut pratiquer l'opération césarienne, à la suite de laquelle elle succomba. Le bassin présente une bonne conformation à l'exostose près; la tumeur s'élève de la face antérieure du sacrum; elle prend particulièrement naissance sur le corps de la seconde vertèbre sacrée, en partie sur celui des première et troisième, et enfin de la face antérieure des trois premières apophyses transversales du sacrum; de là cette masse osseuse se porte en avant dans la cavité du bassin. L'exostose semble formée de trois tumeurs dont la moyenne est la plus considérable; elle remplit presque entièrement l'entrée et l'excavation du petit bassin, et occupe une bonne partie du grand. De chaque côté, la tumeur n'est distante de l'ouverture du détroit supérieur que de deux ou trois lignes, et de la face postérieure du corps du pubis d'une ligne et demie seulement. Elle a 186 millimètres (6 pouces 11 lignes) dans sa plus grande longueur, et 164 millimètres (6 pouces 1 ligne) de large; sa texture est compacte et celluleuse. M. Naegelé a rapproché de ce cas un autre observé par le docteur Kibbin: il s'agit aussi d'une femme sur laquelle on a pratiqué l'opération césarienne, quoique, comme dans le cas précédent, on dût présumer que l'enfant avait cessé de vivre, l'embryotomie paraissant impraticable. Le bassin, dépouillé de ses parties molles, était bien conformé, et avait ses dimensions ordinaires ; toute la face antérieure du sacrum, à l'exception de la première pièce et d'une partie de la seconde, était en quelque sorte enveloppée par une large exostose de forme conique, se prolongeant, d'une part, en avant, d'où rétrécissement considérable de la cavité pelvienne, et de l'autre part, en arrière, plus d'un pouce au-delà de l'épine sciatique. On trouve, du sommet de la tumeur à la partie inférieure de la symphyse pubienne, 1 pouce 1/8 (mesure anglaise), du trou sous-pubien droit à la partie latérale de la tumeur, au niveau de sa plus grande largeur, 1 pouce 3/4, plus en arrière 1 pouce 1/2 ; de la symphyse sacro-iliaque droite à la symphyse du pubis (le plus grand diamètre de l'ouverture pubienne) 3 pouces 3/4, du côté gauche de la marge du bassin au côté gauche de la tumeur 1 pouce 1/8 ; cette distance diminue rapidement à mesure qu'on s'approche du sacrum. M. Danyau a donné avec les dessins la traduction complète de ces deux observations, dont je n'ai emprunté que les circonstances principales.

5° *Tumeurs ostéiformes consécutivement adhérentes à la face interne du bassin.* Il paraît certain que les tumeurs solides des parties molles, et particulièrement celles des ovaires, qui sont susceptibles de transformations osseuses, crétacées, cartilagineuses, peuvent, en se transformant, contracter quelquefois des adhérences solides avec le périoste et les os du bassin. Il y a au musée Dupuytren un bassin régulièrement conformé, sur lequel se trouve une tumeur fibro-cartilagineuse, arrondie, bosselée, ayant 70 millimètres (2 pouces 9 lignes) de diamètre, reposant en arrière sur la face extérieure du sacrum, depuis son sommet jusqu'à la partie inférieure de la première vertèbre sacrée. Sa partie antérieure n'est éloignée que de 27 millimètres (1 po.) de la symphyse du pubis; le sacrum, sur lequel elle repose, n'a subi aucune altération ; l'adhérence au périoste, qui ne paraît pas très intime, semble confirmer qu'elle s'est faite consécutivement. On trouve dans le même cabinet un autre bassin, également bien conformé, dont presque toute l'excavation est remplie par une énorme tumeur bosselée, irrégulière, parsemée d'aspérités. Elle adhère à la face postérieure du pubis et s'étend du côté droit jusque vers la région cotyloïdienne ; une partie fait saillie dans le trou sous-pubien; elle dépasse en bas les limites du détroit périnéal ; son grand diamètre, qui est placé verticalement, a 119 millimètres (4 pouces 5 lignes). Les parties auxquelles elle est unie ne paraissent point altérées, et l'adhérence n'est pas intime. Les aspérités sont formées par une matière crayeuse, divisée en gros grains très durs et unis en masse par une substance organique et comme fibreuse ; elle ressemble assez bien à une exostose. Ces deux bassins sont figurés dans l'ouvrage de M. Moreau.

Quoique rien à l'extérieur ne doive faire soupçonner la présence de l'une des tumeurs que nous venons d'indiquer, elles ne doivent cependant point toujours être méconnues avant l'accouchement, car les antécédents, les phénomènes concomitants, la gêne qu'elles peuvent apporter dans l'émission de l'urine, dans la défécation, doivent souvent conduire à une exploration intérieure qui fera reconnaître la tumeur, si son volume est un peu considérable.

VIII. *Bassin vicié dans sa direction.* Le bassin peut prendre, dans des circonstances différentes, une direction tout-à-fait anormale, qui est tantôt l'exagération de sa direction normale, tantôt l'opposé. Les changements dans la direction du bassin coïncident le plus souvent avec ses viciations : nous les avons déjà signalés dans plusieurs des cas de déformation par le rachitisme, par l'ostéomalaxie, etc. On peut même dire que toute viciation du bassin en altère la direction, mais souvent à un degré assez faible pour ne point mériter de fixer l'attention, d'autant plus que la direction régulière varie dans des limites assez étendues.

La direction vicieuse du bassin peut aussi se rencontrer chez des individus dont le bassin est régulièrement conformé et a son amplitude ordinaire. Les courbures, les incurvations en différents sens de la colonne vertébrale, et particulièrement de sa portion lombaire, entraînent souvent à leur suite des changements très prononcés dans la direction du bassin. Les déformations des membres, les rapports de la tête des fémurs sur des points éloignés des cavités cotyloïdes changent plus ou moins sa direction, parce que l'équilibre tend à se rétablir dans les meilleures conditions possibles de station. Ce sont les cas où la direction est viciée, sans que le bassin soit lui-même ni rétréci ni déformé, qui peuvent servir à apprécier l'influence de ce genre de viciation sur l'accouchement. Les observations faites dans ces conditions ne sont pas assez nombreuses pour résoudre la question d'une manière complète et définitive ; mais elles suffisent pour écarter du sujet des exagérations, des craintes chimériques déduites *à priori*, ou de faits mal interprétés.

1° *Inclinaison latérale.* Le bassin peut perdre sa situation horizontale et s'incliner plus ou moins à droite ou à gauche. La cause de ce changement peut être inhérente au bassin lui-même, comme cela se rencontre dans quelques cas de déformation, où l'un des coxaux dans sa totalité, ou dans quelques unes de ses parties, est abaissé, tandis que l'autre est relevé : les points similaires opposés ne sont plus sur une même ligne horizontale. Le plus souvent, la cause est placée en dehors du bassin, et l'inclinaison d'un côté est alors le résultat d'une incurvation de la colonne lombaire, du raccourcissement de l'un des membres inférieurs, à la suite de luxations non réduites, de fractures vicieusement consolidées. L'inclinaison latérale est rarement très grande, parce que la colonne vertébrale se fléchit, dans d'autres points, pour atténuer les effets de l'inclinaison et rétablir les conditions de l'équilibre. Aucun exemple ne constate qu'une pareille inclinaison ait une influence défavorable sur l'accouchement ; le peu d'étendue qu'elle peut acquérir, la latitude dans laquelle s'exerercent, d'une manière efficace, les forces de la matrice, ne prmettent guère de supposer qu'elle puisse apporter un obstacle, même peu sérieux, à l'accouchement.

2° *Inclinaison en avant exagérée.* C'est le cas le plus commun. Les diverses conditions réunies qui concourent à produire l'inclinaison normale du bassin en avant peuvent être toutes dans un état d'exagération ; mais l'inclinaison vicieuse en avant dépend, le plus souvent, de courbures anormales de la colonne lombaire, de la saillie plus prononcée du promontoire. Lorsqu'elle est peu considérable, les changements dans la conformation générale sont peu sensibles ; mais, dans le cas contraire, la région lombaire présente un sinus profond, les régions fessières sont très saillantes, les épaules sont portées en arrière, l'abdomen est plus ou moins saillant, la démarche a quelque chose d'étrange, le périnée et les ouvertures naturelles qui le traversent sont plus ou moins dirigés en arrière ; ces changements mettent facilement sur la voie du diagnostic. Mais il faut encore établir si le bassin est ou n'est pas en même temps rétréci ou déformé.

Les accoucheurs ont diversement apprécié l'influence de l'inclinaison exagérée en avant sur la parturition. Plusieurs ont pensé qu'elle pouvait rendre l'expulsion spontanée impossible. Lobstein, qui a étudié un des premiers, avec beaucoup de soin, tout ce qui se rattache à cette question, a cru avoir trouvé dans l'inclinaison vicieuse du bassin la cause inconnue d'un certain nombre d'accouchements contre nature, dans des cas où il n'y avait ni étroitesse du bassin, ni mauvaise position du fœtus, ni cessation des contractions utérines. Desormeaux a en quelque sorte sanctionné de son autorité les vues de Lobstein sur ce point de pratique ; mais les observations empruntées à Heister, à De Lamotte, à Levret, sur lesquelles Lobstein se fonde, ne sont nullement concluantes en faveur de son opinion. Il est difficile de savoir si l'observation qui lui est propre et plus concluante, car il a évalué à 55° l'inclinaison du bassin chez la femme qui en fait le sujet. Or, s'il ne s'est pas trompé dans cette évaluation, le bassin était à peu près dans sa direction ordinaire.

M. Moreau a publié l'histoire intéressante d'une femme rachitique au plus haut degré, dont la colonne vertébrale était tellement contournée, que la face concave du sacrum répondait directement en bas ; la vulve était dirigée en arrière et un peu en haut. L'abdomen, distendu, formait une poche qui supportait l'utérus et les viscères abdominaux. Pendant les trois derniers mois de sa grossesse, elle ne pouvait rester ni couchée ni assise, et passait les nuits dans une position verticale, les coudes appuyés sur un meuble. Cette femme fut délivrée par la perforation du crâne, et succomba quelques jours après. Le rétrécissement de l'excavation, et surtout du détroit inférieur, était si considérable, qu'il doit être regardé comme le seul obstacle sérieux à l'accouchement. La gêne de la respiration, pendant la grossesse et pendant l'accouchement, ne doit pas même être attribuée aux effets de l'inclinaison, la poitrine étant elle-même très déformée.

C'est ainsi que, dans beaucoup de cas, il est impossible de faire la part des obstacles apportés par l'inclinaison vicieuse du bassin, alors même qu'elle est portée au plus haut degré ; c'est lorsqu'elle existe isolée, ou seulement avec des déformations peu étendues, qu'il faut chercher à les préciser. Dans le petit nombre de cas de ce genre qui ont été observés, les prévisions si fâcheuses établies *a priori* ne se sont pas réalisées. M. Naegelé, qui a étudié avec tant de soin le bassin dans toutes les conditions qui ont quelques rapports avec l'accouchement, n'a pas encore pu constater les inconvénients attribués à une inclinaison insolite en avant. Il croit que plusieurs de ses inconvénients sont imaginaires ; il a pu observer souvent que, dans l'inclinaison trop prononcée, la tête du fœtus se trouve pendant la grossesse, profondément engagée dans l'excavation pelvienne, et peu mobile ; mais il n'est résulté aucun effet sensible, et l'enfantement s'est effectué sans différences essentielles. Il rappelle à ce sujet l'observation d'une femme boiteuse, qui a eu sept enfants, chez laquelle l'inclinaison était telle, que la partie supérieure du sacrum était parallèle à l'horizon, et la vulve tellement dirigée en arrière, que le rapprochement sexuel ne pouvait avoir lieu que dans ce sens : ses grossesses et ses accouchements ne furent compliqués d'aucuns accidents spéciaux. Néanmoins M. Naegelé ne pense pas que cette inclinaison insolite soit toujours une circonstance absolument indifférente. L'utérus se trouvant dans des circonstances évidemment moins favorables pour faire parcourir au fœtus le canal pelvien dans toute son étendue, il en peut résulter une plus grande lenteur, et peut-être la nécessité de l'intervention de l'art. Il est important d'ailleurs de connaître ces changements de direction, qui doivent apporter des modifications dans l'introduction de la main ou des instruments.

3° *Défaut d'inclinaison du bassin.* Dans beaucoup de cas de ramollissement des os du bassin, la partie antérieure de cette cavité est relevée de manière à rapprocher les pubis du plan de l'angle sacro-vertébral. Si le sacrum et les dernières vertèbres lombaires ont été ramollis, il peut en résulter un affaissement qui mette sur le même niveau le promontoire et les pubis ; ceux-ci peuvent même être plus élevés, et le bassin est alors incliné en arrière. Une courbure ou un affaissement inégal d'une portion de la colonne lombaire peut produire un effet semblable. L'attitude générale des sujets éprouve des changements en rapport avec ce changement de direction ; ils sont l'opposé de ceux qu'on observe dans un excès d'inclinaison antérieure. Le défaut d'inclinaison du bassin est le plus souvent combiné avec des déformations, des rétrécissements, de sorte qu'il devient aussi très difficile de juger l'influence qu'il peut avoir sur la parturition. Le cas extrêmement remarquable d'inclinaison postérieure du bassin présenté à la Société anatomique par M. Bello en est un exemple.

Une femme, âgée de quarante ans, qui avait été affectée dans son enfance d'une carie vertébrale, présentait une déformation considérable du tronc, qui était fortement incliné sur le bassin. Dans la station et dans la progression, elle avait le port et la démarche d'un cerf ; assise, le poids du corps reposait, non sur les tubérosités sciatiques, mais sur la face postérieure du sacrum. Elle avait eu, dans l'espace de douze ans, huit grossesses ; la cinquième et la sixième ne s'étaient pas prolongées au-delà du troisième mois. Dans les autres, l'accouchement avait eu lieu à terme ; chaque fois l'application du forceps avait été nécessaire ; un des enfants avait été extrait vivant. Au terme de sa huitième grossesse l'utérus présentait une telle obliquité antérieure que le fond était au-dessous du niveau du col. L'accouchement par la voie naturelle fut jugé impossible, et l'on pratiqua l'opération césarienne. On trouva à l'autopsie que la colonne vertébrale était soudée à angle droit sur la face antérieure du sacrum ; l'angle sacro-vertébral était remplacé par un angle rentrant en avant et saillant en arrière. Cette conformation étrange dépendait de la destruction du corps de la cinquième vertèbre lombaire, et de l'érosion partielle de la base du sacrum coupé en biseau, aux dépens de sa partie postérieure, et soudé avec le corps de la quatrième vertèbre lombaire. Le bassin n'était ni déformé ni rétréci ; mais la quatrième vertèbre lombaire était portée en avant au point de ne laisser entre elle et la symphyse des pubis que 60 millimètres (2 pouces 3 lignes). La colonne vertébrale à sa partie inférieure était un peu déviée à gauche. Les dernières fausses côtes n'étaient distantes des crêtes iliaques que de 20 millimètres (9 lignes). Sans discuter l'opportunité de l'opération césarienne dans la dernière grossesse, on voit que le rétrécissement du détroit supérieur était formé par un obstacle étranger au bassin, et que la saillie de la quatrième vertèbre lombaire était assez considérable pour expliquer d'une manière plus satisfaisante les difficultés des accouchements antérieurs que l'inclinaison vicieuse du bassin. Cependant, si l'utérus était, comme dans la dernière grossesse, couché horizontalement en avant, sa direction, par rapport à l'inclinaison inverse du bassin, était la plus défavorable possible pour faire avancer le fœtus à travers le canal pelvien. M. Naegelé a observé une femme qui avait déjà accouché trois fois naturellement, chez laquelle les parties sexuelles étaient fortement dirigées en avant. La courbure de la région lombaire était presque imperceptible. La pointe du coccyx était située à 20 millimètres (9 lignes) plus bas que le bord inférieur de la symphyse des pubis. Cette femme, bien conformée d'ailleurs, ne présenta, dans son quatrième accouchement, d'autres particularités qu'une hauteur très marquée de la tête du fœtus au début, un travail un peu long, mais dans lequel tout se passa régulièrement. L'enfant, quoique à terme et volumineux, n'avait pas souffert.

M. Naegelé a vu, dans d'autres cas d'inclinaison trop peu considérable, les autres conditions de l'enfantement étant normales, la tête rester élevée et mobile assez longtemps pendant le travail, sans que cette circonstance ait nécessité l'intervention de l'art.

Lobstein, qui regarde une inclinaison de 17° comme pouvant être une cause d'accouchement contre nature, a encore beaucoup exagéré l'influence de cette direction anormale du bassin. Cependant il ne faudrait pas en conclure qu'elle doit être toujours nulle. Il est bien évident qu'un bassin sur lequel les pubis et l'angle sacro-vertébral se trouvent sur le même plan ou à peu près, a perdu une condition favorable qui se rencontre dans l'inclinaison normale, où les parties du fœtus diamétralement opposées se présentent successivement à son entrée.

Ainsi, dans les cas d'inclinaison nulle ou trop faible, on peut s'attendre à voir la partie du fœtus qui se présente s'arrêter au détroit supérieur ; et si l'observation prouve qu'il n'en est pas ordinairement ainsi, c'est qu'il y a dans les conditions mécaniques de la parturition une assez grande latitude, depuis le moment où ces conditions sont le plus favorables ou normales jusqu'à celui où elles rendent impossible la fonction. C'est ainsi que l'accouchement spontané est compatible, comme l'observation le prouve, avec de notables altérations dans la dimension et la forme du bassin ; mais les altérations dans la direction surtout peuvent être, le plus souvent, portées encore beaucoup plus loin, sans inconvénients appréciables. Il n'est pas moins utile d'étudier les changements de direction du bassin, afin de remédier aux difficultés s'il en survenait, et d'apprécier les indications qui en résultent.

IX. *Fréquence des viciations du bassin.* On n'a pas, jusqu'à présent, noté avec assez de soin les différentes espèces de viciations relativement à leurs causes, pour qu'il soit possible d'établir leur fréquence relative. Celles qui dépendent du rachitisme sont incomparablement les plus fréquentes. La proportion numérique, sans distinction de causes, comparée au nombre de femmes en couches, ne peut être établie que d'une manière aproximative, parce que la plupart des viciations qui n'empêchent pas l'accouchement de se faire spontanément, ne sont pas toujours reconnues, et qu'assez souvent on a attribué au rétrécissement du bassin des difficultés qui reconnaissaient toute autre cause. Néanmoins les résultats consignés dans l'ouvrage de madame Lachapelle me semblent donner des notions assez justes sur ce point. Dans un premier tableau qui comprend 15,652 accouchements, 272 ont été artificiels, sur lesquels 36 l'ont été par un reserrement du détroit supérieur ; dans un second tableau qui comprend 22,243 accouchements, dont 269 ont été artificiels et 23 à cause du resserrement du bassin. M. Villeneuve, qui a étudié avec beaucoup de soin cette question, a trouvé qu'il existe une viciation du bassin sur 294 accouchements, et un accouchement spontané avec vice du bassin sur 1383.

SECTION III. — Modes d'exploration du bassin sur le vivant.

Le diagnostic des viciations du bassin, de leurs formes, de leurs causes, etc., est, sous le point de vue de la pratique, de la plus haute importance. Ce n'est pas ici le lieu de reproduire les signes que nous avons indiqués en décrivant chaque espèce ; il s'agit seulement de faire connaître par quels moyens on peut les recueillir et de quelles précautions il faut s'entourer pour éviter les causes d'erreur.

I. Des pelvimètres. — 1° Dans les cas si nombreux de déformations de quelques points du système osseux, les renseignements commémoratifs seront pris avec le plus grand soin ; on s'informera de l'époque de l'invasion, du point qui a été le premier envahi et de la marche de la maladie ; on interrogera minutieusement non seulement la personne affectée, mais encore les personnes qui ont pu l'observer pendant l'enfance.

2° Après cette première investigation on cherchera à se faire une idée juste de la conformation générale du sujet, de la direction de la colonne vertébrale et des autres parties du squelette, des rapports des parties extérieures du bassin entre elles, de la direction des parties sexuelles externes, de l'état des fémurs, de l'attitude, de la marche, etc. Si on s'exerce de bonne heure à se faire une idée exacte du bassin revêtu des parties molles, de ses connexions avec le tronc et les membres inférieurs, dans les conditions ordinaires, les changements même peu considérables fixent l'attention et mettent sur la voie pour découvrir les viciations du bassin, leur type et leurs différentes espèces.

3° L'exploration par le *toucher* confirme, rectifie, précise davantage les notions acquises par les antécédents, la vue, et découvre souvent des altérations qu'il n'est pas possible de soupçonner autrement. Par le *toucher externe* on peut apprécier le degré d'éloignement et de rapprochement des saillies osseuses opposés, telles les crêtes iliaques, les tubérosités sciatiques, l'arcade du pubis, la pointe du coccyx. Comme le toucher externe donne une idée assez exacte des changements survenus à l'extérieur, il peut suppléer à la vue, lorsque certaines convenances l'exigent.

4° Par le toucher *interne*, le doigt indicateur, promené sur les parois internes du bassin à travers le vagin, sentira facilement les saillies osseuses anormales, jusqu'au détroit supérieur sur la moitié antérieure ; mais en arrière, dans l'état normal, il ne peut pas atteindre l'angle sacro-vertébral, mais seulement la face antérieure du coccyx et des trois dernières pièces du sacrum. Toutes les fois qu'on pourra atteindre avec le doigt l'angle sacro-vertébral, on acquerra la preuve d'une réduction ou d'une déformation considérable du diamètre sacro-pubien ; on pourra même mesurer avec exactitude le degré de rétrécissement, en plaçant l'extrémité du doigt indicateur sur l'angle sacro-vertébral, et la base du même doigt sous l'arcade pubienne, dont le bord se trouve presque à nu, recouvert seulement par la muqueuse de la vulve, entre le clitoris et le méat urinaire. En défalquant 6 à 9 millimètres (3 à 4 lignes) sur la longueur obtenue pour compenser l'obliquité qu'on est forcé de donner au doigt, on obtient, à 4 ou 6 millimètres près, l'étendue du diamètre sacro-pubien. La différence peut être assez grande, dans quelques cas de déformation du bassin, pour conduire à des erreurs fâcheuses; mais on ne doit pas considérer comme un signe de bonne conformation du bassin l'impossibilité de sentir la première pièce du sacrum : nous avons établi que, dans l'un des types les plus communs des déformations rachitiques, la maladie s'étant arrêtée sans avoir parcouru toutes ses périodes, le diamètre sacro-pubien, loin d'avoir diminué en étendue, avait souvent augmenté. C'est dans la direction des diamètres obliques que se trouve alors le rétrécissement; et le toucher interne ne donne pas de résultat aussi précis que dans le type précédent, mais il peut encore faire sentir que la courbure des iliaques n'est plus aussi régulière, que la partie postérieure des cavités cotyloïdes s'est rapprochée du centre du bassin, et que le détroit inférieur s'est évasé, etc. On ne se borne pas toujours à introduire un seul doigt : plusieurs accoucheurs, entre autres MM. Burns, Velpeau, portent, quand le cas l'exige, la main tout entière ou plusieurs doigts dans le vagin. Ce mode de toucher est familier au premier, qui n'accorde qu'une médiocre importance au doigt seul, quand on veut avoir des connaissances précises sur l'état du bassin. Mais cette manière de toucher n'est guère praticable que pendant le travail et les derniers temps de la grossesse, et chez les femmes dont le vagin est très large; elle est, d'ailleurs, dans ces circonstances, assez douloureuse pour ne pas y avoir recours sans nécessité. Mais en la proscrivant, comme on le fait généralement en France, on se prive volontairement d'un secours précieux pour le diagnostic des viciations du bassin. Ainsi, le toucher interne lui-même, le moyen par excellence pour arriver à la connaissance des modifications du bassin, a besoin, dans un grand nombre de cas, du secours de tous les renseignements qu'on peut obtenir pour la vue et le toucher externe, et souvent encore, avec tous ces moyens réunis, il est impossible d'atteindre à toute la précision désirable; de là les essais nombreux qu'on a tentés pour trouver des instruments aptes à mesurer le bassin à l'extérieur et à l'intérieur (pelvimètres); ce mode d'exploration a été diversement apprécié. En Angleterre, l'usage des pelvimètres paraît généralement abandonné : cette méthode, dit M. Burns, est si incertaine, que je ne connais personne qui en fasse usage dans la pratique. En Allemagne, malgré les tentatives nombreuses qu'on a faites pour rendre ces instruments applicables, on paraît y avoir assez rare ment recours. Ils ne sont pas aussi répandus en France, que semble le faire croire le rang qu'ils occupent dans nos traités classiques. Du reste, plusieurs auteurs modernes, Lachapelle, entre autres, ne leur ont accordé aucune confiance. Il n'y a pas de doute que, si on veut considérer les pelvimètres comme des instruments exclusifs, applicables à tous les cas, et donnant des résultats invariables, on ne soit conduit souvent à de graves erreurs ou à des impossibilités d'application; mais on ne peut nier que, dans de certaines limites, leur application ne soit facile, et qu'ils n'apportent plus de précision dans le diagnostic.

II. Des pelvimètres appliqués a l'extérieur.—L'usage en a consacré un seul qui est très simple, et dont l'emploi est facile : c'est le compas d'épaisseur de Baudelocque. Cet instrument n'est autre chose que le compas de proportion employé dans les arts, auquel l'auteur a donné une forme et une grandeur appropriées. La règle graduée qui traverse les branches au point où la portion droite s'unit à la courbe, marque exactement le degré d'écartement des pointes terminées par des boutons ou lentilles olivaires. La figure 17 me dispense d'en donner une description plus détaillée.

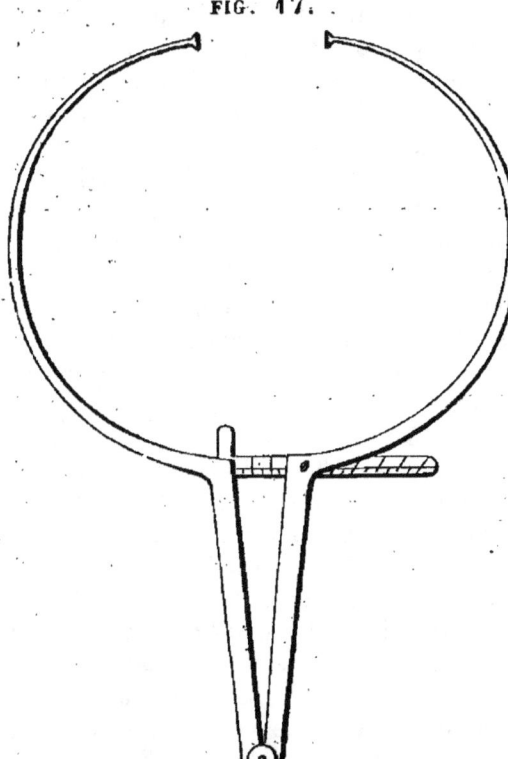
FIG. 17.

1° Il donne des notions certaines sur la longueur des crêtes iliaques, sur leur écartement d'un côté à l'autre. Mais l'évaluation exacte de l'étendue du grand bassin qu'il est utile d'établir, et qui peut, dans beaucoup de cas, faire présumer un rétrécissement considérable ou médiocre du petit bassin, ne peut fournir que des données vagues et incertaines qui ne doivent servir que de renseignements pour pousser plus loin les investigations.

2° Le compas d'épaisseur donne exactement l'étendue des diamètres transverse et antéro-postérieur du détroit inférieur, et le degré décartement de l'arcade pubienne depuis son sommet jusqu'à sa base ; il est vrai que les doigts peuvent le remplacer ; il suffit d'appliquer l'extrémité de l'un sur la saillie osseuse qui sert de limite à l'espace occupé par les parties molles, de marquer le point qui correspond à la saillie diamétralement opposée, et de porter ensuite les doigts ou la partie de la main sur une règle graduée. Ainsi, de toutes les manières on peut acquérir des notions exactes sur l'étendue du détroit inférieur et de l'arcade pubienne.

3° Le compas de proportion a été surtout préconisé pour mesurer l'étendue du diamètre sacro-pubien au détroit supérieur. On place l'une des extrémités lenticulaires sur l'apophyse épineuse de la dernière vertèbre lombaire, l'autre au-devant de la symphyse des pubis, sur la partie la plus élevée de la commissure de la vulve, qu'on a soin de refouler en haut, afin d'arriver le plus près possible de la partie supérieure de la symphyse. Sur les sujets maigres, il est plus commode de l'appliquer immédiatement sur la peau ; en pressant un peu, on affaisse le tissu adipeux sous-cutané alors même qu'il serait assez abondant.

On a trouvé que, dans l'état normal, l'écartement entre les extrémités du compas était de 189 millimètres environ (7 pouces). En retranchant 67 millimètres (2 pouces 6 lignes) pour l'épaisseur de la base du sacrum, et 13 millimètres (6 lignes) pour celle de la symphyse pubienne, on trouve 108 millimètres (4 pouces), l'étendue ordinaire du diamètre sacro-pubien. 6 à 12 millimètres en plus ou en moins ne doivent pas être considérés comme changeant les conditions de l'état normal. La soustraction de 81 millimètres (3 pouces) sur l'étendue extérieure du bassin suffit, suivant Baudelocque, quand l'embonpoint de la femme est médiocre ; quand il est considérable, il n'est pas nécessaire d'ajouter plus de 4 millimètres, parce que le tissu cellulo-adipeux qui forme la plus grande saillie du mont de Vénus s'affaisse sous la pression de la lentille. Baudelocque, se fondant sur l'examen de trente-cinq bassins viciés à des degrés différents, admet qu'on obtient ainsi l'étendue du diamètre sacro-pubien à une ou deux lignes près. Mme Lachapelle regarde cette manière de procéder comme fautive, et prétend que l'épaisseur du sacrum et de la symphyse du pubis peut varier de 9 à 11 millimètres (4 à 5 lignes). Désormeaux a trouvé des bassins dont le corps des pubis avait jusqu'à 15 à 18 millimètres (7 à 8 lignes) d'épaisseur, tandis que sur d'autres il n'avait que 4 à 6 millimètres (2 à 3 lignes); l'épaisseur de la base du sacrum présentait des différences analogues. Nous avons vu, en effet, que les os du bassin atteints de rachitisme sont moins forts et moins épais, que quelquefois cependant leur partie spongieuse est épaissie. Au contraire, dans l'ostéomalaxie les os portent assez souvent l'empreinte d'un gonflement notable. Il faut, autant que possible, faire la part de ces conditions morbides. On ne rencontre que très rarement des différences aussi grandes que celles qu'ont signalées Mme Lachapelle et Désormeaux; dans la très grande majorité des cas, on doit espérer qu'on obtiendra, à 4 ou 6 millimètres près (2 à 3 lignes), l'étendue du diamètre sacro-pubien. Malgré la possibilité bien reconnue d'une erreur assez grande, on doit d'autant moins négliger le compas d'épaisseur, dans cette circonstance, que le doigt lui-même, ce pelvimètre par excellence, peut conduire à des erreurs presque aussi grandes, dans les cas mêmes où il peut facilement atteindre le promontoire.

4° Gardien a proposé de se servir du compas d'épaisseur pour apprécier l'étendue des diamètres obliques. Il a trouvé que l'étendue moyenne, du milieu du grand trochanter à l'épine iliaque postéro-supérieure du côté opposé qui correspond à la symphyse sacro-iliaque, est de 243 millimètres (9 pouces); qu'en retranchant 74 millimètres (2 pouces 9 lignes), pour le grand trochanter, le col et la tête du fémur, 45 millimètres (1 pouce 8 lignes), pour l'épaisseur de la paroi postérieure du bassin au niveau de la symphyse, il restait 119 millimètres (4 pouces 5 lignes) pour le vide du bassin, dans la direction des diamètres obliques au détroit supérieur. M. Velpeau, qui a mesuré ainsi un assez grand nombre de bassins bien conformés, n'a trouvé que 9 millimètres (4 lignes) de différence en plus ou en moins, et recommande ce moyen de reconnaître l'étendue des diamètres obliques. On se tromperait grandement, si l'on croyait pouvoir atteindre une approximation aussi grande dans tous les cas de bassins viciés; car, outre les causes des différences d'épaisseur des os que nous avons signalées plus haut, il faut encore ajouter que le col du fémur atteint par le rachitisme peut être plus court, recourbé, et faire varier dans une proportion assez grande l'épaisseur du tronc dans la direction du grand trochanter à la partie postérieure de la symphyse sacro-iliaque opposée. Comme pour le diamètre sacro-pubien, ces chances d'erreur peuvent être prévues et en partie rectifiées. Le doigt ou tout autre moyen employé à l'intérieur ne pouvant mesurer l'étendue des diamètres obliques que d'une manière beaucoup plus incertaine, on ne doit pas hésiter à se servir du compas d'épaisseur de la manière recommandée par Gardien, si toutefois le mode que nous allons indiquer ci-après n'est pas plus exact et moins susceptible d'induire en erreur.

5° Nous avons vu que M. Naegelé, pour établir le diagnostic du bassin oblique-ovalaire, a pris sur huit bassins ainsi rétrécis une série de dimensions entre des points facilement accessibles sur le vivant, pour être comparées à celles qu'offre le bassin à l'état normal. Ses observations lui paraissant incomplètes sur ce dernier point, il a manifesté le désir qu'elles fussent reprises. M. Danyau s'est empressé de répondre à ce vœu par un travail important dont nous allons faire connaître les résultats.

Ses observations portent sur 80 femmes : 39 n'ont jamais conçu, 3 ont avorté entre deux et trois mois ; toutes les autres ont accouché une ou plusieurs fois. A l'exception d'une dont le premier accouchement a dû, pour des causes restées inconnues, être terminé avec le forceps, toutes sont accouchées naturellement. Chez celles qui n'avaient jamais conçu, il n'y avait également aucune raison de présumer une mauvaise conformation du bassin.

1re *série*. Des tubérosités sciatiques aux épines iliaques postéro-supérieures diamétralement opposées. La différence entre les deux côtés a été, chez 24 femmes, 0 ; chez 14, de 2 millimètres (1 ligne) ; chez 20, de 4 millimètres (2 lignes) ; chez 17, de 6 millimètres (3 lignes) ; chez 3, de 9 millimètres (4 lignes) ; chez 2, de 11 millimètres (5 lignes) ; chez 3, de 13 millimètres (6 lignes).

Nous avons vu que dans les huit bassins obliques-ovalaires la plus petite différence a été de 27 mill. (1 po.) ; la plus grande de 54 mill. (2 po.).

2e *série*. De l'épine iliaque antéro-supérieure aux épines iliaques postéro-supérieures diamétralement opposées. La différence entre les deux côtés a été, chez 22 femmes, 0 ; chez 14, de 2 mill. (1 l.) ; chez 8, de 4 mill. (2 l.) ; chez 13, de 6 mill. (3 l.) ; chez 6, de 9 mill. (4 l.) ; chez 6, de 11 mill. (5 l.) ; chez 4, de 13 mill. (6 l.) ; chez 2, de 15 mill. (7 l.) ; chez 2, de 18 mill. (8 l.) ; chez 2, de 20 mill. (9 l.) ; chez 1, de 24 mill. (11 l.)

Dans les bassins obliques-ovalaires la plus petite différence a été de 22 mill. (10 l.), la plus grande de 54 mill. (1 po. 11 l.).

3e *série*. De l'apophyse épineuse de la dernière vertèbre lombaire à l'épine iliaque antéro-supérieure de l'un et l'autre côté. La différence entre les deux distances a été, chez 29 femmes, 0 ; chez 18, de 2 mill. (1 l.) ; chez 13, de 4 mill. (2 l.) ; chez 9, de 6 mill. (3 l.); chez 3, de 9 mill. (4 l.); chez 3, de 11 mill. (5 l.); chez 4, de 13 mill. (6 l.); chez 1, de 15 mill. (7 l.).

Dans les bassins obliques-ovalaires la plus petite différence a été de 18 mill. (8 l.), la plus grande de 36 mill. (1 po. 4 l.).

4ᵉ *série*. Des grands trochanters d'un côté aux épines iliaques postéro-supérieures de l'autre. La différence a été, chez 18 femmes, 0 ; chez 8, de 2 mill. (1 l.); chez 17, de 4 mill. (2 l.); chez 16, de 6 mill. (3 l.); chez 8, de 9 mill. (4 l.); chez 2, de 11 mill. (5 l.); chez 6, de 13 mill. (6 l.); chez 3, de 15 mill. (7 l.); chez 1, de 18 mill. (8 l.); chez 1, de 20 mill. (9 l.).

Dans les bassins obliques-ovalaires la plus petite différence a été de 27 mill. (1 po.), la plus grande de 42 mill. (1 po. 7 l.).

5ᵉ *série*. Du bord inférieur de la symphyse pubienne aux épines iliaques postéro-supérieures gauche et droite. La différence entre les deux distances a été, chez 32 femmes, 0 ; chez 17, de 2 mill. (1 l.); chez 9, de 4 mill. (2 l.); chez 12, de 6 mill. (3 l.); chez 4, de 9 mill. (4 l.); chez 2, de 11 mill. (5 l.); chez 2, de 13 mill. (6 l.); chez 1, de 18 mill. (8 l.); chez 1, de 20 mill. (9 l.).

Dans les bassins obliques-ovalaires la plus petite différence a été de 15 mill. (7 l.), la plus grande de 27 mill. (1 po.).

M. Danyau fait remarquer qu'il n'y a pas entre les différences que signalent les résumés précédents de rapports proportionnels, c'est-à-dire qu'on voit quelquefois sur un même bassin deux distances homologues être semblables ; deux autres ne différer que d'une faible quantité, et la différence entre les suivantes être plus grande et quelquefois assez forte. Le nombre des cas dans lesquels les différences dépassent 13 mill. (6 l.) est peu considérable, là où il s'agit de distances si différentes dans le bassin oblique-ovalaire. Le second résumé montre 7 femmes chez lesquelles les différences sont de 15, 18, 20, 24 mill. (7, 8, 9, 11 l.); mais les distances fournies par les autres mesures, un seul bassin excepté, sont nulles ou faibles. Les mêmes remarques sont applicables aux cas des 3ᵉ, 4ᵉ et 5ᵉ séries, dans lesquels les différences dépassent 13 mill. (6 l.). M. Danyau, prenant un à un chacun de ces cas, fait voir à une seule exception près, après avoir signalé une différence notable entre deux distances homologues, qu'il ne s'en trouve plus, ou qu'il n'en existe que de faibles entre les autres distances prises deux à deux. En se reportant aux tableaux de M. Naegelé, il fait remarquer d'une part des différences très grandes ; d'autre part, que les différences indiquées pour les diverses distances prises sur un même bassin sont dans des rapports à peu près constamment proportionnels. Il en conclut, 1° qu'aucune des femmes qu'il a examinées ne présentait le vice de conformation décrit par M. Naëgelé ; 2° que, chez les femmes dont le bassin est régulièrement conformé, on ne trouve point de différences, ou au moins on ne trouve que des différences très légères entre des distances qui en offrent de si grandes, au contraire, lorsque le bassin est obliquement rétréci ; 3° qu'en outre, les différences, lorsqu'on en trouve, ne sont que partielles au lieu d'être générales, et accusent quelques unes de ces irrégularités si communes dans le bassin des femmes en apparence les mieux conformées, mais qui ne sauraient faire croire à l'existence d'une déformation profonde, capable de mettre obstacle à la terminaison de l'accouchement ; 4° que les moyens de diagnostic proposés par M. Naegelé conduiront certainement au but qu'il se propose ; qu'à leur aide on pourra toujours constater l'absence ou reconnaître la présence d'un vice de conformation que son mode de développement et que ses apparences extérieures n'auraient pas même fait soupçonner. Le soin avec lequel M. Danyau a pris ces mesures ne permet pas de supposer qu'il ait pu commettre des erreurs un peu sensibles. Il fait observer que les différences assez considérables qu'il a rencontrées quelquefois ajoutent de nouvelles preuves à l'appui de l'opinion de MM. Naegelé et Otto, qui ont cherché à démontrer la rareté des bassins parfaitement réguliers.

6° Les mesures prises par M. Danyau me paraissent très propres à conduire au diagnostic de la bonne ou mauvaise conformation du bassin ; à faire reconnaître les différentes espèces des viciations, et en particulier les bassins trop petits quoique régulièrement conformés, que, comme les obliques-ovalaires, le plus souvent rien ne fait soupçonner d'avance, et les bassins rachitiques, dont l'arrêt de développement prédomine sur la déformation. Ces mesures peuvent donner aussi des notions précieuses, quoique moins précises, sur les bassins dont la viciation dépend principalement de leur déformation. Les femmes dont M. Danyau a mesuré le bassin paraissaient l'avoir bien conformé, et, chez plus de la moitié, des accouchements plus ou moins répétés ont prouvé qu'il était assez ample pour permettre l'expulsion naturelle et facile du fœtus à terme. Toutes les fois qu'on trouvera le bassin dans les mêmes conditions, on pourra en conclure qu'il est assez ample et assez bien conformé pour livrer passage au fœtus. Mais aux mesures précédentes, il faudrait encore ajouter celle qui se prend de la symphyse des pubis à l'apophyse épineuse de la dernière vertèbre lombaire : cette dimension aurait besoin d'être déterminée, chez grand nombre de femmes bien conformées, afin de connaître les degrés de variation. En attendant, on peut admettre que 11 à 13 mil. (5 à 6 l.) en plus ou moins sur l'étendue, moyenne indiquée par les auteurs, ne changent pas les conditions de la bonne conformation du bassin. Pour fournir des termes de comparaison utiles, il ne suffit pas d'établir la longueur moyenne de chaque dimension, mais il faut présenter le tableau exact de leurs variations; et comme les différences ont été très variées et assez étendues, nous les présenterons de manière à multiplier le moins possible le nombre des chiffres. Sous le rapport des dimensions, le bassin sera divisé en trois catégories, qui comprendront les bassins grands, moyens, petits mais compatibles avec l'accouchement spontané. Les bassins de la deuxième catégorie seront de beaucoup les plus nombreux; ceux de la première et de la troisième, quoiqu'en beaucoup plus petit nombre, ne doivent cependant pas être considérés comme étant dans des conditions exceptionnelles, surtout dans les limites les plus rapprochées de la catégorie moyenne.

I *Des tubérosités sciatiques aux épines iliaques postéro-supérieures diagonalement opposées.*

N° 1.
De 216 à 189 mill. (8 po. à 7 po.), 32 fois.

N° 2.
De 187 à 164 mill. (6 po. 11 l. à 6 po. 1 l.), 108 fois.

N° 3.
De 162 à 144 mill. (6 po. à 5 po. 4 l.), 20 fois.

II. *Des épines iliaques antéro-supérieures aux épines iliaques postéro-supérieures diagonalement opposées.*

N° 1.
De 247 à 222 mill. (9 po. 2 l. à 8 po. 3 l.), 37 fois.

N° 2.
De 220 à 193 mill. (8 po. 2 l. à 7 po. 2 l.), 109 fois.

N° 3.
De 191 à 160 mill. (7 po. 2 l. à 6 p. 3 l.), 14 fois.

III. *De l'apophyse épineuse de la dernière vertèbre lombaire aux épines iliaques antéro-supérieures.*

N° 1.
De 216 à 195 mill. (8 po. à 7 po. 3 l.), 18 fois.

N° 2.

De 193 à 173 mill. (7 po. 2 l. à 6 po. 5 l.), 108 fois.

N° 3.

De 171 à 162 mill. (6 po. 4 l. à 6 po.), 38 fois.

IV. *Des grands trochanters aux épines iliaques postéro-supérieures diagonalement opposées.*

N° 1.

De 258 à 243 mill. (9 po. 7 l. à 8 po. 10 l.), 22 fois.

N° 2,

De 240 à 209 mill. (8 po. 11 l. à 7 po. 9 l.), 114 fois.

N° 3.

De 107 à 189 mil. (7 po. 8 l. à 7 po.), 24 fois.

V. *Du bord inférieur de la symphyse pubienne aux épines iliaques postéro-supérieures.*

N° 1.

De 202 à 184 mill. (7 po. 6 l. à 6 po. 10 l.), 28 fois.

N° 2.

De 182 à 166 mill. (6 po. 9 l. à 6 po. 2 l.), 108 fois.

N° 3.

De 164 à 148 mill. (6 po. 1 l. à 5 po. 6 l.), 24 fois.

Les distances homologues présentant sur la même femme des différences assez notables, il peut arriver que l'une se rapporte au n° 3, et l'autre au n° 2. La même chose se rencontre encore plus souvent pour les distances non homologues qui offrent des différences bien plus grandes; de sorte qu'un bassin qui semble se rapporter par deux ou trois de ses distances aux bassins petits, peut être de grandeur moyenne, et même un peu au-delà. La forme variée des bassins même bien conformés explique ces particularités.

Il nous reste maintenant à examiner si les bassins dont toutes les dimensions approchent des derniers degrés du n° 3 ne sont pas réellement trop petits pour l'accouchement naturel. Deux des femmes observées par M. Danyau sont dans ces conditions; mais elles n'ont jamais accouché. Parmi celles qui ont accouché naturellement, plusieurs offrent des dimensions coïncidant avec les premiers degrés du n° 3 et les derniers du n° 2. Le diasnostic prendra plus de précision lorsqu'on aura obtenu un point de comparaison, en mesurant un certain nombre de bassins trop petits pour l'accouchement naturel, quoique régulièrement conformés.

Les dimensions d'un bassin déformé, comparées aux dimensions précédentes, pourront également éclairer sur l'existence et l'étendue d'un rétrécissement dans diverses directions. Quoique cette méthode ne donne pas les degrés précis du rétrécissement du bassin, elle n'en a pas moins de grands avantages, parce qu'elle fournit des éclaircissements sur l'étendue des diamètres obliques et transverse du détroit supérieur, dont l'examen est le plus souvent impossible au moyen des doigts portés à l'intérieur. Parce que le pelvimètre mesure exactement le bassin à l'extérieur, on aurait voulu pouvoir en déduire avec la même exactitude son étendue intérieure, ce qui est absolument impossible. Tout ou rien, telle est l'alternative à laquelle on l'a mis, sans songer de quelle importance sont les approximations qu'il peut donner. Ne sait-on pas que, dans une foule de circonstances, la mesure exacte de tous les diamètres du bassin vicié laisse pendant un certain temps dans l'incertitude sur la conduite à tenir? Dans les cas où l'impossibilité de la sortie du fœtus à travers le bassin est de toute évidence, le diagnostic est généralement facile et entièrement à la portée des doigts et de la main, qui peuvent dispenser de recourir à d'autres moyens. Mais à mesure que le rétrécissement du bassin s'éloigne de ces conditions, les doigts perdent en grande partie leur avantage même pour le diamètre sacro-pubien, et les mesures extérieures leur prêtent alors un secours précieux pour arriver à la plus grande approximation possible des dimensions des diamètres du détroit supérieur, dans les points indéterminés et variables où l'on voit cesser la possibilité de l'accouchement naturel. Le même bassin peut, dans des circonstances différentes, permettre l'accouchement d'un enfant à terme ou s'y opposer. Un bassin dont les dimensions sont au-dessous des dernières limites de l'état normal peut être compatible avec un accouchement spontané ; tandis qu'un bassin petit, mais normal et même moyen, peut exiger des secours et entraîner la mort de l'enfant ; il faut tenir compte des circonstances indéterminées, le volume du fœtus, l'énergie des forces de l'utérus. Dans ces cas, la mesure exacte du bassin, pas plus que la simple approximation, n'indique d'emblée la conduite à tenir. Mais à défaut de la première, presque toujours impossible à obtenir, la seconde servira le plus souvent à prendre, à une certaine époque du travail, le parti le plus avantageux pour la mère et pour l'enfant. On voit facilement l'importance qu'il faut accorder à la combinaison de tous les modes d'exploration du bassin, surtout lorsqu'il n'est pas dans les conditions où les doigts peuvent donner des notions précises. La mensuration extérieure, dans les six directions que nous avons indiquées, nous paraît un des moyens les plus propres à conduire à des résultats satisfaisants.

Pour qu'on puisse avoir des mesures comparables à celles qu'a données M. Danyau, je vais indiquer de quelle manière il a procédé. Pour les distances I, II, IV et V, les femmes ont été couchées d'abord sur le côté gauche, puis sur le côté droit, les cuisses fléchies sur l'abdomen, les jambes dans la demi-flexion sur les cuisses, le siége saillant un peu au-delà du bord de la table, le tronc d'ailleurs le plus horizontal possible. Ensuite il s'est assuré avec le plus grand soin des points sur lesquels les deux lentilles du compas d'épaisseur devaient être appliquées. Pour fixer les distances I, IV, il a cherché à rendre, autant que possible, les conditions pareilles des deux côtés, en plaçant, pour la première, la lentille sur la partie la plus postérieure de la tubérosité sciatique, et pour la quatrième, en faisant fléchir la cuisse de telle sorte qu'elle fit un angle droit avec l'axe du corps; pour l'une et l'autre enfin, il a cherché à déprimer également les parties molles pour arriver aux saillies osseuses; il assure qu'on ne tarde pas à acquérir sous ce rapport l'habitude nécessaire. Quant à la distance III, par cela même qu'il est en effet possible que dans certains cas, rares pourtant, on ait de la peine à reconnaître l'apophyse épineuse de la 5e vertèbre lombaire et que la lentille soit appliquée sur une autre apophyse; comme, d'autre part, les inclinaisons du tronc peuvent faire varier les rapports, M. Danyau a cru nécessaire que la position de la femme fût telle que les parties fussent bien en vue et que les inflexions de la colonne vertébrale, très peu étendue, il est vrai, dans cette région, n'apportassent pas des différences là où il n'en existait réellement pas. En conséquence, les femmes étaient d'abord placées dans une position verticale, les deux pieds, les deux genoux appliqués exactement l'un contre l'autre, les jarrets bien tendus, puis le haut du corps était fléchi directement en avant, de telle sorte que le tronc fît avec les membres inférieurs un angle à peu près droit. Dans cette position la 3e distance était facile à constater de manière à éviter toute erreur; les apophyses épineuses lombaires faisaient autant de saillie que possible. Une seule fois toutes les saillies étaient un peu difficiles à trouver, parce que la femme, outre un embonpoint assez considérable, avait les chairs fermes et très peu dépressibles; M. Danyau n'en est pas moins parvenu à déterminer les distances qu'il voulait reconnaître. Dans trois cas seulement il a été impossible de fixer précisément le point correspondant à la 5e vertèbre lombaire; il s'est alors contenté, d'après l'indication de M. Naegelé, de placer la lentille du compas d'épaisseur aussi exactement que possible sur la ligne médiane dans le point qu'il présumait correspondre à l'apophyse. Une seule fois, chez une femme très grasse, il a eu de la peine à bien reconnaître les deux épines iliaques postérieures et supérieures. Les fossettes qui en indiquent le siége lui ont servi de guide. Ce moyen ne lui a pas paru infaillible; il a plus d'une fois remarqué que ces fossettes pouvaient, suivant la position, correspondre ou ne plus correspondre aux épines. Les tubérosités sciatiques sont en général faciles à reconnaître; dans trois cas pourtant, ce n'est pas sans quelque peine qu'il est parvenu à les sentir; enfin une seule fois les trochanters étaient peu distincts.

III. Des pelvimètres employés a l'intérieur.—Ce mode d'exploration du bassin, qui compte un grand nombre d'instruments, n'a pas encore réellement pris place dans la pratique. La description de ces divers pelvimètres serait déplacée ici. La plupart de ces instruments sont tombés dans l'oubli et n'offrent plus qu'un intérêt purement historique. Le même sort menace ceux dont nous allons parler; car, outre que leur application est impraticable dans une foule de cas, elle est, dans les autres, difficile et douloureuse, et ne donne souvent que des résultats erronés.

1° Le pelvimètre de Contouly devrait être placé au nombre des premiers; mais l'époque où il a joui d'une si grande vogue est si peu éloignée, que son omission ressemblerait à un oubli. Cet instrument ressemble assez exactement au podomètre des cordonniers; il est composé de deux règles-équerres en fer, pouvant glisser à volonté l'un sur l'autre au moyen d'une rainure. Lorsqu'il est fermé, les deux branches verticales, très courtes, sont en contact; en faisant glisser les deux règles l'une sur l'autre, les deux branches verticales s'éloignent, et l'une d'elles doit être fixée sur l'angle sacro-vertébral, et l'autre ramenée derrière la symphyse des pubis. Une échelle tracée sur l'une des longues branches de l'équerre indique le degré d'éloignement des extrémités redressées à angle droit, et donne la mesure du diamètre sacro-pubien, le seul qu'il puisse mesurer. On peut s'en servir d'une autre manière : on introduit dans le vagin seulement la branche destinée à être appliquée contre le promontoire, et on fait glisser l'autre d'avant en arrière jusqu'à ce qu'elle embrasse exactement la symphyse des pubis en avant. Il faut ensuite retrancher de la largeur totale l'épaisseur de la symphyse pubienne et des parties molles qui la recouvre. La résistance du vagin, la saillie de l'utérus dans le bassin, rendent l'application de cet instrument difficile et douloureuse, même dans les cas où elle est le plus facilement praticable. Si l'angle même de l'instrument n'appuie pas sur le promontoire, ce qui est presque impossible à cause de l'obliquité qu'il faut lui donner, l'étendue qu'il indique n'est pas l'étendue réelle du diamètre antéro-postérieur, et la différence peut être assez grande.

2° Mme Boivin a cherché à remédier aux inconvénients de l'instrument de Contouly. Néanmoins son intro-pelvimètre, qui a une grande analogie avec celui de ce dernier, laisse beaucoup à désirer ; il paraît plus compliqué, parce qu'il réunit le pelvimètre de Baudelocque et celui de Contouly. La figure 18 nous dispense d'une description détaillée. On voit que la direction des branches verticales, au lieu d'être perpendiculaire à la tige, fait avec elle un angle de 125° environ et qu'elles sont un peu recourbées de manière à s'accommoder à la forme des parties avec lesquelles elles doivent être mise en contact. L'articulation des branches n'a pas lieu, comme dans le pelvimètre de Contouly, à l'aide d'une gouttière, mais se fait latéralement. La tige graduée dont l'extrémité est recourbée porte le nom de branche rectale, parce qu'elle s'introduit par l'anus ; la plus courte est la branche vaginale. Si on retire celle-ci et qu'on ajoute la branche qui porte l'arc de cercle gradué, l'instrument est transformé en un compas d'épaisseur. Mme Boivin a cherché à démontrer que son pelvimètre a une forme et un développement qui lui permettent de s'accommoder à la forme et aux dimensions des organes internes et externes. Elle assure qu'il peut être employé sans déterminer ni douleur ni lésion dans les différentes circon-

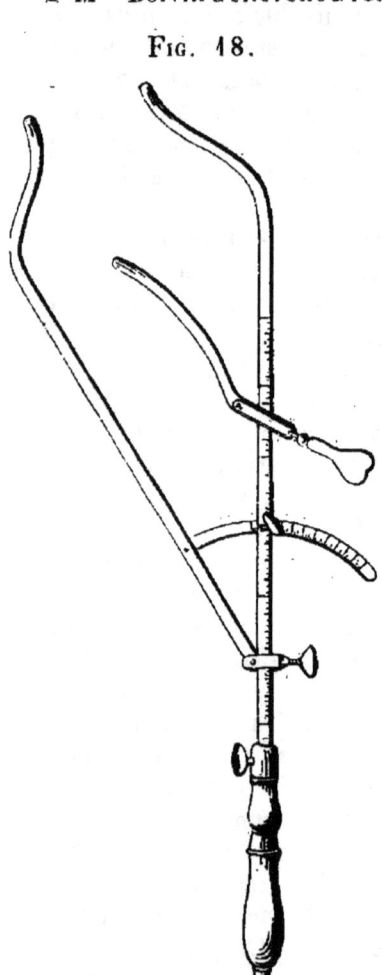

Fig. 18.

stances qui réclament son usage ; qu'il peut même être appliqué sur de jeunes filles sans compromettre l'intégrité des parties. Les praticiens qui ont essayé d'en faire usage sont loin d'avoir trouvé les mêmes facilités. Introduire la branche rectale jusque sur l'angle sacro-vertébral, acquérir la certitude qu'elle y est réellement, l'y maintenir jusqu'à la fin de l'opération, sont choses fort délicates et fort difficiles qui doivent le plus souvent laisser dans l'esprit la crainte de quelque erreur. Néanmoins il est, sous le point de vue pratique, bien supérieur à celui de Contouly, et malgré les inconvénients nombreux qui y sont attachés, peut-être ne devrait-on pas négliger d'y avoir recours. L'habitude de s'en servir peut beaucoup affaiblir les difficultés qu'on rencontre dans les premiers essais. De même que pour le pelvimètre de Contouly, les deux branches peuvent être développées dans le vagin, ou la branche vaginale à l'extérieur au-devant de la symphyse des pubis, et la branche rectale dans le vagin au-devant du promontoire. Mais il a, ici, les mêmes inconvénients que le premier : il ne peut, dans tous les cas, être employé que pour mesurer le diamètre sacro-pubien.

3° Un pelvimètre qui semble assez heureusement imaginé pour approcher d'un but extrêmement difficile à atteindre, est celui qu'a imaginé le docteur Wellenbergh, de La Haye. Je ne le connais que par la description qu'en a donnée M. P. Dubois. C'est cette description que je vais transcrire, et qu'en l'absence de figure je ne puis que fort peu abréger. Les instruments de Wellenbergh se composent de trois pelvimètres ; les deux premiers sont destinés à mesurer le petit diamètre du détroit supérieur, et le troisième à mesurer le diamètre transverse.

Le pelvimètre n° 1 est formé de trois branches : la moyenne, presque droite, très légèrement convexe en avant, est munie à son extrémité libre d'une petite fourche à bords et à pointe mousses, de quelques millimètres de longueur, soudée à angle très obtus sur la tige, assez large pour recevoir l'extrémité de l'index qui la dirige par le vagin vers l'angle sacro-vertébral, et l'y maintient invariablement fixée ; l'antérieure et la postérieure sont, comme les branches du compas d'épaisseur de Baudelocque, composées de deux parties, l'une droite, l'autre courbe : seulement les deux courbures ne sont pas égales : celle de la branche antérieure fait partie d'un cercle plus petit. L'extrémité libre de ces deux branches est terminée par une lentille. L'apophyse épineuse de la dernière vertèbre lombaire et la partie supérieure de la symphyse pubienne sont les points sur lesquels les lentilles doivent être appliquées. Les trois branches convergent inférieurement, et se réunissent au sommet d'un manche sur lequel l'antérieure et la postérieure sont mobiles, et la moyenne fixe. Enfin, un arc de cercle convenablement gradué traverse la branche antérieure et postérieure à l'union de leur portion droite et de leur portion courbe, et la moyenne à une distance proportionnelle du point commun d'articulation. Cet instrument donne avec exactitude, d'une part, l'épaisseur du sacrum, de l'autre, la distance de l'angle sous-vertébral à la partie antérieure et supérieure de la symphyse pubienne. L'on peut voir qu'il a sur celui de Baudelocque cet avantage que, ne laissant, après la mensuration, qu'une seule déduction à faire, il diminue de plus de la moitié les chances d'erreur.

Le pelvimètre n° 2 est destiné à les faire entièrement disparaître. Il est composé de deux branches partant d'une tige commune fixée sur un manche. L'une, continuant le manche et la tige, présente, en s'élevant, une convexité légère du côté qui doit être tourné en avant, se coude brusquement près de son extrémité, et se termine par une petite fourche comme la branche moyenne du précédent pelvimètre. L'autre se détache verticalement de la tige du côté de la convexité de la première, change bientôt de direction, et décrit en montant une grande courbure dont la convexité est tournée en arrière. Lorsque celle-ci est arrivée au niveau de l'extrémité libre de la première branche, elle se recourbe en arrière, en formant une sorte de méplat sur lequel est fixé un petit canal à quatre pans. Dans ce canal glisse une règle graduée, terminée à son extrémité postérieure par un bouton ; une vis sert à l'arrêter au point désiré dans le canal qu'elle parcourt. De ces deux branches, la postérieure est introduite dans le vagin, et son extrémité portée avec l'index, et maintenue par lui sur l'angle sacro-vertébral ; l'antérieure reste en dehors, et le bouton de la règle qui la surmonte s'applique sur la partie antérieure et supérieure de la symphyse des pubis. On obtient donc, à l'aide de cet instrument ainsi disposé, une distance dont il faut encore retrancher l'épaisseur de la symphyse pubienne et des parties molles qui la recouvrent. Mais il suffit de remplacer la branche postérieure, fixée à vis sur la tige, par une branche courbée en S, et terminée par une extrémité aplatie, pour obtenir avec toute la précision désirable une déduction qui ne peut jamais être autrement qu'approximativement exacte. L'extrémité de la tige vaginale est portée et maintenue avec l'index sur la partie postérieure et supérieure de la symphyse, tandis que le bouton de la règle appuie sur la partie antérieure. La distance obtenue ayant été retranchée de la première, le reste est la mesure exacte du petit diamètre du détroit supérieur.

Le pelvimètre n° 3, avec lequel Wellenbergh se propose de mesurer l'étendue du diamètre transverse, ne diffère du précédent que par la courbure plus grande des deux branches, de la vaginale surtout. Il exige pour son emploi une mesure semblable à celle dont se servent les cordonniers, mais de dimensions plus grandes. Le bassin de la femme, couchée sur le dos, est placé entre les deux plaques verticales qui sont assez élevées pour dépasser les crêtes iliaques; celle qui est mobile est fixée à l'aide d'une vis, et l'on tient compte de la distance qui les sépare. La branche vaginale est alors introduite, et la fourche fixée avec l'index sur l'extrémité gauche du diamètre transverse du détroit supérieur, tandis qu'on fait glisser la règle que porte la branche extérieure jusqu'à ce que le bouton soit en contact avec la face externe de la plaque contiguë au côté gauche de la femme. On tient compte de la distance qui les sépare; et en procédant de la même façon pour le côté droit, on retranche la somme de ces deux quantités de l'intervalle qui sépare les deux plaques verticales: ce qui reste donne exactement la mesure du diamètre transverse.

Le premier des instruments de Wellenbergh, ajoute encore M. P. Dubois, me paraît un peu compliqué, et d'une application difficile. Il en conseillerait d'autant moins l'usage, que son second pelvimètre rend le premier complétement inutile. Le troisième ne diffère du second que par de très légères modifications; il est construit sur les mêmes principes et composé des mêmes pièces : c'est le même instrument, appliqué d'une manière fort ingénieuse à la mensuration d'un diamètre dont les viciations n'avaient pu être jusqu'ici déterminées que très approximativement.

L'expérience n'a pas encore prononcé sur la facilité et les avantages de cette application particulière du pelvimètre de Wellenbergh. Dans aucun cas, il n'a été mis en usage sur la femme vivante pour mesurer le diamètre transverse. Sur six femmes, au contraire, il a été appliqué pour déterminer l'étendue du petit diamètre du détroit supérieur. Cette application, au rapport de l'auteur, qui a toujours été assisté de quelques confrères dont il invoque le témoignage, s'est faite dans tous les cas, soit avant, soit pendant le travail, sans difficulté et sans douleur pour la femme. Il n'a pu qu'une fois vérifier à l'autopsie l'exactitude des mesures prises sur le vivant. Il y avait parfaite concordance entre l'estimation faite pendant la vie et les résultats obtenus après la mort. Le petit diamètre du détroit supérieur n'avait que 2 pouces 1/2. Ne peut-on pas se demander, dit M. P. Dubois, si les difficultés plus grandes qui doivent résulter d'un rétrécissement moindre ne donneront pas lieu à des erreurs peu considérables, sans doute, mais cependant assez grandes pour réduire de beaucoup la valeur du pelvimètre nouveau? Tout en reconnaissant sa grande supériorité sur les autres pelvimètres, il conserve quelques doutes sur l'infaillibilité de ce nouvel instrument, dont il n'a pas encore pu vérifier par lui-même les avantages et les inconvénients. Je dois faire remarquer, en terminant, que si les instruments de Wellenbergh n'atteignent pas encore complétement le but qu'il se propose, ils sont fondés sur les principes les plus propres à l'atteindre. En effet, en n'introduisant successivement qu'une branche dans le vagin, on peut la fixer d'une manière plus certaine sur un point déterminé du détroit supérieur. Le vagin déprimé dans un sens seulement ne doit opposer que de faibles résistances, et la saillie de l'utérus ou de la tête du fœtus, engagée dans le détroit supérieur ne peut être un grand obstacle à son application. En déterminant d'une manière exacte l'épaisseur des parois du bassin dans les points correspondants au diamètre du détroit supérieur, on peut arriver à évaluer exactement leur étendue. C'est à l'expérience à prouver si le pelvimètre de Wellenbergh est complétement approprié à son objet ou s'il doit subir des modifications.

4° Les doigts seuls, ou avec la main, employés comme intropelvimètres, doivent aussi être appréciés ici, nous étant borné plus haut à en indiquer seulement l'emploi. La facilité avec laquelle ils mesurent avec exactitude, dans un grand nombre de cas de bassins viciés, le petit diamètre du détroit supérieur, a beaucoup contribué à faire négliger ou repousser les instruments destinés au même but. Si le rétrécissement du diamètre sacro-pubien est considérable, le doigt indicateur peut atteindre et reconnaître le promontoire avec beaucoup de facilité. A des degrés de rétrécissement moindres, il peut encore l'atteindre en refoulant fortement le périnée avec les autres doigts fermés. Mais il s'en faut de beaucoup que l'extrémité du doigt indicateur puisse arriver jusqu'au milieu du promontoire dans tous les cas où il importe de connaître l'étendue du diamètre sacro-pubien, et il est inexact de dire que l'impossibilité d'atteindre avec un doigt de longueur moyenne l'angle sacro-vertébral, doit complétement rassurer sur la bonne conformation du bassin. Outre qu'il ne peut rien apprendre dans les cas de rétrécissement transverse et oblique, beaucoup plus communs qu'on ne l'a enseigné jusqu'à présent, il laisserait méconnaître les rétrécissements peu considérables, et même de moyenne étendue, entre l'angle sacro-vertébral et la symphyse des pubis. Mais cette difficulté peut être surmontée en introduisant dans le vagin quatre doigts réunis, et en faisant avancer la main dans les parties jusqu'au fond de la commissure de la base du pouce, s'il en est besoin. On pourra ainsi atteindre l'angle sacro-vertébral, même lorsque le bassin a ses dimensions normales. De plus, l'extrémité du doigt indicateur pourra être portée au-devant des symphyses sacro-iliaques, et l'on peut ainsi mesurer, jusqu'à un certain point, l'étendue des diamètres obliques. Sans doute cette manière de se servir de la main rencontre quelques difficultés et cause quelques douleurs; mais elle n'expose à aucune lésion, et la souffrance est presque dans tous les cas tolérable. Que l'index suffise, ou qu'on soit forcé d'introduire une partie de la main, comme il vient d'être dit, on place son extrémité sur le milieu de l'angle sacro-vertébral, puis on ramène le bord radial sous le bord inférieur de la symphyse des pubis, et, avec l'ongle de l'index de l'autre main, on marque sur le bord radial le point sur lequel tombe la symphyse; l'on retire le doigt, et l'on mesure la distance entre le point marqué et l'extrémité qui était en contact avec le sacrum. C'est la longueur de la ligne oblique qui se porte du promontoire à la partie inférieure de la symphyse des pubis; elle l'emporte sur le diamètre sacro-pubien d'une quantité qui varie suivant la hauteur et la direction de la symphyse des pubis, que les uns fixent à 6, les autres à 13 mill. L'une ou l'autre de ces déductions conduit très souvent à la mesure presque exacte du diamètre sacro-pubien. Néanmoins cette manière de procéder peut exposer à des erreurs considérables. Sur 25 bassins viciés, Bakker a trouvé que la différence entre les deux diamètres a varié de 2 mill. (1 l.) à 23 mill. (10 l. 1/2). Sur 12 bassins également mal conformés, Gitterman a trouvé 9 mill. (4 l.) pour la plus petite différence, et 24 mill. (11 l.) pour la plus grande; et Wellenbergh cite un bassin vicié, sur lequel le diamètre sacro-sous-pubien a 35 mill. (16 l.) de plus que le sacro-pubien : ainsi l'on voit que le doigt lui-même expose à des erreurs assez considérables, contre lesquelles il est presque impossible de se prémunir.

Il est des erreurs d'une autre nature dans lesquelles on peut tomber. On peut prendre une des saillies transversales de la face antérieure du sacrum pour l'angle sacro-vertébral. Il est arrivé à plusieurs médecins réunis en consultation de prendre la saillie de l'articulation sacro-coccygienne fort élevée pour l'angle sacro-vertébral; et d'estimer à 67 mill. (2 po. 1/2) un diamètre dont la longueur était, par suite d'une élévation inusitée du promontoire, de 162 mill. (6 po.). D'un autre côté, dans les bassins viciés à un très haut degré par un arrêt de développement dans les dimensions en hauteur, on peut porter l'extrémité des doigts au-dessus de l'angle sacro-vertébral, et admettre pour le diamètre sacro-pubien une étendue beaucoup plus grande que celle qui existe réellement. Ce sont là des erreurs qu'avec de l'attention on peut sûrement toujours éviter. La possibilité de se méprendre sur les points qu'on peut sentir avec les doigts, doit faire comprendre combien il est difficile d'éviter de semblables erreurs avec les instruments dont on se propose de fixer une des extrémités sur le promontoire.

L'index seul ne peut être d'aucune utilité pour mesurer l'étendue des diamètres obliques du détroit supérieur ; mais en introduisant une partie de la main de la manière indiquée plus haut, l'extrémité de l'index peut atteindre l'une ou l'autre symphyse sacro-iliaque, et en appuyant la face dorsale de la main contre le côté opposé de l'arcade, on peut arriver à lui donner une direction qui se rapproche beaucoup de celle des diamètres obliques correspondants; mais les chances d'erreur sont beaucoup plus grandes que pour le diamètre sacro-pubien, en raison de l'obliquité plus considérable de la ligne formée par la main, à cause de la hauteur de la paroi antérieure du bassin à la racine des branches ascendantes des ischions.

Néanmoins, si l'on soupçonne dans ces cas un rétrécissement oblique, il ne faut pas négliger de prendre ces mesures, si on peut le faire sans déterminer trop de douleur. Au reste, comme on porte le doigt au-dessous du muscle psoas, vers la partie la plus élevée de la grande échancrure sciatique, l'obliquité n'est pas très grande ; et sur les bassins bien conformés, la différence entre les diamètres obliques menés derrière l'éminence iléo-pectinée, et sous le point correspondant de l'arcade des pubis, est d'environ 27 mill. (1 po.) ; mais ces rapports peuvent éprouver des changements très considérables par le fait de la déformation des os. Nous avons vu, en effet, que dans les déformations rachitiques il y avait souvent un évasement très prononcé de l'arcade, rétrécissement du détroit supérieur et agrandissement du détroit inférieur. Il en résulte que ces mesures devront rarement être considérées comme ayant une grande précision. Si la main tout entière peut être portée dans le vagin, ce qui est assez souvent praticable pendant le travail, on pourra, comme le recommande M. Velpeau, fléchir les trois derniers doigts, et fixer, par l'écartement de l'index et du pouce, l'étendue des parties du bassin qui paraissent le plus resserrées.

IV. On a également cherché à déterminer par des moyens mécaniques, employés à l'extérieur, le degré d'inclinaison du bassin, soit à l'état normal, soit à l'état anormal. Les instruments imaginés à cet effet ont été désignés sous le nom de *cliséomètres*. On ne peut, par aucun de ces instruments, atteindre exactement le but qu'on s'est proposé; ce qui du reste est peu important : aussi tous les cliséomètres, sans exception, sont-ils tombés dans l'oubli. La manière la plus simple et la plus exacte de déterminer le degré d'inclinaison du bassin est de suivre le procédé qui a été employé par M. Rœderer et par M. Naegelé. On fait placer la femme verticalement, le dos appuyé contre un mur, les pieds reposant sur un plan exactement horizontal, et l'on mesure, à l'aide d'un fil à plomb, la distance qui existe entre ce plan et le sommet de l'arcade des pubis d'une part, et de l'autre entre ce même plan et la pointe du coccyx. Ce moyen conduit à un résultat précis pour le détroit inférieur. C'est par comparaison qu'on établit l'inclinaison du détroit supérieur, c'est-à-dire d'une manière assez peu précise; mais les moyens mécaniques donnent des résultats aussi défectueux. On ne pourrait arriver à un résultat certain que dans le cas où il serait possible d'avoir le bassin dont on aurait mesuré l'inclinaison du détroit inférieur sur le vivant. En le plaçant dans la même position, on retrouve le degré d'inclinaison du détroit supérieur. C'est de cette manière que M. Naegelé a pu fixer le degré d'inclinaison normale du bassin chez la femme bien conformée.

Un autre ordre de faits concourt au diagnostic des viciations du bassin : ce sont les renseignements recueillis sur des accouchements antérieurs, les phénomènes physiologiques et mécaniques qu'on observe dans la marche et les autres conditions du travail, etc. (*Voy.* de l'Accouchement chez les femmes dont le bassin est vicié.

CHAPITRE II.

DE L'APPAREIL SEXUEL DE LA FEMME.

L'appareil sexuel, génital, générateur, considéré dans l'ordre de la position de ses parties et de leurs fonctions étroitement liées, se divise en 3 ordres d'organes : Les *profonds* ou *préparateurs* [ovaires 6], les organes *moyens* ou *conservateurs* [matrice 1, 2], les organes *externes* ou *copula-*

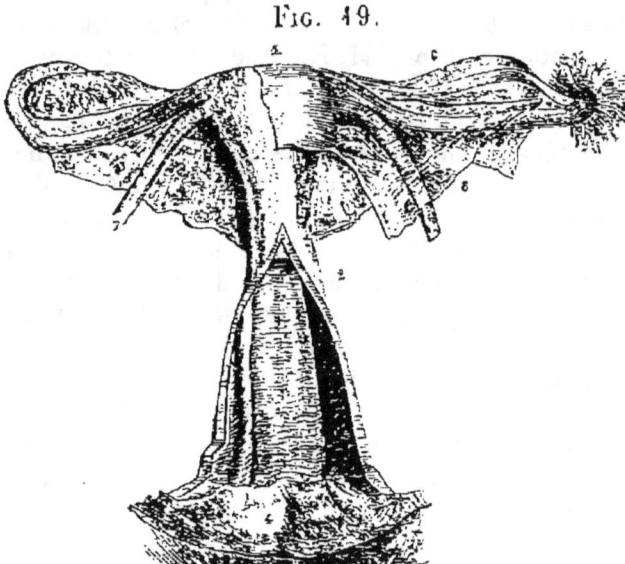

Fig. 19.

teurs (*clitoris*, vulve 4); et comme la portion de l'appareil génital composé de parties symétriques est soumise à la loi du développement excentrique et se développe d'une manière jusqu'à un certain point indépendant par ses parties latérales symétriques, il en résulte que l'appareil génital peut être divisé en six segments. Les organes génitaux de l'homme rentrent dans la même division, et l'analogie entre les différentes parties des deux appareils se révèle par des caractères tranchés. Cette analogie et la division qui vient d'être indiquée donnent une explication claire des vices de conformation qui peuvent atteindre les parties génitales.

SECTION Ire. — Des organes sexuels de la femme à l'état normal.

1. OVAIRES. — Au nombre de deux, les ovaires [fig. 19, 20] sont les organes dans lesquels se forme la substance que le sexe fé-

minin fournit pour sa part dans la génération (œuf). Ils sont situés à la partie supérieure et latérale de l'excavation pelvienne, dans le repli postérieur du ligament large, sur les côtés de l'utérus, auquel ils sont unis par un cordon plein (ligament de l'ovaire). Un peu aplatis d'avant en arrière, ils ont une forme arrondie et allongée ; leur bord supérieur convexe est libre ; l'inférieur droit ou creusé d'une légère concavité, véritable scissure vasculaire, repose sur la partie supérieure du ligament large. Les ovaires restent très petits jusqu'à la puberté, ils augmentent avec l'utérus, pendant la gestation, et s'atrophient dans la vieillesse. A l'état de développement complet ils pèsent environ 6 grammes. Chez la femme adulte, leur surface, qui offre des traces de cicatrice, est cependant assez lisse et tendue, tandis que chez les femmes âgées elle est inégale et plissée. Les ovaires, libres en avant, en arrière et en haut, sont fixés par leurs bords inférieurs au ligament large, par leur extrémité externe au pavillon de la trompe et par leur extrémité interne aux bords latéraux de l'utérus, par un cordon plein nommé ligament de l'ovaire dont le tissu est de même nature que celui de cet organe.

Les ovaires sont alimentés par les artères ovariques, qui naissent le plus souvent de la partie antérieure de l'aorte, au-dessous de la rénale, rarement au-dessus, plus rarement encore de la rénale elle-même. Il est rare qu'elles naissent toutes les deux au même niveau ; elles descendent presque verticalement sur les côtés de la colonne vertébrale, derrière le péritoine, au-devant du psoas et de l'uretère correspondants, en dedans des veines ovariques, qui sont composées d'un grand nombre de rameaux anastomosés avant de se réunir au tronc ; leurs flexuosités ne sont pas disposées en spirales comme dans les artères ; elles s'ouvrent presque aussi souvent dans les veines rénales que dans la veine cave. Plusieurs des lymphatiques qui accompagnent ces vaisseaux sanguins proviennent des ovaires ; on peut suivre jusque dans leur tissu quelques filets du plexus rénal.

La structure des ovaires est le point le plus curieux de leur histoire. Chez la femme et les autres mammifères, ils sont composés d'un tissu cellulaire parenchymateux contenant plusieurs vésicules closes, abreuvé de sucs et parsemé de vaisseaux, condensé à la surface en une membrane albuginée, qui est elle-même revêtue par une enveloppe du péritoine. Ces deux membranes sont unies d'une manière si intime qu'on peut à peine les séparer. L'interne (albuginée), blanche, très résistante, envoie quelques prolongements dans le tissu propre ; elle est perforée au bord inférieur de la glande pour le passage des vaisseaux efférents et afférents. Le parenchyme est d'un aspect spongieux, d'une couleur rouge-brunâtre et abondamment pourvu de vaisseaux ; c'est dans son intérieur que sont plongées les vésicules [3, fig. 20]. (*OEufs de Graaf.*) Ces *capsules* ou *alvéoles ovariennes*, examinées dans leur état de développement complet, sont formées d'une membrane mince, lisse, comme séreuse, qui adhère par sa surface externe d'une manière intime au parenchyme ; chez la femme adulte leur nombre varie depuis 8 jusqu'à 20 et au-delà. Elles semblent se développer successivement, car leur volume varie beaucoup : les plus grosses ont quelquefois un diamètre de 5 mill. Les vésicules ovariennes suivent dans leur développement la même progression que l'ovaire lui-même ; pendant l'enfance elles sont extrêmement petites, profondément situées vers le bord adhérent de l'ovaire (M. Négrier, W. Jones). En se développant, plusieurs s'avancent vers le bord, libre qu'elles n'atteignent qu'à la puberté. M. Gendrin n'a pu les apercevoir que vers l'âge de 10 ans. Suivant ces observateurs, la présence des vésicules ovariennes est liée d'une manière aussi essentielle à la menstruation qu'à la conception, et à chaque époque menstruelle une vésicule se déchire, puis se cicatrise. Lorsque la menstruation a cessé définitivement, les vésicules ont disparu ou sont revenues à l'état rudimentaire de l'enfance. Nous compléterons l'exposition de ces recherches curieuses à l'article *Menstruation*. On conçoit maintenant pourquoi on rencontre si souvent des traces de cicatrice (corps jaune) sur des femmes qui n'ont jamais eu d'enfant.

Les capsules ovariennes sont pleines d'un liquide clair, un peu visqueux, coagulable par la chaleur, dans lequel le microscope fait voir des granulations rondes, et çà et là des gouttelettes

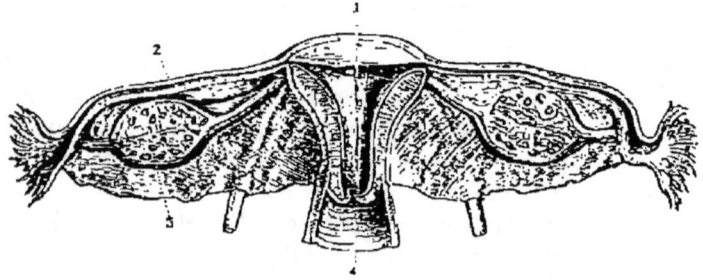

d'huile. On y a trouvé de l'eau, de l'albumine, de la gélatine et du phosphate de soude (John). C'est à une époque encore peu éloignée qu'on a pu constater avant la fécondation la présence d'un *œuf* véritable dans ce liquide de l'ovaire des mammifères. MM. Prevost et Dumas sont les premiers qui l'ont aperçu, mais c'est Baër qui a dissipé tous les doutes à cet égard. (*Voy.* Fécondation.)

2. Trompes utérines (de Fallope). — Conduits excréteurs des ovaires, les trompes établissent la communication entre les ovaires et l'utérus et servent à conduire le principe fécondant de dehors en dedans et l'œuf de dedans en dehors. Placées dans l'épaisseur du bord supérieur du ligament large, flottantes en quelque sorte dans l'excavation pelvienne entre les ovaires qui sont en arrière et les ligaments ronds qui sont en avant, elles s'infléchissent en arrière et en dedans pour se rapprocher de l'extrémité externe de l'ovaire auquel elles tiennent par un petit cordon. Leur longueur est d'environ 14 cent.; elles sont flexueuses dans leur moitié externe; le canal qu'elles forment [2, fig. 20] va en se rétrécissant du pavillon à l'utérus; dans sa moitié externe il peut facilement recevoir une petite sonde, tandis que dans le reste de son étendue il peut à peine admettre un stylet très fin. Leur extrémité externe s'ouvre dans l'abdomen par un évasement découpé en festons [5, fig. 19], ou laciniures (pavillon de la trompe); une des franges plus longue et plus épaisse, ayant l'aspect d'un petit tendon, se fixe à l'extrémité externe de l'ovaire à un point opposé au ligament de l'ovaire [fig. 19, 20]. L'orifice interne, extrèmement petit, s'ouvre dans l'angle de réunion du bord supérieur de la matrice avec ses bords latéraux. Les trompes sont recouvertes par le péritoine qui forme leur tunique externe et qui se continue avec leur membrane interne sur les bords de l'orifice frangé. Celle-ci est une membrane muqueuse formant ou plutôt recouvrant les plis longitudinaux qui se trouvent dans ce conduit. Il existe un tissu intermédiaire très ferme dans lequel on peut distinguer en dehors des fibres longitudinales et en dedans des circulaires; c'est un véritable prolongement du tissu de l'utérus. Leurs vaisseaux ont la même origine que ceux des ovaires.

3. Utérus, matrice.—L'utérus est un réservoir destiné à recevoir l'œuf fécondé, à fournir à son développement et à l'expulser à sa maturité.

Dispositions générales. Il est situé dans l'excavation pelvienne, sur la ligne médiane, entre la vessie et le rectum; il a la forme d'une poire ou d'une petite gourde aplatie d'avant en arrière; de

UTÉRUS.   95

là sa division en *corps* et en *col*. Son volume varie, même hors l'état de gestation : très petit jusqu'à la puberté, il s'atrophie dans la vieillesse, et ne revient presque jamais à son volume primitif après la parturition. Voici les dimensions qu'on lui assigne lorsqu'il a pris tout son développement : hauteur, 67 à 81 mill. (2 po. 6 l. à 3 po.); largeur du fond, 35 à 40 mill. (16 à 18 l.); épaisseur, 17 mill. (8 l.); poids, 4 déc. 687 à 6 déc. 259 (1 onc. 1/2 à 2 onc.). Ce poids et ces dimensions sont sensiblement plus faibles chez la jeune fille pubère, avant son premier accouchement. Sa face postérieure est plus convexe que l'antérieure ; ses bords latéraux sont droits ; le supérieur est très convexe.

Rapports et connexions. L'utérus est obliquement dirigé de haut en bas et d'avant en arrière, de sorte que son axe tend à se confondre avec celui du détroit supérieur. Par sa face antérieure, dont les trois quarts seulement sont recouverts par le péritoine, il est en rapport avec la face postérieure de la vessie et quelques circonvolutions de l'intestin grêle ; dans le reste de son étendue, il est en contact immédiat avec la face postérieure de la vessie, qui lui est unie par un tissu cellulaire assez lâche. Par sa face postérieure, recouverte par le péritoine dans toute son étendue, il est en rapport avec la face antérieure du rectum, dont le séparent souvent des portions d'intestin grêle. Cette face, beaucoup plus convexe, peut être explorée à travers le rectum. Le fond de l'utérus, convexe, arrondi, est en contact avec l'intestin grêle. Les deux lames du péritoine qui revêtent le fond et les faces de cet organe s'unissent sur ses bords latéraux pour former les ligaments larges (8, fig. 19), (*mésomètres*), replis qui s'étendent transversalement des bords de l'utérus aux parties latérales de l'excavation. Leur bord supé-

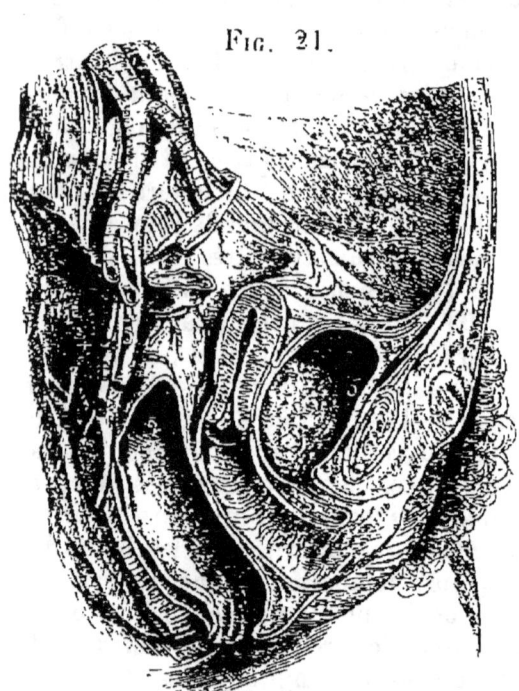

Fig. 21.

rieur est divisé en trois replis (*ailerons*), le postérieur, formé par l'ovaire et son ligament (6, fig. 19) le moyen par la trompe (5, fig. 19), l'antérieur par le ligament rond (7, fig. 19). Les ligaments larges forment ainsi une cloison transversale, contenant dans son épaisseur l'utérus et ses annexes, et divisant l'excavation pelvienne en deux moitiés, dont l'antérieure contient la vessie (5) et quelques anses d'intestin grêle, et la postérieure le rectum (2) et une portion plus considérable de l'intestin grêle.

Ces replis du péritoine renferment des fibres peu nombreuses ou grêles, qui partent des bords latéraux de l'utérus, et se perdent peu à peu en dehors.

Le péritoine, en se réfléchissant (fig. 21) de la face postérieure de la vessie (5) sur la face antérieure de l'utérus, forme de chaque côté deux petits replis (*ligaments antérieurs et inférieurs*), dans l'épaisseur desquels on voit encore quelques fibres musculaires qui vont se confondre avec celles de la vessie. Les replis semi-lunaires, qui sont formés de la même manière entre le rectum (3, fig. 21) et l'utérus, sont plus allongés (*ligaments postérieurs et inférieurs*), et recouvrent aussi deux petits faisceaux du tissu du col de l'utérus, qui vont s'attacher sur les bords latéraux de la région moyenne du sacrum. Mais les plus remarquables de tous ces prolongements (fig. 19, 20) du tissu de l'utérus sont les *ligaments ronds* (*cordons sus-pubiens*), qui naissent des bords latéraux de l'utérus au-dessous et au-devant de la trompe, se portent en bas et en dehors, en soulevant le feuillet antérieur du ligament large, traversent le canal inguinal, accompagné d'un prolongement péritonéal (canal de Nuck), et se fixent sur les pubis.

L'extrémité inférieure de l'utérus est embrassée par le vagin, dans lequel elle fait une saillie divisée par une fente transversale en deux lèvres. Les connexions qui maintiennent l'utérus dans sa situation étant lâches, extensibles, et en quelque sorte élastiques, permettent à l'organe de flotter et d'exécuter, dans certaines limites, des mouvements dans la cavité pelvienne, et se prêtent facilement aux déplacements qu'il doit éprouver pendant le cours de la gestation, etc.

Col. Cette partie de l'utérus (fig. 19, 20, 21), ayant une grande importance pratique, doit être étudiée avec plus de détails. Il est assez difficile d'établir à l'extérieur le point précis où finit le corps et où commence le col; mais, à l'intérieur, la démarcation est plus tranchée, et doit être placée au point où la cavité triangulaire du corps se convertit en un canal circulaire étroit. Considéré ainsi, le col de l'utérus présente deux portions fort distinctes: 1° celle qui fait saillie dans le *vagin*, *portion va-*

ginale; 2° celle qui est au-dessus de l'insertion du vagin, *portion sus-vaginale*. Les deux portions du col forment chez la femme adulte, qui n'a point encore fait d'enfant, un peu plus du tiers de la longueur de l'organe, c'est-à-dire qu'il est long de 26 à 33 mill. (12 à 15 l.). La longueur de la portion vaginale du col à l'état *virginal*, de forme légèrement pyramidale ou mamelonnée, est de 18 à 20 mill. (8 à 9 l.); son épaisseur à la base dans le sens transversal est de 18 mill. (8 l.), et de 13 mill. (6 l.) dans le sens antéro-postérieur. L'insertion du vagin se fait un peu plus haut en arrière qu'en avant. Le sommet (museau de tanche) est divisé en deux *lèvres* par une fente transversale de 6 mill. (3 l.), au fond de laquelle se trouve l'orifice vaginal du col, exactement fermé; la lèvre antérieure est plus épaisse et un peu plus longue; elles sont à peine distinctes chez les femmes qui n'ont pas encore fait d'enfant. La portion vaginale du col est lisse, d'un blanc cutané, légèrement rosé ou d'un rouge peu foncé, et d'une consistance très ferme. Pendant les périodes menstruelles, elle devient sensiblement plus volumineuse, rougit, se ramollit, et son orifice s'entr'ouvre. Après un ou plusieurs accouchements, le col ne revient presque jamais exactement à son état primitif: il reste souvent plus court, plus cylindrique et plus volumineux; sa fente transversale est plus étendue et plus profonde, l'orifice externe entr'ouvert; ses lèvres irrégulières sont divisées par une ou plusieurs fentes qui s'étendent jusqu'à l'orifice externe. Ces déchirures cicatrisées, plus ou moins profondes, résultant du passage de la tête du fœtus, sont tellement fréquentes que leur absence est un fait fort rare chez une femme qui a accouché d'un enfant à terme. Elles ont ordinairement leur siége sur un des côtés, et plus souvent à gauche qu'à droite. On voit que le col *maternel* diffère très sensiblement du col virginal. Avant la puberté, la portion vaginale du col est fort courte, son orifice moins exactement fermé, tandis que la portion sus-vaginale est très longue, et représente à peu près la moitié de la longueur de l'utérus.

Cavité de l'utérus. Elle est très petite, comparativement au volume de l'organe: celle du corps a la forme d'un triangle, aux angles duquel correspondent en haut les orifices internes des deux trompes, en bas l'orifice interne du col dont la cavité représente un canal cylindroïde, aplati de devant en arrière, et dilaté à son centre. La cavité du col présente en avant et en arrière, sur la ligne médiane, un relief qui en occupe toute la longueur; et de ch   artent sous des angles plus ou moins aigus de petites colonnes,   rugosités dont l'ensemble représente une   ille de fougère.   tte disposition est peu prononcée après un premier accouchement. Les parois de la cavité de la matrice sont fort épaisses ; celles du corps ont de 9 à 13 mill. (4 à 6 l.) ; celles du col sont un peu moins épaisses, mais plus denses ; la partie la plus mince des parois utérines correspond à l'origine des trompes.

Texture. J'ai suffisamment fait connaître la disposition du péritoine, relativement à la surface externe de l'utérus ; j'ajouterai seulement que cette membrane n'est pas très adhérente au tissu sous-jacent, sur les bords latéraux de l'organe, et sur une partie du col ; mais sur les autres points l'adhérence devient tout-à-fait intime, et on peut voir un grand nombre de fibres du tissu de l'utérus naître ou se terminer sur cette portion du péritoine, à la manière des fibres musculaires, sur une aponévrose d'origine ou de terminaison : aussi ne peut-on l'en détacher que par fragment et en déchirant le tissu de l'utérus.

La membrane interne ou muqueuse est extrêmement mince et adhérente. Appliquée sur le tissu de l'utérus sans intermédiaire de tissu cellulaire sous-muqueux, elle ne forme par elle-même aucun repli et se moule sur les rugosités de la cavité du col, qui sont exclusivement formées par le tissu propre de l'utérus. Elle a les mêmes caractères dans les trompes jusqu'à leur extrémité festonnée, où elle cesse brusquement en s'unissant au péritoine. La muqueuse utérine présente des follicules muqueux dans presque toute son étendue ; les plus nombreux et les plus apparents se trouvent dans la partie inférieure de la cavité du col. Plusieurs prennent un développement anormal par suite de l'oblitération de leur orifice (œufs de Naboth). Ces vésicules transparentes se rencontrent aussi dans la cavité du corps ; mais beaucoup moins fréquemment que dans le col et sur son orifice vaginal. La saillie qu'elles font à la surface libre de la muqueuse dépend de ce qu'elles ne peuvent pas se développer en dehors, à cause de la fermeté du tissu sous-jacent et de son adhérence intime avec ce tissu. Vue à la loupe, la surface interne de l'utérus offre une disposition papillaire, mais à papilles très peu développées ; elle est parcourue par un réseau capillaire très manifeste. La portion vaginale du col est recouverte d'un épithélium évident, qui se prolonge à l'intérieur et cesse brusquement à l'orifice interne, ce qui probablement a fait croire à plusieurs observateurs que la muqueuse ne s'étendait pas plus loin. Elle est habituellement lubrifiée par des mucosités ; sa coloration, qui se confond avec celle du plan interne du tissu de l'utérus, est ordinairement d'un blanc grisâtre légèrement rosé. Ainsi, on retrouve à la surface interne de l'utérus tous les caractères d'une membrane muqueuse ; et son peu d'épaisseur et son union intime avec le tissu de l'organe sont des particularités secondaires qui la distinguent des autres membranes de même ordre, mais qui n'en changent pas la nature et ne peuvent en faire nier l'existence. Le tissu propre de l'utérus, dans l'état de vacuité, est blanchâtre ; sa densité et sa consistance sont très considérables ; il a l'apparence fibreuse ; mais ces fibres sont tellement serrées et intriquées, qu'il est impossible d'en suivre la direction. Leur nature est tout aussi difficile à déterminer ; mais la grossesse démasque la nature musculaire de ces fibres et leurs arrangements respectifs, et montre dans l'utérus un muscle creux pouvant passer de l'état de condensation à l'état de développement, et *vice versâ*.

Vaisseaux, nerfs. Quatre vaisseaux portent à l'utérus et à ses annexes le sang artériel destiné à leur nutrition, ce sont : 1° Les artères ovariques, dont nous avons déjà indiqué le trajet et l'origine : pénétrant entre les deux feuillets des ligaments larges, elles s'y divisent en plusieurs branches et en rameaux nombreux qui se distribuent aux ovaires, aux trompes, aux bords et au fond de l'utérus. 2° Les deux utérines, qui naissent de l'hypogastrique, gagnent également les parties latérales de l'utérus dans l'épaisseur des ligaments larges, et fournissent dans les trajets quelques petites branches à la vessie et au vagin. Des parties latérales de l'utérus, les artères ovariques et utérines se portent dans tous les sens, dans le tissu de l'organe, en s'y subdivisant et s'anastomosant fréquemment, celles du même côté sur les parties latérales, et celles du côté opposé, sur la ligne médiane. Elles forment ainsi un large réseau dans la partie la plus superficielle du tissu de l'utérus d'où partent des rameaux plus petits, qui se portent en se subdivisant vers la face interne. Un caractère particulier à ces artères, c'est qu'elles sont très sinueuses et comme plissées sur elles-mêmes. Les veines sont peu apparentes, à peu près également distribuées dans toutes les parties du parenchyme utérin et fréquemment anastomosées ; elles n'y suivent pas la distribution des artères ; elles sortent des parties latérales de l'utérus par un assez grand nombre de branches qui se rapprochent de leurs artères satellites, et forment dans l'épaisseur des ligaments larges des plexus compliqués, qui se réunissent aux troncs qui vont s'ouvrir dans les veines caves (veines ovariques), et dans les veines hypogastriques (veines utérines). Le rapport du volume entre les artères et les veines semble y être à peu près le même que dans toutes les autres parties de l'économie. La capacité de ces vaisseaux, comparée au volume de l'organe, est réellement peu considérable, et en disant que l'utérus, à son état fibreux ou de vacuité, est très peu vasculaire, on exprime une vérité qui peut sembler paradoxale, parce qu'on a pris pour type de sa vascularité l'état de gestation ou de développement.

Les vaisseaux lymphatiques sont très petits et peu apparents dans l'état de vacuité ; ils forment sous l'enveloppe péritonéale un réseau superficiel assez abondant ; leur disposition dans l'épaisseur du parenchyme et à la surface interne est moins bien connue. La présence de pus dans leur intérieur, si fréquente à la suite de la métrite puerpérale, montre qu'il s'en distribue dans tout le parenchyme, jusqu'à la surface muqueuse. Ils se rendent, comme les vaisseaux sanguins, entre les lames des ligaments larges ; la plupart de ceux de la partie inférieure vont se rendre aux ganglions pelviens ; ceux du fond et d'une grande partie du corps se rapprochent de ceux des ovaires et des trompes, et gagnent les ganglions lombaires, en suivant le trajet des vaisseaux ovariques.

Les nerfs de l'utérus sont très grêles et peu développés. (La

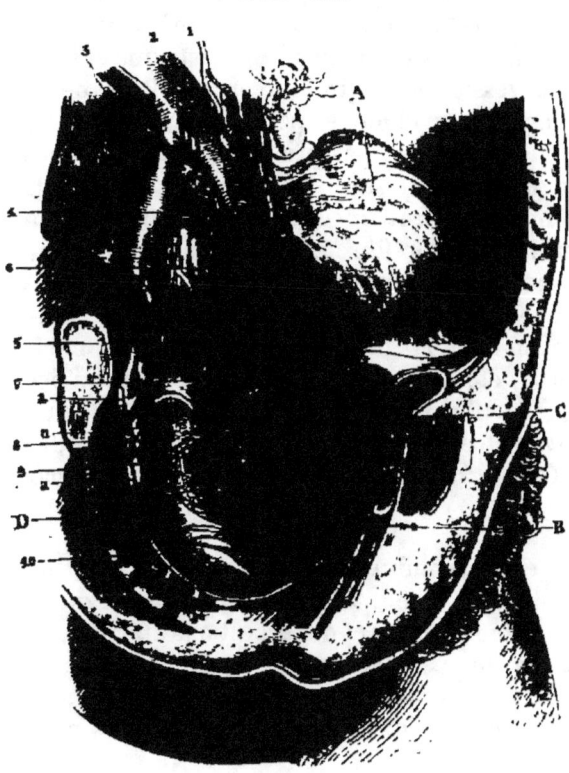

Fig. 22.

fig. 22 représente un utérus qui a été développé par la grossesse.) Ils proviennent à la fois du grand sympathique et de l'axe cérébro-spinal. Les premiers sont de beaucoup les plus nombreux, et tirent leur origine de deux points différents : 1° du plexus [1] ovarique ou spermatique formé lui-même de filets du plexus rénal donnant deux ou trois filets qui accompagnent les vaisseaux ovariques et qui se distribuent aux ovaires, aux trompes et aux angles de l'utérus ;

2° du plexus hypogastrique fourni par les nerfs splanchniques lombaires [2, 3]. Un grand nombre de filets du plexus hypogastrique se portent en avant et se réfléchissent en haut [7] sur les côtés de l'utérus ; quelques uns suivent le trajet des artères utérines et s'anastomosent avec des filets fournis par le plexus ovarique ; le plus grand nombre n'a aucun rapport avec les vaisseaux. Les filets du plexus hypogastrique se partagent entre l'utérus et le vagin en prenant des directions différentes ; quelques uns vont à la vessie. Les nerfs utérins qui proviennent de l'axe cérébro-spinal sont fournis par les branches antérieures [aaa] du plexus sciatique ; le plus grand nombre de ces filets vont se rendre dans le plexus hypogastrique et s'y anastomosent, de manière qu'à leur sortie les deux ordres de nerfs paraissent confondus. D'autres [8, 9] se portent sans s'anastomoser sur les parties latérales du corps, sur le col, le vagin et sur la vessie. Les filets qui proviennent directement du plexus sciatique sont en plus grand nombre pour le vagin que pour l'utérus. Il est extrêmement difficile de suivre les filets nerveux dans le tissu de la matrice au-delà de la couche la plus superficielle. M. R. Lee a décrit des ganglions nerveux assez gros, placés sur le trajet des nerfs de l'utérus ; un d'eux est situé à droite, l'autre à gauche du col ; ils reçoivent des nerfs venus du plexus hypogastrique et fournissent des rameaux à la vessie, au vagin, au corps de l'organe ; il indique encore des ganglions sur d'autres points de l'utérus. Mais il n'est pas sûr que M. R. Lee n'ait pas pris pour des ganglions des portions du tissu dense de l'utérus adhérentes à des filets nerveux. En effet, dans un travail récent, le docteur Rendu a fixé l'attention sur un tissu cellulo-fibreux qui entoure et protège les nerfs de la matrice et ceux du vagin ; ce tissu se présente sur plusieurs points, sous forme de plaques d'apparence ganglionnaire. M. Rendu signale la difficulté de suivre les nerfs dans le tissu de l'utérus et la possibilité de prendre pour des nerfs des filaments musculaires très déliés. Il a vu, sur l'utérus à l'état de vacuité, plusieurs filets nerveux réunis prendre une apparence rubanée qui disparaît pendant la grossesse par leur écartement.

4. Vagin.—Le vagin est un conduit membraneux qui s'étend de la vulve à l'utérus [3, fig. 19, 4, fig. 24] ; il est destiné à l'introduction du sperme, au passage du fœtus et des sécrétions utérines. Ce canal, à parois contiguës, un peu concave en avant, est long de 81 à 94 mill. (3 po. 1/2), et large d'environ 27 mill. (1 po.) ; du reste très extensible et très dilatable. Il est placé entre la vessie [5]

et le rectum [2, fig. 21] et dirigé obliquement vers le centre de l'arcade pubienne; il forme avec l'utérus un angle ouvert en avant. Le vagin est uni en avant, au bas-fond de la vessie, par un tissu filamenteux serré, et au canal de l'urètre, qui est logé dans une gouttière creusée dans son propre tissu; en arrière dans son quart supérieur, il est encore revêtu par le péritoine [3, fig. 21] et correspond à l'excavation recto-vaginale; dans le reste de son étendue, il est uni immédiatement à la face antérieure du rectum par un tissu filamenteux très extensible. Latéralement, il donne attache en haut aux ligaments larges; en bas, il reçoit quelques bandelettes de l'aponévrose pelvienne et des faisceaux du releveur de l'anus, et répond au tissu cellulaire pelvien et à un plexus veineux.

La *surface interne* du vagin présente en avant et en arrière, dans toute son étendue, un raphé médian, saillant, plus prononcé inférieurement, duquel partent de chaque côté des saillies transversales qui représentent assez bien les rugosités de la voûte palatine. Cette disposition est plus prononcée en avant qu'en arrière. Ces rides ne sont pas de simples plis de la membrane muqueuse. Quoique plus manifestes et plus régulières pendant l'enfance, chez les vierges, ils ne disparaissent jamais complétement après l'accouchement. L'extrémité supérieure du vagin embrasse la portion sus-vaginale du col sur lequel il se prolonge, en dehors, sans ligne de démarcation, et forme en dedans, avec la portion vaginale, une gouttière circulaire plus profonde en arrière qu'en avant.

Le vagin est constitué par un tissu propre et une membrane muqueuse. Le tissu propre qui forme sa tunique externe est mince en haut et sur toute l'étendue de sa paroi postérieure; mais il s'épaissit au niveau de l'urètre et se termine par un renflement considérable qui rétrécit l'entrée du vagin, en avant, et se prolonge sur les côtés entre les racines du clitoris: c'est le *bulbe du vagin*. Le tissu spongieux est développé dans l'épaisseur de la tunique fibreuse, qui lui forme ainsi une enveloppe en dedans et en dehors. La continuité du tissu propre du vagin, surtout de son élément fibreux, avec celui de l'utérus, est très facile à constater; leur identité de nature me semble également manifeste, car on peut suivre des fibres longitudinales et circulaires de l'utérus au vagin; mais celles de ce dernier sont moins serrées, plus extensibles et ont un aspect plus rougeâtre. L'élément spongieux du vagin, qui est formé par un développement particulier des veines, est l'analogue de celui qui est si manifeste dans les parois de l'utérus, pendant la grossesse, et qui n'est pas appréciable pendant l'état de vacuité. Ainsi, toute la différence, au fond, consisterait en ce que, pendant l'état de vacuité, les dispositions du vagin, qui sont à peu près stables, seraient beaucoup plus évidentes que celles de l'utérus, qui à leur tour l'emportent pendant la grossesse. Le même phénomène aurait lieu pour les fibres musculaires, qui sont, pendant le premier état, plus apparentes sur le vagin, et dans le second plus manifestes sur l'utérus, parce que le vagin ne participe qu'à un faible degré aux phénomènes d'accroissement de l'utérus.

Mais indépendamment de ces éléments communs, le vagin offre à son extrémité inférieure un anneau musculaire, composé de deux bandelettes étroites, soumis à l'influence de la volonté : c'est le *constricteur* du vagin. Né au-devant du rectum d'un entrelacement commun avec le sphincter de l'anus, il se porte sur les côtés du vagin et du clitoris et vient s'insérer au bord inférieur de la symphyse du pubis ; il correspond, en dehors, au tissu adipeux des grandes lèvres, et en dedans au bulbe du vagin.

La membrane muqueuse est fort adhérente à la tunique externe ; elle ne forme point de plis, car les rugosités du vagin ou rides transversales ne sont point formées par elle. Les villosités et les criptes muqueux sont très nombreux à sa partie inférieure ; elle est recouverte dans toute son étendue d'un épithélium fort épais qui ne se termine qu'à l'orifice interne du col de l'utérus. La muqueuse vaginale est d'un blanc cutané faiblement rosé et d'un aspect légèrement grenu ; plusieurs circonstances accidentelles font varier sa coloration sans qu'il existe d'état morbide. Les artères vaginales viennent de l'hypogastrique et des artères utérines. Les veines, très multipliées et plexiformes, vont se rendre aux veines hypogastriques ; les vaisseaux lymphatiques se portent aux ganglions du bassin. Nous avons déjà indiqué la double origine des nerfs du vagin.

Hymen et caroncules myrtiformes. La membrane muqueuse de la vulve et du vagin forme primitivement une duplicature semi-circulaire, composée de deux feuillets réunis par du tissu cellulaire. Ce diaphragme semi-lunaire occupe les parties latérales et postérieures du contour de l'entrée du vagin, et laisse une ouverture plus ou moins étroite entre son bord libre concave et la partie antérieure du vagin. Assez souvent ce repli forme un anneau circulaire, mais toujours plus étroit en avant. Cette membrane établit une séparation entre les parties génitales internes et externes où s'ouvrent les voies urinaires. Son existence paraît constante : détruite quelquefois chez les vierges par des causes autres que le coït, elle peut persister, même après cet acte, lorsqu'elle est étroite et plus ou moins flottante, mais elle est toujours détruite par la parturition. Les débris atrophiés et cicatrisés de la membrane hymen forment des saillies irrégulières qu'on désigne sous le nom de caroncules myrtiformes. Les débris de la valvule vaginale ne concourent pas seuls à former les tubercules irréguliers situés à l'entrée du vagin. Suivant M. Velpeau, celui qui avoisine le méat urinaire et celui qui est en arrière, au point opposé, appartiennent aux colonnes médianes du vagin, tandis que ceux qui se trouvent sur les parties latérales sont des débris de l'hymen.

5. VULVE, CUNNUS — Employé dans un sens collectif, ce terme désigne l'ensemble des parties génitales externes, et dans un sens précis, la fente longitudinale que circonscrivent les grandes lèvres en formant une espèce de pavillon qui renferme *le clitoris, les nymphes, le méat urinaire* et *l'entrée du vagin.*

1° *Clitoris, membranum muliebre.* Le clitoris est un appareil érectile destiné à concourir à l'excitation voluptueuse ; il est situé au-dessous de la symphyse pubienne et se présente sous la forme d'un petit tubercule médian, dont l'extrémité libre se trouve à 13 mill. (6 l.) au-dessous de la commissure antérieure. Il naît de la partie supérieure de la face interne de la branche montante de l'ischion par deux branches longues de 27 mill. (1 po.), qui se réunissent à angles obtus. Le clitoris se termine en avant par un petit renflement allongé et arrondi qu'on nomme *gland* du clitoris ; la muqueuse qui le recouvre a un épithélium épais et mou. Il est entouré par un repli cutané triangulaire qui l'enveloppe entièrement : c'est le *prépuce* du clitoris. Il est fixé aux pubis par un ligament suspenseur, et pourvu de petits muscles qui offrent la même disposition que les racines du clitoris lui-même.

Le clitoris se compose d'une gaîne fibreuse extérieure, renfermant un tissu spongieux formé par de larges troncs veineux que réunissent de fréquentes anastomoses, et séparé lui-même par une cloison fibreuse médiane (corps caverneux du clitoris). Le gland n'est pas une continuation du corps caverneux ; il est reçu dans une excavation que celui-ci présente, et ne tient à ce dernier que par du tissu cellulaire, des nerfs et des vaisseaux. Le gland est aussi formé d'un tissu spongieux qui ne présente pas de traces de cloison médiane. Le canal de l'urètre est reçu dans l'angle que forment les racines du corps clitoridien en se réunissant. Nous avons déjà indiqué la disposition des artères honteuses internes et des nerfs honteux qui envoient leurs divisions principales dans le clitoris.

2° *Urètre.* On voit, à environ 27 mill. au-dessous du clitoris, l'orifice externe de l'urètre (*méat urinaire*), immédiatement au-dessus du bourrelet saillant de la partie antérieure du vagin. Cet orifice, resserré et fermé, fait suite à un canal légèrement concave, creusé en partie dans la paroi antérieure du vagin, long de 27 à 35 mill., large de 6 à 9, très dilatable d'ailleurs, oblique de haut en bas, d'arrière en avant. Il est composé d'un tissu érectile, de fibres musculaires, qui se continuent avec celles de la vessie, et d'une membrane muqueuse; il est séparé de l'arcade pubienne par un intervalle de 8 à 10 mill.

3° *Petites lèvres*, *nymphes*. On désigne ainsi deux replis muqueux, cachés entre les grandes lèvres, vers le milieu de la face interne desquelles on les voit commencer, au niveau de l'orifice du vagin, par un repli étroit qui s'agrandit en se portant en haut, et se rétrécit en approchant du clitoris, où il se bifurque; la branche inférieure passe au-dessous, la supérieure au-dessus, en se continuant avec celles du côté opposé; elles forment ainsi le prépuce du clitoris. Indépendamment du repli muqueux qui les forme, les petites lèvres contiennent, dans l'intervalle, du tissu érectile très fin. Leur couleur est rosée pendant l'enfance et la jeunesse; d'un rouge foncé, plus ou moins plissées et flétries dans un âge avancé. On donne le nom de *vestibule* à l'espace triangulaire que circonscrivent les petites lèvres.

4° *Grandes lèvres.* On donne ce nom aux deux replis cutanés, dirigés d'avant en arrière, qui enveloppent les autres parties génitales externes. Leur face externe, formée par la peau [4, fig. 19], se recouvre de poils à la puberté; l'interne est tapissée par une membrane muqueuse très mince qui se continue avec celle des petites lèvres. En se réunissant en avant, les grandes lèvres forment la commissure antérieure de la vulve, et se continuent insensiblement avec la peau qui recouvre la région pubienne (*pénil, mont de Vénus*). Elles s'amincissent en se portant en arrière : leur réunion forme la commissure postérieure de la vulve. Un peu au-dessus de leur commissure postérieure, les grandes lèvres sont réunies par un petit repli cutané, mince, transversal, qu'on désigne par le nom de *frein*, de *fourchette* des grandes lèvres. Le petit espace compris entre le frein et l'hymen ou le bord postérieur de l'entrée du vagin est connu sous le nom de *fosse naviculaire.* Ce repli est presque toujours déchiré par un premier accouchement. Les grandes lèvres contiennent une assez grande quantité de tissu adipeux et de tissu cellulaire filamenteux qui les rend très sujettes aux infiltrations et aux épanchements. La vulve est tapissée à l'intérieur par une muqueuse pourvue, sur les grandes et petites lèvres, et sur le prépuce du clitoris, de follicules sébacés très multipliés et très apparents qui fournissent une matière caséiforme très odorante. Les follicules muqueux abondent surtout au voisinage du méat urinaire.

6. MAMELLES. — Les mamelles, parties accessoires de l'appareil génital, sont les organes sécréteurs du lait ; elles établissent entre la mère et le petit un rapport matériel dont la durée embrasse la première période de la vie extra-utérine.

Au nombre de deux dans l'espèce humaine, elles ne remplissent leur fonction de relation que chez la femme ; chez l'homme elles restent à l'état rudimentaire. Situées vis-à-vis l'une de l'autre, sur la partie antérieure de la poitrine, en dehors de la ligne médiane, elles occupent, en général, l'espace compris entre la troisième et la septième côte. Leur volume paraît fort variable, suivant la quantité plus ou moins grande de tissu adipeux qui les entoure ; elles ont la forme d'une demi-sphère, surmontées d'une éminence plus ou moins saillante, appelée *mamelon*, rosé chez les jeunes filles, et brunâtre chez la plupart des femmes qui ont fait des enfants. Le mamelon est entouré d'un cercle également coloré (*aréole*), dont le niveau se trouve souvent un peu au-dessous des téguments communs. Les mamelles sont formées de plusieurs éléments : la glande mammaire est le principal.

La glande mammaire se présente sous la forme d'une masse aplatie, plus épaisse au centre qu'à la circonférence, qui est irrégulièrement découpée et moins bien circonscrite en dehors qu'en dedans ; sa surface antérieure est fort inégale, résultat de la division de la glande en lobes qui constituent, en quelque sorte, comme autant de glandes distinctes. Le nombre des lobes varie de quinze à vingt. Le tissu des glandes mammaires a un aspect blanc assez prononcé, une densité beaucoup plus considérable que celle des autres glandes, densité qu'il doit, en grande partie, à une trame très prononcée de tissu fibreux qui lui forme une gaine complète, et envoie des prolongements entre les lobes et les lobules pour les réunir. Le tissu glanduleux qui forme chaque lobe se compose de petits grains d'un blanc rougeâtre qui, chez les femmes qui allaitent, ont à peu près le volume d'un grain de millet. Ces granulations, unies entre elles par un tissu cellulaire et des vaisseaux, contiennent de petites vésicules oblongues, disposées en rayonnant. Chaque grain donne naissance à des canaux (galactophores, lactifères) fort grêle qui se réunissent peu à peu en tronc plus gros qui forment au centre de la mamelle, derrière l'aréole, des dilatations (sinus) ayant une forme conique. Le volume des troncs, qui sont au nombre de douze à vingt, varie, suivant le nombre de branches qu'ils reçoivent; ils sont toujours situés dans les profondeurs du tissu glanduleux. Les dilatations qu'ils présentent avant de parcourir le mamelon ont jusqu'à 2 mill. de largeur ; mais les sinus sont toujours très courts, serrés les uns contre les autres ; puis ils se rétrécissent en petits canaux qui parcourent en droite ligne le milieu de la longueur du mamelon jusqu'au sommet où ils s'ouvrent par de très petits orifices. Tous ces petits canaux dans la longueur du mamelon sont unis ensemble d'une manière fort intime par le tissu du mamelon. Les conduits lactifères présentent à leur intérieur une surface d'apparence muqueuse ; ils sont complétement dépourvus de valvules, et indépendants les uns des autres ; ils ne communiquent pas ensemble par des anastomoses, de sorte que la glande mammaire peut être considérée comme composée d'autant de glandes distinctes qu'il existe de canaux galactophores.

La couche de tissu cellulaire adipeux qui enveloppe la glande, et qui, chez beaucoup de femmes, a un développement considérable, est, dans tous les cas, peu épaissie derrière le mamelon. Elle est également moins épaisse entre le muscle pectoral et la face interne de la glande qu'à sa circonférence.

La peau des mamelles est fine, blanche, et présente assez souvent des lignes bleuâtres sinueuses formées par des veines.

Le mamelon, de couleur rosée ou brun, rugueux, comme crevassé à son sommet, susceptible d'une espèce d'érection, présente une forme et des dimensions qui varient chez les différents sujets : tantôt cylindrique, tantôt conique, il est quelquefois tellement court, qu'il dépasse à peine le niveau de la peau ; dans quelques cas, il est même déprimé. On voit à son centre une ou plusieurs dépressions, dans lesquelles viennent s'ouvrir les canaux lactifères. L'aréole qui forme un cercle à la base du mamelon est de même couleur, et présente également des inégalités ou tubercules. La partie des téguments qui revêt l'aréole et le mamelon offre, en quelque sorte, les caractères des muqueuses; l'épiderme qui la recouvre est extrêmement mince et mou. La surface du mamelon et de l'aréole présente de quatre à cinq petits tubercules, sur le sommet desquels on voit, assez souvent, d'une manière bien distincte, de petits orifices. Ces tubercules paraissent tout-à-fait différents des glandes sébacées, qui ne s'élèvent pas au-dessus de la surface de la peau, et qui se trouvent en très grand nombre sur l'aréole, le mamelon et même quelquefois sur les tubercules eux-mêmes. Du reste, Morgani, Winslow, etc., ont vu, chez des femmes qui allaitaient, les orifices de ces tubercules fournir du lait ; Meckel semble donc avoir raison de les séparer des cryptes sébacées, et de les considérer comme de petites glandes mammaires à l'état rudimentaire, situées au-dessous de la peau, dans lesquelles il a pu suivre trois ou quatre petits conduits excréteurs. Cette manière de voir est encore justifiée par l'accroissement constant de ces tubercules pendant la gestation. Le mamelon est composé d'un tissu propre qui se retrouve en petite quantité au-dessous du derme de l'aréole ; ce tissu est très serré et difficile à isoler ; il n'offre pas nettement les caractères du tissu caverneux. M. Cruveilhier le regarde comme une espèce de tissu darthoïde.

Les artères thoraciques, surtout la mammaire externe, les intercostales et les mammaires internes fournissent des branches aux mamelles. Les veines profondes suivent le trajet des artères ; les superficielles sont sous-cutanées et se dessinent sous la peau. La plupart des vaisseaux lymphatiques vont se rendre aux ganglions axillaires ; quelques uns communiquent avec les ganglions du médiastin et avec ceux de la région sous-hyoïdienne. Quelques filets nerveux du plexus cervical viennent se perdre dans la peau des mamelles et dans le tissu cellulaire sous-jacent. Les filets fournis par les branches thoraciques du plexus branchial se distribuent dans les glandes ; quelques filets fournis par les intercostaux correspondants s'y perdent aussi. Jusqu'à la puberté, les mamelles ne diffèrent, dans les deux sexes, que par une largeur plus grande du mamelon, et un volume un peu plus considérable de la glande ; à l'époque de la puberté, elle s'accroît assez rapidement, et son développement coïncide avec celui des organes génitaux.

Les changements que les mamelles éprouvent par la grossesse et la parturition trouveront leur place ailleurs.

COMPARAISON DES ORGANES DE LA GÉNÉRATION DES DEUX SEXES.

Cette comparaison n'a pas seulement pour but de rappeler sommairement les parties génitales des deux sexes, et les différences qu'entraînent les fonctions physiologiques dévolues à chaque appareil, mais encore de rendre facile l'interprétation des vices de conformation qui vont être exposés dans la section suivante.

Appareil féminin.	*Appareil masculin.*
Les ovaires répondent.	aux testicules.
Les trompes	aux conduits déférents.
L'utérus répond	aux vésicules séminales, à la prostate.
Le vagin	aux conduits éjaculateurs.
Le clitoris	au pénis.
Le muscle ischio-clitoridien.	au muscle ischio-caverneux.
Le muscle constricteur du vagin.	au muscle bulbo-caverneux.

SECTION II. — **Vices de conformation des organes génitaux.**

I. 1. *Absence totale ou partielle.* — L'absence complète de toutes les parties de la génération se rencontre rarement. Les individus qui naissent dans cet état peuvent vivre, si la vessie et le rectum conservent leurs ouvertures naturelles. Ils sont destinés à succomber peu de temps après la naissance, quand il y a en même temps absence d'urètre et de rectum. MM. Moreau, Geoffroy-Saint-Hilaire, Serres, ont observé des cas semblables. J'ai constaté moi-même, chez un enfant anencéphale qui n'a vécu que quarante heures, une absence complète de l'appareil génital; à l'intérieur il n'y avait pas de traces d'organes masculins ou féminins; à l'extérieur, au sommet d'un sillon peu profond qui représentait la vulve, on voyait un petit tubercule au-dessous duquel s'ouvrait l'urètre.

L'absence de quelques parties essentielles se rencontre plus souvent. Toutefois, il est extrêmement rare que les deux ovaires, ou la matrice, ou les parties génitales externes manquent entièrement. L'absence qui ne porte que sur un seul côté est un peu moins rare. On a déjà rencontré un certain nombre de femmes chez lesquelles il n'y avait qu'un ovaire, qu'une trompe, qu'une moitié de l'utérus. Dans ce cas, les fonctions génératrices restent ordinairement libres, les règles s'établissent et la fécondation peut avoir lieu. La femme sur laquelle Chaussier a constaté l'absence d'un ovaire, de la trompe et de la moitié correspondante de l'utérus, avait accouché plusieurs fois d'enfants de sexes différents.

2. *Arrêt de développement général ou partiel.* — Tout l'appareil génital peut rester à l'état rudimentaire, ne subir après la naissance que très incomplétement les évolutions qui lui sont propres, et garder toute la vie une petitesse incompatible avec les fonctions

qu'il est appelé à remplir. L'arrêt de développement ou l'avortement peut être borné à quelques points. C'est ainsi qu'on a trouvé les ovaires extrêmement petits, comme atrophiés, dépourvus de vésicules ovariennes, etc. On a rencontré les trompes sous la forme de cordons très grêles, avec ou sans traces de perforation. Quand l'arrêt de développement a porté sur l'utérus, tantôt celui-ci conserve ses caractères, il n'est que petit et comme rudimentaire; tantôt il est plus ou moins dénaturé, et réduit au corps ou au col seulement. Quelquefois il se présente sous la forme d'une tumeur sans cavité qui semble avoir quelque analogie avec une prostate. Le vagin peut être réduit en un canal très court, et plus étroit que le canal de l'urètre. Lorsque l'arrêt de développement n'a porté que sur un ovaire, sur la trompe et la moitié correspondante de l'utérus, toutes les fonctions génitales peuvent s'accomplir librement.

3. *Séparation de l'utérus et du vagin sur la ligne médiane.* —Ce vice de conformation est un des plus communs. Il se présente dans l'utérus sous deux formes : dans l'une, une cloison médiane complète ou incomplète divise la cavité utérine en deux compartiments égaux, sans que rien à l'extérieur indique cette disposition; dans l'autre, l'utérus divisé sur la ligne médiane forme une matrice bicorne, comme chez la plupart des animaux mammifères. Cette forme, comme la précédente, offre plusieurs degrés, depuis une scissure peu profonde du fond, jusqu'à la séparation complète, non seulement du corps, mais encore du col, de manière qu'au plus haut degré il y a deux cols qui s'ouvrent séparément dans le vagin simple ou cloisonné. Chaque utérus, ou plutôt chaque moitié, n'a qu'une trompe, qu'un ovaire, et ne reçoit des vaisseaux et des nerfs que par un seul côté. C'est de toute évidence un seul utérus divisé, et non deux utérus véritablement distincts, vice de conformation qu'on n'a point encore observé. Les matrices cloisonnées, bifides, ne s'opposent point à la conception : un assez grand nombre de cas l'attestent; la plupart ont été rassemblés dans la thèse du docteur Cassan (Paris, 1826); et les journaux en ont publié plusieurs depuis. Chaque cavité peut à la rigueur recevoir à des époques différentes un œuf fécondé, et faire croire à une superfétation, si l'état de l'utérus est inconnu. Toutefois la double fécondation doit être un phénomène assez rare, parce que les deux cavités utérines sont rarement également développées; l'une est ordinairement plus ou moins atrophiée, et la fécondation a presque toujours lieu du même côté.

Sur le vagin, la division ne se montre jamais en dehors; elle est toujours formée par une cloison longitudinale développée sur la ligne médiane. Une matrice cloisonnée ou bifide s'ouvrant par deux orifices, par deux cols, n'entraîne pas nécessairement l'existence d'un vagin double. D'un autre côté, le vagin peut avoir une cloison longitudinale dans toute son étendue, et seulement sur un point plus ou moins étendu, sans que la matrice offre la plus légère trace de division. Lorsque le vagin est double, l'un des conduits est ordinairement plus développé que l'autre, et peut facilement se prêter au coït, et même à la sortie de l'enfant.

4. *Imperforation des organes génitaux.* — L'absence de tout canal, du pavillon de la trompe jusqu'à la vulve, ne se rencontre guère que dans quelques cas, où toutes les parties génitales sont restées à l'état rudimentaire le plus imparfait. Nous ne voulons parler que des oblitérations partielles qui ont plus particulièrement lieu sur certains points, et qu'il n'est pas toujours facile de distinguer des oblitérations consécutives. La vulve et le vagin sont les points sur lesquels on les rencontre le plus souvent. Dans quelques cas, on a vu la peau des grandes lèvres se continuer au niveau du vagin d'un côté à l'autre en formant un raphé, et ne laisser libre que l'espace occupé par le clitoris et l'orifice de l'urètre. Il est plus commun de rencontrer à l'entrée du vagin une cloison transversale complète et de peu d'épaisseur. Ce canal, au lieu d'offrir une cloison transversale, peut être imperforé dans une portion de son étendue, et même dans toute sa longueur; il est alors représenté par un cordon d'apparence fibreuse. L'imperforation primitive du col avec une conformation régulière de la matrice est un phénomène extrêmement rare.

5. *Ouverture de l'appareil génital en dehors des limites de la vulve.* — L'absence de l'ouverture vulvaire ou vaginale ne dépend pas toujours d'un état d'imperforation de ces parties. Le col de l'utérus, le vagin, incomplétement développés, peuvent être déviés vers d'autres organes, et s'ouvrir sur des points plus ou moins éloignés de la vulve, comme dans l'intérieur de la vessie, du rectum, de l'urètre, à la région hypogastrique. Quelques unes des femmes affectées de pareils vices de conformation ont pu concevoir.

6. *Développement anormal de quelques parties de l'appareil génital.* — On a signalé plusieurs cas dans lesquels le col tout-à-fait sain avait pris des dimensions considérables en épaisseur et en longueur. Un développement insolite du clitoris est moins rare : cet organe peut acquérir le volume du pénis, avec lequel il y a plusieurs traits de ressemblance. — Les petites lèvres prennent aussi naturellement chez quelques femmes un volume considérable, de manière à faire une saillie de plusieurs centimètres

à l'extérieur. C'est, au dire des naturalistes voyageurs, une disposition qui paraît commune à quelques peuplades sauvages : il est reconnu que la partie qu'on désigne sous le nom de *tablier des Hottentotes* n'est autre chose que les nymphes considérablement développées.

II. *Hermaphrodisme.* — On donne ce nom à la coexistence sur le même individu des organes des deux sexes complètement séparés ou en partie réunis. L'hermaphrodisme prédomine dans le règne végétal ; on l'observe d'une manière spéciale dans les plantes qui ont l'organisation la plus parfaite, les dicotylédones ; il est aussi l'état normal d'un grand nombre d'individus des classes inférieures du règne animal, qui peuvent soit seuls, soit avec le secours d'autres individus, procréer à la fois comme mâle et comme femelle. Les mollusques, et en particulier les ptéropodes et les gastéropodes, paraissent désigner le point de la série animale où l'hermaphrodisme est développé au plus haut degré, et au-delà duquel il s'éteint. On a rencontré assez souvent dans les vertébrés, et en particulier dans l'espèce humaine, la réunion plus ou moins complète des organes sexuels masculins et féminins, sur l'un des types de l'hermaphrodisme des animaux inférieurs ; mais jusqu'à présent on ne connaît pas un seul exemple où cette réunion ait été complète, quoiqu'il en existe un assez grand nombre où l'on trouve un commencement d'exécution.

Lorsqu'on examine les cas nombreux et variés d'hermaphrodisme incomplet observés dans l'espèce humaine, on voit que cette anomalie tend à se manifester sous deux formes fondamentales : dans l'une, le nombre des organes qui composent l'appareil sexuel n'est pas augmenté, mais dans quelques unes de ses parties il offre les caractères d'un sexe différent ; dans l'autre, il y a augmentation du nombre normal des parties génitales, augmentation qui a toujours lieu par l'addition d'organes mâles aux organes femelles correspondants, ou réciproquement. Dans l'une et l'autre de ces deux formes, on a établi plusieurs groupes pour réunir les cas qui ont entre eux le plus de ressemblances : 1° l'hermaphrodisme est *masculin* quand l'appareil générateur est essentiellement mâle, et qu'il offre dans quelques unes de ses parties l'apparence ou une addition de quelques organes femelles ; 2° il est *féminin* dans l'état opposé ; 3° *mixte* quand le mélange des parties est si complet qu'elles se font à peu près équilibre. Enfin on a admis un quatrième groupe où les parties sexuelles ont un caractère tellement ambigu, qu'il est impossible de distinguer si elles sont mâles ou femelles.

1. — L'hermaphrodisme masculin ou féminin, avec ressem-

blance ou substitution de quelques organes du sexe opposé, a été observé un grand nombre de fois.

1° Il peut être produit par l'existence d'une scissure médiane sur le scrotum (*hypospadias*) simulant une vulve, ou par le développement excessif du clitoris simulant un pénis. Ce sont des individus ainsi conformés qui ont le plus ordinairement donné lieu aux erreurs commises sur les registres de l'état civil et aux débats judiciaires. Tel est, entre beaucoup d'autres, le cas de cet hermaphrodite féminin qui, sous le règne de Louis XI, pris pour un homme et revêtu du froc monastique, dévoila son véritable sexe en accouchant. Mais je ferai remarquer que dans l'hypospadias, ainsi que dans le développement anormal du clitoris, il y a seulement ressemblance, ambiguïté de sexe ; sous le point de vue purement anatomique, ces individus ne méritent guère mieux le nom d'hermaphrodites que ceux où un prolapsus du col de l'utérus simule un *pénis* entre les lèvres de la vulve ; que ceux où une hernie des ovaires simule des testicules dans les grandes lèvres : ce sont des pseudo-hermaphrodites.

2° Dans la forme suivante, le sexe est beaucoup mieux dissimulé ; il y a un commencement de mélange des attributs des deux sexes : on a observé plusieurs individus du sexe féminin chez lesquels le canal de l'urètre parcourait, en partie ou en totalité, un clitoris fort développé, de manière à présenter à l'extérieur une vulve et un pénis bien conformés. Ces hermaphrodites féminins peuvent concevoir et accoucher. Les hermaphrodites masculins opposés (hypospadias) ne sont pas toujours dans l'impossibilité de procréer, malgré l'imperfection de la verge.

3° Dans une autre forme d'hermaphrodisme féminin, plus rare que la précédente, non seulement l'urètre parcourt la face inférieure du clitoris, mais le vagin est clos ou très petit ; dans ce cas, il n'y a pas de vulve, ou elle est représentée par un cul-de-sac peu profond perforé ou imperforé. Ces hermaphrodites féminins représentent un homme dont les testicules seraient restés dans l'abdomen ; le plus souvent le développement du mont de Vénus, des mamelles, et les autres caractères généraux, font reconnaître le véritable sexe, mais quelquefois il reste tout-à-fait équivoque.

2. — Dans l'hermaphrodisme neutre établi par Isidore Geoffroy-Saint-Hilaire, le nombre et la symétrie des organes génitaux sont conservés ; mais dans un ou plusieurs des segments il y a substitution ou transformation d'un organe mâle en un organe femelle, ou réciproquement, de manière que les individus ainsi conformés n'appartiennent à aucun sexe, alors même que la prépon-

dérance est plus prononcée d'un côté que de l'autre, vers un sexe que vers l'autre, et qu'il n'y a pas un équilibre exact. M. Isidore Geoffroy-Saint-Hilaire a divisé l'hermaphrodisme neutre en quatre genres : 1° l'hermaphrodisme *superposé*; 2° l'hermaphrodisme *latéral*; 3° l'hermaphrodisme *semi-latéral*; 4° l'hermaphrodisme *croisé*.

1° Dans l'hermaphrodisme superposé, les organes profonds ou préparateurs étant d'un sexe, les organes moyens ou conservateurs sont du sexe opposé, tandis que les organes externes offrent ou non le mélange des attributs des deux sexes. Une première combinaison nous montre des testicules et une matrice sans ovaires, ou peut-être des vésicules séminales tout-à-fait transformées en matrice. L'homme et quelques mammifères ont offert plusieurs exemples de cette combinaison, observée par Laumonier, Isidore Geoffroy-Saint-Hilaire, Reil, Burdach. Dans la deuxième combinaison, il y a absence de testicules, des ovaires sans matrice sont unis avec les canaux déférents et les vésicules séminales. Cette combinaison ne doit être admise que comme possible ; jusqu'à présent elle n'a été confirmée par aucune observation particulière. L'on voit clairement que l'hermaphrodisme superposé entraîne la stérilité.

2° L'hermaphrodisme latéral, établi par les recherches de Meckel et de Rudolphi, consiste en ce que les organes profonds et moyens d'un côté sont d'un même sexe, tandis que ces mêmes organes sont du sexe opposé de l'autre côté, les organes externes participant ou non aux caractères de deux sexes. L'hermaphrodisme latéral a été observé dans beaucoup d'espèces d'animaux vertébrés. Il existe dans l'espèce humaine plusieurs exemples d'un ovaire d'un côté et d'un testicule de l'autre ; tantôt ces organes ont conservé leur position normale, tantôt l'ovaire est à l'anneau inguinal et le testicule à la région lombaire ; à un degré plus prononcé on trouve, en même temps, une vésicule séminale d'un côté et un utérus de l'autre. Chaque côté peut, dans quelques cas, remplir ses fonctions de mâles ou de femelles ; mais il n'a point encore été trouvé assez parfait sur aucun individu pour remplir indifféremment et alternativement les fonctions de mâle et de femelle. M. Isidore Geoffroy-Saint-Hilaire, qui a démontré que ce genre d'hermaphrodisme n'était pas constitué par un excès ou addition de parties, mais par la séparation des deux moitiés latérales, le divise en *complet* et en *incomplet*, en *semi-latéral* et en *croisé*, suivant les degrés ou les combinaisons qu'il a ou qu'il peut présenter.

3. — L'*hermaphrodisme bisexuel* présente dans le même segment

de l'appareil générateur des organes mâles et des organes femelles ; le nombre des parties est plus ou moins augmenté. M. Isidore Geoffroy-Saint-Hilaire range tous les faits qui se rapportent à cette espèce d'hermaphrodisme en trois groupes : 1° l'hermaphrodisme *masculin complexe*, dans lequel un appareil essentiellement masculin se trouve associé à quelques organes féminins, à un utérus par exemple ; 2° l'hermaphrodisme *féminin complexe*, dans lequel un appareil essentiellement féminin se trouve associé à quelques organes masculins, les testicules par exemple ; 3° l'hermaphrodisme *bisexuel*, dans lequel les appareils des deux sexes existent simultanément d'une manière assez complète. Toutefois les organes sexuels externes ne présentent jamais d'une manière complète cette espèce de duplicité, qui n'existe que par rapport aux organes profonds et moyens, et qui semble impossible à M. Isidore Geoffroy-Saint-Hilaire pour les organes externes, parce que leur connexion avec les os du bassin étant les mêmes pour les organes mâles et pour les organes femelles, ils ne peuvent exister simultanément. Les trois ordres d'hermaphrodisme bisexuel qui viennent d'être définis ont été vus assez souvent dans l'espèce humaine. M. Bouillaud en a observé un cas assez complexe sur un sujet mort en 1833 à l'hôpital de la Pitié. Cet individu présentait à l'extérieur tous les attributs du sexe mâle sans vice de conformation : seulement les testicules et le pénis étaient médiocrement développés. A l'intérieur il présentait deux ovaires, deux trompes, un utérus, auxquels faisait suite un vagin imperforé. L'observation souvent citée de Petit de Namur offre un exemple d'hermaphrodisme bisexuel encore plus complet ; le jeune militaire qui en fait le sujet avait, avec ses deux testicules dans le scrotum, deux ovaires, deux trompes, une matrice, des vésicules séminales. L'hermaphrodisme bisexuel n'entraîne pas toujours la stérilité, car le plus ordinairement les organes surajoutés sont peu développés, tandis que ceux qui existent dans toute leur étendue ont un développement à peu près normal, et l'hermaphrodite reste mâle ou femelle. Je citerai encore l'observation extraite par Béclard d'un journal anglais, bien qu'il ne soit pas possible de déterminer précisément à quelle espèce d'hermaphrodisme elle se rapporte : « En avril 1807, il existait à Lisbonne un individu réunissant les organes des deux sexes dans le plus haut degré de perfection que l'on ait vu ; il était âgé de 28 ans ; il avait d'un homme les testicules, un pénis érectile recouvert au sommet d'un prépuce et percé d'un canal jusqu'au tiers de sa longueur, les traits mâles, le teint brun et un peu de barbe. Les organes du sexe féminin étaient comme ceux d'une femme bien conformée ; cependant les lèvres de la vulve étaient très petites. Le larynx, la voix, les penchants étaient ceux d'une femme. La menstruation était régulière. La grossesse a eu lieu deux fois, et s'est terminée prématurément au troisième et au cinquième mois. »

Nous omettons de placer à la suite des vices de conformation des organes génitaux leurs affections consécutives qui durent pendant une longue période de la vie, parce qu'en indiquant les causes qui peuvent faire croire à une grossesse qui n'existe pas, les obstacles qui s'opposent à la fécondation, qui troublent la gestation et l'accouchement, nous aurons naturellement l'occasion de caractériser ces diverses affections.

SECTION III. — Fonctions de l'appareil sexuel hors l'état de gestation.

A une époque donnée de la vie de la jeune fille, les parties qui servent à la génération marchent rapidement vers leur entier achèvement, et prennent le type qu'elles doivent conserver le reste de la vie. Le bassin, qui jusque là différait peu dans l'un et dans l'autre sexe, change de forme, s'agrandit, et donne à la partie inférieure du thorax de la femme des caractères distinctifs. Les organes génitaux, restés voisins de l'état où ils sont pendant la première enfance, prennent un accroissement rapide ; la peau des parties externes de la génération commence à se couvrir de poils ; les follicules sébacés sécrètent une humeur onctueuse et odorante ; les seins se développent ; les phénomènes précurseurs des *règles* apparaissent. A cette activité vitale puissante, qui produit une évolution si prompte dans plusieurs organes, se joignent des changements moraux tout aussi remarquables. L'ensemble de ces phénomènes, dont Buffon a tracé un tableau si éloquent et si animé, annonce que la jeune fille atteint à la puberté. Parmi ces phénomènes, la menstruation seule nous occupera d'une manière spéciale, parce que cette fonction apparaît comme signe et comme condition de l'aptitude à la génération, et qu'elle se lie d'une manière intime à l'état de santé et de maladie de la femme.

MENSTRUATION, *menstrues*, *règles*, *mois*, *ordinaires*. La menstruation est une fonction exclusivement propre à la femme, se rapportant directement à la génération, et caractérisée par une hémorrhagie normale et périodique de l'utérus chez les femmes pubères, qui se suspend pendant la grossesse et la lactation.

1. La menstruation se reproduit pendant une longue période de la vie de la femme. L'époque où elle apparaît pour la première fois varie d'une manière sensible suivant les climats et suivant plusieurs autres circonstances.

La menstruation a été, dans ces dernières années, l'objet de recherches statistiques nombreuses qui, sans rectifier des erreurs graves ni conduire à la découverte de vérités nouvelles, ont cependant donné plus de précision aux notions communes, et par cela même doivent prendre leur place. Le tableau suivant va nous faire connaître l'époque de la première apparition des règles sous des latitudes, des climats et dans des conditions différentes.

A PARIS sur 559 femmes observées par M. Brierre de Boismont.		A LYON sur 452 femmes observées par MM. Pétréquin et Bouchacourt.		A MARSEILLE ET A TOULON sur 68 femmes observées par M. Marc Despine.		A MANCHESTER sur 450 femmes observées par M. Roberton.		A GOETTINGUE sur 137 femmes observées par M. Osiander.	
9 ans.	5	9 ans.	0	9 ans.	0	9 ans.	0	9 ans.	0
10	11	10	5	10	0	10	0	10	0
11	36	11	14	11	6	11	10	11	0
12	23	12	26	12	10	12	19	12	3
13	50	13	47	13	13	13	53	13	8
14	64	14	50	14	9	14	85	14	24
15	54	15	76	15	16	15	97	15	32
16	43	16	79	16	8	16	76	16	24
17	34	17	58	17	4	17	57	17	11
18	20	18	38	18	2	18	26	18	18
19	6	19	21	19	0	19	23	19	10
20	5	20	9	20	0	20	4	20	8
21	2	21	5	21	0	21	0	21	1
22	4	22	1	22	0	22	0	22	0
23	2	23	0	23	0	23	0	23	1
24	0	24	3	24	0	24	0	24	0

On voit que l'âge où le plus grand nombre de femmes ont été réglées a été 14 ans pour Paris et Manchester, 15 ans pour Marseille et Toulon, 15 ans pour Lyon, et 16 ans pour Gœttingue. On trouve pour l'âge moyen :

Gœttingue, 16 ans, 038; Manchester, 15 ans, 191; Paris, 14 ans, 504; Lyon, 14 ans, 492; Marseille et Toulon, 14 ans, 015; Toulon seul, 14 ans, 081; Marseille idem, 13 ans, 940.

M. Brierre de Boismont fait observer que si la latitude retarde ou hâte l'apparition de la fonction, elle n'agit pas seule, car sans cela la différence entre Manchester et Paris serait égale à celle qui existe entre Paris, Marseille et Toulon ; car tandis que pour les 5° qui séparent Manchester de Paris, la différence dans l'âge moyen n'est que de trois mois, elle est de près d'un an pour les 5° qui séparent Paris de Marseille et de Toulon. L'influence du climat paraît plus marquée. La différence de tempétature entre Paris et Manchester étant de 2° Fahrenheit, la variation de l'âge moyen de la première menstruation est de trois mois, et de près de deux ans pour une différence de 8° entre Paris et Marseille. Les résultats des recherches d'Osiander sont presque entièrement semblables. Les latitudes de Gœttingue et de Manchester diffèrent peu ; mais le climat de la première ville est de 2 à 3° Fahrenheit plus froid que celui de la seconde.

On manque de terme précis de comparaison pour suivre la menstruation sous les latitudes les plus opposées et sous les climats les plus différents. Dans les pays qui avoisinent l'équateur, tels que l'Ethiopie, l'Egypte, l'Inde, la Turquie, etc., l'âge ordinaire de la première apparition des règles paraît être de 10 à 14 ans, tandis qu'en Suède, en Danemark, en Norwége et dans une partie de la Russie, les filles ne sont, à ce qu'il paraît, ordinairement réglées que de 16 à 18 ans.

Dans le même pays, des conditions différentes peuvent retarder ou faire avancer l'époque de la première apparition menstruelle. M. Brierre de Boismont a cherché à préciser sous ce rapport l'influence de l'habitation dans les campagnes, les villes et la capitale ; il est arrivé aux résultats suivants :

Campagnes, 276 filles, âge moyen 14 ans, 85, 14 ans 10 mois ;
Villes, 205 filles, âge moyen 14 ans, 765, 14 ans 9 mois ;
Capitale, 359 filles, 14 ans, 504, 14 ans 6 mois.

Il est donc certain que les règles apparaissent plus tôt dans les villes et la capitale qu'à la campagne. M. Brierre de Boismont a divisé les filles de Paris en trois classes : les premières forment la classe pauvre ; les secondes n'appartiennent pas encore à la classe moyenne, mais elles s'éloignent de la classe pauvre par des travaux moins rudes, par moins de privations, et se rapprochent jusqu'à un certain point, par leurs mœurs et quelques unes de leurs habitudes, de la classe riche. Il désigne ces filles sous le nom de métis ; elles se composent de modistes, de couturières, de lingères, de blanchisseuses, de fleuristes, de brodeuses, de polisseuses, etc. ; enfin, les troisièmes appartiennent à la classe riche. Dans ces trois classes, la première menstruation s'est manifestée dans l'ordre suivant.

Classes pauvres ; 14 ans , 812, ou 14 ans 10 mois ; métis, 14 ans, 402, ou 14 ans 5 mois ; riches, 13 ans, 660 , ou 13 ans 8 mois.

Ainsi les personnes des classes riches seraient les premières réglées, et celles des classes pauvres les dernières.

M. Brierre de Boismont a encore cherché à déterminer l'influence des tempéraments. Les difficultés qu'on rencontre à assigner d'une manière précise le tempérament d'un individu, quelques soins qu'on y apporte, doivent faire accepter avec beaucoup de réserve les relevés statistiques qui s'y rapportent. Ceux qui se rapportent à la force de la constitution, à la couleur des cheveux, à la taille, fournissent des résultats mieux appropriés à des comparaisons.

TEMPÉRAMENT.	AGE MOYEN.
Sanguin	14,578 (14 ans 6 m. 1/2.)
Lymphatico-sanguin	14,609 (14 ans 7 m.)
Lymphatico-nerveux	14,657 (14 ans 7 m. 1/2.)
Lymphatique	15,384 (15 ans 4 m. 1/2.)

COULEUR DES CHEVEUX.	AGE MOYEN.
Bruns	14,714 (14 ans 8 m. 1/2.)
Blonds	14,827 (14 ans 10 m.)
Châtain foncé	14,979 (14 ans 11 m.)

CONSTITUTION.	AGE MOYEN.
Robuste	14,520 (14 ans 6 m. 1/2.)
Bonne	14,706 (14 ans 8 m. 1/2.)
Moyenne	14,807 (14 ans 9 m. 1/2.)
Délicate	15,047 (15 ans 1/2.)

TAILLE.	AGE MOYEN.
Grande	14,798 (14 ans 9 m. 1/2.)
Petite	14,615 (14 ans 7 m. 1/2.)

Ainsi, les femmes sanguines seraient les premières réglées ; puis les lymphatico-sanguines, les lymphatico-nerveuses, et en dernier lieu les lymphatiques.

Les règles paraissent également plus précoces chez les femmes dont la constitution est forte ou seulement bonne que chez celles dont la constitution est délicate. L'apparition des menstrues, relativement à la constitution, examinée dans les campagnes, les villes et la capitale, suit les mêmes variations qui ont été signalées par rapport aux localités.

La leucorrhée, qui existe déjà, chez un assez grand nombre de filles avant la menstruation, paraît retarder la première apparition. Sur 273 femmes atteintes de flueurs blanches, 63, un peu plus du quart, ont présenté les symptômes de cet état plus ou moins de temps avant la première menstruation. M. Brierre de Boismont, ayant pu établir l'époque précise de la première apparition chez 34, a trouvé que l'âge moyen a été 19 ans 4 mois ; mais comme les deux tiers de ces femmes étaient blondes, lymphatiques ou scrofuleuses, on voit que les influences qui ont pu causer cette apparition tardive étaient complexes. Chez plusieurs, la leucorrhée a cessé après l'apparition des règles ; chez quelques unes, les flueurs blanches semblent préluder à la menstruation et y suppléer pendant un temps plus ou moins long.

II. *Menstruation prématurée et tardive.* En admettant que le terme commun de la menstruation comprend dans nos contrées la quatorzième et la quinzième année, il faut reconnaître que le nombre de filles réglées après ou avant cette époque est encore considérable ; la treizième et la seizième année semblent en quelque sorte faire encore partie de l'époque commune.

Les tableaux suivants donnent une idée assez juste des rapports dans lesquels les menstruations tardives et prématurées s'éloignent de l'époque commune. Sur 1,200 femmes, on trouve :

190	non réglées	à 15 ans.	132	réglées à. .	13 ans.
141	—	à 16	105	— à. .	12
127	—	à 17	93	— à. .	11
90	—	à 18	29	— à. .	10
35	—	à 19	10	— à. .	9
30	—	à 20	2	— à. .	8

Ces exceptions à la règle commune se présentent quelquefois dans des conditions tout-à-fait extraordinaires. Sans doute, il ne faut point ajouter foi à toutes les observations de menstruations survenues pendant l'enfance ; il n'est pas douteux qu'on ait pris plusieurs fois pour des menstrues une hémorrhagie répétée à différentes époques et des leucorrhées avec exsudation sanguine ; mais il est impossible de nier que la menstruation n'ait réellement existé chez quelques enfants. Les observations suivantes paraissent réunir les caractères propres à y faire ajouter foi : Mathilde H..., née à la Nouvelle Orléans, le 31 septembre 1827, de parents blancs, peu fortunés, vint au monde avec des seins parfaitement développés, le mont de Vénus couvert de poils comme une fille de 13 à 14 ans ; à l'âge de 3 ans ses règles parurent, et continuèrent de couler régulièrement tous les mois : elle les avait aussi abondantes qu'une femme faite ; chaque période durait trois jours. M. Velpeau cite l'observation d'une jeune fille de la Havane dont les règles ont paru pour la première fois à l'âge de 18 mois et ont continué depuis à se montrer régulièrement tous les mois : l'enfant avait de la gorge, des traits prononcés et tous les caractères d'une puberté anticipée. Pour nos contrées, il existe quelques faits rares, mais authentiques, de petites filles qui ont été menstruées à 5, à 6 et à 7 ans.

Chez quelques femmes, les règles ont apparu pour la première fois assez longtemps après la vingtième année ; quelques unes n'ont jamais offert le moindre symptôme de menstruation, quoique les organes génitaux parussent avoir un développement complet.

III. *Symptômes*. L'écoulement sanguin est ordinairement précédé et accompagné de phénomènes variés, fournis non seulement par les organes génitaux, mais par les autres appareils qui ont avec eux des liaisons sympathiques plus ou moins étroites : assez souvent ils sont si peu prononcés, même dans une première apparition, qu'ils fixent à peine l'attention de la jeune fille. Dans des limites modérées, ils constituent les prodromes qui se renouvellent à peu près avec les mêmes caractères aux époques suivantes, mais le plus souvent en s'affaiblissant ; très intenses, ils font partie des accidents qui accompagnent ordinairement l'aménorrhée et surtout la dysménorrhée : sur 645 femmes observées par M. Brierre de Boismont, 357 ont été surprises, à la première apparition, par l'écoulement sanguin sans être averties par des phénomènes précurseurs insolites ; les 228 autres ont été prévenues de l'approche de leurs règles par des accidents plus ou moins graves. Le temps qui s'est écoulé entre les premiers symptômes et l'écoulement menstruel a présenté de grandes variations et souvent une période assez longue : chez les unes, ils n'ont duré qu'un petit nombre de jours, et l'écoulement a pris son cours comme aux époques ordinaires, après quelques jours de prodrome ; chez les autres, au contraire, ils ont duré plusieurs mois, et même plusieurs années, en présentant toutefois des rémissions plus ou moins prolongées, et l'écoulement sanguin n'a apparu qu'après un plus ou moins grand nombre d'efforts avortés. Suivant leur intensité, ces accidents peuvent constituer de véritables états morbides que nous aurons à caractériser en parlant de l'aménorrhée et de la dysménorrhée.

Lorsque les règles ont paru pour la première fois, tantôt leur cours périodique ne s'arrête plus qu'au moment de la cessation définitive, tantôt elles se suspendent et reparaissent à des intervalles inégaux jusqu'à ce qu'elles se régularisent ; quelquefois enfin elles ne s'établissent jamais d'une manière parfaitement régulière. Voici à cet égard les renseignements fournis par les relevés de M. Brierre : sur 654 femmes, 412, c'est-à-dire environ les deux tiers, ont été réglées régulièrement dès la première apparition ; 242 ont été dès le commencement irrégulièrement menstruées, mais les règles ont fini par prendre leur cours régulier chez 178, elles sont toujours restées irrégulières chez 63. Chez les 178 femmes dont les règles ont fini par prendre leur cours régulier, cette époque a pu être établie chez 122 ; 42 ont été définitivement réglées dans l'espace de 6 semaines à 6 mois ; 33 de 6 mois à 1 an ; 21 de 1 à 2 ans ; 8 de 2 à 3 ans ; 10 de 4 à 5 ans ; 4 de 6 à 7 ans ; 4 de 9 à 11 ans. Chez 67, jusqu'au moment où les règles sont rentrées à l'état normal, le mode de l'irrégularité a été tantôt un rapprochement, tantôt un éloignement de chaque époque, sous un typo régulier ou irrégulier. Chez 11, les règles, après avoir apparu régulièrement 2, 3, 4 et 6 mois, ont manqué complétement 2, 3, 4 et 6 mois, 1, 4 et 6 ans. Chez 42, elles ont d'abord paru une fois, puis elles ont complétement cessé pendant un temps plus ou moins long, depuis 2 mois jusqu'à 5 ans ; 10 fois les menstrues n'ont été régularisées que par le mariage, la grossesse et l'accouchement.

L'interruption des époques menstruelles, leur irrégularité, depuis la première apparition jusqu'à l'établissement définitif, ne doivent point inspirer d'inquiétudes lorsqu'elles ne s'associent pas à une organisation défectueuse, souffrante ou à des antécédents fâcheux.

Des 65 femmes qui n'avaient jamais été menstruées d'une manière régulière, soit que l'écoulement se fît à des intervalles plus ou moins éloignés, soit qu'il fût trop abondant, à peine sensible, très coloré, pâle ou comme de l'eau rousse, un tiers n'a jamais eu à se plaindre de cette anomalie. C'est dans l'autre portion que se trouvent les jeunes filles et les femmes scrofuleuses, lymphatiques, rachitiques, celles qui sont nées de parents atteints de maladies organiques ou qui présentent elles-mêmes les germes de ces affections ; en un mot, la plupart des femmes qui subissent les conséquences d'une mauvaise organisation.

Les symptômes qui précèdent comme prodromes ou accompagnent l'écoulement menstruel, à la première époque et aux époques subséquentes, se divisent en symptômes locaux et en symptômes généraux. L'écoulement sanguin qui constitue le phénomène capital sera étudié à part et en dernier lieu. Nous allons passer en revue ces symptômes dans l'ordre de leur fréquence ;

Sur 360 femmes observées par M. Brierre de Boismont, 278 éprouvaient des coliques, des tranchées à chaque retour; le plus ordinairement ces douleurs avaient leur siége dans l'utérus, mais souvent aussi elles se montraient plus haut et affectaient l'intestin. Ces coliques sont tantôt légères, sourdes, intermittentes, tantôt intenses, violentes, continues; chez les unes elles débutent avec la première apparition et se reproduisent tous les mois; chez les autres elles ne se montrent que pendant un certain temps, avant le mariage ou après, cessent et reparaissent après un temps plus ou moins long.

Les douleurs de reins, ayant leur siége dans la région lombaire et sacrée, sont, après les coliques, le symptôme le plus commun; elles se sont montrées 222 fois, et ont paru dès le début ou plus ou moins longtemps après, en présentant sous le rapport de leur intensité un grand nombre de variations.

Le sentiment de pesanteur dans le bassin, dû à la congestion de l'utérus, se rencontre assez souvent (40 fois).

La tuméfaction de l'abdomen est un phénomène qui n'est pas rare; elle est due au développement de gaz intestinaux : M. Brierre l'a noté 67 fois; elle existait ordinairement à toutes les époques. Chez quelques femmes elle ne se montrait que de temps en temps et cessait après avoir duré plusieurs années. Cette tuméfaction est quelquefois accompagnée de douleurs assez vives à la pression.

Deux ou trois jours avant l'écoulement, la vulve, les grandes et les petites lèvres, le clitoris, la muqueuse vaginale, présentent une légère tuméfaction due à l'injection vasculaire assez prononcée, et une chaleur plus vive qui s'étend jusqu'au col.

Les phénomènes sympathiques les plus communs sont ceux qui se rapportent aux centres nerveux : sur 344 femmes observées sous le rapport des symptômes sympathiques, M. Brierre de Boismont a noté 136 fois la céphalalgie simple, 32 fois la migraine, 24 fois des étourdissements. Plusieurs femmes ont des envies continuelles de dormir, d'autres ont la tête lourde, quelques unes des chaleurs qui leur montent au visage; la vue peut être momentanément affaiblie; les paupières sont gonflées, bleuâtres ou noirâtres, les yeux d'une expression languissante; les bourdonnements d'oreilles sont assez communs. On observe souvent un alanguissement général, un sentiment de lassitude dans les jambes. Le caractère est souvent affecté : les unes sont plus vives, plus actives et plus turbulentes; les autres, au contraire, ont de l'antipathie pour le mouvement. Un certain nombre éprouvent de la tristesse, de l'humeur, le besoin de pleurer, et montrent une susceptibilité extrême pour les plus petites choses. Sur 123 femmes interrogées sur les changements éprouvés dans leur caractère, 181 ont déclaré n'avoir rien éprouvé; 43 ont affirmé que l'époque de leurs règles était pour elles un temps de souffrance et de changements dans le caractère.

Les troubles de l'innervation peuvent être portés beaucoup plus loin; mais ils rentrent alors dans des états morbides que nous aurons occasion d'examiner plus loin.

Les seins sont aussi très fréquemment affectés sympathiquement : 100 ont accusé y ressentir de la tuméfaction, des picotements, tantôt dans toute leur étendue, tantôt dans une portion seulement, comme le mamelon.

Les troubles dans la circulation sont assez communs : quelques femmes éprouvent de l'accélération dans le pouls, de la chaleur; d'autres des épistaxis qui sont fréquents dans les prodromes de la première menstruation ; d'autres éprouvent des palpitations, de l'oppression, et quelques unes, de loin en loin, quelques crachements de sang. Plusieurs ont pendant quelques jours des infiltrations des membres inférieurs.

Les voies digestives peuvent aussi présenter quelques troubles, comme de l'anorexie, des envies de vomir, et même des vomissements.

Il survient chez quelques femmes, à l'approche de leurs règles, quelques éruptions cutanées légères.

Un grand nombre de femmes rendent des urines plus aqueuses et plus abondantes pendant les deux ou trois jours qui précèdent leurs règles; ce phénomène a lieu, suivant M. Gendrin, après les huit ou dix premières années. Nous passons sous silence une foule d'autres phénomènes, ou qui se rapportent aux précédents, ou qui sont beaucoup moins communs.

Il était important de constater dans quel ordre les symptômes locaux et généraux précédaient ou accompagnaient l'écoulement menstruel, et la fréquence de la manifestation de celui-ci sans prodrome; c'est ce qu'a essayé de faire M. Brierre de Boismont : sur 360 femmes présentant des symptômes locaux, ceux-ci se sont montrés plusieurs jours d'avance chez 120 femmes, et chez 43 autres depuis une heure jusqu'à 8 jours, chez une 15 jours. Ainsi, sur les 360 femmes qui ont présenté des symptômes locaux, 164, environ la moitié, les ont vus se manifester d'une manière plus ou moins précise avant l'apparition du sang.

Sur les 364 femmes qui ont été averties de l'approche de leurs règles par des symptômes généraux, 60 ont éprouvé des accidents avant l'époque, 52 sans date fixe, et 14 depuis 1 jusqu'à 8 jours, ce qui donne 136, un peu moins de la moitié du nombre total. 46 fois tous les symptômes ont cessé avec l'écoulement sanguin : dans 2 cas il y a eu soulagement, et dans 3 autres, cessation avant le flux ; 39 fois les symptômes ont persisté pendant toute la durée des règles ; quelquefois seulement le premier et le second jour ; d'autres fois, il y a eu seulement diminution ; dans 2 cas ils se sont prolongés un ou deux jours après la cessation de l'écoulement sanguin.

Au résumé, on voit que la menstruation s'annonce le plus souvent par des phénomènes précurseurs dont la durée varie ordinairement d'un à huit jours. Les prodromes présentent rarement l'ensemble des phénomènes que nous avons énumérés, mais seulement les plus communs. Le nombre de femmes dont les règles sont annoncées ou accompagnées par des symptômes locaux et généraux est bien plus considérable que celui de celles qui sont réglées sans s'en apercevoir, puisque les premières ont été aux secondes comme 4 et une fraction est à 1. Les symptômes locaux les plus fréquents sont : les coliques, les maux de reins et la pesanteur de la matrice ; pour les symptômes généraux, ce sont : la céphalalgie, les phénomènes relatifs à la sensibilité générale ou spéciale, les signes tirés du sein et de la poitrine.

Avant même que l'écoulement ait lieu, les lèvres du museau de tanche sont tuméfiées, légèrement ramollies ; l'orifice de l'utérus est élargi transversalement et entr'ouvert ; l'utérus, augmenté de volume, semble s'être abaissé dans la cavité pelvienne ; enfin le fluide menstruel apparaît. A la première époque, il a, ainsi que les autres phénomènes, souvent été précédé d'un écoulement muqueux qui peut durer plusieurs mois ou être suivi dès le principe du véritable fluide menstruel ; celui-ci est séro-sanguinolent au début, quelquefois même à peine coloré, roussâtre ou rougeâtre. Il change bientôt de consistance et de couleur ; il devient plus épais, plus visqueux, d'un rouge vif plus ou moins foncé. En approchant de son terme, sa consistance et sa couleur s'altèrent, il redevient plus séreux, et reprend, en quelque sorte, les caractères qu'il avait au début. On peut ordinairement distinguer trois temps dans l'hémorrhagie menstruelle : dans le premier et le dernier, le sang est moins abondant et plus pâle que dans le second. Un assez grand nombre de femmes éprouvent un sentiment de bien-être à mesure que le sang coule ; d'autres cependant éprouvent plutôt un sentiment d'affaiblissement, quoique le sang écoulé ne soit pas en très grande quantité. Le flux menstruel, tant sous le rapport de l'aspect que de la quantité, présente de nombreuses variétés ; il n'est pas rare qu'il soit rouge et consistant dès le début; d'autres fois il reste pâle et séreux, il a quelquefois plutôt la couleur de sang artériel que de sang veineux; il peut être mélangé avec des caillots qui se forment dans le vagin et qui quelquefois sortent de la matrice. Lorsqu'il coule avec le plus de rapidité, il tombe goutte à goutte ; dans le cas contraire, il semble fourni par une espèce de suintement continu. A certains moments l'écoulement peut être très rapide, et constituerait une perte s'il continuait ainsi. Le sang menstruel répand une odeur particulière. La quantité de sang perdu à chaque époque est fort variable en raison de l'abondance, de la durée de l'écoulement. La difficulté de l'apprécier ne permet même pas de connaître d'une manière certaine la quantité moyenne, comme le prouvent les différentes évaluations fournies par les auteurs. Hippocrate l'a évaluée à 62,500 déc. (20 onces), Mauriceau à 12,500 déc. (4 onces), Heister à 25,500 déc. (8 onces), Haller, Hunter à 31,250 déc. (10 onces), Sauvages à 50,000 déc. (16 onces), Friend à 62,500 déc. (20 onces), Emett à 9,375 déc. (3 onces), Pasta à 43,750 déc. (14 onces). Le procédé ingénieux employé par Dehean pour parvenir à connaître exactement la quantité de sang menstruel doit faire regarder ses appréciations comme se rapprochant le plus de la vérité : il a trouvé que certaines femmes en perdent 9,375 déc. (3 onces), d'autres 15,625 déc. (5 onces), très peu 25,000 déc. (8 onces), et qu'il est très rare d'en voir qui perdent 31,250 déc. (10 onces). Les nombres que nous avons cités n'ont pas assez de certitude pour qu'on puisse en tirer des inductions sur la différence de quantité de sang perdu suivant les pays. En supposant que la femme ne perde que 15,625 déc. (5 onces) chaque fois tous les trente jours pendant trente ans, elle aurait fourni dans cet espace de temps 56 kil. (112 livres).

La durée ordinaire de l'hémorrhagie menstruelle est comprise entre un et huit jours. Sous ce rapport la statistique a fourni des données intéressantes à connaître : 562 femmes se trouvent réparties de la manière suivante :

1 jour 35, 2 jours 62, 3 jours 119, 4 jours 78, 5 jours 46, 6 jours 21, 7 jours 12, 8 jours 172, 9, 10, 15 jours 17.

D'après ce relevé de M. Brierre, les époques menstruelles, sous le rapport de leur durée, peuvent être ainsi classées : 8 jours 3, 4, 2, 5, 1, 6, 10, 7.

On peut dire d'une manière générale que l'écoulement menstruel se prolonge plus longtemps dans les villes que dans les campagnes, chez les femmes petites, délicates, nerveuses, que chez celles qui sont grandes, fortes, sanguines, chez les personnes qui mènent une vie sédentaire, molle, voluptueuse, que chez celles qui se livrent à des occupations actives, qui se nourrissent d'aliments sains et dont les mœurs sont régulières. Tandis que chez un grand nombre de femmes les règles durent huit jours et plus, chez d'autres elles ne font que se montrer pour disparaître presque aussitôt; il est des femmes qui ne voient que quelques heures.

Le flux est tantôt continu, tantôt il s'arrête et revient un certain nombre de fois. Observées dans le cours d'une journée, on voit les règles couler en abondance lorsque la femme se lève, diminuer, s'arrêter même, pour reprendre dans l'après-dîner ou la soirée. La digestion paraît modérer et même suspendre le cours du sang. En général, la durée ne varie pas beaucoup chez la même femme ; il n'est cependant pas rare de rencontrer de grandes irrégularités sous ce rapport, sans que rien explique la cause de cette anomalie. Des femmes chez lesquelles les époques avaient d'abord duré huit jours, ne voient plus ensuite que deux, trois jours; d'autres fois, c'est un phénomène inverse qu'on observe.

Sous le rapport de la force et de la continuité de l'écoulement, les relevés de M. Brierre de Boismont méritent d'être connus. Ses recherches sur ce point portent sur 511 personnes :

228 prétendent n'avoir point eu d'interruption pendant leurs périodes ; elles ont vu tous les jours, mais plus ou moins.

144 ont eu le milieu de leurs époques marqué par un écoulement plus abondant; 18 ont été fortement réglées dans les premiers jours et faiblement dans les derniers; 9 ont été plus abondamment menstruées dans les derniers jours.

Dans la première catégorie, les règles ne se sont pas montrées d'une égale force pendant toute la période; elles ont été modérées, fortes ou faibles dans des proportions assez inégales. La proportion des femmes qui voient pendant toute la période est considérable, puisque sur les 511, 228 se trouvaient dans ce cas. La plupart, il est vrai, n'étaient pas toujours également réglées ; il y avait des alternatives de force et de diminution. 30 environ étaient aussi fortement réglées depuis le commencement jusqu'à la fin.

La seconde catégorie, qui renferme les 144 femmes dont les règles ont été plus abondantes au milieu de la période que vers les deux extrêmes, offre de grandes variétés par rapport à l'instant où elles coulaient davantage ; elles ont été plus abondantes, pendant quelques heures, dans la période d'un jour, pendant deux jours dans la période de trois jours. En général, c'est vers le milieu que le flux est le plus considérable ; de sorte qu'on peut réellement avancer que chez les femmes menstruées 8 jours, la plus grande force du flux est depuis le troisième jusqu'au cinquième jour.

Les changements d'habitation, le passage de la campagne à la ville, déterminent souvent des modifications dans la menstruation; de jeunes filles de la campagne venant en condition à Paris ont souvent presque aussitôt une diminution ou une suppression de leurs règles : de 38 femmes dans ce cas, 15 avaient une suppression qui avait persisté d'un mois à un an, et 12 une diminution notable dans la quantité ; 5, au contraire, avaient vu leurs règles couler plus abondamment et plus fréquemment.

C'est ici le lieu de compléter ce qui est relatif à l'influence de la leucorrhée sur la menstruation, et réciproquement. La proportion des femmes chez lesquelles l'écoulement leucorrhéique a paru après les règles est de 248 ; chez un assez grand nombre il s'est montré immédiatement après la première menstruation ; 155 voyaient ce flux se manifester quelques jours avant le retour, disparaître avec l'écoulement sanguin, et se montrer de nouveau lorsqu'il était terminé. Dans la classe nombreuse des femmes qui étaient toujours leucorrhéiques, l'époque des règles était le signal d'un accroissement dans sa quantité. Quelquefois la leucorrhée était beaucoup plus abondante après la menstruation qu'avant ; elle variait aussi d'une époque à l'autre : elle coulait avec force à une époque, et le mois suivant elle était presque tarie.

La durée des flueurs blanches est souvent limitée à celle du flux menstruel ; mais souvent aussi elles se prolongent et se continuent pendant tout le mois en présentant des alternatives de force et de faiblesse. Sur 154 observations de flux leucorrhéique, 120 fois le cours des menstrues n'a pas varié, soit que les flueurs blanches se soient montrées avant la première apparition, soit qu'elles se soient déclarées après ; le flux menstruel coulait tantôt pendant 8 jours, tantôt pendant 3 à 4 jours, quelquefois moins, que la leucorrhée fût abondante ou légère : seulement, dans quelques cas peu nombreux, la quantité de l'écoulement blanc a influé sur celui des menstrues. L'aménorrhée a été constatée dans 20 cas environ ; mais à l'exception d'un seul, elle était liée à d'autres causes. Chez près de la moitié de ces femmes, la première apparition fut pénible et les retours continuellement douloureux et fatigants ; la plupart avaient des tiraillements d'estomac et des gastralgies plus ou moins vives.

IV. *Type des retours menstruels.* On admet généralement que la période est de 28 jours, et que les époques avancent chaque mois de deux ou trois jours, de sorte que l'évacuation sanguine reparaîtrait treize fois par an. On a cherché à établir que l'apparition des règles était subordonnée au cours de la lune, et que chaque révolution menstruelle suivait le mois lunaire. Gall avait cru reconnaître que les femmes, sous le rapport de la manifestation des règles, se partageaient en deux grandes classes : celles de la même classe seraient menstruées dans l'espace de huit jours, suivis d'un intervalle de dix à douze jours où l'on ne rencontrerait que très peu de femmes réglées. Après ces dix jours commencerait l'époque assignée aux femmes de la seconde classe, qui seraient aussi toutes réglées dans l'espace de huit jours. Les femmes qui par des causes accidentelles voient hors de ces deux périodes, rentreraient ordinairement, après un ou deux mois, dans la classe à laquelle elles appartiennent. Dugès a émis l'opinion que les règles apparaissaient par septénaires, et qu'elles avaient lieu tous les 15, 21, 27 ou 28 jours.

C'est en comparant un grand nombre d'observations qu'on peut s'assurer si ces opinions sont fondées ou non. Sur 342 femmes observées par M. Brierre de Boismont, 164 accusent des retours fixes ou à peu près, 161 des retours en avance, 37 des retours en retard. Parmi les premières, 144 avaient été menstruées à peu près à la même époque, c'est-à-dire avec des différences de 1 à 3 jours ; 6 avaient leurs règles tous les 15 jours ; 24 étaient menstruées jour par jour ; une femme pendant 42 ans avait toujours été réglée le 16. Parmi les secondes, 68 déclarèrent qu'elles avançaient chaque fois, sans autre indication, 16 avançaient par suite d'émotions, quelques unes beaucoup ; chez d'autres, cette particularité n'avait lieu que de temps à autre, ou bien il arrivait que tantôt les menstrues venaient plus tôt, tantôt qu'elles apparaissaient après leur époque ordinaire ; chez 78, il a pu déterminer le nombre de jours d'avance d'une manière positive. Ces observations montrent que les intervalles établis entre chaque époque sont loin d'être les mêmes ; il y a même des différences considérables, les unes étant menstruées au bout de 30, 29. 28 jours, les autres au bout de 25, 24, 23, 22, 21 et 20 jours. Chez 27 femmes menstruées au bout de 20 jours à 3 semaines, 3 avaient 8 jours d'écoulement ; les autres 1, 2, 3 et 4 jours. C'est donc à tort qu'on a prétendu que chaque période, avec l'ensemble des jours libres, comprenait 28 jours, et que si les femmes croyaient avancer, c'est qu'il y en avait peu qui sussent qu'entre les deux époques on dût compter quatre semaines pleines, en y joignant le temps, quel qu'il fût, de la durée de la menstruation.

Sur les 37 femmes de la troisième catégorie, 11 avaient constamment des retards de 1, 2, 3, 4 et 5 jours ; chez d'autres ils n'avaient lieu que de temps à autre, ou bien tantôt les femmes retardaient, tantôt elles avançaient ; chez plusieurs, les retards étaient considérables, puisque l'une d'elles n'était réglée que toutes les 6 semaines. M. Brierre de Boismont a encore établi sur des observations précises qu'il n'y avait aucune liaison entre le cours de la lune et l'apparition du fluide menstruel : celui-ci est arrivé indifféremment dans les différentes phases de la lune sans qu'il ait eu dans les dates aucune correspondance ; il n'est pas de jour du mois où l'on n'observe le retour des règles.

Sur 221 femmes interrogées relativement à l'instant du jour ou de la nuit où l'écoulement menstruel apparaissait, 29 ont déclaré l'avoir vu constamment se déclarer le jour, et 25 constamment la nuit ; les autres, tantôt le jour, tantôt la nuit ; mais le plus grand nombre ont vu son retour avoir lieu le jour.

V. *Suspension pendant la grossesse et l'allaitement.* Il y a sur ce point quelques remarques à faire. Si la suspension pendant la grossesse n'est pas un fait absolument constant, il comporte au moins peu d'exceptions. Sur le grand nombre de femmes interrogées par M. Brierre de Boismont, 5 ont vu leurs règles reparaître les 1, 2, 3 et 4 premiers mois, et 3 pendant tout le temps de la grossesse. Ces observations sont conformes à celles de la part des accoucheurs qui ont longtemps pratiqué.

La suspension des règles pendant l'allaitement n'est pas tout-à-fait aussi constante : sur 17 femmes qui ont offert des anomalies de ce genre, les menstrues avaient reparu 2 fois après 6 semaines d'allaitement, 4 fois après 4 mois, 1 fois après 5, 3 fois après 6, et 1 fois après 8. Dans 12 cas, elles eurent lieu pendant toute la période de l'allaitement, sans que la santé des enfants en fût altérée.

Le retour de la menstruation après l'accouchement chez les femmes qui ne nourrissent pas a été noté par M. Brierre d'une manière précise dans 82 cas :

1 a été menstruée presque immédiatement après l'accouchement, 1 après 8 jours, 2 après 15, 4 après 3 semaines, 9 après 1 mois, 38 après 6 semaines, 7 de 5 à 6 semaines, 7 après 2 mois, 6 après 3, 2 après 4, 3 de 5 à 6 mois, 2 de 7 à 8.

L'époque de 6 semaines à 2 mois est donc celle qui est la plus ordinairement suivie du retour des règles ; mais il ne faut pas être surpris quand elles retardent de 3 à 4 mois. En général, lorsque cette époque se passe sans que les menstrues reparaissent, il faut redouter quelque affection de l'utérus ou de ses annexes ; c'est le cas des deux dernières observations. Nous verrons, en établissant l'époque de la cessation des règles ou l'âge dit critique, quelle est la durée totale de la période de la vie active de l'utérus et les nombreuses variations qu'elle présente.

VI. *Siége, cause, nature du fluide menstruel.* Le fluide menstruel, de l'avis de tout le monde, est exhalé par la surface interne de l'utérus. Il est peu rationnel de penser avec quelques auteurs que la cavité du col y reste étrangère. Chez les femmes qui sont menstruées pendant la grossesse, il est vraisemblable que le sang est fourni par la surface interne du col. Quelques observateurs ajoutent même l'avoir vu sourdre de la surface externe du museau de tanche.

Les occasions assez rares de pouvoir examiner les organes génitaux chez des femmes mortes, pendant leur période menstruelle, donnent un grand intérêt au petit nombre d'observations de ce genre qu'on peut consulter. J. Hunter a vu la surface interne de l'utérus plus rouge dans toute son étendue et comme gorgée de sang qu'on pouvait exprimer par petites gouttelettes, et recouverte de villosités nombreuses. Ces villosités ont fixé l'attention de presque tous les observateurs qui ont ouvert les cadavres de femmes mortes pendant la période menstruelle. Plusieurs ont signalé l'exsudation sanguine non seulement à la surface interne de l'utérus, mais encore dans la cavité des trompes, et une turgescence très prononcée des ovaires. Madame Boivin a vu, dans un cas, cette turgescence portée au point d'avoir déterminé de petits épanchements sanguins dans le tissu des ovaires.

Les recherches de MM. Gendrin et Négrier sont venues confirmer les données précédentes et ajouter un fait nouveau qui, s'il se vérifie, doit modifier profondément les opinions admises sur le mode de fécondation propre à la femme, et préciser d'une manière plus nette le but de la menstruation et les conditions de son accomplissement. Les faits observés par ces deux médecins ont la plus grande analogie : le premier s'appuie sur trois ou quatre observations, et le second sur quinze. Je ne veux pas les analyser en détail, il me suffira de rappeler leurs conclusions, qui sont identiques et qui en font connaître les principales circonstances.

Chez des femmes mortes dans la période menstruelle, ils ont trouvé à la surface de l'ovaire une ou plusieurs vésicules ovariennes déchirées et enflammées, les trompes encore rapprochées des ovaires, dilatées et remplies d'un mucus sanguinolent, la turgescence des ovaires, les mucosités sanguinolentes, et les villosités de la surface interne de l'utérus déjà signalés par des observations antérieures. Les taches jaunes résultent de la cicatrisation des vésicules déchirées à chaque époque menstruelle, ce qui explique pourquoi on trouve cette disposition chez des femmes qui n'ont pas fait d'enfants et qu'on peut supposer vierges. La cicatrisation se fait d'une époque à l'autre, et d'autres vésicules situées profondément dans l'ovaire s'accroissent et s'approchent de la surface de l'organe pour se déchirer à leur tour, au premier retour de la menstruation. L'absence de la menstruation avant la puberté se lie à l'état des vésicules ovariennes qui n'existent pas encore, ou qui sont à l'état rudimentaire comme les ovaires eux-mêmes. La cessation des règles à l'âge critique dépend de l'atrophie des vésicules et des ovaires.

Relativement aux femmes chez qui la menstruation ne s'est jamais établie, ou éprouve des interruptions plus ou moins prolongées, on peut, d'une part, supposer l'absence des vésicules ou l'atrophie des ovaires; de l'autre, leur petit nombre, leur situation profonde ou leur peu de développement. Ainsi chaque menstruation amènerait périodiquement à la surface de l'ovaire un œuf à l'état de maturité, soit pour être expulsé et détruit par la rupture d'une capsule ovarienne. La menstruation serait sous la dépendance des ovaires, dans lesquels elle commencerait par un travail organique auquel participeraient toutes les autres parties de l'appareil génital.

Ce serait avec raison que Schweighenser aurait avancé qu'il fallait considérer la menstruation comme une maturation périodique de la substance destinée à produire le fruit. Le travail de l'ovaire est l'acte initial auquel se lient par synergie la turgescence de l'utérus et l'écoulement sanguin, et c'est dans le travail de l'ovaire qu'il faudrait placer la cause de la menstruation.

On a émis sur les qualités et la nature du fluide menstruel des opinions tout-à-fait contradictoires. Nous avons déjà fait connaître la plupart de ses caractères physiques. Son peu de disposition à se coaguler, à se séparer par le repos en caillot et en sérum, a fait penser à plusieurs qu'il était dépourvu de fibrine. Lavagna, dans ses analyses, n'avait pas retrouvé cet élément du sang. Son peu de disposition à la coagulation est un fait si général qu'on doit se demander si, dans le petit nombre de cas où il se forme des caillots dans le vagin ou dans l'utérus, une hémorrhagie légère n'est pas venue s'ajouter, comme complication, à l'écoulement menstruel. Dans la plupart des cas où une imperforation le force à s'accumuler dans l'utérus, on le trouve tantôt liquide, tantôt d'une consistance sirupeuse, sans odeur de putréfaction, même après un certain temps d'exposition à l'air. Dans les circonstances ordinaires, il paraît bien moins putrescible que le sang provenant d'une saignée ou d'une hémorrhagie. M. Brierre de Boismont a constaté que le sang des menstrues peut se conserver plusieurs jours sans se coaguler, mais qu'il finit pas se séparer en deux parties, la sérosité et le cruor. Lorsqu'il est obtenu pur, sans mélange avec les sécrétions vaginales, il est rouge, liquide, un peu poisseux, légèrement odorant, et a le plus grand rapport avec le sang artériel; sa saveur est légèrement salée. Les analyses les plus récentes de sang menstruel sont celles qui ont été faites par MM. Denis et Bouchardat; elles ont cela de commun qu'elles tendent à faire regarder le fluide menstruel comme un mélange de sang artériel et de mucosités fournies par l'utérus et le vagin. L'analyse microscopique a fait reconnaître des globules sanguins ordinaires en grand nombre avec leurs caractères propres, du mucus vaginal, des globules muqueux fournis par le col de l'utérus. Le sang menstruel ne différerait donc pas du sang artériel, son mélange avec le mucus utérin et vaginal paraît seulement en obscurcir les caractères.

C'est sans fondement qu'on attribue au sang menstruel des propriétés irritantes, délétères. Si quelques femmes ont donné des écoulements, à la suite de rapprochements pendant leurs époques, il reste toujours à démontrer s'ils ne proviennent pas d'autres causes.

VII. *Cessation des règles, âge critique, âge de retour, ménopause.* La cessation des règles arrive ordinairement de la quarantième à la cinquantième année; elle embrasse une période plus étendue que la première apparition, et offre aussi des variations dont on ne peut guère donner une idée juste qu'en rappelant quelques nombres : sur 184 femmes dont l'âge critique a été déterminé par M. Brierre de Boismont, il a eu lieu chez 144 de 40 à 50 ans. Chez 26 femmes qui ont continué à voir après 50, la cessation a lieu dans l'ordre suivant : chez 21 de 51 à 55 ans, et chez 5 de 55 à 60 ans. Chez 41 qui ont cessé de voir avant 40 ans, la cessation a eu lieu chez 25 de 35 à 40 ans; chez 10, de 30 à 35 ans; 7 femmes ont cessé de voir de 21 à 30 ans. Pour ces dernières, on pourrait supposer que la période de la vie active de l'utérus n'a été si courte que parce qu'elles étaient affectées de maladies qui ont amené à leur suite la suppression des règles; mais les observations détaillées de plusieurs de ces cas laissent peu de fondement à cette supposition, et doivent faire admettre comme variété réelle cette cessation précoce et définitive des règles.

M. Pétréquin a trouvé que, sur 60 femmes, la cessation des règles avait eu lieu de 35 à 40 chez 1/8, de 40 à 45 chez 1/4, de 45 à 50 chez 1/2, de 50 à 55 chez 1/8.

En disant que la durée de la période d'activité de l'utérus est de 30 ans, qui est en effet l'âge moyen, on est loin de se faire une idée des différences nombreuses et considérables qu'on peut rencontrer. C'est pourquoi je transcris le tableau suivant, qui représente la durée de la période active de l'utérus chez 178.

ans		ans		ans		ans		ans		ans		ans		ans	
5	1	11	1	16	4	21	4	26	11	31	13	36	10	41	1
6	1	12	0	17	4	22	3	27	7	32	9	37	6	42	3
7	0	13	0	18	1	23	2	28	6	33	9	38	5	43	1
8	1	14	0	19	3	24	18	29	7	34	7	39	2	44	1
10	0	15	0	20	3	25	8	30	13	35	5	40	7	45	1
	3		1		15		35		44		43		20		7

La différence peut être encore plus grande ; on cite une femme encore menstruée à 72 ans, et une autre à 75 dont les organes sexuels étaient sains.

La cessation définitive de la menstruation est ordinairement accompagnée, précédée ou suivie de phénomènes divers d'une durée variable. Les observations de M. Brierre de Boismont sur ce point comprennent 141 femmes, qui se subdivisent en quatre sections : la première, qui comprend les femmes dont la ménopause est passée depuis longtemps, compte 80 individus ; la seconde, qui contient celles chez lesquelles les accidents ont cessé tout-à-coup, en compte 28 ; la troisième, qui présente les femmes dont la période était passée sans qu'elles pussent préciser le temps, est de 12 ; enfin, dans la quatrième, dont le nombre est de 22, les accidents duraient encore.

Les accidents ont été d'une très courte durée, de 6 à 15 jours chez 11, de 2 à 6 mois chez 16, de 6 mois à 1 an chez 82, de 1 à 2 ans chez 14, de 2 à 4 ans chez 10, au-delà de 4 ans chez 7. La moyenne des accidents est de 2 ans environ.

Dans les 40 cas où les règles se sont supprimées tout-à-coup, voici comment les choses se sont passées : 14 fois la cessation s'est montrée brusquement d'un mois à l'autre, quoiqu'aucune diminution, aucune irrégularité n'eût annoncé ce changement ; dans les 26 autres cas, la terminaison subite des règles a eu lieu après une couche, le sevrage, des émotions, des chutes, des coups, des blessures, etc. Cette suppression subite peut arriver chez une femme bien portante, longtemps avant l'époque ordinaire, sans qu'on puisse réussir à rappeler les menstrues par aucun moyen. Plusieurs des femmes chez lesquelles la suppression avait eu lieu de très bonne heure, ont parcouru les autres périodes de la vie sans que leur santé ait éprouvé aucun accident fâcheux.

Nous allons passer en revue les accidents les plus communs

qui précèdent ou accompagnent la cessation de la menstruation. Les retards ont été notés 30 fois par M. Brierre de Boismont: ils ont été tantôt très courts, tantôt assez prolongés ; ils ont varié entre quelques semaines et une année. Les irrégularités se sont montrées 60 fois. Le cours du flux périodique est complétement dérangé, il se montre, par exemple, trois fois par mois, tous les quinze jours, toutes les trois semaines, il cesse et revient alternativement. D'autres fois les changements qui vont survenir sont plus particulièrement signalés par la diminution des menstrues, la quantité de sang diminue tous les mois, ou bien la période se raccourcit. Après avoir diminué pendant plusieurs mois, les règles peuvent reprendre leur cours ordinaire pendant le même temps. Dans quelques circonstances, le flux est faible un mois, et plus abondant le mois suivant.

Un des phénomènes les plus remarquables est la métrorrhagie. M. Brierre de Boismont l'a observée 57 fois. La métrorrhagie de l'âge critique peut éclater tout-à-coup et en une grande abondance ; d'autres fois la quantité du sang est peu considérable. Sa durée peut être assez longue ; le plus ordinairement elle cesse et reparaît fréquemment ; elle peut débuter au milieu de l'époque menstruelle et reparaître chaque mois. L'affaiblissement qu'éprouvent les femmes est souvent peu marqué et nullement en rapport avec la quantité du sang perdu. P. Frank a constaté que les hémorrhagies du temps critique attaquaient principalement les personnes qui avaient des règles très abondantes, ou dont l'utérus était atteint d'une faiblesse relative, suite d'accouchements réitérés et difficiles, de fréquents avortements, les femmes sujettes à des flux hémorrhoïdaux copieux, surtout celles qui s'adonnent aux boissons spiritueuses. M. Brierre de Boismont signale encore les femmes pléthoriques, les femmes très nerveuses, celles qui abusent des plaisirs de l'amour. Il arrive fréquemment que les pertes utérines alternent avec des écoulements blanchâtres, jaunâtres, plus ou moins abondants. Quelquefois ces écoulements sont mêlés de sang ; mais le plus ordinairement ils succèdent au flux du sang et le remplacent entièrement ; ils peuvent être le seul symptôme de l'époque ; leur durée peut être très courte ou bien se prolonger pendant plusieurs années. L'écoulement blanc du temps critique offre, comme la leucorrhée, des alternatives de flux et de suppression ; sa rétention paraît occasionner souvent des coliques très vives. Les émotions le font couler ou le suppriment. Lorsque cet écoulement ne se rattache pas à une maladie de l'utérus, il se termine toujours d'une manière heureuse. On observe encore au temps critique d'autres phénomènes locaux, moins ordinaires et moins importants : telles sont les douleurs utérines, les coliques, les douleurs de reins, les démangeaisons des parties sexuelles, la tuméfaction de l'abdomen, etc.

Il se manifeste également à l'époque de la cessation des règles une foule de phénomènes généraux qui tiennent à la pléthore, à des troubles de la sensibilité; ils ont beaucoup d'analogie avec ceux qui accompagnent l'époque de la première menstruation. Les différents symptômes de l'âge critique peuvent se calmer pour quelque temps, revenir et présenter ces alternatives pendant plusieurs années. Un certain nombre de femmes, après la cessation de tout écoulement menstruel, éprouvent encore, d'une manière plus ou moins régulière, la plupart des symptômes de la menstruation, moins l'écoulement du flux sanguin.

L'imagination paraît avoir créé la plupart des dangers qu'on suppose menacer les femmes à l'époque critique. Le docteur Lachaise, dans sa Topographie médicale de Paris, a trouvé que l'époque de 40 à 50 ans n'offre pas un surcroît de mortalité remarquable. M. Muret de Vaud assure que ses observations lui ont appris que l'âge de 40 à 50 ans n'est pas plus critique pour les femmes que celui de 10 à 20. D'après M. Benoiston de Chateauneuf, du 43e degré de latitude au 60e, c'est-à-dire sur une ligne qui s'étend de Marseille à Pétersbourg, en passant par Vevai, Paris, Berlin, Stockholm, à aucune époque de la vie des femmes, depuis 30 jusqu'à 70 ans, on n'aperçoit d'autre accroissement dans leur mortalité que celui nécessairement voulu par les progrès de l'âge. On lit dans l'*Essai sur les probabilités de la vie humaine*, de M. Déparcieux : « Tout le monde croit que l'âge de 40 à 50 ans est un temps critique pour les femmes. Je ne sais s'il l'est plus pour elles que pour les hommes, ou pour les femmes du monde que pour les religieuses ; mais quant à ces dernières, on ne s'en aperçoit pas par leur ordre de mortalité comparé aux autres. » On a reconnu que les probabilités d'une longue vie sont plus grandes pour les femmes que pour les hommes. A toutes les époques de la vie des hommes, depuis 30 ans jusqu'à 70, on trouve une mortalité plus grande que chez les femmes ; mais surtout de 40 à 50 ans. L'excédant est alors de 4,484 pour eux.

Quoique l'âge de 40 à 50 ans ne paraisse pas plus critique pour les femmes que d'autres périodes de la vie, et qu'il le soit moins pour elles que pour les hommes, et quoique les accidents qui accompagnent la cessation des règles ne soient pas de nature à compromettre leur existence s'ils ne sont pas liés à des affections organiques, il est néanmoins très probable que la cessation des règles n'est pas tout-à-fait étrangère au développement de quelques affections graves, et qu'elle imprime quelquefois une activité plus grande à des affections existantes. M. Brière de Boismont s'est efforcé d'éclairer la question sous ce double point de vue. Nous ne pouvons le suivre sur ce point sans nous écarter de notre sujet.

Les indications que réclament la menstruation et la ménopause s'accomplissant d'une manière régulière, sont du domaine de l'hygiène; celles qui sont relatives à leurs troubles vont être exposées dans la section suivante.

SECTION IV. — Troubles et anomalies de la menstruation. (Aménorrhée et dysménorrhée.)

La connaissance des troubles et des anomalies de la menstruation n'intéresse pas seulement sous le point de vue des indications que réclament ces états morbides, mais encore pour dissiper les erreurs et les doutes qu'ils peuvent jeter pendant un temps plus ou moins long sur le diagnostic de la grossesse. Les troubles nombreux et variés de la menstruation ont été divisés en deux classes : la première embrasse tous les faits dans lesquels une cause préexistante ou consécutive l'empêche de s'établir, ou la fait cesser pendant un temps plus ou moins long : c'est l'*aménorrhée*, qui réunit les cas les plus disparates, et qu'il faut séparer avec soin si on veut éviter la confusion. Dans la seconde classe, la fonction s'accomplit encore ; mais les phénomènes locaux ou généraux de la menstruation, soit réunis, soit isolés, soit quelques uns seulement, dépassent les limites ordinaires et se manifestent sous une forme tout-à-fait insolite. Les faits qui se rapportent à cet état morbide de la menstruation ont été désignés sous le nom collectif de dysménorrhée. La ligne de démarcation entre l'aménorrhée et la dysménorrhée n'est pas toujours bien tranchée. Si on en excepte l'aménorrhée causée par un état d'imperfection des organes génitaux et l'aménorrhée symptomatique d'une autre maladie, toutes les autres espèces établies seraient plus naturellement placées dans la dysménorrhée.

I. Aménorrhée. — On en distingue plusieurs espèces différentes qui ont souvent entre elles peu de rapports et qui doivent être étudiées séparément. L'absence des règles peut dépendre d'une oblitération d'un point du canal vulvo-utérin, d'une imperfection congéniale des organes génitaux. Lorsqu'elle ne dépend pas d'une cause locale, elle est tantôt essentielle et tantôt symptomatique.

1. *Aménorrhée par oblitération du conduit vulvo-utérin.*—Cet état morbide n'est nullement une aménorrhée, il est plus convenablement désigné par le nom de *rétention des règles.* Je n'en parle, ici, que pour présenter un tableau complet des troubles de la menstruation. Cette rétention est le plus souvent primitive, et reconnaît pour cause les oblitérations ou les imperfections congéniales dont le col de l'utérus, le vagin ou la vulve sont quelquefois le siége. Mais elle peut aussi être secondaire et dépendre des oblitérations consécutives à des inflammations adhésives; dans le premier cas, lorsque la menstruation se déclare, la jeune fille épouve la plupart des symptômes locaux ou généraux qui caractérisent cette fonction, moins l'écoulement sanguin. Les mêmes phénomènes ont lieu à la suite des oblitérations consécutives si elles surviennent avant l'âge critique. A chaque époque le ventre augmente de volume; mais il s'affaisse d'une manière sensible pendant l'intervalle, sans doute parce qu'il y a résorption d'une certaine quantité du sang épanché, et aussi parce que la congestion de l'utérus se dissipe; mais après un temps plus ou moins long, la matrice distendue forme une tumeur à l'hypogastre qui augmente d'une manière plus ou moins sensible à chaque époque. Tantôt l'accumulation du sang se fait sans produire d'accidents sensibles, et la tumeur peut avoir déjà acquis un volume considérable lorsque l'état de la femme fixe l'attention; tantôt elle est accompagnée de gêne, de douleurs, d'accidents variés qui ont pour point de départ les organes génitaux. Le sang est contenu seulement dans l'utérus, ou en même temps dans le vagin, suivant que l'obstacle existe au col ou dans le vagin. On cite plusieurs cas où les trompes, oblitérées du côté de l'abdomen, étaient elles-mêmes en même temps distendues. Dans l'observation de Dehaën, la partie la plus élevée de la tumeur était transversale et formée par les deux trompes. Le sang menstruel, ainsi retenu pendant un plus ou moins grand nombre d'années, ne subit pas de bien grandes altérations; il est généralement sans odeur, tantôt complétement liquide, tantôt visqueux et épais; le cruor est quelquefois séparé du sérum, et il présente alors une partie liquide séreuse et une partie solide d'une consistance peu considérable. La rétention des règles peut durer plusieurs années avant de constituer un état morbide grave. Quelques femmes n'ont réclamé les secours de l'art qu'après huit ou dix ans, et même après un temps plus long.

Le diagnostic offre en général peu de difficultés; souvent

l'oblitération n'est elle-même reconnue que lorsque le développement du ventre a attiré l'attention de la malade. La tumeur de l'abdomen, qui peut s'élever jusqu'au-dessus de l'ombilic, est molle et fluctuante ; en touchant par le rectum on peut encore mieux s'assurer que le liquide est contenu dans l'utérus, et lorsque l'oblitération est formée par la membrane hymen ou par une cloison peu épaisse sur un autre point du conduit vulvo-utérin, on peut constater la fluctuation à travers l'obstacle.

La rétention des règles abandonnée aux seules ressources de la nature devient un accident fort grave ; la mort n'en est cependant pas toujours la suite. Il peut arriver que l'obstacle, après s'être opposé à l'issue du sang menstruel, devienne une cause de suppression ou de déviation de l'évacuation périodique, et les accidents cessent, du moins en partie, soit que le liquide contenu dans la matrice se résorbe, soit qu'il y reste en grande partie. Lorsque l'oblitération est accidentelle, elle peut arriver à une époque assez approchée de l'âge critique pour que ses suites soient peu fâcheuses et que les choses se passent comme dans le cas précédent; il peut encore se faire que l'obstacle finisse par être détruit, et il s'établit une communication avec l'extérieur par la voie naturelle. Plus rarement le sang se fraie une route dans la vessie ou le rectum ; mais les chances de guérison deviennent alors plus incertaines. La rupture peut avoir lieu dans la cavité du péritoine, et, dans ce cas, elle détermine une péritonite mortelle, qui peut se déclarer également par le seul fait de l'accroissement progressif de la tumeur ; à un très haut degré de développement elle cause des douleurs assez vives, et amène par degrés un dépérissement qui finit par devenir fatal.

L'indication principale consiste à établir la communication entre l'utérus et l'extérieur par une opération qui est peu difficile et sans danger, lorsque l'obstacle est formé par une agglutination des lèvres de la vulve, par la membrane hymen, ou par une autre cloison peu épaisse placée plus haut dans le vagin ; une ponction avec le bistouri ou le trois-quarts suffit pour donner issue au sang menstruel ; mais il faut avoir soin d'agrandir l'ouverture par une incision cruciale ou autre ; il faut surveiller la cicatrisation et tenir les lambeaux écartés par des mèches s'ils ont de la tendance à se réunir ; des injections seront faites pour entraîner le sang, surtout s'il survient des signes de putréfaction. Un assez grand nombre de femmes affectées d'oblitérations congéniales du vagin ont dû leur salut à cette opération. Lorsque l'oblitération porte sur le col de l'utérus, l'opération n'est pas tout-à-fait aussi simple; mais avec de l'attention on pourra facilement pénétrer dans la cavité de l'utérus, soit par l'intérieur même du col, soit en dehors, sans léser le péritoine. Pour empêcher que l'ouverture ne se ferme, on pourra y maintenir pendant quelque temps une sonde à demeure qui facilite en même temps la sortie du liquide. Bénévoli, Desgranges, Delpech, Hervez de Chégoin et plusieurs autres ont pratiqué cette opération avec succès. Mais si, au lieu d'une simple cloison ou d'une oblitération très limitée, il y a une oblitération ou une absence complète d'une partie du vagin ou de sa totalité, ou bien si ses parois sont adhérentes dans de grandes étendues à la suite d'ulcérations, l'état de la femme doit être considéré comme extrêmement fâcheux à cause des dangers de l'opération, si on juge nécessaire d'y avoir recours. Heureusement les cas de ce genre ne sont pas très communs; mais il ne faut pas moins être en garde contre les méprises auxquelles ils peuvent donner lieu. Au rapport de Dehaën, une fille de vingt-quatre ans, après avoir pendant huit années consécutives cherché, par des médications variées, à provoquer la menstruation, voyant son ventre grossir et durcir par l'effet d'une tumeur montant du bassin jusqu'à l'ombilic, se soumit à l'examen d'une sage-femme, qui reconnut l'atrésie. On crut avoir affaire à une imperforation de l'hymen, et on incisa cette prétendue membrane; mais l'examen du sujet, mort quelques jours après l'opération, fit voir que l'incision n'avait pénétré que dans la vessie à travers l'une des parois du canal de l'urètre; le vagin était remplacé par un cordon solide d'un pouce de diamètre environ; une portion de ce canal restait seule libre vers le point le plus élevé, et était distendue au point de pouvoir contenir la tête d'un enfant; un sang noirâtre et décomposé remplissait cette cavité aussi bien que celle de l'utérus, dont les parois avaient un pouce d'épaisseur, et les conduits des trompes, qui, énormément dilatés en forme de poche, étaient parsemés en divers endroits de petites ruptures : aussi la matière sanieuse s'était-elle en partie épanchée dans l'abdomen.

Dans les cas d'oblitération aussi étendue, on a tenté de donner issue au sang menstruel en plongeant dans la tumeur un trois-quarts, introduit dans le rectum, ou bien en cherchant à pénétrer dans la partie libre des voies génitales en créant une ouverture entre le rectum et le canal de l'urètre. C'est le premier moyen que choisit Antoine Dubois dans un cas de ce genre : la femme était dans un danger imminent; elle éprouva momentanément un grand soulagement de l'évacuation du sang; mais, peu de jours après, l'inflammation du péritoine enleva la malade. On a, depuis, plusieurs fois renouvelé cette opération, et avec succès dans quelques circonstances. Les dangers de la ponction du rectum résultent principalement de la double perforation du péritoine. Dubois et Boyer ne voulurent rien entreprendre chez une jeune fille dont l'état, du reste, n'offrait encore rien de grave ; mais elle fut opérée par Dupuytren, qui, par une dissection longue et difficile, dédoubla la cloison urétro-rectale jusqu'à la tumeur. La sortie du sang procura un soulagement considérable ; mais il se déclara au bout de quelque temps des accidents inflammatoires qui amenèrent la mort en peu de jours. MM. Willaume et Amussat ont, depuis, pratiqué avec succès des opérations semblables.

2. *Aménorrhée par imperfection de l'appareil sexuel.* — Sans parler des cas extrêmement rares où il y a absence complète des organes génitaux, nous avons vu que l'utérus peut manquer ou rester à l'état rudimentaire, que les ovaires peuvent se présenter dans le même état ; on conçoit que, dans ces cas et quelques autres, il y ait absence des règles, et même de tout effort organique qui se rapporte à la menstruation. On voit cependant, dans un cas observé à la clinique de Dupuytren, qu'une femme qui n'avait pas la moindre trace de matrice et de vagin, mais chez laquelle les trompes et les ovaires étaient bien développés, avait présenté pendant la vie, à des époques irrégulières, des pesanteurs à la tête, des rougeurs et des chaleurs à la face, des douleurs dans le bas-ventre, indispositions qu'elle faisait toujours disparaître par l'application de quelques sangsues à l'anus ; mais elle n'avait jamais été réglée ni éprouvé les symptômes périodiques qui annoncent ou qui accompagnent les menstrues. On a aussi observé quelques femmes dont les organes génitaux étaient en apparence bien conformés, et qui n'ont jamais éprouvé aucun des symptômes de la menstruation.

3. *Aménorrhée primitive ou par retard.* — L'époque de la première menstruation n'est pas tellement fixe qu'on doive considérer comme étant dans des conditions morbides les jeunes filles qui dépassent cet âge sans que l'hémorrhagie menstruelle s'établisse.

Mais il y a lieu d'examiner si, chez elles, ce retard est simplement lié à leur constitution ou s'il n'est pas symptomatique de quelques affections. En excluant celles qui appartiennent à cette dernière catégorie, on trouve souvent la cause de l'absence des règles, à une époque où la plupart des jeunes filles sont réglées, dans leur constitution primitive ou acquise. Il faut placer en première ligne le tempérament lymphatique, scrofuleux, les constitutions affaiblies par une habitation dans des lieux bas et humides, par une mauvaise nourriture, le défaut d'exercice, etc. Nous avons également vu que l'existence de la leucorrhée était une cause assez commune du retard de la première époque; le changement de pays peut produire un effet semblable. L'absence de menstruation se rencontre assez souvent chez des jeunes filles d'un tempérament sanguin, qui présentent même des symptômes de pléthore; un excès de force semble s'opposer à l'exercice régulier des fonctions utérines; enfin, il est souvent impossible d'attribuer le retard de la menstruation à des conditions appréciables. Quelques femmes, dont les organes génitaux ne présentent rien d'anormal, ont si peu de tendance à être menstruées, que cette fonction ne s'établit pas, ou seulement pendant un nombre d'années assez restreint.

Relativement aux symptômes, les jeunes filles dont l'époque de la première menstruation est en retard se divisent en deux catégories : celles de la première n'éprouvent pas de troubles fonctionnels sensibles, tandis que celles de la seconde éprouvent des accidents divers. Il se fait, à des époques plus ou moins régulières, comme des efforts avortés de menstruation ; plusieurs éprouvent un sentiment de tension et de pesanteur dans le bassin, des coliques, etc., puis ces phénomènes cessent sans qu'il survienne d'écoulement sanguin ; chez d'autres on observe des étourdissements, des suffocations, des changements dans le caractère. Ces phénomènes locaux et généraux prennent souvent tous les caractères qu'on assigne à la dysménorrhée, ce qui nous montre combien est peu fondée, dans une foule de cas, la distinction qui établit une différence entre l'aménorrhée et la dysménorrhée. L'absence de l'écoulement menstruel est alors un fait secondaire au milieu d'autres phénomènes étroitement liés.

Afin d'éviter des répétitions inutiles, nous ne parlerons ici que des indications qui se rapportent à l'aménorrhée primitive, accompagnée d'accidents morbides peu intenses ou nuls. Ces indications sont fort simples : il ne convient nullement de fatiguer ces jeunes filles par des médications intempestives, il faut attendre et laisser agir la nature. Si le retard paraît être d'une manière certaine sous la dépendance de la constitution, on cherchera à la modifier par les moyens les plus simples et les mieux appropriés.

La jeune fille est-elle forte et pléthorique, on lui fera suivre un régime doux, prendre des boissons émulsionnées, des bains, des antispasmodiques unis aux narcotiques ; si la pléthore détermine des accidents vers quelques organes, on prescrit quelques émissions sanguines ; et à moins d'indications particulières, on donnera la préférence à la saignée locale, pratiquée sur quelques points voisins des organes génitaux.

Si, au contraire, la constitution est primitivement ou secondairement débile, il faut recommander l'habitation d'un lieu sec et bien aéré ; le séjour à la campagne est souvent suivi d'un prompt rétablissement des règles chez de jeunes filles dans les conditions précitées. La flanelle sur la peau, les vêtements chauds, ne doivent pas être négligés. On a également eu recours avec succès aux bains sulfureux, ferrugineux, aux bains de mer. Ces moyens seront secondés par un régime fortifiant et par l'usage de quelque préparation ferrugineuse.

4. *Aménorrhée secondaire ou par suppression.* — Il n'est pas rare de voir des femmes bien portantes chez lesquelles la menstruation se suspend pendant un temps plus ou moins long sans être dans les conditions où la suppression du flux menstruel a lieu naturellement. Nous avons déjà signalé un grand nombre de jeunes filles qui, peu de temps après la première apparition, cessent pendant un temps variable de voir leurs règles couler. Le même phénomène se reproduit assez souvent chez des femmes qui ont déjà une longue habitude de la menstruation ; nous l'avons déjà signalé comme assez commun chez les femmes de la campagne qui viennent habiter les grandes villes.

La plupart des auteurs ont signalé la vie claustrale comme une cause d'aménorrhée. Il est rare, dit M. Pidoux, dans une note communiquée à M. Brierre de Boismont, qu'après quelques années il n'y ait pas une diminution fort notable dans l'hémorrhagie fonctionnelle de l'utérus. Je n'en ai observé aucune qui fût réglée très exactement et à jour fixe ; mais chez la plupart, c'est une apparition qui a tout au plus une durée de vingt-quatre heures, une véritable signature, laquelle pourtant conserve son importance vis-à-vis de la santé de ces personnes. Il semble que leur économie tout entière ait subi la même modification que l'appareil utérin. Cet équilibre ne s'établit pourtant que très graduellement et à travers mille accidents qui finissent par faire contracter à certains appareils des habitudes pathologiques qui rentrent dans les accidents plus particulièrement connus sous le nom de dysménorrhée.

Tantôt la suppression complète ou incomplète des règles se fait d'une manière lente et graduelle, et dans ce cas les causes qui la produisent sont généralement les mêmes que celles que nous avons vues plus haut retarder la première apparition ; tantôt, au contraire, elle est subite et reconnaît le plus ordinairement quelques unes des causes que nous allons signaler. De toutes les causes physiques, l'action du froid est la plus commune : les règles s'arrêtent par l'exposition du corps à l'air froid, moins bien vêtu ou en transpiration, par l'immersion des pieds, des mains, du corps dans l'eau froide. Mais l'habitude paraît affaiblir et même détruire cette disposition. Au rapport de M. Brierre de Boismont, les femmes employées aux bains de mer sont aussi régulièrement réglées que les autres, quoiqu'elles continuent à être en contact avec l'eau froide à l'approche de leurs règles et pendant qu'elles coulent. Le même observateur rapporte avoir vu des personnes chez lesquelles le contact de l'eau froide faisait avancer l'époque ou provoquait plus abondamment les menstrues.

La suppression de la sueur aux pieds a été plusieurs fois suivie de l'aménorrhée; on l'a vue survenir à la suite de coups, de chutes, de fatigues, de maladies aiguës, qui ont exigé plusieurs émissions sanguines abondantes, etc. La présence du linge dont les femmes se servent pour se garnir pendant que leurs règles coulent est pour plusieurs une cause qui fait promptement diminuer l'écoulement sanguin, et qui peut même en provoquer la suppression. Les émotions morales de toute espèce sont les causes les plus communes de la suppression brusque des règles; mais elles produisent assez souvent une augmentation qui leur donne quelquefois le caractère d'une perte ou les font apparaître d'une manière irrégulière avant l'époque ordinaire. Les causes physiques et morales agissent plus sûrement à l'approche des règles ou pendant leur écoulement. M. Brierre de Boismont ayant analysé, sous le rapport des causes, 190 observations de suppressions, a trouvé qu'elle a eu lieu 68 fois pour causes physiques, 92 fois pour causes morales; 30 fois la cause est restée inconnue.

La suppression peut se faire sans donner lieu à des accidents sensibles; mais le plus souvent on observe des phénomènes morbides variés: douleurs de ventre, de reins, gonflement de l'abdomen, troubles du système nerveux, de la digestion, de la circulation, de la respiration, œdème du tissu cellulaire, etc. Nous retrouvons encore fréquemment, ici, les symptômes attribués à la dysménorrhée sur lesquels nous ne voulons pas anticiper. La durée de l'aménorrhée par suppression est fort variable. Chez le plus grand nombre des femmes dont la suppression a été brusque, les règles reprennent le cours ordinaire après quelques mois; mais il n'est pas rare de la voir durer six mois, un an, et même davantage. Le diagnostic exige qu'on recherche avec soin si la femme n'est pas enceinte, ou arrivée à l'époque critique, et si l'aménorrhée n'est pas symptomatique. C'est un problème assez souvent difficile à résoudre, qui exige beaucoup d'attention et de connaissances pratiques.

Quand l'aménorrhée par suppression ne détermine pas d'accidents, il n'y a pas lieu d'avoir recours à une médication active par laquelle on se proposerait de rappeler les règles ; d'ailleurs on manque le plus souvent d'indications précises pour agir ; mais les symptômes de congestion ou d'irritation qui suivent la suppression brusque et récente exigent assez souvent qu'on ait recours à la saignée générale; on cherchera, en même temps, à rappeler le flux menstruel par des sangsues, des ventouses, des topiques chauds ou irritants appliqués sur le bassin dans le voisinage des parties génitales, par des bains de siége, par des fumigations dirigées vers la vulve, par des pédiluves, par des boissons chaudes et excitantes, etc. Le docteur Junod attribue à ses grandes ventouses, appliquées sur les extrémités inférieures, une grande puissance pour rappeler les règles, lorsqu'il existe des signes de congestion vers d'autres organes. On cherchera à combiner les efforts de l'art avec ceux de la nature, en attendant pour agir, s'il n'y a pas urgence, l'époque présumée du retour, ou le moment où des symptômes de congestion se montrent du côté de l'utérus. Le traitement que réclame l'aménorrhée ancienne, ou qui a résisté aux moyens indiqués ci-dessus, sera exposé à l'occasion de la dysménorrhée.

5. *Aménorrhée symptomatique.* Nous insisterons peu sur l'aménorrhée symptomatique des maladies aiguës, parce que leur influence sur la menstruation n'a pas encore été appréciée d'une manière suffisante, même dans les maladies les plus communes. Nous allons nous borner à donner quelques aperçus des remarques de M. Brierre de Boismont. Ses observations sur ce point ne portent que sur 85 femmes : dans plusieurs cas d'inflammation, d'hémorrhagie cérébrale, les règles furent supprimées et ne sont jamais venues depuis régulièrement, ou ont diminué de quantité ; chez 13 femmes affectées de pleurésie, de pneumonie, tantôt les règles, qui ont existé dès le début, ont diminué d'une manière notable, tantôt elles ont été complétement supprimées. Dans deux cas, les règles ont continué à couler malgré la pneumonie et le traitement antiphlogistique. M. Grisolle a observé plusieurs cas semblables. Lorsque la suppression a eu lieu, elle a persisté dans le plus grand nombre des cas pendant la convalescence, et n'a cessé chez plusieurs qu'après deux, quatre et même dix mois de durée. Dans la plupart des affections de la cavité abdominale, M. Brierre de Boismont a aussi observé la diminution des règles ou l'aménorrhée au début, ou bien encore, le flux périodique ne paraissait pas à l'époque suivante ; ce symptôme existait surtout lorsque la maladie avait de la gravité. Cependant, de deux maladies en apparence semblables, l'une pourra n'offrir aucun dérangement dans l'évacuation périodique, tandis que l'autre sera compliquée de suppression. Les vingt-quatre observations où ce symptôme s'est présenté étaient

relatives à des gastrites, des entérites, des choléras, des péritonites, des affections de l'utérus et des abcès sous-cutanés. Les fièvres éruptives suivent la loi commune : elles impriment, comme les affections aiguës précédentes, une modification plus ou moins profonde à la menstruation; mais le trouble fonctionnel n'est pas cependant aussi fréquent que dans les inflammations viscérales ou thoraciques. Dans dix cas de variole, de varioloïde, de rougeole et de scarlatine, les règles furent six fois dérangées et restèrent quatre fois à l'état normal. Les menstrues sont fortement influencées par la fièvre typhoïde; M. Brierre de Boismont a noté quatorze fois des troubles de cette fonction dans cette maladie : tantôt le flux était diminué au début, tantôt il était supprimé; dans quelques cas, les désordres n'avaient lieu qu'à l'époque suivante.

M. Brierre de Boismont tire des faits qu'il a observés les conclusions suivantes relativement à l'influence des maladies aiguës sur les règles : leur diminution et leur suppression en sont une des premières conséquences; il a noté l'aménorrhée 32 fois sur 40. Elle a lieu presque toujours au début; ou bien, lorsque le sang a paru, il a manqué à l'époque suivante. Dans un certain nombre de cas, le premier indice de l'action morbide est un changement dans la forme et la durée du flux; les menstrues, qui coulaient 5, 6, 7, 8 jours, ne se montrent plus que 2 ou 3 jours et en moindre quantité; quelquefois l'influence est marquée par le retour anormal de l'hémorrhagie. L'aménorrhée n'est pas limitée à la durée de la maladie. Dans 20 cas, elle a persisté depuis 2 mois à partir de la convalescence jusqu'à 2 ans. Tantôt la santé a paru souffrir de ce retard, tantôt elle n'a offert aucun désordre. Les lésions de la menstruation se sont montrées sous d'autres formes, 7 fois les règles ont diminué, et sont devenues irrégulières; dans 8 cas, elles n'ont pas été dérangées et ont reparu comme à l'ordinaire. Ces troubles se sont dissipés après un certain temps; une fois ils n'ont pas cessé de se reproduire. L'influence de ces dérangements sur la marche des maladies, sur leur intensité, n'a point semblé caractéristique; on ne peut pas affirmer que la présence du flux soit toujours avantageuse ou qu'elle diminue les accidents et la gravité de la maladie.

L'influence des maladies chroniques sur la menstruation a été appréciée d'une manière plus complète et moins vague. La cachexie scrofuleuse, qui à un degré modéré ne fait que retarder l'apparition des règles, rendre leur cours moins régulier et leur quantité moins abondante, produit souvent la suppression à un degré avancé, lorsqu'il existe des abcès, des engorgements et des caries des os, ou des complications de tubercules pulmonaires. Le rachitisme, qui se termine par la consolidation des os, ne paraît pas avoir, d'après les observations de M. Bouvier, d'autres conséquences qu'un retard dans l'époque de la première apparition.

Les altérations dans la composition et la quantité du sang ont une très grande influence sur la menstruation. Les différentes espèces d'anémies, portées à un certain degré, sont ordinairement accompagnées de la diminution d'abord, puis de la suppression complète des règles. En rapprochant la chlorose de l'anémie ordinaire, je n'ai nullement l'intention de dissimuler ce que la première a de spécial et ce qui en fait une maladie à part, distincte de l'anémie par causes ordinaires. Quoiqu'il ne soit pas très rare d'observer la chlorose chez des femmes qui ont dépassé depuis longtemps l'âge de la puberté, et peut-être même chez l'homme, on ne peut méconnaître sa liaison avec les changements qui surviennent à l'époque de puberté, sans qu'il soit toujours possible d'en accuser les causes débilitantes qui produisent l'anémie simple. Que les altérations du sang qui caractérisent la chlorose soient primitives, qu'elles aient leur cause dans des modifications inconnues des organes génitaux ou d'autres parties de l'organisme, l'aménorrhée complète ou incomplète en est, sinon un symptôme constant, au moins ordinaire.

L'aménorrhée symptomatique des différentes espèces d'anémie s'établit ordinairement d'une manière lente et graduelle, sans qu'il survienne de troubles du côté des organes génitaux, si ce n'est au début, quelques phénomènes de congestion qui se reproduisent d'une manière plus ou moins périodique; mais, par les progrès de la maladie, ils finissent par disparaître. Aucune médication ne doit être dirigée du côté de l'utérus; c'est à réparer, à modifier le sang, qu'il faut s'attacher, et l'on réussit le plus souvent par le régime et d'autres soins hygiéniques appropriés, et par l'usage des préparations ferrugineuses à haute dose; mais, lorsque l'anémie a disparu et qu'il se fait des efforts de menstruation, on peut utilement les seconder par quelques uns des moyens que nous avons déjà indiqués.

On connaît peu l'effet du scorbut sur la menstruation, parce que les circonstances dans lesquelles il se produit le plus ordinairement ont fait qu'il a principalement été étudié sur l'homme.

Les altérations organiques arrivées à une période avancée sont ordinairement accompagnées d'aménorrhée, tandis qu'au début, et souvent pendant la première période, le flux menstruel n'éprouve pas de trouble bien sensible; on n'a d'ailleurs guère de données satisfaisantes que sur la phthisie pulmonaire. Dans la plupart des cas recueillis par M. Louis, le flux menstruel a cessé à une époque plus ou moins avancée de la maladie ; dans quelques uns, la suppression définitive a été précédée d'irrégularités plus ou moins considérables, soit pour la quantité, soit pour l'époque du retour. Quand la maladie a duré moins d'un an, la suppression des règles a eu lieu, terme moyen, dans la moitié de son cours; si elle ne parcourt ses périodes que dans l'espace d'une à trois années, elle a lieu seulement dans le dernier tiers. Mais il ne faut pas perdre de vue qu'on se ferait une fausse idée des choses, si on voulait toujours ainsi assigner les limites du symptôme dont il est question. Dans les phthisies à marche lente, on ne peut trouver la cause qui accélère ou retarde le flux périodique; mais dans celles à marche aiguë, le dérangement paraît coïncider avec le début de la fièvre. La menstruation se prolonge quelquefois avec une certaine régularité jusqu'au dernier mois de l'existence; on conçoit que la grossesse puisse avoir lieu et marcher convenablement pendant le cours de la phthisie. Les résultats obtenus par M. Louis sont confirmés par les observations plus récentes de M. Brierre de Boismont : dans 47 observations de phthisie pulmonaire, où il a noté le trouble de l'hémorrhagie périodique, il y a eu 34 cas de suppression. Plus d'un quart de ces aménorrhées avait été annoncé par des irrégularités, des diminutions; 4 fois les règles n'éprouvèrent aucun changement, malgré le degré avancé de la phthisie ; une fois elles avaient été plus abondantes que dans l'état normal. Les trois quarts environ faisaient remonter leur affection à une date dont la moyenne avant la suppression pouvait être estimée à 6 mois. Lorsque les tubercules se développent avant la puberté, et que les malades dépassent cet âge, le plus souvent la fonction menstruelle ne s'établit pas du tout. La plupart des autres affections organiques se développent ordinairement dans un âge où il est difficile d'observer leur effet sur la menstruation. Les inflammations chroniques ont, comme les altérations organiques à leur début, une influence peu sensible sur la menstruation ; mais lorsqu'elles ont une longue durée, qu'elles modifient et débilitent l'économie, les règles diminuent, cessent de couler, et les choses paraissent se passer à peu près comme dans la phthisie pulmonaire. Il est à peine nécessaire d'ajouter que, dans ces diverses espèces d'aménorrhées, le traitement doit être dirigé contre les maladies, dont elles ne sont que la conséquence ; il peut néanmoins se présenter une exception. A l'époque où la maladie primitive commence à troubler le cours des règles, on voit quelquefois survenir, aux époques menstruelles, de l'irritation, des congestions dans l'organe malade, qui peuvent exaspérer les accidents de la maladie principale au point de rendre nécessaire de chercher à obtenir une dérivation par les moyens les mieux appropriés et à rappeler ou à faire couler plus abondamment le flux menstruel.

Si la menstruation est si souvent troublée par l'effet sympathique de lésions qui n'ont pas leur siége dans les organes génitaux, elle doit l'être plus souvent et plus promptement encore lorsque ceux-ci sont dans un état pathologique : aussi les maladies des organes génitaux, surtout des ovaires et de l'utérus, troublent presque toujours la menstruation et produisent souvent l'aménorrhée; mais on est loin de posséder des notions précises pour chaque maladie en particulier.

La leucorrhée idiopathique, qui ne dépend de la maladie d'aucun organe en particulier, mais d'un état d'atonie de l'utérus, mot dont on a beaucoup abusé dans l'histoire de l'aménorrhée, semble pour l'ordinaire borner ses effets, lorsqu'elle existe avant la puberté, à retarder un peu l'époque de la première apparition des règles; si la leucorrhée s'est établie pendant la menstruation ou après, elle ne semble déterminer l'aménorrhée que d'une manière tout-à-fait exceptionnelle; les observations nombreuses de MM. Marc Despine et Brierre de Boismont ne laissent aucun doute à cet égard. On n'est nullement fondé à soutenir que les flueurs blanches constitutionnelles remplacent la menstruation, avec laquelle on a voulu leur voir une certaine analogie. Cette opinion ne semble reposer que sur ce qu'on n'a pas suffisamment distingué les flueurs blanches, qui dépendent elles-mêmes des diverses cachexies que nous avons vues déterminer l'aménorrhée : ce sont alors deux symptômes de la même maladie.

Lorsque l'utérus est dans un état de congestion ou d'irritation qui se rapproche d'une inflammation sub-aiguë, il y a ordinairement, pendant que cet état dure, aménorrhée; il faut, pour que l'excrétion sanguine puisse se faire, une congestion et une excitation modérées, au-delà desquelles l'hémorrhagie normale ne peut se faire que difficilement. Mais cet état aigu ne détermine qu'un simple retard, qui n'a souvent qu'une durée fort courte.

On ne saurait nier qu'un état opposé, c'est-à-dire un défaut d'excitation des organes génitaux par un sang pauvre ou peu abondant, ou par une insuffisante excitation nerveuse, comme celle qui semble dépendre de la privation du plaisir de l'amour, ne produise l'aménorrhée; mais cet état est bien rarement tout-à-fait local et borné aux organes génitaux. Il est lié à l'anémie et à la chlorose, ou à quelques névroses, et rentre dans ce que nous avons déjà dit plus haut.

Les engorgements simples, les inflammations chroniques, les altérations organiques de l'utérus, apportent presque constamment des troubles dans la menstruation qui sont loin d'être uniformes, et qui sont en quelque sorte l'opposé de ceux que nous avons vus se produire à la suite des altérations lentes dans d'autres viscères. L'inflammation chronique se lie presque toujours avec des pertes qui, sans être bien régulières, ont cependant encore assez d'analogie avec les règles pour qu'il ne soit pas possible de les considérer comme des hémorrhagies tout-à-fait indépendantes de la menstruation. Le même phénomène se reproduit pour les engorgements cancéreux sans ulcération, pour les tumeurs de diverses espèces, avant qu'elles soient arrivées à la période de ramollissement, d'ulcération. Il est bien entendu qu'il faut ne pas confondre le sang provenant de ces ulcérations avec celui qui est rendu par exhalation sous l'influence d'un effort hémorrhagique, qui a encore une grande analogie avec la menstruation; cependant, au début de ces diverses affections, il n'est pas rare de voir une aménorrhée souvent passagère ou des phénomènes de dysménorrhée coïncider avec l'affection commençante de l'utérus et la masquer.

Les affections qui altèrent profondément le parenchyme des deux ovaires doivent produire presque constamment l'aménorrhée, si le rôle qu'on fait jouer aux ovaires sur la menstruation est réel; cependant, une remarque qui peut être fréquemment vérifiée, c'est que les tumeurs fibreuses et enkystées d'un ovaire peuvent prendre un développement énorme avant d'amener l'aménorrhée; il en est de même des tumeurs qui ont pour point de départ l'utérus, le vagin, etc., mais qui se développent en dehors de leurs cavités, tant qu'elles n'ont pas produit un dépérissement sensible dans la constitution. Une femme chez laquelle les deux trompes étaient oblitérées avait depuis longtemps une aménorrhée complète.

Dans 21 engorgements de l'utérus, dont 12 durs et 9 congestifs, observés par M. Brierre de Boismont, les règles furent 6 fois supprimées, 4 fois diminuées, 6 fois irrégulières, 3 fois remplacées par des pertes. L'aménorrhée s'est montrée aussi souvent dans les engorgements durs que la dysménorrhée; mais il a rencontré plusieurs exemples d'engorgements qui duraient depuis plusieurs années sans troubler la menstruation. Les corps fibreux, les polypes de l'utérus s'accompagnent presque toujours de désordres de la menstruation; dans trois des observations de M. Brierre, les règles ne se dérangèrent qu'après le développement de la tumeur. Le plus ordinairement, l'irrégularité, l'hémorrhagie, sont les symptômes qui annoncent leur existence ; les mêmes phénomènes accompagnent encore plus souvent les affections cancéreuses.

M. Esquirol avait déjà cherché à signaler le rapport des dérangements des règles avec la folie ; M. Brierre de Boismont est venu ajouter de nouvelles observations sur ce point. Sur 36 cas, 18 fois les dérangements des règles ont été consécutifs au développement de la folie. Le principal désordre est la suppression, qui s'est montrée 15 fois, soit au début, soit au deuxième mois, soit un peu plus tard. Dans 3 cas, il a seulement noté de l'irrégularité et la diminution du sang. En général, ces désordres persistent pendant toute la durée de la maladie, et souvent même pendant la convalescence.

II. Dysménorrhée. — La dysménorrhée peut se présenter sous plusieurs formes différentes : 1° avec des phénomènes d'hyperémie active, soit locaux, soit généraux; 2° avec des phénomènes de névralgie utérine, ou de névroses diverses ; 3° les règles coulent immodérément ; 4° elles se montrent sur d'autres organes que l'utérus.

1. *Dysménorrhée pléthorique.* Dans cet état pléthorique provoqué par la menstruation, il peut se faire que l'écoulement soit diminué et même nul, pendant un temps plus ou moins long, malgré la fluxion et le mouvement hémorrhagique vers l'utérus, sans qu'il existe en réalité de différence importante ; c'est pour cela qu'il semble convenable de rapprocher de cette espèce de dysménorrhée l'aménorrhée sténique des auteurs, et de ne point séparer, sur l'absence ou la diminution du sang menstruel, des faits identiques. D'après l'ensemble des symptômes, la dysménorrhée pléthorique a une grande analogie avec la fièvre inflammatoire de Pinel, comme on peut s'en convaincre par la description suivante qu'en donne un de ses élèves, dans une dissertation sur la fièvre angioténique. « J'ai eu occasion, ajoute-t-il, d'observer chez de jeunes filles, à l'approche de l'apparition de leurs règles, tous les caractères d'une fièvre éphémère, tels que pesanteur de tête, gêne vers les lombes, courbature générale, vertiges, éblouissements, face colorée, yeux animés, chaleur halitueuse sur tout le corps, rougeur de la peau, fréquence, plénitude du pouls, gonflement des veines superficielles, quelquefois même des seins, et autres symptômes qui cessent lors de l'apparition des règles. » Outre ces symptômes, quelques femmes ont tantôt des épistaxis, tantôt de légères hémoptysies, des gonflements hémorrhoïdaux, etc.

L'intensité de l'état général semble souvent tenir sous sa dépendance l'écoulement, qui reste plusieurs jours éminent, ou bien qui ne se fait que goutte à goutte, et qui devient plus abondant aussitôt que l'hypérémie cède ou qu'on l'a fait cesser en produisant une déplétion générale.

La dysménorrhée pléthorique se manifeste principalement pendant les premières et les dernières années de la menstruation et chez les femmes abondamment réglées. Elle peut survenir d'une manière purement accidentelle, à la suite d'émotions vives, de l'impression subite du froid pendant la durée de l'écoulement, ou au moment où il est éminent. Les causes prédisposantes sont : le tempérament sanguin, une susceptibilité nerveuse assez grande pour que la congestion utérine menstruelle occasionne une surexcitation générale.

Les emménagogues proprement dits sont contre-indiqués et ont pour effet d'aggraver un état qui, lorsqu'il n'est pas intense, se dissipe spontanément et n'exige que des moyens simples, tels que le repos, les délayants, la diète, les cataplasmes à l'hypogastre, etc. Mais s'il devient plus intense, il exige une médication plus active, comme les bains, les émissions sanguines. Si les symptômes de congestion semblent plus particulièrement concentrés vers les organes génitaux, on peut appliquer des sangsues à la partie supérieure des cuisses, à la vulve, etc. Lorsqu'au contraire ce sont les symptômes généraux qui prédominent, la phlébotomie convient davantage, et il ne semble pas qu'on doive préférer celle du pied à celle du bras. M. Roche a vu souvent une saignée du bras pratiquée à des femmes pléthoriques la veille des règles, en provoquer l'apparition immédiate, les faire couler abondamment et sans douleur ; il est peu de praticiens qui n'aient été à même de faire la même observation.

2. *Dysménorrhée hystéralgique.* M. Gendrin désigne ainsi les accidents connus sous les noms de *coliques utérines*, d'*hystéricisme*, d'*hystéralgies cataméniales*. Les phénomènes qui la caractérisent sont extrêmement nombreux et très variés. Ce sont tantôt des douleurs lombaires extrêmement vives qui provoquent quelquefois des syncopes, tantôt des coliques intestinales à l'ombilic, à la région hypogastrique, d'autres fois des phénomènes sympathiques du côté de l'estomac, caractérisés par de l'anorexie, des hoquets, des envies de vomir, des vomissements qui se renouvellent chaque fois que des liquides ou des solides sont ingérés dans l'estomac ; il n'est pas rare de voir apparaître des accès hystériformes ou épileptiformes, des symptômes de chorée, principalement chez les femmes qui en ont été affectées pendant l'enfance (Gendrin). La circulation est souvent normale au milieu de ces désordres nerveux ; cependant il

existe quelquefois des palpitations vives à la région précordiale, des battements artériels aux tempes, à l'épigastre, etc. Les mamelles sont aussi quelquefois le siége de douleurs très vives et comme névralgiques. Il existe chez quelques femmes une céphalalgie violente; la peau est sans chaleur ; souvent il y a de la constipation, quelquefois de la diarrhée avec ténesme ; les parties génitales externes sont quelquefois le siége de chaleurs incommodes, de douleurs vives. Ces symptômes ont ordinairement quelque chose de brusque dans leur apparition, et présentent fréquemment des paroxysmes et des intermittences. Les accidents névralgiques débutent ordinairement 3 ou 4 jours avant l'apparition de l'écoulement. Quand celui-ci est abondant dès le principe, ils cessent immédiatement ; mais il arrive bien plus souvent qu'il s'établit avec difficulté, que le sang coule lentement, qu'il s'arrête pendant quelque temps pour paraître ensuite en abondance un ou deux jours après pour se supprimer ensuite ; il n'y a quelquefois qu'une légère apparition. La suppression peut même être complète, malgré la persistance de symptômes locaux qui semblent annoncer l'éminence de l'écoulement sanguin, sans qu'il puisse avoir lieu, et les phénomènes nerveux se dissipent avec la congestion utérine. Lorsque l'écoulement est incomplet ou se fait mal, les accidents persistent, mais le plus souvent sans dépasser sa cessation de plus de quatre à cinq jours ; ils ne précèdent pas toujours l'écoulement, ils surviennent quelquefois pendant sa durée et même à la fin. Chez quelques femmes, une fois développés, ils reviennent à toutes les périodes, tandis que, chez d'autres, ils ne reviennent qu'à des époques éloignées et d'une manière irrégulière. Toutes les attaques n'ont pas la même intensité ni les mêmes symptômes, et offrent beaucoup d'autres variétés. Il n'est pas rare de voir survenir des accès de gastralgie. Il peut y avoir simultanément des symptômes de dysménorrhée pléthorique et de dysménorrhée hystéralgique.

Suivant M. Gendrin, la dysménorrhée hystéralgique est rare avant l'accroissement terminé ; elle se manifeste presque toujours chez les femmes de vingt à trente-cinq ans, et diminue ordinairement d'intensité d'une manière progressive dans les dix dernières années qui précèdent l'âge critique. Quelquefois elle ne survient que vers l'époque de la cessation des règles ; elle est assez souvent symptomatique d'altérations organiques des ovaires, de l'utérus, etc.

Les causes prédisposantes de la dysménorrhée hystéralgique reconnaissent un tempérament nerveux prononcé, mais surtout des dispositions particulières du système génital de quelques femmes, chez lesquelles la congestion et l'excitation menstruelles ont une grande tendance à dépasser leurs limites ordinaires.

Les femmes hystériques y sont très sujettes. Cette prédisposition s'acquiert par l'abus des plaisirs de l'amour, par une vie déréglée, des jouissances précoces. Un genre de vie tout opposé y prédispose également, tel que le célibat forcé chez des personnes d'un tempérament ardent susceptible d'attachements passionnés, chez celles qui affectionnent la vie contemplative, etc. : aussi la plupart des auteurs ont signalé la fréquence de ces accidents chez la femme vouée à la vie monastique. D'après M. Pidoux, l'hystéralgie cataméniale aurait, en quelque sorte, chez les religieuses un mode particulier d'expression. Il assure avoir rarement vu, chez les jeunes religieuses, les fonctions digestives irréprochables. Ce ne sont pas les gastralgies exquises, les douleurs franches de l'estomac, c'est une paresse de cet organe, une sensation de défaillance générale. Cet état s'accompagne d'une grande faiblesse et d'une impuissance d'action contre laquelle ces personnes, très fortes en volonté et en courage, luttent presque constamment. Enfin les phlegmasies, les altérations organiques de l'utérus y prédisposent aussi. Dans les conditions que je viens de passer en revue, on voit fréquemment la dysménorrhée névralgique éclater sans causes occasionnelles. Chez les autres femmes, tout ce qui peut troubler l'organisme d'une manière un peu brusque avant l'époque, ou pendant que le sang coule, en devient souvent l'occasion immédiate. La dysménorrhée hystéralgique est une maladie fort douloureuse, mais qui n'expose pas à perdre la vie ; néanmoins elle prédispose aux inflammations chroniques de l'utérus et amène, lorsqu'elle dure depuis longtemps, un état de maigreur très prononcée. C'est une cause assez commune de stérilité ; elle expose à l'avortement les femmes qui peuvent concevoir. Les grossesses qui se développent d'une manière régulière font quelquefois disparaître les accès d'une manière définitive.

Dans le traitement de la dysménorrhée hystéralgique, on doit se proposer : 1° de combattre les accès ; 2° de prévenir leur retour pendant l'intervalle. Lorsque les phénomènes nerveux ne sont point associés à un état pléthorique ou fébrile, on doit avoir recours aux sédatifs qui sont considérés comme agissant plus spécialement sur le système utérin, tels que l'assa-fœtida, le castoréum, qu'on administre de préférence en lavement. L'opium est souvent administré, mais il a paru quelquefois augmenter les accidents. M. Gendrin assure qu'il n'en détermine pas lorsqu'on l'associe aux diffusibles, comme l'éther, le camphre, la teinture de mélisse, etc., et qu'il devient ainsi un des médicaments qui méritent le plus de confiance. Les bains tièdes et même frais prolongés modèrent souvent les douleurs. S'il y a de la constipation, il ne faut pas négliger les purgatifs, qui ont alors presque toujours des effets avantageux.

Souvent la dysménorrhée pléthorique et la dysménorrhée hystéralgique sont associées, quelquefois même celle-ci semble être sous la dépendance de la première ; il faut alors avoir recours, avant toute autre indication, aux antiphlogistiques, à la saignée générale, aux applications de sangsues ou de ventouses à la vulve, à l'hypogastre, aux lombes. L'écoulement des règles ne doit pas empêcher d'avoir recours à ces moyens ; loin de se supprimer, il devient souvent plus abondant et plus facile ; si la pléthore est modérée, on n'y a recours qu'avec mesure. Si les accidents nerveux persistent, on passe à l'emploi des antispasmodiques qui ont été indiqués plus haut. Dans tous les cas, le repos, la position horizontale, le calme de l'esprit, sont indiqués ; il faut en même temps s'abstenir de toute stimulation, et principalement sur l'appareil génital. Le docteur Dewes, de Philadelphie, prétend avoir employé avec beaucoup de succès contre la menstruation difficile ou supprimée, la teinture volatile de gayac ; il en fait prendre une cuillerée à thé dans un petit verre de vin de Madère, et en continue l'usage jusqu'à ce que les règles coulent ; la matrice expulse alors quelquefois une espèce de membrane que Denman avait déjà signalée. Après cette expulsion pendant l'écoulement menstruel, des femmes jusque là stériles ont pu concevoir. On a aussi vanté l'usage de l'acétate d'ammoniaque à la dose de 15 à 30 gouttes dans un verre d'eau.

On cherchera à prévenir le retour des accès, en agissant pendant les intervalles, pour modifier l'économie. Si cet état est le résultat d'une prédisposition acquise par les causes signalées, on devra faire sentir à la malade la nécessité d'éloigner ces causes, de changer des habitudes nuisibles à sa santé. Que la prédisposition soit originelle ou acquise, on cherchera à modifier l'action nerveuse de l'appareil génital et son influence sur tout l'organisme. Dans ce but, on aura recours aux diverses révulsions, à l'emploi prolongé des antispasmodiques, aux bains, aux affusions froides, aux frictions, aux bains alcalins, etc. ; ces moyens doivent être prolongés longtemps. J'ajouterai, pour terminer, que dans la dysménorrhée névralgique, comme dans la plupart des affections nerveuses, l'art est souvent impuissant aussi bien contre les accès que contre leurs retours.

3. *Ménorrhagie*. On désigne sous ce nom l'écoulement immodéré des règles. Cet état morbide, qui semble se confondre avec

la métrorrhagie, s'en distingue cependant en ce que, dans un certain nombre de cas, il n'est bien réellement que l'exagération simple de l'écoulement menstruel, porté au point de produire assez vite ou à la longue la plupart des phénomènes morbides qui accompagnent et suivent les hémorrhagies répétées. Dans d'autres cas, c'est une véritable métrorrhagie ajoutée comme épiphénomène ou complication à l'écoulement menstruel, et reconnaissant comme cause prédisposante l'hyperémie menstruelle, et en raison de cette circonstance, elle doit être confondue avec la ménorrhagie. On ne doit pas considérer comme affectées de ménorrhagie les femmes dont les règles, quoique coulant longtemps ou abondamment, n'éprouvent, soit primitivement, soit consécutivement, aucun phénomène morbide sensible. Dans ce trouble de la menstruation, il n'y a pas seulement excès de l'écoulement sanguin, on observe en outre une diminution très prononcée des forces, quelquefois une faiblesse considérable et les autres symptômes propres aux hémorrhagies. Si les accidents ne se répètent qu'un petit nombre de fois ou à des époques éloignées, les forces reviennent dans l'intervalle, et la constitution est peu modifiée ; mais si la ménorrhagie devient un état habituel, avec la décoloration de la peau, il survient de la maigreur, du dépérissement, de la fièvre. Souvent le sang rendu ne diffère pas de celui des règles, il coule au dehors sans se coaguler ; d'autres fois il s'échappe par moment avec plus de rapidité ; il se forme des caillots dans le vagin, et on croirait à l'imminence d'un avortement. On a surtout remarqué cette particularité chez des femmes dont les règles étaient retardées et venaient toutes les six ou huit semaines. Dans quelques cas, les règles sont plus rapprochées que de coutume. La ménorrhagie a été distinguée en hypersthénique et en asthénique ; mais, lorsqu'elle se prolonge longtemps, la seconde forme succède presque toujours à la première. Le tempérament nerveux, l'habitude des règles abondantes, prédisposent à la ménorrhagie. Elle survient quelquefois d'une manière accidentelle chez les nouvelles mariées, à la suite du coït. Elle peut être provoquée par une émotion morale. Si elle paraît liée à un état de pléthore, on pourra avoir recours à la saignée, dont on secondera les effets par les boissons froides acidulées, par le repos, etc. Chez les femmes nerveuses, lymphatiques, ou affaiblies par une longue durée de la maladie, on aura recours aux toniques, aux astringents unis aux calmants ou aux antispasmodiques.

4. *Déviation des règles.* Cette espèce de dysménorrhée est loin d'être aussi fréquente que les précédentes. On peut même dire, malgré le grand nombre d'exemples qui sont connus, que

c'est une maladie assez rare. On ne doit considérer comme règles *déviées* ou *supplémentaires* que les hémorrhagies qui se font sur d'autres organes que l'utérus sous l'influence de la menstruation. Ces hémorrhagies, qui se font par exhalation, présentent ordinairement les prodromes et les retours périodiques de la menstruation. Il arrive même fréquemment que le fluide menstruel coule en même temps par les voies génitales, mais notablement diminué; dans quelques cas, il n'est plus constitué que par quelques gouttes de sérosité sanguinolente; enfin il peut complètement manquer et n'offrir que des prodromes vagues de congestion utérine qui n'ont pas pour résultat une exsudation sanguine. Lorsque l'hémorrhagie supplémentaire existe en même temps que l'hémorrhagie normale, elle précède le plus souvent celle-ci de quelques jours, ou se déclare immédiatement après. Elle peut être primitive ou secondaire, n'avoir qu'une courte durée ou persister pendant une longue période de la vie. C'est principalement sur la peau et sur les membranes muqueuses que se manifeste la déviation menstruelle. On l'a souvent observée sur la muqueuse des fosses nasales, du canal intestinal, des bronches, de la vessie, et enfin sur divers points de la peau. On a eu rarement l'occasion de l'observer d'une manière évidente dans le parenchyme des organes, dans le tissu cellulaire, et sous ce rapport l'observation suivante inédite offre beaucoup d'intérêt.

Une jeune personne de province, bien constituée, forte, présentant à un assez haut degré la prédominance du système vasculaire, ne voit pas paraître l'hémorrhagie menstruelle, lorsque les autres signes de la puberté se manifestent; mais il survient à cette époque, pour la première fois, un phénomène insolite : deux ou trois tumeurs molles, fluctuantes, indolentes, sans changement de couleur à la peau, ou bleuâtres, suivant qu'elles sont plus ou moins superficielles, se développent sur la partie supérieure des cuisses. Après un temps plus ou moins long, ces tumeurs s'ulcèrent, et il s'en échappe un sang liquide et noir. Pendant cinq mois elles reviennent d'une manière périodique sur les cuisses et sur le bassin. Vers cette époque cette jeune fille vint à Paris, où l'on prit le parti d'ouvrir les tumeurs à mesure qu'elles se formaient, et d'appliquer à des époques déterminées, de mois en mois, pendant trois à quatre jours, deux ou trois sangsues à la vulve. Au second mois les tumeurs sanguines ne parurent pas, et au troisième l'hémorrhagie menstruelle prit son cours par la vulve. Il en fut de même les trois mois suivants, sans qu'on appliquât de sangsues. De retour en province, ses règles se suspendent pendant deux époques, et les tumeurs reparaissent. Le même traitement arrête le développement des tumeurs et rend la menstruation régulière. Il s'est écoulé, depuis, cinq à six ans, et aucun phénomène insolite n'a reparu.

Ces hémorrhagies ne diffèrent de celles qui se font par les mêmes voies que par leurs retours périodiques, leur coïncidence avec des phénomènes soit d'hypérémie, soit d'hémorrhagie menstruelle utérine. Elles présentent dans leur succession des particularités importantes à connaître. Elles ont ordinairement une longue durée, et se bornent rarement à un ou deux retours. Le sang perdu à chaque retour par la surface anormale est ordinairement peu considérable. La durée de l'écoulement est de quelques jours, et se rapproche de celle de la menstruation ordinaire. Quand elles existent en même temps, c'est ordinairement l'hémorrhagie anormale qui débute et se termine aussi la dernière. L'écoulement anormal ne se reproduit pas dans tous les cas constamment sur le même organe; on le voit assez souvent se manifester successivement sur les diverses surfaces que nous avons indiquées. Il existe à cet égard des observations fort curieuses, que le cadre de ce livre ne permet pas de citer même en abrégé.

Ces hémorrhagies offrent aussi de nombreuses différences sous le rapport de la quantité du sang exhalé, tantôt plus, tantôt moins considérable; il arrive même quelquefois que l'effort hémorrhagique ne va pas jusqu'à l'exhalation du sang. Cela se voit plus particulièrement lorsque la déviation menstruelle s'établit, ou quand elle tend à disparaître, soit spontanément, soit sous l'influence d'une médication. Les deux états ne diffèrent véritablement que par le degré d'intensité : aussi Stahl range-t-il dans sa *menorrhagia erronea* les cas où il y a simplement fluxion avec congestion vers un organe. Cette manière de voir, restreinte aux cas où la relation de la congestion avec l'hémorrhagie menstruelle est manifeste, est tout-à-fait exacte; mais elle devient exagérée et fausse si on attribue à une déviation menstruelle tous les accidents qu'on voit si souvent survenir dans divers points de l'économie à la suite de la suppression brusque et accidentelle des règles. Cependant il me semble qu'il y a encore ici une distinction à faire pour un certain ordre de faits où la congestion active se faisant, soit sur un organe parenchymateux, soit sur une surface exhalante, l'effort hémorrhagique est insuffisant pour déterminer un épanchement; mais la congestion peut être assez forte pour produire des accidents de pléthore locale, qui, par leur persistance et leur reproduction, provoquent une véritable phlegmasie. De là, ces états de pléthore générale ou locale, de phlegmasies diverses, légères ou graves, qu'on voit survenir après les perturbations de la menstruation. Mais pour rester dans la vérité, il faut qu'on puisse suivre la corrélation de ces accidents avec la menstruation.

Les hémorrhagies supplémentaires paraissent débiliter davantage l'économie que l'écoulement qui se fait par les voies génitales. Les causes qui prédisposent aux déviations menstruelles sont en général les mêmes que celles qui prédisposent aux autres dysménorrhées ; mais il suffit que l'état menstruel soit troublé pour qu'une fluxion et une hémorrhagie se fassent sur un autre organe que l'utérus. La disposition aux congestions sanguines et la répétition des perturbations tendent à établir la périodicité qui se maintient par l'habitude une fois contractée. Cette hémorrhagie est très rebelle, et récidive avec la plus grande facilité, et sa gravité varie suivant les organes sur lesquels elle se fait. Elle est fréquemment compliquée de dysménorrhée hystéralgique. Quelques femmes, malgré la déviation complète et persistante de leurs règles, ont pu concevoir ; mais en général, comme les personnes affectées d'aménorrhée ou de dysménorrhée, elles ne conçoivent pas ou ne conçoivent que difficilement.

Le traitement des hémorrhagies supplémentaires des règles présente, outre les indications qui peuvent leur être communes avec les autres formes de dysménorrhée, des indications spéciales, savoir : 1° de déterminer une fluxion plus prononcée et une hémorrhagie plus abondante de l'utérus ; 2° de les combattre dans les organes où elles sont établies d'une manière anormale. On remplit la première indication par divers moyens, qui agissent, soit en déterminant des hémorrhagies artificielles sur les organes génitaux, soit des congestions, comme des sangsues appliquées directement sur le col de l'utérus, quand l'état de la femme le permet, l'emploi des ventouses sèches, des ventouses scarifiées à la partie supérieure des cuisses, des bains de siége chauds, des fumigations aromatiques dirigées sur les parties génitales. C'est vers l'époque des règles qu'il faut agir, quand les prodromes de congestion commencent à se manifester. Ces moyens doivent être employés d'une manière continue pendant la durée des phénomènes menstruels. C'est ainsi que tous les praticiens ont constaté l'efficacité de deux ou trois sangsues appliquées au col de l'utérus, aux parties génitales externes, pendant trois à quatre jours de suite. On agirait de même si on avait recours aux ventouses scarifiées. Les autres moyens doivent aussi être employés d'une manière modérée, mais soutenue pendant un certain temps. Les emménagogues doivent être associés à ces premiers moyens, et peuvent être continués dans les intervalles ; mais leur administration est subordonnée à l'état de pléthore ou d'hystéralgie qui les contre-indique.

Quant aux médications dirigées contre l'hémorrhagie anormale, ce sont, en général, celles qu'on dirige contre les hémorrhagies idiopathiques de ces organes; mais les hémorrhagies supplémentaires étant ordinairement peu abondantes, on peut souvent se borner à l'emploi du froid, des toniques, etc., administrés dans des limites assez restreintes pour ne pas détruire l'effet de la révulsion dirigée vers le système génital.

LIVRE II.

DE LA GÉNÉRATION.

1. Dans l'espèce humaine et dans les espèces mammifères, la procréation, depuis le moment de la *fécondation* jusqu'à celui où le nouvel individu est séparé du corps maternel par la *parturition*, se compose d'une série d'actes différents et progressifs qui permettent d'établir plusieurs périodes ou temps dans cette grande et merveilleuse fonction.

La première comprend la fécondation, ou l'acte initial dans lequel les deux sexes interviennent par la *copulation*.

Dans la seconde, l'œuf, détaché de l'ovaire et fécondé, se rend dans l'utérus par l'intermédiaire des trompes. Ces deux actes réunis forment le commencement de l'opération et feront l'objet d'un premier chapitre.

Dans la troisième période, l'œuf, parvenu dans le lieu de sa destination, s'y développe jusqu'à ce qu'il ait atteint sa maturité. Après la fécondation, des phénomènes de deux ordres différents, mais simultanés dans leur succession et concourant au même but, apparaissent; les uns sont relatifs à la mère, les autres à l'embryon. Malgré leur liaison intime, il est absolument nécessaire de les séparer pour les étudier, à cause de la multiplicité des objets qu'ils présentent. Les phénomènes maternels, tout en tenant compte d'une manière générale du développement de l'œuf, constituent la *gestation* dans le sens le plus restreint de ce mot; et les phénomènes relatifs au nouveau produit, étudiés dans leurs détails, constituent l'*ovologie* ou l'*embryologie*.

CHAPITRE PREMIER.

DE LA FÉCONDATION.

Nous devons ajouter d'abord quelques détails sur les produits que préparent les deux sexes pour la fécondation. Le *sperme* fourni par le mâle est sécrété par les testicules, qui sont des organes glanduleux principalement formés de canaux tortueux, nombreux et très longs, repliés à l'extrême et comme pelotonnés. Le produit de leur sécrétion est une liqueur visqueuse, d'une odeur spécifique, blanchâtre, opaque, plus pesante que l'eau. Peu de temps après sa sortie du corps, il devient transparent, plus liquide, sans que sa composition ou les circonstances extérieures puissent expliquer cette espèce de décomposition si prompte. L'analyse chimique n'a jeté aucune lumière sur le rôle important que joue le sperme; on n'y a trouvé rien de plus que dans les divers mucus qui sont sécrétés dans d'autres parties de l'économie. Celui de l'homme, analysé par Vauquelin, a fourni 90 parties d'eau, 6 d'une substance mucilagineuse particulière, 1 de soude, 30 de phosphate calcaire, un peu de chlorure de chaux. Il est alcalescent et verdit les couleurs bleues végétales. L'inspection microscopique offre infiniment plus d'intérêt, quelle que soit l'opinion qu'on adopte sur les corpuscules qui s'y meuvent, et qui, depuis Leewenhoek, ont tant occupé les physiologistes. La petitesse des animalcules spermatiques ou spermatozoaires ne permet pas de les apercevoir sans le secours du microscope. On les a comparés, pour la forme, à un têtard; mais elle n'est pas exactement la même dans les diverses espèces animales. Leur grosseur n'est nullement proportionnée à celle de l'animal dans le sperme duquel ils vivent à la manière des animalcules infusoires. La vie se manifeste chez eux, comme chez les animalcules infusoires; ils se meuvent et se reposent par moments, se dirigent tantôt d'un côté, tantôt de l'autre; ils font des efforts pour se mettre en liberté quand ils restent pris dans une portion du liquide qui commence à se dessécher. Ils conservent la propriété de se mouvoir longtemps après être sortis de leur réservoir, s'ils sont mis dans des circonstances favorables. M. Donné a constaté qu'ils vivent plus longtemps dans certains véhicules, comme le sang, le lait, le mucus vaginal, tandis que dans d'autres ils cessent promptement de se mouvoir. Les animalcules spermatiques ne semblent point être un produit immédiat de la sécrétion des testicules, mais ils paraissent naître pendant le séjour prolongé du sperme dans le corps de l'animal ou au moment de sa sortie. Quand ce liquide ne peut s'accumuler ou qu'il est évacué fréquemment, il cesse de présenter des animalcules. Les expérimentateurs n'ont pas encore pu les constater dans le sperme extrait du testicule, mais seulement dans les vésicules séminales. Needham avait déjà observé que le nombre des animalcules augmente lorsque le sperme devient plus liquide et commence à se décomposer; il en conclut qu'ils sont produits par la décomposition de la matière animale : aussi MM. Raspail, Blainville, les considèrent comme des grumeaux, mis en mouvement par des causes chimico-physiques. Sans entrer plus avant dans cette discussion, on peut dire qu'il paraît bien certain que les animalcules spermatiques ne sont pas primitivement formés par le testicule, et qu'ils ne doivent pas être considérés comme la seule partie active et essentielle du sperme. La propriété fécondante du sperme ne doit pas être attribuée exclusivement aux spermatozoaires, s'il est vrai que le sperme, extrait directement du testicule qui n'en contient pas encore, a pu servir à un grand nombre de fécondations artificielles chez les animaux dont la fécondation des œufs a lieu à l'extérieur. Spallanzani a vu du sperme qui ne contenait pas d'animalcules féconder tout aussi bien que l'autre, et il a pu reproduire le même fait avec des gouttes de sperme dont il avait séparé les animalcules. Les faits qu'on a opposés à cette opinion ne sont pas concluants ; on ne doit donc pas dire d'une manière absolue que l'absence d'animalcules dans le sperme du mulet soit la seule cause de son infécondité, car il peut présenter d'autres différences dans sa composition. MM. Prevost et Dumas ont observé que le sperme avait perdu sa propriété fécondante après avoir traversé cinq filtres de papier joseph ; mais on ne saurait dire si cela dépend de l'absence des animalcules ou des changements survenus dans la partie liquide par le fait de la filtration. Si le sperme s'est montré, entre les mains des mêmes observateurs, impropre à la fécondation après 36 heures, lorsque les animalcules avaient cessé de se mouvoir ou qu'ils avaient été tués par l'électricité, c'est que tout le sperme avait dû être altéré. La dessiccation, l'agitation, l'action de l'alcool, etc., font également perdre au sperme sa propriété fécondante.

Nous avons vu, page 94, que le produit des ovaires était, chez tous les mammifères, des œufs enfermés dans de petites capsules. D'après Baër, les capsules ovariennes, à l'état de maturité, présentent à leur face interne une couche composée de granulations et d'une matière unissante transparente. Ces granulations, plus nombreuses et plus serrées les unes contre les autres, sur un point, y forment un disque percé dans le milieu, d'un blanc grisâtre, ou d'un gris jaunâtre, qui fait saillie dans le centre de la vésicule. C'est dans le centre de ce disque annulaire que se trouve l'œuf, entouré d'un liquide clair. Il est composé d'une membrane externe mince, transparente, et d'une couche interne (couche proligère) plus épaisse, opaque, à gros grains, circonscrivant une petite cavité. L'étude de l'œuf des mammifères était arrivée à ce point, lorsque les recherches de M. Coste, confirmées par MM. Valentin et Bernhardt, sont venues constater un nouveau fait, savoir, l'existence d'une vésicule transparente, très fragile (*vésicule proligère*), située au-dessous de la membrane externe de l'œuf. On serait ainsi arrivé à pouvoir établir une analogie à peu près complète entre l'œuf des ovipares et des mammifères même avant la fécondation. L'œuf du mammifère le plus gros ne peut être observé qu'à l'aide d'un verre grossissant ; on a établi que son volume est au corps de l'animal : : 1 : 20 000.

C'est par la copulation que le sperme est mis dans les conditions à pouvoir exercer son action fécondante sur l'œuf. Pour que la fécondation s'opère, le contact matériel du sperme avec l'œuf paraît nécessaire. Spallanzani, MM. Prevost et Dumas ont toujours vu leurs expériences sur les œufs d'animaux à fécondation extérieure rester sans résultat s'il n'y avait pas contact immédiat, quelque rapprochés que fussent du sperme les œufs enveloppés de leur mucus conducteur, de manière à en recevoir l'évaporation. L'idée de l'*aura seminalis*, ou d'une vapeur fécondante très subtile, n'a donc pas le moindre fondement. Des quantités infiniment petites de sperme suffisent pour féconder, puisque avec deux grains de sperme de grenouille on a pu féconder 116 œufs ; 3 grains de ce liquide, mêlés à 18 onces d'eau, conservaient encore un tel degré d'activité, qu'un œuf de grenouille touché avec la pointe d'une aiguille plongée dans ce liquide recevait l'action fécondante comme avec du sperme pur. Mais, quelque lumineux que soient les enseignements que donne l'histoire des fécondations extérieures, ils ne peuvent servir à résoudre la plupart des questions qui se rattachent aux fécondations intérieures, surtout dans l'espèce humaine et dans les espèces mammifères, qui sont conformées sur un même plan.

De quelle manière le sperme et l'œuf parviennent-ils à se rencontrer ? Dans quel lieu se fait cette rencontre ? Quel est le mode d'action réciproque qui s'établit entre eux ? De toutes ces questions, sur lesquelles on a plusieurs données intéressantes, aucune peut-être n'est résolue d'une manière rigoureuse et définitive. L'intégrité des organes génitaux dans leur continuité est une condition indispensable à la fécondation intérieure. Le mode suivant lequel le sperme arrive jusqu'à l'œuf n'est pas établi d'une manière encore bien certaine. Si, comme nous verrons ci-près, on peut supposer que l'œuf doit, ordinairement, marcher à la rencontre du sperme, il n'en reste pas moins démontré, par le fait des grossesses extra-utérines, que celui-ci peut arriver jusqu'à l'ovaire, ou au moins jusqu'à l'extrémité externe de la trompe.

On a vu plus haut que l'hypothèse de l'*aura seminalis* est inadmissible; celle de l'absorption et de la fécondation dans l'ovaire par le passage du sperme dans le torrent de la circulation n'est pas mieux fondée, et ne s'appuie sur aucune preuve directe; elle est d'ailleurs complétement détruite par une expérience qui a souvent été répétée, qui consiste dans la section ou la ligature des trompes après l'accouplement, et qui empêche toujours la fécondation d'avoir lieu. L'utérus et les trompes sont donc la voie que suit le fluide fécondant pour arriver jusqu'à l'ovaire.

Si ni Haller, ni Hervey, ni d'autres, n'ont pas rencontré de sperme dans l'utérus après l'accouplement, c'est qu'ils n'ont point employé le microscope, qui a permis à ceux qui s'en sont servis d'en retrouver des traces. MM. Prevost et Dumas ont trouvé des animalcules spermatiques, non seulement dans l'utérus, mais encore dans les trompes utérines. Leeuwenhoek les avait déjà aperçus dans les trompes d'une lapine. Ce n'est que plusieurs jours après l'accouplement que ces observateurs sont parvenus à les voir dans les trompes des animaux qu'ils avaient choisis pour leurs expériences. Mais, jusqu'à présent, on n'a pas encore pu constater leur présence, ni à l'extrémité de la trompe, ni sur l'ovaire, où le sperme arriverait assez lentement, puisqu'il résulte des observations de Haighton que la section des oviductes faite 4 heures après l'accouplement a empêché la fécondation. L'impossibilité de trouver des traces de sperme au-delà de la moitié interne des trompes ne suffit pas pour faire rejeter l'idée qu'il n'arrive pas jusqu'à l'ovaire; car nous avons vu que les animalcules ne sont pas la seule partie active du sperme. Or, si sa partie la plus ténue et la plus fluide, celle dans laquelle nagent les animalcules, pénètre seule dans les trompes jusqu'à l'ovaire, il est bien évident qu'on ne pourra les distinguer du mucus des trompes, même à l'aide du microscope. La cause qui fait ainsi cheminer le sperme à travers l'utérus et les trompes réside très probablement dans ces organes eux-mêmes. Le mouvement des liquides dans leurs canaux, sous l'influence de leur action péristaltique est un fait si général dans l'organisme, qu'on ne peut guère refuser de l'admettre pour l'utérus et les trompes. Il est vrai qu'on est conduit à reconnaître une double action s'exerçant successivement en sens inverse, de dehors en dedans, sous l'influence du sperme, de dedans en dehors sous l'influence de l'œuf; mais ne retrouve-t-on pas cette double action dans les voies digestives? M. Blundel a constaté sur des lapines, pendant le rut, que l'utérus, le vagin surtout, sont animés de mouvements péristaltiques très prononcés, qui augmentent par les excitations extérieures. On ne saurait cependant conclure rigoureusement de ces observations, faites sur des organes dont les caractères musculaires sont aussi évidents que dans le canal intestinal, qu'il en est de même pour l'utérus de la femme, qui, à l'état de vacuité, semble peu favorable à des mouvements vermiculaires. M. Burdach regarde le mucus qui lubrifie les voies génitales comme un conducteur du sperme, remplissant le même rôle que l'eau et le mucus qui enveloppent l'œuf, qui sont l'intermédiaire par lequel le sperme lui arrive dans les animaux dont la fécondation se fait à l'extérieur.

L'excitation voluptueuse n'est pas indispensable pour que le liquide fécondant arrive à sa destination ; il est constant que beaucoup de femmes sont fécondées sans éprouver cette sensation. Spallanzani a fécondé des chiennes en injectant dans le vagin du sperme de chien. J. Hunter, consulté par un homme atteint d'hypospadias, lui conseilla d'injecter de son propre sperme au moyen d'une seringue chauffée, et sa femme devint enceinte.

Il n'est pas indispensable, pour que la fécondation s'effectue, que le sperme soit dardé contre l'orifice de l'utérus ; il existe de nombreux exemples de femmes qui ont conçu, quoique le pénis n'ait pu pénétrer au-delà de l'entrée de la vulve, comme dans les cas où la conception n'a pas été empêchée par la persistance de l'hymen, ou par un rétrécissement considérable d'une portion du vagin, etc. On conçoit qu'une quantité suffisante de sperme peut traverser le rétrécissement et couler jusque dans l'intérieur du col, si celui-ci se trouve dans une position déclive par rapport à l'entrée du vagin, comme dans le décubitus dorsal; ou bien, il faut admettre, pour le vagin, des mouvements péristaltiques qui entraînent la semence déposée à son entrée.

Passons maintenant à l'examen de la part que prennent les ovaires et les trompes dans l'accomplissement de l'acte de la fécondation. Dans l'espèce humaine et les diverses espèces mammifères, la contiguïté exacte de l'ovaire et de la trompe devient momentanément nécessaire pour le passage du sperme et de l'œuf; le pavillon frangé de la trompe s'applique contre l'ovair, eet l'embrasse exactement. Cette disposition a pu être observée directement sur des femmes mortes pendant le coït ou peu de temps après ; mais c'est surtout par les vivisections sur des femelles de différents mammifères qu'elle a pu être bien constatée. Il ne semble pas que, dans tous les cas au moins, le rapprochement exact se fasse pendant l'accouplement même. Dans des expériences faites sur des brebis, des chiennes, des vaches, etc., les observateurs ont vu plusieurs fois que le rapprochement a varié entre quelques instants et plusieurs jours après l'accouplement. Nous avons déjà dit qu'un semblable rapprochement se faisait sous l'influence de la menstruation, et qu'il peut avoir lieu en dehors de l'excitation génitale causée par les rapports sexuels. Quelle qu'en soit la cause déterminante, ce phénomène semble produit par un état de turgescence érectile de l'ovaire et du pavillon frangé. Les sinuosités et la souplesse de la moitié externe de la trompe, l'expansion tendineuse qui s'étend de son extrémité à l'ovaire, sont autant de circonstances destinées à assurer ce rapprochement intime; Haller, Walther, etc., l'ont vu s'effectuer sur des cadavres à la suite d'injections très pénétrantes.

On ne sait pas d'une manière précise, si le point où s'opère la fécondation est invariablement le même. Ce que nous avons dit plus haut de la fécondation des ovipares nous fait voir qu'il y a, ici, deux modes possibles de fécondation entre lesquels se partage la série animale. Dans l'un, l'œuf, développé dans l'ovaire et arrivé à un certain degré de maturité, s'en détache et va à la rencontre du sperme : cette rencontre se fait tantôt dans un point déterminé des voies génitales, tantôt à l'extérieur seulement. Dans l'autre, on suppose que le sperme arrive jusqu'à l'ovaire et pénètre dans une capsule ovarienne pour féconder l'œuf. La fécondation devient, dans ce cas, la cause du travail organique qui détermine la rupture de la capsule ovarienne, et l'œuf, devenu libre, s'achemine vers l'utérus, qui est le lieu où son incubation doit se faire. L'hypothèse de la fécondation dans l'ovaire chez la femme et chez les femelles mammifères était naguère dominante dans la science. On invoque en sa faveur la fécondation des végétaux, dont le pollen pénètre dans l'ovaire; mais l'analogie est fort éloignée; elle l'est moins dans les ovipares à fécondation intérieure : mais cette fécondation semble fournir des arguments en faveur des deux opinions, ou du moins il n'est pas parfaitement démontré que, chez tous, la fécondation ait lieu avant le dégagement de l'œuf de leurs capsules ovariennes. Le développement anormal de l'embryon au sein de l'ovaire a paru à beaucoup de physiologistes une preuve sans réplique en faveur de la fécondation dans le sein même de l'ovaire; mais, pour plusieurs observateurs, la réalité des grossesses ovariennes n'est pas positivement établie. Mais, le fût-elle, la question ne serait pas encore résolue. On ne peut nier la possibilité de la fécondation dans l'ovaire, puisqu'elle a pour elle l'analogie. Cette possibilité résulte encore de la propriété bien connue qu'ont les liquides de traverser les membranes organisées, par imbibition ou par des lois qui nous restent inconnues. Du fluide fécondant, porté par la trompe sur une capsule ovarienne close, peut donc pénétrer dans son intérieur et féconder l'ovule qu'elle renferme. Mais, de ce que cela peut arriver ou arrive quelquefois, on ne saurait en conclure que les choses se passent toujours ainsi : les fonctions, comme les organes, sont sujettes à des déviations, et si les grossesses ovariennes sont réelles, elles pourraient n'être qu'une anomalie, un retour à un mode de fécondation dont on a invoqué l'analogie en faveur de la conception ovarienne. Les changements qui surviennent dans l'œuf et dans la vésicule ovarienne, immédiatement après la fécondation, pourraient mieux résoudre la question ; mais ceux qui sont propres à l'œuf sont si peu marqués, qu'ils n'ont pu être constatés que lorsqu'il est déjà parvenu dans la trompe; quant à ceux qui se produisent dans la capsule ovarienne, ils sont très manifestes ; mais il reste à savoir si ce travail est le résultat de la fécondation ou bien d'une espèce de ponte particulière aux mammifères.

La théorie de la marche de l'œuf à la rencontre du liquide fécondant du mâle, comme dans les animaux à fécondation extérieure, presque complétement abandonnée pour les mammifères, vient de trouver un secours inattendu de l'importante découverte de MM. Gendrin et Négrier ; et si des observations ultérieures confirment leur opinion sur la cause de la menstruation, la théorie de la fécondation ovarienne, qui n'est pas établie d'une manière très solide, comme on vient de le voir, sera fortement ébranlée. Nous avons fait voir d'après ces observations, page 131, qu'à chaque période menstruelle il se faisait dans les ovaires un travail qui rapprochait une ou plusieurs vésicules de la surface de l'organe, où elles se rompraient et laisseraient échapper leur contenu dans le pavillon de la trompe appliqué sur l'ovaire. Ce travail, qui indiquerait d'une manière si significative le but de la menstruation, présenterait des phénomènes semblables à ceux qu'on a signalés comme étant l'effet de la fécondation, savoir, la distension de la capsule ovarienne par l'augmentation du liquide qu'elle renferme, qui perd sa transparence, s'épaissit, et finit par s'échapper à travers une déchirure. Si on rapproche des observations de MM. Gendrin et Négrier un fait qui a, jusqu'à présent, peu fixé l'attention, quoique signalé par Bertrandi, Horne et quelques autres physiologistes, savoir, que les vésicules ovariennes s'accroissent et se déchirent chez plusieurs femelles mammifères en chaleur sans qu'il y ait accouplement, et que ce phénomène a lieu, surtout chez les femelles à rut périodique, on pourrait croire que le travail de l'accroissement et de la déchirure des vésicules, attribué à la fécondation, n'est que le résultat du rut, qui, quant à ses phénomènes et à son but, serait l'analogue de la menstruation et produirait le dégagement des œufs parvenus à l'état de maturité, pour les mettre dans des conditions favorables à la fécondation par leur rencontre avec le sperme. On a également remarqué que des femelles qui n'avaient jamais fait de petits présentaient des cicatrices ovariennes, tandis qu'avant le premier rut on ne trouvait rien de semblable. Frédéric Cuvier a surtout insisté sur l'analogie de la menstruation avec le rut des animaux. Depuis que les observations de MM. Gendrin et Négrier ont de nouveau appelé l'attention sur ce sujet, on a trouvé sur plusieurs femelles en chaleur des vésicules ovariennes déchirées avant l'accouplement. La fécondation peut donc avoir lieu dans l'ovaire immédiatement après la déchirure d'une capsule, ou pendant le temps du trajet de l'œuf à travers les trompes et l'utérus; les œufs qui ne rencontrent pas de sperme sont expulsés au dehors et voués à la destruction. On ne saurait cependant soutenir, avec Oken, que c'est seulement dans la matrice que s'effectue la fécondation; car les changements observés dans les œufs encore contenus dans les trompes, et la possibilité de déterminer de grossesse extra-utérine par la ligature des trompes, prouvent qu'elle a lieu le plus souvent, chez quelques mammifères qui ont été soumis à des vivisections, dans le voisinage de l'ovaire. Cette théorie, fondée sur les faits que je viens de faire connaître, semble encore confirmée par l'opinion généralement répandue, que les femmes désirent le rapprochement sexuel et conçoivent surtout immédiatement avant ou après chaque époque menstruelle. Mais, si on peut rapprocher le plus grand nombre des conceptions d'une époque peu éloignée des règles, il n'en est pas moins certain qu'elles semblent avoir souvent lieu aux époques intermédiaires, ce qui ne serait pas absolument une contradiction, l'œuf pouvant employer un temps assez long pour descendre de l'ovaire jusque dans l'utérus, où la fécondation doit souvent avoir lieu. Dans l'espèce humaine, il n'y a ordinairement qu'un seul œuf préparé à recevoir la fécondation, mais il n'est cependant pas rare de la voir, d'une manière exceptionnelle, en atteindre deux et quelquefois un plus grand nombre; dans l'une des observations de M. Gendrin, les deux ovaires présentaient en même temps une déchirure récente. Plusieurs vésicules peuvent arriver ensemble à l'état de maturité sur le même ovaire. M. Granville n'a trouvé qu'un seul ovaire chez une femme qui était accouchée d'enfants jumeaux.

Les changements survenus dans l'œuf immédiatement après la fécondation sont si peu apparents et si difficiles à constater, qu'on ne doit pas être surpris qu'il y ait incertitude sur leur nature et sur le moment de leur apparition. Sur des œufs de femelles fécondés, sortis de l'ovaire et recueillis dans la trompe, M. Coste et les observateurs qui ont répété ses expériences n'ont plus retrouvé la vésicule proligère qui, dans un œuf bien développé et non fécondé, est appliquée contre la face interne de l'enveloppe extérieure de l'œuf, ou plutôt contre la couche proligère. Cette vésicule paraît s'être déchirée. Mais les changements ne se bornent pas à la rupture de la vésicule proligère : il se dépose sur la face interne de l'enveloppe de l'œuf des granulations qui forment une couche régulière ou une membrane qui peut se séparer de l'enveloppe extérieure. Le *cumulus*, ou le disque circulaire, s'est dissocié, et forme le *blastoderme*, qui est le point ou la souche où doivent apparaître les premiers rudiments de l'embryon. C'est dans cet état que l'œuf va se déposer dans l'utérus, où il trouvera les conditions nécessaires à son développement, jusqu'à ce que le fœtus soit apte à jouir pleinement de la vie extra-utérine. Le temps nécessaire à l'œuf pour parcourir les trompes ne peut pas être déterminé d'une manière rigoureuse, même chez les femelles d'animaux ; Cruikshank a vu, chez des lapines, l'œuf arrivé dans l'utérus au quatrième jour de la fécondation ; MM. Prevost et Dumas ne l'y ont trouvé sur des chiennes que le huitième. On suppose cette arrivée encore plus tardive chez la femme. On comprend ces différences, s'il est vrai que l'œuf peut être fécondé dans tous les points de son trajet, depuis sa sortie de l'ovaire jusqu'au moment où il est déposé dans la matrice, où il se développe sous la double influence de l'action de la mère sur lui et du principe de vie qu'il a reçu par la fécondation.

En s'élevant à la théorie de la fécondation au-delà des faits appréciables, on voit que tout ce qui est relatif à l'état primitif de l'embryon est fort obscur et de plus embrouillé par une infinité d'opinions métaphysiques sur l'origine des germes. Ces opinions si diverses peuvent se rattacher à deux systèmes opposés, connus dans la science sous les noms d'*évolution* et d'*épigénèse*. Dans l'évolution, on suppose que chaque germe renferme les éléments de toutes les parties du corps, tels qu'ils doivent se manifester par la suite ; l'acte générateur ne fait que les animer et leur donner la force de se développer. Logiquement, l'évolution conduit à faire admettre que les germes sont innés, aussi anciens que les corps vivants qui les contiennent et se prêtent à leur développement, et que tous les êtres vivants, passés, présents et futurs, ont été créés à la fois au commencement du monde. Ces germes, qui n'attendent qu'une circonstance favorable pour se développer, sont pour les uns disséminés dans toute la masse des corps vivants ;

pour les autres, ou dans les ovaires, ou dans le sperme; et comme chaque germe doit contenir ses descendants, comme il a été lui-même contenu dans ses ascendants, il s'ensuit que les germes de toutes les générations passées, présentes et futures ont été et sont encore contenus les uns dans les autres par emboîtement. De nombreux volumes ont été écrits sur ce texte fécond et séduisant.

Dans l'épigénèse, les germes ne préexistent pas; les organes existants les forment de toutes pièces et successivement par l'agrégation de molécules organiques sécrétées par des organes spéciaux. C'est ainsi que nous avons vu l'ovaire sécréter les éléments organiques propres à constituer l'œuf, et le testicule ceux du sperme. La puissance qui crée et agrège ces parties est la même qui, à toutes les époques de la vie, entretient les organes en leur assimilant de nouvelles molécules; elle n'est pas autre que la force nutritive qui, considérée dans ses effets, a été nettement formulée par les expressions d'*affinités électives* ou d'*attraction du soi pour soi*, imaginées par M. Geoffroy-Saint-Hilaire. Cette force reçoit une nouvelle impulsion par la fécondation; l'œuf augmente et multiplie ses parties par une espèce de végétation. En s'associant avec plus d'activité les molécules nutritives déposées autour de lui, l'embryon se complique de plus en plus et arrive à l'état normal dans l'espèce à laquelle il appartient. D'après tout ce qui a été dit sur la formation de l'œuf dans l'ovaire et de la fécondation, on voit que la mère fournit non seulement les éléments de l'œuf avant la fécondation, mais encore tous les matériaux nutritifs postérieurs. Mais les ressemblances paternelles, la transmission des idiosyncrasies, des dispositions morbides primitives et acquises, etc., ne permettent guère de douter que les deux sexes n'interviennent dans la constitution du nouvel être par le mélange ou l'addition à l'œuf de molécules spermatiques.

II. STÉRILITÉ, OBSTACLES A LA FÉCONDATION. — En décrivant les vices de conformation des organes génitaux, page 109, nous avons indiqué, pour chaque organe en particulier, les vices de conformation qui sont de nature à rendre la femme pour toujours stérile; ceux qui ne forment que de simples obstacles à la fécondation, obstacles qui tantôt peuvent être levés, qui tantôt doivent être respectés comme étant au-dessus des ressources de l'art. Nous avons également fait voir que la fécondation peut avoir lieu dans des cas où elle semble au premier abord presque impossible, comme dans les divers rétrécissements du vagin qui s'opposent à l'introduction du pénis. Il suffit qu'une petite quan=

tité de sperme passe au-delà de l'obstacle pour que la fécondation puisse réellement avoir lieu. Les lésions consécutives des organes génitaux ont relativement à la fécondation des conséquences diverses.

Les kystes, les lésions organiques des deux ovaires entraînent à leur suite la stérilité ; mais comme il n'est pas très commun que les deux ovaires soient en même temps affectés, on voit assez souvent la grossesse survenir chez des femmes qui portent des tumeurs plus ou moins considérables de l'un de ces organes.

Une cause de stérilité très commune, et qui n'a pas suffisamment fixé l'attention, est l'oblitération des trompes. Les annexes de l'utérus, dans le voisinage des trompes et des ovaires, sont fréquemment le siège d'inflammation à la suite de couches.

D'après des observations récentes, les ovaires et les trompes paraissent s'enflammer assez souvent consécutivement à la blennorrhagie, comme cela arrive pour le testicule chez l'homme. Sans parler des autres causes moins spéciales, on voit que les ovaires et les trompes, ou plutôt leurs annexes péritonéales, doivent être souvent dans le cours de la vie le siège d'inflammations qui peuvent conduire de différentes manières à l'oblitération des trompes. Si l'inflammation a été assez intense pour produire sur les ligaments larges des exsudations plastiques plus ou moins étendues et plus ou moins abondantes, la guérison pourra s'ensuivre sans que ces produits disparaissent complétement. Ils établissent entre différentes parties des adhérences permanentes. C'est ainsi qu'on trouve l'ovaire et la trompe formant une masse adhérente sur un point de la paroi interne du bassin ou sur la surface de l'utérus ; le pavillon de la trompe séparé de l'ovaire par des tissus de nouvelle formation, ou l'un et l'autre fixés sur des points différents de manière à ne pouvoir se rapprocher. L'oblitération de la trompe se fait le plus souvent par son pavillon appliqué sur l'ovaire et sur toute autre partie avec laquelle il a contracté des adhérences ; d'autres fois le pavillon s'est comme froncé, et adhère avec lui-même par les points où il se continue avec le péritoine. Ce n'est pas seulement à leur extrémité externe que les trompes s'oblitèrent, on les a trouvées quelquefois converties, soit partiellement, soit dans toute leur étendue, en cordons pleins. Toutefois les trompes sont assez rarement ainsi oblitérées ; leur surface interne n'est pas mieux disposée à contracter des adhésions à la suite de l'inflammation que les autres conduits muqueux. Tels sont les principaux modes d'oblitération des trompes constatés par l'observation. Le docteur Mercier, dans un mémoire sur la péritonite considérée comme cause de stérilité, a prouvé que l'oblitération des deux trompes est un fait assez commun, qui explique la stérilité survenue chez beaucoup de femmes à la suite d'accouchements, de maladies aiguës du bas-ventre, ou d'écoulements vénériens aigus.

Les maladies de l'utérus, depuis les affections organiques les plus graves jusqu'aux simples déplacements, ne s'opposent pas d'une manière absolue à la fécondation, mais elles diminuent beaucoup l'aptitude à concevoir. Cette diminution n'a pas toujours lieu en raison de la gravité de la maladie; c'est ainsi qu'on voit des femmes affectées de squirrhe, de cancer ulcéré du col, de corps fibreux, de polypes développés dans la cavité utérine, devenir enceintes, tandis que d'autres, qui n'ont que de simples catarrhes utérins, des engorgements chroniques, être temporairement ou définitivement stériles. Les déplacements de la matrice, le prolapsus, la rétroversion, l'antéversion, ne font que rendre la fécondation plus difficile, plus incertaine. On a cru trouver dans les déviations anormales du col, dans certaines conformations de cette partie, un obstacle à la fécondation; mais ces déviations, pas plus que celles qui résultent des déplacements, ne paraissent être de nature à fermer hermétiquement l'orifice de la matrice contre le point sur lequel l'extrémité du col est appuyée, d'autant plus que l'introduction du pénis doit avoir souvent pour effet de faire cesser ces rapports vicieux. M. Chomel a signalé les cols courts et pointus, qu'il désigne par le nom de col en forme de *toupie*, comme s'opposant ordinairement à la fécondation. On a attribué le même effet aux cols trop longs, à ceux qui sont très résistants ou dont l'orifice est fort resserré. Mais il est vraisemblable qu'on a dû souvent attribuer à la position et à la disposition du col un effet dont la cause est inconnue ou ailleurs.

A en juger par la phthisie pulmonaire, qui, à raison de sa fréquence et de l'époque où elle se développe, se prête le mieux aux observations de ce genre, les affections chroniques des autres organes ne paraissent pas diminuer très sensiblement l'aptitude à concevoir, tant qu'elles n'amènent pas la diminution ou la suppression des règles.

Le rôle que joue la menstruation par rapport à la génération fait pressentir d'avance que le cours régulier des règles est une condition presque indispensable pour que la fécondation puisse avoir lieu. En effet, sans parler des aménorrhées qui dépendent d'un obstacle à l'écoulement du sang, ou d'une imperfection de l'appareil génital, toute suppression primitive ou secondaire fait généralement disparaître l'aptitude à concevoir pendant tout le temps de sa durée. Les femmes affectées de dysménorrhée hystéralgique conçoivent difficilement, et plusieurs restent définitivement stériles; celles qui sont réglées par d'autres organes que l'utérus sont comme si elles avaient une aménorrhée. Il n'est cependant pas très rare de voir des femmes affectées d'une aménorrhée complète ou de déviation, avec suppression de tout écoulement sanguin par les voies génitales, devenir enceintes, comme si elles étaient dans les conditions ordinaires; et cela doit être : s'il est vrai que la menstruation ait pour but et pour effet de rendre libre un œuf par la rupture d'une capsule ovarienne, l'effort organique peut en quelque sorte se faire d'une manière latente ou n'être caractérisé que par quelques symptômes d'hypérémie dans les ovaires, sans être porté jusqu'à l'exsudation sanguine dans la matrice; il y a véritablement menstruation sans écoulement sanguin. D'un autre côté, l'écoulement sanguin peut avoir régulièrement lieu et sans être nécessairement accompagné du développement et de la rupture d'une capsule; de là des femmes bien menstruées qui ne conçoivent pas ou qui ne conçoivent qu'à de longs intervalles. Il est vraisemblable que beaucoup de femmes qui approchent de l'âge critique sont dans ce cas. Enfin un assez grand nombre de femmes sont absolument stériles sans qu'il soit possible de l'attribuer aux causes ou aux obstacles que nous avons passés en revue. Chez quelques unes cet état paraît lié à une surexcitation nerveuse génitale ou générale; chez quelques autres à une prédominance du tissu adipeux, à un état d'embonpoint qui dépasse les limites ordinaires; plusieurs n'offrent rien de particulier.

CHAPITRE II.

DE LA GROSSESSE.

La *grossesse* est l'état particulier dans lequel se trouve la femme depuis le moment de la conception jusqu'à celui de l'expulsion de l'œuf. Le mot *gestation* désigne le même état, considéré d'une manière générale dans les différentes espèces de mammifères; mais on lui donne souvent aussi une signification restreinte et synonyme de grossesse. C'est dans la matrice que vient se développer l'œuf fécondé; mais comme il peut accidentellement se développer en dehors, on distingue la grossesse en *grossesse utérine* et en *grossesse extra-utérine*. La grossesse est *simple* lorsqu'il n'existe qu'un seul œuf : c'est le type particulier à l'espèce humaine ; mais exceptionnellement elle est assez souvent *composée* de deux œufs, et quelquefois d'un plus grand nombre. Parmi les affections nombreuses qu'on désignait anciennement sous le nom de *fausses grossesses*, quelques unes reconnaissant un œuf fécondé, mais avorté et diversement transformé, forment réellement un genre de grossesse avortée ou afœtale, qui comprend les môles, les hydatides, les accumulations de fluides dans la cavité de l'œuf.

SECTION Ire. — Des changements anatomiques et fonctionnels produits par la grossesse.

Les plus essentiels portent sur l'utérus, qui éprouve des modifications profondes dans ses dispositions anatomiques et dans ses propriétés : les symphyses du bassin subissent un relâchement sensible ; les mamelles s'accroissent et prennent des caractères particuliers. L'activité nouvelle de l'utérus retentit dans presque tous les appareils, change leur mode de vitalité, et y détermine des troubles fonctionnels variés ; les liquides eux-mêmes sont modifiés dans leur composition. Nous allons d'abord étudier ces changements en eux-mêmes, dégagés de toute application pratique, comme autant de phénomènes anatomiques et physiologiques propres à la gestation. Développés au-delà de certaines limites, plusieurs constituent des incommodités et même de véritables maladies, que nous aurons plus tard à caractériser.

I. MODIFICATIONS DE L'UTÉRUS ET DE SES ANNEXES. — En suivant l'œuf fécondé jusqu'au moment où il est déposé dans la matrice, nous avons déjà fait connaître les phénomènes maternels de la gestation qui ont primitivement leur siége dans l'ovaire et la trompe. L'utérus participe immédiatement à cette turgescence, à cette excitation spéciale, et sécrète un liquide coagulable destiné à servir d'abri et de moyen d'union à l'œuf dans le réceptacle où il doit subir une sorte d'incubation. C'est là l'origine de la *membrane caduque*, qui un peu plus tard se chargera de vaisseaux, particulièrement dans le point qui correspondra au *placenta*. Ces vaisseaux sont en communication directe avec ceux de l'utérus, et forment le *placenta utérin*. La caduque et le placenta utérin, organes temporaires, sont un produit de l'utérus, et comme tels, ils appartiennent aux phénomènes maternels de la gestation ; l'habitude de les décrire avec les membranes propres de l'œuf n'a prévalu que parce qu'ils les suivent au moment de la séparation des deux individus, et qu'il est plus facile d'en faire comprendre la disposition en les étudiant avec l'œuf.

L'excitation organique spéciale produite dans l'utérus par la fécondation ne se borne pas à créer les éléments de la membrane caduque, mais elle imprime encore une nutrition plus active à l'organe, qui devient le siége d'un travail considérable d'hypertrophie; ses éléments anatomiques changent de caractère, prennent plus d'étendue, et lui permettent d'acquérir graduellement un volume proportionné à celui de l'œuf. On se fera une idée de l'étendue de l'accroissement de l'utérus pendant la grossesse en se rappelant ses dimensions à l'état de vacuité (p. 97) pour les comparer (fig. 9, page 22) à celles qu'il a au terme de la gestation, qui sont en longueur d'environ 33 centimètres (1 pied), en largeur de 24 cent. (9 pouces), en épaisseur de 22 cent. (8 pouces). Pendant qu'il a pris ce développement, ses parois ne sont pas sensiblement affaiblies; il pèse, terme moyen, de 489 grammes 51 centig. à 734 gr. 26 cent. (2 à 2 liv. 1/2).

Le mouvement nutritif sous l'influence duquel les divers éléments de la matrice s'accroissent et se transforment se fait encore sentir à des degrés moindres dans le reste de l'appareil génital: les ovaires doublent de volume, leur tissu est plus abondamment imbibé de sérosités, leurs vaisseaux deviennent plus apparents, les trompes sont plus volumineuses et plus vasculaires. Il en est de même des ligaments sus-pubiens, qui prennent un aspect musculaire plus tranché.

L'activité de l'utérus s'applique exclusivement à tout ce qui peut servir au développement du nouvel individu; la menstruation, la fonction principale de l'appareil sexuel à l'état de vacuité, est supprimée pendant tout le cours de la gestation (p. 130), et ne reparaît que lorsque les organes sont revenus à leur état primitif.

1. *Changements dans la forme et le volume de l'utérus.*—Ces changements offrent dans leur succession des particularités importantes à connaître. Durant le premier et le second mois, l'accroissement se fait autant par l'épaississement des parois de l'organe que par l'augmentation de sa capacité. Il conserve pendant cette époque, ou plutôt il prend une forme pyriforme plus prononcée qu'à l'état normal. Son ampliation, étant en rapport avec l'accroissement de l'œuf, se fait d'une manière plus lente dans les premiers mois, et s'étend successivement du fond au col. La succession est peu marquée entre le fond et le corps, tandis qu'elle est, au contraire, extrêmement tranchée entre le corps et le col.

qui reste étranger à l'augmentation de la capacité utérine à peu près pendant les trois quarts de la durée de la grossesse.

1° A mesure que le corps s'agrandit, il s'éloigne de sa forme primitive ; à six mois il présente à peu près la forme d'une sphère surmontée d'un appendice cylindroïde dont la dilatation donnera à l'utérus la forme ovoïde qu'il présente à terme. Le fond et la paroi postérieure du corps prêtent proportionnellement beaucoup plus à son ampliation que la paroi antérieure ; à terme, l'origine des trompes correspond à peu près à l'union du tiers supérieur avec les deux tiers inférieurs. Les ligaments larges sont aussi abaissés et portés en avant dans toute leur étendue, et correspondent à l'union du tiers antérieur avec les deux tiers postérieurs de l'utérus.

2° Les changements que le col éprouve, servant au diagnostic de la grossesse, ont été étudiés avec beaucoup de soin. Comme pour le corps, ils résultent de l'hypertrophie de ses parois et de la dilatation de son canal ; mais on n'observe ces deux phénomènes simultanément que pendant les derniers mois de la gestation. Pendant les cinq ou six premiers mois environ, les modifications du col se rapportent presque exclusivement à l'accroissement de son tissu, et sont, par conséquent, peu sensibles et assez difficiles à bien apprécier. Le col s'arrondit, s'épaissit, perd de sa dureté et s'allonge ; la lèvre postérieure s'avance peu à peu au niveau de l'antérieure ; elles deviennent moins distinctes, et la fente transversale qu'elles circonscrivent s'arrondit en une fossette circulaire au centre de laquelle se trouve l'orifice externe du col assez exactement fermé. Cette disposition des lèvres et de l'orifice ne peut guère être considérée comme étant l'état normal que dans une première grossesse. Chez les femmes qui ont accouché plusieurs fois, les lèvres, plus ou moins déformées, irrégulières, n'offrent que d'une manière fort incomplète la forme circulaire et conique ; l'orifice est fréquemment entr'ouvert, et ses bords offrent une mollesse qui tranche avec la fermeté du col. L'accroissement en longueur est fort difficile à apprécier dans les mêmes circonstances, puisqu'il reste ordinairement plus court et plus gros après une ou plusieurs grossesses ; mais l'augmentation de volume et le ramollissement constaté à sa base sont beaucoup moins variables, quelles que soient les conditions antérieures de la femme.

L'époque où commence la dilatation du col n'a point encore été fixée d'une manière précise, et semble offrir des différences individuelles fort nombreuses. La dilatation et le raccourcissement du col sont deux phénomènes intimement liés qu'on observe toujours simultanément. Bien qu'il soit à peu près généralement admis que la dilatation et le raccourcissement du col commencent du cinquième au sixième mois, il n'est guère permis de regarder ce terme comme fixé par une observation exacte. La même remarque s'applique, à plus forte raison, aux rapports qu'on a cru pouvoir établir entre la longueur du col et des époques fixes de la grossesse. Il ne faut accorder qu'une médiocre confiance à ces indications, et ne point prendre à la lettre l'opinion généralement admise, que le col a perdu le tiers de sa longueur dès le cinquième mois, la moitié le sixième, les deux tiers le septième, les trois quarts le huitième, le reste pendant le neuvième. Le raccourcissement du col présente des variétés si nombreuses, qu'il est impossible d'établir des distinctions aussi fixes et aussi régulières. Le mode même de dilatation du col n'est pas encore parfaitement connu. Il est très rationnel d'admettre que la dilatation se fait de haut en bas, d'une manière lente et graduelle, jusqu'à l'orifice externe. Cependant les observations de M. Stolz contredisent cette manière de voir, et semblent établir que l'orifice interne reste fermé jusqu'au milieu du neuvième mois à peu près, que l'orifice externe s'en rapproche graduellement par l'affaissement des parties intermédiaires ; ce qui rend la cavité du col plus large, plus évasée dans son milieu à mesure que les deux orifices se rapprochent ; et lorsqu'ils sont peu éloignés l'un de l'autre, l'interne s'ouvre le premier. La portion du col intermédiaire aux deux orifices se dilate en très peu de temps. Chez les femmes qui ont déjà eu des grossesses antérieures, et dont l'orifice externe est déjà plus ou moins ouvert avant la fin de la grossesse, les choses se passent d'une manière inverse : l'orifice externe semble s'évaser le premier, et l'interne ne s'ouvre que lorsque l'accouchement est imminent : ainsi, d'après M. Stolz, dans une première grossesse, le col disparaît de l'intérieur à l'extérieur, et dans les grossesses subséquentes, de l'extérieur à l'intérieur. Il n'est pas permis d'affirmer que tel est exactement le mode de dilatation et de raccourcissement du col ; car ces observations, de même que celles d'après lesquelles on en admet une autre, n'étant fournies que par le toucher, laissent nécessairement beaucoup à désirer. Des observations directes peuvent seules éclairer cette question d'une manière certaine. Quoi qu'il en soit, chez les femmes primipares, jusqu'au sixième mois, la portion vaginale du col est plutôt allongée que raccourcie ; mais elle ne tarde pas à perdre de sa longueur et à s'évaser à sa partie supérieure, mais sans suivre une progression décroissante, invariable et régulière ; chez beaucoup de femmes, elle est réduite de moitié, à la fin du septième mois, tandis que chez d'autres elle n'est encore que peu raccourcie au milieu du neuvième. Mais le plus ordinairement, à cette époque, elle ne présente plus qu'un mamelon saillant dont la base est fort large ; en le pressant, on sent que la portion sus-vaginale, quoique élargie, offre une résistance et une dureté qui semblent exclure la présence d'une portion de l'œuf dans cette partie du col. A terme, la portion vaginale n'offre souvent plus la moindre saillie ; l'orifice externe est encore exactement formé, mais arrondi ; la fossette au fond de laquelle il se trouve est circulaire, large et assez profonde ; les bords de cet orifice sont souvent tendus et fort minces. Mais ces dispositions sont loin d'être constantes, même chez les primipares. Il n'est pas rare d'observer, même au début du travail, un mamelon encore très sensible ; d'autres fois la lèvre antérieure est effacée, tandis que la postérieure est encore fort saillante. Dans d'autres circonstances, le col et même ses deux lèvres sont complétement effacés plusieurs jours avant le début du travail. Chez les femmes qui ont fait des enfants, le col est quelquefois assez largement entr'ouvert ou tellement mou dès le huitième mois, qu'il est possible de porter le doigt jusque sur l'œuf. Même en approchant du terme, la fossette et l'orifice ne deviennent pas exactement circulaires ; celui-ci reste plus ou moins épais et offre une ou plusieurs échancrures résultant d'anciennes déchirures ; l'extrémité des lèvres épaissie forme des saillies peu régulières qui existent souvent encore au commencement du travail. Lorsque le col est complétement dilaté, il entre à peu près pour un quart de la longueur totale de l'utérus.

3° La partie supérieure du vagin s'évase en proportion de l'étendue que prend la portion du col qu'il embrasse ; son tissu spongieux éprouve un accroissement sensible, et la muqueuse offre une coloration rouge plus vive et plus foncée ; ses follicules muqueux s'accroissent et donnent assez souvent sous les doigts la sensation de granulations multipliées ; il survient assez ordinairement un écoulement lactescent plus ou moins abondant. Au terme de la grossesse, la vulve est plus ou moins tuméfiée.

2. *Changements dans la position et les rapports de l'utérus.* Sous ce rapport, l'utérus présente pendant le cours de la grossesse des changements importants à connaître : jusqu'à la fin du troisième mois, il se développe dans la cavité pelvienne sans éprouver de déplacement bien sensible ; cependant le col s'abaisse et se rapproche sensiblement de la vulve. L'utérus, devenu plus pesant, semble éprouver un premier degré de prolapsus, qui coïncide quelquefois avec un affaissement sensible du bas-ventre au niveau de l'hypogastre et des fosses iliaques. C'est ainsi qu'on explique cet abaissement, qui n'a le plus souvent d'autre cause que

l'accroissement de l'utérus dans tous les sens; le fond s'étend vers le détroit supérieur et le col, quoique d'une manière beaucoup moins marquée, vers le périnée : c'est ordinairement ainsi que le col paraît abaissé pendant la période menstruelle et dans les engorgements de tout l'organe. Cependant l'utérus, devenu plus pesant, peut être abaissé par son propre poids ; mais l'on n'observe guère ce déplacement que chez les femmes qui sont prédisposées au prolapsus, soit par l'excès d'amplitude du bassin, soit par la mollesse et la laxité des connexions de l'utérus. Dans ces cas, l'abaissement est beaucoup plus marqué, la direction du col en arrière est moins prononcée, comme s'il y avait un commencement de *rétroversion*.

Dans le cours du troisième mois, le fond arrive au niveau du détroit supérieur; à une époque plus avancée, du quatrième au cinquième mois, le corps, ne pouvant plus être contenu dans le bassin, s'élève graduellement pour se développer dans la cavité abdominale; son segment inférieur prend un point d'appui sur l'entrée de l'excavation jusqu'après l'expulsion de l'œuf. Dans la dernière période de la grossesse, l'ampliation du col se faisant dans le bassin, l'utérus semble redescendre et éprouve du reste un mouvement d'abaissement dans sa totalité. En sortant du bassin et en s'élevant dans la cavité abdominale, l'utérus suit la direction de l'axe du détroit supérieur, en s'écartant toutefois un peu de la ligne médiane, sur laquelle il se maintiendrait difficilement à cause de la saillie formée par l'angle sacro-vertébral, et se place à droite ou à gauche, mais si fréquemment à droite, que cette dernière position peut être considérée comme normale, puisqu'elle se rencontre 8 fois sur 10. Vers la fin de la gestation, lorsque les parois abdominales sont flasques et très extensibles, le fond de l'utérus se place souvent sur la ligne médiane, et l'inclinaison latérale cesse d'être sensible. La cause de l'inclinaison à droite n'est nullement expliquée par la présence du rectum à gauche, ni par l'habitude de se coucher sur le côté droit et de se servir du membre thoracique droit, et encore moins par les autres suppositions que je ne mentionne pas ; il est probable que cette cause tient à une disposition primitive qui semble déjà apparente à l'état de vacuité. L'inclinaison latérale entraîne un léger mouvement de rotation de tout l'organe, qui, dans l'inclinaison à droite, ramène le bord gauche en avant et porte le droit un peu en arrière.

En se développant, l'utérus prend, avec la cavité abdominale et avec les organes qu'elle contient, des rapports nouveaux. Dans le cours du quatrième mois, le fond de l'utérus se sent au-dessus du pubis, qu'il dépasse de plusieurs travers de doigt à la fin de cette époque; à cinq mois, il est à peu de distance de l'ombilic; à six mois, il correspond à l'ombilic et souvent déjà un peu au-dessus; à sept mois, il atteint la partie inférieure de la région épigastrique; dans le huitième mois, il s'élève moins rapidement et occupe la partie supérieure de la région épigastrique, sans s'élever jusqu'à l'appendice xiphoïde, ni par conséquent jusqu'au diaphragme; pendant le neuvième mois, il ne s'élève pas sensiblement, et même le plus ordinairement il s'abaisse d'une manière très marquée pendant la dernière quinzaine. Le ralentissement, la cessation du mouvement d'élévation, puis l'abaissement de l'utérus près du terme de la gestation, se lient aux changements qui surviennent dans le col; celui-ci agrandit la capacité utérine en se dilatant, et permet à l'œuf de s'étendre et de se développer dans une assez grande partie de la cavité pelvienne. Il est facile de constater par le toucher que l'utérus reste fort élevé, et que son segment inférieur ne fait qu'une légère saillie à l'entrée du détroit supérieur tant qu'il conserve sa forme globuleuse, c'est-à-dire pendant les cinquième, sixième et septième mois; c'est souvent avec difficulté que le doigt peut explorer le col, qu'on trouve peu au-dessous de l'entrée du bassin. Mais à une époque plus avancée, quelquefois dès le huitième mois, surtout pendant le neuvième, l'utérus prend une forme plus allongée, son segment inférieur descend souvent au niveau de l'avant-dernière pièce du sacrum, et se trouve à fort peu de distance du fond du bassin lorsque le fœtus se présente par la tête; mais dans toute autre présentation, ou lorsqu'il y a une grande quantité de liquide, il descend beaucoup moins, et la plus grande partie de la cavité pelvienne reste vide. Les rapports du fond de l'utérus avec la paroi abdominale, comparés à des époques fixes de la grossesse, ne peuvent être exprimés d'une manière rigoureuse à cause des différences d'amplitudes du bassin, d'extensibilité des parois abdominales, de volume de l'œuf, etc.

Le poids considérable qu'acquièrent l'œuf et la matrice en se développant exige que celle-ci repose sur un plan solide garni de parties molles et élastiques. Les fosses iliaques et le détroit supérieur, recouverts d'une couche musculaire épaisse, soutiennent le segment inférieur de l'utérus et le garantissent de toute pression dangereuse; de plus, la courbure du canal pelvien tend à l'empêcher de descendre. Par son obliquité en avant, la matrice trouve un point d'appui contre la paroi antérieure de l'abdomen, et la pression exercée en arrière sur l'aorte, la veine cave, les uretères et la partie supérieure du rectum est diminuée. Sur les parties latérales, les muscles psoas ne garantissent que d'une manière très incomplète les vaisseaux iliaques d'une compression qui gêne plus ou moins la circulation veineuse dans le bassin et les membres inférieurs. En avant, la vessie, entraînée en haut et pressée contre les pubis, s'élève au-dessus du détroit supérieur, s'étend transversalement, et tire en haut l'urètre, qui se redresse et se cache derrière la symphyse du pubis; dans la dernière moitié de la grossesse, il arrive quelquefois qu'étant plus fortement comprimée en haut qu'en bas, elle se loge presque entièrement dans le bassin et fait saillie dans le vagin. Celui-ci suit les mouvements d'élévation et d'abaissement de l'utérus, et s'évase à la partie supérieure à mesure que la portion du col qu'il embrasse s'agrandit.

Dans la cavité abdominale, l'utérus est en rapport, à droite, par son côté avec le cœcum, refoulé en haut et en arrière, dont il recouvre seulement une portion par sa face postérieure; plus haut il correspond à la partie latérale droite de la paroi abdominale. La plus grande partie de l'intestin grêle est refoulée à gauche, et n'est pas cachée par la face postérieure de l'utérus. Le fond est séparé du foie et de l'estomac par le colon transverse. Les rapports de sa face antérieure avec la paroi abdominale sont presque toujours immédiats: le grand épiploon est porté à gauche et en arrière; il est rare que des portions d'intestin grêle se placent au-devant de l'utérus, hors les cas de déformation considérable du bassin et de la cavité abdominale par la courbure du rachis. Malgré l'inclinaison latérale, le corps des vertèbres lombaires, la veine cave et l'aorte sont cachés par la face postérieure qui recouvre le rein droit, la fin de l'intestin grêle, une partie du cœcum et du colon ascendant. Il est facile de saisir les changements de rapport qui surviennent lorsque l'utérus est incliné à gauche.

Le développement de l'utérus modifie la composition et les rapports des ligaments larges et des organes qu'ils contiennent entre leurs lames. Ces replis sont presque effacés au-dessous de l'insertion de l'ovaire, tandis qu'au-dessus ils conservent presque toute leur étendue, et ne paraissent effacés que parce qu'ils y sont abaissés et rapprochés des parties latérales de l'utérus; ils ont entraîné avec eux les ligaments ronds, les trompes et les ovaires.

3. *Effets du développement de l'utérus sur la paroi abdominale.* En se développant, l'utérus refoule, écarte les parties mobiles et extensibles avec lesquelles il est immédiatement ou médiatement en rapport, et se fait une place en s'élevant suivant la direction de l'axe du détroit supérieur, et en dilatant la cavité abdominale, qui ne présente pas d'espace vide pour le recevoir. Les

parois antérieures et latérales de celle-ci sont principalement destinées à fournir à cette ampliation ; les muscles s'allongent et s'élargissent ; les aponévroses, malgré leur solidité, éprouvent des changements analogues ; la ligne blanche s'écarte dans toute son étendue, mais surtout à sa partie moyenne, où elle offre souvent deux à trois travers de doigt de largeur ; les faisceaux dont elle est composée sont écartés les uns des autres et laissent entre des ouvertures losangiques plus ou moins larges, ce qui lui donne l'aspect d'une toile fibreuse à mailles très écartées ; les plans fibreux qui ferment l'anneau ombilical se séparent et forment une ouverture qui peut facilement recevoir l'extrémité du doigt. L'écartement de la ligne blanche peut être porté beaucoup plus loin et ne disparaître qu'incomplètement après l'accouchement. Cet état est ordinairement le résultat de plusieurs grossesses ; une tumeur oblongue, formée par une portion de l'intestin grêle, occupe cet espace. L'aponévrose du grand oblique présente également des éraillures ; les petites ouvertures qui donnent passage à des vaisseaux et à des nerfs s'agrandissent beaucoup. Les anneaux inguinaux s'élargissent aussi un peu, mais beaucoup moins que l'anneau ombilical. Les anneaux cruraux, par leur position, sont peu exposés à des changements considérables. Les téguments se distendent d'abord sans éprouver de changements ; plus tard la portion qui recouvre la cicatrice ombilicale tend à s'élever, la dépression s'efface et forme une saillie à paroi mince et très dépressible. Les veines cutanées deviennent très apparentes et prennent assez souvent un développement variqueux ; la peau qui recouvre l'hypogastre, les fosses iliaques, semble s'érailler lentement par sa face postérieure, et se couvre de vergetures brunâtres ou bleuâtres plus ou moins nombreuses, disposées en lignes courbes à convexité inférieure. Chez la femme de petite stature, et chez celle dont le ventre acquiert un très grand volume, cet état se propage jusqu'aux cuisses et aux fesses. Après l'accouchement, ces vergetures se rétrécissent beaucoup, pâlissent et présentent l'aspect de cicatrices dans l'épaisseur du derme. Le thorax ne reste pas complètement étranger à l'agrandissement de la cavité abdominale ; la partie antérieure du diaphragme est refoulée en haut ; la base de la poitrine est élargie et portée en avant ; les poumons et le cœur éprouvent un léger déplacement en rapport avec les changements survenus dans la cavité thoracique.

II. Modifications dans la texture et les fonctions de l'utérus. Les changements qu'éprouvent les divers éléments anatomiques de l'utérus tiennent en quelque sorte du merveilleux : le tissu propre ou fibro-musculeux se transforme en un muscle éminemment contractile et propre à expulser l'œuf parvenu à sa maturité ; les vaisseaux prennent une disposition appropriée au besoin de la nutrition du fœtus. A ce spectacle, on comprend l'émotion de Galien, qui s'écrie dans son enthousiasme qu'il devrait chanter des hymnes aux dieux pour les remercier de lui avoir permis de voir une disposition si merveilleuse.

1. *Tissu propre.* Sa disposition a été l'objet d'un grand nombre de recherches qui ont conduit à plusieurs opinions contradictoires. Les uns, lui cherchant de l'analogie avec les muscles de la vie de relation, se sont efforcés de montrer dans ses faisceaux les plus réguliers des muscles particuliers ; les autres, le rapprochant avec plus de raison du système musculaire de la vie organique, n'y ont vu, en quelque sorte, qu'un seul muscle composé d'un grand nombre de fibres disposés sur plusieurs plans, mais tellement entrelacés dans plusieurs points, qu'il est impossible de les suivre dans leur arrangement. Voici ce qu'une dissection attentive peut faire reconnaître : à la surface externe, on voit des fibres assez régulièrement disposées, mais n'ayant pas toutes la même direction ; celles du fond, sans former de raphé visible sur la ligne médiane, se portent en dehors et en bas dans la direction des trompes et des cordons sus-pubiens, et sont d'autant plus visibles et moins serrées qu'elles sont plus rapprochées des parties latérales ; celles qui suivent les trompes en leur formant une gaîne extérieure longitudinale, ne sont pas très nombreuses et s'écartent de plus en plus en approchant du pavillon ; celles qui vont aux cordons sus-pubiens sont beaucoup plus nombreuses. Les fibres superficielles de la face antérieure du corps se portent aussi en dehors, les supérieures obliquement, de haut en bas et de dedans en dehors, comme les précédentes, les moyennes transversalement, et les inférieures de bas en haut, pour gagner l'origine des cordons sus-pubiens, qu'elles concourent à former par leur réunion avec celles du fond. Les fibres superficielles de la face postérieure présentent une disposition à peu près semblable ; quelques unes, en se portant au-dehors, vont aux trompes, d'autres forment le ligament de l'ovaire. Il se détache encore des parties latérales de l'utérus des fibres peu nombreuses appartenant au plan superficiel, qui se portent en dehors vers les parties latérales du bassin, entre les lames des ligaments larges, sans affecter une disposition régulière, comme celles des trompes, des cordons de l'ovaire et des ligaments sus-pubiens. D'autres, également en petit nombre, suivent les replis du péritoine, qui se portent, en avant, de l'utérus sur la vessie et en arrière, de l'utérus sur le rectum. Les fibres superficielles, parve-

nues aux parties latérales, ne s'en détachent pas toutes : les plus nombreuses suivent leur direction primitive et se portent, en formant des anses, d'une face à l'autre, tantôt en s'abaissant vers le col, tantôt en s'élevant vers le fond. Indépendamment des fibres transversales et obliques, le plan externe de l'utérus en offre d'autres, verticales, situées sous les précédentes, mais immédiatement en contact avec le péritoine dans plusieurs endroits où les premières sont fort écartées les unes des autres; les fibres verticales forment des anses qui embrassent le fond et s'étendent plus ou moins bas sur le col, s'entre-croisent et s'enchevêtrent avec les transversales et les obliques. Elles sont surtout apparentes sur la ligne médiane, en avant et en arrière, où elles forment deux faisceaux très distincts sur le corps et sur la partie supérieure du col, tandis qu'ils cessent d'être apparents au fond En pénétrant plus profondément, on retrouve toujours la même disposition ; mais les fibres sont si fortement intriquées et serrées qu'on perd la trace de leur direction ; dans le plan moyen, sillonné par les veines ou sinus utérins, il est impossible de suivre leur trajet. Le plan externe est recouvert par le péritoine, qui participe à l'état d'hypertrophie et qui est plutôt épaissi qu'aminci, quoiqu'il ait suivi en grande partie l'agrandissement de l'utérus, car le déplissement incomplet des ligaments larges ne s'étend guère au-delà des parties latérales; il éprouve néanmoins une distension mécanique très forte, puisqu'on observe, quelquefois, des éraillures, des cicatrices dans le voisinage des trompes, des cordons sus-pubiens et des ligaments de l'ovaire. La disposition des fibres du plan interne est beaucoup plus régulière : elles forment, autour de chaque orifice des trompes, des anneaux réguliers superposés et emboîtés, qui s'agrandissent rapidement en s'approchant de la ligne médiane; ceux d'un côté se confondent avec ceux de l'autre et continuent à former des fibres annulaires, du fond de la cavité utérine jusqu'à la partie inférieure du col; dans le corps, elles sont relevées en avant et en arrière vers le fond, tandis qu'elles sont abaissées sur les côtés. Dans le col, les fibres circulaires semblent interrompues par le raphé médian, qui est formé de fibres verticales et obliques très courtes. Les fibres musculaires de l'utérus sont dans les conditions et ont les caractères du tissu musculaire de la vie organique. La membrane muqueuse, plus apparente et plus facile à isoler que dans l'état de vacuité, offre à sa surface un grand nombre d'orifices vasculaires mis à nu par le décollement de la caduque et surtout du placenta.

2. *Nerfs.* Nous avons déjà fait connaître leur double origine et

leur disposition page 100, fig. 22. Ils ne peuvent être suivis au-delà des fibres musculaires les plus superficielles de la couche externe, même sur l'utérus développé par la gestation; ils paraissent plus multipliés, et des filets qui n'étaient pas apparents à l'état de vacuité sont devenus visibles. En dehors du tissu de l'organe, ils ne semblent pas avoir sensiblement augmenté de volume; leur augmentation est d'ailleurs peu apparente dans les autres points; mais il n'en est pas de même de la longueur : sous ce rapport, ils ont suivi le développement de l'utérus, et l'on ne peut pas dire que ce soit exclusivement l'effet de leur distension mécanique, qui ne peut pas être portée très loin sur des filets nerveux; il faut donc que leur accroissement en longueur, comme celui des fibres musculaires, soit considérable.

3. *Sensibilité.* C'est ici le lieu d'apprécier la sensibilité et l'action contractile de l'utérus. Sa sensibilité, comme celle des autres muscles de la vie organique, est peu marquée. On a admis qu'elle s'accroît considérablement pendant la grossesse; mais il y a là exagération et appréciation inexacte, ce qui vient de ce qu'on n'a pas suffisamment distingué la sensibilité animale de l'irritabilité. Dans l'état de vacuité, comme dans celui de plénitude, le col perçoit la sensation du toucher; mais il est difficile d'affirmer qu'elle soit plus obscure ou moins nette dans le premier cas que dans le second. Les mouvements du fœtus ne sont perçus par les femmes enceintes qu'à une époque assez avancée de la grossesse, quoiqu'ils existent déjà depuis un certain temps, mais à un degré plus faible; quelquefois ils causent des sensations pénibles et douloureuses: quelques unes ne les sentent que fort tard; d'autres, mais en très petit nombre, ne les sentent pas du tout. Chez plusieurs, pendant la parturition, la douleur, eu égard à la distension du col et à la force des contractions, n'est pas très vive. Si des attouchements réitérés exaltent quelquefois la sensibilité du col pendant la grossesse, le même phénomène peut se présenter dans l'état de vacuité. Dans les deux cas, des cautérisations et des incisions peuvent être pratiquées sur le col sans qu'elles provoquent des douleurs bien vives. Cependant les contractions utérines de l'enfantement, l'introduction de la main, causent ordinairement des douleurs très vives, qui peuvent acquérir une très grande intensité, si l'utérus est dans un état d'irritation.

4. *Contractilité.* La contractilité animale est complétement étrangère à l'utérus. Les mouvements qu'il éprouve, soit dans sa totalité, soit dans ses diverses parties, ne sont point sous l'empire de la volonté, quoiqu'il reçoive directement quelques nerfs de l'axe

cérébro-spinal. Sous ce rapport, il se trouve dans les mêmes conditions que la vessie et le rectum.

La contractilité organique est la propriété dominante de l'utérus à l'état de gestation, et les fonctions les plus importantes de cet organe reposent sur cette propriété. Il faut d'abord faire la part de la rétraction toute mécanique qui résulte de l'élasticité des fibres utérines. Quoique l'ampliation ne soit pas le résultat de l'extensibilité, cependant cette propriété est mise en jeu, dans des limites tantôt plus tantôt moins étendues.

Les parois de l'utérus sont ordinairement dans un état de tension sur l'œuf; leur distension peut être même portée assez loin dans les grossesses multiples, ou lorsque le liquide amniotique est très abondant; et on éprouve plus de difficulté à les déprimer sur un point; on a d'ailleurs, dans ce cas, constaté qu'elles étaient souvent fort amincies. Dans les derniers temps de la grossesse, le col subit une distension mécanique assez étendue, surtout lorsque la tête y correspond et n'est pas suffisamment retenue par le détroit supérieur; car il supporte en grande partie le poids du fœtus; pendant le passage de l'enfant, il éprouve une distension assez brusque et très étendue. Il est évident que, lorsque l'utérus commence à se désemplir par l'écoulement des eaux, les fibres distendues éprouvent, en vertu de leur élasticité, un raccourcissement proportionné à leur distension. Si la contractilité organique concourt à ce resserrement, parce que, ordinairement, les deux actions sont simultanées, il n'est pas moins vrai que le résultat serait obtenu par l'élasticité seule; mais ce resserrement est fort borné, et ce n'est point à l'élasticité qu'est dû le retour de l'utérus sur lui-même, mais bien à la contractilité organique.

Un des phénomènes les plus dignes d'attention que présente la contractilité organique est la tolérance qu'elle a pour l'œuf jusqu'au terme de la gestation, malgré la grande irritabilité ou sensibilité organique dont sont douées les fibres utérines. L'œuf vivant, tant qu'il n'est pas arrivé à sa maturité, doit être considéré comme l'antagoniste naturel de l'utérus; il s'accroît et distend l'organe sans devenir un excitant et sans provoquer de contractions expulsives; mais, lorsque le terme de la gestation est arrivé, la tolérance cesse et la contractilité entre en activité avec beaucoup d'énergie. Si l'œuf cesse de remplir l'utérus par la perforation accidentelle des membranes, elle ne tarde pas à se mettre en jeu. Lorsque l'embryon meurt dans le sein de la mère, l'œuf inanimé devient bientôt un excitant qui éveille les contractions de la matrice.

La contractilité utérine se montre sous des formes très distinctes, qui ont été considérées à tort par plusieurs accoucheurs comme étant de nature différente. Ils ont rapporté à la *contractilité insensible* ou *tonicité* des phénomènes qui appartiennent à la contractilité *sensible*, qui est bornée par eux à l'effort limité et ordinairement douloureux qui accomplit l'expulsion de l'œuf. La contractilité organique insensible existe sans doute à un degré assez marqué et nécessaire à la nutrition de l'organe, et ne doit pas nous occuper Mais tous les phénomènes de rétraction, quel qu'en soit le mode, accompagnés ou non de douleur, rentrent dans la contractilité organique sensible, et c'est à elle que se rapporte tout ce que nous allons dire au sujet de la contractilité de l'utérus. Dans le cours de la grossesse, surtout pendant les dernières périodes, elle se manifeste souvent d'une manière obscure et peu énergique, sans être accompagnée de douleurs. Les contractions indolores, signalées par plusieurs observateurs, ont été peu étudiées et se prêtent difficilement à l'observation. On peut cependant constater, soit par le vagin, soit à travers les parois abdominales, que l'utérus n'est pas toujours dans un état de repos parfait : il éprouve de temps en temps, tantôt un resserrement faible et lent, d'une durée variable, se répétant une ou plusieurs fois pour cesser ensuite, tantôt des mouvements péristaltiques, et qui se bornent à une portion plus ou moins étendue des parois de l'organe; d'autres fois ce sont des oscillations peu étendues et rapides, qui déterminent une vibration générale très manifeste sans resserrement apparent. Mais ces divers mouvements sont passagers, et l'utérus est fréquemment à l'état de repos. Les contractions sont souvent provoquées par les mouvements du fœtus; dans une foule de cas, elles paraissent être un phénomène tout-à-fait normal lié aux nouvelles fonctions de l'utérus; mais dans d'autres, elles se manifestent sous l'influence d'un état de congestion ou d'irritation de l'organe gestateur. La contractilité organique de l'utérus pendant la grossesse entre en activité dans deux circonstances différentes principales : elle assure et régularise la circulation utérine, surtout dans les veines, où elle échappe en grande partie à l'action du cœur. La nutrition du fœtus serait à chaque instant compromise si l'utérus ne pouvait déplacer et renouveler le sang qui remplit ses canaux. Des rapports sympathiques aussi palpables dans leurs effets qu'impénétrables dans leur nature règlent ces mouvements. A la fin de la gestation, le resserrement et les contractions indolores préludent au travail; ce sont des efforts encore faibles et latents, mais qui bientôt seront énergiques et douloureux : c'est la forme de contraction qu'on observe pendant le travail de l'enfantement : leurs caractères seront exposés ailleurs. Elles sont remarquables par la force qu'elles peuvent déployer pendant un espace fort long avant de donner des signes de lassitude. Aucun muscle de la vie animale, à volume égal, n'est doué ni de la même force, ni de la même résistance à la fatigue. Aussitôt que le liquide amniotique s'est écoulé, l'utérus se resserre et s'applique en même temps sur le fœtus sans laisser de vide. A mesure qu'une portion du fœtus sort, il continue à s'appliquer immédiatement sur celles qui sont encore dans sa cavité, jusqu'à ce qu'il ait expulsé le placenta et les membranes, et que ses parois se trouvent en contact avec elles-mêmes. C'est ainsi que, pendant le travail, la contractilité de l'utérus est en exercice sous deux formes, par des efforts intermittents, douloureux et souvent réitérés, et par une rétraction continue sans douleur qui ramène l'utérus sur lui-même à mesure que la résistance disparaît. Si la première concourt plus particulièrement à l'expulsion du fœtus et de ses annexes, la seconde s'oppose surtout aux pertes de sang et au renversement de l'organe. Dans le premier moment, après l'écoulement des eaux, le resserrement est en partie dû à l'élasticité, qui est proportionnée au degré de distension mécanique. La contractilité organique de l'utérus persiste assez longtemps après la délivrance; on sent à l'hypogastre son fond dur et résistant. Toutefois, le col ne présente pas le même état; il est mou et souple dans presque toute son étendue, parce qu'il a supporté tous les efforts des contractions expultrices, et qu'il a été distendu mécaniquement par le passage des parties les plus volumineuses du fœtus, ce qui lui a fait perdre momentanément sa propriété contractile. Si le sang qui s'écoule des vaisseaux rompus ne trouve pas une issue facile et qu'il s'amasse dans la cavité utérine, la contractilité passe de l'état latent à l'état sensible, et les contractions douloureuses se réveillent.

Ce n'est pas la contractilité seule qui peut rendre l'utérus à son volume primitif; elle se borne à expulser l'œuf, et à empêcher que le sang y arrive avec la même abondance que pendant la grossesse. Les parties surajoutées par la nutrition pendant la grossesse sont décomposées lentement : les unes sont résorbées, les autres sont entraînées par la sécrétion lochiale ; mais cette action s'exerçant lentement, l'utérus ne revient qu'au bout d'un temps assez long à son volume ordinaire.

La contractilité de l'utérus ne cesse pas immédiatement après la mort. C'est, du reste, une propriété qui est commune à tous les muscles de la vie organique, comme l'ont depuis longtemps démontré les expériences de Haller. Elle est plus sensible et plus prolongée sur les individus morts subitement que sur ceux qui s'éteignent épuisés par de longues maladies. La persistance de contractilité utérine après la mort est démontrée par tant d'exemples, qu'elle ne fait un sujet de doute pour personne. Les médecins qui ont eu l'occasion d'extraire des fœtus de l'utérus peu de temps après la mort par l'opération césarienne ou autrement ont tous constaté la rétraction de l'utérus sur lui-même, comme pendant la vie. Toutefois elle est modifiée et affaiblie ; elle finit par disparaître avant qu'il y ait des signes de putréfaction. Les exemples de femmes qui ont accouché spontanément après la mort sont assez nombreux. Bien que plusieurs causes concourent à produire ce singulier phénomène, on ne peut se refuser à admettre que la persistance de la contractilité n'y ait une grande part.

Pendant l'accouchement, la contractilité présente de nombreuses variétés individuelles ; mais indépendamment de ces variétés, elle peut éprouver dans son action de véritables altérations qui se rapportent à deux états opposés. Dans l'un (*inertie*), l'utérus, tout entier ou partiellement, reste insensible à ses excitants ordinaires, et ses fibres tombent dans le relâchement ; la contractilité peut être abolie complétement pour un temps plus ou moins long, ou simplement diminuée. Dans l'autre (*contraction spasmodique*), l'irritabilité est exaltée, l'action contractile devient plus intense, et ses caractères sont altérés ; elle cesse de présenter cette succession de resserrement, suivi de repos ou d'une rétraction modérée ; l'utérus devient tout entier ou partiellement le siége d'une contraction prolongée qui peut être comparée aux spasmes ou aux contractures tétaniques des muscles de la vie de relation.

Nous avons vu que l'œuf parvenu à sa maturité devient l'excitant naturel de la contractilité utérine ; mais s'il cesse de vivre avant cette époque, il provoque des contractions expulsives, et agit sur l'utérus comme corps étranger. Les excitants artificiels sont très nombreux. On peut considérer comme tels le contact de tout corps dont l'utérus n'a pas l'habitude. Ces corps agissent par le simple contact, par leur basse température, ou par leur propriété irritante. L'excitation peut être portée à l'utérus par une voie indirecte. C'est ainsi que l'ergot de seigle ranime, provoque ses contractions. L'opium semble jouir, jusqu'à un certain point, de propriétés toutes contraires ; il les affaiblit, les ralentit, et les fait souvent cesser momentanément et même définitivement, lorsqu'elles sont survenues sous l'influence d'autres causes que le terme de la grossesse ou d'un produit avorté.

L'utérus recevant des nerfs de l'axe cérébo-spinal et paraissant se rapprocher des muscles volontaires, ou plutôt constituer un état mixte, il était curieux de rechercher si la contractilité utérine est sous la dépendance de la moelle épinière; mais jusqu'à présent, ni les observations, ni les expériences n'ont pu déterminer d'une manière précise la part de son influence sur la sensibilité et la contractilité de l'utérus, et n'ont offert que des résultats opposés. Tandis que M. Braschet prétend que la paraplégie produite par la section de la moelle épinière sur des femelles d'animaux pleines est accompagnée de l'abolition des forces contractiles de l'utérus lors de la parturition, M. Serres soutient, au contraire, que la destruction de la moelle par l'introduction du stylet détermine subitement des contractions convulsives du même organe, qui sont suivies de l'avortement. A ces expériences contradictoires, on peut opposer une observation pleine d'intérêt recueillie par Chaussier : le 12 mai 1807, on transporta à l'hospice de la Maternité une brodeuse, âgée de vingt-deux ans, qui était au commencement du neuvième mois de sa deuxième grossesse, et qui depuis quelques semaines était attaquée d'insensibilité et de paralysie des membres inférieurs. Les fonctions paraissaient s'exécuter en bon ordre; la malade conservait sa fraîcheur et son embonpoint. Elle rapportait le début de sa maladie au troisième mois de sa grossesse; au septième la paraplégie était complète. Depuis ce temps l'excrétion de l'urine et des matières fécales était moins facile, moins fréquente qu'auparavant. Le 4 juin, à trois heures du matin, l'accouchement s'opéra tout-à-coup avec si peu de douleurs, que la femme ne s'en aperçut que par la déplétion de l'abdomen et les cris de l'enfant, qui était vigoureux. Cette malade succomba dix jours après l'accouchement. La moelle était comprimée, mais non interrompue, au niveau de la première vertèbre du dos par des acéphalocystes qui l'embrassaient circulairement; le kyste communiquait dans la poitrine entre la troisième et la quatrième côte. Ainsi la sensibilité seule de l'utérus a été atteinte sans que la contractilité paraisse même avoir été affaiblie.

5. *Vaisseaux de l'utérus.* Les changements qui surviennent dans les vaisseaux de l'utérus sont aussi remarquables que ceux du tissu musculaire; non seulement ils s'accroissent d'une manière considérable, mais un grand nombre qui n'existaient pas ou qui n'étaient pas visibles se développent, et des dispositions toutes nouvelles apparaissent. Je vais reproduire sommairement ici la description que j'en ai donné dans un autre ouvrage.

1° Les *artères* en dehors de l'utérus éprouvent un accroissement qui est loin d'être en rapport avec celui des branches qui se distribuent dans le tissu. J'ai mesuré, chez des femmes mortes peu de temps après l'accouchement ou vers la fin de la grossesse, les troncs des artères utérines et ovariques ; leur diamètre a rarement dépassé 1 millimètre 1/2 ; les utérines sont toujours un peu plus grosses. Parvenus sur les parties latérales de l'utérus, ces vaisseaux, au lieu de diminuer, augmentent sensiblement. Il en est de même des branches qu'ils fournissent en se divisant ; mais l'accroissement en capacité n'est rien en comparaison de celui en longueur. On peut s'en faire une idée en mesurant par la pensée les degrés par lesquels passe l'utérus, depuis le moment de la conception jusqu'au terme de la gestation. On ne peut pas attribuer l'allongement des artères à leur déplissement, car elles sont presque aussi flexueuses pendant la grossesse qu'avant. Les nombreuses divisions qui se rendent à l'utérus forment dans sa couche superficielle un vaste réseau plexiforme, à branches assez grêles, qui résulte non seulement des fréquentes anastomoses des artères du même côté entre elles, mais encore des anastomoses des artères d'un côté avec celles du côté opposé. Des rameaux plus grêles pénètrent profondément dans le tissu, et envoient des rameaux assez nombreux jusque dans la muqueuse ; ceux qui correspondent à la portion de l'utérus où le placenta adhère sont sensiblement plus volumineux et paraissent plus nombreux. Parmi les rameaux artériels qui arrivent à la face interne de l'utérus, les uns s'y terminent en se subdivisant en un réseau capillaire ; tandis que les autres traversent la membrane muqueuse et vont se perdre dans la couche de tissu caduque qui unit l'œuf à l'utérus. Ceux qui correspondent au placenta sont les moins grêles et les plus longs ; nous les décrirons ailleurs sous le nom d'artères *utéro-placentaires;* ceux qui se distribuent dans la caduque utérine sont excessivement grêles et courts. Une gaîne celluleuse très mince, mais parfaitement visible sur les divisions qui ont un certain volume, accompagne les artères utérines, et leurs parois ne se confondent pas, comme celles des veines, d'une manière intime avec le tissu musculaire qui les environne. Les dernières divisions des artères utérines passent à l'état de vaisseaux capillaires, qui semblent ne différer en rien de ceux des autres tissus ; si ce n'est qu'ils sont plus perméables aux injections ; ils augmentent aussi sans doute en volume et en longueur ; mais le mode de communication de leur extrémité terminale avec les radicules veineux ne peut pas être constaté directement, et l'idée de larges communications anastomotiques entre les artères et les veines, comme entre les diverses branches d'un même tronc, n'est point fondée.

2° *Veines*. Même en dehors de l'utérus, les troncs veineux subissent une augmentation considérable ; à la fin de la grossesse les veines ovariques, dont le diamètre pendant l'état de vacuité est de 3 à 4 millimètres, sont presque aussi volumineuses que les veines iliaques internes ou externes. Les utérines sont un peu moins grosses. Les plexus qu'elles forment dans les ligaments larges prennent un grand développement ; mais c'est surtout dans le tissu de l'utérus qu'elles sont remarquables ; tout le plan moyen est sillonné par un grand nombre de vastes canaux qui communiquent largement et fréquemment les uns avec les autres ; leur ensemble constitue un grand plexus dont plusieurs divisions peuvent recevoir l'extrémité du petit doigt, tandis que les autres égalent en volume une plume à écrire. Ces canaux sont plus multipliés et plus grands dans la portion des parois de l'utérus qui correspond au placenta ; sur ce point un grand nombre s'approchent de la face interne, la plupart dans une direction très oblique, et rampent dans une étendue plus ou moins grande à la face interne de l'utérus, séparés en dedans par une lame excessivement mince de tissu utérin, ou seulement par la muqueuse qu'ils traversent en pénétrant sans changer très sensiblement de direction dans la caduque utéro-placentaire et entre les lobes du placenta : ce sont les veines *utéro-placentaires*. Souvent, on ne s'aperçoit en les suivant qu'on dépasse le tissu utérin qu'à la différence de densité, car quelque mince que soit la paroi qui les sépare de la face interne de l'utérus, ils offrent toujours une grande résistance, tandis qu'ils se déchirent avec la plus grande facilité dans la caduque utéro-placentaire. Pour qui a pu apprécier cette différence de densité, il sera impossible d'admettre que les larges et nombreux orifices à bords déchirés, qui criblent constamment cette portion de la face interne de l'utérus après la délivrance, soient le résultat de la rupture des veines utérines profondes produites par les contractions utérines. La rupture qui se fait par le décollement du placenta ne peut s'effectuer sur ces veines que lorsqu'elles ont dépassé la face interne de l'utérus, c'est-à-dire à la réunion des veines utérines avec les veines utéro-placentaires. Indépendamment de ces larges canaux veineux qui pénètrent entre les lobes du placenta, il existe un grand nombre de veines extrèmement grêles qui naissent dans l'épaisseur de la caduque utérine et se réunissent aux veines utérines.

Jusqu'à présent je n'ai parlé que des canaux veineux ou sinus utérins, qui ne sont, à proprement parler, que des troncs communs dans lesquels viennent affluer un grand nombre de veines d'un calibre beaucoup plus petit, dont les unes ont leurs radicules dans le plan externe, les autres dans le plan interne et la caduque utérine. Cette disposition a la plus grande analogie avec la manière dont se comportent les veines du cerveau et de ses membranes relativement au sinus de la dure-mère : aussi ne voit-on à la surface externe de l'utérus aucun tronc veineux superficiel, ni aucune veine satellite des artères ; il faut en excepter les parties latérales comprises entre l'écartement des ligaments larges et la surface externe du col. Plusieurs des veines superficielles de ces parties, au lieu de se diriger vers les sinus intérieurs, se portent en dehors, et forment par leur réunion des veines assez grosses qui vont s'ouvrir dans celles des ligaments larges, dans les plexus veineux de la vessie et du vagin. Dans les parois de l'organe, les veines utérines paraissent réduites à leur seule tunique interne, qui adhère par sa face externe d'une manière intime avec le tissu musculaire : ce sont de véritables canaux contractiles. Le cercle veineux utérin paraît complétement dépourvu de valvules dans tous les points de son étendue ; les injections poussées par les troncs pénètrent dans toutes les divisions sans rencontrer d'obstacles.

3° Les vaisseaux *lymphatiques* prennent un accroissement proportionné à celui des vaisseaux sanguins. Lorsqu'on est parvenu à les remplir de mercure, la surface externe de l'utérus en est presque entièrement recouverte ; un grand nombre pénètrent dans le tissu de l'organe jusque près de sa face interne ; ils ont plus que doublé de volume et sont aussi très volumineux dans les ligaments larges et jusqu'à leur réunion aux ganglions lombaires et pelviens, qui paraissent eux-mêmes plus volumineux et plus gorgés de fluide. Ces modifications doivent faire croire qu'ils prennent une part importante dans les phénomènes de la gestation, et que leur rôle a quelque analogie avec celui des veines, puisque ces deux ordres de vaisseaux subissent un développement considérable et en quelque sorte proportionné. Mais on ne sait rien de précis sur les usages et les modifications de la lymphe par rapport à la gestation.

6. *Circulation utérine.* — Les changements que je viens de signaler dans les vaisseaux de l'utérus impriment à la circulation de cet organe des modifications qui méritent d'être connues. Les troncs des artères n'ayant éprouvé qu'une ampliation peu considérable et tout-à-fait disproportionnée à celle des divisions utérines, livrent passage à une quantité de sang qui doit être considérée comme médiocre relativement au volume de l'utérus, qui, toute proportion gardée, ne semble pas en recevoir beaucoup plus que dans l'état de vacuité. Il suffit de se rappeler

le volume des artères de la plupart des autres viscères de la cavité abdominale pour se convaincre que l'utérus est un des moins favorisés sous ce rapport. L'allongement considérable, la dilatation et la multiplication que subissent les divisions artérielles dans leur distribution, deviennent, comme le prouvent les lois de l'hydraulique, autant de causes de ralentissement dans le cours du sang, qui ne se rencontrent dans aucun autre organe au même degré. Mais l'action du cœur étant très accélérée et la réaction élastique des artères imprimant une marche rapide et non interrompue au sang, ce ralentissement remarquable n'exclut pas une certaine vitesse. Ce n'est que comparativement à ce qui se passe dans les autres organes que la circulation artérielle utérine peut être appelée lente ; elle est très lente et peu abondante comparée à celle des reins, elle l'est un peu moins comparée à celle des artères mésentériques ; leur disposition dans l'état de vacuité donne aussi l'idée d'une circulation lente, mais qui l'est moins que dans l'état de plénitude. D'ailleurs, la faible impulsion et le ralentissement du sang dans les artères du tissu de l'utérus sont constatés d'une manière directe par ce qui se passe dans l'hystérotomie : malgré le grand nombre d'artères assez volumineuses qui sont divisées dans l'incision, il est rare que le sang jaillisse au loin de leurs extrémités divisées, quoique l'utérus ne soit pas encore revenu sur lui-même. La déchirure des artères utéro-placentaires après la délivrance ne donne pas du sang en jet, alors même que l'organe tombe dans l'inertie. La section ou la déchirure d'artères de ce volume dans d'autres organes donnerait lieu à des jets rapides et difficiles à arrêter. Le sang que versent les vaisseaux capillaires dans les radicules veineux, au lieu d'arriver dans des veines rapidement convergentes comme dans la plupart des autres tissus, suit les longs et vastes canaux sinueux qui sillonnent le plan moyen de l'utérus, avant de parvenir aux veines convergentes situées sur ses parties latérales. Ces canaux contiennent donc une grande masse de sang distribuée sur une très large surface, double cause de ralentissement au cours du sang et de résistance à l'action du cœur qui paraît insuffisante pour déterminer d'une manière régulière la progression de cette large nappe de sang. Sans parler de l'action des capillaires, dont la part, d'après les expériences de M. Poisseuille, doit être considérée comme nulle dans la force qui meut le sang dans les veines, nous allons trouver de nouvelles forces motrices accessoires ajoutées à l'action du cœur. A chaque mouvement d'inspiration, le sang contenu dans les veines caves et dans les troncs qui s'y rendent immédiatement se porte avec plus de vitesse vers la cavité de la poitrine ; il y a aspiration du sang vers le cœur. Les veines ovariques, qui s'ouvrent très haut dans la veine cave inférieure, et même les veines utérines, participent à cette espèce d'aspiration. Les mouvements d'expiration, par la compression qu'ils exercent sur les viscères de la cavité abdominale, sont une autre cause très efficace de progression du sang dans la veine cave et les autres veines de la cavité abdominale, comme le démontrent les ingénieuses expériences de M. Poisseuille. Le sang contenu dans la veine cave et dans les autres veines de la cavité abdominale, subitement pressé de toutes parts, arrêté dans les organes par les vaisseaux capillaires, et à l'origine des membres par les premières valvules, passe alors rapidement dans l'oreillette droite, la seule voie qui lui soit ouverte. L'utérus, à l'état de plénitude, est un des organes les mieux disposés pour ressentir les effets de cette cause de progression du sang qui est contenu dans ses veines. Indépendamment des causes accessoires précédentes, l'utérus en possède une qui lui est propre et qu'il doit à sa propriété contractile. Comme nous l'avons déjà fait remarquer, la disposition de ses veines est telle, qu'on peut les considérer comme de véritables canaux contractiles. Le sang qui traverse la matrice n'est pas seulement destiné à la nutrition de cet organe, mais encore à celle de toutes les parties de l'œuf; de là cette étroite sympathie entre les deux organismes. Le sang que renferme les vaisseaux utérins est un excitant naturel des contractions péristaltiques qui renouvellent ou laissent stagner le sang, suivant les propres besoins de la nutrition du fœtus.

7. *Bruit de souffle utérin, artériel, abdominal, pelvien, souffle placentaire.* Dans le cours du quatrième mois, quelquefois un peu plus tôt, et assez souvent un peu plus tard, on entend sur un point de la partie inférieure de l'abdomen, et le plus souvent au niveau d'une des fosses iliaques, un bruit de souffle plus ou moins intense, isochrone au pouls de la mère, et se produisant indifféremment que le fœtus soit vivant ou mort : c'est évidemment un phénomène qui a son siége dans les artères de la mère, et qui reconnaît pour cause ou la compression des artères situées à l'entrée du bassin, ou les modifications survenues dans celles de l'utérus. Il se rattache dans tous les cas au développement de l'utérus, et par cela même il trouve naturellement sa place ici. *A priori*, si on conçoit que les modifications de la circulation utérine peuvent le produire, il ne paraît pas moins rationnel de le rapporter à la compression des artères qui entourent en arrière et latéralement l'entrée du bassin, puisque, dès la fin du troisième mois, l'utérus remplit en grande partie l'excavation pelvienne et tend déjà à en

sortir, et par conséquent appuie contre les artères hypogastriques et leurs divisions, contre les artères iliaques externes, et plus tard contre les artères iliaques primitives et la partie inférieure de l'aorte. Mais avant de chercher à fixer son siége précis, nous allons établir ses caractères.

C'est, avons-nous dit, dans le cours du quatrième mois qu'on commence à l'entendre, et rarement avant; cependant MM. Delens et Kennedy assurent l'avoir entendu pendant une partie du troisième mois, et même à la fin du second. On ne l'observe pas chez toutes les femmes ; il est assez difficile d'établir sa fréquence d'une manière absolue, parce que, souvent, il disparaît pour reparaître plus tard, et qu'il peut présenter sur la même femme de nombreuses intermittences. En auscultant une seule fois un grand nombre de femmes dans la dernière moitié de la grossesse, je l'ai rencontré une fois sur quatre; mais si l'épreuve est renouvelée souvent chez celles qui ne l'offrent pas d'abord, même à une époque avancée de la grossesse, on finit ordinairement par le trouver un peu plus tard. D'un autre côté, il cesse sur plusieurs de celles qui l'avaient offert d'abord, de sorte qu'en définitive un très petit nombre en sont tout-à-fait exemptes. Il est quelquefois modifié pendant le travail, et paraît assez souvent s'affaiblir ou se suspendre au moment de la douleur. Les points de la paroi abdominale sur lesquels on l'entend sont variables : sur 80 femmes enceintes qui le présentaient, je l'ai rencontré 34 fois plus ou moins limité à la région iliaque gauche, 22 fois à la droite, 4 fois à la région ombilicale, 9 fois sur toute la portion de la paroi abdominale qui correspondait à l'utérus; quelquefois il s'entend isolément de chaque côté de l'utérus. Le point sur lequel on le perçoit ne paraît avoir que des rapports fortuits avec l'insertion du placenta. Ces bruits sont très variables sous le rapport de l'intensité et du ton ; ils rappellent assez exactement les divers bruits morbides dont le cœur et les carotides primitives sont fréquemment le siége. Les uns simulent le bruit de souffle, les autres de frottement; ordinairement graves ou ronflants, ils sont quelquefois secs et sibilants ; tantôt prolongés et continus ou séparés par un temps de silence à peine sensible ; tantôt courts et représentant une pulsation artérielle plus ou moins altérée et soufflante. Ce bruit de souffle artériel abdominal n'est pas un phénomène exclusif à la grossesse; les diverses tumeurs qui se développent dans le bassin ou dans la cavité de l'abdomen y donnent assez souvent lieu, sans que l'utérus ait subi la moindre modification ; depuis que l'attention a été fixée sur ce point, on a pu vérifier plusieurs fois cette remarque. Quelques observateurs assurent l'avoir entendu plus ou moins de temps après la délivrance ; je l'ai cherché chez un très grand nombre de femmes nouvellement accouchées sans pouvoir le rencontrer.

La plupart des médecins qui ont étudié dans leur ensemble les diverses espèces de bruits de souffle ont été conduits à rapporter à la compression des artères situées à l'entrée du bassin celui qui se manifeste pendant la grossesse. Les rapports de ces vaisseaux avec l'utérus depuis le troisième mois jusqu'après l'accouchement sont tels, qu'il semble qu'il doit presque nécessairement en résulter un bruit de souffle : c'est sur les côtés, c'est-à-dire au niveau des artères iliaques, qu'on l'observe le plus souvent. Les intermittences et les différences de ton et d'intensité semblent s'expliquer par la mobilité de l'utérus, qui fait varier dans une foule de circonstances le degré de la compression ; c'est également par la compression qu'elles exercent sur quelques artères que les tumeurs qui ne sont pas formées par le développement de l'utérus le produisent. En donnant à des femmes enceintes une position telle que l'utérus dût reposer tout entier sur les parois abdominales et cesser de presser sur l'entrée du bassin, j'ai vu plusieurs fois le bruit de souffle cesser tout-à-fait ; l'exactitude de cette observation a été depuis vérifiée par d'autres.

Quoique la compression puisse parfaitement expliquer le bruit de souffle, et qu'il paraisse démontré qu'elle en est effectivement la cause ordinaire, il n'en résulte pas qu'elle en soit la cause unique. Les changements survenus dans les vaisseaux et dans la circulation de l'utérus sont assez considérables pour produire un semblable phénomène, comme cela a lieu dans les diverses tumeurs anévrismales et dans quelques tumeurs encéphaloïdes, etc. : aussi beaucoup d'accoucheurs, ne tenant pas plus compte des conditions de compression que si elles n'existaient pas, considèrent ces dispositions comme sa cause unique. La question posée d'une manière aussi arbitraire ne mérite pas d'être discutée. On s'est plus généralement arrêté à la supposition que le souffle abdominal des femmes enceintes est, tantôt le résultat de la compression, tantôt le résultat des nouvelles dispositions survenues dans l'utérus. Dans cette hypothèse, quelques uns ont pensé qu'il était dû à la compression lorsqu'il est rude et franchement intermittent, et aux modifications des vaisseaux de l'utérus lorsqu'il est continu dans sa durée ou seulement rémittent dans l'intervalle d'une pulsation à l'autre et qu'il offre les caractères du ronflement carotidien. Mais cette distinction n'est nullement fondée sur les faits, puisque, dans un cas donné, on est presque toujours dans l'impossibilité de le rapporter à sa cause réelle, et que, d'un autre côté, il est démontré que la compression des grosses artères peut produire toutes les variétés du bruit de souffle. Une circonstance qui me semble des plus propres à faire admettre que le bruit de souffle peut se produire réellement dans la portion des parois de l'utérus où on l'entend, c'est son intensité et la place qu'il occupe. On le perçoit quelquefois avec assez de force sur un espace plus ou moins limité vers le milieu de la paroi antérieure de l'utérus. On conçoit bien que les diverses parties de l'œuf et du fœtus doivent remplir l'office de conducteurs du son, mais pas d'une manière partielle : ainsi, dans le cas supposé, si le bruit se passe en arrière, soit dans la partie inférieure de l'aorte, soit dans les artères iliaques primitives, il ne peut arriver au point diamétralement opposé, sans qu'il arrive en même temps sur tous ceux qui sont à la même distance du point où le bruit se produit, c'est-à-dire à toute la surface de l'utérus, comme on l'observe du reste quelquefois. D'un autre côté, dans le cas où l'on cherche à déplacer l'utérus et à faire cesser la compression qu'il exerce à l'entrée du bassin, en donnant une certaine attitude à la femme, lorsque le bruit ne cesse pas, il suit exactement l'utérus comme s'il lui était inhérent.

Les causes différentes auxquelles on a attribué le bruit du souffle, dans la supposition qu'il a son siége dans l'utérus, montrent qu'on n'y trouve pas d'une manière évidente les conditions de sa production, car on semble avoir pris à tâche d'en donner des explications différentes. L'idée de le rapporter, comme l'a fait M. Kergaradec, qui a le premier observé ce singulier phénomène, à la circulation du placenta, a dû être abandonnée, puisque, malgré le défaut d'isochronisme entre la circulation de la mère et celle du fœtus, il est isochrone aux pulsations artérielles de la première : c'est donc seulement dans les modifications des vaisseaux ou de la circulation de l'utérus qu'on doit en rechercher la cause. M. P. Dubois, supposant entre les artères et les veines, principalement à l'insertion du placenta, de larges communications anastomotiques, explique le bruit de souffle par le mélange brusque du sang artériel avec le sang veineux, comme dans la varice anévrismale. Nous avons démontré que de pareilles communications n'existent pas; par conséquent cette explication tombe d'elle-même. M. Corrigan, appliquant à l'utérus la théorie qu'il a imaginée pour expliquer le bruit de souffle dans les artères, admet un état d'insuffisance du sang résultant de son passage d'espaces plus étroits dans des espaces de plus en plus larges. Mais les vaisseaux utérins étant pleins dans toute leur étendue, lorsqu'ils reçoivent une nouvelle quantité de sang, il est douteux que cet état d'insuffisance existe réellement, d'autant mieux que l'utérus, pendant la grossesse, est dans un état habituel de congestion. M. de La Harpe en trouve la cause dans la multiplicité des vaisseaux réunis sur un même point, multiplicité qui, centuplant peut-être les courants, centuple aussi les bruits, et rend perceptibles par cette multiplication des sons qui, pris isolément, sont imperceptibles pour l'oreille humaine. Mais je me bornerai à faire remarquer qu'il y a des organes plus vasculaires que l'utérus et dont les vaisseaux sont presque aussi divisés, sans qu'il en résulte de bruit perceptible. De plus, une disposition organique constante et invariable semble en contradiction avec les suspensions et les retours qu'offre assez souvent le bruit de souffle chez les femmes grosses. Il me semblerait assez naturel d'en chercher la cause dans des conditions opposées à celles admises par M. Corrigan. En effet, pendant la gestation, l'utérus est à la fois le siége d'une hyperémie active et d'une congestion résultant de la difficulté de la circulation, qui peuvent causer des bruits de souffle, comme on l'observe pour le cœur et les grosses artères, lorsqu'il y a excès de plénitude de tout le système vasculaire. Quoi qu'il en soit, on doit convenir que, si un certain nombre des bruits de souffle qu'on observe sur l'abdomen de femmes enceintes se passent réellement dans l'utérus, on ne sait pas d'une manière certaine quelle en est la cause et par quel mécanisme ils se produisent.

8. *Modifications des mamelles.* Il existe entre l'appareil génital de la femme et les mamelles un rapport sympathique si intime, qu'elles participent constamment à leur manière à l'excitation spéciale développée dans l'utérus par la gestation. Quelques femmes éprouvent dès le début de la grossesse de la tension, des picotements et des élancements dans les seins; mais ces phénomènes n'apparaissent le plus souvent qu'à l'époque où le premier retour menstruel devrait avoir lieu, quelquefois même plus tard. Plusieurs praticiens assurent que dans quelques cas les seins s'affaissent sensiblement pendant les cinq ou six premières semaines; on observe en effet quelquefois ce phénomène. Quoi qu'il en soit, le gonflement douloureux des seins pendant les premiers temps de la gestation ne diffère pas de l'état de turgescence qui précède ou accompagne la menstruation ou sa suspension accidentelle, et se présente souvent avec des alternatives de tension et de relâchement. Mais dès le troisième mois, les mamelles sont sensiblement plus volumineuses et plus arrondies, les veines cutanées deviennent plus apparentes; cet accroissement continue d'une manière régulière jusqu'au terme de la grossesse. Chez quelques

femmes, elles prennent un volume si considérable, que la peau qui les recouvre éprouve une distension mécanique qui est quelquefois portée assez loin pour déterminer un petit nombre de vergetures semblables à celles des parois abdominales; chez d'autres, qui sont ordinairement d'une constitution primitivement très faible, ou débilitées par des privations ou par des maladies anciennes, les glandes mammaires restent presque sourdes à l'excitation de l'utérus. Le travail organique dont elles sont le siége est en quelque sorte latent, et les seins se développent faiblement ou sont mous et flasques jusqu'après l'accouchement, et ne peuvent donner lieu qu'à une sécrétion laiteuse insuffisante pour l'alimentation du nouveau-né.

D'un autre côté, le mamelon et l'aréole éprouvent des changements fort remarquables : du troisième au quatrième mois, quelquefois plus tard, le mamelon commence à présenter un volume plus considérable et une coloration plus intense; il est plus abondamment gorgé de sang et prend d'une manière plus tranchée encore les caractères d'un tissu érectile ; l'aréole participe plus ou moins à cette congestion active. Mais, indépendamment de la coloration plus intense due à la présence d'une plus grande quantité de sang, il se dépose dans le derme du mamelon, mais surtout dans celui de l'aréole, une notable quantité de pigmentum qui lui donne une couleur d'un brun foncé tirant sur le noir, surtout chez les femmes brunes; tandis que chez les blondes, elle est souvent moins apparente, quoiqu'elle manque rarement. A mesure que le sein augmente de volume, l'aréole s'agrandit, mais en grande partie par la distension des téguments ; ses bords sont moins bien limités et dépassent çà et là leur cercle primitif, ce qui donne naissance à une aréole secondaire qui n'apparaît guère avant le sixième ou septième mois; celle-ci n'est pas formée par une teinte uniforme, mais par teintes rosées ou couleur de brique, irrégulières, mal limitées et séparées par des espaces où la peau a conservé sa coloration naturelle : les expressions d'aréole *tachetée*, *mouchetée*, *pommelée*, en donnent une idée assez exacte. La teinte rosée diminue en intensité, et les espaces non colorés augmentent en étendue à mesure qu'on s'éloigne de l'aréole primitive, qu'elle surpasse ordinairement en étendue; sa grande circonférence est fort irrégulièrement circonscrite. M. Montgomerie, qui a signalé à l'attention des praticiens cette disposition, la regarde comme un phénomène constant de la grossesse. Mais il est vraisemblable qu'elle doit manquer ou être peu appréciable toutes les fois que la glande mammaire ne prend qu'un faible accroissement, et que les mamelles restent flasques jusqu'à la fin de la grossesse. Et en effet, on a déjà constaté plusieurs fois son absence. Il arrive quelquefois qu'elle ne commence à se manifester qu'avec la fièvre de lait, si le gonflement des seins devient considérable.

Les petits corps glanduleux, ouverts à l'extérieur par des orifices fort étroits, qui existent dans l'épaisseur du derme de l'aréole primitive, et qui forment assez souvent à sa surface des saillies facilement appréciables, prennent pendant la grossesse un développement notable; leur accroissement est ordinairement sensible dès le troisième mois; mais au cinquième, sixième, septième, etc., ils forment de 12 à 20 petits tubercules papillaires, d'un aspect très érectile, colorés comme le mamelon. Ils laissent quelquefois échapper un liquide séreux ou lactescent qui doit les faire considérer plutôt comme des glandules mammaires isolés que comme des cryptes mucipares. De même que la coloration plus foncée de l'aréole et du mamelon, ils gardent assez souvent un développement notable à la suite d'une ou plusieurs grossesses; cependant, lorsqu'on les rencontre très développés chez des femmes qui ne sont pas enceintes, ils offrent moins de turgescence et une coloration moins intense. D'un autre côté, dans quelques cas très rares à la vérité, ces petits corps ne subissent que des modifications nulles ou peu appréciables.

Pendant que ces modifications se manifestent, les glandes mammaires préludent à la formation du lait; les conduits galactophores se remplissent d'un liquide d'abord séreux et transparent, mais qui augmente en consistance et se colore en blanc à mesure que le terme de la gestation approche. Ce liquide commence à s'échapper par le mamelon à une époque variable, mais qui dépasse ordinairement le milieu de la grossesse; cependant quelques femmes en perdent dès le troisième mois, tandis que d'autres n'en perdent que vers la fin de la grossesse, et assez souvent pas du tout. En général, il est plus abondant chez les femmes qui sont fortes ou qui ont déjà eu des enfants; chez quelques unes cet écoulement est assez considérable pour exiger qu'elles se garnissent. L'augmentation de volume de la glande est due, en grande partie, à la présence du lait dans les canaux galactophores. On voit quelquefois, chez des femmes qui ne sont pas enceintes, un écoulement lactescent plus ou moins abondant s'établir par le mamelon (galactorrhée); mais ce qui est bien plus extraordinaire encore, c'est que les nouveaux-nés de l'un et de l'autre sexe présentent assez souvent un engorgement de seins avec formation d'un liquide lactescent, dans lequel le microscope et l'analyse chimique retrouvent les éléments du lait (Donné). L'activité vitale dont les mamelles sont le siége pendant la grossesse donne rarement lieu à des phénomènes morbides.

III. Changements qui ont lieu en dehors de l'appareil sexuel. — Une analyse attentive de ces changements montre qu'ils se rapportent à trois ordres de phénomènes différents : les premiers comprennent les modifications matérielles ou simplement fonctionnelles qui sont dues à l'extension de l'activité organique de l'appareil génital à d'autres parties de l'économie ; les seconds comprennent les diverses manifestations sympathiques qui sont sous la dépendance de l'utérus et qu'il provoque avec beaucoup d'énergie pendant qu'il se développe ; tandis que, d'un autre côté, la grossesse paraît prédisposer les organes à y répondre avec plus de facilité. Aux troisièmes appartiennent les phénomènes purement mécaniques où la relation de la cause à l'effet peut être facilement suivie. A mesure que l'utérus s'accroît, il tend à s'emparer de l'espace destiné à d'autres organes : de là, des difficultés et de la gêne dans l'accomplissement de plusieurs fonctions ; ces troubles survenant d'une manière lente et graduelle, l'économie s'y habitue, et ce n'est guère que dans les dernières périodes de la grossesse qu'ils se manifestent avec quelque intensité. Ces différents phénomènes, portés au-delà de certaines limites, constituent exceptionnellement de véritables états morbides que nous aurons à étudier, plus loin, avec quelques détails.

1. *Modifications des articulations du bassin.* Les parties fibreuses des articulations pubienne et sacro-iliaques participent d'une manière sensible à la surexcitation nutritive de l'appareil génital, le fibro-cartilage interarticulaire pubien augmente de volume, les fibres qui le composent sont plus apparentes, moins serrées, et imbibées d'une plus grande quantité de fluide séreux ; il ressemble plus exactement par sa composition aux disques intervertébraux. Les parties ligamenteuses qui recouvrent l'articulation n'augmentent pas d'une manière appréciable ; elles s'allongent un peu pour se prêter à l'écartement plus considérable des surfaces articulaires pubiennes, qui peut devenir le tiers et même le double de ce qu'il était avant la grossesse. Chez les femmes mortes immédiatement après l'accouchement, on trouve fréquemment un écartement de 11 à 15 millimètres (5 à 7 lignes) ; Mme Boivin assure avoir trouvé quelquefois 27 millimètres (12 lignes). Les changements des articulations sacro-iliaques sont infiniment moins considérables ; on n'observe qu'un peu plus de gonflement et d'humidité dans le tissu interarticulaire.

Cet état des articulations du bassin est sans doute plus prononcé vers la fin de la gestation ; mais il commence cependant à se manifester dans les premières périodes ; il a pu être constaté dès le quatrième mois. Il est loin de diminuer la solidité du bassin, il l'augmente plutôt, puisqu'il y a accroissement des éléments qui unissent les os entre eux ; le relâchement qui en résulte n'est pas assez grand pour changer la nature des mouvements dont jouissent ces articulations ; ils restent toujours obscurs, mais à un degré moindre, car en imprimant avec quelque force des mouvements brusques aux membres inférieurs, on aperçoit un faible soulèvement qui correspond aux pubis, ce qu'on n'observe pas dans l'état ordinaire.

On a beaucoup discuté sur le but et l'utilité de ces modifications des symphyses du bassin ; il est bien évident que, dans les conditions de conformation normale, la légère ampliation qu'elles donnent n'est nullement nécessaire, et presque sans utilité, vu son peu d'étendue lorsque le bassin est vicié ; on ne doit guère en tenir compte que dans les cas où la disproportion entre le volume de la tête et la capacité du bassin est peu marquée. L'écartement des symphyses, pendant la grossesse, doit être considéré dans l'espèce humaine comme l'état rudimentaire de ce qu'on observe dans quelques espèces animales, où le part serait absolument impossible, si l'écartement de la symphyse pubienne ne prenait pas des proportions considérables. Sous le rapport de la station, les changements des symphyses, sans nuire à la fermeté des mouvements, ont une utilité plus directe : ils concourent plus efficacement à la décomposition des mouvements et adoucissent les effets des secousses ; l'utérus, reposant médiatement par son segment inférieur sur les os iliaques, est mieux garanti des ébranlements et des secousses au milieu des habitudes ordinaires de la vie. Le ramollissement des symphyses pendant la grossesse peut être porté au point de constituer un état morbide véritable.

2. *Modifications dans les fonctions des voies digestives.* — Les troubles sympathiques de la grossesse qui ont leur siége dans l'estomac prennent la première place ; ils se présentent sous des formes variées qui rappellent souvent les différentes névroses de cet organe, ou les troubles sympathiques qu'on y observe au début et pendant le cours de la plupart des maladies aiguës.

L'*anorexie sympathique* est en quelque sorte la forme la plus commune. On voit ordinairement survenir, très peu de temps après la conception, la diminution, la perte de l'appétit, un dégoût pour les aliments les plus nutritifs, qui cependant sont assez bien digérés. Mais le plus souvent la digestion est plus lente, plus pénible ; il s'ajoute au défaut d'appétit un premier degré de *dys-*

pepsie sympathique, une sensation de gêne ou de pesanteur à l'épigastre qui persiste longtemps après le repas. L'anorexie et la dyspepsie sont ordinairement très passagères ; elles ne durent souvent que quelques semaines, et cessent presque toujours du troisième au quatrième mois pour être remplacées par un appétit vif et des digestions faciles, des besoins de manger souvent renouvelés. Chez beaucoup de femmes enceintes, le goût pour les aliments est plus ou moins profondément modifié, et il se développe des appétits déterminés pour tels aliments ou pour telles boissons : les unes désirent vivement tout ce qui est acide, épicé, etc., les autres ont un goût prononcé pour les liqueurs alcooliques ; chez d'autres c'est l'opposé. Le goût est même quelquefois complètement perverti, et l'on voit apparaître ces appétits bizarres qui ne se renferment plus dans le cercle des substances alimentaires. A l'exception de la répugnance pour les aliments très nutritifs qu'on observe au début de la grossesse, et qui dépend plutôt de l'anorexie, les modifications du goût persistent ordinairement pendant toute la grossesse ; mais un assez grand nombre de femmes en sont exemptes.

Chez d'autres, les troubles de l'estomac sont principalement dus à une exaltation passagère de la sensibilité, et l'on voit se manifester plusieurs symptômes propres aux gastralgies. Le plus souvent c'est un besoin qui simule parfaitement le sentiment de la faim, accompagné de tiraillement à l'épigastre ; il cesse presque toujours momentanément par l'ingestion d'une certaine quantité d'aliments ou de boissons ; mais aussitôt que la digestion est faite, la douleur revient, et on la fait encore cesser à l'aide des mêmes moyens. D'autres fois, c'est un sentiment d'ardeur naissant de l'estomac et se propageant le long de l'œsophage ; plus rarement un sentiment obscur de chaleur et de douleur accompagné de pesanteur et même de gonflement à l'épigastre. Dans ces divers états la douleur revient par accès qui sont suivis de suspensions plus ou moins longues.

Les femmes enceintes se plaignent souvent d'aigreurs pendant les trois ou quatre premiers mois de la grossesse. Cette sensation ne dépend pas toujours d'une altération réelle des sucs gastriques ; elle doit quelquefois être rapportée aux aberrations du sens du goût qui fait trouver aigre ou autrement tous les aliments dont elles font usage ; mais elle résulte de modifications dans les sécrétions de l'estomac lorsqu'elle ne se fait sentir qu'après les rapports, les éructations qui laissent dans le pharynx et la bouche un goût qui occasionne de fréquents crachements.

Les vomissements complètent la série des troubles sympathiques de la grossesse dont l'estomac est le siége. Ce symptôme est l'un des plus fréquents. Tantôt il existe seul, tantôt simultanément avec quelques uns des troubles indiqués ci-dessus. Les vomissements se déclarent quelquefois peu de temps après la conception ; ils ont souvent lieu le matin, immédiatement après le lever, sans se reproduire dans la journée ; d'autres fois les maux de cœur, les nausées et les vomissements se manifestent à l'approche de l'heure ordinaire du repas. Mais souvent aussi c'est après avoir pris de la nourriture qu'ils surviennent ; ils sont alors souvent précédés de nausées extrêmement fatigantes. En général ils sont peu fréquents, laissent des intervalles de repos assez longs, et offrent quelquefois une périodicité remarquable. Le liquide vomi n'est pas très abondant, il est incolore, clair, plus ou moins visqueux ; mais s'ils sont souvent répétés, ils ne tardent pas à être un peu colorés par la bile qui reflue dans l'estomac. Quand ils sont provoqués par les aliments ou par les boissons, une partie de ces substances est rejetée. L'estomac peut avoir une tolérance beaucoup plus prononcée pour les unes que pour les autres ; quelques femmes offrent la singularité de vomir, après les repas, des glaires, du liquide visqueux sans rendre d'aliments. Les vomissements persistent souvent jusqu'au-delà du quatrième mois, quelquefois pendant toute la durée de la grossesse ; d'autres fois ils reparaissent peu de temps avant l'accouchement. On a attribué ces derniers à la compression exercée par l'utérus sur l'estomac ; mais il est très probable qu'ils sont encore le plus souvent sympathiques, et qu'ils dépendent d'une plus grande excitation de la matrice, qui se prépare à l'expulsion de l'œuf.

Après avoir exposé la série des troubles sympathiques de l'estomac produits par la grossesse, nous devons faire observer qu'on ne les rencontre pas ordinairement tous réunis : tantôt c'est une forme qui prédomine, tantôt une autre ; ils sont assez souvent très peu marqués ; il est rare, cependant, qu'ils manquent absolument. Dans tous les cas, qu'ils soient peu marqués ou assez intenses et persistants, ils ne paraissent pas troubler d'une manière sensible la nutrition. En général, malgré la dispersion d'une assez grande quantité de matériaux nutritifs employés au développement de l'œuf et de l'embryon, les femmes enceintes ne maigrissent pas ; un assez grand nombre, au contraire, prennent un peu d'embonpoint, quelques unes ne se portent jamais mieux que dans la grossesse ; d'autres, d'une complexion délicate, se fortifient. Néanmoins les exceptions à cette disposition sont assez nombreuses : plusieurs sont très fatiguées et maigrissent ; on en trouve quelquefois la cause dans l'intensité et la persistance des épiphénomènes sympathiques ou dans des grossesses trop rapprochées.

Les troubles qu'on observe dans le reste du canal intestinal sont moins nombreux et n'ont pas les mêmes caractères que les précédents. Un des plus constants est le *météorisme*; on l'observe fréquemment peu de temps après la conception. Le ventre devient plus volumineux et plus tendu ; mais en général il est peu considérable et ne dure souvent que quelques semaines, et dépasse rarement les trois ou quatre premiers mois, excepté chez quelques femmes, où il se reproduit encore aux époques où les règles devraient couler.

La *constipation* chez les femmes enceintes est souvent un effet sympathique de la grossesse. C'est à tort qu'on l'a rapportée exclusivement à la compression du rectum par l'utérus ; on l'observe souvent dès le début de la gestation ; peu de femmes en sont complétement exemptes: les unes vont à la selle assez régulièrement, mais les matières sont dures ; les autres n'y vont que tous les trois ou quatre jours ; quelques unes sont plus longtemps encore. La constipation est ordinairement plus marquée dans la seconde moitié de la grossesse, et dépend alors le plus souvent de la compression exercée sur le rectum et la partie inférieure de l'S iliaque du colon. La gêne de l'excrétion des matières fécales peut quelquefois être portée jusqu'à la rétention.

La *diarrhée* alterne souvent avec la constipation, sans qu'on puisse la rapporter à d'autres causes qu'à l'état de grossesse. Nous ne parlons pas ici des diarrhées sympathiques d'affections diverses auxquelles les femmes grosses sont sujettes comme les autres. Néanmoins elle paraît quelquefois produite par l'irritation causée par une constipation prolongée, par l'accumulation de matières durcies dans le gros intestin. La diarrhée qui paraît sympathique de la grossesse est ordinairement séreuse et se rencontre surtout dans la première moitié de la gestation, mais elle est beaucoup moins commune que la constipation. Elle ne paraît pas avoir une influence fâcheuse sur l'économie ; elle est d'ailleurs ordinairement modérée et de courte durée.

2. *Modifications du sang et de la circulation.* On regarde avec quelque raison comme preuve et conséquence de l'activité plus grande de la nutrition l'état du sang des femmes enceintes. Il faut convenir, cependant, que les notions que possède la science sur ce point sont fort peu positives et que plusieurs sont entachées d'inexactitude. L'augmentation dans la masse du sang en circulation semble pouvoir être déduite des signes de pléthore qui apparaissent assez souvent pendant la première moitié de la grossesse, à

une époque où l'on ne peut les attribuer à la pression de l'utérus sur la terminaison de l'aorte et de ses divisions destinées aux bassins et aux membres inférieurs. Cette compression, lorsqu'elle existe, donne d'autant plus souvent lieu à des phénomènes apparents de pléthore, qu'elle coïncide peut-être avec une augmentation sensible dans la masse du sang. De là, la fréquence des signes de pléthore au sixième, septième mois, etc., signalés par presque tous les auteurs. Il est probable que la suppression des règles prédispose les femmes enceintes à la pléthore et qu'elle y prend quelque part, mais on ne saurait la considérer comme la cause unique. On a judicieusement observé que le sang des règles est loin d'offrir une compensation aux matériaux fournis par la mère aux diverses parties de l'œuf et du fœtus. Le sang des femmes enceintes passe pour plus riche en globules et en fibrine; cette opinion serait confirmée, si l'on pouvait établir une relation constante entre la richesse du sang et les signes de pléthore; mais il n'en est pas ainsi, et on observe même quelquefois le contraire. On n'a pas fait pour résoudre directement cette question les études comparatives nécessaires; s'il existe une différence, elle ne peut être constatée que par des expériences nombreuses et délicates, qui embrasseraient toutes les périodes de la grossesse. MM. Andral et Gavarret ont constaté chez plusieurs animaux domestiques qu'à une époque avancée de la gestation, la fibrine et les globules se sont abaissés au-dessous de leur moyenne physiologique et qu'après la mise bas, ces principes ont augmenté de quantité; et, comme le sang était recueilli au moment de la fièvre du lait, ils ont pu s'assurer que l'accroissement de fibrine était plus considérable chez les vaches, dont la fièvre de lait était plus prononcée, que chez les brebis. En examinant par les moyens ordinaires le sang tiré des veines des femmes enceintes, on retrouve entre le sérum et le caillot des rapports qui varient dans des limites très étendues et qui ne semblent pas différer sensiblement de ce qu'on observe chez d'autres femmes, non enceintes, mais dans les mêmes conditions d'âge et de santé. On regarde la présence d'une couenne blanche à la surface du caillot du sang des femmes grosses comme un fait ordinaire; mais on paraît avoir généralisé des exceptions. J'ai examiné près de deux cents saignées pratiquées à une époque avancée de la grossesse : la couenne s'est à peine montrée une fois sur six, et elle était presque toujours peu épaisse. La plupart des femmes dont le sang était couenneux avaient de la fièvre ou présentaient des symptômes de bronchite ou d'autres affections; quelques unes seulement étaient exemptes de toute complication apparente étrangère à la grossesse.

L'action du cœur augmente pendant la gestation. Le pouls des femmes enceintes est ordinairement plus fréquent et plus fort; les battements du cœur sont plus vifs et plus étendus. Ces changements dans la circulation ont fixé l'attention de presque tous les observateurs. Quelques uns en ont exagéré les conséquences, au point de considérer la grossesse comme prédisposant aux maladies du cœur; on a été jusqu'à dire qu'elle y déterminait une hypertrophie temporaire. L'observation ne justifie point ces suppositions. Dans un assez grand nombre de cas, les bruits normaux du cœur sont altérés; sur 257 femmes dans les trois derniers mois de la grossesse et bien portantes, soumises à mon observation, j'ai trouvé une fois sur quatre un bruit de souffle qui correspondait au premier temps, excepté chez trois. Son intensité est très variable, mais en général peu considérable : souvent ce n'est qu'un léger frottement qui ne détruit pas complètement le bruit du cœur auquel il correspond. Ce bruit cesse après l'accouchement. MM. Rayer et Vigla l'ont également constaté. Il reconnaît probablement pour cause les changements dans l'état du sang et l'augmentation de l'action du cœur pour compenser les obstacles apportés au cours du sang, dans le bassin et les membres inférieurs par le développement de l'utérus.

La gêne de la circulation dans les membres inférieurs, à une époque avancée de la grossesse, se manifeste par le gonflement des veines superficielles. Elle est portée assez souvent au point de produire de l'œdème, des varices passagères; la plupart des femmes enceintes se plaignent d'un sentiment de refroidissement des extrémités inférieures. Le sang artériel éprouve aussi plus de difficultés à y pénétrer.

3. Les *changements dans la respiration*, s'il en existe d'essentiels, sont difficiles à constater. Les femmes consomment-elles, pendant la grossesse, dans un temps donné, plus d'air atmosphérique? L'hématose est-elle plus active? Ce sont là des questions auxquelles on ne peut rien répondre de positif; nous ne devons pas nous arrêter sur ces inductions hypothétiques. Ce qu'on peut observer, c'est qu'à une époque avancée de la grossesse, lorsque l'utérus s'est élevé dans la cavité abdominale, les efforts d'inspiration deviennent plus profonds et plus rapprochés, pour compenser la perte de capacité de la cavité thoracique et la difficulté qu'elle trouve à s'étendre par l'abaissement du diaphragme. Le moindre obstacle extérieur devient alors une cause de dyspnée; les femmes dont la cavité abdominale ou thoracique est déformée par de profondes courbures de l'épine en souffrent souvent beaucoup.

4. On retrouve jusque dans le *système osseux* des traces d'une

nutrition plus active, déterminée par la gestation. A la surface interne du crâne, elle peut aller jusqu'à créer de nouvelles parties osseuses. Dans un travail récent et plein d'intérêt, M. Ducrest signale, entre la dure-mère et les os du crâne, la formation d'une lame cartilagineuse qui devient osseuse à un degré plus avancé. A partir du moment où cette espèce d'ostéofite a éveillé son attention, il a pu la constater sur plus d'un tiers des femmes qui ont succombé à la maison d'accouchement de Paris, dans l'espace de deux années. Avant d'attribuer à la grossesse cette singulière production, il a dû rechercher si on ne trouvait rien de semblable à la surface interne des os du crâne de l'homme ou de la femme dans d'autres conditions, et il est arrivé à un résultat négatif. Elle forme une couche régulière et uniforme qui ne fait ni saillie ni tumeur sous la dure-mère; son étendue est très variable: elle peut n'occuper que quelques points de la voûte ou la doubler presque complétement, et même s'étendre sur la base; mais il l'a observée très rarement sur ce dernier point; c'est sur la voûte, surtout à sa partie antérieure, qu'elle se rencontre ordinairement. On en détache facilement la dure-mère, mais elle adhère plus fortement aux os: néanmoins l'adhérence n'est pas intime, et on peut arriver à l'en séparer complétement. Elle est tantôt à l'état osseux, tantôt à l'état cartilagineux, ou bien elle est cartilagineuse sur quelques points et osseuse sur d'autres. A l'état cartilagineux comme à l'état osseux, elle ne diffère pas des cartilages d'ossification ou des os primitifs du squelette ; son épaisseur est peu considérable et dépasse rarement quelques millimètres. L'époque de sa formation n'a pu être précisée: elle existait déjà chez une femme qui a succombé au cinquième mois de sa grossesse. Dans tous les autres cas, les femmes étaient accouchées à terme; mais l'ossification complète, chez un assez grand nombre, doit faire supposer qu'elle commence à se former à une époque assez éloignée du terme de la grossesse. Sa présence n'a donné lieu à aucun symptôme pendant la vie, et rien n'indique qu'elle soit une cause d'accidents particuliers. Cette couche osseuse disparaît-elle après un temps plus ou moins long, ou se confond-elle avec les os du crâne, de manière à ne pouvoir plus être distinguée? ce qui n'a pas encore pu être résolu. M. Ducrest n'en a pas trouvé de traces sur d'autres parties du squelette.

5. *Modifications des sécrétions.* On ignore si l'exhalation des séreuses éprouve des changements ; quelques cas d'hydropisie et d'anasarque semblent faire croire qu'elle est augmentée. On n'a rien remarqué de particulier dans la transpiration cutanée ; ce qu'on a dit de l'odeur particulière qu'elle exhalait ne paraît pas

suffisamment fondé. Il n'est pas rare cependant de voir la peau, surtout au visage et quelquefois sur la poitrine, se couvrir de taches qu'il ne faut pas confondre avec la teinte ictérique qui se manifeste aussi quelquefois. Ces taches sont ordinairement brunes, quelquefois jaunâtres; elles entourent souvent la bouche, couvrent le front et forment quelquefois un masque complet. La sécrétion des organes glanduleux est assez souvent modifiée. Les enfants à la mamelle refusent quelquefois le sein de leurs nourrices dès qu'elles deviennent enceintes. Les glandes salivaires sont dans quelques cas affectées de ptyalisme. Le foie peut participer aux troubles sympathiques de l'estomac, ce qui explique la teinte ictérique de la peau; mais quand elle se montre dans les dernières périodes de la grossesse, ce qui arrive le plus souvent, elle dépend plutôt d'un obstacle à l'excrétion de la bile par la compression du canal cholédoque. On n'a pas fait une étude comparative des urines assez soignée pour admettre la plupart des modifications signalées dans les sécrétions des reins par quelques auteurs; la coloration moins foncée, le nuage, la pellicule formée à la surface par le repos, se rencontrent peut-être plus souvent chez les femmes enceintes que chez les autres individus; mais ces caractères n'ont rien de spécial. Néanmoins l'urine des femmes enceintes paraît moins acide et les sels calcaires en dissolution y sont moins abondants. Ce caractère a paru si constant et la différence si grande que M. Donné, après des expériences comparatives, a proposé ce caractère comme un moyen de diagnostic de la grossesse. L'excrétion de l'urine, comme celle des matières fécales, est rendue plus difficile par le développement de l'utérus.

6. *Changement dans les facultés intellectuelles et morales.* Ce n'est pas ici le lieu de faire d'une manière comparative l'histoire psychologique et morale de la femme enceinte et de la femme mère; nous ne voulons qu'en rappeler les traits les plus saillants. Je ne crois pas qu'on puisse dire avec Goubelly que les facultés intellectuelles des femmes enceintes soient affaiblies; on aperçoit seulement que l'esprit et les instincts prennent une direction particulière, qu'ils se concentrent sur ce qui a, d'une manière directe ou indirecte, plus de rapports au nouvel être qu'elles portent dans leur sein; leur caractère devient plus sérieux; elles éprouvent un sentiment de satisfaction; elles prennent plus de soins de leurs personnes et redoublent de précautions pour éviter les dangers. Si au début elles se font un plaisir que leur état reste ignoré, plus tard, lorsqu'il devient visible, elles en témoignent un certain orgueil qui s'allie très bien avec la pudeur. Le sentiment qu'elles éprouvent pour le père de leur

enfant augmente. Elles sont plus disposées au repos et au sommeil; si quelques unes sont tourmentées par des insomnies dans les derniers temps de la grossesse, elles sont provoquées par divers états morbides, ou par la gêne causée par le volume de l'utérus et les mouvements insolites du fœtus. Les femmes grosses sont plus impressionnables; il arrive souvent que l'activité plus grande du système nerveux dépasse le but et détermine des phénomènes anormaux, ou prédispose d'une manière toute particulière aux névroses, aux affections convulsives, qui semblent, assez souvent, n'être qu'une exagération des changements que nous venons de signaler. La femme donne aussi des indices très prononcés des instincts conservateurs que la gestation développe d'une manière extraordinaire chez la plupart des animaux; on voit souvent ceux d'entre eux qui sont faibles et timides, acquérir un courage qui affronte tous les dangers, ou une industrie vraiment prodigieuse, soit pour créer un abri aux produits de leurs amours, soit pour les cacher. Rien n'est plus curieux que l'étude de la série animale sous ce rapport.

7. *Attitude et locomotion.* Les femmes enceintes sont peu disposées au mouvement et à tout ce qui exige quelques efforts corporels; cette disposition est surtout très marquée dans les dernières périodes de la grossesse; elles semblent comme accablées sous le poids du fardeau qu'elles portent; les traits de la face sont tirés et expriment la fatigue. Leur attitude change lorsque l'utérus a pris un certain développement, elles renversent en arrière le haut du corps pour faire équilibre à l'abdomen. Leur démarche est chancelante, mal assurée; elles sont exposées aux chutes. Cette disposition est encore favorisée par la saillie du ventre, qui les empêche de voir les obstacles qui se trouvent sous leurs pieds, et souvent aussi par la compression exercée par l'utérus sur l'origine des nerfs qui se distribuent aux membres inférieurs; cette compression y détermine de l'engourdissement, des faiblesses et souvent des crampes.

DURÉE ET TERME DE LA GROSSESSE. — Les phases de la vie embryonnaire se développent avec une grande régularité; aucune condition, aucune circonstance connue n'a le pouvoir de retarder ou d'accélérer la maturité du fœtus et le moment fixé par la nature pour son expulsion, provoquée seulement par la maturité de l'œuf. L'idée que la gestation a un terme fixe, ou ne variant que dans des limites très restreintes, a dû nécessairement prévaloir; mais la difficulté qu'on rencontre souvent à assigner le moment précis de la conception, et de reconnaître qu'un nouveau-né est exactement à terme, laisse quelques incertitudes, non sur le terme commun de la grossesse, mais sur l'étendue de ses variations en plus ou moins ; car si le terme de la grossesse paraît absolument invariable pour un très grand nombre de femmes, il n'en est pas absolument de même pour toutes ; les observations prises avec le plus grand soin, mais toujours dans les conditions défectueuses dans lesquelles se trouve l'observateur pour l'espèce humaine, plaident en faveur d'une certaine variabilité. Mérimann a trouvé que sur 114 naissances à terme, 22 enfants sont nés avant le 270e jour ; 41 entre le 270e et le 284e ; 46 entre le 284e et le 300e ; et 5 entre le 300e et le 305e. Mais ces observations et beaucoup d'autres, pour être concluantes, devraient avoir le caractère de la suivante : Désormeaux a accouché une femme affectée d'aliénation mentale, chez laquelle la durée de la grossesse a été de 9 mois 15 jours. Le médecin de la famille, croyant qu'une grossesse aurait une heureuse influence sur l'état mental de cette femme, conseilla au mari la cohabitation, qui eut lieu, avec la précaution de laisser chaque fois un intervalle de 3 mois. Il tint une note exacte de ses relations avec sa femme, et dès que des signes de grossesse apparurent, il s'abstint complétement. La grande surveillance qu'exigeait son état mental doit éloigner toute idée de rapports étrangers. Je ne rappellerai pas d'autres observations de ce genre, qui donneraient exceptionnellement à la grossesse une durée beaucoup plus longue. M. Moreau a observé une dame qui lui a laissé la conviction que la grossesse avait duré 328 jours ou 11 mois 2 jours, ou au moins 304 jours. Chez les animaux, où le moment de la conception peut être exactement fixé, les variations paraissent assez étendues. M. Teissier a trouvé que sur 160 vaches, 67 jours ont marqué la différence entre les deux extrêmes du part ; et que chez 102 juments, la gestation a présenté une latitude de 83 jours. D'autres espèces lui ont fourni des résultats analogues. Le terme de 270 jours ou de 9 mois de 30 jours, généralement adopté pour exprimer la durée de la gestation dans l'espèce humaine, est réellement le terme ordinaire ; mais il ne doit pas être pris dans un sens rigoureusement absolu, car il exprime une moyenne dont les extrêmes se rencontrent dans des limites assez restreintes, mais qui ne sont pas encore fixées d'une manière rigoureuse. Il y a donc véritablement des *naissances tardives* et des *naisssances précoces*. Mais dans l'appréciation des faits particuliers, on est le plus souvent dans l'impossibilité d'aller au-delà d'une présomption ou d'une certitude morale qui, n'étant pas la même pour tout le monde, donne lieu à des discussions sans solution possible ;

d'ailleurs, il est souvent fort difficile de distinguer une naissance précoce d'une naissance prématurée. La médecine légale en serait encore à renouveler tous les jours les vives disputes du dernier siècle, si les auteurs du Code civil n'avaient pris soin de trancher la question en fixant les limites de la viabilité entre 180 et 300 jours.

SECTION II. — Du diagnostic de la grossesse.

1. Le diagnostic de la grossesse est un problème fort complexe et l'un des plus importants que la pratique ait à résoudre; les signes à l'aide desquels on y arrive sont tirés des phénomènes qui ont été exposés d'une manière générale dans la section précédente. En étudiant leurs caractères et la nature de leurs relations avec la gestation, nous avons déjà, jusqu'à un certain point, apprécié leur valeur séméiologique. Les phénomènes sympathiques n'ont qu'une valeur très secondaire, car ils peuvent manquer ou être si obscurs qu'ils passent inaperçus, et d'un autre côté, ils peuvent exister sans qu'il y ait grossesse; mais comme ils sont précoces et qu'ils apparaissent ordinairement avant que les changements de l'utérus et des mamelles aient pris des caractères tranchés, ils devront être recueillis avec le plus grand soin pendant les deux ou trois premiers mois, comme pouvant concourir à fournir avec plus ou moins de fondement une présomption ou une probabilité d'un commencement de grossesse. Les signes véritablement diagnostiques se tirent de l'utérus, qui cesse d'être le siége de l'écoulement menstruel; des changements survenus dans sa forme, son volume et sa situation; du développement de l'abdomen et du bruit de souffle artériel, qui sont une conséquence de son développement progressif; de l'accroissement de l'embryon, dont les mouvements actifs et passifs perçus par la mère deviennent bientôt appréciables à l'observateur, ainsi que les pulsations du cœur; enfin de plusieurs changements survenus dans les mamelles. Leur apparition est toujours plus ou moins postérieure au début de la grossesse : les uns sont assez tardifs et ne se manifestent pas d'une manière bien tranchée avant la seconde moitié de la gestation; les autres suivent de près la conception, mais ils restent longtemps difficiles à apprécier et douteux; ils ne prennent que lentement et graduellement des caractères parfaitement distincts et tranchés. Ils diffèrent encore sous le rapport de leur valeur : la suppression des règles, le développe-

ment de l'abdomen, le bruit de souffle, quelques uns des signes fournis par les mamelles, peuvent se rencontrer sans qu'il y ait grossesse : ce sont des signes rationnels, mais non certains. Les signes véritablement pathognomoniques sont : le développement de l'utérus, les mouvements actifs et passifs du fœtus, les pulsations du cœur perçues par l'auscultation et quelques unes des modifications des mamelles.

On a, dans ces derniers temps, proposé deux signes nouveaux à l'égard desquels je dois entrer dans quelques détails, parce que je me propose de les passer complétement sous silence dans les appréciations ultérieures, l'expérience n'ayant pas encore prononcé sur leur valeur. L'un de ces signes, indiqué par M. Jacquemin, est tiré de la coloration plus foncée de la muqueuse vulvo-vaginale; cette coloration plus intense, qui est quelquefois portée jusqu'au rouge brun, est réelle; mais, comme dans la plupart des cas, il est impossible de la distinguer de celle qui dépend des variétés individuelles ou de circonstances accidentelles; elle ne paraît pas même devoir prendre place parmi les signes rationnels les plus secondaires. L'autre signe est tiré de la diminution des sels calcaires dans l'urine des femmes enceintes, diminution qui paraît constante et de plus facile à constater : il suffit de verser dans une éprouvette graduée 50 parties d'urine et d'y ajouter 30 parties d'hydrochlorate de chaux pour obtenir un précipité qui, dans l'urine normale, doit varier entre 40 et 50 parties, tandis que dans l'urine d'une femme enceinte sa quantité sera beaucoup moindre, le plus 30 parties, souvent beaucoup moins. Il faut avoir la précaution de s'assurer d'avance si l'urine est acide ou alcaline, et de la rendre alcaline si elle ne l'était pas, en y ajoutant quelques gouttes d'ammoniaque. On peut expérimenter de la même manière en traitant l'urine par l'eau de baryte : on obtiendra alors pour l'urine normale un précipité de sels de baryte de 12 à 15 parties, et pour l'urine de femme enceinte de 5 à 8 parties. Ces précipités ne s'obtiennent pas immédiatement; il faut laisser reposer le liquide pendant 12 heures environ. Les expériences de M. Donné portent principalement sur des femmes dont la grossesse était très avancée, et n'embrassent pas toutes ses périodes; mais, indépendamment de cette lacune, elles ne sont pas assez multipliées pour convaincre que les sels à base de chaux dans ces deux conditions restent toujours dans les limites indiquées, sans s'abaisser ou s'élever à des quantités qui soient communes. J'ai indiqué ces deux signes moins pour en tirer des conséquences qui seraient prématurées que pour appeler de nouvelles vérifications nécessaires.

Les mouvements actifs et passifs, le bruit du cœur du fœtus, fournissant une certitude absolue, sont les seuls que l'on considère comme positifs dans les expertises médico-légales. Mais à une certaine époque le développement de l'utérus offre des caractères si tranchés et si différents d'un développement morbide, qu'il peut être considéré dans les appréciations ordinaires comme fournissant des signes certains de la grossesse. Il en serait de même, d'après M. Montgomerie, de quelques changements particuliers de l'aréole. On sait que sous le rapport de l'apparition des signes et de leurs degrés de certitude, la grossesse se divise assez naturellement en plusieurs périodes, dont le diagnostic est établi par des signes différents ou par les mêmes qui ont pris des caractères plus tranchés. Le diagnostic de la grossesse comprend encore l'appréciation des différents états morbides qui peuvent la simuler. Le degré de précision que peut acquérir le diagnostic à chaque époque de la grossesse est subordonné à l'habitude de recueillir les signes ou à l'art d'explorer, qui doit être de bonne heure l'objet d'une attention soutenue et toute particulière.

1. *Diagnostic de la grossesse pendant les deux premiers mois.* Rien de particulier dans le rapprochement sexuel ne peut faire reconnaître si la fécondation a eu lieu ou non. Pendant les deux ou trois premières semaines, le travail organique dont l'utérus est le siège, et qui se révèle assez souvent par un sentiment de chaleur, de pesanteur dans le bassin, par une douleur sourde qui devient plus vive par moment ; les diverses réactions sympathiques qui déterminent un peu de météorisme, quelques troubles de la digestion, de la tension ou des picotements dans les seins, des changements dans le caractère, qui devient plus impressionnable ; les horripilations, la pâleur du visage, l'éclat moins vif des yeux, une coloration bleuâtre des paupières, etc., sont des phénomènes, alors même qu'ils se manifestent, qui ont de telles relations avec les fonctions de l'utérus à l'état de vacuité, qu'ils font naître chez bien peu de femmes l'idée qu'elles ont conçu. Un assez grand nombre d'ailleurs n'éprouvent rien d'anormal. Quelques unes cependant, qui ont l'expérience de grossesses antérieures, sont bientôt averties de leur état par quelques phénomènes sympathiques portés jusqu'à l'état morbide : c'est tantôt un gonflement des gencives avec des symptômes de névralgie dentaire, tantôt une tendance prononcée aux syncopes, qui se reproduisent plusieurs fois, tantôt des vomissements répétés ou quelques uns des autres phénomènes sympathiques que nous avons étudiés. Mais ce sont là des exceptions qui ne sont pas très communes ; et comme ces symptômes peuvent ne pas se reproduire ou être dé-

terminés par d'autres causes, celles mêmes qui paraissent le mieux convaincues sont assez souvent induites en erreur.

Pour la plupart des femmes, comme pour le médecin, le premier phénomène qui fait ordinairement présumer la grossesse est la suspension de l'écoulement menstruel: lorsqu'elle survient, la grossesse peut exister depuis quelques jours, jusqu'à trois semaines, et même un peu au-delà. Ce phénomène, bien interprété, a pour le diagnostic de grossesse une valeur séméiologique d'une grande importance, et c'est principalement pour cela que nous avons exposé avec tous les détails convenables, page 116, tout ce qui est relatif à la fonction menstruelle et aux troubles qu'elle peut éprouver; nous avons vu que la grossesse avait presque constamment pour effet de la suspendre. Lorsqu'une femme habituellement réglée régulièrement, bien portante et dans les conditions de concevoir, cesse d'avoir ses menstrues sans causes accidentelles ou autres appréciables, il est probable qu'elle est enceinte; tandis que si elle continue à les avoir d'une manière régulière, on doit regarder la grossesse comme douteuse, malgré d'autres signes apparents, jusqu'à ce qu'elle soit constatée par des signes certains. Il faut toutefois accorder moins de confiance à ce signe pendant la première et la seconde époque, car il peut y avoir simplement retard, et d'un autre côté, le petit nombre de femmes qui continuent à être réglées ne le sont guère que pendant les premières périodes de la grossesse. Les légères pertes qui surviennent quelquefois à cette époque ne doivent pas être confondues avec les règles, et rendent encore la grossesse plus probable. Ce n'est guère qu'à dater de la sixième semaine, lorsque la suppression des règles a donné l'éveil, que les signes fournis par le développement de l'utérus commencent à être sensibles, mais ils sont encore mal dessinés et difficiles à apprécier. Alors même que les changements du col, page 177, seraient réels; ses différences de forme si nombreuses, tant à l'état virginal qu'à l'état maternel, empêchent qu'on puisse en tirer quelque parti, même à une époque plus avancée de la grossesse; mais l'on peut reconnaître d'une manière plus ou moins certaine que l'utérus est plus volumineux, plus bas, un peu moins mobile. Si, avec cet état de l'utérus, on retrouve quelques uns des phénomènes sympathiques qui accompagnent ordinairement la grossesse, on devra la considérer comme très probable. Si, au contraire, le volume de l'utérus ne présente pas de changements appréciables, ou seulement cette augmentation peu sensible qu'on observe pendant la congestion menstruelle, et si la suppression de la menstruation et les troubles fonctionnels qui l'accompagnent coïncident avec des circonstances qui sont souvent l'effet de cette suppression, on devra considérer la grossesse comme peu probable. Et l'on peut être conduit ainsi à des appréciations très souvent conformes à la réalité, et qui permettent d'indiquer avec quelque confiance et de la manière la plus utile à l'état de la femme les précautions et les soins hygiéniques que sa situation réclame.

2. *Diagnostic de la grossesse pendant le troisième et le quatrième mois.* Pendant toute cette période, les phénomènes sympathiques sont ordinairement dans leur plus grande activité, plusieurs même s'affaiblissent ou cessent vers la fin; mais, comme dans la période précédente, ils n'ont de valeur que comme présomptions; nous n'avons plus à revenir sur leur appréciation. C'est principalement dans le développement de l'utérus qu'il faut chercher les signes propres à constater la grossesse. Les changements survenus dans le col n'ont encore qu'une valeur nulle ou très secondaire, l'augmentation de son volume, sa forme plus conique, son allongement, son moins de dureté, la forme plus circulaire de la fossette formée par ses deux lèvres, le resserrement de son orifice externe, toutes ces modifications prises isolément ou réunies ne s'éloignent pas assez pendant toute la première moitié de la grossesse des variétés individuelles que présente cette partie de l'utérus, pour prendre à cette époque une place parmi les signes de la grossesse autrement qu'à titre de présomptions fort incertaines. Le corps de l'utérus, prêtant d'abord seul au développement de l'œuf, ne tarde pas à présenter des changements très manifestes qui fournissent des signes assez certains, dont la valeur est un peu diminuée par la difficulté qu'on rencontre à les constater, tant que le fond de l'organe ne s'élève pas au-dessus du détroit supérieur; mais le corps de l'utérus encore contenu dans l'excavation pelvienne n'est pas complétement soustrait à l'observation; d'autant mieux que son augmentation de volume et de poids le force souvent à descendre et à s'étendre vers la partie inférieure de l'excavation. Il est constant que de la huitième semaine à la dixième on le rencontre souvent très bas, non seulement chez des femmes qui ont déjà fait des enfants, mais encore chez celles qui sont enceintes pour la première fois; et comme la face postérieure se développe d'abord dans une proportion plus considérable que l'antérieure, on peut être conduit à croire momentanément à une rétroversion, et on se confirmera encore davantage dans l'erreur si on touche par le rectum, ce qui permet d'atteindre une plus grande étendue de la face postérieure qui fait saillie en arrière. Cette erreur est assez souvent commise,

même par des praticiens expérimentés, et n'est dissipée que par les premiers mouvements du fœtus. Le développement et l'abaissement de l'utérus favorisent donc son exploration; en le soulevant avec le doigt par sa partie inférieure, on obtient la sensation d'un corps plus pesant que l'utérus à l'état de vacuité, beaucoup moins mobile et remplissant en partie le bassin. En déprimant la région hypogastrique avec l'autre main, on peut souvent atteindre le fond et mesurer en quelque sorte sa longueur; mais il faut surtout porter l'extrémité du doigt indicateur jusque sur sa face postérieure, préalablement inclinée en arrière par une pression exercée au-dessus des pubis. Si on peut l'atteindre convenablement, et le vagin ne s'y oppose pas d'une manière sensible, on sentira une rénitence qui tranche avec la dureté du col, et que n'offre pas l'utérus engorgé ou développé par un corps solide à son intérieur; mais cette sensation est obscure, parce que les parois de l'utérus sont encore résistantes et tendues. Je dois prévenir qu'en explorant sa paroi antérieure on peut être induit en erreur sur son développement, à cause de l'inclinaison du fond de l'utérus en avant, ce qui fait paraître la paroi antérieure plus étendue et plus saillante qu'elle n'est réellement. C'est ainsi que dans le cours du troisième mois le développement de l'utérus fournit déjà assez souvent des caractères propres à faire reconnaître la grossesse d'une manière presque certaine. Mais il ne faut point perdre de vue qu'un engorgement, qu'une tumeur se développant dans son intérieur, peuvent complétement donner le change; mais si l'état d'intégrité des organes génitaux a été constaté antérieurement, et si, aux signes fournis par le développement de l'utérus, s'ajoute la série des signes qui rendent la grossesse probable, on a acquis presque la certitude qu'elle existe réellement. Mais on rencontre plusieurs femmes chez lesquelles la paroi abdominale est peu dépressible, et l'utérus assez élevé pour soustraire presque complétement son corps au toucher; dans ce cas, le diagnostic reste encore douteux ou seulement probable, comme dans la première période. Dans le cours du quatrième mois, les signes tirés du développement du corps de l'utérus prennent des caractères mieux déterminés, le fond fait déjà au-dessus du détroit supérieur une saillie plus ou moins prononcée qu'on reconnaît, par un palper bien dirigé, à une tumeur ronde, ayant la consistance de la chair, s'élevant du bassin, tantôt au milieu, tantôt un peu à droite, quelquefois un peu à gauche. Cette tumeur est l'utérus développé par le produit de la conception, et donnant déjà, quelquefois, la sensation d'une rénitence molle qui lui est propre; mais il faut ajouter qu'on rencontre quelques femmes dont la paroi abdominale est si épaisse, si peu dépressible, qu'il est impossible de reconnaître le fond de l'utérus alors même qu'il dépasse de plusieurs traverses de doigt le corps des pubis. En général, malgré des présomptions de grossesse, si l'exploration par le vagin et sur l'abdomen n'est gênée par aucun obstacle particulier, et qu'on ne rencontre pas l'utérus très manifestement développé, on peut être presque certain qu'elle n'existe pas ou qu'elle est postérieure à l'époque présumée. Si l'utérus est développé par toute autre cause, le problème devient plus difficile; mais on pourra déjà souvent soupçonner, à la sensation qu'il donne au doigt, qu'il ne renferme pas un œuf, et on trouvera aussi dans d'autres circonstances les moyens de s'éclairer plus complétement.

L'abdomen commence à devenir plus ou moins proéminent à la région pubienne, l'augmentation se fait de bas en haut, et la saillie est plus prononcée en avant que sur les côtés, qui paraissent aplatis. Il est assez rare qu'à la fin du quatrième mois les mamelles n'aient pas éprouvé déjà des modifications appréciables; mais ces signes ne sont pas encore, dans la grande majorité des cas, franchement caractéristiques; cependant, si le gonflement, au lieu de cesser, a augmenté progressivement; si, en même temps, une teinte plus foncée s'est répandue sur le mamelon et sur l'aréole; si les glandules sont devenues plus saillantes et plus tendues, on ne devrait conserver des doutes sur l'existence d'une grossesse de plusieurs mois que dans le cas où les signes fournis par le développement de l'utérus seraient obscurs et peu probants. Avec l'habitude d'explorer, on reconnaîtra donc, dans la grande majorité des cas, d'une manière presque certaine l'existence de la grossesse avant qu'elle puisse être révélée par les signes positifs marqués d'un critérium infaillible. Il peut convenir à la circonspection de la médecine légale de regarder comme douteuse toute grossesse qui n'a pas été constatée par l'un de ces signes; mais la pratique doit s'écarter un peu de cette réserve. L'impossibilité de constater la grossesse dans le cours du troisième et du quatrième mois par l'état de l'utérus, lorsque l'exploration n'est gênée par aucun obstacle particulier, ne doit pas seulement faire naître des doutes sur son existence, mais encore donner de fortes présomptions qu'elle n'existe réellement pas, ou qu'elle est seulement à sa première période.

3. *Diagnostic de la grossesse après le quatrième mois.* Il est à peine nécessaire de faire remarquer que cette division, fondée sur l'époque de l'apparition des signes regardés comme seuls pathognomoniques, ne doit pas être prise d'une manière absolue; quelques

uns de ces signes peuvent être, quelquefois, constatés un peu avant la fin du quatrième, tandis que, d'autres fois, ils ne peuvent l'être que vers le commencement ou dans le cours du sixième mois. D'ailleurs, quoique souvent assez tranchés dès le commencement, on peut dire qu'il existe, entre leur début et le moment où ils sont franchement et généralement appréciables, une période assez longue, où ils sont tantôt absents, tantôt obscurs. Pendant tout ce temps, le développement de l'utérus, les changements des mamelles conservent une importance d'autant plus grande qu'ils prennent en quelque sorte les caractères de signes véritablement positifs. Nous y reviendrons plus loin.

Le *ballottement*, ou les mouvements *passifs* qu'on obtient en faisant flotter le fœtus dans l'eau de l'amnios, est le plus général, car il peut faire connaître la grossesse avec la même facilité, que le fœtus soit vivant ou mort. Une main exercée peut presque toujours le produire; on trouve cependant quelques exceptions, qu'on peut rapporter à quelques unes des circonstances suivantes : pendant le dernier mois, le fœtus remplissant souvent assez exactement la cavité de l'amnios peut à peine être déplacé; lorsqu'il ne repose pas immédiatement sur la partie inférieure de l'utérus et qu'il est retenu au-dessus du détroit supérieur, comme dans les présentations de la face, du siége, du tronc, le ballottement devient très difficile et même quelquefois impossible. L'élévation de l'utérus et la petitesse du fœtus le rendent souvent difficile pendant le cinquième mois et même quelquefois dans le sixième. C'est le doigt porté dans le vagin, celui qui imprime le choc à l'utérus qui perçoit ordinairement les mouvements communiqués au fœtus; ils donnent lieu à deux sensations distinctes : on sent le déplacement du corps qui s'éloigne du doigt, puis, un instant après, sa chute. S'il s'élève jusqu'à aller toucher à un point opposé, la main placée sur la portion de la paroi abdominale qui correspond au fond de l'utérus peut également percevoir le choc. Le mouvement d'ondulation des tumeurs fluctuantes a quelque ressemblance avec le ballottement; mais elle ne paraît pas assez grande pour qu'on puisse confondre ces deux phénomènes. On peut plus facilement être induit en erreur par le mouvement même qu'on imprime à l'utérus : si cet organe très mobile, surtout à l'état de vacuité, est soulevé brusquement, il peut retomber sur l'extrémité du doigt qui en a été séparée et donner une fausse sensation de ballottement. Le ballottement n'appartient qu'à la grossesse : quand on peut le déterminer, on peut affirmer positivement qu'elle existe, tandis que son absence n'est pas une preuve positive du contraire.

Les mouvements *actifs* du fœtus commencent à se faire sentir vers l'époque de quatre mois à quatre mois et demi, quelquefois un peu plus tôt, à trois mois et demi, à trois mois vingt jours. Ces mouvements sont d'abord très faibles et ne causent qu'une légère impression, ou une espèce de chatouillement; ils augmentent progressivement, et deviennent assez intenses dans les derniers mois pour déformer momentanément l'utérus, soulever la paroi abdominale et causer quelquefois des douleurs assez vives; ils présentent du reste, sous le rapport de leur fréquence et de leur intensité, une infinité de variétés qu'il est superflu d'énumérer. Leur affaiblissement et leur cessation prolongée indiquent souvent un état de souffrance du fœtus; leur cessation définitive ou leur absence complète coïncide ordinairement avec sa mort, mais n'en est pas un indice toujours certain. De Lamotte, Baudelocque, Désormeaux, M. Moreau, etc., citent des femmes accouchées à terme d'enfants vivants, qui n'avaient point senti de mouvements ou qui avaient cessé de les percevoir depuis longtemps. On conçoit difficilement une immobilité du fœtus aussi prolongée, ou un tel degré d'insensibilité de la part de l'utérus.

La plupart des femmes ont encore la sensation des déplacements passifs qui résultent d'un changement dans leur attitude; ces derniers mouvements sont plus manifestes lorsque le fœtus est mort que lorsqu'il est vivant. Pour que les mouvements du fœtus puissent être considérés comme un signe indubitable de grossesse, il faut qu'ils soient constatés par le médecin lui-même; les exemples de femmes qui sont trompées par de fausses sensations, qu'elles prennent pour les mouvements d'un enfant, sont très nombreux. Cependant, dans les cas ordinaires, on peut s'en rapporter avec quelque confiance à la femme elle-même, si des signes négatifs ne viennent pas faire soupçonner des illusions de sa part.

A une époque qui n'est pas exactement limitée, l'oreille peut percevoir, sur une portion de la paroi abdominale qui correspond à l'utérus, les battements du cœur du fœtus. L'honneur de cette découverte importante, non seulement pour le diagnostic de la grossesse, mais encore pour d'autres applications pratiques aussi délicates, doit être rapporté à M. Mayor, de Genève. C'est à peu près vers le milieu de la grossesse qu'on commence à entendre les battements du cœur du fœtus. M. Kennedy et quelques autres observateurs assurent les avoir quelquefois entendus avant la fin du quatrième mois. Mais la difficulté même de préciser l'époque de la grossesse laisse beaucoup d'incertitude à cet égard; on conçoit, du reste, qu'un grand nombre de circonstances rendent leur apparition ou précoce ou tardive. Quoi qu'il en soit, ce n'est guère que dans le cours du cinquième mois que la possibilité de les percevoir commence à se généraliser, et jusqu'au milieu du sixième, les exceptions sont assez fréquentes. Mais il n'en est plus de même pendant le reste de la grossesse : il est extrêmement rare qu'il soit impossible de les constater, et leur absence est un signe presque assuré de la mort du fœtus, si la grossesse existe réellement. J'ai consigné dans ma thèse, que, sur 179 femmes dans les trois derniers mois de leur grossesse, ils n'ont manqué qu'une seule fois, l'enfant étant vivant. J'ai noté, relativement à leur siége et à leur étendue sur la paroi abdominale, les particularités suivantes : sur 196 cas, ils ont été entendus 62 fois à gauche, plus ou moins limités vers la fosse iliaque ; 54 fois à la région ombilicale ; 49 fois sur la presque totalité de la moitié antérieure du globe utérin ; 31 à droite, au niveau de la fosse iliaque. On les entend quelquefois dans deux points éloignés, sans qu'il y ait nécessairement une grossesse double. Il existe presque toujours un point où on les entend avec plus de force ; quelquefois ils sont limités dans un espace très circonscrit. En général, leur intensité s'accroît avec les progrès de la grossesse ; cependant, chez un assez grand nombre de femmes, ils restent très faibles, et dans ces cas, il arrive fréquemment que le premier bruit arrive seul à l'oreille, et le second, qui est un peu plus faible, ne peut pas être perçu, ou l'est seulement par moment. On signale comme un caractère propre aux pulsations du cœur du fœtus de s'accélérer, de se ralentir d'une manière brusque sans cause appréciable, et de reprendre leur rhythme régulier après. Ces accélérations et ces ralentissements subits et momentanés m'ont paru être des illusions nées des conditions mêmes dans lesquelles on observe ; en effet, il arrive assez souvent, pendant l'exploration, que le fœtus se déplace un peu et qu'on cesse d'entendre aussi bien les pulsations ; celles qui correspondent au second temps, moins intenses, disparaissent complétement ; puis, en replaçant l'oreille plus convenablement, on entend de nouveau le double battement ; de là des différences apparentes dans la vitesse de la circulation, sans qu'elle soit réellement modifiée. Cette vitesse varie d'ailleurs dans des limites assez grandes. Mes observations ont donné 133 battements par minute pour la vitesse moyenne du pouls du fœtus ; le minimum de fréquence a été de 108 et le maximum de 160. Ces résultats sont à peu près conformes à ceux obtenus par d'autres observateurs. Outre ces différences individuelles, la circulation du fœtus se ralentit ou s'accélère sous l'influence des états morbides qu'il peut éprouver, ce qui a lieu assez souvent pendant le travail; mais elle est peu influencée par l'état de la mère, qui peut éprouver un mouvement fébrile très intense, des accidents plus ou moins graves, sans qu'on observe d'accélération dans les battements du cœur du fœtus. M. P. Dubois a constaté dans quelques cas une résonnance particulière, un véritable bruit de souffle à la place des pulsations. Ce phénomène a été retrouvé par presque tous ceux qui ont fait des observations suivies sur ce sujet; quelques uns ont supposé, sans raisons concluantes, qu'il avait son siége dans le cordon. Quoi qu'il en soit, il se distingue facilement des bruits de souffle artériel abdominal, par sa fréquence et par son défaut d'isochronisme avec le pouls de la mère. Par la même raison, on distingue facilement le bruit du cœur du fœtus de ceux de la mère, lorsqu'ils se propagent jusqu'à la partie supérieure de la cavité abdominale, et de ceux des tumeurs pulsatives qui peuvent se développer dans l'abdomen. Les rapports variés que la région précordiale peut avoir avec les différents points de la cavité utérine, la surface souvent très étendue sur laquelle on entend les battements, doivent faire conclure qu'ils ne sont pas circonscrits dans un espace aussi limité que chez l'adulte; en effet, on les entend non seulement sur toute la surface de la poitrine y compris la saillie des épaules, mais encore sur presque tous les points de la tête lorsqu'elle est fléchie, et sur la cavité abdominale, en arrière jusque près du sacrum, en avant, rarement plus bas que l'ombilic. La présence des membres sur les côtés et au-devant de la poitrine ne les masque pas complétement. Mais, si à peu près tous les points de la périphérie de l'ovoïde fœtal peuvent les transmettre à l'extérieur, c'est la poitrine qui les transmet avec le plus d'intensité et de netteté; ils sont très sensiblement plus forts et plus retentissants lorsque le fœtus est en contact avec les parois de l'utérus. Une couche de liquide amniotique ne les empêche pas d'arriver à l'oreille, mais ils sont plus faibles et plus mous. Cependant, si le liquide est abondant et le fœtus éloigné ou peu développé, ils n'arrivent pas jusqu'à l'extérieur; de là, leur absence complète avant le quatrième mois et les exceptions qu'on rencontre encore dans le cinquième et le sixième.

Outre les battements du cœur, les mouvements les plus légers du fœtus sont perçus par l'oreille; on a non seulement la sensation de ses déplacements, mais souvent même des ondulations qu'il imprime à l'eau de l'amnios.

Le *bruit de souffle*, rapporté dans le principe à la circulation placentaire, a été considéré à tort comme un signe certain de grossesse. Il apparaît du quatrième au cinquième mois. Nous avons vu, page 136, qu'il est isochrone au pouls de la mère, et qu'on peut l'observer sur tous les points de la paroi abdominale en rapport avec l'utérus, mais plus particulièrement sur les parties latérales, au-dessus de l'arcade crurale, et qu'il présente sous le rapport de l'intensité et du ton une infinité de nuances différentes. Sujet à de longues et fréquentes intermittences, il échappe souvent à l'observation. Lorsqu'on ne fait qu'une seule exploration, on ne le rencontre guère qu'une fois sur trois; mais, si on la répète à des intervalles plus ou moins rapprochés, on finit ordinairement par l'entendre. Son existence est loin de prouver positivement la grossesse; car, sans changer de caractère d'une manière appréciable, il peut être produit par les diverses tumeurs qui se développent dans la cavité abdominale, alors même qu'elles sont complétement étrangères à la matrice. Dans les cas de grossesse douteuse, si on se formait une conviction sur ce signe, on pourrait être conduit aux plus étranges méprises. Mais comme ce phénomène accompagne ordinairement la grossesse dans la dernière moitié de son cours, il a comme signe rationnel une valeur assez grande; dans les circonstances ordinaires, sa seule présence la rend très probable. Il se produit indifféremment, que le fœtus soit mort ou vivant. Le point de l'utérus sur lequel on l'entend ne paraît avoir que des rapports fortuits et nullement nécessaires avec celui sur lequel est inséré le placenta.

L'absence de bruit de souffle et des signes certains de la grossesse ne prouvant pas d'une manière irrévocable qu'elle n'existe pas, et comme il arrive assez souvent, pendant le cinquième et le sixième mois, qu'on ne peut pas les constater d'une manière certaine, on ne doit pas négliger ceux qui sont fournis par le développement ultérieur de l'utérus et des mamelles. J'insisterai peu sur les changements consécutifs apportés dans la forme du ventre et dans les parois abdominales; l'augmentation de volume de bas en haut, sa forme oblongue, l'effacement et même la saillie de la dépression qui correspond à l'anneau ombilical, la formation de vergetures, sont à la vérité des phénomènes propres aux époques avancées de la grossesse, mais qui peuvent aussi être jusqu'à un certain point le résultat de toute tumeur qui, par sa forme et son volume, peut simuler le développement de l'utérus. Ces signes, très probants dans les cas ordinaires, ne donnent plus, dans les cas douteux, que des éclaircissements qui ont besoin d'être confirmés par des signes positifs. Le palper de l'abdomen peut donner lieu à des sensations propres à éclairer sur le contenu de l'utérus. Après le quatrième mois, cet organe devient sensiblement moins ferme et moins consistant; mais, quoique moins tendu, on le distingue toujours facilement des autres organes à sa forme arrondie et circonscrite et à son élasticité ; on peut souvent y déterminer une fluctuation obscure. La possibilité de déprimer ses parois permet souvent de sentir des parties mobiles de grosseurs différentes, appartenant à une masse unique et inégale. On atteint d'autant mieux les parties saillantes du fœtus que la grossesse est plus avancée. On reconnaît souvent plus facilement les parties du fœtus en explorant à travers la paroi abdominale que par le vagin. Le palper du fœtus ainsi obtenu est un signe de grossesse tout aussi positif que le ballottement; mais l'épaisseur de la paroi abdominale, sa tension et la sensibilité du ventre, la surabondance de l'eau de l'amnios, s'y opposent souvent.

Ce n'est qu'à une époque fort avancée de la grossesse que le col présente des changements caractéristiques. Du sixième au septième mois, le ramollissement et la souplesse de la portion vaginale sont extrêmement sensibles ; il en est de même de l'élargissement de sa base, mais il conserve ordinairement encore toute sa longueur. Le plus souvent il ne commence que vers la fin du huitième et pendant le neuvième à se raccourcir, pour s'effacer plus ou moins complétement au terme de la gestation. Ce n'est que lorsque l'utérus est distendu par le produit de la conception qu'on observe le développement successif et ménagé du corps et du col : ils forment par conséquent à une époque avancée un signe pathognomonique d'après lequel on peut réellement affirmer que la grossesse existe, même en l'absence des autres signes positifs.

D'après M. Montgomerie, les seins fournissent à une époque avancée de la gestation, et souvent dès le cinquième ou sixième mois, des signes constants et certains de grossesse ; tels sont le développement des tubercules glanduleux, la coloration brune du mamelon et de l'aréole, et la formation de l'aréole secondaire pommelée. On ne saurait accorder à tous les changements des mamelles la même valeur. Il n'est pas rare de rencontrer, chez des femmes qui ne sont pas enceintes, mais qui ont déjà fait des enfants, des tubercules parfaitement développés ou la coloration brune foncée. L'aréole pommelée paraît être plus exclusivement propre à la grossesse ; mais comme elle est en grande partie la conséquence du développement des mamelles, elle manquera lorsque le développement sera très peu prononcé ; d'ailleurs elle n'apparaît qu'à une époque très avancée. Mais lorsqu'on trouve l'augmentation de volume des seins, la présence d'un liquide séreux dans les conduits lactifères, la coloration brune, les tubercules développés et tendus, l'élargissement de l'aréole, l'apparition d'une aréole secondaire, on peut, sur l'ensemble de ces phénomènes, admettre comme certaine l'existence de la grossesse. Leur absence peut en faire douter, mais ne prouve pas d'une manière positive qu'elle n'existe réellement pas; car on rencontre quelques femmes, principalement parmi celles qui sont d'une constitution débile ou affaiblie, chez qui les phénomènes préparatoires de la lactation sont nuls ou très peu marqués.

4. *Fixation de l'époque de la grossesse.* La dernière menstruation, les premiers mouvements ressentis par la mère, les rapports de l'utérus avec la paroi antérieure de l'abdomen, la dilatation et le raccourcissement du col, servent à établir d'une manière approximative l'époque de la grossesse. En comptant d'après la menstruation, pour diminuer les chances d'erreurs en plus ou moins, on prend une époque intermédiaire entre le dernier écoulement menstruel et la première suppression. Les premiers mouvements sentis par la femme indiquent d'une manière approximative le milieu de la grossesse. Il est à peine nécessaire de rappeler que les irrégularités que peuvent présenter ces deux phénomènes laissent souvent de l'incertitude, ou exposent à commettre de grandes erreurs; mais dans les cas ordinaires la suppression est en quelque sorte le meilleur moyen pour calculer l'époque présumée de la grossesse. Les rapports du fond de l'utérus avec la paroi abdominale exposent moins aux méprises; mais les différences de volume de l'œuf, de capacité du bassin, d'extensibilité de la paroi de l'abdomen, apportent des variations individuelles assez étendues qui ne permettent pas d'arriver à une appréciation exacte. Les rapports suivants ne doivent pas être pris d'une manière absolue. Dans le cours du quatrième mois le fond de la matrice se fait sentir au-dessus du pubis, qu'il dépasse de plusieurs travers de doigt à la fin de cette période; à cinq mois, il est à un ou deux pouces de l'ombilic; à six mois, un peu au-dessus; à sept, il occupe la partie inférieure de la région épigastrique; à huit, il a acquis sa plus grande élévation, et occupe le milieu de la région épigastrique; pendant le neuvième mois, il s'abaisse et revient vers les limites inférieures de la région épigastrique.

Avant la fin du septième mois, l'état du col ne donne que des renseignements très incertains sur l'époque présumée de la grossesse, et la portion vaginale conserve ordinairement encore toute sa longueur; mais la portion sus-vaginale est déjà très sensiblement élargie et raccourcie, soit qu'elle soit en partie dilatée ou affaissée; du huitième au neuvième mois, la partie supérieure de la portion vaginale s'évase et se raccourcit rapidement; et dans le cours du neuvième tout le col, moins la partie saillante des lèvres, fait partie de la cavité utérine. Vers la fin de la grossesse, l'état du col sert à éclairer sur l'époque plus ou moins prochaine de l'accouchement (page 177). Lorsqu'on veut établir d'une manière approximative l'époque de la grossesse, il faut avoir recours aux divers moyens que nous venons d'indiquer, qui s'éclairent et se rectifient réciproquement.

5. *Diagnostic de l'attitude du fœtus.* Les rapports du fœtus avec la cavité utérine changent fréquemment jusqu'aux deux ou trois derniers mois de la grossesse, et ne doivent point fixer l'attention. Lorsqu'il a pris une attitude à peu près fixe, il est souvent possible de la déterminer par le toucher vaginal et le palper abdominal. Si le crâne correspond au col de l'utérus, il s'engage ordinairement assez profondément dans l'excavation dès la fin du septième mois, pour qu'on puisse toucher la tête et la reconnaître à travers les parois de l'utérus, mais sans pouvoir préciser sa position par rapport au bassin, excepté à une époque très rapprochée de l'accouchement, où le rapport peut quelquefois être fixé ; mais le doigt ne peut presque jamais atteindre, de manière à les reconnaître, ni la face, ni l'extrémité pelvienne, ni le tronc, qui sont arrêtés au détroit supérieur et séparés de la partie la plus déclive de la cavité de l'utérus par une quantité variable de liquide amniotique. En déprimant l'utérus à travers les parois abdominales, on peut souvent sentir les parties volumineuses du fœtus et reconnaître si c'est la tête ou le siége qui correspond vers le fond de l'utérus. Dans la présentation du tronc, on peut rencontrer, plus ou moins haut sur les parties latérales de l'utérus, les saillies formées par la tête ou le siége. Mais il est souvent impossible de les sentir d'une manière assez nette pour les reconnaître, soit parce que le fœtus est très petit, soit parce qu'il existe une grande quantité de liquide amniotique, circonstances qui permettent au tronc de prendre une direction plus ou moins transversale sans que l'utérus soit déformé, parce qu'il est tendu par l'eau de l'amnios. Ce que je viens de dire de la présentation du tronc est également applicable aux autres présentations. D'ailleurs la connaissance de l'attitude et de la position du fœtus avant le travail de l'enfantement n'ont qu'une importance médiocre; qu'on ne doit pas chercher à obtenir par des moyens qui peuvent fatiguer ou causer de la douleur à la femme. Les battements du cœur peuvent aussi faire reconnaître la situation du fœtus dans la cavité utérine, mais d'une manière beaucoup moins certaine et moins générale que ne l'ont avancé quelques observateurs. M. Hohl, qui a d'ailleurs exagéré les avantages de l'auscultation sur beaucoup d'autres points, admet qu'elle peut

faire reconnaître non seulement la partie de l'ovoïde fœtal qui se présente à l'entrée du bassin, mais encore ses rapports précis avec des points déterminés. En général, lorsque la tête correspond en bas, et surtout lorsqu'elle est en partie engagée dans l'excavation pelvienne, les battements s'entendent sur un point peu élevé au-dessus du pubis et assez éloigné de l'ombilic; leur plus grande fréquence à gauche qu'à droite est loin d'être dans le rapport des positions occipito-latérales entre elles. Le nombre des cas où on les entend sur un espace plus ou moins limité autour de l'ombilic surpasse de quatre ou cinq fois le rapport qui existe entre la présentation de l'extrémité pelvienne et de l'extrémité céphalique. Cependant, lorsqu'on les rencontre sur un point compris au-dessus de l'ombilic, il est presque certain que la tête correspond au fond de l'utérus. Dans les cas nombreux où on les entend sur presque tous les points du globe utérin, il est souvent difficile de soupçonner si la tête correspond en bas ou en haut.

Dans les présentations du tronc, le corps du fœtus est ordinairement placé de manière à n'apporter aucun changement particulier dans le siége des battements, et à ne point faire distinguer cette présentation de celle de l'extrémité céphalique. Leur intensité peut aussi concourir à faire présumer la présentation et la position; c'est la région précordiale postérieure qui peut transmettre avec le plus d'intensité les bruits du cœur à l'extérieur: ainsi, toutes les fois qu'ils se présenteront sur un point avec leur maximum d'intensité, on pourra avec beaucoup de vraisemblance conclure que le dos est dirigé en avant, à gauche ou à droite; et, si ce point est peu élevé au-dessus des pubis, on pourra encore conclure que la tête est dirigée en bas; on aura ainsi une idée assez nette de la présentation et de la position. Mais les positions du tronc dans lesquelles le dos est dirigé en avant rentrent dans cette catégorie; dans l'une et dans l'autre de ces présentations, la tête peut rester accidentellement très élevée et faire entendre les battements dans des points qui correspondent ordinairement aux présentations de l'extrémité pelvienne. Lorsque le dos regarde en arrière, la flexion du fœtus, la présence des membres, le liquide amniotique interposé entre la place antérieure du tronc et la paroi antérieure de la matrice, ne laisseront percevoir que des battements très affaiblis. Mais, si on peut en conclure que le dos est dirigé en arrière, il n'est guère permis d'aller plus loin, car le point qui les transmet n'est pas vraisemblablement la région précordiale antérieure profondément cachée par le pelotonnement du fœtus, mais d'autres points qui peuvent en être assez éloignés et qui ont des rapports immédiats avec la paroi antérieure de la matrice. En résumé, le siège, l'intensité des battements du cœur du fœtus, peuvent faire reconnaître dans un assez grand nombre de cas, non sans exposer à des méprises, si c'est la tête ou le pelvis qui correspond en bas, si le dos correspond en avant ou en arrière; mais les cas où ils laissent dans l'incertitude sont peut-être aussi nombreux. Néanmoins, par l'auscultation aidée du toucher par le vagin et du palper abdominal, on arrive ordinairement à des résultats assez positifs, qui, en raison de leur importance, lorsque le travail est déclaré, ne doivent pas être négligés.

6. *Diagnostic de la grossesse composée de plusieurs fœtus.* Ce que nous avons à dire à ce sujet se rapporte plus particulièrement à la grossesse double, qui est assez fréquente. La forme du ventre, le volume plus considérale de l'utérus et les effets qui en sont la suite, comme l'œdème, les varices des membres inférieurs, etc., n'ont de valeur que pour éveiller l'attention sur ce point; d'ailleurs il n'est pas rare de rencontrer des femmes portant deux enfants sans présenter un développement de l'abdomen sensiblement plus apparent que dans les grossesses ordinaires. Baudelocque assure que, dans les derniers temps, le doute peut être dissipé par le toucher : « Quand le développement de la matrice est assez grand pour faire soupçonner la présence de deux enfants, s'il n'en existe qu'un, il est toujours très mobile, parce qu'il se trouve au milieu d'une très grande quantité d'eau, et on l'agite facilement au moyen du doigt introduit dans le vagin. Lorsqu'il y en a deux, ce mouvement, au contraire, est à peine sensible : on distingue aisément que celui des enfants qu'on fait ballotter par le toucher n'est entouré que d'une petite quantité de fluide, et qu'il est embarrassé par un autre corps solide. » Le palper de l'abdomen peut également faire reconnaître d'une manière très distincte la présence de deux fœtus. Désormeaux cite l'exemple d'une grossesse double dans laquelle le ballottement était très facile : le palper abdominal ne faisait sentir qu'un enfant. La même chose peut arriver sans qu'il y ait hydropisie de l'amnios, comme dans le cas observé par Désormeaux; car assez souvent, dans les grossesses doubles, l'un des fœtus, plus petit, est entouré d'une assez grande quantité de liquide amniotique pour le rendre très mobile et pour le soustraire à la main promenée sur la paroi abdominale ; d'ailleurs ils peuvent être placés l'un au-devant de l'autre. L'auscultation fournit le moyen le plus certain de reconnaître la présence de deux fœtus vivants dans la cavité utérine; mais elle expose à faire commettre quelques erreurs que je vais

signaler : on entend quelquefois les bruits du cœur sur des points éloignés, à droite et à gauche, ou en bas et en haut, ou bien sur presque toute la surface de l'utérus, sans qu'il existe plusieurs fœtus. Mais ils appartiennent d'une manière certaine à deux enfants, lorsque, très éloignés ou très étendus, on les entend avec la même force et leur maximum d'intensité sur des points en quelque sorte opposés. Il arrive quelquefois qu'on ne peut percevoir que le bruit de l'un des cœurs, comme s'il n'y avait qu'un fœtus : aussi un certain nombre de grossesses doubles échappent à l'observation la plus attentive. Le signe le plus certain fourni par l'auscultation est celui qui résulte des défauts d'isochronisme des battements, ce qui les fait paraître d'une fréquence et d'une confusion extraordinaires sur tous les points de l'abdomen où l'on peut les percevoir simultanément.

7. *Diagnostic de la grossesse, le fœtus étant mort.* A la suite de causes fort diverses, le fœtus peut périr à toutes les époques de la gestation; et quoique son expulsion prochaine en soit la conséquence ordinaire, il arrive assez souvent, si la grossesse est très avancée, que l'expulsion n'ait lieu qu'au terme ordinaire. Lorsque le fœtus meurt dans le sein de la mère, il peut arriver que la vie ne cesse pas simultanément dans toutes les parties de l'œuf; un certain degré de vitalité peut persister plus ou moins longtemps à la périphérie, non seulement dans la caduque, mais encore dans le chorion et le placenta. Ce faible degré de vitalité suffit souvent pour entretenir, pendant assez longtemps l'antagonisme entre la matrice et l'œuf; c'est ainsi que des embryons qui ont succombé à une époque peu éloignée du début de la grossesse ne sont quelquefois expulsés qu'après plusieurs mois. La mort du produit de la conception peut arriver, c'est même l'ordinaire, pendant les premiers mois de la gestation, sans déterminer rien d'appréciable du côté de la mère; mais à une époque plus avancée, après la première moitié et déjà assez souvent un peu avant, on observe ordinairement une série de phénomènes qui sont liés à la cessation de la gestation : les seins prennent un gonflement insolite qui a quelquefois tous les caractères de la fièvre de lait, puis ils s'affaissent; s'il existe des phénomènes sympathiques, ils cessent le plus souvent. Après quelques jours de malaise, la santé revient à son état ordinaire ; le ventre, moins tendu, est comme affaissé ; au moindre mouvement, si la grossesse est avancée, la femme a la sensation d'un corps inerte qui se déplace avec beaucoup plus de facilité qu'avant. Lorsque ces phénomènes sont bien tranchés, il est presque certain que le fœtus est mort depuis peu de temps. Après la première moitié de la grossesse, l'absence ou la cessation

des mouvements actifs et des battements du cœur du fœtus indiquent d'une manière plus ou moins certaine qu'il a cessé de vivre; mais il ne faut pas perdre de vue qu'il reste assez souvent plusieurs jours sans se mouvoir, et que dans quelques cas, à la vérité très rares, ses mouvements sont nuls ou ne sont pas perçus par la mère. L'absence ou la cessation des battements du cœur avant la fin du sixième mois ne doivent être attribués qu'avec réserve à sa mort; mais après cette époque, si une oreille exercée ne parvient pas à les entendre, malgré des épreuves réitérées, il n'est guère permis de conserver des doutes. Lorsque le fœtus a cessé de vivre avant que la grossesse puisse être révélée par des signes positifs, non seulement cette circonstance peut être facilement méconnue, mais elle peut conduire à faire nier une grossesse réelle, ou à la faire prendre pour une maladie grave de la matrice, dont le développement régulier et progressif, en l'absence de signes positifs, est le meilleur moyen de reconnaître qu'elle se développe sous l'influence d'un œuf vivant. Si l'on vient à reconnaître plus tard qu'il y a un désaccord très grand entre le moment présumé de la conception et le développement de l'utérus à une époque où l'on devrait déjà rencontrer quelques uns des signes positifs, on sera porté à conclure, d'après quelque circonstance particulière, que la grossesse n'existe pas ou que l'utérus est le siége d'un état morbide peu compatible avec la gestation, lorsque quelques semaines ou quelques jours après un œuf abortif est expulsé, et nous montre un embryon mort depuis longtemps : il faut se mettre en garde contre ces méprises. Si divers phénomènes d'après lesquels on est autorisé à admettre l'existence de la grossesse avant l'apparition des signes positifs ont existé, le défaut de rapport entre l'époque présumée de la grossesse et le développement de l'utérus et du fœtus doivent faire placer en première ligne la supposition que la matrice renferme un œuf avorté, ou que la grossesse est plus récente; l'idée d'un état morbide de l'utérus ne doit venir qu'en seconde ligne; et, en s'éclairant de toutes les circonstances qui ont quelque valeur, on laisse peu de chances à l'erreur.

Dans les cas où quelques parties de l'œuf se transforment en productions nouvelles, qui sont susceptibles de s'accroître et de prendre un développement plus ou moins considérable, comme les *môles charnues*, les *môles hydatiques*, etc., l'erreur est beaucoup plus difficile à éviter, et ces fausses grossesses seront souvent confondues avec la grossesse normale. Le défaut de proportion entre l'époque présumée de la grossesse et le développement de l'utérus, et des pertes répétées, peuvent à la vérité donner l'éveil sur la présence de produits de cette nature dans l'utérus; mais ce n'est que plus tard, à une époque où ils sont ordinairement expulsés, que l'impossibilité de produire le ballottement, d'entendre les bruits du cœur, et que l'absence de mouvements actifs peuvent réellement conduire au diagnostic, sinon certain, au moins très probable de ces transformations du produit de la conception. Voy. liv. III, le *diagnostic de la grossesse extra-utérine*.

II. DIAGNOSTIC DIFFÉRENTIEL DE LA GROSSESSE. Outre les circonstances que nous avons déjà signalées, soit du côté de l'œuf, soit du côté de la mère, qui rendent le diagnostic de la grossesse plus difficile et plus longtemps douteux en apportant des obstacles à l'exploration, comme la trop grande ou trop petite quantité de l'eau de l'amnios, l'épaisseur, la résistance des parois de l'abdomen, un état de météorisme prononcé, etc., un grand nombre d'états morbides différents, plus ou moins propres à donner le change, peuvent, les uns, faire méconnaître une grossesse existante, les autres, la simuler pendant un temps plus ou moins long. Rien n'est plus commun dans la pratique que ces méprises, contre lesquelles l'expérience la plus longue ne met pas toujours à l'abri; cependant il faut convenir qu'un grand nombre de ces erreurs, reposant sur des apparences grossières ou sur les sensations, et l'opinion même de la femme qui en est l'objet, tombent facilement devant une exploration méthodique et sérieuse. Je regrette que la nature de cet ouvrage ne me permette pas de citer des exemples, qui sont beaucoup plus propres que des appréciations générales à fixer l'attention sur la nature des difficultés et sur les causes d'erreur. Je recommande à ceux qui veulent étudier avec tout le soin qu'elles méritent les causes de grossesses douteuses l'ouvrage de M. Schmitt, traduit par M. Stoltz; c'est un des plus instructifs qu'on puisse consulter. Les états variés qui peuvent cacher ou simuler la grossesse lui sont, les uns inhérents, les autres étrangers, et sont produits tantôt par des anomalies, tantôt par des maladies.

1. *États qui peuvent dissimuler la grossesse.* 1° Nous avons fait voir, liv. III, combien *la fièvre sympathique de la grossesse*, accompagnée d'amaigrissement, a de ressemblance avec la fièvre qui accompagne souvent la formation et le ramollissement des tubercules pulmonaires, les autres dégénérescences et les phlegmasies chroniques de nos divers organes; la suppression des règles et les autres signes rationnels déterminés par la grossesse sont naturellement rapportés à la maladie qu'on suppose causer la fièvre, jusqu'à ce que les mouvements actifs du fœtus ou les au-

tres signes positifs viennent avertir de l'existence d'une grossesse qui ne détruit pas toujours les craintes d'une maladie grave, fondées sur l'état général et les épiphénomènes causés par la gestation.

2° Lorsque la conception s'effectue chez des femmes qui sont affectées de quelques maladies chroniques, la grossesse passe souvent longtemps inaperçue; les phénomènes sympathiques qu'elle produit peuvent être rapportés à des maladies, jusqu'à ce qu'une circonstance inattendue vienne révéler la grossesse.

3° Les phénomènes d'excitation et de congestion de l'utérus offrent quelquefois dans leur forme, leur intensité et leur persistance, des particularités propres à faire admettre une maladie de l'utérus, comme une inflammation aiguë ou chronique, un engorgement du corps ou du col, un déplacement, et plus particulièrement la rétroversion, à cause du développement de la paroi postérieure, page 176. On est d'autant plus facilement induit en erreur, que souvent, l'âge de la femme, des déclarations non suspectes, un état morbide antérieur de l'utérus, éloignent la pensée d'une grossesse.

4° Les écoulements sanguins plus ou moins réguliers qui surviennent chez quelques femmes pendant les trois ou quatrième premiers mois de la grossesse, soit qu'ils doivent être rapportés à la continuation de la menstruation, ou à de légères hémorrhagies utérines se répétant à des intervalles plus ou moins éloignés, font souvent méconnaître la grossesse, parce que la coexistence de la menstruation réelle et de la grossesse est si rare, qu'un écoulement menstruel régulier fait naturellement exclure toute idée de grossesse. Dans les cas, beaucoup plus nombreux, où l'irrégularité de l'écoulement, l'aspect du sang, rappellent plutôt les caractères d'une hémorrhagie légère, on peut être conduit à les rapporter à une maladie organique de l'utérus et à se méprendre sur la nature de son développement, surtout s'il a existé antérieurement quelques symptômes morbides.

5° Outre l'épaisseur et la tension de la paroi abdominale, un état douloureux du ventre, son développement par différentes maladies peuvent masquer pour un temps la grossesse. L'ascite mérite une mention particulière, parce qu'elle ne met pas un obstacle à la fécondation, et qu'elle survient quelquefois pendant le cours de la première moitié de la gestation, tantôt simple, tantôt combinée avec l'œdème des membres inférieurs, ou de tout le corps. La présence du liquide dans la cavité péritonéale rend les signes fournis par le développement de l'utérus et du fœtus beaucoup plus obscurs; ils passent facilement inaperçus, parce que l'attention est surtout fixée par l'état hydropique. Je pourrais citer un grand nombre d'exemples de méprises se rapportant à chacune des divisions que je viens d'établir; mais ce que j'ai dit doit suffire pour prémunir contre l'erreur, et faire sentir la nécessité d'une exploration attentive et complète.

6° J'ai déjà fait connaître un autre ordre de faits qui jettent de l'incertitude sur l'existence de la grossesse : l'embryon qui périt souvent dans la cavité utérine, avant que la grossesse soit reconnue par des signes certains, n'est pas toujours immédiatement expulsé; l'utérus conserve sa tolérance, et souvent les parties membraneuses de l'œuf continuent à végéter, ou donnent naissance à des produits nouveaux. Le désaccord qui ne tarde pas à exister entre l'époque présumée de la conception et le développement de l'utérus fait bientôt douter que la grossesse ait réellement existé. L'état stationnaire de l'utérus, ou la lenteur de son développement, l'existence de signes antérieurs de grossesse, des phénomènes consécutifs donnent souvent des éclaircissements positifs sur la nature de ces grossesses, dans lesquelles l'utérus ne renferme plus qu'un œuf avorté et souvent diversement transformé. *Voyez* livre III.

2. *États qui simulent la grossesse.* 1° La suppression de la menstruation, qui est presque un phénomène constant de la grossesse, se reproduit dans une infinité de circonstances très propres à faire croire à son existence. Nous avons vu, en traitant de la dysménorrhée et de l'aménorrhée, que, dans un assez grand nombre de cas, la suspension de l'écoulement menstruel était accompagnée de phénomènes d'excitation et de congestion vers la portion interne de l'appareil génital; l'utérus peut être sensiblement augmenté de volume, plus mou, plus bas et plus chaud que de coutume; les mamelles prennent souvent part à l'excitation causée par le trouble de la menstruation; elles se tuméfient, deviennent douloureuses, quelquefois même les conduits galactophores se remplissent de sérosité lactescente. Cet ensemble de phénomènes est bien propre à faire admettre, pendant deux ou trois mois, comme probable une grossesse qui n'existe réellement pas, d'autant mieux que, dans quelques cas, les signes certains sont très difficiles à obtenir avant une époque très avancée de la grossesse.

2° L'inflammation chronique, l'engorgement et l'hypertrophie de la matrice, tantôt accompagnés de la suppression des règles, ou de pertes irrégulières, comme on en observe quelquefois au début de la grossesse, peuvent pour un temps la simuler; mais la marche de ces affections, comparée à celle de la grossesse, ne tarde pas à faire connaître la vérité après plusieurs explorations faites à quelque distance les unes des autres.

Les produits morbides qui se développent, ou qui sont retenus à l'intérieur de l'utérus et le distendent, donnent souvent lieu à des phénomènes encore plus apparents de grossesse.

3° Les polypes, les corps fibreux qui se développent dans la cavité de l'utérus distendent et assouplissent ses parois, mais d'une manière plus lente et moins prononcée que la grossesse ; ils déterminent presque toujours des pertes sanguines au lieu de supprimer la menstruation. La matrice n'a pour ces corps qu'une tolérance très médiocre ; lorsqu'ils ont acquis un certain volume, elle fait effort pour les expulser, et ils ne tardent pas à se présenter à l'orifice du col dilaté. On observe des phénomènes inverses dans son développement, par le produit de la conception : ainsi l'erreur, ou l'incertitude ne peut pas être de longue durée

4° Les oblitérations primitives et consécutives du col ou d'un point du conduit vulvo-utérin accompagnées de la rétention du sang menstruel donnent lieu au développement de l'utérus avec suppression des règles ; la tumeur qu'il forme offre une fluctuation vague comme dans la grossesse ; mais le développement ne se fait ni avec la même vitesse ni avec la même régularité ; et si une première exploration et des renseignements précis laissaient des doutes, ils seraient dissipés à l'époque où apparaissent les signes positifs. La rétention de matières séro-muqueuses, albumineuses, peut donner lieu aux mêmes symptômes que la rétention des règles et simuler la grossesse. L'absence de signes positifs, la marche de la maladie comparée à celle d'une grossesse régulière, etc., éloigneront bientôt les causes d'erreur.

5° L'accumulation de gaz dans l'utérus se lie plutôt à l'état des couches, à la décomposition de parties d'œufs avortés, comme des portions de placenta, des fragments de caillots de sang retenus par le resserrement du col, qu'à des états complétement étrangers à la grossesse ; c'est d'ailleurs un phénomène trop rare pour que nous y insistions beaucoup. La cause du développement de l'utérus pourrait être méconnue et faire croire à la grossesse seulement pendant que l'organe gestateur resterait caché dans la cavité pelvienne ; plus tard, sa résonnance, comme dans la tympanite intestinale, sa légèreté, l'absence de signes positifs, ne lèveraient pas seulement les doutes sur l'absence d'un produit de la conception, mais feraient encore reconnaître la nature du développement.

6° Les tumeurs développées à la surface externe de l'utérus (corps fibreux, etc.), dans ses annexes (kystes de l'ovaire, tumeurs fibreuses, etc.), prennent souvent un développement considérable dans un espace de temps assez court, ou bien elles ne sont perçues par les femmes qui les portent que lorsqu'elles ont acquis un volume comme celui de l'utérus à quatre ou à cinq mois de grossesse. Le ventre, par son volume et sa forme, ressemble souvent, tout-à-fait, à celui d'une femme enceinte aux diverses époques de la grossesse. Celles qui sont solides offrent une fermeté que ne présente pas ordinairement l'utérus développé au même degré ; celles qui sont formées par des kystes contenant du liquide séreux ou des matières pulpeuses donnent une sensation assez semblable à l'utérus distendu par un œuf, mais avec cette différence qu'il est impossible d'atteindre des parties solides et mobiles dans leur intérieur ; s'il y a absence des battements du cœur du fœtus, on entend quelquefois un bruit de souffle très prononcé. Le toucher vaginal donne ordinairement des éclaircissements qui lèvent promptement les doutes, en faisant reconnaître que l'utérus est étranger à ces tumeurs et qu'il est dans l'état de vacuité ; mais il ne faut pas s'attendre à le trouver toujours à sa place, il est souvent refoulé contre un point des parois du bassin par une portion de la tumeur qui fait saillie dans l'excavation pelvienne et qu'on peut facilement prendre pour le segment inférieur de l'utérus, si on ne s'attache pas à reconnaître le col ou son orifice externe. Outre l'absence des signes vraiment positifs de la grossesse, on voit souvent dans ces cas la menstruation se maintenir, et cette seule circonstance doit faire douter de l'existence de la grossesse, tant qu'on ne peut la constater par un des signes véritablement pathognomoniques. Les tumeurs du bassin en dehors des organes génitaux peuvent donner lieu aux mêmes symptômes et se prêtent aux mêmes considérations. Il n'est pas toujours possible de distinguer ces différentes tumeurs de celles qui appartiennent à la grossesse extra-utérine.

7° Les diverses tumeurs qui se développent dans la cavité abdominale, comme les tumeurs adipeuses du mésentère, du grand épiploon, etc., les kystes du foie, les tumeurs, les déplacements des reins, peuvent donner lieu à des symptômes apparents de grossesse. On a donné comme signe distinctif leur développement en sens inverse de celui de l'utérus ; il est évident que tant qu'elles ne se sont pas encore étendues à la fosse iliaque et à l'entrée du bassin, elles ne peuvent donner lieu à aucune difficulté ; mais il arrive pour quelques unes, surtout pour celles du grand épiploon, du mésentère et des autres replis du péritoine qui sont plus mobiles, d'être déjà placées à l'entrée du bassin, lorsqu'elles fixent l'attention de la femme ; alors elles donnent lieu aux mêmes signes et aux mêmes difficultés que si elles avaient leur siége dans les annexes de l'utérus.

8° Quoique la fluctuation et la forme du ventre rendent ordinairement facile le diagnostic de l'ascite, elle a néanmoins été assez souvent confondue avec la grossesse, et il existe dans quelques cas des particularités propres à induire en erreur et à faire croire à des symptômes rationnels de grossesse. Par sa forme et son volume le ventre ressemble assez bien à celui d'une femme enceinte, et le déplacement des liquides dans les changements de position fait souvent croire aux femmes qui en sont atteintes qu'elles sentent les mouvements de l'enfant. Dans deux des observations rapportées par M. Schmitt, il y avait élévation du ventre comme à six ou sept mois, turgescence des mamelles et sécrétion par le mamelon d'une sérosité lactescente. L'une des femmes accusait un sentiment vague et indéterminé de mouvements, l'autre des mouvements bien déterminés. Le toucher ne donna pas des indications assez claires pour lever les doutes; ce ne fut qu'avec le temps qu'on reconnut qu'elles étaient hydropiques.

9° La péritonite chronique peut être rapprochée de l'ascite. Si le développement, la tension du ventre, la fluctuation obscure et quelquefois une tumeur arrondie formée par l'agglomération d'anses d'intestin, font naître l'idée d'une grossesse, les douleurs, la sensibilité, des mouvements fébriles, la marche de la maladie, le toucher, laisseront rarement des doutes.

10° La tympanite intestinale, qui a pour signe commun avec la grossesse le développement du ventre, s'en distingue trop facilement par tous ses autres caractères pour mériter plus qu'une simple mention.

11° La vessie distendue par l'urine a été prise quelquefois pour l'utérus dans son état de plénitude, car elle peut se distendre lentement et rester volumineuse en se vidant incomplétement par regorgement; mais il est presque impossible que le toucher ne dissipe pas aussitôt l'incertitude.

3. *Grossesse simulée par illusion pure.* Je désigne ainsi, avec M. Schmitt, l'état que les auteurs ont décrit sous le nom de grossesses nerveuses. On conçoit facilement que les diverses altérarations matérielles que nous venons de passer en revue, qui ont un plus ou moins grand nombre de phénomènes communs avec la grossesse, en imposent souvent aux femmes et quelquefois aux médecins eux-mêmes, suivant que la ressemblance est plus grande, ou que l'examen est plus ou moins attentif; mais on a lieu d'être surpris de voir l'idée de grossesse naître dans l'imagination de quelques femmes avec une conviction qui a tous les caractères d'une

hallucination qui constitue une véritable monomanie. Non seulement elles indiquent avec précision les sensations qui se rapportent à la grossesse ; mais ce qui est beaucoup plus inexplicable, on voit souvent apparaître plusieurs des phénomènes sympathiques qui lui sont propres. On trouve dans les auteurs un très grand nombre d'observations de cette espèce de monomanie dont je vais seulement faire connaître les traits les plus saillants. Elle se développe surtout chez des femmes nerveuses et principalement chez celles qui sont prédisposées à l'hystérie, et qui désirent vivement avoir des enfants. C'est ordinairement dans un âge assez avancé, lorsque la possibilité de devenir mère semble déjà leur échapper, à l'époque de la cessation définitive des règles et même assez longtemps après, qu'on observe ces idées fixes. Il existe assez souvent quelques unes des lésions organiques de l'utérus ou de ses annexes que nous avons signalées, et qui semblent être la cause et le point de départ de l'illusion ; le diagnostic devient alors plus embarrassant. L'abdomen se développe souvent avec une certaine régularité. Chez la plupart, ce développement est produit par cette espèce de tympanite si commune aux femmes hystériques ; chez d'autres, par l'épaisseur de la paroi abdominale chargée de tissu adipeux. La vitalité des mamelles s'accroît ; elles deviennent douloureuses, se gonflent et sécrètent une sérosité quelquefois lactescente. On voit survenir quelques uns des troubles de la digestion qu'on observe le plus ordinairement pendant la première moitié de la grossesse, des irrégularités dans l'action nerveuse. Ces femmes accusent souvent des mouvements dans le bas-ventre, comme s'ils provenaient d'un fœtus vivant ; ce sont, ou de pures illusions, ou des mouvements péristaltiques des intestins. Lorsqu'elles sont arrivées au terme de leur prétendue grossesse, plusieurs éprouvent des douleurs avec ténesmes qui s'irradient de la région sacrée aux lombes, vers le pubis, comme si elles étaient véritablement en travail d'enfantement ; quelques unes même rendent un peu de sang, de mucosité, ou de sérosité par le vagin. L'illusion n'est pas toujours aussi complète ; un certain nombre sont désabusées au bout de quelques mois, et tout rentre dans l'ordre ; quelques unes sont exposées à retomber plusieurs fois dans la même erreur. Roussel dit qu'une femme ayant tous les symptômes de la grossesse en fut débarrassée au bout de neuf mois par une perte, et que les mêmes phénomènes revinrent ainsi tous les neuf mois pendant vingt ans. Il est à peine nécessaire d'ajouter que les signes pathognomoniques de la grossesse manquent ; et, si quelques unes de ces femmes sont parvenues à faire partager leurs erreurs à l'accoucheur, jusqu'à s'en faire assister pendant le travail de leur prétendu enfantement, on peut être sûr qu'ils ne les avaient pas d'avance soumises à une exploration sérieuse.

Nous bornons ici nos remarques sur les difficultés du diagnostic de la grossesse. Nous n'avons point épuisé le sujet ; mais les détails omis rentrent dans les divisions établies, et peuvent facilement être complétés par la pensée ; d'ailleurs il n'est pas possible de donner un tableau complet, sans entrer dans de grands détails sur les maladies qui ont des signes communs avec la grossesse. Mais ce que nous avons dit suffit pour établir entre elles et la grossesse un parallèle qui fait ressortir les différences ; et si, dans les cas les plus difficiles, la grossesse doit rester douteuse beaucoup plus longtemps que dans les cas simples, on finira presque toujours par saisir quelques uns des signes pathogomoniques, si elle existe réellement. La plupart des erreurs qui sont commises à ce sujet supposent ou un examen peu attentif, ou une connaissance peu exacte de la valeur des signes de la grossesse et des maladies qui lui ressemblent le plus, ou peu d'habitude dans l'art d'explorer.

III. MODES D'EXPLORATION EMPLOYÉS POUR CONSTATER LA GROSSESSE. Pour recueillir les signes relatifs à la grossesse et à l'accouchement, on emprunte à la pathologie générale ses divers modes d'exploration. Ceux qui se rapportent aux organes génitaux, au bassin et à l'abdomen, deviennent indispensables et constituent d'une manière plus spéciale l'exploration obstétricale, qui ne se borne pas seulement aux différentes manières de pratiquer le toucher. Il n'est pas moins nécessaire que l'accoucheur soit familiarisé avec toutes les méthodes à l'aide desquelles on reconnaît les diverses maladies ; ce n'est même qu'à cette condition qu'il est apte à satisfaire à toutes les difficultés et à toutes les exigences de la pratique : les phénomènes que nous avons étudiés jusqu'à présent confirment déjà cette vérité, et plus nous avancerons, plus elle nous paraîtra évidente.

1. *Le toucher.* Il tient la première place, et on l'applique à une infinité d'objets et dans des vues différentes : c'est ainsi qu'il est employé à reconnaître la bonne ou mauvaise conformation du bassin et des organes génitaux, leurs changements pendant la grossesse, la présence du fœtus dans la cavité utérine et les divers rapports qu'il peut affecter avec le bassin pendant le travail de l'enfantement, etc. ; et quoiqu'il ne puisse pas être défini d'une manière rigoureuse, on peut s'en faire une idée exacte en disant, avec M. Velpeau, qu'il consiste dans l'exploration des

organes génitaux et du bassin de la femme à l'aide des doigts ou des mains portés à la vulve, dans le vagin, dans l'anus et sur l'abdomen.

1° *Toucher vaginal.* La femme étant debout ou couchée, on y procède avec le doigt indicateur de l'une ou de l'autre main, étendu et préalablement enduit d'un corps gras ou mucilagineux, les autres doigts étant fortement écartés ou bien fléchis, ainsi que le pouce au-devant de la paume de la main. Le bord radial de ce doigt dirigé horizontalement vers le sommet de l'arcade pubienne est d'abord porté sur le périnée, ou à la partie postérieure de la vulve, et ramené en avant entre les grandes lèvres jusqu'à ce que son extrémité soit à l'entrée du vagin, où on le fait pénétrer en suivant la direction de ce canal. Si la femme est debout, elle doit être appuyée contre un plan solide, avoir les membres pelviens légèrement écartés et fléchis, le tronc un peu incliné en avant et soutenu par l'une ou l'autre main prenant un point d'appui sur un corps solide : ainsi disposée, on se place devant elle un genou à terre, et l'on porte la main, de la manière indiquée, aux parties génitales sans les découvrir. Si elle est couchée, le siége doit être maintenu soulevé, les muscles de la face antérieure de tout le corps mis dans le relâchement, comme pour le toucher abdominal; la main droite ou la gauche, suivant le côté du lit où on s'est placé, est portée sous les couvertures et gagne la vulve en passant sous le jarret correspondant. Dans l'une ou l'autre attitude, la main opposée est placée sur l'abdomen, pour remplir dans quelques cas un rôle actif. Lorsque le doigt est porté dans le vagin, on peut lui donner la direction que l'on veut en inclinant le poignet dans divers sens; l'élasticité du périnée agrandit les avantages du doigt en permettant de le refouler en haut dans une étendue variable, en arrière du côté du coccyx, sur les côtés et en avant vers l'arcade des pubis : ces avantages sont complétement détruits dans la situation horizontale, si le siége n'est pas convenablement élevé. Les auteurs ont longuement discuté sur les avantages de tenir les doigts simplement écartés de l'indicateur ou fléchis, de se servir de la main qui correspond au genou placé sur le sol, ou de l'autre, pour que l'avant-bras de la main qui explore y trouve un point d'appui. Tout ce qu'on doit en conclure, c'est qu'on a donné comme devant être préférées les habitudes qu'on a contractées; on peut en dire autant du conseil donné par Stein d'introduire ensemble l'indicateur et le médius. Quant à l'introduction de la main tout entière, on peut y avoir recours à l'exemple de Flammant et de quelques autres, non, toutefois, pour constater la grossesse, mais pour reconnaître, s'il était nécessaire, l'état du bassin, la position du fœtus pendant le travail. Avant d'arriver à l'examen du col de l'utérus, on peut s'assurer de l'état des parties génitales externes, du vagin, de la vessie, du rectum, de l'excavation du bassin et de ses détroits. On explore ensuite le col sous le rapport de sa température, de sa direction, de sa forme, de son volume, de sa consistance et de l'état de son orifice externe; puis enfin on cherche à apprécier la mobilité, le poids de tout l'organe et les changements de son segment inférieur, en portant l'extrémité du doigt aussi haut que possible en arrière et en avant. L'état général de la femme ne permet pas de lui donner toujours l'attitude qu'on veut. Celles qui, par des causes diverses, sont affectées de dyspnées, ne supportent souvent que très difficilement le décubitus horizontal, tandis que d'autres, très affaiblies et menacées de syncope, ou affectées de déplacement de la matrice, ne peuvent convenablement être examinées que couchées. Dans un assez grand nombre de circonstances, l'attitude est indifférente; dans d'autres, que nous allons chercher à préciser, elle est déterminée en vue des résultats qu'on veut obtenir. Lorsqu'il s'agit de constater la situation de l'utérus, son degré de mobilité dans l'excavation du bassin et son poids, la femme doit être debout. Mais si on veut apprécier le développement du corps encore contenu dans l'excavation pelvienne, ou peu élevé au-dessus du pubis, elle devra être couchée; les mains seront l'une et l'autre chargées d'un rôle actif. Voici comment s'exprime Baudelocque, qui a le premier fixé d'une manière précise l'attention sur ce point : « On tâche de fixer la matrice entre le doigt porté par le vagin et l'autre main appuyée sur le bas-ventre pour en connaître à peu près la longueur et le volume. Pour parvenir à fixer ainsi la matrice, on la repousse en haut au moyen du doigt introduit dans le vagin postérieurement au museau de tanche, tandis que de l'autre main on déprime les enveloppes du bas-ventre au-dessous de l'ombilic, en observant d'écarter de droite à gauche les intestins grêles par une compression et des mouvements convenables, jusqu'à ce qu'on rencontre un corps solide qui réponde au premier doigt. Ce corps est celui de la matrice, dont on estime aisément la longueur, soit par l'habitude, soit par son approximation, de la symphyse du pubis. » Ce procédé est assez facile chez les femmes maigres, et plus encore chez celles qui ont eu des enfants. Mais, en général, on parvient plutôt à renverser la matrice dans le bassin qu'à la fixer selon sa longueur, ce qui permet également de juger de son état, en parcourant de l'extrémité du doigt toute sa face postérieure, si son fond est incliné contre le sacrum, tel qu'on le voit dans le cas de rétroversion; et l'on peut estimer ainsi sa longueur et le développement de sa face postérieure. Ce moyen est d'autant plus précieux, qu'à cette époque de la grossesse il n'y a guère que les changements du corps de l'utérus qui soient appréciables, ceux du col étant, sinon nuls, du moins vagues et incertains.

Lorsqu'on veut déterminer le ballottement, la femme peut être couchée; mais il vaut mieux qu'elle soit debout, et cette situation est nécessaire toutes les fois que la recherche des mouvements passifs offre quelques difficultés. Pour provoquer et reconnaître ces mouvements, on avance l'extrémité du doigt dans le fond du vagin le plus haut possible, près de la base du col, ou sur le corps de l'utérus, soit au-devant, soit en arrière, et on applique la face palmaire de l'autre main sur le fond de l'utérus; alors on agite cet organe alternativement du doigt à la main, en lui imprimant d'une manière subite et brusque un mouvement d'élévation avec le doigt qui est dans le vagin. Le fœtus, mis en mouvement dans l'eau de l'amnios, vient frapper le point diamétralement opposé et retombe sur le doigt qui a produit le choc. Il faut avoir l'attention de diriger l'impulsion, autant qu'il est possible, suivant l'axe longitudinal de l'utérus. Dans les périodes avancées de la grossesse, le fœtus n'est souvent mobile que dans cette direction. Enfin, en percutant, le doigt ne doit pas abandonner l'utérus, car on s'exposerait à prendre ses déplacements pour ceux du fœtus. Ce procédé fait souvent percevoir une fluctuation obscure de l'eau de l'amnios. Lorsqu'on se propose de l'obtenir, c'est la main appliquée sur le fond de l'utérus qui doit surtout chercher à exciter les mouvements d'ondulation vers le segment inférieur sur lequel est appliqué le doigt indicateur.

2º *Toucher anal.* Il ne peut être considéré que comme un moyen supplémentaire: d'ailleurs beaucoup plus limité que le toucher vaginal, il ne doit être employé, pour ce qui concerne le diagnostic de la grossesse, que d'une manière exceptionnelle et dans des cas déterminés, comme lorsque l'étroitesse, des coarctations, des oblitérations, etc., du vagin, rendent difficile ou ne permettent pas l'introduction du doigt par ce canal, ou lorsque la grossesse reste douteuse. La tuméfaction de la face postérieure de l'utérus, sa rétroversion, les tumeurs de la cloison recto-vaginale, celles qui sont situées à la partie postérieure de l'excavation du bassin, sont souvent plus facilement reconnues par le doigt indicateur introduit dans l'anus, dont la position rapproche le doigt de la moitié postérieure, et l'éloigne de la moitié antérieure du bassin. Ce que nous avons dit de la manière de procéder au toucher vaginal nous dispense d'entrer dans des détails relativement au toucher anal. Si le rectum contenait des matières fécales, il faudrait d'abord les faire évacuer ; l'index est ensuite poussé avec ménagement à travers le sphincter.

3° *Toucher abdominal.* Il doit tenir le même rang dans le diagnostic de la grossesse que dans celui des affections organiques qui ont leur siége dans le bassin et la cavité abdominale. L'application des mains sur la paroi abdominale pour reconnaître le développement de l'utérus et la présence de l'œuf dans son intérieur n'a pas été appréciée en France autant qu'elle le mérite. Depuis longtemps Rœderer en avait signalé les avantages, que Jœrg et Schmitt ont depuis fait ressortir avec beaucoup de force.

Avant de faire connaître les données principales qui résultent de ce mode d'exploration, indiquons, en quelques mots, la manière de le pratiquer. La femme étant encore à jeun, la vessie et le gros intestin débarrassés, doit être couchée sur le dos, dans une attitude qui mette les membres abdominaux dans le plus grand relâchement possible, afin que la main aille plus facilement à la rencontre des parties situées profondément : ainsi, la tête doit être fléchie sur la poitrine, celle-ci sur le ventre, les jambes sur les cuisses. La main pénétrant plus profondément pendant les inspirations, on recommande à la femme d'en faire de prolongées. Alors au moyen de l'une ou l'autre main, ou des deux, on peut par des pressions ménagées et graduées explorer la région hypogastrique, jusqu'au devant de l'angle sacro-vertébral et sentir les tumeurs formées par la réplétion de la vessie, le développement de l'utérus, par la présence de corps fibreux dans ses parois, etc.; plus en dehors, celles qui résultent d'une hydropisie enkystée de l'ovaire. Les régions iliaques se prêtent encore mieux à cette exploration profonde ; les tumeurs formées par l'accumulation des matières fécales, du pus, etc., sont facilement découvertes. La région ombilicale peut être explorée jusqu'au devant de la colonne vertébrale, et les flancs jusqu'au devant des reins. A l'épigastre et aux hypochondres on peut reconnaître les tumeurs de l'estomac, les engorgements du foie, de la rate, etc. Il est quelquefois nécessaire de varier la position, et de faire placer la personne qu'on explore alternativement sur un côté et sur l'autre, ou même debout.

Lorsqu'on procède à l'exploration abdominale avec une main ou les deux, on s'en sert de plusieurs manières différentes suivant le résultat qu'on veut obtenir. Nous avons déjà fait voir comment les deux mains combinant leur action, l'une dans le vagin, et l'autre à l'hypogastre, peuvent constater les changements de

GROSSESSE. MODES D'EXPLORATION.

l'utérus encore contenu dans l'excavation pelvienne, et l'existence de tumeurs même d'un volume médiocre qui s'y développent. Nous avons rattaché cette variété, qui peut seule faire reconnaître la grossesse pendant les trois premiers mois, au toucher vaginal. On conçoit d'ailleurs que ces deux modes doivent souvent s'allier, surtout lorsqu'on veut s'assurer si, par exemple, les tumeurs qu'on sent dans la cavité abdominale, et qui se prolongent dans le bassin, sont formées par le développement de l'utérus, ou si, au contraire, elles lui sont étrangères. Il ne nous reste plus qu'à parler de l'application, sur les parois de l'abdomen, de la main ou des deux réunies. Lorsqu'on déprime le ventre, soit avec toute la main, soit avec l'extrémité des doigts, il faut avoir soin d'agir avec mesure, jamais en enfonçant rudement la main dans le ventre ni en le pétrissant, ni en le secouant avec force. On constate d'abord sa forme, son volume, sa consistance, son degré de tension. La cavité de l'abdomen éprouve, sous ces divers rapports, de grands changements à cause de l'élasticité de ses parois et des divers degrés de plénitude et de distension, de vacuité ou d'affaissement que peuvent subir les viscères qu'il contient. On trouve assez souvent dans l'état normal et anormal de la paroi abdominale des obstacles dont il faut être prévenu, et qu'on doit savoir surmonter : elle présente quelquefois une résistance qui est le résultat de la tension instinctive des muscles abdominaux, et qui se fait remarquer ordinairement lorsqu'on palpe une région douloureuse; on l'observe quelquefois à l'état sain provoquée par le chatouillement de la main. Cette contraction convulsive des muscles de l'abdomen, et surtout des grands droits, en a imposé plus d'une fois pour des tumeurs situées profondément. On la reconnaît au relâchement graduel qui s'opère lorsqu'on continue l'exploration en détournant l'attention de l'individu, et à la direction qu'elle affecte sur le trajet des muscles droits.

L'épaisseur de la paroi abdominale dépendant de l'accumulation de la graisse soustrait plus ou moins à l'action de la main les viscères qui sont situés derrière cette paroi, et exigent une exploration plus attentive. L'œdème, qui est ordinairement plus prononcé sur les côtés, peut donner lieu aux mêmes difficultés. La tension générale et la dureté du ventre qui reconnaissent pour cause un météorisme simple ou symptomaique, la péritonite chronique, l'ascite, etc., sont autant d'obstacles qui peuvent s'opposer à l'exploration profonde du ventre par le palper et rendre plus nécessaire l'obligation de s'aider des autres modes d'exploration. Ces considérations suffisent pour faire comprendre les avantages du toucher abdominal et les difficultés qu'il peut présenter dans un assez grand nombre de cas. Nous allons maintenant chercher à en faire plus particulièrement l'application à l'utérus et au produit de la conception contenu dans son intérieur. S'il ne s'agit que de constater les mouvements actifs du fœtus, il suffit d'appliquer la main sur un point qui correspond à l'utérus; pour les provoquer, on est quelquefois obligé de percuter légèrement le ventre, de lui imprimer des secousses, ou bien de le toucher avec la main, après l'avoir plongée dans l'eau froide. Lorsqu'on cherche à distinguer l'utérus des autres organes, la main doit agir en pressant, et en même temps en palpant, afin de se faire une idée juste de sa situation, de son volume et de ses limites; on dirigera plus particulièrement son attention dans l'espace compris entre l'ombilic et les pubis. Pendant les troisième et quatrième mois, on rencontrera l'utérus sous la forme d'une tumeur ronde d'une consistance ferme, qui s'élève du bassin, tantôt au milieu, tantôt inclinée à droite, quelquefois à gauche, et plus ou moins saillante au-dessus du pubis, suivant l'époque de la grossesse. A mesure que la grossesse fait des progrès, cette tumeur perd de sa fermeté et de sa consistance, et échappe plus facilement à l'action de la main, mais elle conserve cependant assez de résistance et d'élasticité pour qu'on puisse la distinguer des intestins et la circonscrire dans toute son étendue; elle donne à une pression un peu forte la sensation d'un kyste séreux; en l'agitant alternativement d'une main à l'autre, on obtient souvent une fluctuation obscure.

Si le liquide amniotique n'est pas très abondant, en augmentant la pression, on touche des parties solides et mobiles qu'on reconnaît être le fœtus, soit à leur forme, soit à leur ballottement; en explorant ainsi on provoque souvent ses mouvements actifs qu'on n'avait pu sentir avant. Le toucher abdominal, dans les cas de tumeurs donnant lieu à des phénomènes apparents de grossesse, ne sera pas moins instructif; en les circonscrivant avec soin, en prenant connaissance de leur consistance, de leur siége, etc., on arrivera presque toujours à les distinguer de l'utérus, et quelquefois à reconnaître leur véritable nature. Dans les cas un peu difficiles, le toucher abdominal ne doit jamais dispenser du toucher vaginal : ces deux moyens d'exploration s'éclairent réciproquement, l'un est le complément de l'autre.

2. *Percussion.* La percussion de l'abdomen doit avoir sa place dans l'exploration obstétricale, non qu'il soit nécessaire d'y avoir recours dans les cas simples; mais ce qui a été dit des nombreux états morbides qui peuvent donner lieu à des phénomènes apparents de grossesse, fait voir tous les avantages qu'on peut en tirer

en l'unissant au toucher, pour dissiper les incertitudes et rapporter à leurs véritables causes les divers développements de l'abdomen qui peuvent simuler la grossesse. En effet, on peut reconnaître par ce moyen, non seulement l'intumescence gazeuse des intestins, mais encore la position respective des viscères creux et des viscères pleins contenus dans l'abdomen, leurs limites, leurs variations de plénitude ou de vacuité, de distension et de resserrement, et, jusqu'à un certain point, la nature de ces changements, qu'ils soient produits par des corps gazeux liquides ou solides. Ainsi on pourra reconnaître, par la percussion, la forme et les limites de l'utérus à mesure qu'il envahit une partie de la cavité abdominale, mais elle ne donnera aucun renseignement sur la présence du fœtus dans son intérieur, la vessie distendue par l'urine, un kyste de l'ovaire, etc., produisant une matité tout-à-fait semblable. Si, dans un grand nombre de cas, elle suffit pour faire rejeter l'idée de grossesse par les lumières qu'elle répand sur le diagnostic des tumeurs de l'abdomen et le développement de cette cavité, elle ne peut à elle seule fournir un seul signe de grossesse et ne doit être employée qu'à titre de moyens auxiliaires. Pour pratiquer la percussion médiate de l'abdomen, il faut mettre les muscles dans le relâchement comme pour le toucher ; on peut se servir pour corps intermédiaire des doigts, sur lesquels on percute avec plus ou moins de force avec ceux de l'autre main; mais, pour l'abdomen, au moins, le plessimètre convient beaucoup mieux; on l'applique avec plus d'exactitude que le doigt, et on peut déprimer plus profondément, lorsque le cas l'exige, le point de la paroi abdominale sur lequel on l'applique.

3. *Auscultation abdominale.* — Elle est, avec le toucher, le moyen le plus ordinaire de constater la grossesse. Nous avons vu qu'elle faisait reconnaître les battements du cœur du fœtus, ses mouvements actifs et le bruit de souffle artériel qui accompagne ordinairement la grossesse. Les règles de l'auscultation appliquées à la grossesse se bornent à des précautions peu nombreuses et faciles à observer. La femme doit être couchée sur le dos comme pour le toucher abdominal; on peut, sans nuire à la netteté de la sensation, laisser le ventre recouvert par la chemise, si elle est mince et souple; on parcourt ensuite avec l'oreille nue ou armée du stéthoscope les divers points de l'abdomen et particulièrement ceux où doit se rencontrer l'utérus, lorsque la saillie de l'abdomen ne se dessine pas encore d'une manière très tranchée. Pour explorer les parties latérales, il faut lui faire prendre une position inclinée sur l'autre côté. On entend généralement mieux

avec l'oreille nue ; mais lorsque l'abdomen n'est pas encore très saillant, on ne peut pas facilement l'appliquer sur tous les points qu'on veut explorer ; d'ailleurs, l'auscultation pratiquée ainsi peut être un objet de répugnance pour la femme et pour le médecin. On doit donc s'habituer à se servir du stéthoscope, qui, dans quelques cas particuliers, présente des avantages qu'il est impossible d'obtenir avec l'oreille seule. Lorsque l'utérus n'a pas encore atteint l'ombilic, sa face antérieure est souvent encore en partie recouverte par des anses d'intestins qui empêchent le bruit du cœur d'arriver à la surface abdominale ; mais en la déprimant avec l'extrémité du stéthoscope, on écarte ces portions d'intestins ou on les affaisse contre l'utérus. Si on explorait très près des pubis, il faudrait s'assurer que la vessie n'est pas distendue par une certaine quantité d'urine qu'il faudrait faire rendre. En se conduisant ainsi, on change favorablement les conditions de l'exploration. A une époque plus avancée, lorsque les parois de l'utérus sont plus souples et moins tendues par le liquide amniotique, dont la proportion comparée au volume du fœtus diminue à mesure qu'on approche du terme de la grossesse, on peut déprimer assez souvent l'utérus lui-même jusque sur les parties du fœtus. Sur les côtés, les recherches doivent surtout porter sur celui où l'utérus est incliné, car du côté opposé une masse considérable d'intestins recouvre ses parties latérales. Lorsqu'il est très élevé, comme dans les trois derniers mois, en appliquant l'oreille sur son fond, on entend quelquefois les battements du cœur de la mère et le bruit respiratoire pulmonaire affaibli. Il suffit de signaler ces bruits pour empêcher de les confondre avec les battements du cœur du fœtus et le souffle artériel ; s'il est peu élevé au-dessus du détroit supérieur, en déprimant la région ombilicale avec le stéthoscope pour arriver à son fond, on peut entendre les pulsations de l'aorte, mais simples et beaucoup moins précipitées. Cette exploration doit se faire dans le plus grand silence et avec persévérance : ce n'est souvent qu'après de longues recherches, de nombreux tâtonnements, qu'on parvient à entendre, soit les pulsations du cœur, soit le bruit de soufflet, et ce n'est qu'après un exercice assez prolongé qu'on peut en tirer tous les avantages que j'ai signalés. On ne saurait donc trop recommander aux élèves de s'exercer avec persévérance à ce mode d'auscultation.

4. *Vue.* — La *vue* est aussi fréquemment appliquée à l'exploration obstétricale, soit avant, soit après l'accouchement, pour constater les changements survenus dans les mamelles, dans les téguments et la forme de l'abdomen. L'examen, par la vue, de la vulve, du vagin, du col de l'utérus, n'est nullement nécessaire

pour constater les changements que ces parties éprouvent pendant la grossesse. Le toucher peut presque toujours remplacer la vue. La coloration plus foncée du conduit vulvo-vaginal est trop variable et peut dépendre de trop de causes différentes pour mériter d'être constatée. Mais si, dans la grande majorité des cas, il n'y a pas de motif d'explorer le vagin et le col par la vue, il n'en existe pas moins un certain nombre pour lesquelles elle est un secours utile; d'ailleurs, l'exploration des organes génitaux présenterait une lacune si je ne faisais pas connaître l'application du spéculum.

C'est un cylindre conique et creux proportionné au calibre du vagin, dont il peut écarter les parois jusqu'au col. Le spéculum est tantôt formé d'une seule pièce, tantôt de deux ou trois valves articulées qui se rapprochent et s'éloignent à volonté. Il est difficile de se prononcer d'une manière absolue sur la valeur respective de ses différentes formes : seulement certains états rendent quelquefois l'une préférable à l'autre; le calibre doit également varier en raison de l'étroitesse et de la rigidité de l'anneau vulvaire. Pour procéder à son application on place la femme en travers d'un lit, les tubérosités sciatiques avancées jusqu'au bord, les pieds posés sur deux chaises, les cuisses écartées, la tête soutenue par un oreiller et le siège par un autre, si le lit est mou. L'instrument doit être chauffé et enduit d'un corps gras ou mucilagineux. Si on veut se servir de la lumière naturelle, on disposera le lit de manière que le siège de la malade soit en face du jour; dans le cas contraire, un aide placé à gauche tient et dirige une bougie au gré de l'opérateur. Placé entre les cuisses de la malade, il écarte de la main gauche les poils, les grandes et les petites lèvres, tire la commissure de la vulve un peu en arrière si elle existe encore, de l'autre il saisit le spéculum en embrassant avec l'indicateur et le médius la surface externe de l'instrument à l'origine du manche et près de l'articulation des valves, le pouce dans l'intérieur sur le point opposé; il le présente à la vulve le manche tourné vers le mont de Vénus pour qu'il n'apporte aucun obstacle aux mouvements de la main. Le centre de l'instrument correspondant au centre du vagin, on en fait l'introduction avec lenteur, en le dirigeant d'abord suivant une ligne qui irait du centre de l'orifice vaginal à la partie inférieure du coccyx, et lorsqu'on l'a fait pénétrer à un pouce environ de profondeur, on le ramène dans la direction de l'angle sacro-vertébral, qui est à peu près celle du vagin. Le passage à travers l'anneau vulvaire cause ordinairement une douleur assez vive. Les parois du vagin forment en s'écartant, à l'extrémité de l'instrument, une rosace plissée, perpendiculaire, ayant une cuverture à son centre, qu'il ne faut pas prendre pour le col et son orifice. Lorsqu'on a fait pénétrer le spéculum jusqu'au fond du vagin, le col fait ordinairement saillie à son centre; quelquefois il reste en dehors à cause de l'inclinaison du col en arrière; il faut alors retirer un peu l'instrument en relevant le manche en avant, et on le fait pénétrer de nouveau en dirigeant son extrémité contre la paroi postérieure du vagin pour en séparer le col. En inclinant l'instrument dans différentes directions, on explore le col dans toute son étendue; s'il est recouvert de mucosités on les essuie avec un pinceau de charpie ou de linge fin et usé; on peut même, à l'aide d'un stylet boutonné, écarter les deux lèvres pour découvrir l'orifice de la matrice.

CHAPITRE III.

DE L'EMBRYOLOGIE

A une époque très rapprochée du début de la gestation, l'embryon, en se développant, acquiert une configuration propre; il s'établit une ligne tranchée de démarcation entre lui et l'œuf, entre les parties qui doivent persister et parcourir une vie nouvelle et celles qui sont transitoires, et dont l'existence ne doit pas s'étendre au-delà de la naissance. Malgré cette séparation de l'œuf en parties si distinctes, il continue à former un tout inséparable. Les annexes font partie intégrante du fœtus, tant qu'il continue à vivre dans l'utérus. La séparation en parties transitoires ou annexes, et en embryon ou fœtus, est une division établie pour la facilité de l'étude.

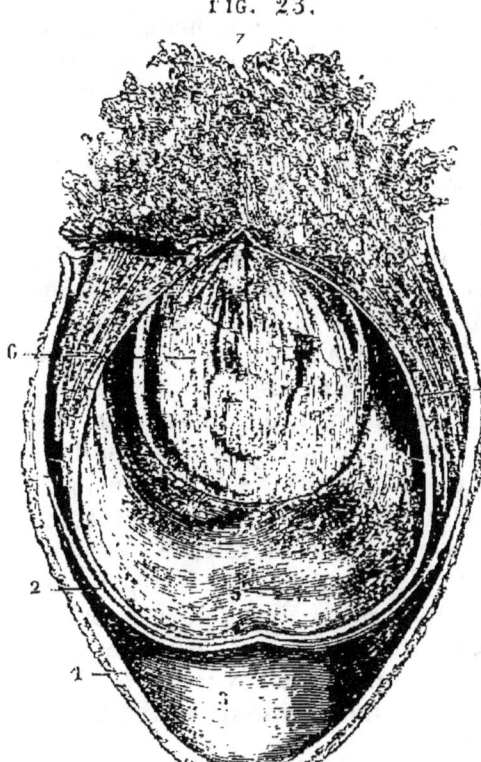

Fig. 23.

SECTION Ire. — Parties transitoires ou annexes du fœtus.

La coque membraneuse qui enveloppe le fœtus est composée de plusieurs parties distinctes : la caduque, membrane surajoutée à l'œuf dans l'utérus, appartient par sa formation aux actes maternels ; mais ses rapports avec l'œuf ont fait prévaloir l'usage de la considérer comme si elle en faisait essentiellement partie. Le chorion, qui est la première enveloppe de l'œuf proprement dit, l'amnios et son milieu liquide constituent les enveloppes propres du fœtus. Les autres parties transitoires ne lui forment pas une enveloppe complète ; elles n'occupent que des points limités de l'œuf, comme le placenta sur la surface externe du chorion, et entre le chorion et l'amnios, la vésicule ombilicale et l'allantoïde, qui ne sont que des appendices ou prolongements de l'embryon. Les milieux liquides seront décrits à l'occasion des membranes qui les renferment, ou avec lesquelles ils ont des rapports immédiats.

I. MEMBRANE CADUQUE. — Depuis que la tunique maternelle de l'œuf a été nettement distinguée des autres enveloppes, elle a reçu une foule de dénominations différentes, comme *épichorion* (Chaussier), *épione* (Dutrochet), *périone* (Breschet), *anhiste* (Velpeau), *adventive* (Blainville), *corticale* (Baër), *nidamentum* (Burdach), etc. Aucune ne mérite d'être préférée à celle de membrane caduque, consacrée par l'usage depuis les travaux de Hunter.

La caduque n'est pas particulière à l'espèce humaine : elle a été constatée sur la plupart des mammifères, mais avec des différences assez grandes pour faire croire à plusieurs observateurs qu'elle ne se trouve que dans l'œuf humain. Sa disposition n'est pas la même à toutes les époques de la grossesse ; elle se présente sous deux états différents. Depuis le moment de sa formation jusqu'au quatrième mois environ elle est composée de deux feuillets très distincts, l'un qui tapisse toute la face interne de l'utérus, sans en excepter la place qu'occupent les rudiments du placenta, et le placenta lui-même lorsqu'il est complétement développé : c'est le *feuillet utérin* [1, fig. 23] ; l'autre [2], appelé *feuillet réfléchi*, est appliqué sur la surface externe du chorion, jusqu'au niveau des bords du placenta, où il s'unit et se confond avec le feuillet utérin. Ces deux lames circonscrivent ainsi une cavité [3] à parois lisses, écartée par la présence d'un liquide albumineux, filant, limpide, mais le plus ordinairement un peu rougeâtre. Ce liquide a été signalé et décrit pour la première fois par MM. Breschet et Velpeau. Les deux feuillets de la caduque ont le même aspect; leur couleur est d'un blanc grisâtre. Le feuillet utérin est sensiblement plus épais que le feuillet *chorial*, et cette épaisseur varie de 2 à 4 millimètres sur des œufs de trois à quatre mois. C'est dans le cours du second mois que la caduque, dont le tissu est mou et opaque, a comparativement le plus de développement. La face qui correspond à sa cavité est lisse et a quelques analogies avec une surface séreuse; celle qui correspond d'une part à la face interne de l'utérus et de l'autre à une grande portion du chorion est inégale, rugueuse, floconneuse, et conserve l'empreinte des surfaces sur lesquelles elle a été appliquée. Elle est en outre criblée de petits points réticulés réguliers foncés en couleur, qui correspondent à de légères dépressions qu'on prendrait au premier aspect pour de petits pertuis; mais ce sont de simples dépressions qui ne sont jamais converties en de véritables trous. La lame utérine, au niveau des trompes, forme un prolongement solide; il en est de même au niveau du col; mais celui-ci est ordinairement creusé en entonnoir sans présenter toutefois d'ouvertures. Lorsqu'on examine la caduque sur des œufs abortifs, expulsés de l'utérus, il arrive souvent que les prolongements des trompes et du col sont rompus, de manière à établir au niveau de ces conduits des orifices qui ont été pris pour l'état normal de la caduque par Hunter. Mais l'observation a depuis rectifié l'erreur de Hunter sur ce point. Vers le quatrième mois, les deux lames de la caduque sont mises en contact; elles restent distinctes pendant quelque temps encore, mais elles finissent par adhérer et se confondre [1, 2, fig. 24]. Sur un délivre à terme, on ne peut plus les isoler, et quoique formée par la réunion de ses deux lames, la caduque est très mince, parce qu'elle a cessé de recevoir autant de matériaux nutritifs, tandis qu'elle s'est étendue avec plus de rapidité, à cause de l'accroissement plus considérable de l'utérus; cependant autour du placenta elle conserve toujours une épaisseur assez considérable. La portion de la caduque utérine qui est située entre l'utérus et le placenta a subi un amincissement encore plus considérable. Comme, par la suite, j'aurai souvent occasion de parler de cette portion de la caduque, je la désignerai sous le nom de caduque *utéro-placentaire;* c'est selon moi, à tort qu'on l'a supposée formée secondairement aux autres parties; dans tous les cas, on ne peut pas, comme l'ont fait quelques auteurs, en nier l'existence. Au-dessous du feuillet utérin, le col de la matrice est rempli par un amas de matière gélatineuse transparente comme de la gelée; on trouve une couche de même nature, mais très mince, sur la face interne de l'utérus, jusqu'aux limites de l'insertion du placenta, où on cesse de l'apercevoir. Dans deux cas où j'ai pu étudier l'œuf en place, j'ai pu suivre cette couche gélatineuse dans toute son étendue. Sa continuité et sa ressemblance parfaite avec le bouchon du col doivent faire admettre que ce produit a une origine commune, et qu'il est formé par la sécrétion des follicules de la muqueuse, qui sont très nombreux dans la cavité du col.

L'organisation de la membrane caduque est fort simple, et d'autant plus simple qu'on l'examine plus près de l'époque de sa formation. A l'état primitif, elle n'est pas distincte du liquide sécrété par l'utérus sous l'influence de l'excitation spécifique déterminée par la fécondation, liquide coagulable se séparant en parties solides qui se déposent sur l'utérus et sur l'œuf en couches demi-concrètes qui offrent le degré le plus simple de la fausse membrane; le reste du liquide reste dans la cavité de la caduque pour disparaître un peu plus tard. L'apparition de vaisseaux dans la caduque n'a lieu que plus tard : c'est le résultat d'une formation secondaire. M. Velpeau serait exactement dans la vérité s'il s'était borné à nier la présence des vaisseaux dans la caduque pendant les premières périodes de son existence. Je ne pense pas qu'on en ait jamais observé de réels dans le feuillet chorial avant son union au feuillet utérin; celui-ci n'en est pourvu, en grand nombre surtout, que vers le troisième mois, lorsque le placenta est complétement développé. Dans le principe, ces vaisseaux sont rares et naissent dans l'épaisseur du feuillet utérin; ils sont d'abord sans connexion avec ceux de la matrice, et ce n'est que consécutivement à leur formation, en prenant du développement, qu'ils s'unissent avec ceux de l'utérus. Pendant la dernière moitié de la gestation, la continuité est très facile à constater; ils peuvent recevoir des injections poussées par les vaisseaux utérins; du reste, l'état de congestion habituelle de l'utérus les rend très apparents sans le secours d'injections artificielles; plusieurs présentent souvent des dilatations comme variqueuses. Les uns, les plus nombreux et les plus apparents, s'unissent aux veines; les autres, extrêmement grêles, s'unissent aux artères.

La disposition générale de la caduque est assez difficile à bien saisir, parce qu'elle n'est pas exactement la même à toutes les époques de la grossesse, et parce que son mode de formation n'est pas encore bien connu. On s'en fait une idée assez exacte en la considérant comme sécrétée par l'utérus, sous l'influence de l'excitation spéciale déterminée par la fécondation et préexistante à la descente de l'œuf. Celui-ci, en passant de la trompe dans l'utérus, glisserait entre les parois de cet organe et la membrane caduque et refoulerait celle-ci devant lui, comme on peut supposer que le fait le testicule à l'égard du péritoine pour former la tunique vaginale en descendant de la cavité abdominale dans le scrotum.

La portion de la membrane caduque qu'on suppose séparée de l'utérus resterait appliquée sur l'œuf et formerait le feuillet *réfléchi*. Par l un de ses côtés l'œuf serait appliqué immédiatement sur la portion de l'utérus dénudée de sa caduque ; dans le reste de son étendue, cette membrane resterait appliquée contre les parois de l'utérus : c'est le feuillet *direct*. Dans l'espace circonscrit par le feuillet réfléchi et direct, se développerait le placenta, qui adhérerait sans intermédiaire à la face interne de l'utérus. Ce mode de formation de la caduque réfléchie, imaginé par M. Moreau, a été depuis adopté par presque tous les auteurs qui ont écrit sur ce sujet. En faisant la part de ce qui appartient à l'observation directe, on doit effectivement admettre, comme l'avait établi Hunter, deux feuillets dans la caduque, l'un tapissant la face interne de l'utérus, l'autre la surface externe du chorion. Mais, de l'aveu même de ceux qui adoptent le refoulement de la caduque, il existe entre l'utérus et le placenta une couche de même nature qui se continue sans ligne de démarcation avec le feuillet utérin : seulement, ils pensent qu'elle est le produit d'une formation secondaire, consécutive à la descente de l'œuf, et la décrivent comme une membrane particulière différente de la caduque. Il est également constant qu'il existe entre les deux feuillets une cavité contenant du liquide ; mais par l'accroissement de l'œuf, la cavité s'efface, le liquide disparaît, et les feuillets s'unissent pour n'en plus former qu'un seul très mince à raison de l'agrandissement de la cavité utérine. Mais jusqu'à présent l'hypothèse de la préexistence du feuillet utérin à la descente de l'œuf et la formation du feuillet chorial par réflexion ne repose sur aucune preuve directe, et ne doit être considérée que comme une explication ingénieuse qui ne préjuge rien en faveur de la réalité, et qui est même contredite par plusieurs faits.

C'est à l'état de liquide albumineux que l'utérus sécrète d'abord les éléments qui doivent plus tard constituer la caduque. De même qu'on voit le liquide séro-albumineux produit par l'inflammation des séreuses donner naissance à des fausses membranes qui forment des couches sur les surfaces qu'il baigne, de même l'excitation spécifique qui résulte de la fécondation n'a pas seulement pour effet d'exciter la sécrétion d'un liquide dans la cavité utérine, mais encore de fermer exactement le col de manière que le liquide ne puisse s'écouler au-dehors. Ruysch, ayant eu l'occasion d'examiner les organes génitaux de deux femmes assassinées peu de jours après le coït, trouva l'utérus et les trompes dans un état prononcé de turgescence et renfermant un liquide blanc; le col était exactement fermé. L'observation de Home est plus concluante, puisque cet observateur a trouvé dans l'utérus, au milieu d'un liquide albumineux, un œuf véritable, douze jours après la conception. L'occlusion du col après la conception est un fait constant, et il n'est pas nécessaire que le liquide sécrété par l'utérus soit enfermé dans un sac membraneux pour ne pas s'écouler au-dehors. Les observations de M. Dutrochet nous apprennent que, chez les ruminants, il n'existe pendant quelque temps aucune trace de cotylédons, l'œuf étant tout-à-fait libre dans la matrice. D'un autre côté, si on a admis que c'était seulement du 10e au 14e jour qu'il arrivait dans l'utérus, c'est que croyant que la fécondation avait lieu dans l'ovaire, il fallait accorder un temps assez long au travail de la rupture de la capsule ovarienne et à la descente de l'œuf. Mais on a vu que cette rupture était préparée d'avance sans l'intervention du coït, et que l'œuf pouvait aller à la rencontre du sperme jusque dans la cavité utérine. S'il en est ainsi, la présence de l'œuf dans l'utérus est bien moins tardive qu'on ne l'a cru, et doit précéder la formation de la caduque utérine. L'œuf, plus léger, reste vers le fond de l'utérus et flotte au milieu du liquide destiné à le garantir contre la pression des parois utérines encore très résistantes.

L'activité développée dans l'œuf par la fécondation fait encore accroître la sécrétion de la matrice, puisque, dans les grossesses extra-utérines abdominales, il se forme autour de lui une espèce de membrane caduque. Après son arrivée dans la matrice, une partie du liquide séro-albumineux se dépose en forme de couche molle dans la cavité utérine et sur la surface de l'œuf qui n'adhèrent encore par aucun point, et les deux couches sont séparées dans toute leur étendue par le reste du liquide. Les villosités du chorion destinées à former le placenta, s'accroissant avec une grande activité et se dirigeant à la manière des radicules d'une graine aquatique vers un des points appropriés au développement du nouvel individu, rapprochent sur un point l'œuf de l'utérus en confondant sur ce point la couche choriale de la caduque avec la couche utérine. Dans tout le reste de leur étendue, les deux feuillets sont encore séparés par une couche de liquide ; mais, par l'accroissement successif de l'œuf, le liquide diminue, les deux lames se rapprochent et se confondent à leur tour ; de manière qu'à partir du quatrième mois, la caduque ne forme plus qu'une seule lame appliquée sur toute l'étendue de la face interne de l'utérus [fig. 24]. Mais il est possible que l'adhérence des villosités placentaires, qui est si précoce, ait lieu avant que les deux feuillets de la caduque aient pris une forme nette et déterminée. Tel me paraît être le mode de formation de la caduque et des transformations qu'elle subit aux diverses époques de son existence. On ne peut pas objecter que la présence, entre l'utérus et les radicules placentaires, d'une couche de tissu caduc s'oppose à leur adhérence et à l'absorption dont elles sont chargées, puisque c'est par l'intermédiaire de ce tissu de nouvelle conformation que la nutrition du nouvel être paraît plus particulièrement assurée.

Les usages de la caduque se déduisent de son état aux diverses époques de la gestation. A son état primitif, lorsqu'elle n'est encore constituée que par un liquide séro-gélatineux, elle prépare la cavité utérine à recevoir l'œuf qui y trouve un abri, et qui y est garanti, comme dans les capsules ovariennes, par un liquide protecteur dans lequel il trouve des éléments de nutrition jusqu'à ce qu'il ait contracté une adhérence sur un point déterminé.

La condensation du liquide en une membrane qui se vascularise fournit des moyens d'union entre l'utérus et l'œuf, sert d'intermédiaire aux échanges continuels qui existent entre les deux organismes, et concourt à produire la tolérance que l'utérus montre pour le produit de la conception qui se développe dans son intérieur. Ce qu'on dit de sa destination à fixer l'œuf à son arrivée dans la cavité utérine entre un point dénudé et la portion de caduque soulevée me semble tout-à-fait hypothétique.

II. CHORION. — Le chorion est [4, fig. 23 ; 5, fig. 24] la plus extérieure des membranes propres de l'œuf ; c'est l'enveloppe primitive de l'ovule encore contenu dans la capsule ovarienne. Sa position est la même chez tous les mammifères, où il ne présente que des différences de forme ; mais elle n'est pas aussi exactement déterminée chez les ovipares, où la présence des couches accessoires qui se développent dans l'oviducte a jeté quelque incertitude.

Le chorion, d'après M. Burdach, se compose de deux feuillets entre lesquels marchent les vaisseaux sanguins, qui de l'embryon se portent à l'œuf: l'externe, *exchorion*, porte les villosités ; l'interne, *endochorion*, se réfléchit vers l'embryon et fournit au cordon la gaîne qui enveloppe le tronc des vaisseaux ombilicaux. La gaîne fournie aux vaisseaux du cordon est bien évidemment un prolongement du chorion ; mais il est impossible de constater, ni l'existence des deux feuillets adossés d'abord, puis confondus plus tard, ni des vaisseaux dans l'intervalle : aussi M. Velpeau, qui s'est scrupuleusement tenu dans ses recherches sur l'ovologie à l'observation directe, affirme qu'à quinze jours, qu'à trois semaines comme à deux mois, le chorion est simple dans l'espèce humaine.

Pour avoir une idée exacte du chorion, il faut suivre les divers changements qu'il offre dans le cours de la gestation. Sur un produit de dix à douze jours, le chorion présente les apparences d'une hydatide velue ; sa surface externe est comme fongueuse et chagrinée dans toute son étendue ; à l'intérieur il est rempli d'un liquide clair. Les inégalités de la surface externe ne tardent pas à s'accroître et à former des filaments simples, divisés, grisâtres, terminés par une extrémité renflée : ce sont les *villosités*, qui sont très rapprochées les unes des autres. Ce sont ces filaments qui, sur la figure 25, débordent le chorion et l'amnios au-delà des points fixés par des épingles. Au second mois, elles ont de 6 à 9 millimètres de longueur ; chaque filet fournit plusieurs divisions, vis-à-vis desquelles il représente un tronc commun. Sur la partie du chorion qui donne naissance au placenta, elles prennent un accroissement double et triple [7, fig. 23]. Les villosités commencent à se former avant l'apparition de l'embryon : on a reconnu les inégalités qui y donnent naissance sur des œufs encore contenus dans les trompes. Jusqu'à la fin du second mois, elles sont répandues d'une manière assez uniforme sur la surface du chorion ; mais déjà à cette époque, elles sont plus longues et plus rameuses sur le point où le placenta se développe ; sur le reste de la surface du chorion, elles diminuent, s'atrophient, et s'écartent à mesure qu'il s'étend ; dans les dernières périodes de la grossesse, on ne trouve plus que quelques filaments çà et là.

Les villosités du chorion, qui doivent plus tard concourir à former le placenta, se creusent en canaux dans lesquels pénètrent des divisions des vaisseaux ombilicaux, tandis que les autres restent des cordons pleins sans traces de vaisseaux, état qu'elles présentaient toutes avant le développement des rudiments du placenta, comme l'ont établi MM. Velpeau, Breschet, Raspail, etc. Dans ces derniers temps, MM. Martin Saint-Ange et Serres ont cherché à faire admettre de nouveau la vascularité des villosités du chorion. Ces observateurs signalent dans les villosités des arborisations vasculaires formant des anses capillaires au sommet des rameaux. Ces villosités constitueraient un appareil vasculaire comparable aux branchies des poissons et des reptiles. Mais il n'est pas complétement démontré que ces observations ne portent pas sur quelques villosités, où il s'était déjà fait une ébauche des vaisseaux du placenta, villosités qui occupent, à cette époque, une grande étendue de la surface du chorion, et qu'on croirait dans le principe devoir former des placentas multiples.

La surface interne [3, fig. 24] du chorion est unie, et ne présente ni granulations ni villosités. Dans le principe, elle n'est pas immédiatement en contact avec la surface externe de l'amnios, et laisse un intervalle qui est quelquefois assez grand [5, fig. 23]; elle renferme, pendant le premier temps de la gestation, un liquide que je ferai connaître en décrivant l'amnios et les rapports dans lesquels se trouvent ces membranes aux diverses époques de la grossesse. Les rapports de sa face externe sont faciles à concevoir. J'ai dit que le sommet des villosités s'implantait dans le feuillet chorial de la caduque sans le traverser; il en résulte que, pendant toute la période de l'existence des villosités, la surface externe du chorion n'a que des rapports médiats avec le feuillet chorial de la caduque, et qu'il existe entre ces deux membranes un interstice mesuré par l'étendue de la partie libre des villosités, interstice qui se resserre à mesure que les villosités s'atrophient et que le placenta devient un organe compacte. Cette cavité disparaît complétement pendant le quatrième mois de la gestation. Après cette époque, les deux membranes sont immédiatement en contact [fig. 24] et sont unies par une simple agglutination. Les vaisseaux de la caduque arrivent jusqu'à la surface du chorion sans y pénétrer.

Le chorion a une organisation propre qui paraît avoir de l'analogie avec celle des membranes séreuses; comme elles, il est transparent, mince, et offre une densité et une force de résistance assez considérables; jusqu'à présent on n'a pu découvrir ni vaisseaux ni nerfs dans son épaisseur; les prolongements arborescents de sa surface externe offrent la même structure celluleuse que les autres parties du chorion. Un des usages du chorion est de servir de limite extérieure à l'œuf. Ses prolongements arborescents concourent à fixer l'œuf à l'utérus par l'intermédiaire de la caduque, en formant autant de petits cordages qui constituent le mode de suspension le plus délicat, le plus capable de prévenir les effets nuisibles des secousses et des mouvements brusques pendant une période où de nouvelles parties apparaissent et conservent une si grande mollesse. Le chorion sert encore à la formation du placenta; dans l'ovaire, comme dans l'utérus, il jouit de la propriété d'absorber dans l'organisme maternel les éléments nécessaires à son développement et à celui des parties qu'il contient, par un mécanisme qui nous échappe, mais dont les effets sont des plus évidents.

III. Amnios. — L'amnios [4, fig. 24] est une membrane fine,

Fig. 24.

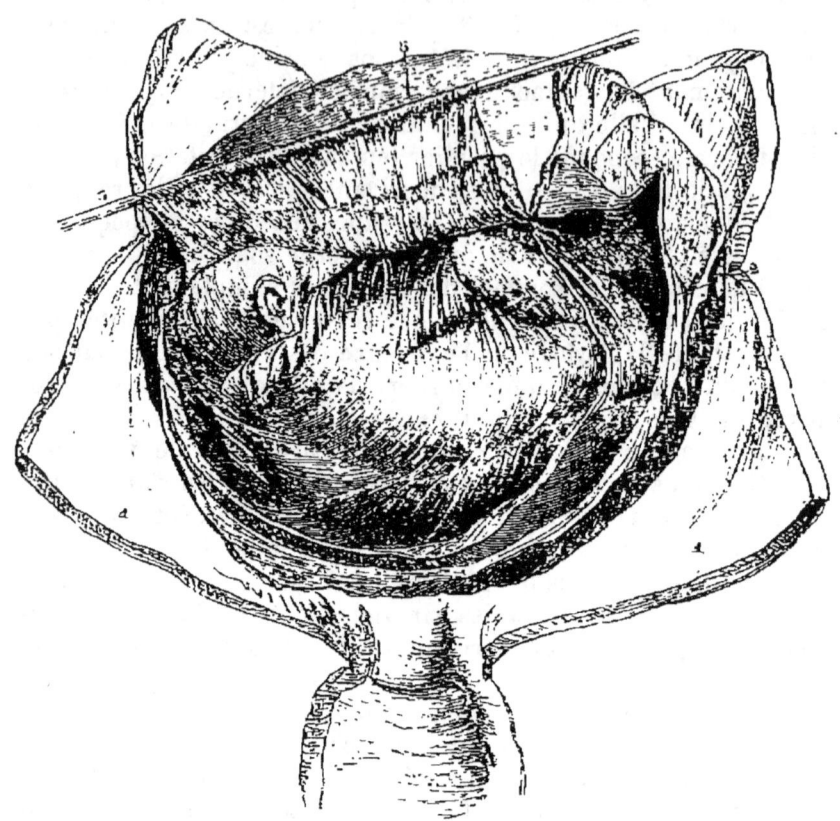

transparente, remplie d'un liquide aqueux, dans lequel flotte le fœtus. Pendant les premiers temps de la grossesse, cette membrane est séparée du chorion, qui est beaucoup plus grand, par un intervalle assez considérable, également rempli d'un liquide clair qui disparaît le plus ordinairement dans le second mois, et quelquefois beaucoup plus tard. Les deux membranes ne contractent pas une véritable adhérence ; elles sont simplement agglutinées par une légère couche de matière albumineuse. L'amnios se réfléchit sur la racine du cordon ombilical, revêt les vaisseaux ombilicaux dont il forme l'enveloppe extérieure, et se continue au pourtour de l'anneau ombilical avec les téguments du fœtus, ou seulement avec l'épiderme, d'après M. Breschet. C'est, des membranes de l'œuf, celle qui semble avoir le plus d'analogie avec les séreuses. Sa face interne [5, fig. 25], humectée par l'eau de l'amnios, est plus lisse que l'externe. Il n'offre ni nerfs ni vaisseaux.

Dans l'état actuel de la science, il est impossible de se faire une idée arrêtée sur l'époque de son apparition et sur son mode de formation. Il paraît cependant certain qu'il ne préexiste pas, comme le chorion, au développement des premiers linéaments de l'embryon. Dans ces derniers temps, M. Serres a cherché à démontrer que l'amnios, dans le principe, est formé d'une vésicule close et indépendante, en dehors de laquelle se trouve l'embryon qui la déprime dans un point et s'en enveloppe par un mécanisme analogue à celui qu'on a admis pour la formation de la caduque réfléchie, et se transforme en une cavité close en se resserrant autour du pédicule ombilical. M. Serres a présenté, à l'appui de son opinion, des pièces appartenant à des œufs humains; mais elles ne paraissent pas de nature à résoudre d'une manière satisfaisante la question. Dans une autre hypothèse, on suppose encore l'embryon d'abord en dehors de l'amnios encore incomplètement formé; du pourtour de l'ombilic, largement ouvert du col aux pubis, le feuillet externe du blastoderme se renverserait en arrière pour embrasser d'une part l'extrémité céphalique et de l'autre l'extrémité caudale, par deux replis en forme de capuchon qui marcheraient à la rencontre l'un de l'autre, réunis aux plis qui se renverseraient de chaque côté pour converger vers un point commun qui correspond au dos où l'on voit l'embryon à nu, jusqu'au moment où l'occlusion est complète [1, fig. 26]. Baër a démontré, sur des embryons de poulet, que c'est là le mode de formation de l'amnios des ovipares. L'analogie peut faire présumer qu'il doit être le même chez les mammifères; M. Coste prétend l'avoir observé du 8ᵉ au 10ᵉ jour chez le lapin, du 13ᵉ au 15ᵉ jour chez la brebis, et sur des embryons humains de 3 à 5 semaines; mais je dois faire remarquer que des observateurs, également exercés à ces recherches délicates, ont soumis à des investigations minutieuses des produits humains aussi jeunes, sans trouver le moindre indice de la formation de l'amnios, soit par la dépression d'une vésicule close, soit par le renversement du feuillet externe du plan de l'embryon. On doit donc continuer à considérer, avec M. Velpeau, ces tentatives d'explications comme prématurées; et jusqu'à présent, les observations qu'on peut faire sur des œufs humains leur semblent généralement contraires.

IV. Eau de l'amnios — Ce liquide n'augmente pas dans une progression régulière. L'amnios ne forme d'abord qu'une ampoule qui n'est pas encore tout-à-fait en contact avec le chorion, et qui ne contient qu'une petite quantité de liquide. Au deuxième mois, il a déjà considérablement augmenté, et malgré l'accroissement de tout l'œuf, l'amnios est en contact avec le chorion. L'embryon relativement à son volume flotte dans une grande quantité de liquide; mais au milieu de la gestation, quoiqu'il puisse encore flotter en tous sens, il fait déjà équilibre au liquide. Au terme de la grossesse, on évalue d'un 1/2 kilogramme à 1 kilogramme la quantité de l'eau de l'amnios, dont l'accroissement s'est beaucoup ralenti comparativement à celui du fœtus, qui, dès la fin du septième mois, ne peut flotter que dans des limites assez restreintes. Du reste, cette quantité est fort variable, et dépasse souvent le volume que je viens d'indiquer, ou reste au-dessous.

En général, les fœtus petits, peu développés, sont entourés d'une grande quantité de liquide amniotique. On observe souvent la même chose lorsque la mère a une constitution faible ou est dans un état maladif. Ce liquide est visqueux, limpide, transparent. Vers la fin de la grossesse, il se trouble un peu, prend souvent une couleur légèrement citrine ou verdâtre, et se charge de flocons albumineux, muqueux ou d'une matière grasse. Il a une odeur particulière très prononcée; sa pesanteur spécifique est plus considérable que celle de l'eau; faiblement alcalin, il a une saveur à la fois douce et salée. Autant qu'il est permis de l'établir sur des analyses chimiques incomplètes, qui offrent de grandes différences dans les résultats, ce liquide, au terme de la gestation, est composé, sur 100 parties, de 98 d'eau; le reste est formé d'une matière animale gélatineuse, d'hydrochlorate et de carbonate de soude, de phosphate et de carbonate de chaux. M. Chevreul a démontré qu'il ne contient ni oxygène ni air respirable. Il reste de l'incertitude sur l'existence de quelques autres éléments qui y ont été signalés. La difficulté de concevoir la formation du liquide amniotique a fait admettre sur sa source une foule d'hypothèses qu'il est superflu de rappeler. Il est impossible d'admettre qu'il soit sécrété par le fœtus. La mère est évidemment la source d'où il provient: les substances à odeurs pénétrantes, comme le camphre, etc., absorbées par elle, le prouvent en transmettant leur odeur à l'eau de l'amnios. Levret a vu ce liquide blanchir le cuivre chez une femme qui avait subi un traitement mercuriel prolongé. Ce passage se fait à travers le chorion et l'amnios en vertu de la perméabilité de ces membranes, sans voies spéciales, du moins dans le commencement; car il paraît se faire aussi facilement avant le développement du réseau vasculaire de la caduque, lorsque les membranes sont encore éloignées, que lorsqu'elles sont en contact. Dans une période avancée, il se mêle au liquide amniotique, en petite quantité, des produits de sécrétions cutanées du fœtus; les flocons qui ont été signalés ci-dessus en sont les parties les plus évidentes.

Le liquide amniotique paraît complétement étranger à la nutrition du fœtus et exclusivement destiné à sa protection et à favoriser ses mouvements.

V. Vésicule ombilicale. — L'analogie de la vésicule ombilicale des mammifères avec le jaune ou vitellus de l'œuf des ovipares est un fait certain, qu'il est impossible de révoquer en doute; il y a de part et d'autre la même continuité avec l'intestin et les mêmes connexions vasculaires. Toute la différence est dans le volume. Chez les ovipares, le jaune sorti de l'ovaire ne s'accroît plus, et contient déjà tous les éléments nutritifs qui doivent servir à nourrir le fœtus jusqu'à l'éclosion; tandis que chez les mammifères la matière nutritive étant constamment fournie par la mère, le jaune est en quelque sorte à l'état rudimentaire, et n'est utile que d'une manière secondaire et très passagère. La vésicule ombilicale se rencontre chez tous les mammifères, mais avec des différences de forme et de durée sur lesquelles il est inutile d'insister ici. Les observations de M. Velpeau en ont fait connaître assez exactement la disposition et la durée dans l'espèce humaine. Elle représente [1, fig. 25] un petit sac pyriforme ou sphéroïde qui, vers le 15ᵉ ou 20ᵉ jour de la fécondation, a de 4 à 6 millimètres de diamètre, et peut être comparé pour son volume à un pois ordinaire. A la fin du premier mois, elle est déjà plus petite; elle diminue régulièrement jusqu'à la septième semaine; après cette époque, elle se déforme, s'aplatit, et ne disparaît ensuite qu'insensiblement. On en trouve quel-

Fig. 25.

quefois encore des traces sur des produits de quatre à cinq mois.

La vésicule ombilicale est située entre le chorion et l'amnios, au milieu du liquide albumineux qui existe entre ces deux membranes, jusque vers le milieu du second mois, époque où elle se trouve immédiatement accolée à la face interne du chorion et à la face externe de l'amnios.

Le pédicule qui établit sa continuité avec le canal intestinal offre jusqu'à la fin du premier mois des différences de longueur assez grandes. M. Velpeau l'a vu varier entre 4 et 13 millimètres; il a à peine un 1/2 millimètre d'épaisseur. Après cette époque, il s'allonge, devient de plus en plus fin, se confond avec le cordon, et se rompt souvent avant que la vésicule ait disparu; celle-ci est portée à une grande distance de la cavité intestinale par l'allongement du cordon. La plupart des observateurs ont constaté que cette tige constitue un canal creux qui établit une communication entre la vésicule ombilicale et le canal intestinal. D'après M. Velpeau, il n'est déjà plus perméable à la cinquième semaine, et son oblitération se fait de l'ombilic vers la vésicule. Les parois du pédicule et de la vésicule sont, relativement à leur volume, assez épaisses et résistantes; elles sont parcourues par un réseau vasculaire, visible par transparence, lorsqu'il contient du sang; il est formé par deux troncs, qui augmentent de volume dans l'épaisseur du pédicule, à mesure qu'ils se rapprochent de l'intestin, et se terminent, l'un dans une branche des artères mésentériques, et l'autre dans une des veines du même nom: ce sont les vaisseaux omphalo-mésentériques [2]. Leur oblitération a lieu de la vésicule vers l'intestin; on n'en trouve plus de traces dans le troisième mois que du côté intestinal du pédicule.

Le liquide contenu dans la vésicule ombilicale n'a encore été étudié que d'une manière très imparfaite, et son analogie avec le jaune des œufs ovipares n'a pas été établie d'une manière directe. Il est même assez difficile d'apprécier ses caractères physiques avant qu'il ait subi des altérations. « Sur la vésicule ombilicale la plus volumineuse, dit M. Velpeau, la seule peut-être que j'aie observée où cette membrane fût dans l'impossibilité d'avoir éprouvé le moindre changement, il était jaune-pâle, opaque, par conséquent de la consistance d'une émulsion un peu épaisse et différente sous tous les rapports de la sérosité, ainsi que des autres fluides de l'économie. »

Pour se faire une idée de la vésicule ombilicale à son état primitif, de l'époque de son apparition et de son mode de connexion avec l'embryon, il faut distinguer le suc nutritif ou vitellin du sac dans lequel il est renfermé; le premier existe déjà, en partie du moins, dans le centre de l'ovule encore contenu dans l'ovaire, mais sans avoir d'autres limites membraneuses bien tranchées que l'enveloppe externe ou le chorion, qui semblerait d'abord être l'analogue de la capsule du jaune des œufs ovipares, mais qu'il faut bientôt distinguer de la vésicule vitelline qui se développe consécutivement sur le jaune. Celle-ci est l'analogue de la vésicule ombilicale de l'œuf des mammifères ; mais elle n'existe pas encore dans l'ovaire, et n'apparaît qu'avec les premières transformations qui commencent à dessiner l'embryon. On suppose qu'il se fait à cette époque, sur la vésicule ombilicale, un resserrement circulaire de dehors en dedans, qui la divise en deux demi-sphères, communiquant l'une avec l'autre par une partie rétrécie : l'interne, située au devant de l'axe cérébro-spinal, se transforme[4, fig. 26] en canal intestinal et devient partie intégrante de l'embryon, tandis que l'externe constitue la vésicule ombilicale avec son pédicule, telle qu'elle a été décrite plus haut. Cette partie transitoire, d'une durée en quelque sorte éphémère, serait une dépendance du canal intestinal, comme nous avons supposé que l'amnios était une dépendance des téguments ou plutôt du plan externe de l'embryon.

Quelque peu considérable que soit le liquide contenu dans la vésicule ombilicale, on ne l'a pas moins considéré comme servant, pendant la courte période de l'activité de cet appareil, à la nutrition de l'embryon. La vésicule ombilicale jouit de la propriété d'absorber et de faire passer dans son intérieur les fluides nutritifs qui l'environnent, comme le prouve son accroissement pendant une partie de sa durée.

VI. ALLANTOÏDE. — Cette espèce de sac membraneux paraît être un prolongement de la vessie ou plutôt du cloaque qui existe aussi dans l'origine chez les mammifères. Comme la vésicule ombilicale, l'allantoïde est située entre le chorion et l'amnios, plus bas que celle-ci, immédiatement au-devant du prolongement caudal de l'embryon. Sa disposition est assez bien connue dans l'embryon du poulet et de plusieurs mammifères. Elle existe probablement chez tous, mais elle n'a encore été observée que d'une manière assez peu précise dans l'œuf humain ; cependant il n'est guère permis d'en nier l'existence, puisqu'elle a été constatée par des hommes très exercés aux observations d'ovologie. Mecker, Baër, Burdach, etc., assurent l'avoir rencontrée plusieurs fois ; elle existait d'une manière évidente sur un des œufs que Pokels a fait dessiner. Considérée dans différentes espèces animales, elle offre, sous le rapport de sa forme et de ses dimensions, de grandes différences; chez les oiseaux et les reptiles, elle enveloppe l'amnios tout entier, à l'exception d'un point ovale autour du cordon ombilical. Il en est de même chez les carnivores, les solipèdes et les ruminants; chez plusieurs, c'est surtout en longueur qu'elle augmente, de sorte qu'elle prend la figure d'un intestin, tantôt simple, tantôt divisé, à partir du canal allantoïdien, en deux cornes qui s'avancent vers l'extrémité céphalique et l'extrémité caudale de l'embryon, et remplit les prolongements tubulliformes du chorion, les perce à leur extrémité et en sort sous forme de prolongements qu'on appelle appendices ou diverticules de l'allantoïde. Chez ces animaux, l'allantoïde contracte des adhérences intimes avec le chorion. Comme son accroissement est très rapide, elle est dans l'origine proportionnellement plus volumineuse que l'embryon. Chez les rongeurs et chez l'homme, elle est pyriforme; renfermée dans la gaîne ombilicale, ou ne recouvre qu'une petite partie de l'amnios. J'ai indiqué quelques uns des caractères qu'elle présente chez plusieurs animaux domestiques, parce qu'il est presque impossible d'en donner une description d'après des observations recueillies sur des œufs humains: je vais néanmoins en indiquer les particularités les moins incertaines. Elle y apparaît dans la troisième ou quatrième semaine, et disparaît de très bonne heure; Baër l'y a toujours trouvée jusqu'à la fin du second mois. Elle se développe un peu après la vésicule ombilicale et un peu avant les vaisseaux omphalo-iliaques ou du cordon. La figure 26, 3, quoique idéale, peut en donner une idée assez exacte.

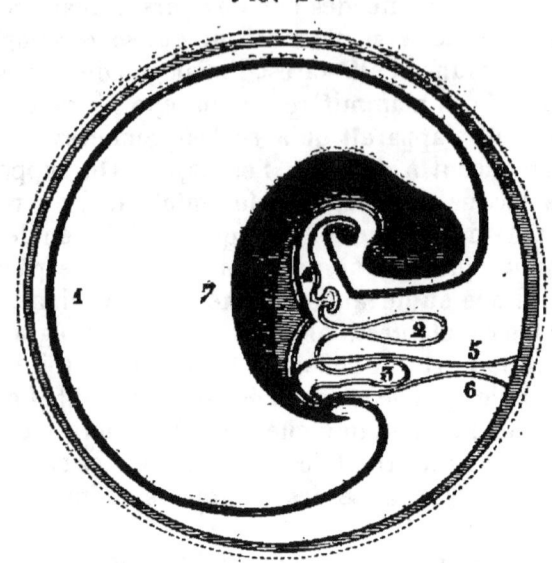

Fig. 26.

La vésicule allantoïde est mince, transparente et assez résistante; elle contient dans son intérieur un liquide aqueux, et n'adhère au chorion et à l'amnios que par une faible couche de matière comme gélatineuse qui prend quelquefois un aspect vitré ; cette matière albumineuse paraît faire partie du liquide qui existe dans l'origine entre le chorion et l'amnios, et constituer ce que M. Velpeau a appelé *sac réticulé*, et M. Bischoff membrane moyenne. L'allantoïde est dépourvue de vaisseaux propres ; ceux qui l'accompagnent en dehors en lui formant comme une gaîne [5, 6, fig. 26] sont les vaisseaux ombilicaux qui se rendent au chorion en suivant sa direction.

Le pédicule allantoïdien est dirigé vers la cavité abdominale, dans laquelle il pénètre pour se continuer avec la vessie et primitivement avec le cloaque. On peut, par la pression, faire refluer le liquide qu'elle contient vers l'embryon, et réciproquement. Ce conduit est d'abord très court, de manière que l'allantoïde, comme la vésicule ombilicale, est dans le commencement presque immédiatement appliquée sur le ventre de l'embryon ; il s'allonge par l'accroissement des vaisseaux ombilicaux qui doivent former le cordon ; son oblitération et sa disparition se font de dehors en dedans, de la vésicule allantoïde vers la vessie. L'ouraque persiste comme vestige du canal allantoïdien, et la vessie comme partie permanente. Du côté de la vessie, l'oblitération est moins rapide ; mais dès le quatrième mois de la vie intra-utérine l'ouraque n'est plus perméable. Dans le cordon il n'est plus représenté que par un filament grêle, dont on ne peut plus suivre la trace à quelque distance de l'ombilic. On doit considérer comme des anomalies les cas où l'on a trouvé, au moment de la naissance, l'ouraque perméable jusqu'à l'ombilic ou un peu au-delà. La disposition des vaisseaux ombilicaux autour de l'allantoïde, leur rapprochement en cordon, font disparaître de bonne heure sa portion extra-abdominale ; car chez les animaux où ces vaisseaux sont plus courts et s'écartent davantage, elle persiste plus longtemps et ne disparaît pas chez les ovipares, où ils se répandent sur toute la face interne du chorion. L'allantoïde, contrairement à la vésicule ombilicale, végète de dedans en dehors du cloaque vers le chorion ; avec elle et sur elle s'avancent dans le même sens les vaisseaux omphaloiliaques. M. Serres attribue une autre origine à l'allantoïde ; il la considère comme primitivement indépendante de l'intestin et ayant pour point de départ les corps de Wolf, d'où il l'a suivie dans toutes ses phases sur l'embryon du poulet.

VII. Placenta fœtal. — Le placenta constitue un appareil vasculaire, continuellement traversé par le sang du fœtus et en rapport de contiguïté par ses extrémités capillaires avec le système vasculaire utérin, disposé lui-même sur ce point de manière à former un espèce de *placenta maternel*. Il se compose d'une tige

Fig. 27.

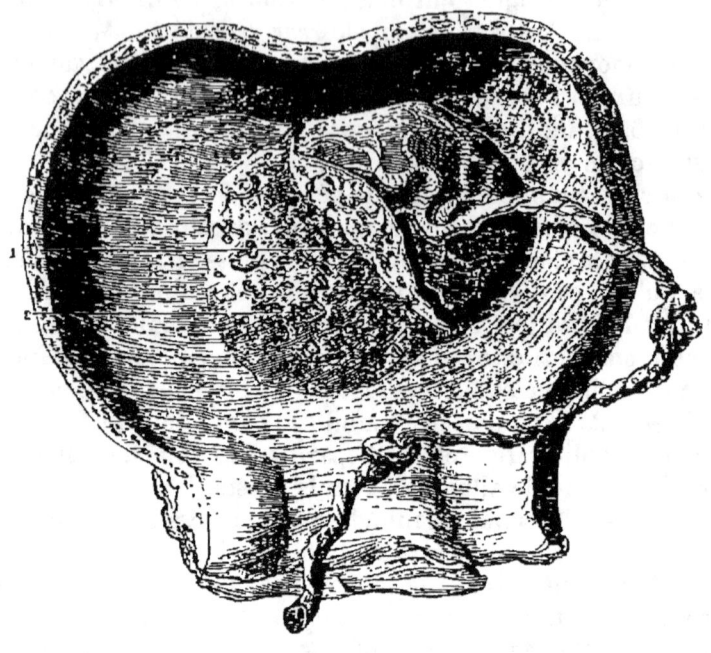

flexible ou cordon qui part de l'ombilic et d'une masse spongieuse située sur un point de la surface externe du chorion, résultant elle-même de l'épanouissement des vaisseaux du cordon qui ont traversé le chorion. Cet appareil vasculaire, dont une partie se développe et s'épanouit en dehors de la membrane la plus excentrique de l'œuf, est spéciale aux mammifères et s'y présente sous plusieurs formes : tantôt il représente une masse unique, aplatie et circulaire chez l'homme et les rongeurs, annulaire chez les carnassiers ; tantôt il est disséminé en un grand nombre de petites masses : chez les solipèdes, il forme une couche grenue et villeuse qui embrasse toute la surface externe du chorion ; chez les ruminants il est rassemblé en un grand nombre de houppes régulières et villeuses qui figurent chez les pachydermes de petits disques très rapprochés.

4° *Cordon*. La longueur du cordon ombilical varie aux différentes époques de la gestation. A la naissance on trouve ordinairement peu de différence entre sa longueur et celle du fœtus. Cette comparaison est moins exacte entre trois et cinq mois, époque où il est souvent d'un tiers et même de la moitié plus long que le fœtus. Au reste, il présente sous ce rapport des différences individuelles très nombreuses et très variées: exceptionnellement il peut offrir une longueur extraordinaire, comme l'attestent des hommes dignes de foi, qui assurent avoir vu des cordons de 4, 5, 6 et même 7 pieds. Dans une anomalie opposée, il peut être très court, n'avoir que quelques centimètres et manquer tout-à-fait, c'est-à-dire que les vaisseaux ombilicaux s'épanouissent en disque placentaire presque immédiatement à leur sortie de l'anneau ombilical. La brièveté ou l'absence du cordon peut n'être qu'apparente, et dans ce cas, qui est assez commun, les veines et les artères ombilicales, au lieu de marcher réunies, se séparent et se dispersent sur la surface interne du chorion, où elles se subdivisent souvent plusieurs fois avant de former le placenta : il est peu d'accoucheurs qui n'aient eu l'occasion de rencontrer cette disposition. A la naissance et pendant les trois derniers mois de la grossesse, le cordon est comparable pour son volume au petit doigt. Mais il n'est pas rare de le voir beaucoup plus petit ou beaucoup plus gros, circonstance qui est due à l'absence ou à l'accumulation de la gélatine qui entre dans sa composition normale. Ces variétés, comme celles qui dépendent de la longueur, sont sans influence appréciable, du reste, sur les fonctions du placenta. Dans le principe, les artères et les veines ombilicales sont rectilignes et parallèles; plus tard elles subissent sur elles-mêmes une torsion qui donne au cordon l'aspect d'une corde. On voit souvent à la surface des bosselures formées tantôt par des dilatations de la veine ombilicale, tantôt par des anses des artères ; enfin il présente quelquefois de véritables nœuds. L'extrémité placentaire du cordon correspond ordinairement au centre du placenta, ou mieux dans un point intermédiaire au centre et à la circonférence, et quelquefois à la circonférence même, ou à un point qui en est très rapproché. A l'insertion ombilicale, la ligne de démarcation entre la peau est nettement tranchée dans le point où le travail éliminatoire du cordon doit s'établir, quoiqu'il y ait continuité de tissu à tissu entre la gaine externe du cordon et les téguments du fœtus. La ligne circulaire qui marque la continuité entre la partie transitoire et la partie permanente est souvent cachée sous un bourrelet cutané qui s'avance un peu sur l'origine du cordon.

La résistance du cordon est considérable, et il faut exercer une traction très forte pour le rompre, lorsque les vaisseaux restent unis jusqu'à la surface interne du placenta ; dans le cas contraire, il se rompt assez facilement dans ce point. Les parties fondamentales du cordon sont les deux artères et la veine ombilicales, qui, provenant de points éloignés, se réunissent à l'anneau ombilical, et parcourent toute la longueur du cordon sans se diviser. Les artères ont des parois épaisses et un calibre assez étroit. La veine, plus courte, beaucoup plus volumineuse, a des parois minces. De la 8ᵉ à la 10ᵉ semaine, ces vaisseaux se contournent en spirales, qui sont plus prononcées dans les artères que dans la veine, et se font le plus ordinairement de gauche à droite. Hunter a constaté la torsion de gauche à droite 28 fois sur 32, et F. Meckel, 9 sur 10. Chez les autres mammifères, le cordon, beaucoup plus court, n'offre point de spirale. Ces vaisseaux présentent quelquefois des anomalies sous le rapport du nombre : on cite plusieurs exemples d'une seule artère et deux veines. Une couche plus ou moins épaisse d'une matière visqueuse demi-liquide, contenue dans les mailles d'une espèce de tissu cellulaire, enveloppe mollement de toutes parts les vaisseaux ombilicaux dans toute l'étendue du cordon ; c'est cette matière qui lui donne en grande partie son volume et sa forme arrondie. Indépendamment des vaisseaux, on trouve dans l'origine au centre du cordon le pédicule de la vésicule ombilicale et celui de l'allantoïde, dont les traces disparaissent complétement dans la suite. Dès le troisième mois, les vaisseaux ombilicaux, la gélatine de Wharton et la gaîne extérieure sont les seules parties qui entrent dans sa composition. Le cordon, comme les autres parties transitoires de l'œuf, paraît complétement dépourvu de vaisseaux lymphatiques et de nerfs. La propriété qu'a le mercure injecté par le cordon de se frayer des voies jusque dans le placenta et dans les membanes ne prouve pas l'existence de vaisseaux lymphatiques, malgré les injections de Fomahan. Les dissections les plus minutieuses n'ont pu faire découvrir des nerfs dans le cordon ; les filets musculaires et cutanés se terminent au voisinage de l'anneau ; quelques filets du grand sympathique qui accompagnent les vaisseaux ombilicaux semblent arriver jusqu'à cette ouverture. Chaussier et Ribes en ont constaté sur la veine, mais en dedans de l'anneau ombilical, et jusqu'à présent personne n'a pu les démontrer dans le cordon et dans le placenta, même avec le secours du microscope. Verrhyen a supposé qu'il en existait, mais sans pouvoir les démontrer ; il en est de même de Wrisberg. L'assertion de Home, qui prétend en avoir reconnu sur le cordon d'un tapir, n'est fondée que sur des recherches extrêmement défectueuses, et tombe d'elle-même. M. Breschet en a recherché en vain sur le cordon d'un fœtus de baleine. Riecke a constaté que les irritations chimiques, mécaniques et galvaniques, appliquées au cordon ombilical d'enfants et d'animaux nouvellement nés, ne déterminaient aucun mouvement.

Une gaine commune, dense et résistante, forme l'enveloppe du cordon ; elle est d'abord transparente, et n'apparaît que dans le cours du deuxième mois, par la réflexion de l'amnios qui forme un entonnoir court et évasé, qui se resserre bientôt autour des parties qui font saillie à travers l'ouverture ombilicale. Cette gaine peut se diviser assez facilement en deux lames, dont la plus superficielle appartient évidemment à l'amnios, tandis que la plus profonde semble être un prolongement du chorion. Sa continuité avec les parois abdominales n'est point douteuse ; mais c'est aller au-delà de ce que peut démontrer l'observation directe, que d'admettre, avec M. Flourens, qu'elle se compose de cinq feuillets pour se continuer avec les cinq couches des parois abdominales. Le cordon n'existe pas dès l'origine ; cependant son développement est très précoce [3, 4, fig. 25]. M. Velpeau assure l'avoir reconnu sur des embryons de trois semaines. Il est d'abord très court et très volumineux jusqu'à six semaines. Je compléterai ce qui se rapporte à ce point encore obscur en exposant le développement du disque placentaire.

2° *Placenta.* — Le disque placentaire, dans l'espèce humaine, se présente sous la forme d'une masse circulaire ou elliptique, molle, d'un rouge brun ou d'un blanc grisâtre, suivant qu'il y a plus ou moins de sang dans ses vaisseaux ; il correspond d'un côté à la face interne de l'utérus, de l'autre à la surface externe du chorion, auquel il est uni par les divisions des vaisseaux du cordon qui le traversent. Le placenta recouvre presque un quart de la surface externe du chorion ; il a de 189 à 216 millimètres d'étendue (7 ou 8 po.), et 27 millimètres (1 po.) dans son point le plus épais, c'est-à-dire au niveau de l'insertion du cordon ; il est plus mince à la circonférence. Sa largeur est quelquefois beaucoup plus grande, mais son épaisseur est diminuée presque en proportion. La face interne ou fœtale, concave, est recouverte par la portion correspondante du chorion, dans l'épaisseur duquel les premières divisions des vaisseaux du cordon forment un réseau de gros troncs divergents très apparents, dont on peut facilement séparer l'amnios jusqu'à la racine du cordon.

La face externe, convexe, est unie à l'utérus par la caduque utéro-placentaire, réduite à une lame très mince et plus adhérente au placenta, qui l'entraîne avec lui lorsqu'il se détache. Dans l'état de juxtaposition, les lobes et les scissures, qui sont si prononcés sur cette face, lorsqu'il est détaché, sont à peine visibles lorsqu'il est encore adhérent à l'utérus. Cette face est pénétrée dans plusieurs points par des vaisseaux qui proviennent de la face interne de l'utérus, et qui sont en grande partie détruits par le décollement du placenta.

La structure du placenta est fort simple : elle se réduit aux vaisseaux ombilicaux, qui en forment l'élément principal, et à un tissu celluleux, mou, se continuant du côté de l'utérus avec la caduque utéro-placentaire, et servant de trame commune aux vaisseaux ombilicaux qui le pénètrent de dedans en dehors, du chorion vers l'utérus, et aux vaisseaux utéro-placentaires qui le pénètrent de dehors en dedans, de l'utérus vers le chorion. On se fera une idée exacte des vaisseaux ombilicaux dans le placenta, en se rappelant la disposition des villosités rameuses et arborescentes du chorion accrues outre mesure. Le pédicule de chaque villosité reçoit deux branches, l'une artérielle et l'autre veineuse, qui proviennent de la division des vaisseaux ombilicaux dans l'épaisseur du chorion. C'est dans le cours du deuxième mois que se fait le travail de vascularisation, et il est complétement achevé dans le troisième ; les artères et les veines paraissent simultanément, comme dans le cordon. Ces branches se divisent et se subdivisent un grand nombre de fois, pour suivre les branches, les rameaux et les ramuscules des villosités à l'extrémité terminale desquelles les artères et les veines, après s'être repliées et contournées sur elles-mêmes, passent à l'état de vaisseaux capillaires, et semblent se continuer en formant des anses anastomotiques très fines. Cette disposition peut se voir sans préparation aucune, à l'époque où le placenta commence à se former. On peut arriver au même résultat, lorsqu'il est complétement développé, en détruisant le tissu cellulaire par une macération prolongée qui épargne les vaisseaux injectés, et en fait voir les dispositions terminales. Mais, quoique les injections passent facilement des artères dans les veines, la communication de ces deux ordres de vaisseaux n'est pas facile à voir, même à l'aide de la loupe. Les vaisseaux développés figurent en grand la disposition des villosités nutritives, et forment des touffes vasculaires indépendantes, tenant par un pédicule à la surface externe du chorion. Les masses réunies forment autant de lobes ou cotylédons arrondis, irréguliers, de grosseur inégale ; les plus volumineux sont apparents à la surface externe, et cachent les plus petits. Ils donnent à la surface externe du placenta une apparence lobuleuse et anfractueuse. Réunis par du tissu cellulaire seulement, les injections poussées dans les vaisseaux de l'un ne passent pas dans ceux de l'autre, quelque rapprochés qu'ils soient. On trouve quelquefois des lobes complétement isolés, et formant comme des placentas surnuméraires sur divers points de la circonférence de la masse principale. Toutes les villosités qui existent sur la portion du chorion qui donne naissance au placenta ne se vascularisent pas, quoiqu'elles se soient accrues.

On en trouve un assez grand nombre, surtout à la circonférence, qui forment comme des vaisseaux oblitérés. F. Meckel prétend cependant que ce sont autant de divisions des vaisseaux ombilicaux qui existaient à l'origine, et qui se sont oblitérées à une époque plus ou moins avancée de la grossesse. M. Velpeau, qui a étudié avec tant de soin l'œuf humain à toutes les périodes, les regarde comme de simples filaments villeux qui n'ont point subi de vascularisation, et qui sont restés sans emploi.

Néanmoins on observe assez souvent, sur plusieurs points, des oblitérations des vaisseaux ombilicaux, sans que les fonctions du placenta en soient sensiblement altérées ; les vaisseaux oblitérés ressemblent beaucoup aux prolongements rameux que nous venons d'indiquer, mais ils sont ordinairement enveloppés dans des concrétions solides.

Les divisions de la veine ombilicale sont toujours plus nombreuses et plus volumineuses que celles des artères qui les accompagnent ; et quoique la différence ne puisse pas être appréciée d'une manière exacte, le rapport de 9 à 4 énoncé par quelques anatomistes ne semble pas exagéré. Les artères ont des parois plus épaisses que les veines ; mais les unes et les autres offrent une grande solidité, qu'elles doivent moins à leurs parois propres qu'aux gaînes choriales qui les enveloppent ; car les premières divisions se font dans l'épaisseur même du chorion, et les autres suivent les prolongements rameux qui leur forment des gaînes très solides. Les veines sont constamment dépourvues de valvules ; les injections poussées par les artères du cordon reviennent facilement dans la veine, et le liquide ne s'échappe à la surface utérine que sous une pression très forte ou accidentellement : aussi n'y a-t-il aucune communication ouverte de ce côté.

Le tissu cellulaire qui entoure les vaisseaux du placenta et unit les cotylédons les uns aux autres est mou, grisâtre, très friable ; il a tous les caractères de la caduque, avec laquelle il se continue d'ailleurs entre l'utérus et le placenta ; mais il se développe évidemment plus tard, seulement lorsque le travail de vascularisation des villosités placentaires s'accomplit ; peu à peu les interstices laissés libres entre elles se resserrent par leur accroissement et par le dépôt de cette matière amorphe, qui s'imbibe avec une grande facilité des liquides avec lesquels elle se trouve en contact, et qui se divise facilement en lamelles et en grumeaux ; sa disposition autour des vaisseaux et la propriété qu'il a de s'imbiber facilement lui donnent l'aspect d'un tissu spongieux.

Le placenta s'insère sur tous les points de la surface interne du corps de l'utérus, mais assez rarement vers la partie inférieure ;

de sorte qu'on peut considérer son insertion comme anormale, toutes les fois qu'il s'étend par ses bords ou par son centre jusque sur l'orifice interne du col. L'insertion se fait le plus ordinairement sur un point un peu élevé à droite ou à gauche sur la face postérieure, ensuite sur le point correspondant de la face antérieure, puis sur l'un ou l'autre côté, quelquefois assez exactement au fond et exceptionnellement sur le col. Il semble réellement qu'il existe, comme l'a fait remarquer M. Stoltz, un rapport entre la position du placenta et le plan antérieur du fœtus, sans pourtant qu'il soit permis d'en conclure que la position de l'embryon détermine celle du placenta : aussi n'a-t-on donné jusqu'à présent aucune explication satisfaisante de ce phénomène, si ce n'est l'hypothèse du refoulement de la caduque par l'ovule au sortir de la trompe ; la moitié restée en contact immédiat avec un point de la face interne de l'utérus déterminerait le lieu d'insertion du placenta et fixerait même d'avance le point du chorion sur lequel il doit se développer. Comment se fait-il alors que l'insertion du placenta ne corresponde pas ordinairement à l'origine de l'une ou l'autre trompe ? L'ovule peut-il glisser entre l'utérus et la caduque aussi facilement qu'on le suppose ? Cela doit paraître au moins douteux. Je ne répéterai pas ici toutes les raisons qui me semblent devoir faire regretter cette disposition de la caduque et faire admettre que, dans le principe, l'œuf humain est libre dans la cavité utérine, comme celui des autres mammifères, qu'il s'y fixe par une attraction organique préexistante, car on ne peut pas supposer que tous les points de sa surface peuvent indistinctement donner naissance au placenta. Comme les germes des végétaux, il doit avoir un point qui correspond aux radicules qui en végétant se dirigent par une espèce d'attraction élective vers un point déterminé. Au reste, la propriété qu'ont les villosités placentaires du chorion de prendre une direction déterminée sous l'influence de l'activité vitale de l'utérus et de l'œuf est des plus manifestes chez les ruminants dont la face interne de la matrice présente, pendant l'état de vacuité, des caroncules ou cotylédons qui ne font que se développer davantage par la gestation et au-devant desquels marchent les cotylédons vasculaires du placenta, qui leur correspondent parfaitement sous le rapport de la situation, du nombre et de la forme. La seule disposition mécanique qu'on peut invoquer dans l'espèce humaine, c'est que l'œuf reste flottant vers le fond de l'utérus dans le liquide albumineux d'une densité plus considérable que la sienne.

L'union du placenta à l'utérus se fait, comme pour le reste de la surface externe de l'œuf, par l'intermédiaire de la caduque, mais elle est encore fortifiée au niveau de la caduque utéro-placentaire par l'intrication des vaisseaux maternels, ou utéroplacentaires avec les vaisseaux ombilicaux du fœtus.

VIII. PLACENTA UTÉRIN. — Il se développe du côté de l'utérus des vaisseaux artériels et veineux qu'on appelle *utéro-placentaires*, qui se distribuent dans la caduque *utéro-placentaire* et qui marchent à la rencontre des vaisseaux ombilicaux, avec lesquels ils contractent une infinité de points de contact sans s'anastomoser directement. Ce disque vasculaire utérin, appliqué contre la face externe du placenta fœtal, se retrouve chez tous les mammifères, mais avec des différences de forme et de volume assez grandes. Comme il est en grande partie détruit en se séparant de l'utérus, qu'il est très peu apparent et difficile à étudier dans l'espèce humaine, sa disposition est généralement peu connue. Chez les rongeurs, les deux disques vasculaires sont fort distincts. Celui qui appartient à l'utérus forme un disque circulaire épais, d'un tissu blanchâtre, évidemment de formation nouvelle et toutà-fait analogue au tissu de la caduque. Il se sépare assez facilement de la face interne de la matrice et de la surface externe du placenta fœtal, dans les inégalités desquels il pénètre. Des artères et des veines se prolongent de l'utérus dans cette masse blanchâtre et vont se ramifier autour des vaisseaux ombilicaux. Chez les carnassiers, le placenta utérin n'est pas aussi épais et ne forme pas de relief saillant, mais les vaisseaux utéro-placentaires ne sont pas moins nombreux. Les placentas multiples qui sont disséminés sur la surface du chorion des ruminants, et qui représentent des houppes vasculaires arrondies, sont reçus dans des capsules ou alvéoles hémisphériques qui tiennent à l'utérus par un pédicule étroit et forment le placenta utérin; à l'exception du pédicule qui est bien évidemment formé par un prolongement du tissu de l'utérus, le reste est un tissu blanchâtre et de nouvelle formation : c'est la caduque utéro-placentaire qui s'est appropriée à la forme du placenta fœtal. Les vaisseaux de l'utérus qui pénètrent par le pédicule se distribuent dans la masse, et forment à la surface des alvéoles ou capsules un réseau visible à l'œil nu qui se trouve en contact avec les extrémités capillaires des vaisseaux ombilicaux qui sont emprisonnés dans ces alvéoles ; il y a ici plutôt application exacte qu'intrication ou mélange des deux ordres de vaisseaux. C'est dans les placentas multiples que la division en deux disques et que leur isolement sont le plus nettement tranchés ; on peut avec quelques précautions les séparer l'un de l'autre sans déterminer de ruptures vasculaires. Dans l'œuf des pachydermes, des solipèdes, les éléments qui constituent les deux placentas sont en quelque sorte dispersés, d'une part sur toute la surface externe de l'œuf, et de l'autre sur toute la surface interne de l'utérus, et forment deux membranes adossées, tantôt plissées, tantôt parsemées de petits disques qui se correspondent. La première est formée par les villosités du chorion devenues vasculaires, la seconde par la caduque utérine dans laquelle se sont prolongés les vaisseaux de l'utérus pour se mettre en contact avec les divisions dispersées des vaisseaux ombilicaux. Dans ce qui précède, je n'ai eu en vue que de faire ressortir les circonstances principales de la disposition et des rapports des vaisseaux utéroplacentaires avec les vaisseaux ombilicaux dans la série animale. On trouvera sur ce sujet des détails plus circonstanciés dans le cours de M. Flourens sur la génération, et dans la thèse de M. Bonamy.

Dans l'espèce humaine, ces vaisseaux, encore peu connus ou mal appréciés, ont sous le rapport pratique une importance si grande que je crois devoir reproduire la description que j'en ai donnée il y a quelques années.

La caduque utéro-placentaire qui leur sert de trame est moulée exactement sur toute la face utérine du placenta fœtal. En passant d'un lobe à l'autre, elle envoie entre les scissures intercotylédonaires des prolongements qui s'étendent vers la surface externe du chorion, enveloppe ainsi en grande partie les extrémités vasculaires des vaisseaux ombilicaux, se continue avec le tissu cellulaire qui enveloppe les vaisseaux ombilicaux, et devient une trame commune aux extrémités terminales des deux ordres de vaisseaux. Cette couche, épaisse dans le principe et pendant les quatre premiers mois de la grossesse, s'amincit à mesure que la grossesse marche vers son terme, époque où elle ne forme plus qu'une pellicule mince et transparente. Le tissu qui la forme se sépare facilement en lamelles, en cavités ou cellules. Il a, en outre, la propriété de s'imbiber des liquides avec lesquels on le met en contact. Nous avons vu que l'espèce de tissu cellulaire qui unit les vaisseaux ombilicaux se sépare également avec facilité en lamelles et en cellules, ce qui a fait considérer à tort par quelques anatomistes ces tissus comme caverneux et formant des cellules; mais cette disposition est purement accidentelle. C'est par erreur que M. Bonamy m'a fait admettre ces cellules fermées de toutes parts, et qu'il suppose que je les ai prises pour des veines. M. Velpeau a eu parfaitement raison d'en nier l'existence. C'est dans l'épaisseur de cette membrane et dans ses prolongements que se trouvent les principales divisions des vaisseaux utéro-placentaires. Elle représente le disque saillant de tissu plastique que nous avons signalé plus haut à la face interne de l'utérus de quelques mammifères ; c'est l'intermédiaire à l'aide duquel se fait l'intrication des deux ordres de vaisseaux.

Les *artères utéro-placentaires* [1, fig. 27] sont très grêles ; elles sont plus nombreuses au centre du placenta que dans les autres points ; on en rencontre encore quelques unes en dehors de sa circonférence, qui se perdent dans la caduque, fort épaisse dans ce point. La direction oblique de la plupart leur permet de prendre une étendue assez considérable. Néanmoins les plus longues ont à peine 27 mill. ; elles sont contournées en spirales allongées, et sous ce rapport ressemblent exactement aux artères de l'utérus ; elles offrent peu de tendance à se diviser et à former des anses anastomotiques. On peut voir à l'œil nu la terminaison de plusieurs en cul-de-sac. Elles ne se dirigent pas toutes vers les vaisseaux ombilicaux ; plusieurs se terminent après avoir rampé entre l'utérus et le placenta fœtal ; les autres se redressent et tendent à pénétrer dans son épaisseur. Celles qui correspondent aux scissures inter-cotylédonaires peuvent s'étendre profondément vers la face fœtale du chorion ; les autres restent plus superficielles. Malgré cette différence de profondeur, leur terminaison et leur rapport avec les vaisseaux ombilicaux sont à peu près les mêmes. En général, elles ne pénètrent pas dans le centre des cotylédons, mais se terminent à leur surface, au fond des inégalités formées par l'épanouissement des vaisseaux ombilicaux ; de sorte qu'il en résulte une intrication avec les vaisseaux ombilicaux assez superficielle, même pour les vaisseaux utéro-placentaires qui pénètrent profondément dans les scissures inter-cotylédonaires. Cette intrication avec les extrémités terminales des vaisseaux ombilicaux ne s'étend guère au-delà de 4 à 6 mill. (2 à 3 l.). La continuation des artères utéro-placentaires avec celle de l'utérus est manifeste ; avant de pénétrer dans le tissu de l'utérus elles se resserrent, ce qui les rend un peu fusiformes.

Les *veines utéro-placentaires* [2. fig. 27]., appendices des veines utérines, ressemblent à ces dernières par leur forme, leur grandeur et leurs fréquentes anastomoses en forme de plexus. Contrairement à la disposition des artères, elles sont plus nombreuses et plus grandes à la circonférence qu'au centre, et ne sont pas contournées en spirale. Ces veines se présentent dans l'épaisseur de la caduque utéro-placentaire sous trois formes principales. Dans la première, leur obliquité n'étant pas très prononcée, elles ont à peine une étendue de 2 à 4 millimètres. Cette disposition se remarque principalement vers le centre du placenta. Dans la seconde, elles sont plus longues et plus obliques, suivent le trajet des scissures inter-cotylédonaires, et envoient des prolongements entre les cotylédons et à leur surface. Dans leurs trajets, elles s'anastomosent avec des veines parties d'autres points de la face interne de l'utérus. Dans la troisième variété, qui est la plus remarquable, elles forment une couronne autour du placenta. Ce canal veineux circulaire, situé à la circonférence du placenta, est rarement complet; il présente le plus souvent des interruptions plus ou moins étendues; sa continuité est entretenue par une série de grosses veines utérines qui viennent s'y ouvrir, quelques unes en dehors à une distance de 27 à 54 mill. de la circonférence du placenta, en rampant dans l'épaisseur de la caduque utérine; il offre de distance en distance des renflements qui correspondent, tantôt à des anastomoses, tantôt à des inégalités de la circonférence du placenta fœtal, et communique avec les canaux veineux du centre par plusieurs anastomoses. Ce canal circulaire et le réseau veineux qui y vient aboutir de toutes parts sont très manifestes et très remarquables sur le placenta du cochon d'Inde. Dans les larges canaux situés dans la caduque utéro-placentaire, et qui peuvent être comparés pour la forme et les usages aux sinus veineux situés dans les parois de l'utérus, viennent s'ouvrir des veines beaucoup plus petites, formant des réseaux assez fins, s'étendant dans la profondeur des anfractuosités, pénétrant dans les inégalités de la surface des cotylédons, et s'enlaçant avec les extrémités terminales des vaisseaux ombilicaux. Des petites veines qui viennent s'ouvrir dans le sinus coronaire, un grand nombre ont leur origine dans les parties de la caduque les plus rapprochées de la circonférence du placenta, où elles forment un réseau très ramifié. Les petits troncs qui en résultent, au lieu de pénétrer directement dans les parois de l'utérus, viennent s'ouvrir dans le sinus coronaire par son côté externe. Son côté interne en reçoit d'autres qui viennent des réseaux développés, soit dans les scissures voisines, soit dans la partie la plus superficielle des cotylédons, où ils forment une intrication superficielle avec les extrémités capillaires des vaisseaux ombilicaux. Aux grands canaux veineux du centre viennent aboutir des veines plus petites dont les extrémités capillaires sont ramifiées dans la caduque utéro-placentaire et dans la partie du tissu cellulaire qui enveloppe les dernières ramifications des vaisseaux ombilicaux. Cette disposition en réseaux veineux venant se rendre dans de larges canaux, est l'analogue de celle que j'ai signalée pour les sinus de l'utérus, dans lesquels se rendent les petites veines des diverses parties de l'organe; elle rappelle la manière dont se comportent les veines du cerveau et de ses membranes relativement aux sinus de la dure-mère. D'après M. Bonamy, l'intrication des veines utéro-placentaires avec les vaisseaux ombilicaux, sans doute aussi des artères, est beaucoup plus profonde que je ne l'avais admis dans mon premier mémoire ; et ce ne serait pas seulement dans les intervalles qui séparent les cotylédons les uns des autres que ses vaisseaux arriveraient jusqu'à la surface externe du chorion, mais encore à travers les cotylédons eux-mêmes. L'injection des veines utérines dans la pièce sur laquelle il a pu étudier le placenta humain encore adhérent semble en effet confirmer ce mélange profond des vaisseaux de la mère avec ceux du fœtus. Mais la description qu'il en donne laisse des doutes, parce qu'elle manque de détails. Cependant un mélange complet existe effectivement dans le placenta des carnassiers et des rongeurs, comme le prouvent clairement les injections de M. Flourens, et surtout celles de M. Bonamy ; mais il ne semble pas qu'il soit aussi étendu dans l'espèce humaine, et qu'il affecte une autre disposition que celle que je viens de décrire. Ce qu'il y a de certain, c'est que les extrémités terminales et déliées des vaisseaux utéro-placentaires sont partout en contact avec les extrémités capillaires des vaisseaux ombilicaux, sans qu'il s'établisse entre eux aucune espèce de continuité, aucune anastomose. Il me semble même superflu de rappeler les preuves que j'en ai données ailleurs. On n'aperçoit pas le mode de communication entre les artères et les veines utéro-placentaires ; elles n'aboutissent ni les unes ni les autres dans ces cellules qu'on suppose à tort à leur extrémité.

Les larges ouvertures qui criblent constamment la portion de l'utérus qui donne attache au placenta représentent les points de continuité des veines utérines avec les veines utéro-placentaires ; celles-ci, tant qu'elles constituent de larges canaux, ne se distinguent des premières que par la différence de nature des tissus. Quelques unes de ces ouvertures correspondent en dehors de la circonférence du placenta. Lorsqu'on détache avec précaution cet organe de la caduque utéro-placentaire, on constate directement la continuité de veines utérines avec les veines utéro-placentaires dans le point où sa séparation spontanée ou accidentelle détermine leur rupture. Quelques observateurs ont nié que les larges orifices circulaires qu'on trouve constamment à la face interne de l'utérus sur les points qu'a occupés le placenta fussent les embouchures des veines utérines avec les veines utéro-placentaires. M. Deschamps, qui a méconnu dans l'espèce humaine les veines utéro-placentaires, pense que ces ouvertures sont accidentelles, et qu'elles résultent d'une déchirure des canaux veineux utérins les plus rapprochés de la face interne de la matrice, produite pendant le travail par la tension du sang, au moment d'une contraction. M. Bonamy adopte une opinion à peu près semblable : les orifices sont pour lui des déchirures qui se produisent soit par la matière de l'injection, soit lorsqu'on détache le placenta à l'aide des doigts ou d'un manche de scalpel, rupture qu'il explique par l'adhérence du tissu caduc utéro-placentaire, avec les canaux utérins qui en sont les plus rapprochés, et par l'insertion sur leurs parois de petites veines dirigées vers le placenta. Sur un œuf humain encore adhérent à l'utérus M. Bonamy a cherché ces orifices sans jamais pouvoir les trouver; il a ouvert largement les veines utérines en détachant un lambeau de la surface externe de l'utérus, sans réussir à les constater; d'un autre côté, lorsqu'il insufflait les cellules, qu'il croit exister à l'état normal dans la caduque utéro-placentaire, et dans le tissu cellulaire du placenta, l'air ne pénétrait pas dans les veines de l'utérus, et l'insufflation faite par celles-ci ne distendait pas les cellules. J'ai déjà fait voir plus haut que c'est par inadvertance que M. Bonamy suppose que j'ai confondu ces cellules avec les veines utéro-placentaires. Je crois avoir démontré qu'elles n'existent pas à l'état normal, mais qu'elles résultent de la facilité avec laquelle les parties qui composent la caduque utéro-placentaire se séparent et se développent en cellules ou cavités ; s'il en est ainsi, il est bien évident qu'elles ne doivent pas communiquer avec les veines de l'utérus. C'est donc une objection qui porte à faux.

La difficulté n'est plus que dans la question de savoir si les orifices circulaires qui se font par le décollement du placenta, opéré artificiellement ou spontanément à la suite de l'expulsion du fœtus, sont le résultat de déchirures qui portent sur les veines de l'utérus ou sur les veines utéro-placentaires au point où celles-ci s'abouchent avec les premières : j'ai fait connaître plus haut les raisons qui ont déterminé M. Bonamy à se prononcer en faveur d'une déchirure opérée sur les veines utérines qui sont les plus rapprochées de la face interne de l'organe. Je crois que M. Deschamps et, après lui, M. Bonamy ont commis une méprise que je m'explique du reste facilement.

Lorsqu'on examine les veines utérines dans la portion qui correspond au placenta, et qu'on les suit soit en les ouvrant, soit en les insufflant, on voit que la plupart ont une direction extrêmement oblique, et qu'elles parcourent un long trajet, séparées seulement de la face interne de l'utérus par une lame de tissu utérin excessivement mince, et qu'elles se dessinent en relief très marqué lorsqu'elles sont distendues. Mais, malgré le peu d'épaisseur de la portion de leurs parois qui correspond à la cavité de l'utérus, elles offrent encore, même au niveau des orifices béants, cette résistance et cette solidité propres au tissu de l'utérus qui forment un contraste si grand avec la mollesse et la fragilité de la caduque utéro-placentaire. C'est en suivant cette direction oblique qu'elles arrivent sur la surface externe du placenta; et comme, dans les derniers mois de la gestation, la caduque utéro-placentaire ne forme plus qu'une pellicule très mince et demi-transparente, les canaux veineux de la surface interne de l'utérus et externe du placenta sont en quelque sorte placés sur le même plan, et semblent se distribuer dans le même tissu, au point que plusieurs anatomistes ont soutenu avec quelque apparence de raison que la pellicule mince que le placenta entraîne avec lui en se détachant appartient à la portion correspondante de la membrane muqueuse de l'utérus. La différence d'organisation et de solidité des deux tissus et de leurs vaisseaux sont des caractères suffisants pour les faire reconnaître.

C'est sur ce point que porte l'erreur de M. Bonamy, qui considère comme appartenant encore à l'utérus des canaux qui sont déjà sur la surface externe du placenta, et qui ne considère comme veines utéro-placentaires que les ramifications grêles qui viennent s'y ouvrir de dedans en dehors. La fragilité qu'il attribue à ces canaux est une preuve qu'ils sont en dehors du tissu de l'utérus, et qu'il a méconnu leur point d'union avec les veines de l'utérus. D'ailleurs il est presque toujours possible de retrouver sur le placenta détaché les canaux veineux qui n'ont pas été complétement détruits par le fait de sa séparation de l'utérus, comme ceux qu'on observe à sa circonférence et entre ses lobes. Je crois pouvoir conclure avec une entière conviction que les larges orifices qu'on observe à la face interne de l'utérus après le décollement du placenta doivent réellement être considérés comme les points d'union ou de continuité des veines utéro-placentaires avec les veines utérines.

Les vaisseaux utéro-placentaires des deux ordres conservent les caractères des vaisseaux utérins, avec lesquels ils se continuent sans interruption. Les artères sont petites et contournées en spirales. Les veines offrent de très grandes dimensions, et sont constituées par de grands canaux dans lesquels vont se rendre les veines d'un calibre plus petit distribuées dans leur voisinage. L'organisation de ces vaisseaux est fort simple; comme tous les tissus de nouvelle formation, ils n'ont qu'une faible résistance. Les parois des artères sont épaisses, celles des veines sont fort minces; ces dernières offrent dans leur intérieur quelques valvules dont les bords libres sont dirigés du côté de l'utérus. Les artères se divisent peu, tandis que les veines forment des plexus assez compliqués. Le développement des vaisseaux utéro-placentaires semble coïncider avec celui des vaisseaux ombilicaux, et leur mode de développement ressemble à celui qui se fait dans les tissus de nouvelle formation.

XI. DE L'ŒUF DANS LA GROSSESSE MULTIPLE. — Ce qui précède nous dispense d'entrer dans de longs détails; quelques remarques suffiront pour faire ressortir les différences et pour établir les variétés de formes qu'on peut rencontrer. En général, chaque fœtus est renfermé dans un œuf composé des mêmes parties disposées dans le même ordre que dans la grossesse simple. Dans ce premier genre, qui comprend la disposition la plus générale, celle qu'on peut considérer comme normale, le point de contact des œufs étant variable, il en résulte plusieurs variétés de formes.

1° Soit que les ovules aient pénétré dans la matrice par une seule ou par les deux trompes, ils se fixent sur des points plus ou moins éloignés et ne paraissent pas même être en contact dans les premiers temps de la gestation, de sorte que non seulement chaque œuf a ses enveloppes propres, mais encore une caduque utérine et un feuillet réfléchi; mais ils arrivent bientôt à se toucher dans une plus ou moins grande étendue, et dès qu'ils remplissent exactement la matrice, la caduque leur devient commune. Toutefois il reste encore entre les points du chorion en contact une couche mince de tissu plastique qui constitue une faible adhérence. Quelquefois chaque œuf est expulsé séparément après le fœtus qu'il renfermait; mais le plus souvent l'adhérence est suffisante pour maintenir les délivres unis; de sorte qu'ils sont ordinairement expulsés en masse après la sortie du dernier fœtus, quoique l'adhérence ne soit pas intime et qu'on puisse les séparer sans déterminer de déchirure du chorion.

2° Les œufs se fixent sur des points très rapprochés, et les placentas sont en contact par une plus ou moins grande étendue de leurs bords. S'ils ne se touchent que par un point très étroit, leur circonférence n'est pas déformée; dans le cas contraire, les points en contact représentent une ligne droite, et les placentas forment en apparence une masse unique très large et d'une forme ovale. La ligne de démarcation est facile à reconnaître, et l'indépendance est ordinairement complète. Mais il est beaucoup plus difficile de séparer les délivres que lorsque le contact a lieu par d'autres points

24.

du chorion, car les lobes sont plus ou moins enchevêtrés sans que pour cela il y ait anastomose des vaisseaux.

3° Exceptionnellement, on peut rencontrer un commencement de fusion entre les placentas, non seulement par leur rapprochement, mais encore par des anastomoses entre les vaisseaux. Ces anastomoses offrent cela de remarquable que ce n'est pas entre les extrémités capillaires qu'elles ont lieu, mais entre de grosses branches de la surface fœtale des placentas; Smellie, Levret, Sultzer, Désormeaux, MM. Moreau, Velpeau, etc., en ont observé des exemples; j'en ai moi-même rencontré un cas; M. Prestat en a présenté un autre à la Société anatomique. C'est à cette disposition que sont dues les hémorrhagies par le cordon après l'expulsion du premier fœtus. Ces anastomoses ne sont donc pas extrêmement rares; elles ne portent ordinairement que sur deux ou un petit nombre de branches. La communication d'un ordre de vaisseaux n'entraîne pas celle de l'autre; le plus ordinairement elle existe seulement entre deux branches veineuses. Je n'affirme point qu'il n'existe jamais de communication entre les divisions vasculaires plus petites que forment les lobes, je me borne à faire remarquer qu'elles n'ont pas été constatées, comme les premières, d'une manière certaine et positive. A un degré de fusion plus avancé, mais qui peut exister sans qu'il y ait de communication vasculaire, non seulement les deux placentas forment une masse unique, mais encore les deux cordons paraissent avoir, dans une partie de leur étendue, une gaîne commune. Dans un cas observé par Méry, un cordon unique, en sortant du placenta, ne se divisait en deux pour se rendre à chaque fœtus qu'à quelques pouces de son origine. J'ai rencontré une disposition semblable sur un œuf abortif jumeau de quatre mois. Malgré la réunion des deux placentas et des cordons dans une partie de leur étendue, j'ai pu reconnaître sur les autres points les traces de deux chorions et de deux amnios. Cette anomalie paraît extrêmement rare.

4° Je dois signaler ici une particularité qui n'est pas rare et qui a quelquefois donné lieu à de fausses interprétations: un des œufs est souvent étouffé dès l'origine par l'autre, ou périt sous l'influence d'autres causes; s'il se trouve sur un des points qui correspondent au placenta de celui qui continue à vivre, il en est bientôt enveloppé de toutes parts, et il paraît développé dans l'épaisseur de cet organe ou entre les membranes, quoique sa position n'ait au fond rien d'anormal. La conservation de l'œuf abortif ne doit pas non plus faire croire à une conception postérieure ou à une superfétation.

Dans un autre ordre de faits qui constituent un genre de grossesse multiple différent du précédent, mais beaucoup plus rare, et qu'on peut considérer comme un état anormal, l'enveloppe la plus extérieure de l'œuf est commune à deux embryons ; et à un plus haut degré de fusion, ils n'ont plus qu'un chorion, qu'un seul amnios. Il paraît que deux œufs peuvent primitivement être réunis et en partie l'un dans l'autre, ou qu'un seul peut renfermer les germes de plusieurs individus.

1° Dans le petit nombre de cas où l'on assure n'avoir trouvé qu'un chorion pour deux, pour trois fœtus, renfermés chacun dans un amnios, il n'est pas facile de se convaincre qu'on ait exactement déterminé les rapports du chorion et son état de simplicité ; mais on est conduit à ne pouvoir nier cette disposition devant les faits qui nous montrent une réduction encore plus grande des membranes de l'œuf. On a cherché à expliquer la présence d'un chorion unique par la rupture, la destruction de la portion des deux œufs primitivement en contact.

2° La présence d'un seul chorion et d'une seule poche amniotique pour deux fœtus isolés est sans doute un fait très rare, mais qui est constaté par plusieurs observations authentiques. On a également invoqué pour l'expliquer l'usure ou la destruction des parties adossées d'œufs primitivement distinctes ; mais il est assez difficile d'admettre cette explication, si on réfléchit qu'il faut, pour qu'ils ne forment plus qu'une cavité commune, la destruction de quatre feuillets assez denses et assez résistants. Il paraît plus naturel de rapporter cette disposition à un état primitif, à une espèce de monstruosité de l'œuf, où une coque simple renferme plusieurs germes qui peuvent se développer isolément et donner naissance à des embryons bien conformés et isolés. Cette explication est d'autant plus plausible qu'elle nous conduit presque insensiblement aux monstruosités dans lesquelles deux fœtus sont plus ou moins confondus par quelques unes de leurs parties et contenus dans le même chorion et le même amnios. A un degré encore plus prononcé de monstruosité, mais plus rare, il y a inclusion complète d'éléments plus ou moins nombreux d'un fœtus dans un autre bien conformé. On a distingué une inclusion abdominale ou profonde, une inclusion extérieure ou cutanée. Dans celle-ci, il est seulement enveloppé dans l'épaisseur des téguments du premier.

SECTION II. — Du fœtus.

Les termes d'*embryon* et de *fœtus*, pris d'une manière générale, doivent être considérés comme synonymes; mais on est généralement dans l'usage d'appeler le *nouvel être*, *embryon* jusqu'au troisième mois, ou jusqu'à ce que toutes ses parties soient distinctes les unes des autres, et *fœtus* pendant le reste de la durée de la gestation

I. Développement du fœtus. — Tout ce qui est relatif à l'état primitif de l'embryon est encore fort obscur, même chez les ovipares, qui, à cause de la facilité d'être observés à tous les moments de l'incubation, ont été l'objet de recherches si suivies. L'œuf humain n'a point encore été observé au moment de ses premières évolutions après la fécondation. Les résultats obtenus sur les mammifères se bornent aux observations de Baër, de MM. Dumas et Prevost, de M. Coste, etc., sur des chiennes, des lapines et quelques autres animaux. Il semble en résulter d'une manière à peu près certaine que les premières traces de l'embryon apparaissent sur un point des membranes et non dans le liquide de l'œuf; que la couche proligère, pag. 163, se sépare de l'enveloppe extérieure de l'œuf en même temps qu'elle s'épaissit en un renflement discoïde qui s'allonge et qui ne tarde pas à présenter quelques traces de l'embryon. Si ces observations sont exactes, elles prouvent que la formation de l'embryon chez les mammifères se fait de la même manière que chez les oiseaux, et que les différences ne sont qu'accessoires, et résultent de ce que l'un doit puiser en grande partie en dehors de lui les éléments nécessaires à son développement [fig. 26], tandis que l'autre contient toute sa provision de matière nutritive. Cet état de l'embryon, sans configuration précise et uni aux membranes, a une durée fort courte; car il s'écoule un certain temps depuis le moment de la fécondation jusqu'à celui où il devient visible, et déjà, dès la fin de la seconde semaine, l'embryon est distinct de ses vésicules et de ses membranes. M. Velpeau a observé un œuf humain qui, selon lui, ne pouvait pas avoir plus de douze jours, et cependant l'embryon y était déjà très distinct. Son apparition serait encore plus précoce, s'il est vrai que Home l'a distingué sur un œuf de huit jours. Cette observation ne doit être admise qu'avec une certaine réserve. Quoiqu'on ne puisse pas établir d'une manière précise l'époque de l'apparition de l'embryon, il paraît au moins certain que l'opinion de Haller, qui la fixait à la fin de la troisième semaine, est inexacte.

Cependant ce n'est guère que de la troisième à la quatrième semaine que les observations commencent à donner des résultats comparables sur un certain nombre de points. L'embryon, long de 4 à 6 mill. (2 à 3 l.), représente une masse homogène grisâtre, demi-transparente, gélatineuse, étendue en long ou légèrement fléchie d'après Meckel et la plupart des observateurs, et recourbée en cercle dès le principe, suivant M. Velpeau.

La tête, à peine distincte du tronc, qu'elle égale en volume, forme une masse sphérique sans apparence d'ouvertures. Le tronc est sans membres, et se termine en pointe ou prolongement caudiforme. La configuration de l'embryon est déjà très nette ; les parois du corps représentent une membrane transparente appliquée sur des parties grenues, et sont fermées de toutes parts sur la ligne médiane, excepté au niveau du ventre, où elles se réfléchissent pour former l'amnios, et laissent un vide circulaire qui est l'ouverture ombilicale traversée par le pédicule de la vésicule ombilicale et par l'allantoïde, dont l'existence est si éphémère et si mal déterminée dans l'espèce humaine, qu'on ne peut guère constater que son pédicule. L'axe cérébro-spinal, que M. Velpeau croit distinct avant tous les autres organes, se présente sous la forme d'un filet blanchâtre au milieu d'un liquide limpide. Le canal intestinal, avec quelques unes de ses annexes, est également formé de bonne heure, surtout dans sa partie centrale. Le cœur ou l'aorte et les veines caves sont faciles à reconnaître ; les troncs vasculaires qui sont le plus développés dans le principe sont ceux qui forment les vaisseaux omphalo-mésentériques; viennent ensuite les vaisseaux omphalo-iliaques ou ombilicaux.

L'observation n'a pas encore établi d'une manière bien nette une succession dans le développement des parties fondamentales de l'embryon, telles que les rudiments du système vasculaire, de l'axe cérébro-spinal, du canal intestinal et du foie. Si cette succession existe réellement, elle est si rapide qu'elle se rapproche beaucoup de la simultanéité. C'est pendant cette période que plusieurs observateurs ont signalé sur les côtés du cou et de la poitrine des fissures en forme de plis parallèles qu'ils ont considérées comme des branchies. Il me semble que M. Serres a parfaitement démontré que cette disposition n'a rien de commun avec un appareil branchial, et qu'elle résulte de la présence des premiers rudiments opaques des côtes et des apophyses transverses des vertèbres.

Pendant le second mois, de nouvelles parties apparaissent,

et le développement de l'embryon fait des progrès rapides. La tête conserve sa prépondérance; la face, proportionnellement très petite, se distingue du crâne. Dès le commencement, on aperçoit déjà tous les organes des sens. Les yeux forment des taches noires superficielles situées, latéralement; de petits orifices peu profonds, sans reliefs apparents, représentent les conduits auditifs. La bouche, qui, dans le principe, paraît former une cavité close, est largement ouverte, et semble diviser toute la face. Au fond de cette cavité, on distingue un petit tubercule qui est la langue, qui tend à sortir au-dehors tant que les lèvres ne sont pas formées. Au-dessous de la fente buccale, on aperçoit les orifices des fosses nasales, supposées fermées à l'extérieur dans le principe, comme la bouche, avec laquelle elles communiquent encore par l'absence de la cloison palatine. Les appendices protecteurs de ces diverses parties n'apparaissent que plus tard, et seulement pendant la dernière partie du second mois. Les deux paupières s'avancent l'une vers l'autre. Un bourrelet circulaire n'indique que d'une manière encore très imparfaite le pavillon de l'oreille. Il en est de même de la saillie nasale, qui se prononce assez lentement. Les lèvres, très minces, marchent, comme les paupières, à la rencontre l'une de l'autre. D'après M. Velpeau, elles se développent de toute pièce, et ne présentent à aucune époque ni scissure ni tubercule sur la ligne médiane.

Les cordons latéraux de la moelle épinière apparaissent distinctement et laissent entre eux une gouttière ouverte en arrière; le cerveau forme une série de vésicules qui procèdent dans leur développement de bas en haut et de dehors en dedans. Sur les parties latérales du tronc et sur des points qui paraissent très rapprochés, apparaissent les premiers rudiments des membres. La succession admise entre le développement des membres thoraciques et pelviens est extrêmement peu prononcée, si elle existe réellement. M. Velpeau affirme que toutes les fois qu'il a pu distinguer une portion du membre supérieur, il a reconnu la partie correspondante sur le membre inférieur. La main et les pieds apparaissent d'abord, et présentent la forme de petites palettes légèrement crénelées sur leurs bords libres; les premières sont situées à peu près vers le milieu de l'axe occipito-coccygien, et les seconds, seulement un peu au-dessus de la pointe coccygienne, qui se recourbe dans l'intervalle qu'ils laissent libre. Les avant-bras, les jambes, les bras et les cuisses se montrent ensuite comme se dégageant de leur extrémité vers leur racine et soulevant une pellicule qui les maintiendrait fixés sur les côtés. En même temps, les crénelures se creusent de plus en plus, et les tubercules digitaux s'allongent et présentent bientôt à leurs extrémités les caractères des phalanges unguéales; les autres apparaissent successivement. Les doigts s'isolent à mesure qu'ils se forment, et ne restent point unis par des membranes. Dans la dernière partie du second mois, les diverses parties des membres sont complétement formées et offrent déjà leurs caractères propres [fig. 25].

L'embryon s'est en grande partie redressé par le développement et l'accroissement des viscères situés au-devant de la tige rachidienne; les parois des cavités splanchniques sont encore si minces qu'on aperçoit par transparence en arrière l'axe cérébro-spinal et les nerfs qui s'en détachent; en avant, le cœur, le foie, etc.; mais elles sont déjà complétement opaques sur les côtés par le rapprochement de granulations irrégulières qu'on observe dans leur épaisseur. La formation des cartilages pour le développement des os, que nous avons signalée dès la 4e et la 5e semaine sur la tige rachidienne et sur les arcs costaux, à l'occasion de prétendues branchies situées sur les côtés du cou et du tronc, fait des progrès rapides, et le squelette existe déjà à l'état cartilagineux. Dès la 7e semaine, des points d'ossification se montrent dans les clavicules, la mâchoire inférieure, et dès la 8e, dans la maxillaire supérieure, dans le fémur, dans la portion squameuse de l'occipital et du frontal; la membrane fibreuse qui doit former le périoste est déjà distincte et résistante. Le bassin ne forme pas encore de cavité distincte renfermant des organes; l'extrémité coccygienne, toujours recourbée en pointe, fait encore saillie au-dessous des rudiments du bassin.

Pendant le second mois la vésicule ombilicale est encore en pleine activité; l'anneau ombilical se rétrécit de plus en plus, et repousse en arrière le foie, et les intestins, qui forment déjà des circonvolutions. Les vaisseaux ombilicaux s'étendent déjà sur le chorion, et leur gaîne se transforme promptement en un cordon court et volumineux, qui semble s'élever de la face antérieure du coccyx.

Les corps de Wolf, ou faux reins, occupent la partie postérieure de la cavité abdominale; leurs conduits excréteurs se rendent dans le cloaque. Dans la 7e semaine, on aperçoit d'une manière distincte les reins, les capsules surrénales, qui sont très volumineuses, les testicules et les ovaires qui occupent le même point au-devant des reins. Dans la 8e semaine, la vessie, allongée et tout-à-fait vide, est complétement séparée du cloaque; il en est de même de l'anus, qui s'ouvre au centre d'une petite dépression qu'on observe immédiatement au-devant du coccyx; en avant et près du pubis, on aperçoit un tubercule saillant, creusé en gouttière à sa face inférieure, qui est la verge ou le clitoris. Il n'est pas encore possible d'établir une distinction entre les sexes. Le rétrécissement qui existe entre la tête et la poitrine se prononce davantage. C'est aussi pendant la 7e semaine que se montrent les rudiments du larynx et de la glande thyroïde, dont les lobes sont complétement séparés ; la trachée-artère représente un filament grêle, dans lequel on voit, comme dans le larynx, des points cartilagineux. Les poumons se présentent avec l'apparence de masses vésiculeuses ; dans la 8e semaine, ils reçoivent déjà les divisions de l'artère pulmonaire. A cette époque, c'est-à-dire de cinq à six semaines, la longueur de l'embryon est de 27 à 33 millimètres (de 12 à 15 lignes), et il pèse environ 1 gramme. Dans la 8e semaine, sa longueur est de 30 à 40 millimètres, et il pèse de 12 à 20 grammes.

Au 3e mois, la vésicule ombilicale a disparu, ou, si elle persiste encore, c'est à l'état d'atrophie ; son pédicule et ses vaisseaux sont oblitérés. Le cordon s'est considérablement allongé et a revêtu les caractères qu'il doit conserver. Le placenta est achevé, l'amnios s'est mis en contact avec le chorion ; les dernières traces de la cavité de la caduque disparaissent, et les annexes du fœtus n'éprouveront plus d'autres changements que ceux qui sont relatifs à leur agrandissement. Le fœtus, à quelques modifications près, a déjà pris la forme qu'il doit conserver ; sa longueur est de 54 à 67 millimètres (2 po. ou 2 po. 1/2) ; il pèse de 32 à 48 grammes ; il ne présente plus nulle part de masses homogènes ; la plupart des muscles sont visibles, et, quoique pâles, ils se distinguent facilement des nerfs, des vaisseaux, des cartilages avec leurs points d'ossification ; la peau, encore mince et transparente, est déjà séparée dans quelques points des parties sous-jacentes par des traces de tissu cellulaire et de grains adipeux. Quelques organes accessoires et tardifs dans leur développement, comme les glandes salivaires, le pancréas, le thymus, apparaissent, et les parties existantes se perfectionnent. Les paupières, encore transparentes, s'accolent ; la membrane pupillaire se forme ; la bouche est fermée par le rapprochement exact des lèvres ; le rebord alvéolaire des maxillaires présente un aspect crénelé dû à la présence des follicules dentaires de la première dentition ; le conduit auditif est bouché par une matière homogène ; le pavillon de l'oreille, qui se présente encore sous la forme de replis cutanés, plats et plus larges en arrière, présente déjà quelques points cartilagineux ; le nez, encore peu saillant et aplati sur sa base, offre deux narines dirigées en avant, mais bouchées par deux renflements cutanés; la voûte du crâne est encore en très grande partie membraneuse, tandis que la base est à l'état cartilagineux. Toutes les parties du cou sont nettement dessinées; les membres supérieures sont un peu plus longs et mieux développés que les inférieurs; le bassin, encore très petit, se dessine cependant; les fesses forment de légères éminences, et la saillie coxale est cachée. Le développement de la région hypogastrique a déjà fait remonter l'ombilic; les différences sexuelles sont très manifestes, mais la ressemblance est encore très grande.

A la fin du 4e mois, le fœtus est long de 162 à 216 millimètres (6 à 8 po.), et pèse de 184 à 214 grammes. Le scrotum et les grandes lèvres sont déjà faciles à reconnaître; la peau est rosée et demi-transparente : les rudiments des ongles apparaissent. A la fin du 5e mois, sa longueur est de 216 à 270 mill. (8 à 10 po.), son poids d'environ 550 gr. Pendant le 6e mois, la peau, déjà assez bien développée, se recouvre d'un duvet lanugineux, excepté à la paume des deux mains et à la plante des pieds; les follicules sébacés des aisselles et des aines sont visibles, et un vernis muqueux commence à se déposer sur ces régions, mais il est encore peu abondant et plutôt mucilagineux que gras. Les cheveux, les sourcils, les cils se distinguent des poils lanugineux; les ongles commencent à devenir cornés; le mamelon et son aréole se montrent sous la forme d'un petit anneau; l'épiderme n'est pas encore distinct; le pannicule graisseux sous-cutané commence à se développer, sans donner encore d'une manière tranchée au fœtus les formes arrondies qu'il présentera un peu plus tard; le tronc et les membres sont grêles; proportionnellement, la tête est encore très volumineuse; les os de la voûte du crâne sont en très grande partie ossifiés, mais ils laissent de très larges commissures entre leurs bords. La membrane pupillaire n'est point encore déchirée; le front est ridé et la face plissée; les membres, le cou, sont longs et grêles. Vers la fin de cette période, il est long de 297 à 324 mill. (11 à 12 po.) et pèse environ 1,000 gr.; il flotte toujours librement dans la cavité utérine. Il peut déjà naître vivant, respirer, crier, se mouvoir pendant quelque temps; mais il ne tarde pas à succomber, il se trouve encore dans une inaptitude à peu près complète à jouir définitivement de la vie extra-utérine.

Pendant le 7e mois, les bords des os du crâne sont encore loin d'être en contact; la peau s'épaissit, ses vaisseaux sont plus apparents; l'épiderme est développé, et il est très apparent à la paume des mains et à la plante des pieds. Les cheveux perdent leur teinte pâle, et ont déjà une certaine longueur; le duvet lanugineux et l'enduit caséeux sont plus généralement répandus; le tissu adipeux, qui s'est développé en abondance, commence à donner aux diverses parties du fœtus des formes arrondies et beaucoup moins grêles. Les commissures que laissent entre eux les os du crâne sont encore assez étendues. Il devient moins libre dans la cavité utérine, à la forme de laquelle il s'accommode en prenant un attitude plus fléchie; il commence à prendre un peu de stabilité dans son attitude; il est long de 330 à 360 mill., et pèse de 1 kil. 500 gr. à 2 kil. Les fœtus qui naissent pendant le 7e mois ne sont pas nécessairement voués à la mort; cependant peu de ceux qui naissent pendant la première moitié survivent.

Dans le 8e mois, le fœtus offre des caractères de maturité assez prononcés; sa longueur est de 350 à 405 millimètres (13 à 15 po.); son poids de 1 kil. 468 gra. à 2 kil. 447 gr. (de 3 à 5 liv.). Les paupières sont moins serrées l'une contre l'autre, la cornée s'éclaircit, et la membrane pupillaire commence à disparaître vers son centre; la mâchoire inférieure est arrivée sur le même niveau que la supérieure; les commissures de la voûte du crâne constituent encore un écartement sensible; l'enduit sébacé est déjà abondant; les ongles, quoique courts, ont pris une certaine fermeté. Un des testicules, le plus ordinairement celui du côté gauche, est descendu dans le scrotum, tandis que l'autre reste encore dans la région inguinale en partie engagée dans l'anneau. Le vagin est rempli d'un liquide mucilagineux, blanchâtre; la vulve est encore béante, quoique les grandes lèvres forment déjà deux saillies allongées. L'ombilic, qui continue à s'élever, correspond à peu près au milieu de la longueur du fœtus, dont la naissance à cette époque offre déjà des conditions de viabilité très manifestes.

Pendant le 9e mois, les conditions de viabilité se rapprochent beaucoup de celles du terme absolu de la gestation; les os de la voûte du crâne sont rapprochés et ne laissent de séparation étendue qu'au niveau des angles de réunion (fontanelles). Les deux testicules sont ordinairement dans le scrotum, mais les tuniques vaginales communiquent largement avec le péritoine. Le poil lanugineux commence à tomber, l'enduit caséeux augmente, les cheveux s'allongent, les ongles sont bien formés; l'œil est encore un peu trouble, et les dernières traces de la membrane pupillaire disparaissent.

A la naissance à terme, M. Elsaesser a trouvé que sur 1,100 fœtus la longueur a varié de 398 (minimum chez les filles) à 550 mil. (maximum chez les garçons) (14 9 l. à 20 po. 7 l.); il a évalué la longueur moyenne chez les deux sexes à 466 mill. (17 po. 3 l. 1/2); celle des garçons est représentée par ce dernier chiffre, et celle des filles a été de 450 mill. (16 po. 8 l.); la longueur commune est de 16 à 18 pouces. Il n'est point exact de dire que l'ombilic correspond au milieu de la longueur du corps. Il résulte des observations de MM. A. Devergie et Moreau, qui, du reste, s'éloignent peu de celles de Chaussier et de M. Elsaesser, que le point qui correspond à la moitié du corps se trouve, d'après le premier, de 15 à 18 mill. (7 à 8 l.), et d'après le second, de 20 à 22 mill. (9 à 10 l.) au-dessus de l'ombilic. Mais cette appréciation n'a pas plus de valeur pour déterminer l'âge précis du fœtus que celle qui est fondée sur la longueur totale, puisqu'elle représente une moyenne dans laquelle entre un certain nombre de fœtus dont l'ombilic correspond exactement au milieu du corps ou à une faible distance au-dessus ou au-dessous, et que, d'un autre côté, on trouve quelques fœtus de 8 et même de 7 mois chez lesquels l'ombilic correspond exactement ou à peu près à la moitié du corps. La comparaison d'autres parties du fœtus a donné des résultats encore moins satisfaisants. D'après Chaussier, il y a, du sommet de la tête à l'ombilic, 279 mill. (10 po. 4 l.), et, de l'ombilic aux pieds, 207 mill. (7 po. 8 l.); du sommet de la tête au pubis, 317 mill. (11 po. 9 l.), et du pubis aux pieds, 168 mill. (6 po. 3 l.); de la cavicule au bas du sternum, 60 mill. (2 po. 3 l.), et du bas du sternum au pubis, 162 mill. (6 po.).

Le poids du fœtus est encore plus variable que sa longueur. D'après M. Elsaesser, sur 1,000 fœtus à terme, les variations de poids ont été les suivantes : de 4 à 5 livres 13 ; de 5 à 6, 158 ; de 6 à 7, 417 ; de 7 à 8, 318 ; de 8 à 9, 83 ; de 9 à 10, 11. La moyenne chez les deux sexes a été de 6 livres 14 onces (3 kil. 365 gr.); chez les garçons 7 livres 2/6 d'once, chez les filles de 6 livres 10 onces : les filles restent beaucoup plus souvent au-dessous de 7 livres que les garçons. Chaussier, dont les appréciations reposent sur 1,601 nouveaux-nés, en a trouvé 3 de 2 livres, 31 de 3 ; mais ce n'est pas sûr qu'il ait écarté tous ceux qui étaient nés avant terme ou atteints de maladie, et dans la limite opposée, il en a noté de 11, 16 et 17 livres 1/2 ; mais ceux qui dépassent 10 livres sont déjà si rares, qu'on doit craindre qu'il se soit glissé quelques inexactitudes dans les chiffres les plus élevés. Le poids et la taille des fœtus à terme sont dans un rapport direct, mais les extrêmes offrent des différences considérables qui sont moindres pour la longueur que pour la pesanteur.

Les poils lanugineux ont disparu en grande partie, la peau est d'un blanc rosé, l'épiderme est solide, les cheveux sont longs et forts, les ongles, solides, s'avancent jusqu'au niveau de la pulpe des doigts ; les testicules sont dans le scrotum, le canal de la tunique vaginale commence à s'oblitérer. Chez les filles, les grandes lèvres sont appliquées l'une contre l'autre et ferment la vulve.

Si les caractères extérieurs, pris isolément ou ensemble, en y ajoutant même ceux qui sont tirés de la succession des points d'ossification du squelette et particulièrement celui du centre du cartilage épiphysaire inférieur du fémur, qui paraît être un caractère propre au fœtus arrivé dans son neuvième mois, ne peuvent pas donner d'une manière certaine l'âge précis du fœtus, il n'en est pas moins vrai qu'on peut acquérir, par l'habitude et par de nombreuses observations comparatives, des notions approximatives assez sûres sur son degré de maturité, et qu'on peut en déduire, à deux ou trois semaines près, son âge réel, sur des données qui semblent à la description si vagues et si peu précises.

II. Du fœtus considéré sous le rapport de l'accouchement. — Le fœtus parvenu à son développement complet, devant traverser le bassin, il importe de connaître exactement la forme de ses parties les plus volumineuses, leurs dimensions et les caractères qui peuvent les faire reconnaître lorsqu'elles se présentent à l'entrée du bassin.

1. La tête a été avec juste raison l'objet d'une étude toute particulière ; le grand développement du cerveau et l'état d'imperfection des os du crâne à la naissance donnent à cette partie du corps des caractères particuliers différents de ceux qu'elle offrira par la suite. Le frontal, divisé dans toute son étendue sur la ligne médiane, est composé de deux parties symétriques dont les angles supérieurs émoussés restent un peu écartés l'un de l'autre et sont encore éloignés des angles correspondants des pariétaux, qui présentent une disposition semblable ; il en résulte un espace libre membraneux (*fontanelle antérieure*). L'occipital est encore composé de deux pièces : la postérieure, ou l'écaille, s'unit à l'antérieure, formée en partie des masses condyloïdiennes en formant un sillon transversal au niveau de la partie postérieure

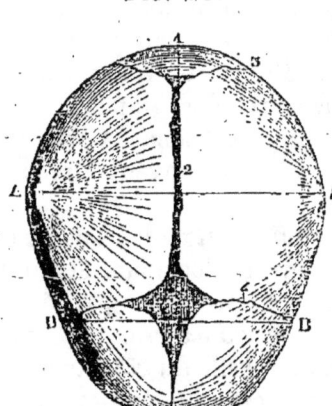

Fig. 28.

du trou occipital. L'angle supérieur de la partie écailleuse de l'occipital présente une fente longitudinale peu profonde ou seulement les traces de cette fente, qui n'est pas accessible au toucher; les angles supérieurs des pariétaux sont ordinairement complétement formés, de manière que les trois os se touchent déjà à leur angle de réunion ou ne laissent à la naissance qu'un intervalle membraneux très étroit (*fontanelle postérieure*).

Les parties latérales du crâne présentent deux vides remplis par des membranes, l'une en arrière (*fontanelle latérale postérieure*) plus large, à l'union de la portion mastoïdienne des temporaux avec l'occipital et les pariétaux, l'autre (*fontanelle latérale antérieure*) au-devant de la portion écailleuse du temporal, entre les grandes ailes du sphénoïde et l'angle inférieur et antérieur du pariétal d'une part, et de l'autre entre les points correspondants du temporal et du frontal.

La base du crâne ne présente ni vides ni parties mobiles; car l'ethmoïde, le sphénoïde et la portion de l'occipital et des temporaux qui la constituent sont déjà solidement unis, et la matière osseuse prédomine sur la matière cartilagineuse dans ces os. Il en résulte que la base du crâne est incompressible longtemps avant le terme de la maturité du fœtus, tandis que la voûte peut être comprimée et sensiblement déformée même après la naissance.

L'union des os de la voûte du crâne du fœtus ne forme pas des sutures engrenées, ni exactement juxtaposées; ces os ne sont pas en rapports immédiats par leurs bords, mais unis par l'intermédiaire de membranes étroites; de sorte que les sutures qu'on désigne encore par le nom de *commissures* leur permettent de jouir vis-à-vis les uns des autres d'une certaine mobilité. Ces sutures et les intervalles membraneux plus grands qui se trouvent sur leur trajet servant à déterminer pendant l'accouchement les rapports de la tête avec le bassin doivent être étudiés avec beaucoup de soin.

La suture *antéro-postérieure*, *droite* ou *sagittale* [2] s'étend de la suture fronto-nasale à l'angle supérieur de l'occipital et réunit sur la ligne médiane les deux portions du frontal et les pariétaux.

La suture *fronto-pariétale*, *antérieure* ou *transversale* [4], va de la grande aile du sphénoïde d'un côté à celle du côté opposé, et croise à angle droit la précédente au point de réunion de sa portion frontale avec sa portion pariétale.

C'est sur le point d'intersection de ces deux sutures que se trouve [3] la *fontanelle antérieure*, *grande fontanelle* ou *bregmatique*, espace en forme de losange, membraneux, dépourvu de matière osseuse, plus prolongé entre les deux portions du frontal que des pariétaux. Cet espace membraneux, surpassant en grandeur les autres espaces de même nature du crâne, n'est jamais fermé à la naissance.

La *suture occipito-pariétale, postérieure* ou *lambdoïde* [5] s'étend d'une apophyse mastoïde à l'autre, et semble résulter de la bifurcation de la suture sagittale.

Au point de réunion de ces trois branches se trouve [1] la *fontanelle occipitale*, *petite* ou *postérieure*, qui a la forme d'un triangle dont la base curviligne correspond à l'angle de l'occipital et le sommet entre l'écartement des pariétaux ; ses dimensions sont fort petites ; elle est même fréquemment close chez le fœtus à terme. Lorsqu'elle conserve une grandeur anormale, elle est en grande partie formée aux dépens de l'angle supérieur de l'occipital, et de la fente qu'il offre sur la ligne médiane. Elle présente alors quatre branches et la forme d'un losange, comme la fontanelle bregmatique, dont elle se distingue difficilement malgré l'obliquité plus grande de la suture lambdoïde.

Les *sutures temporo-pariétales* ou *écailleuses* [fig. 29] sont aussi membraneuses et laissent aux os qu'elles réunissent une mobilité assez grande ; mais recouvertes par les muscles temporaux, elles ne sont pas accessibles au toucher. Il en est de même des *fontanelles latérales*, qui sont placées à leurs extrémités.

Cependant la *postérieure*, qui est assez grande [1, fig. 29], peut être sentie ; sa forme triangulaire et les trois branches qui en partent la font facilement prendre pour la fontanelle occipitale, dont elle se distingue pourtant par sa grandeur et par sa position plus rapprochée de la base du crâne. Les antérieures [2, fig. 29], excessivement étroites, sont complétement masquées par les parties molles, et ne peuvent ni servir à reconnaître la position de la tête ni donner lieu à des méprises.

Les fontanelles offrent assez souvent une grandeur anormale. On trouve aussi quelquefois sur le trajet des sutures des espaces plus ou moins étendus non ossifiés. Ces anomalies se rencontrent ordinairement avec des défauts d'ossification dans d'autres parties du système osseux, et plus particulièrement avec ceux des vertèbres. M. Velpeau a vu, au milieu de la portion antérieure de la suture sagittale, un espace large de 18 mill. (8 l.), et long de 22 mill. (10 l.), absolument dépourvu d'os. Sur cinq nouveaux-nés affectés de spina-bifida que j'ai observés, trois présentaient à des degrés différents des anomalies dans l'ossification des os du crâne. Chez l'un, qui m'a été montré comme un cas d'hydrocéphale, la moitié postérieure de l'occipital manquait ; chez l'autre, la fontanelle antérieure, très élargie, se prolongeait en avant jusqu'auprès de la suture naso-frontale, et en arrière jusqu'au tiers postérieur des pariétaux. Chez le troisième, les fontanelles antérieure et postérieure étaient plus grandes; toutes les sutures de la voûte étaient écartées comme à sept mois, quoique l'enfant fût à terme; les sutures temporo-pariétales étaient remplacées par un intervalle membraneux étendu qui réunissait les deux fontanelles latérales en une seule. Quelque facile qu'il soit après la naissance de distinguer ce défaut d'ossification, il peut pendant le travail donner lieu à des méprises fâcheuses, et faire prendre une tête saine pour une tête hydrocéphale.

Je ferai une dernière observation relativement aux sutures de la voûte du crâne. Quoique les bords des os qui les forment soient déjà dentelés et coupés en biseau alternativement aux dépens de la lame interne et de l'externe, ils sont encore si minces, qu'ils peuvent se croiser dans une certaine étendue sous l'influence d'une compression plus ou moins forte. Cette réduction dans le volume de la tête se fait de la manière suivante.

L'occipital et le frontal glissent sous les pariétaux; les bords supérieurs de ceux-ci peuvent se croiser légèrement, et leurs bords inférieurs glisser sur la portion écailleuse du temporal. La réduction peut être portée très loin chez le fœtus mort dont le cerveau est ramolli, surtout lorsqu'une portion de la matière cérébrale a été évacuée, avant même que les membranes qui unissent les os entre eux subissent des décollements ou se déchirent.

La tête du fœtus a la forme d'un ovoïde irrégulier dont la grosse extrémité est tournée en arrière : l'occiput, le menton et le front forment des saillies arrondies qui peuvent être considérées comme autant d'extrémités de la tête. Elle se divise en cinq *régions* : l'une, supérieure, limitée par la circonférence du diamètre occipito-frontal, est caractérisée par la présence des fontanelles antérieures et

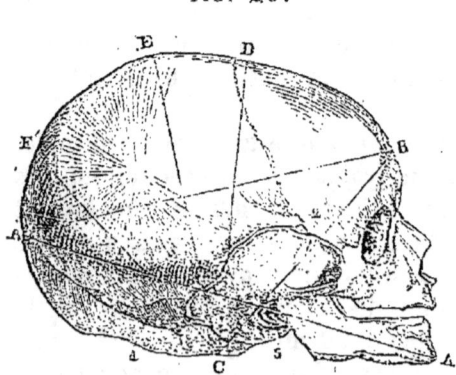

FIG. 29.

postérieures et des sutures qui y aboutissent; elle est ordinairement désignée par les noms de l'une des parties qu'elle circonscrit, comme *sommet*, *vertex*, *bregma*, etc. L'inférieure comprend la base du crâne et la partie postérieure de la face. L'antérieure ou *faciale*, limitée par la circonférence fronto-mentonnière, comprend la face et la portion la plus inférieure de la région frontale; elle offre les bosses frontales, la suture médiane du front, le nez, les yeux, le bord des cavités orbitaires, les joues; la saillie des pommettes, la bouche, les arcades alvéolaires, les lèvres, le menton. Les latérales ou *temporales* comprennent tout l'espace que les autres laissent entre elles ; la présence des oreilles est le seul caractère qui puisse faire reconnaître ces régions pendant le travail.

La connaissance des principales dimensions de la tête étant nécessaire pour l'intelligence du mécanisme de l'accouchement, on l'a mesurée dans un certain nombre de directions déterminées, et on a supposé les points opposés liés par des lignes droites fictives ; de là les noms de *diamètres* donnés à ces distances, que je vais fixer, en indiquant en même temps leur étendue

1° Du menton à la fontanelle postérieure [AA], et, suivant quelques uns, à la protubérance occipitale, *diamètre mento-occipital*, 121 mill. (4 po. 1/2).

2° Du milieu du front à la protubérance occipitale [AB], ou plutôt au milieu de l'espace compris entre la fontanelle postérieure et la bosse occipitale, *diamètre occipito-frontal*, 108 mill. (4 po.).

3° De la fontanelle antérieure au milieu de l'espace compris entre la bosse occipitale et le grand trou occipital, *diamètre sous-occipito-bregmatique*, 94 mill. (3 po. 1/2).

4° D'une bosse pariétale à l'autre [AA, fig. 28], *diamètre bi-pariétal*, 90 mill. (3 po. 4 l.).

5° De la racine d'une apophyse zygomatique à celle du côté opposé [BB, fig. 28], *diamètre bi-temporal*, 67 mill. (2 po. 1/2).

6° D'une saillie malaire à l'autre, *diamètre bi-malaire*, également 67 mill. (2 po. 1/2).

7° Du menton à la partie la plus élevée du front, *diamètre mento-frontal*, 84 mill. (3 po.).

8° Du point qui représente le centre des mouvements de flexion et d'extension de la tête sur la tige rachidienne, c'est-à-dire de la partie antérieure du grand trou occipital à la partie postérieure de la grande fontanelle, *diamètre vertical, trachélo-bregmatique* [CD, fig. 29], 90 mill. (3 po. 4 l.); du même point au milieu de la suture bi-pariétale [CE], ce diamètre a 94 mill. (3 po. 1/2).

9° De la partie antérieure du grand trou occipital à la fontanelle postérieure [EF], *diamètre trachélo-occipital*, 84 mill. (3 po.).

10° De la partie postérieure du grand trou occipital au milieu du front [CB], *diamètre cervico-frontal*, 94 mill. (3 po. 6 l.).

Pour ne pas multiplier les chiffres outre mesure, je n'ai indiqué que les dimensions moyennes de ces différents diamètres ; les dimensions que j'ai assignées à plusieurs sont un peu au-dessous de celles qui sont généralement indiquées, parce que celles-ci me semblent plutôt exprimer un maximum qu'une moyenne.

A chaque diamètre correspond *une circonférence*, désignée par le même nom, limitant fictivement le segment de la tête compris entre les deux extrémités de ce diamètre. Comme les diamètres, les circonférences servent à exprimer d'une manière précise les rapports successifs de la tête du fœtus avec le bassin.

Je me bornerai à indiquer celles qui peuvent donner lieu à quelques remarques.

La *circonférence mento-occipitale*, ou grande circonférence, est supposée diviser la tête en deux moitiés latérales exactement semblables ; cette manière de voir est rationnelle sans doute, sous le point de vue purement anatomique, mais elle n'a aucun sens par rapport à l'accouchement. Contrairement à l'opinion généralement admise, je l'indique comme s'étendant du menton à la fontanelle postérieure ou à la bosse occipitale, en passant obliquement sur les parties latérales de la tête ; elle a environ 36 centimètres d'étendue (13 po. 1/4).

La *circonférence occipito-frontale* sépare horizontalement la voûte de la base du crâne ; son étendue, prise sur 10 fœtus du sexe masculin, à terme, du poids de 5 à 8 livres, a varié entre 32 et 37 centim. (12 à 13 po.) et a donné pour terme moyen 34 centimètres.

La *circonférence occipito-bregmatique* qui se trouve souvent en rapport avec le cercle des détroits a environ 26 centim. (9 po. 1/2).

La *circonférence faciale* ou *mento-frontale*, passant sur le front, les pommettes et sous le menton, est de 23 à 24 centim. (8 po. à 8 po. 1/2).

La *circonférence verticale* ou *trachélo-bregmatique* passe un peu au-devant des bosses pariétales et coupe transversalement la tête en deux ; son étendue est de 29 à 30 centim. (10 po. 1/2 à 11 po.)

La *circonférence trachélo-occipitale* a de 25 à 26 centim. (9 po. 1/4 à 9 po. 1/2).

La *circonférence cervico-frontale* est de 30 à 31 centim. (11 po. à 11 po. 1/2).

Le besoin de comparer la tête du fœtus avec le bassin de la mère dans une foule de directions me détermine à présenter leurs dimensions sous la forme de tableaux, afin que leurs rapports puissent être saisis et retrouvés plus facilement.

TÊTE DU FŒTUS	DIAMÈTRES LONGITUDINAUX.	DIAMÈTRES TRANSVERSES.	DIAMÈTRES VERTICAUX.	CIRCONFÉRENCES.
	mil. Mento-occipital 121 Occipito-frontal 108 Sous-occipito-bregmatique. 94	mil. Bi-pariétal. 90 Bi-temporal 67 Bi-malaire. 67	mil. Mento-frontal. 81 Trachélo-bregmatique. 90 Trachélo-occipital. 81 Cervico-frontal 94	cent. Mento-occipitale. 36 Occipito-frontale. 34 Occipito-bregmat. 28 Mento-frontale. 24 Trachélo-bregma. 29 Trachélo-occipit. 26 Cervico-frontale. 31

BASSIN DE LA MÈRE	DIAMÈTRES ANTÉRO-POSTÉRIEURS.	DIAMÈTRES transverses	DIAMÈTRES obliques	DISTANCES.	CIRCONFÉRENCES
	mil. Détroit supérieur. 108 Excavation. 135 Détroit inférieur. 108	mil. 134 121 108	mil. 121 125 121	mil. Sacro-cotyloïde. 94 Du sommet du sacrum au dév. de l'épine sc. 75 De la pointe du coc. à la tubér. sc. 7	35 à 40 cent. » 35

2. Il est très important, dans la pratique des accouchements, d'avoir une idée exacte de l'étendue des mouvements que la tête du fœtus peut exécuter sur la tige rachidienne. La flexion et l'extension peuvent être portées très loin et beaucoup au-delà des obstacles que leur oppose la partie supérieure du tronc; la tête peut être fortement renversée sur la partie postérieure du cou et la face tournée directement en haut, sans que le fœtus soit dans un état de souffrance. Quoique l'inclinaison latérale soit un peu moins facile et moins étendue, la tête peut être abaissée sur l'une ou l'autre épaule, sans violence et sans lésion. Mais il importe surtout de connaître les dernières limites du mouvement de rotation, parce que n'étant pas, comme les autres, borné par la rencontre du tronc, il peut être porté au-delà de ses limites naturelles et déterminer des accidents promptement mortels contre lesquels il faut être en garde. La rotation peut être portée sans effort et sans violence jusqu'au point où le menton correspond au diamètre transversal du tronc; il décrit librement un quart de cercle; au-delà, on commence à éprouver une résistance qui s'accroît assez rapidement; mais on peut cependant, sans un très grand effort, porter le menton directement en arrière. Si on examine ensuite les parties qui ont pu être lésées dans cette expérience sur des fœtus mort-nés, on ne trouve ni déchirure ni luxation, soit dans l'articulation atloïdo-axoïdienne, soit dans les articu-

lations voisines, et la moelle allongée ne porte aucune trace de lésions; mais on ne peut pas en conclure qu'elle n'ait point éprouvé des tractions ou des compressions dangereuses. Quelques faits semblent prouver qu'on s'est exagéré les dangers des mouvements de rotation de la tête du fœtus au-delà de leurs limites naturelles. Mme Lachapelle et M. P. Dubois ont constaté plusieurs fois que la face a pu être tournée presque directement en arrière sans que la vie ait été compromise; mais on ne saurait en conclure qu'on peut généralement lui faire exécuter sans danger un mouvement de rotation équivalent à un demi-cercle. On voit que les mouvements de la tête sur la tige rachidienne sont beaucoup plus étendus chez le fœtus que chez l'adulte, ce qui dépend d'une plus grande laxité des ligaments et du développement incomplet des vertèbres. Ce n'est pas dans les articulations de l'occipital avec l'atlas, et de celui-ci avec l'axis que se passent exclusivement ses mouvements; s'il en était ainsi, ils seraient assez bornés.

Lorsque la rotation de la tête sur l'axis a atteint sa dernière limite, si l'effort continue, la portion cervicale subit un mouvement de torsion dans sa totalité, que la laxité des ligaments et le peu de développement de plusieurs saillies rendent assez étendu; il en est de même pour la flexion, l'extension et les inclinaisons latérales.

3. Le tronc, considéré sous le rapport de l'accouchement, n'exige pas une étude aussi minutieuse que la tête. La partie supérieure du tronc est, après l'extrémité céphalique, la partie la plus volumineuse du fœtus, mais elle est beaucoup plus molle et plus réductible; on trouve du sommet d'une épaule à l'autre, diamètre *transverse* ou *bi-acromial*, 121 mill. (4 po. 1/2). Cette étendue peut facilement être réduite par la compression à 94 mill. (3 po. 1/2). Le *diamètre antéro-postérieur* ou *sterno-dorsal* est long 94 mill. (3 po. 1/2).

L'extrémité pelvienne du tronc est formée par le bassin, sur le devant duquel sont fléchis et ordinairement rassemblés les membres inférieurs; il en résulte qu'elle présente la forme d'un sphéroïde elliptique; elle est transversalement divisée d'arrière en avant par un sillon sur lequel se trouve l'anus en arrière, et les parties génitales en avant; sa consistance est molle et ses dimensions sensiblement réductibles. On trouve d'une crête iliaque à l'autre 81 mill. (3 po.); dans la même direction, entre les deux trochanters, 90 mill. (3 po. 4 l.); de la partie postérieure du sacrum au pubis on trouve à peine 54 mil. (2 po.); si on comprend les cuisses fléchies sur le ventre, l'étendue dans le sens antéro-postérieur est augmentée du double; mais la compression y détermine une réduction suffisante pour que l'étendue des diamètres transverses reste sensiblement prédominante.

Le développement encore imparfait des apophyses épineuses, la laxité des ligaments qui unissent les vertèbres entre elles, rendent le tronc du fœtus non seulement très flexible en avant, mais encore en arrière et sur les côtés, de manière qu'il peut facilement s'accommoder aux courbures du bassin. Les deux extrémités de cette tige seulement, c'est-à-dire la tête et le bassin présentent deux segments inflexibles. Cette disposition concourt avec le volume de ces parties à rendre leur passage à travers le bassin plus difficile.

Les considérations qui se rattachent aux différentes régions du tronc qui peuvent se présenter à l'entrée du bassin et aux caractères à l'aide desquels on les reconnaît devant être établies plus loin, nous n'y insisterons pas ici.

III. Attitude du fœtus dans l'utérus. En approchant du terme de la grossesse, le fœtus, dans un état de flexion très prononcée, perd en grande partie sa mobilité, et prend des rapports moins variables. Le tronc est courbé en avant; la tête est fléchie sur la poitrine; les bras sont appliqués sur les côtés du thorax, les avant-bras fléchis et croisés sur le devant de la poitrine; les pieds sont relevés au-devant des jambes; celles-ci sont appliquées contre la face postérieure des cuisses, et les cuisses sur la face antérieure de l'abdomen; les talons sont croisés et rapprochés des ischions. Le fœtus présente ainsi une courbure qui se rapproche plus ou moins d'une portion d'arc de cercle. Il existe assez souvent quelques exceptions partielles à cette attitude générale : la tête est quelquefois étendue sur la région cervicale, ou inclinée sur l'une ou l'autre épaule. L'un des membres supérieurs ou les deux peuvent être relevés sur les côtés ou le devant de la tête, ou abaissés sur les parties latérales du tronc; les membres inférieurs peuvent être défléchis et étendus sur le devant du tronc. La flexion n'est pas également prononcée à toutes les périodes de la grossesse; pendant les six ou sept premiers mois, le fœtus, étant logé dans une cavité relativement plus grande, et flottant librement dans l'eau de l'amnios, se trouve, à quelque chose près, dans l'état de flexion qui résulte de la prépondérance de la moitié antérieure du tronc et du relâchement du système musculaire; mais plus tard, remplissant en grande partie la cavité utérine, il s'adapte à la forme de cette cavité par un rapprochement plus exact et une flexion plus prononcée de ses diverses parties, et l'expression de *pelotonnement* indique avec beaucoup de vérité l'attitude du fœtus durant les deux derniers mois de la gestation.

Fig. 30.

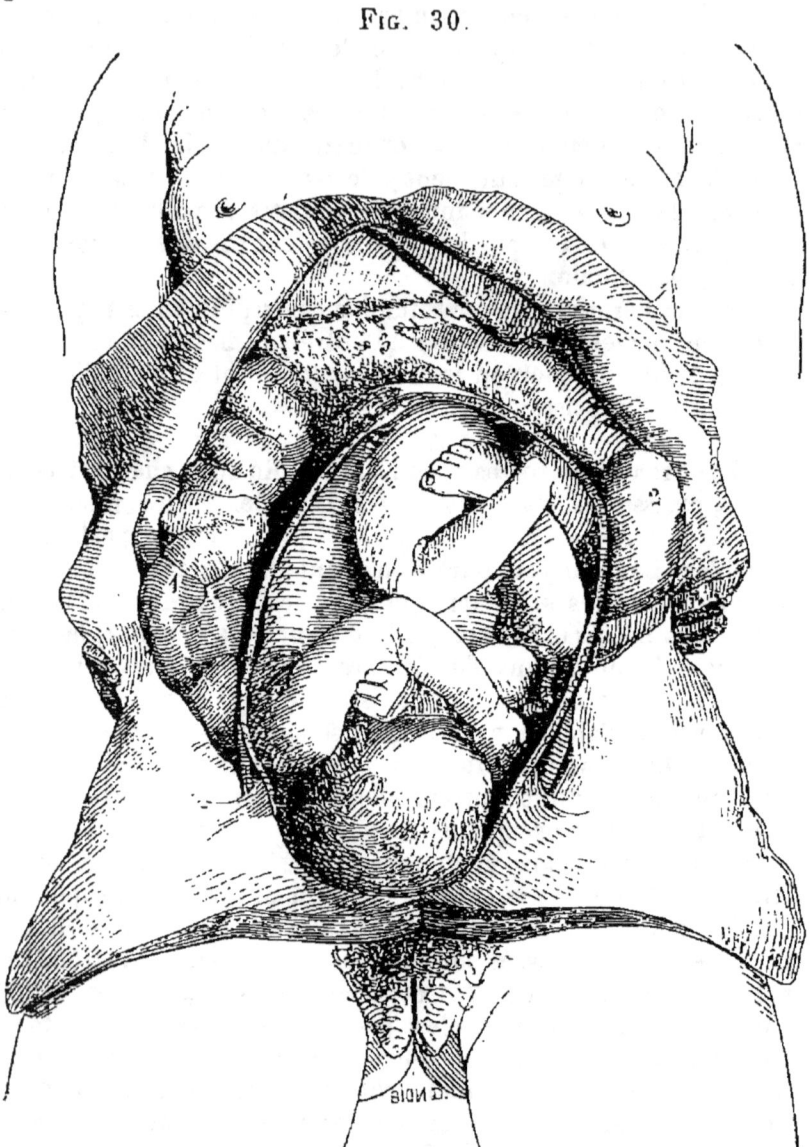

A une époque avancée de la grossesse, l'extrémité céphalique du fœtus correspond si fréquemment en bas, et cette direction lui est si avantageuse dans l'accomplissement de la parturition, qu'elle doit être considérée comme sa situation ordinaire, naturelle ou normale.

Cette attitude ne semble pas se maintenir dans les mêmes rapports à toutes les époques de la grossesse; elle diminue sensiblement de fréquence à mesure qu'on s'éloigne du terme de la gestation. Sur 121 enfants abortifs expulsés avant le 7e mois, M. P. Dubois a trouvé que 65 ont présenté le sommet, 51 l'extrémité pelvienne, et 5 l'une des épaules. D'après ce relevé, avant le 7e mois, les naissances par l'extrémité pelvienne sont aux naissances par l'extrémité céphalique dans la proportion de 4 à 5, tandis qu'au terme de la gestation, elles sont en général dans la proportion de 1 à 20. L'état de vie paraît avoir une influence manifeste sur la présentation du fœtus. Sur 96 fœtus morts dans les derniers mois de la grossesse, 72 ont présenté la tête, 22 l'extrémité pelvienne, et 2 l'épaule : les présentations de l'extrémité pelvienne ont été à celles de la tête dans le rapport de 1 à 3 1/4. Sur 46, morts au terme de 7 mois, 21 ont été expulsés en présentant la tête, et 21 en présentant l'extrémité pelvienne; 4 ont présenté l'une des épaules. Sur 73 enfants vivants, parvenus, comme les précédents, au 7e mois de la vie intra-utérine, 61 ont présenté le sommet, 10 seulement l'extrémité pelvienne, et 2 l'une des épaules: ainsi, au 7e mois, les présentations de l'extrémité pelvienne chez les fœtus vivants ont été à celles de l'extrémité céphalique dans le rapport de 1 à 6, et de 1 à 1 chez les fœtus morts.

M. P. Dubois conclut avec raison de ces observations que la vie du fœtus et son plus ou moins de développement ont une influence manifeste sur son attitude dans l'utérus; et comme, d'un autre côté, il a prouvé par des expériences assez décisives que la pesanteur plus grande de l'extrémité céphalique, telle au moins qu'on l'a interprétée jusqu'à présent, se trouve en défaut pour expliquer la présence de la tête dans la partie la plus déclive de l'utérus, il conclut que cette position est le résultat d'une détermination instinctive ou volontaire du fœtus. On ne peut pas, comme on l'a généralement fait, rejeter cette conclusion en niant la possibilité de déterminations instinctives à cet âge, puisque, chez les oiseaux, le fœtus à terme brise l'enveloppe qui le renferme pour en sortir, et que d'autres animaux dont l'incubation se fait dans l'ovi-canal se fraient aussi volontairement une voie à l'extérieur. Chez tous les mammifères, un instinct bien déterminé pousse le nouveau-né, au moment de la naissance, à chercher le sein. Dans l'espèce humaine, on peut observer que le fœtus, momentanément déplacé par un mouvement ou une attitude particulière de la mère, fait des efforts pour reprendre sa place. Mais il faut ajouter qu'il ne semble manifester aucune prédilection à avoir la tête vers le col plutôt que vers le fond de l'utérus; car, dans les présentations assez nombreuses de l'extrémité pelvienne, on n'observe pas en général que les mouvements du fœtus soient plus actifs, plus fatigants pour la mère, et qu'il fasse des efforts pour se retourner.

Voyons d'ailleurs si les lois de la pesanteur et la forme de l'utérus ne rendent pas compte d'une manière satisfaisante de l'attitude du fœtus aux différentes périodes de la grossesse. Si on suspend des fœtus d'âges différents, en leur conservant la forme du corps ovoïde qu'ils représentent dans l'utérus, par un point de leur axe longitudinal, jusqu'à ce que l'une des extrémités n'entraîne pas l'autre, et qu'elles se fassent équilibre, on trouve que le centre de gravité est beaucoup plus rapproché de l'extrémité céphalique que de l'extrémité pelvienne. Ce point peut s'abaisser, s'élever, se rapprocher du plan postérieur ou de l'antérieur, suivant que le tronc sera plus ou moins fléchi et les membres plus ou moins rapprochés; mais il correspond toujours sur un point de la moitié supérieure du tronc plus ou moins rapproché de la tête lorsque celle-ci est fléchie sur la poitrine. Quoique le corps du fœtus soit composé de parties hétérogènes, n'ayant pas probablement exactement la même pesanteur spécifique, la différence est cependant si peu considérable que le centre de figure du tronc du fœtus représente assez exactement son centre de gravité. On ne doit point être surpris de ce résultat en réfléchissant que les poumons ne contiennent pas d'air, et qu'ils forment un tissu homogène; que le canal intestinal contient des matières demi-liquides sans mélange de gaz, et que la boîte du crâne, mince, en partie membraneuse, peu épaisse, ne donne pas encore une prépondérance sensible à cette partie : aussi, quand M. P. Dubois plongeait des fœtus d'âge différent dans un vase profond rempli d'eau, en leur donnant une situation déterminée, il observait que les diverses parties du fœtus gagnaient le fond du vase avec la même vitesse; que le tronc, par exemple, conservait dans cette chute la position horizontale qu'il lui avait donnée au moment de l'abandonner à son propre poids, et que le dos ou une des épaules sont les points qui arrivent ordinairement les premiers au fond. Après ces expériences, qui m'ont donné les mêmes résultats, il n'est plus permis de considérer la tête du fœtus comme une espèce de *lest* qui dirige l'extrémité céphalique vers le col et l'y maintient. Toutefois il ne faut pas perdre de vue que le centre de gravité se trouve dans un point du tronc beaucoup plus rapproché de la tête que du bassin. Maintenant, nous allons voir qu'il n'est pas complétement impossible de constater par l'observation les causes de l'attitude du fœtus dans l'œuf et des changements qu'elle éprouve.

J'ai souvent cherché à constater sur des œufs de deux, de trois, de quatre et de cinq mois, quelle devait être l'attitude du fœtus encore renfermé dans l'utérus. En maintenant l'œuf dans une direction verticale, on voit ordinairement le fœtus couché sur le dos dans une situation presque horizontale, et reposant dans toute son étendue sur le segment inférieur de l'œuf, les épaules ou le centre de gravité correspondant à la partie la plus déclive, et le siége remontant plus haut contre les parois de l'œuf que la tête. Si on agite légèrement l'eau de l'amnios, le siége, la tête, se soulèvent, flottent avant le point du tronc qui correspond au centre de gravité. Si on détermine un déplacement plus considérable, soit en agitant plus vivement l'œuf, soit en le percutant dans un des points qui correspondent au fœtus, celui-ci s'élèvera dans l'eau de l'amnios pour retomber ensuite; la partie qui s'est le moins élevée arrivera la première dans la partie la plus déclive de l'œuf, où elle pourra se maintenir, si l'agitation du liquide a cessé. Mais si cette partie est éloignée du point qui correspond au centre de gravité, comme le siége, les côtés du bassin, la position sera peu stable, et de nouveaux mouvements moins violents ne tarderont pas à faire perdre au fœtus cette situation pour lui en donner une autre plus près du centre de gravité. Le fœtus est rarement complétement suspendu par le cordon, la tête en bas. Cependant, jusqu'au troisième mois, le cordon s'oppose, en général, à ce que le siége repose sur le col de la matrice, lorsque le placenta est inséré vers le fond, parce qu'à cette époque, il a moins d'étendue que le diamètre vertical de l'œuf, et tient l'extrémité pelvienne un peu relevée; mais, plus tard, il est sans influence sur l'attitude du fœtus, excepté dans les cas de brièveté anormale ou d'entortillement. En prenant du volume et en s'allongeant, le fœtus tend à prendre une attitude verticale qui se rapproche de l'axe longitudinal de l'utérus; mais il conserve une obliquité assez grande jusqu'au septième mois ou tant que son volume est disproportionné avec la cavité de l'amnios. C'est le point du fœtus le plus éloigné du centre de gravité, le plus souvent l'extrémité pelvienne qui s'élève contre les parois de l'œuf, tandis que la tête ou la partie supérieure du tronc reste dans la partie la plus déclive; si la tête se trouve plus élevée que le siége, c'est elle qui remonte vers le fond de l'utérus; on peut s'en assurer facilement en comprimant un œuf abortif entier, ou en lui donnant une forme allongée par des tractions sur ses deux extrémités.

Tant que le diamètre occipito-coccygien est moins long que les diamètres transverse et antéro-postérieur de l'utérus, les mouvements et les changements d'attitude de la mère peuvent avoir pour effet de faire remonter la tête vers les parties les plus élevées de l'œuf, et de faire descendre le siége vers les parties les plus déclives ; mais, dans cette attitude du fœtus, l'équilibre est peu stable, parce que le centre de gravité est très éloigné de la base de sustentation, et des mouvements modérés suffisent pour déterminer un mouvement de culbute, et pour replacer la tête en bas, où les conditions d'équilibre sont très favorables. Mais s'il y a déjà peu de différence entre la longueur de l'ovoïde formé par le fœtus et les diamètres horizontaux de la matrice, et qu'il reste quelque temps dans cette attitude, il la conservera et il naîtra par l'extrémité pulvienne. Mais, pendant les quatre ou cinq premiers mois, le fœtus se présente par le tronc ; jusqu'au septième, il a une situation en quelque sorte intermédiaire à une présentation du tronc et de la tête, pour prendre ensuite une direction franchement verticale. Ainsi, les lois de la pesanteur, la forme de l'utérus et les changements de rapports de sa capacité avec le volume du fœtus semblent donner une explication satisfaisante et conforme à la vérité de ses différentes attitudes et des anomalies fréquentes qu'elles présentent. Un fœtus petit, entouré d'une grande quantité de liquide amniotique, ne prend jamais une attitude fixe et une direction complétement verticale, et peut même à terme présenter successivement, dans un espace de temps très rapproché, le tronc, la tête, l'extrémité pelvienne à l'entrée du bassin. Il est tout naturel que les fœtus qui naissent avant terme, vivants ou morts, se présentent plus souvent que les autres par le tronc et par l'extrémité pelvienne. L'absence de la vie, en rendant les parties plus souples et plus molles, favorise encore cette disposition aux attitudes irrégulières.

Ce n'est pas seulement dans le sens longitudinal que le fœtus, en approchant du terme de la gestation, s'adapte à la forme de l'utérus, mais encore dans le sens transversal. A cette époque il jouit, dans des limites fort étroites, des avantages d'un corps flottant; pour s'en convaincre, il suffit de se rappeler quelle est la disproportion entre son volume et celui de l'eau de l'amnios, et avec quelle exactitude il est pelotonné pour rendre sa forme plus régulière et pour occuper le plus petit espace possible dans la matrice.

L'eau de l'amnios est presque entièrement logée dans les inégalités de la face antérieure du fœtus, tout le reste du corps n'est séparé de la face interne de l'utérus que par les membranes. Dans cet état, les diamètres les plus larges se mettent en rapport avec les diamètres les plus étendus de l'utérus. Le fœtus fléchi et pelotonné formant un corps qui a plus d'étendue d'arrière en avant que latéralement, son plan antérieur et son plan postérieur doivent ordinairement correspondre aux parties latérales de l'utérus qui offre plus d'étendue dans ce sens que d'avant en arrière ; et comme il a éprouvé, en se développant, un mouvement de torsion, qui a porté un de ses bords un peu en avant, et l'autre en arrière, il en résulte que le dos du fœtus doit être dirigé soit vers une des cavités cotyloïdes, soit vers une des symphyses sacro-iliaques. Mais, pour qu'il s'adapte ainsi à la forme de l'utérus, il faut que celui-ci ne contienne qu'une médiocre quantité de liquide amniotique.

Ainsi il n'est nullement nécessaire d'avoir recours à l'instinct du fœtus pour se rendre compte de son attitude dans l'utérus, ni à une loi générale particulière, à une espèce de polarité qui déterminerait de la même manière la position du fœtus dans tout le règne animal. Cette direction déterminée se rapporte à l'œuf tout entier, et non exclusivement au fœtus. En effet, l'œuf des oiseaux a dans l'ovaire une position qu'il conserve en traversant l'oviducte ; l'œuf des mammifères, arrivé dans l'utérus, s'y fixe dans une position qui n'est pas fortuite, mais subordonnée aux conditions les plus favorables pour son développement. Les fœtus qui conservent des rapports fixes avec l'œuf ont une position subordonnée à celle de l'œuf lui-même, qu'ils ne peuvent pas perdre, parce qu'ils ne sont pas suffisamment mobiles dans son intérieur ; les ovipares se trouvent dans cette condition, la tête correspond primitivement à la grosse extrémité de l'œuf. Il en est peut-être de même primitivement chez les mammifères ; mais lorsque le fœtus ne tient plus à l'œuf que par le cordon, et qu'il est en quelque sorte libre au milieu d'une grande quantité de liquide, il n'est plus assujetti à des rapports fixes avec l'œuf, et obéit aux lois de la pesanteur et à toutes les perturbations capables de le déplacer momentanément. Ainsi invoquer, comme l'a fait M. Virey, la position primitive de l'œuf qui dans les ovipares explique parfaitement la position du fœtus, parce qu'elle y est subordonnée, c'est rester tout-à-fait en dehors de la question pour ce qui concerne l'espèce humaine et probablement les autres mammifères.

SECTION III. — Fonctions du fœtus.

Nous avons vu que l'œuf, déjà indépendant de la mère et libre dans la capsule ovarienne, y vit et s'y développe avant la fécondation. Pendant la vie intra-utérine, malgré les connexions assez intimes en apparence qui l'unissent à la mère, il ne reste pas moins complétement indépendant, et le fœtus jouit d'une vie qui lui appartient en propre. Ses rapports avec la mère ont la même destination, et sont de même nature que ceux qui s'établiront après la naissance entre lui et le monde extérieur.

La plupart de ses fonctions s'accomplissent de la même manière qu'après la naissance, et ne diffèrent que par leur degré d'activité. A mesure que les appareils fonctionnels se développent, ils donnent des signes plus ou moins évidents de leur activité, comme l'attestent la sécrétion de la bile, du mucus intestinal, de l'urine, les mouvements spontanés, et une foule d'autres phénomènes qui sont précédés par la circulation du sang ; cependant des appareils tout entiers restent dans l'inaction, comme les poumons, les organes des sens ; tandis que les phénomènes de formation et d'accroissement se manifestent avec la plus grande énergie, et en quelque sorte aux dépens de plusieurs autres : aussi la nutrition, identique quant aux circonstances essentielles, mais fort différente par ses modes, forme-t-elle la partie fondamentale de la physiologie du fœtus.

I. NUTRITION. C'est dans l'organisme maternel que l'embryon puise les éléments nécessaires à son rapide développement ; mais les voies et le mode d'assimilation ne sont pas les mêmes à toutes les époques de la vie intra-utérine ; et sous ce rapport, la nutrition du fœtus offre plusieurs phases qu'il importe de bien distinguer.

1. *Nutrition de l'embryon avant le développement du placenta.* Nous aurons à l'examiner avant la formation de la vésicule ombilicale et après.

1° Quelque court que soit le temps qui s'écoule depuis le moment de la fécondation jusqu'à celui de la séparation nette de l'œuf en parties membraneuses et en parties embryonnaires, la nutrition donne des signes évidents de son activité par l'accroissement de l'œuf pendant son trajet à travers la trompe et après son arrivée dans la cavité utérine, avant même qu'il y soit tout-à-fait fixé par l'allongement des villosités du chorion. Pendant cette période, les parties contenues primitivement dans l'œuf se séparent et s'agrègent dans des directions déterminées, et en reçoivent continuellement de nouvelles qui viennent s'ajouter aux premières. L'œuf plongé dans le liquide albumineux sécrété par l'utérus y absorbe par toute sa surface des éléments nutritifs. L'accroissement des parties solides et des liquides de l'œuf démontre d'une manière positive cette absorption. Les lois d'après lesquelles elle se fait resteront probablement toujours dans le vague, bien que les faits connus de l'imbibition propre aux corps organisés, ou d'endosmose et d'exosmose puissent en rendre compte d'une manière assez satisfaisante. L'œuf se nourrit en quelque sorte encore de la même manière que dans la capsule ovarienne. Les molécules nutritives ne sont pas encore charriées et déposées dans les divers rudiments de l'embryon par des appareils vasculaires; elles se réunissent par une espèce d'agrégation, et sont probablement mises en mouvement, et dirigées par des forces électro-chimiques; à cette époque, l'œuf des mammifères n'a pas une organisation supérieure à celle de certains entozoaires sans organes spéciaux et sans voies ouvertes au dehors, et qui ne prennent de nourriture que par absorption.

2° Pendant la période assez courte de l'existence de la vésicule ombilicale, la nutrition prend une direction spéciale qui la rapproche de la nutrition de l'embryon des oiseaux, comme le prouve l'analogie de la vésicule ombilicale et de son contenu avec le sac vitellin et le vitellus. La vésicule ombilicale ne contient pas dès le principe toute la provision de matière nutritive qu'elle doit fournir à l'embryon; elle s'accroît assez rapidement pendant une partie de sa durée et reçoit par absorption, comme les autres membranes de l'œuf, une portion du liquide qu'elle contient. Deux voies sont ouvertes au fluide nourricier de la vésicule ombilicale pour pénétrer dans l'embryon : son pédicule, qui la met en communication avec la partie moyenne de l'intestin, et les vaisseaux vitellins ou omphalo-mésentériques, qui établissent un cercle vasculaire aboutissant au cœur de l'embryon. Il ne semble pas que ce soit par le canal du pédicule que le fluide de la vésicule passe au fœtus, car il est déjà souvent oblitéré avant qu'elle s'affaisse et que ses vaisseaux se flétrissent; du reste, chez plusieurs ovipares dont le canal du sac vitellin reste ouvert jusqu'à l'éclosion, il ne passe point de jaune dans l'intestin durant la vie embryonnaire (Burdach). C'est par absorption que le liquide de la vésicule ombilicale est porté au sein de l'embryon, au moyen des veines omphalo-mésentériques ; M. Mayer assure avoir trouvé dans ces veines, chez des embryons humains, un liquide analogue au contenu de la vésicule elle-même. D'ailleurs le peu de développement et l'état imparfait du canal intestinal ne permettent guère de supposer qu'il puisse être à cette époque le siège d'un acte aussi compliqué que la digestion.

Mais la nutrition de l'embryon ne se compose pas uniquement de l'absorption de particules nutritives; elle suppose l'intervention de l'oxigène ou d'une respiration : du moins ce phénomène paraît-il constant dans le développement de tous les êtres organisés. L'œuf végétal absorbe l'oxigène de l'air et y dépose de l'acide carbonique. Le même phénomène a lieu pour l'œuf des insectes, qui présente des dispositions spéciales et fort variées pour l'admission de l'air. Parmi les œufs qui sont revêtus d'une coquille calcaire, les uns, comme ceux des oiseaux, présentent une petite chambre pour l'admission et la conservation de l'air atmosphérique; ceux qui ne possèdent pas de chambre à air ont une coquille plus mince et facilement perméable, comme les sauriens : aussi la plupart des physiologistes qui ont écrit sur les fonctions du fœtus semblent-ils convaincus de la nécessité d'une respiration quelconque chez les mammifères; mais, jusqu'à présent, leurs recherches n'ont abouti qu'à des présomptions dont la plupart sont même tout-à-fait invraisemblables. Il est certain que l'air extérieur ne peut pas pénétrer dans la cavité de l'utérus, et que l'œuf n'en contient ni entre ses membranes ni dans les liquides qu'elles renferment. L'idée d'une respiration aquatique dans l'eau de l'amnios, par des branchies en forme de trachées répandues sur toute la surface du corps, imaginée par M. Geoffroy-Saint-Hilaire, en vue du gaz oxigène qu'il avait cru exister dans l'eau de l'amnios, est inadmissible, puisqu'il est démontré que ce gaz n'existe pas. Il en est de même de la respiration par les prétendues fentes branchiales décrites par M. Ratké, situées sur les parties latérales du cou et de la poitrine. Ces fentes, comme l'a prouvé M. Serres, n'existent qu'en apparence et sont figurées par les intervalles encore transparents compris entre les points cartilagineux des apophyses transverses et des côtes auxquelles elles correspondent. Dans la théorie ingénieuse proposée par M. Serres, l'appareil branchial est placé en dehors de l'embryon; il est supposé constitué par des villosités du chorion qui traversent la caduque réfléchie et plongent par leur extrémité dans le liquide hydroporione, où s'accomplit une respiration aquatique au moyen des vaisseaux dont sont pourvues les villosités en contact avec le liquide contenu dans la cavité de la caduque. A mesure que l'embryon se développe, une partie des villosités se transforment en placenta, et alors commence le second temps de la respiration fœtale dans l'utérus. Mais cette théorie est contraire en plusieurs points aux dispositions anatomiques connues; les villosités du chorion s'implantent à la caduque réfléchie sans traverser cette membrane, qui ne présente nulle part des pertuis lorsqu'elle est séparée du chorion : leur extrémité ne peut donc pas plonger dans le liquide renfermé dans la cavité de la caduque. La vascularité des villosités du chorion, excepté dans la portion où se développe le placenta, est également fort douteuse, malgré les observations qu'on invoque en sa faveur.

L'embryon et l'œuf ne présentent nulle part des organes spéciaux de respiration. Si l'accession de l'oxigène est d'une nécessité absolue pour le développement de l'embryon, à une époque où la force d'assimilation a une si grande activité, il faut admettre que les mêmes organes qui servent d'une manière spéciale à la nutrition servent également à la respiration. Pendant la période qui nous occupe, ce rôle semble dévolu à l'appareil constitué par la vésicule ombilicale, de même que nous verrons plus tard le placenta être à la fois un organe d'absorption de particules nutritives et d'hématose. Ce qui semble confirmer qu'une espèce de respiration se fait dans la vésicule ombilicale par l'intermédiaire du liquide qu'elle renferme et des vaisseaux omphalo-mésentériques, c'est qu'ils présentent les premiers des traces de la coloration du sang, non seulement dans l'œuf des oiseaux, mais encore dans celui des mammifères, à en juger du moins par l'embryon de chien décrit et figuré par M. Baër (*De ovi mammalium epistola*, fig. 7). Mais il reste à prouver que la vésicule ombilicale contient, mêlé à son liquide, du gaz oxigène qu'elle reçoit de la mère ou qui se forme sous l'influence de l'absorption dont elle est le siége. Les particules nutritives absorbées par les vaisseaux omphalo-mésentériques sont portées dans le cœur et chassées dans toutes les parties de l'embryon à mesure que les vaisseaux se forment et que les cercles vasculaires s'étendent; et il n'est plus nécessaire d'invoquer, pour le mouvement des molécules nutritives, des courants déterminés par des forces électro-chimiques. Pendant la période d'activité de la vésicule ombilicale, l'œuf continue d'absorber par sa surface externe, et c'est peut-être uniquement par cette voie que l'embryon tire les éléments propres à sa nutrition et à son hématose.

2. *Nutrition du fœtus après la formation du placenta*. De la huitième à la dixième semaine, le placenta est déjà suffisamment développé pour établir un cercle complet parcouru par le sang du fœtus; la vésicule ombilicale et les vaisseaux omphalo-mésentéques ne tendent pas à se flétrir et à disparaître. la nutrition a pris une nouvelle direction.

Mais avant de remonter à sa véritable origine, examinons si le fœtus ne puise pas des éléments nutritifs dans le liquide qui l'enveloppe de toutes parts après la formation de l'amnios. La part qu'on a attribuée à l'eau de l'amnios dans la nutrition du fœtus ne saurait être justifiée; il est certain au moins qu'il n'avale ni ne digère ce liquide, car le développement intra-utérin n'est généralement pas troublé dans les cas d'absence ou d'occlusion d'une portion de la partie sus-diaphragmatique du canal intestinal; on cite quelques cas d'absence de l'estomac chez des fœtus qui s'étaient développés régulièrement. Pendant toute la durée de la vie intra-utérine, on trouve dans la bouche, les fosses nasales, le pharynx et l'œsophage, un mucus abondant qui serait entraîné si ces parties étaient habituellement traversées par un liquide tel que l'eau de l'amnios; le rapprochement des lèvres de la glotte et des parois de l'œsophage s'oppose à son introduction. Le méconium est un composé de mucus intestinal et de bile, et n'est pas un résidu de digestion, comme l'ont avancé les partisans de la déglutition de l'eau de l'amnios. Cependant les obstacles signalés ne sont pas insurmontables, et ce liquide peut pénétrer d'une manière accidentelle dans l'estomac, la trachée-artère et le commencement des bronches, chez des fœtus morts dans l'utérus, soit avant, soit pendant le travail de l'enfantement. On trouve quelquefois effectivement une certaine quantité de liquide amniotique dans l'estomac; et si une portion de méconium a été rendue et délayée, il n'est pas rare d'en retrouver des particules dans la bouche, le pharynx, le larynx, la trachée, et même dans l'estomac; mais cette pénétration n'a eu lieu qu'après la mort ou mieux peut-être pendant les derniers moments de la vie. Lorsque la mort survient assez rapidement et qu'elle est le résultat de la gêne dans la circulation, le fœtus fait des efforts d'inspiration qui peuvent permettre cette introduction. Sur des œufs à terme séparés de l'utérus, les fœtus vivent encore quelque temps, mais dans un état évident de souffrance, et on les voit quelquefois faire un effort pour entr'ouvrir la bouche, dilater la poitrine comme s'ils voulaient avaler ou respirer. Ce phénomène, qui a été invoqué en faveur de la déglutition, est évidemment produit par l'état d'angoisses et de souffrance dans lequel ils se trouvent. Il est probable que ce phénomène se reproduit chez quelques fœtus qui succombent pendant le travail, ce qui peut permettre l'introduction d'une certaine quantité de liquide amniotique dans le commencement des voies digestives et aériennes. Je crois que les considérations qui précèdent donnent la véritable interprétation des faits invoqués par les auteurs en faveur de la déglutition de l'eau de l'amnios.

Si l'eau de l'amnios prend quelque part à la nutrition du fœtus, c'est par la peau seulement que les parties nutritives qu'elle contient lui arrivent. Il n'est guère possible, en effet, de douter que le fœtus, constamment baigné par le liquide amniotique, ne s'en imbibe pas d'une certaine quantité, surtout pendant que sa peau est encore dépourvue d'épiderme et d'enduit gras ; mais la quantité presque infiniment petite de parties nutritives que contient l'eau de l'amnios exigerait qu'il se fît par la peau une absorption extrêmement active, une grande consommation du liquide amniotique, pour porter dans l'économie une quantité notable de matières nutritives ; ce qui est évidemment contredit par le peu d'activité des dépurations qui se font par les reins, les séreuses et les muqueuses, car toutes les parties aqueuses seraient rejetées. Les expériences de Brugmans, qui croyait avoir constaté, d'une part, un liquide dans les vaisseaux lymphatiques sous-cutanés des fœtus d'animaux extraits de l'utérus, et de l'autre, que ce liquide distendait ces vaisseaux, lorsque, après avoir passé des ligatures sur les membres, il les plongeait de nouveau dans le liquide amniotique, ne prouvent nullement l'absorption de ce liquide par ces vaisseaux, alors même qu'ils auraient participé à l'engorgement de toutes les autres parties situées en dessous de la ligature. D'ailleurs la difficulté de constater d'une manière certaine l'état des vaisseaux lymphatiques à cette période de la vie, ne permet pas d'accorder une bien grande valeur à ces expériences. Elles sont d'ailleurs formellement contredites par les expériences des physiologistes modernes, qui ont prouvé de la manière la plus évidente que l'absorption de substances étrangères à l'économie se fait par les veines, tandis que les lymphatiques semblent y rester étrangers. Il paraît même que l'absorption veineuse est loin de s'exercer avec la même activité chez le fœtus que chez l'adulte. M. Magendie a injecté dans la plèvre, dans le péritoine et dans le tissu cellulaire des substances vénéneuses très actives sans obtenir de résultats satisfaisants, soit que l'absorption se fasse faiblement, soit que le système nerveux soit moins sensible à l'action des poisons.

On est donc conduit à admettre que, si l'eau de l'amnios ne reste pas complétement étrangère à la nutrition du fœtus, elle n'y prend qu'une part fort secondaire, qui peut être considérée comme nulle, si ce n'est peut-être dans le principe. Il est à peu près superflu de chercher à démontrer que la gélatine du cordon ne prend aucune part à la nutrition du fœtus.

Le placenta est pendant cette période la seule voie par laquelle les sucs nutritifs passent de la mère à l'enfant, le liquide exhalé dans la cavité de l'amnios ayant une autre destination. Ce n'est pas du sang en nature que la mère fournit à l'enfant. L'étude des vaisseaux utéro-placentaires, et de leurs rapports avec les vaisseaux ombilicaux, page 276, fait voir qu'ils n'ont pas pour usage de laisser passer directement et en nature le sang de la mère au fœtus, et réciproquement. Cette vérité se trouve encore confirmée par les observations nombreuses où l'on a pu voir le fœtus continuer à vivre quelques instants après l'expulsion de l'œuf entier au dehors. Wrisberg, Rœderer, Osiander, etc., ont observé des fœtus humains, expulsés avec leurs membranes entières, continuer à vivre ainsi pendant un quart d'heure, sans qu'il s'écoulât de sang par la surface externe du placenta, quoique les battements du cœur annonçassent que la circulation continuait à se faire. Le même fait a été depuis constaté par d'autres observateurs. Ces expériences peuvent facilement être faites sur des femelles d'animaux. Pour ma part, je me suis souvent assuré que la surface externe du placenta n'était le siège d'aucun écoulement de sang, quoique les petits fœtus continuassent à vivre assez longtemps dans l'œuf séparé de l'utérus.

Si le sang ne passe pas en nature de la mère au fœtus, il n'en est pas de même de ses éléments et de ceux dont il peut se charger accidentellement par voie d'absorption; ils arrivent non seulement au fœtus par le moyen du placenta, mais encore dans l'amnios par le reste de la surface de l'œuf.

M. Magendie a retrouvé dans le sang de fœtus de chien l'odeur du camphre un quart d'heure après avoir injecté une solution de cette substance dans le système veineux des mères. M. Mayer, ayant injecté du cyanure de potassium dans la trachée-artère d'une lapine, découvrit ce composé au moyen du chlorure de fer dans l'eau de l'amnios, le placenta et les différents organes de l'embryon. Il a également retrouvé dans l'eau de l'amnios et le canal intestinal des liquides colorés par l'indigo, injectés de la même manière.

Chez les femelles pleines, l'usage de la garance, mêlée aux aliments, colore non seulement leurs os, mais encore ceux des petits qu'elles portent. La transmission au fœtus de la syphilis constitutionnelle est un fait authentique qui a quelque analogie avec les précédents.

Le volume considérable qu'acquiert l'œuf pendant la courte durée de la vie intra-utérine donne une idée assez exacte de l'activité de cette transmission, qui n'est encore connue que par ses effets; car, jusqu'à présent, on n'a déterminé ni la nature ni le mode de pénétration des particules nutritives qui passent de la mère au fœtus. Après l'accouchement, si le placenta restait plus longtemps avant de se décoller, il serait peut-être possible de saisir en quelque sorte au passage les produits d'absorption, soit dans son épaisseur, soit après leur passage dans les vaisseaux du placenta. Mais cette expérience qu'on a tous les jours sous les yeux dans la pratique des accouchements a dans cette circonstance une durée trop courte, excepté dans les cas assez rares d'adhérence anormale de tout le placenta. Elle prouve seulement qu'il ne se fait pas d'hémorrhagie par le bout placentaire du cordon, et que tout écoulement de sang cesse lorsque les vaisseaux ombilicaux sont dégorgés. C'est une nouvelle preuve de non-communication directe des vaisseaux utéro-placentaires avec les vaisseaux ombilicaux. Mais des fluides qui passeraient lentement dans les vaisseaux ombilicaux, surtout s'ils sont incolores, peuvent échapper à l'observation. C'est dans cette pensée que j'ai répété souvent l'expérience suivante chez les femelles de lapins, de cochons d'Inde. Après avoir extrait le fœtus de la cavité utérine sans décoller l'œuf qui reste encore longtemps adhérent, et coupé le cordon près de l'ombilic, j'ai cherché à faire sortir tout le sang contenu dans les vaisseaux ombilicaux par des pressions ménagées sur le placenta et le cordon ; puis j'ai posé une ligature sur son extrémité libre, de manière à retenir tout fluide nouveau qui pénétrerait dans les vaisseaux ombilicaux.

Lorsque j'examinai les parties deux heures après, les placentas n'étaient pas décollés, mais je ne trouvais pas de traces de liquides dans les vaisseaux ombilicaux. Les vaisseaux utérins et utéro-placentaires étaient fortement distendus par du sang foncé ; mais il ne paraissait pas avoir exsudé au-dehors. Après huit heures, j'ai trouvé dans quelques uns des cordons un peu de sang séreux, et les autres complétement vides ; les vaisseaux utéro-placentaires étaient très gorgés, quelques uns étaient déchirés. Le dégorgement préalable des vaisseaux ombilicaux ne peut pas être toujours assez exact pour qu'il soit possible d'affirmer que le sang séreux, trouvé dans quelques uns, y eût pénétré consécutivement à la séparation du fœtus ; puisque sur le même utérus j'ai trouvé, après le même laps de temps, les vaisseaux du cordon complétement vides. Les conditions dans lesquelles sont faites ces expériences ne semblent pas s'éloigner d'une manière essentielle de l'état normal ; car, malgré l'affaissement des parois de l'utérus, la circulation n'y est point interrompue ; le placenta séparé du fœtus continue à vivre ; de sorte que les conditions d'exhalation, de la part des vaisseaux utéro-placentaires, ou d'absorption, de la part des vaisseaux ombilicaux, ne semblent pas devoir être détruites. Il n'y manque que le passage du sang du fœtus à travers le placenta, passage qui a plutôt des rapports avec la respiration qu'avec la nutrition.

Quoique les expériences semblent confirmer qu'on ne peut pas constater directement le passage d'un fluide nutritif de la mère au fœtus, on ne doit pas en conclure qu'il n'existe pas, mais qu'il est peu abondant et qu'il échappe à nos moyens ordinaires d'investigations. L'analogie indique deux modes possibles de transmission des fluides nutritifs de la mère au fœtus. Quelques uns des éléments du sang qui parcourent le système vasculaire utérin peuvent être transmis par une véritable exhalation, non seulement dans la cavité de l'amnios, mais encore dans le placenta et les vaisseaux ombilicaux, ainsi que cela a lieu pour les membranes séreuses et le tissu cellulaire. Il semble, en effet, que c'est ainsi que l'eau de l'amnios est produite. Mais il est moins rationnel d'admettre cette hypothèse pour le placenta; et il répugne de croire que c'est par une espèce de dépuration de la mère que se fait la nutrition du fœtus. D'ailleurs l'idée d'un suc laiteux épanché dans le tissu du placenta ou du sang renfermé dans des cellules closes et déposé pour être absorbé ensuite, n'est point confirmée par l'observation.

L'absorption exercée par les extrémités capillaires de la veine ombilicale sur le sang qui traverse les vaisseaux utéro-placentaires paraîtra sans doute aux physiologistes la seule hypothèse admissible. Ce mode de nutrition est rendu vraisemblable par la grande activité des forces assimilatrices que la fécondation développe dans l'œuf. D'ailleurs la nutrition du fœtus par l'absorption de fluide, dans le sang qui traverse les vaisseaux de l'utérus, n'est ni plus difficile ni plus inconcevable que l'absorption exercée dans le sol pour les racines des végétaux.

Le sang contenu dans le placenta fœtal est-il repris à son tour par les vaisseaux de l'utérus? M. Magendie a souvent poussé dans les vaisseaux du cordon, en les dirigeant vers le placenta, des poisons très actifs, et il n'a jamais vu la mère en éprouver les effets. Nous avons signalé plus haut que la plupart des substances injectées dans le sang de la mère passaient, au contraire, assez facilement dans le fœtus.

Le placenta ne paraît pas avoir pour usage exclusif d'absorber des particules nutritives dans le sang de la mère. Il doit être considéré tout à la fois comme un appareil d'absorption et d'hématose. Après le développement du placenta, la respiration fœtale prend des caractères moins hypothétiques. Il y a une analogie frappante entre la circulation pulmonaire et la circulation placentaire. Le placenta, comme le poumon, est traversé par le sang qui a servi à la nutrition, aux exhalations et aux sécrétions : l'un et l'autre agissent sur l'organisme d'une manière incessante, et leur action ne peut être suspendue sans danger. La compression momentanée du cordon produit immédiatement chez le fœtus un état particulier de souffrance, qui est promptement suivi de la mort avec tous les caractères de l'asphixie, si la compression subsiste un certain temps. Un tel phénomène serait complétement inexplicable, si le placenta servait seulement à transmettre au fœtus des fluides nutritifs. J'ajouterai aux considérations qui précèdent un fait nouveau qui semble avoir une grande valeur pour la solution de cette question. J'avais cru m'apercevoir, lorsque je comprimais la trachée-artère de femelles pleines, que les petits ne tardaient pas à s'agiter. Mettant à profit cette remarque, j'engageai plusieurs femmes grosses à suspendre leur respiration aussi longtemps qu'elles le pourraient, et chez quelques unes le fœtus ne tardait pas à se mouvoir et à s'agiter. Muller a remarqué sur des œufs de lapins à terme que l'embryon dépouillé de ses enveloppes, et tenant ou non au placenta, périssait plus rapidement sous le récipient de la machine pneumatique ou sous l'huile que dans l'air atmosphérique. Cependant les modifications qu'éprouve le sang en traversant les vaisseaux ombilicaux, très apparentes chez les oiseaux, ne sont pas sensibles chez les animaux mammifères. En apparence du moins, le sang de la veine ombilicale ne diffère pas de celui des artères; il a exactement la même couleur; cependant Muller croit avoir trouvé une différence de coloration appréciable dans les ramifications déliées de ces vaisseaux; il a de plus constaté des différences physiques. Le caillot du sang de la veine ombilicale se recouvrait promptement à l'air d'une membrane épaisse, tandis que celui des artères y restait longtemps gélatineux; enfin le premier donnait du gaz oxigène par la chaleur, et acquérait une couleur foncée dans le gaz acide carbonique, de manière qu'il se comportait plus à la manière du sang artériel que le second. Si ces recherches sont exactes, elles démontrent d'une manière directe la respiration fœtale; le mode suivant lequel se fait la respiration placentaire est facile à concevoir. Le sang qui traverse les vaisseaux utéro-placentaires, comme celui de toutes les autres parties du corps, contient une certaine quantité de gaz oxigène libre qui est absorbé par le sang qui traverse les vaisseaux ombilicaux; car les deux circulations, sans se confondre, se touchent par une infinité de points, et les deux fluides ne sont séparés que par des membranes excessivement minces, qui ne peuvent point mettre obstacle aux affinités chimiques. Ainsi considérée, la respiration se confond dans le même organe avec la nutrition. Les fluides absorbés, et aux dépens desquels le fœtus vit et se développe, passent immédiatement dans le sang du fœtus. On ignore complétement s'ils y subissent une élaboration particulière qui les rende plus propres à être assimilés. Ce qu'on a dit à ce sujet des usages du foie n'est pas invraisemblable, mais n'est appuyé sur aucune preuve. D'ailleurs le peu d'activité des fonctions de dépuration montre suffisamment qu'il n'y a qu'une très petite partie des substances absorbées qui soit rejetée, et qu'elles sont en grande partie assimilées.

II. CIRCULATION FŒTALE. La circulation du fœtus est complétement isolée et indépendante de celle de la mère. Le fœtus des mammifères, comme celui des ovipares, forme lui-même son sang: aussi diffère-t-il de celui de la mère par ses caractères physiques et par sa composition. Il est d'une couleur foncée uniforme dans les veines et dans les artères; il est plus séreux et moins fibrineux. D'après MM. Prévost et Dumas, les globules du sang de l'embryon ont un volume double de ceux de la mère. Fourcroy, qui en a fait l'analyse comparative, avait déjà trouvé que le cruor était mou, qu'il rougissait peu à l'air, qu'il contenait une faible quantité de fibrine.

La circulation du fœtus ne se fait pas exactement de la même manière à toutes les époques de la vie intra-utérine. Antérieurement au développement des vaisseaux ombilicaux et du placenta, il existe un cercle circulatoire complet, encore très rétréci, qui lie la vésicule ombilicale avec le cœur. La connaissance de la veine et de l'artère omphalo-mésentériques donne une idée suffisante de cette circulation, déjà sous la dépendance du cœur, pendant cette période si passagère du développement de l'embryon. A cette première circulation succède celle qui se fait par les vaisseaux ombilicaux. Ces deux circulations existent même simultanément chez quelques mammifères carnassiers qui offrent encore à la naissance les vaisseaux omphalo-mésentériques perméables.

Quelques détails anatomiques sont indispensables pour bien faire saisir les caractères spéciaux de la circulation fœtale. En franchissant l'anneau ombilical [13, fig. 34], les vaisseaux du cordon se séparent, les deux artères ombilicales se portent en bas vers le pubis sous le péritoine; d'abord très rapprochées, et seulement séparées par l'ouraque, ensuite plus éloignées et séparées par la vessie, elles se réfléchissent sur les parois de l'excavation pelvienne pour continuer les artères hypogastriques qui sont, durant la vie intra-utérine, les deux divisions principales de terminaison de l'aorte. Les artères iliaques externes sont très petites comparativement aux artères hypogastriques. Les branches que celles-ci fournissent aux viscères pelviens et aux parois du bassin sont bien moins développées encore. Les trois quarts à peu près de la masse du sang contenu dans les artères iliaques primitives sont destinés aux artères ombilicales.

La veine ombilicale [24, fig. 34], après avoir traversé l'anneau, se porte en haut et un peu à droite, en soulevant le

Fig. 31.

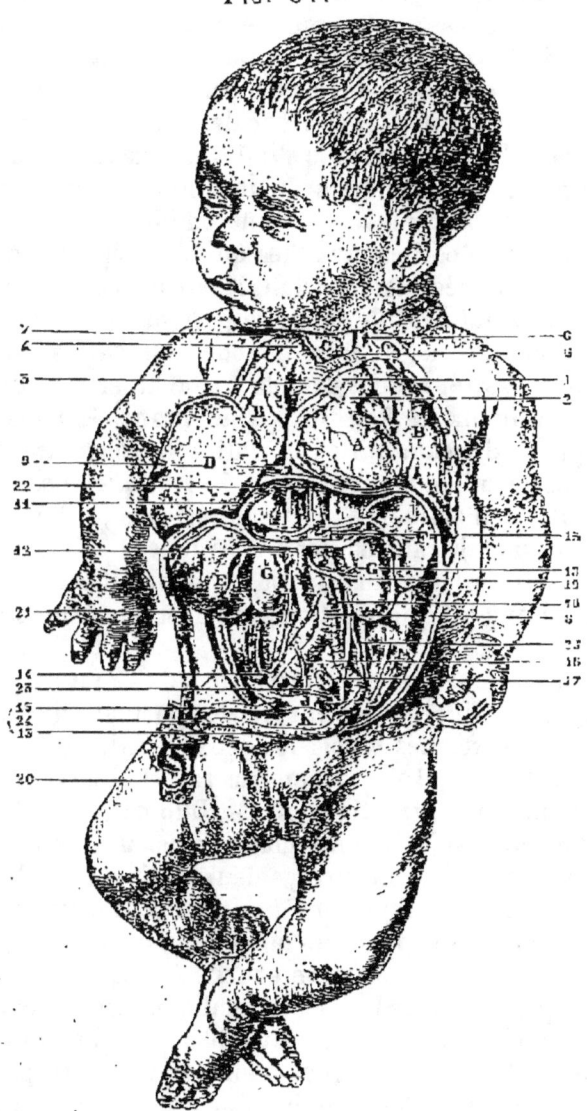

7 Artère carotide primitive dr.
6 Veine brachio-céphalique dr.
Veine cave supérieure.
9 Veine cave inférieure.
2 Diaphragme.
11 Canal veineux.
12 Veine-porte à sa réuni avec la veine splénique et la grande mésentérique.
21 Veine ombilicale.
14 Artère et veine ovariques droites.
23 Rectum.

13 et 13 Artères ombili -cs.
24 Ouraque.
20 Vaisseaux du cordon réunis
C Corps thyroïde.
D Foie.
E Vésicule biliaire.
G G Reins.
K Vessie.
6 Veine jugulaire interne.
5 Veine brachio-céphalique ga.
1 Aorte à son origine.
2 Artère pulmonaire.
15 Aorte, tronc cœliaque.

18 Veine rénale gauche
19 Artère rénale gauche
10 Art. mésentérique inf. au sus la sup. coupées
8 Aorte avant sa div. en iliaques primitives.
25 Artère ovarique gauche
16 Veine iliaque primitive ga.
17 Uretère du côté gauche.
A Cœur.
BB Poumons.
F Rate.
J Utérus.

péritoine qui lui forme un repli très étroit, se loge dans le sillon ombilical et se divise au niveau du sillon de la veine porte en deux branches à peu près égales : l'une suit la direction première de la veine dans le sens du sillon longitudinal et s'ouvre dans la veine cave, au-dessus du bord postérieur du foie, tantôt isolée, tantôt réunie avec le tronc des veines hépatiques : c'est le *canal veineux* [11]. La seconde s'infléchit à gauche dans le sillon de la veine porte et s'abouche avec le tronc de cette dernière. Mais avant de se diviser ainsi, la veine ombilicale fournit un assez grand nombre de petites branches qui s'en séparent à angle droit et pénètrent immédiatement dans la substance du foie par le fond du sillon longitudinal : les unes se portent de droite à gauche et de bas en haut dans le lobe gauche ; les autres, opposées aux précédentes, se répandent dans la partie antérieure du lobe droit. Le canal veineux ne fournit pas de branches dans son trajet, tandis que la division qui s'infléchit à la rencontre de la veine-porte dans le sillon transverse en fournit quelques unes au lobe de Spigel, à l'éminence porte antérieure, et se termine en se divisant dans les autres parties du lobe droit. Dans son trajet sous la face inférieure du foie, la veine ombilicale présente deux valvules, l'une à sa bifurcation, et l'autre à sa jonction avec la veine-cave.

Lorsque le cœur a pris la forme conoïde et multiloculaire qu'il doit conserver, il présente encore des particularités très importantes à connaître. Les parois des deux ventricules ont à peu près la même épaisseur ; il n'est même pas rare d'observer une véritable hypertrophie du ventricule droit. M. Ducrest, qui a fait quelques recherches sur ce sujet, m'en a montré plusieurs exemples. L'artère pulmonaire, après avoir envoyé deux petites branches aux poumons, continue son trajet sans diminuer sensiblement de volume, et se termine dans l'aorte vers la fin de la crosse, un peu au-delà de l'origine de la sous-clavière gauche, et constitue le *canal artériel*. Au premier abord, l'aorte semble naître par deux racines : l'une du ventricule gauche, et l'autre du ventricule droit [A. fig. 32].

Les oreillettes communiquent l'une avec l'autre par le *trou de Botal*, large ouverture circulaire située vers la partie postérieure de la cloison des oreillettes. Cet orifice est garni d'une *valvule* en forme de croissant, dirigée en haut et en avant ; elle est située dans l'oreillette gauche, et naît de ce côté de la cloison, un peu au-dessous de la moitié postérieure de l'orifice *inter-auriculaire*. Son bord libre concave se termine à ses extrémités par des prolongements qui marchent à la rencontre l'une de l'autre et s'unissent à la cloison au-devant du trou de Botal, à peu de distance l'un de l'autre. Lorsque cette valvule est abaissée, elle laisse complétement libre le trou de Botal et forme un plan incliné dans la di-

Fig. 32.

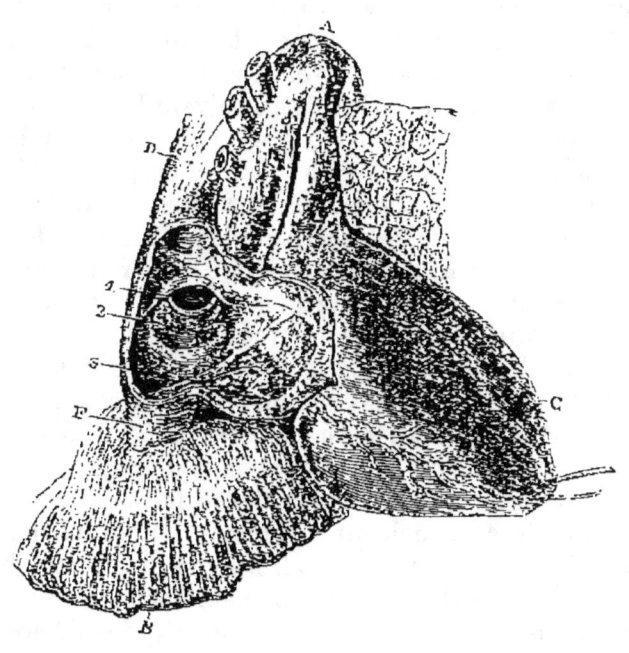

1 Trou de Botal, inter-auriculaire.
2 Valvule du trou de Botal à demi-relevée.
3 Valvule d'Eustache.
F Veine cave inférieure.
D Veine cave supérieure.

E Portion de l'oreillette droite qui est sur le même plan que la veine cave supérieure et l'orifice auriculo-ventriculaire.
A Réunion du canal artériel à l'aorte.
C Cœur incliné à gauche.
B Diaphragme renversé en bas.

rection de la veine cave inférieure qui semble s'ouvrir alors dans l'oreillette droite. Lorsqu'elle est redressée, elle bouche complétement le trou de Botal si les oreillettes sont médiocrement distendues. Après la naissance, elle oblitère l'orifice inter-auriculaire en contractant des adhérences avec la cloison et forme le fond de la fosse ovale. Pendant la vie intra-utérine, elle est exclusivement destinée à empêcher, pendant la contraction des oreillettes, le reflux du sang de l'oreillette gauche dans la droite : aussi, son développement n'est pas aussi tardif qu'on le suppose, et coïncide avec la séparation du cœur en cavités distinctes. Le développement considérable de la *valvule d'Eustache* et sa direction oblique contribuent encore à diriger l'embouchure de la veine cave inférieure vers le trou de Botal, tandis que celle de la veine cave supérieure correspond à l'orifice auriculo-ventriculaire droit.

Ces dispositions anatomiques étant connues, l'esprit saisit facilement ce que la circulation du fœtus offre de spécial. Le sang qui prend la voie des artères ombilicales traverse le système capillaire du placenta où il se revivifie au contact médiat du sang maternel et entraîne les fluides nutritifs absorbés par cet organe. Ainsi modifié, il retourne au fœtus par la veine ombilicale ; une partie arrive directement dans la veine cave en suivant le canal veineux, l'autre pénètre dans le foie en suivant les diverses branches que la veine ombilicale envoie dans cet organe, soit directement, soit en s'anastomosant avec la veine porte, et arrive à la veine cave par les veines hépatiques. La progression du sang à travers les oreillettes présente encore quelques incertitudes. A ne considérer que la disposition anatomique, on serait tenté d'admettre, avec Sabatier, que le sang de la veine cave passe en totalité dans l'oreillette gauche par le trou de Botal, sans se mêler avec celui de la veine cave supérieure qui se rend dans le ventricule droit. Mais cet isolement complet de deux courants de liquide dans la même cavité a paru inadmissible à la plupart des physiologistes, car le sang qui arrive dans l'oreillette droite y stagne momentanément. Un examen attentif fait voir en effet que les mouvements du cœur doivent avoir pour résultat inévitable ce mélange. Pendant la contraction des oreillettes, la valvule du trou de Botal est redressée et intercepte momentanément la communication inter-auriculaire, le sang apporté dans l'oreillette droite par les veines caves supérieure et inférieure, avant sa contraction, pénètre en partie dans le ventricule droit, la seule voie qui lui soit ouverte. Pendant la contraction des ventricules et la dilatation des oreillettes, le redressement de la valvule tricuspide empêche le sang de la veine cave supérieure d'arriver dans le ventricule droit et passe avec celui de la veine cave inférieure dans l'oreillette gauche par le trou de Botal, la seule voie qui leur soit momentanément ouverte : ainsi le mélange est beaucoup plus complet qu'on ne se l'imaginerait d'abord et se fait d'une manière alternative. La contraction des ventricules pousse le sang mélangé, le gauche dans l'aorte, le droit dans l'artère pulmonaire. Mais comme cette dernière se termine à l'aorte, tout le sang des deux ventricules passe dans l'aorte à l'exception d'une très petite partie qui va aux poumons. La force des deux ventricules est donc employée à faire mouvoir le sang dans le système aortique ; elle rencontre du reste plus de résistance, puisqu'elle préside à la fois à la circulation générale du fœtus et à la circulation extra-abdominale ou placentaire. Une longueur excessive du cordon, des nœuds, etc., forcent le cœur à développer plus de force, et peuvent devenir une cause d'hypertrophie qui paraît plus particulièrement affecter le ventricule droit. Dans un cas observé par M. Ducrest, où elle était très considérable, elle coïncidait avec un cordon extrêmement long.

III. Température du fœtus. — Le fœtus paraît avoir une température propre, inférieure à celle de la mère. Autenrieth et Schütz ont constaté sur des chats que la différence était de trois degrés Réaumur ; les fœtus morts ont offert une température plus élevée que les fœtus vivants. W. Edwards a prouvé que la caloricité du nouveau-né reste inférieure à celle de l'adulte et résiste moins aux influences extérieures. Il a trouvé une différence remarquable relative au degré de perfection organique des nouveaux-nés. Les mammifères qui naissent les yeux fermés et les oiseaux qui éclosent sans plumes produisent si peu de chaleur, qu'ils se comportent à l'air comme les animaux à sang froid.

IV. Exhalations, sécrétions. — Les surfaces libres et contiguës des séreuses sont humides et lubrifiées. Il est probable que la transpiration cutanée s'effectue et qu'elle se mêle continuellement à l'eau de l'amnios. Le produit des follicules sébacés se dépose au contraire sur la peau et y forme en grande partie l'enduit gras cutané que nous avons déjà étudié.

Méconium. Les sécrétions intestinales et hépatiques doivent nous arrêter un moment. On trouve de bonne heure, dans le canal intestinal, un liquide muqueux qui reste blanchâtre jusque vers le milieu de la grossesse. La bile qui remplit la vésicule est encore transparente et incolore à cette époque, mais l'un et l'autre ne tardent pas à se colorer. Le méconium, en prenant de la consistance et plus de viscosité, se colore en jaune verdâtre ; il s'épaissit et devient plus foncé à mesure qu'approche le terme de la grossesse, époque où il remplit le gros intestin et l'intestin grêle. Le liquide contenu dans l'estomac devient aussi plus consistant, mais à un degré moindre, et reste incolore ou plutôt prend une couleur grisâtre. Le méconium n'est jamais rendu dans l'eau de l'amnios, à moins de circonstances accidentelles ; il est évidemment un produit composé de bile et de mucus intestinal, sécrété par la muqueuse et ses follicules, comme le prouvent sa composition et ses caractères physiques.

La sécrétion urinaire est peu abondante pendant la vie intra-utérine, car l'urine est entièrement conservée dans son réservoir. Au terme de la gestation la vessie est pleine, mais médiocrement distendue. Ce n'est qu'accidentellement qu'elle est rendue dans le liquide amniotique.

V. Fonctions du système nerveux. — La plupart des fonctions de l'encéphale restent pendant la vie intra-utérine dans un état complet d'inactivité. Le toucher est la seule voie ouverte aux phénomènes de relation, et les limites étroites dans lesquelles il peut s'exercer rendent à peu près nulles les notions du dehors qui pourraient arriver au fœtus par cette voie, quoique les propriétés tactiles de la peau soient assez développées, comme l'attestent les mouvements spontanés, qu'on ne peut point regarder comme purement automatiques. C'est une vérité connue de tout le monde, qu'on peut en quelque sorte, à volonté, déterminer des mouvements spontanés chez le fœtus en le déplaçant, en le comprimant à travers les parois de l'utérus et en le pressant directement pendant le travail, après la rupture de l'œuf. Si ces observations journalières laissent quelques doutes, il n'en est pas de même de l'expérience suivante que je me suis plu à répéter souvent. Mettez à découvert l'utérus d'une femelle pleine en incisant les parois abdominales, dénudez une portion de l'œuf des parois utérines si elles ne sont pas suffisamment transparentes, et saisissez entre les extrémités d'une pince les pattes ou un pli de la peau du fœtus : vous le verrez s'agiter et donner des signes non équivoques d'une douleur plus ou moins vive. Ainsi les impressions externes sont transmises au cerveau qui les perçoit. Il est difficile de ne pas admettre que quelques uns des mouvements du fœtus ne sont pas déterminés par une volonté vague et obscure ; mais ces phénomènes d'intelligence et de conscience sont renfermés dans des limites fort étroites, et ils échappent presque complétement à l'observation. Il n'en est pas de même des mouvements qui sont le résultat de sensations internes, d'impulsions instinctives. M. P. Dubois a donné quelque intérêt à la plupart de ces faits, en rappelant leur véritable interprétation et en donnant une forme saisissable aux idées de Cabanis, de Gall sur ce sujet. Il a démontré que des mouvements instinctifs ayant un but déterminé de conservation se rencontraient dans des organismes encore plus imparfaits que le fœtus des mammifères, comme on le voit dans plusieurs espèces de zoophytes.

Plusieurs insectes en offrent, pendant leur état de métamorphose, des exemples aussi curieux que remarquables. Nous nous bornerons à rappeler les mouvements instinctifs qui peuvent être observés sur le fœtus humain. M. P. Dubois a fait remarquer que ces mouvements se répètent souvent dans des conditions bien déterminées, par exemple dans les changements de situation de la mère, lorsqu'elle se lève ou lorsqu'elle se couche, comme si le fœtus voulait reprendre la position qu'il a été forcé de quitter. Beaucoup de mères sentent ces mouvements invariablement dans certaines attitudes, qu'elles sont quelquefois obligées de quitter, tant ils deviennent forts et prolongés. Lorsqu'une femme est restée longtemps sans prendre de nourriture, les mouvements du fœtus deviennent plus fréquents et plus vifs. La compression accidentelle du cordon produit encore d'une manière presque certaine une agitation convulsive. On voit par les exemples qui précèdent que le fœtus a la conscience de ses besoins, du bien-être et de la souffrance, du plaisir et de la douleur, qu'il cherche déjà à se soustraire à cette dernière et qu'il l'exprime par des mouvements réitérés. Si l'idée de sensations, d'instinct, de déterminations, jusqu'à un certain point volontaire, surtout dans les dernières périodes de la vie fœtale, n'a presque rencontré jusqu'à présent que des contradicteurs, cela dépend peut-être de ce qu'on n'a invoqué les faits les plus concluants en faveur de cette opinion que pour les mettre au service d'une explication qui semble en opposition avec les lois de la pesanteur, savoir, que c'est aussi par l'effet d'une détermination instinctive que la tête du fœtus, chez les mammifères, se trouve ordinairement en rapport avec l'extrémité de l'utérus qui correspond à l'entrée du bassin. Que cette conclusion soit fondée ou non, que la présentation de la tête reconnaisse une autre cause que la volonté instinctive du fœtus, cela n'infirme en rien l'interprétation donnée aux faits signalés plus haut.

Les faits de sensations chez le fœtus ne se bornent pas là; il peut être affecté par des actions, par des sensations qui se passent en dehors de lui, au sein de l'organisme maternel. Tout le monde sait que l'ingestion de boissons très froides détermine souvent des mouvements très vifs chez le fœtus, presque aussitôt qu'elles sont arrivées dans l'estomac et bien avant qu'elles puissent arriver jusqu'à lui par la voie de l'absorption. On arrive au même résultat par des applications froides sur l'abdomen. Dans une infinité de circonstances, les émotions vives et brusques de l'âme déterminent à l'instant même une vive agitation chez le fœtus; et lorsque ces émotions déterminent des mouvements convulsifs chez la mère, il n'en est pas toujours à l'abri lui-même. Une femme que j'ai observée est prise d'accidents hystériques à la vue d'un homme blessé et couvert de sang, qu'elle avait pris pour son mari appelé presque aussitôt, j'ai été témoin de plusieurs accès, pendant lesquels j'ai senti fort distinctement des mouvements spasmodiques du fœtus qui se sont répétés plusieurs fois dans l'intervalle des accès. Des faits plus ou moins analogues ont été observés dans d'autres circonstances. Cette action du système nerveux de la mère sur le fœtus renfermé dans l'utérus échappe à toute explication ; car, s'il nous a été possible de concevoir et d'expliquer une foule d'influences organiques par la disposition du système vasculaire par rapport à l'œuf et par le passage des principaux éléments de l'un à l'autre, malgré l'isolement des deux organismes, nous ne trouvons rien de semblable dans le système nerveux. Les nerfs de l'utérus ne pénètrent pas dans l'œuf, et ceux du fœtus ne s'étendent pas dans ses parties transitoires. Il n'y a ni anastomose ni intrication des deux systèmes nerveux, qui restent au contraire fort distincts l'un de l'autre. Mais il ne faut pas oublier qu'on se ferait une fausse idée de l'action du système nerveux en la limitant aux parties où les nerfs s'arrêtent ; l'émail des dents, les appendices cornés, les cheveux, etc., transmettent au cerveau les impressions tactiles, quoique ces parties soient complétement insensibles aux lacérarations, aux destructions, de quelque nature qu'elles soient ; quelques autres tissus également dépourvus de nerfs, comme les os, les séreuses, mais susceptibles d'inflammation, ressentent une sensibilité qu'ils ne possédaient pas à l'état normal. L'étude des sympathies, et pour n'en citer qu'un seul exemple fort connu, celle qui existe entre l'utérus et les seins, sans que ces organes soient liés par des nerfs spéciaux, nous montre aussi des sensations dont le mécanisme reste complétement inexpliqué. Il est donc évident que des tissus dépourvus de nerfs peuvent, dans des circonstances spéciales, servir de conducteurs à l'action nerveuse de la périphérie au centre, et réciproquement. On ne peut donc pas s'autoriser de l'absence de nerfs pour nier l'action sympathique qui existe entre le système nerveux de la mère et celui du fœtus, bien que cette espèce d'action de l'organisme maternel soit plus obscure pour notre esprit que celle qui est sous la dépendance de la nutrition.

On ne doit donc pas être surpris de voir quelquefois des enfants dont les mères avaient, pendant la grossesse, éprouvé de vives frayeurs, des accidents spasmodiques, être atteints, après la naissance, de convulsions, d'épilepsie, etc. On cite l'observation d'une femme affectée de fièvre intermittente au septième mois de la grossesse qui donna naissance à un enfant affecté de la même maladie. Ces considérations semblent nous mettre sur la voie des dispositions à l'hérédité des maladies. Tous les troubles fonctionnels de la mère peuvent entraver la nutrition et le développement du fœtus et faire naître des maladies variées.

Ce serait ici le lieu d'examiner si l'imagination de la mère et les idées dont elle s'est vivement préoccupée pendant la gestation peuvent imprimer des traces sur le fœtus. La physiologie contemporaine a résolu cette question par la négative. Il ne lui a pas été difficile de démontrer que la plupart des observations qui étaient invoquées en faveur de cette croyance si générale n'avaient pas le moindre fondement, et que les monstruosités dépendent pour la plupart de causes qui n'ont aucune relation avec l'imagination de la mère; mais il reste un certain nombre de faits observés et rapportés par des hommes compétents et dignes de foi, qui ne permettent pas de regarder la question comme complétement décidée. Il y aurait de la témérité à considérer cet effet comme absolument impossible parce que la raison ne peut le concevoir. N'avons-nous pas vu qu'il était impossible de concevoir et d'expliquer la plupart des phénomènes bien réels rapportés plus haut? Mais pour que la question de l'influence de l'imagination de la mère sur le fœtus reparaisse avec avantage dans la science, il faut des faits nouveaux plus sévèrement observés et entièrement dégagés de toute croyance populaire.

LIVRE III.

MALADIES DE LA GROSSESSE.

SECTION Ire.—Des modifications produites par la grossesse qui prennent des caractères morbides.

1. Ptyalisme. Le ptyalisme ou la sécrétion surabondante des glandes salivaires est un phénomène sympathique de la grossesse qui est loin d'être commun, surtout si on évite de le confondre, comme on doit le faire, avec les crachotements provoqués par les aigreurs de l'estomac. Nous ajouterons à ce que nous avons déjà dit, page. 211, que la salivation prend quelquefois, sous le rapport de son intensité et de sa durée, des caractères insolites et devient une incommodité très fatigante. La bouche se remplit d'eau à chaque instant, et la femme est sans cesse forcée de cracher. Elle survient ordinairement au début de la grossesse, et cesse vers le milieu de sa durée ; quelquefois elle apparaît vers la fin. Elle peut persister pendant toute la durée de la grossesse et même au-delà : chez une dame observée par M. Brachet, la salivation a commencé au deuxième mois, et a duré encore un mois après l'accouchement ; la quantité de salive rendue était au moins de deux litres par jour ; pendant le sommeil, elle en inondait son oreiller et ses vêtements. M. Danyau fils a vu une femme qui eut à sa première grossesse un ptyalisme abondant jusqu'au sixième mois ; à la seconde, il se prolongea jusqu'à l'accouchement et même quelque temps au-delà ; à la troisième, la salivation s'est encore renouvelée : la quantité de salive qu'elle rendait chaque jour a été évaluée à un litre ; elle mouillait de trente à quarante mouchoirs par jour. Il est peu d'accoucheurs qui n'aient eu occasion d'observer quelque cas de salivation opiniâtre et prolongée ; mais ils n'en citent aucun où elle ait paru dangereuse, soit en produisant du dépérissement ou d'autres accidents ; mais elle est assez incommode pour que les femmes qui en sont atteintes

désirent vivement en être débarrassées. On peut éprouver quelque hésitation à en tenter la suppression dans la crainte de provoquer quelques accidents. Cette crainte est fondée sur le fait suivant : Baudelocque a dit dans ses leçons avoir connu une jeune dame qui eut une salivation abondante à sa première grossesse, sans qu'elle perdît rien de son embonpoint. Bouvart et Baudelocque furent longtemps pressés par la famille pour l'arrêter : ils s'y refusèrent constamment. Le ptyalisme ne cessa qu'à l'époque de l'accouchement. A la seconde grossesse, la salivation se manifesta de nouveau. Bouvart étant mort, on appela un autre médecin et un autre accoucheur, qui arrêtèrent la salivation. Le lendemain cette dame fut frappée d'apoplexie. Dans l'observation de M. Danyau, l'eau glacée parut une fois supprimer la salivation, mais en donnant lieu à des étouffements violents qui ont contraint d'y renoncer. Sans chercher jusqu'à quel point l'observation attribuée à Baudelocque est authentique dans toutes ses circonstances, il est permis de regarder l'apoplexie comme un accident purement fortuit. Et s'il convient d'abandonner à la nature un flux de salive peu abondant, il ne doit pas en être de même de celui qui dérangerait les digestions et affaiblirait la malade. On a plutôt à craindre de ne pas l'arrêter ou de ne pas même le modérer que de déterminer des accidents graves.

On a recommandé contre le ptyalisme des femmes enceintes le cumin, le petit cardamome, mâchés à jeun, les infusions de thé, de camomille, de mélisse, de véronique ; de la gomme arabique, du sucre candi tenus habituellement dans la bouche ; et d'après Puzos, un petit morceau de pain et un verre d'eau le matin. On ne peut attendre autre chose de ces moyens que de modérer quelquefois un peu la salivation, et de faire prendre patience en attendant le moment où elle doit cesser spontanément. Quant aux moyens plus actifs qu'on a conseillés, on ne devra y avoir recours qu'autant qu'ils paraîtraient sans inconvénients, ou qu'ils seraient indiqués par d'autres circonstances ; mais on pourra essayer les purgatifs à petite dose, les sels de quinine, l'extrait de cannelle seuls ou associés à un peu d'opium ; et comme moyens locaux, des fragments de glace dans la bouche, des gargarismes légèrement astringents, une faible solution d'alun, d'acétate de plomb, etc.

2. ODONTALGIE. C'est la plus fréquente des névralgies extérieures qui affectent les femmes enceintes. La douleur nerveuse des dents occupe ordinairement la mâchoire inférieure, tantôt d'un côté, tantôt des deux à la fois. Lorsqu'elle est vive, elle s'irradie à face ; quelquefois même le point de départ de la maladie sem e

être dans quelques uns des nerfs de la face. Elle présente ordinairement des intermittences, des temps de calme et d'exacerbation. Il y a souvent en même temps un peu de gonflement des gencives. On observe ordinairement l'odontalgie pendant la première moitié de la grossesse. Elle débute assez souvent peu de temps après la conception ; mais elle peut apparaître beaucoup plus tard ou persister pendant toute la durée de la gestation ; elle cesse ordinairement du quatrième au sixième mois. L'odontalgie et les névralgies faciales sympathiques de la grossesse se manifestent assez souvent chez des femmes qui n'ont jamais offert aucun symptôme de ces maladies, et qui n'y semblent nullement prédisposées ; mais le plus souvent c'est chez celles qui en ont été affectées dans l'état ordinaire, et qui y sont sujettes, que la prédisposition s'est singulièrement accrue.

Mauriceau regardait la saignée comme le meilleur remède qu'on pût employer contre les maux de dents des femmes grosses ; mais, outre que ce moyen n'est pas très sûr, on ne peut pas l'employer chez toutes. On conseille de tenir le ventre libre à l'aide de purgatifs doux administrés à des époques assez rapprochées. On emploie comme moyens locaux les gargarismes opiacés, les emplâtres d'opium, de jusquiame, la masse des pilules de cynoglosse, etc. On peut essayer de faire prendre à l'intérieur quelques unes des préparations recommandées contre la névralgie faciale, comme les pilules de Méglin. Si les accès et les rémissions sont très marqués, à plus forte raison s'il y a une véritable intermittence, on pourra espérer les meilleurs effets du sulfate de quinine ou des autres préparations de quinquina. On ne doit avoir recours à des moyens actifs que lorsque la névralgie est très douloureuse, qu'elle prive les malades de sommeil et qu'elle rend la mastication presque impossible, tant le contact des dents avec les corps étrangers est insupportable.

3. TROUBLES SYMPATHIQUES DE L'ESTOMAC. Les troubles variés de l'estomac sympathiques de la grossesse sont si communs, quoiqu'ils puissent manquer complétement, que nous avons dû les considérer et les décrire comme des phénomènes en quelque sorte propres à la gestation. C'est ainsi que nous avons eu à caractériser l'*anorexie*, la *dyspepsie*, les *nausées*, les *vomissements*, les *aigreurs*, l'*appétence* prononcée pour tel aliment ou pour telle boisson portée quelquefois jusqu'à la *dépravation* du goût (pica) : les femmes recherchent alors des substances qui ne sont pas comprises parmi celles qui nous servent d'aliments ; les *envies* continuelles de manger, accompagnées d'un sentiment de faiblesse

générale et de vacuité à la région épigastrique (boulimie); la *gastralgie*, qui donne quelquefois la sensation de chaleur brûlante partant de l'estomac et s'élevant le long de l'œsophage jusqu'au pharynx. Quelques uns de ces phénomènes, les moins communs d'ailleurs, comme les différentes formes de gastralgie, deviennent de véritables maladies très fatigantes et très douloureuses si les accès sont prolongés ou se reproduisent souvent. La plupart des autres ne doivent être considérés que comme de simples incommodités, excepté dans les cas assez rares où ils sont portés à un degré véritablement morbide et où ils produisent de l'affaiblissement et de l'amaigrissement. Parmi ceux-ci, les vomissements prolongés et répétés tiennent la première place. Quoiqu'ils ne menacent pas plus les jours de la femme que les autres troubles de l'estomac, ils peuvent produire de l'amaigrissement, déterminer un état d'endolorissement des parois de l'abdomen, et prédisposer à l'avortement. Je ne connais pas d'exemple de femmes qui aient succombé à des vomissements purement sympathiques de la grossesse. Les deux femmes observées par Dance, qui avaient été tourmentées par des vomissements si fréquents et si opiniâtres, et qui succombèrent vers le quatrième mois de leur grossesse, présentèrent dans l'utérus des altérations profondes qui doivent être considérées comme la cause de la mort, et qui ont dû augmenter l'influence sympathique de l'utérus sur l'estomac. Les vomissements opiniâtres avec amaigrissement, surtout s'il y a de la fièvre, doivent éveiller l'attention du praticien, et l'engager à rechercher si l'utérus ou d'autres organes ne donnent pas quelques symptômes de phlegmasie.

On ne peut guère confondre les troubles de l'estomac sympathiques de la grossesse avec les inflammations aiguës de cet organe. Les méprises sont plus faciles à l'égard des affections chroniques et des gastralgies. Lorsque l'état de grossesse est ignoré et que des circonstances particulières, loin d'appeler l'attention sur ce point, l'en détournent, on les prend souvent pour des affections idiopathiques : cela arrive fréquemment dans la pratique à l'égard des vomissements; et lorsque la grossesse devient évidente, après un ou deux mois de traitement, et quelquefois plus, on reste surpris de l'opiniâtreté avec laquelle ils ont résisté à tous les moyens employés.

Lorsque les troubles des fonctions de l'estomac sympathiques de la grossesse sont portés au point d'exiger un traitement, ils donnent lieu à deux sortes d'indications : l'une générale et commune à tous, l'autre spéciale et appropriée à chacun. Je dois d'abord faire remarquer que l'influence de l'art sur ces accidents est fort limitée. On en a la preuve dans la foule de médicaments qui ont été recommandés pour les combattre. Toutes les fois qu'ils ne sont pas fatigants, qu'ils ne causent pas de l'amaigrissement, ou qu'ils ne font courir aucun danger au fœtus, il faut encourager les femmes à les supporter comme des maux inséparables du plaisir de devenir mère, se contenter de régler d'une manière convenable leur régime alimentaire, plutôt que de les tourmenter par l'emploi de moyens actifs qui restent si souvent sans effet. D'ailleurs ils sont loin d'avoir, sous le rapport du traitement, la même importance; excepté les vomissements et la gastralgie, ils exigent rarement des moyens très actifs.

Les moyens généraux et communs à tous ces accidents ont pour but de modérer l'activité vitale de l'utérus et ne s'adressent que d'une manière indirecte à l'estomac. On arrive quelquefois à ce résultat par des moyens fort simples : des boissons délayantes, un régime doux, des bains, des laxatifs, un exercice modéré, des distractions, etc.; mais il faut le plus souvent y ajouter la saignée, qui est parmi les moyens actifs celui qui réussit le mieux; la plupart des praticiens sont d'accord sur ce point. On peut la répéter plusieurs fois chez les femmes qui sont pléthoriques; on ne doit s'en abstenir que lorsqu'elle est contre-indiquée par l'état général. On s'est exagéré le danger des saignées locales pratiquées dans le voisinage des organes génitaux et on les a proscrites d'une manière trop absolue ; lorsqu'il n'existe pas de contre-indication particulière et qu'elles sont modérées, elles n'ont aucun inconvénient. S'il existait, avec les troubles gastriques, des symptômes d'irritation, de congestion ou d'inflammation du côté de l'utérus, on serait autorisé à faire avec réserve quelques applications de sangsues à la vulve, à l'anus ou aux aines. Lorsque les émissions sanguines sont insuffisantes ou qu'elles sont contre-indiquées, on peut avoir recours aux opiacés, dont l'influence sédative sur l'utérus n'est point équivoque. S'ils sont mal supportés par l'estomac ou rejetés promptement par les vomissements, il faut les administrer en lavement.

On a retiré quelquefois des effets marqués des évacuants que l'état de l'estomac et des intestins indique assez souvent. Les vomitifs ont été à une autre époque si fréquemment employés contre les troubles de l'estomac causés par la grossesse, qu'il reste prouvé qu'ils ne provoquent point aussi facilement des pertes et l'avortement qu'on le croit généralement; il ne serait cependant pas prudent d'y avoir recours indifféremment chez toutes les femmes; des prédispositions aux hémorrhagies utérines, à l'avortement, les contre-indiquent d'une manière formelle. C'est l'épicacuanha qui a été employé de préférence. Dans les mêmes circonstances, il vaut mieux avoir recours aux purgatifs doux, tels que la rhubarbe, l'huile de ricin, la magnésie, les sels neutres, etc.; cette médication peut modifier avantageusement l'état de l'intestin et celui de l'utérus.

Les formes particulières sous lesquelles se manifestent ces dérangements dans les fonctions de l'estomac donnent lieu à quelques indications spéciales : on combat chaque symptôme par les moyens employés contre les affections idiopathiques qui donnent lieu aux mêmes phénomènes. Quoiqu'il soit peu rationnel de s'adresser à l'estomac, lorsque la cause du dérangement est ailleurs, l'expérience a justifié l'usage de quelques uns de ces moyens qui peuvent d'ailleurs rendre l'estomac moins impressionnable à l'action sympathique de l'utérus. L'*anorexie* et la *dyspésie* n'exigent presque jamais d'autres moyens que ceux que nous avons indiqués, auxquels on peut ajouter l'usage de quelques toniques, l'infusion de camomille, les eaux ferrugineuses et gazeuses. Si ces symptômes deviennent fatigants par leur persistance et leur intensité, on pourrait avoir recours à de légers purgatifs. Dans la *gastralgie*, lorsque les douleurs reviennent par accès et qu'elles sont très vives, on les calme et souvent on les fait cesser avec des cataplasmes très chauds appliqués à la région épigastrique ; s'ils ne soulagent pas, on pourra les rendre révulsifs en les saupoudrant de farine de moutarde, les ventouses sèches peuvent aussi procurer du soulagement. On fera prendre en même temps des infusions chaudes et aromatiques, des préparations opiacées, auxquelles on peut associer avec avantage quelques antispasmodiques diffusibles, l'éther, la liqueur d'Hoffmann. Les eaux spiritueuses (élixirs), administrées convenablement, soulagent quelquefois d'une manière remarquable. Pour prévenir le retour des douleurs et guérir les diverses variétés de névralgie, on a conseillé la racine de colombo, l'extrait de quinquina, les préparations ferrugineuses, l'oxide de zinc, le sous-nitrate de bismuth, etc. Lorsque les aigreurs deviennent assez fatigantes pour exiger un traitement, on emploie avec succès, d'après le témoignage de presque tous les praticiens, la magnésie, le sous-carbonate de soude et le sous-carbonate de potasse ; on a également employé les purgatifs. On recommande comme moyen particulier, contre les *vomissements*, l'usage des boissons froides, de la glace, la potion anti-émétique de Rivière, la racine de colombo, les opiacés, les antispasmodiques, le quinquina, etc.

4. CONSTIPATION ET RÉTENTION DES MATIÈRES FÉCALES. — Ce sont

deux états qui se confondent par leur symptôme principal, mais qui diffèrent par leurs causes, et quelquefois par leurs indications. On a généralement méconnu la cause de la constipation des femmes enceintes en la rapportant exclusivement à la compression du rectum, tandis qu'elle est plus ordinairement sympathique de la grossesse : aussi l'observe-t-on fréquemment dès le début. Très peu de femmes en sont complétement exemptes; les unes vont à la garde-robe assez régulièrement, quoique les matières soient dures; les autres n'y vont que tous les trois ou quatre jours; quelques unes restent plus longtemps encore. Cet état de constipation est assez souvent interrompu par quelques jours de diarrhée. Chez beaucoup de femmes les selles deviennent plus rares et plus difficiles seulement pendant les trois ou quatre derniers mois de la grossesse, lorsque l'utérus repose sur l'entrée de l'excavation pelvienne, où il comprime le gros intestin dans le point où il se réfléchit de la fosse iliaque gauche dans l'excavation du bassin, et gêne plus ou moins le passage des matières fécales; il n'agit ainsi dans les premiers mois de la grossesse que lorsqu'il est dans un état de déplacement. Les effets de cette compression sont surtout très marqués pendant les derniers temps de la grossesse, lorsque l'utérus est profondément abaissé dans l'excavation pelvienne, mais il est rare cependant qu'elle détermine une rétention complète. Les autres parties du canal intestinal échappent par leur mobilité à une compression fixe, et la tension qui résulte du développement de l'utérus tend plutôt à favoriser le cours des matières qu'à y mettre obstacle. Que la rétention des matières fécales dépende d'un état particulier des intestins produit par la grossesse ou de la compression du rectum par l'utérus, elle donne lieu, lorsqu'elle se prolonge d'une manière insolite, à des accidents communs. Le ventre se tend et se durcit, quelques douleurs s'y font sentir ainsi qu'à la région lombaire et à la région sacrée. Il n'est pas rare de voir survenir de l'agitation, de la céphalalgie et même de la fièvre, des ténesmes vésicaux, et quelquefois des symptômes d'avortement. Les matières accumulées dans le gros intestin y déterminent de l'irritation ; des mucosités sanguinolentes s'échappent de sa surface, et sont quelquefois rendues avec ténesme dans les efforts de défécation. Lorsque le rectum est distendu par des matières dures, la compression du plexus sacré du côté gauche détermine souvent des douleurs plus ou moins vives dans le membre inférieur correspondant.

Le libre cours des matières dans le canal intestinal ayant un effet salutaire sur l'économie, on ne doit pas négliger de l'entretenir. Il faut toujours préférer les moyens les plus doux, tant qu'ils peuvent remplir l'indication. Chez un grand nombre de femmes enceintes, la constipation n'exige que les moyens simples employés en pareil cas : l'usage de lavements, d'un régime relâchant composé de viandes blanches, de légumes, de fruits cuits, etc., d'eau de veau, de petit-lait, de boissons délayantes. Si ces moyens étaient insuffisants, il faudrait avoir recours à des purgatifs plus ou moins actifs, donnés par la bouche ou en lavement. Quand il y a rétention par la compression du rectum, le liquide injecté est souvent arrêté; on peut quelquefois le faire pénétrer en soulevant l'utérus, ou en donnant à la femme une attitude dans laquelle les effets de la compression soient moins marqués ; on rend ainsi le passage plus libre pour les matières. Il arrive quelquefois qu'elles sont si dures et si volumineuses, que les moyens indiqués sont insuffisants, et ne font qu'augmenter les souffrances. Le plus grand obstacle semble alors exister dans le rectum, dont le sphincter est irrité et vivement contracté. Il ne reste d'autres moyens, après avoir cherché à calmer l'irritation, que de diviser les matières, et de les extraire par fragments, soit avec une spatule, soit avec les doigts. Quand le rectum qui contient les matières les plus dures est débarrassé, les moyens indiqués plus haut réussissent plus facilement.

5. DIARRHÉE. Elle est beaucoup moins commune que la constipation, avec laquelle elle alterne quelquefois. Ce qui a été écrit sur la diarrhée des femmes enceintes laisse beaucoup à désirer. Il est certain qu'elles en sont assez souvent affectées, sans qu'on puisse l'attribuer à une autre cause qu'à leur état de grossesse ; mais on a presque toujours rapporté à celle-ci les diarrhées symptomatiques et idiopathiques ordinaires, celles qui dépendent d'écarts dans le régime, les dysenteries sporadiques et épidémiques qui peuvent atteindre les femmes grosses comme les autres individus ; il en résulte qu'on a mal apprécié ses caractères, et qu'on lui a souvent attribué une gravité qu'elle n'a pas. Au reste, on a agi de même à l'égard de la plupart des maladies qui sont survenues accidentellement chez les femmes enceintes, on les a presque toujours confondues avec les maladies propres à la grossesse. C'est ainsi qu'on a fait de l'ictère des femmes grosses une maladie qui peut présenter de la gravité. Le météorisme, les coliques de toute espèce ont été attribués à la grossesse, tandis que, lorsque ces phénomènes en dépendent véritablement, ils restent presque toujours dans les limites que nous avons indiquées page 207, et ne constituent que des incom-

modités presque sans importance. Cette remarque pourrait être beaucoup plus généralisée ; toute la partie de la pathologie des femmes enceintes décrite dans cette section aurait besoin d'être refaite sur des observations plus exactes, où on aurait distingué avec le plus grand soin les accidents qui dépendent véritablement de la grossesse de ceux qui sont propres aux maladies ordinaires qui peuvent se déclarer dans son cours. Pour en revenir au trouble fonctionnel qui nous occupe, je dirai qu'il existe réellement une diarrhée sympathique de la grossesse, qui, comme les troubles de l'estomac, est sous la dépendance de l'utérus : c'est une diarrhée purement nerveuse. Quelques femmes sont prises, immédiatement ou peu de temps après la conception, d'un brusque flux de ventre qui dure plusieurs jours, ou se reproduit à des intervalles plus ou moins rapprochés ; chez d'autres, c'est à une époque plus avancée qu'on voit survenir ce phénomène. Chez plusieurs, les matières sont seulement rendues plus fréquemment et à l'état liquide ; mais le plus souvent elles sont abondantes et ont les caractères propres aux diarrhées séreuses ; chez quelques unes, c'est un état presque habituel, mais chez la plupart, sa durée est assez courte. Quand elle est modérée, elle n'a pas d'influence sensible sur l'économie ; elle produit seulement de la pâleur et un peu de faiblesse. La diarrhée des femmes enceintes peut se montrer sous une autre forme dont les effets sur l'économie sont plus marqués ; les selles sont plus abondantes, souvent colorées en brun et fétides ; le ventre est tendu et un peu douloureux à la pression dans quelques points ; la bouche est mauvaise et pâteuse, la langue est chargée de mucosités ; il existe de la céphalalgie et un sentiment de fatigue et d'accablement, mais ordinairement sans mouvement fébrile bien sensible. On peut en admettre une troisième variété, mais celle-ci est symptomatique de l'irritation produite par le séjour prolongé dans les intestins de matières fécales endurcies. Les femmes très constipées sont prises d'une manière assez brusque de déjections alvines mêlées d'abord de fragments durs et fétides, quelquefois légèrement teintes d'une petite quantité de sang. Il survient du ténesme et souvent un peu de fièvre. Cette diarrhée est ordinairement d'une courte durée, mais elle a de la tendance à se reproduire plusieurs fois chez la même femme pendant le cours de la grossesse. Lorsque la diarrhée des femmes enceintes est modérée, que l'appétit et les forces se conservent, elle n'exige que de simples précautions dans le régime ; si ces moyens étaient insuffisants, et qu'elle parût avoir des effets nuisibles, on administrerait dans la première variété, soit par la bouche, soit en lavement, des préparations opiacées qu'on peut associer au cachou. Dans la seconde variété, on conseille les purgatifs; on a souvent employé avec succès 50 ou 60 centigr. de rhubarbe ; 10 ou 15 centigr. d'ipécacuanha, administrés plusieurs jours de suite. On peut aussi avoir recours aux purgatifs que nous avons indiqués pour quelques uns des troubles de l'estomac. S'il y avait plénitude du pouls, la saignée devrait précéder l'emploi de ces moyens ; on pourra dans tous les cas donner pour boisson de l'eau de riz aromatisée avec la cannelle. Dans la troisième variété, il suffit de calmer l'irritation par des boissons douces, par des lavements émollients et calmants. Dans tous les cas, la nourriture doit être peu abondante, et composée d'aliments de facile digestion, contenant beaucoup de principes nutritifs sous un petit volume.

6. Pléthore. — Ce qui a été dit, page 208, de la nutrition et de l'état du sang des femmes enceintes prouve que la grossesse prédispose incontestablement à la pléthore, mais sans toutefois la produire aussi souvent que semble le faire croire l'habitude encore si générale de saigner toutes les femmes enceintes. Aux prédispositions que nous venons de signaler, il faut ajouter le défaut d'exercice, une nourriture trop succulente, la suppression des menstrues. Elle se manifeste quelquefois chez des femmes affectées d'anorexie, de vomissements. En général, on commence à l'observer du troisième au cinquième mois ; mais c'est pendant les sixième et septième mois qu'on le rencontre le plus souvent et avec le plus d'intensité, lorsque la gêne de la circulation qui résulte de la compression des gros vaisseaux par l'utérus vient ajouter ses effets aux précédents. Cette dernière cause peut toute seule donner lieu à des symptômes apparents assez intenses de pléthore. On observe fréquemment cette fausse pléthore pendant les quatre derniers mois de la grossesse, et assez souvent chez des femmes débilitées et d'une constitution telle qu'on ose à peine leur tirer du sang.

On reconnaît la pléthore à la plénitude et à la force du pouls, à des pesanteurs de tête avec disposition au sommeil, à la coloration de la peau de la face, à un sentiment de plénitude des membres, à de la répugnance pour le mouvement. On entend assez souvent un bruit de souffle à la région précordiale. Les effets de la plénitude du système vasculaire sont presque toujours très marqués du côté du bas-ventre. La femme éprouve de la tension, de la pesanteur dans l'abdomen et vers le bassin ; des douleurs se manifestent sur divers points des parois de l'utérus, et surtout à la région lombaire, à la partie supérieure des cuisses. Le fœtus est souvent lui-même incommodé ; ses mouvements deviennent moins fréquents et perdent de leur vivacité ; ils cessent même quelquefois tout-à-fait pendant plusieurs jours. Assez souvent la pléthore est plus intense dans l'utérus que dans les autres portions du système vasculaire. Fréquemment, sous l'influence de prédispositions et de causes locales que nous ferons connaître, cet organe se congestionne sans qu'il y ait plénitude générale, et même lorsqu'il semble exister un état opposé de l'économie.

Lorsque les symptômes de pléthore ont de l'intensité, ils constituent un état de souffrance très fatigant qui exige l'intervention de l'art ; mais s'ils sont modérés, ils incommodent peu, et peuvent durer longtemps sans danger pour la mère et pour le fœtus. Chez quelques femmes, la pléthore se reproduit plusieurs fois pendant la même grossesse. Abandonnée à elle-même, elle se dissipe fréquemment sans causer d'accident. L'hémorrhagie à laquelle elle donne le plus fréquemment naissance est l'épistaxis, qui est ordinairement légère et réclame rarement l'emploi de moyens particuliers. L'hémoptysie, l'hématémèse, sont aussi rares chez les femmes enceintes que chez les autres. C'est sans plus de raison qu'on considère la grossesse et la pléthore qui l'accompagne si souvent comme une cause commune d'hémorrhagie cérébrale. Le très petit nombre d'exemples d'apoplexie bien constatés, comparé à la fréquence de la grossesse, ne permet pas d'élever de doutes à cet égard.

Mais, si on n'a pas à craindre des ruptures vasculaires du côté du cerveau, il n'en est pas de même du côté de l'utérus ; les vaisseaux utéro-placentaires si fragiles cèdent souvent à la tension plus grande qu'ils ont à supporter, lorsqu'il existe un état prononcé de pléthore ; de là la fréquence des hémorrhagies utérines pendant la grossesse et des avortements qui en sont fréquemment la suite. C'est surtout sous ce dernier point de vue que la pléthore peut devenir dangereuse et qu'elle mérite toute l'attention du praticien.

Les indications de la pléthore sont fort simples. La saignée générale est le moyen par excellence, et on ne doit pas négliger d'y avoir promptement recours lorsque les symptômes sont intenses, ou que l'on craint quelque accident du côté de l'utérus. La quantité de sang à retirer est déterminée par l'état particulier de la femme ; le plus souvent une seule saignée ordinaire suffit ; il vaut mieux s'exposer à la répéter que de la faire de suite très copieuse. Lorsqu'elle est peu intense, on peut souvent se dispenser d'y avoir recours : un régime doux, peu nourrissant, un exercice modéré, suffisent souvent pour la dissiper. D'ailleurs, après quelque temps, elle disparaît ordinairement spontanément. Les émissions sanguines sont même assez souvent contre-indiquées pendant les trois derniers mois, lorsqu'il y a seulement une pléthore apparente déterminée par la pression de l'utérus sur l'aorte abdominale et sur les gros vaisseaux situés à l'entrée du bassin. Quant aux indications des congestions utérines qui ne se lient pas à un état de pléthore générale, elles trouveront plus naturellement leur place dans le traitement prophylactique des hémorrhagies utérines.

7. PALPITATIONS. Les palpitations sont assez communes chez les femmes enceintes; elles offrent tous les caractères de troubles sympathiques; on les observe le plus ordinairement pendant la première moitié de la grossesse, quelquefois fort peu de temps après la conception. Les femmes maigres, nerveuses, irritables, y sont plus sujettes que les autres. Comme elles n'offrent rien de particulier, je n'en fais pas le sujet d'une description détaillée; je me bornerai à faire observer que le plus souvent elles apparaissent spontanément sans être provoquées : chez quelques femmes, elles se montrent immédiatement après le repas; chez d'autres, pendant la nuit, avant de s'endormir. Elles sont quelquefois accompagnées d'une douleur vive qui se fait sentir à la région précordiale ou sur quelque autre point de la poitrine. Cette douleur peut persister plusieurs heures. Il suffit souvent de la moindre émotion de l'âme, de circonstances en apparence les plus indifférentes pour les rappeler. Lorsqu'elles sont de courte durée, et que les retours sont séparés par plusieurs jours d'intervalle, elles fixent à peine l'attention; mais lorsqu'elles sont très rapprochées et qu'elles se répètent plusieurs fois dans la même journée, elles deviennent très fatigantes, et peuvent provoquer une hémorrhagie utérine, et même l'avortement chez les femmes qui sont très prédisposées aux fausses couches.

On combat les accès par le repos, les antispasmodiques seuls ou unis aux narcotiques. Pour en prévenir le retour, on administre les divers toniques, les préparations ferrugineuses, etc. Pour peu que la malade soit pléthorique, on pourra espérer du soulagement de la saignée; mais le plus souvent l'état général la contre-indique. Si les moyens indiqués plus haut sont insuffisants, on peut essayer le prussiate de fer, l'eau distillée de laurier-cerise, l'acétate de plomb, qui sont considérés comme des sédatifs du cœur.

8. SYNCOPE. De même que les palpitations, la syncope est un effet sympathique de la grossesse; elle est moins fréquente que les pal-

pitations. On a confondu avec la syncope une perte subite de connaissance sans suspension ni même diminution de l'action du cœur ; cet accident, qui est assez commun chez les femmes grosses, doit être rapproché du vertige épileptique, avec lequel il a la plus grande analogie. On observe plus particulièrement la syncope pendant la première moitié de la grossesse, et surtout lorsque les premiers mouvements du fœtus deviennent sensibles. Elle se montre chez des femmes de constitutions fort différentes, jouissant d'une bonne santé d'ailleurs ; elle survient quelquefois au milieu du repos ; mais plus souvent peut-être à la suite de marche ou d'exercices qui n'ont rien de bien fatigant en eux-mêmes. L'intensité et la durée en sont fort variables. Quelques femmes ne perdent pas complétement connaissance, tandis que chez d'autres la perte de connaissance est complète et a une durée inquiétante. Le retour de cette syncope est plus ou moins fréquent ; chez quelques femmes, elle se reproduit deux ou trois fois et ne reparaît plus ; chez d'autres, elle se répète un grand nombre de fois pendant le cours de la grossesse. En général, la syncope des femmes enceintes n'est pas un accident grave qui fasse courir, soit à la mère, soit à l'enfant, le danger de perdre la vie. Cependant M. Burns en signale une espèce qu'il a vue plus d'une fois devenir mortelle dans la première période de la grossesse. Il croit qu'elle dépend alors d'affections organiques du cœur, qui est hypertrophié ou atteint de quelque autre lésion, mais à un degré si faible cependant, qu'avant la grossesse, elles ne s'étaient révélées par aucun symptôme. M. Burns a eu l'occasion d'observer cette terminaison fatale, non seulement dans les premiers mois, mais encore dans le cours du sixième. Comme il n'est pas démontré qu'il n'y a pas eu dans ces cas une hémorrhagie utérine latente, il est permis de supposer que la mort a pu être causée par cette affection méconnue.

Pour rappeler l'action du cœur, on met la femme dans une position horizontale, on relâche les vêtements qui embrassent la poitrine et le ventre, on l'expose à un air frais, on asperge la figure d'eau froide, on lui fait aspirer des odeurs fortes et prendre quelques gouttes de liquides excitants et spiritueux, on frictionne la région précordiale avec des linges secs ou imbibés de liquides excitants, on applique des sinapismes aux pieds. Si la syncope se prolongeait, il faudrait entretenir la chaleur du corps. Les femmes sujettes aux syncopes devront aussi se surveiller avec soin, afin d'éviter tout ce qui peut en provoquer le retour.

9. Œdème des membres inférieurs. La gêne de la circulation veineuse par le développement de l'utérus est la cause ordinaire des

engorgements séreux qu'on observe à une époque avancée de la grossesse aux membres inférieurs et à la vulve. On observe ordinairement l'œdème pendant les trois ou quatre derniers mois de la grossesse ; cependant la cause ne reste pas toujours aussi limitée ni aussi évidente. Il semble que, dans quelques cas, la gêne de la circulation cardiaque, de la respiration, et l'état de plénitude du système vasculaire concourent au même but : aussi on voit quelquefois l'œdème se généraliser et s'étendre jusqu'aux membres supérieurs et à la face, et constituer ce que Chaussier appelle pléthore séreuse des femmes grosses. Chez deux femmes observées par de La Motte, l'œdème général était porté à un point extrême. On doit rapprocher de cette variété une autre également peu commune qu'on observe pendant les premiers mois de la grossesse, et qui ne reconnaît pas pour cause la compression des veines ou des vaisseaux lymphatiques, quoique l'œdème se développe ordinairement d'abord sur les membres inférieurs ; mais il a une grande tendance à envahir d'autres parties et même à devenir général. Cet œdème actif a une grande analogie, par ses caractères, sa marche et sans doute aussi par ses causes, avec celui qu'on observe quelquefois à l'époque de la première menstruation, lorsqu'elle s'établit difficilement, à la suite de sa suppression accidentelle ou de celle d'autres hémorrhagies habituelles. Mais revenons à l'œdème que nous avons plus particulièrement en vue de faire connaître. Nous trouvons ici l'occasion de faire remarquer de quelle manière inégale les individus résistent aux causes des maladies. La gêne de la circulation est à peu près la même pour toutes les femmes enceintes, et cependant un petit nombre sont affectées d'œdème. On voit même assez souvent les femmes qui portent deux enfants en être exemptes, tandis que d'autres dont l'utérus est proportionnellement petit en sont atteintes d'assez bonne heure. Il faut donc admettre des prédispositions dont on ne peut saisir que ce qu'elles ont de plus apparent. Sans affaiblir la remarque qui précède, nous devons placer au nombre de ses causes le volume plus considérable que de coutume de l'utérus, les déformations du squelette qui altèrent profondément la forme du bassin et de la cavité abdominale : une constitution faible, une vie sédentaire, y prédisposent également.

Dans les degrés les plus faibles, l'œdème est borné aux pieds, à la partie inférieure de la jambe ; souvent la vulve présente déjà en même temps un peu d'infiltration ; il diminue et disparaît même quelquefois complétement pendant la nuit. Chez un grand grand nombre de femmes, il reste ainsi limité, et constitue une incommodité sans importance ; chez quelques autres, il prend beaucoup plus d'extension, et envahit les cuisses, la vulve et quelquefois les parties inférieures de l'abdomen : les membres inférieurs acquièrent un volume considérable ; la vulve, si abondamment pourvue de tissu cellulaire, devient presque méconnaissable. Lorsqu'il est porté à ce degré, il survient quelquefois des épanchements dans le péritoine, ou bien il s'étend aux membres supérieurs, à la face, etc.

Tant que l'œdème reste modéré, il est sans danger et ne doit inspirer aucune inquiétude ; mais il n'en est plus de même lorsqu'il est considérable. Outre la gêne qu'il apporte dans les habitudes de la femme, il devient la cause la moins douteuse de convulsion ; il peut rendre difficile et plus douloureux le passage du fœtus à travers la vulve. Cependant il ne paraît pas très dangereux par lui-même ; l'assertion de de La Motte, qui n'a jamais vu périr de femmes par ces enflures, n'a point été contredite par l'observation. Cependant il arrive quelquefois que la peau distendue se couvre de plaques érysipélateuses difficiles à guérir, et qui ont une grande tendance à se terminer par gangrène. Après l'accouchement, la résolution se fait toujours d'une manière assez rapide.

Lorsque l'œdème est médiocre, il n'exige aucun traitement. Dans le cas contraire, s'il existe de la pléthore, on peut avoir recours à la saignée, qui produit de très bons effets ; mais le plus ordinairement l'état général de la femme la contre-indique à cette époque avancée de la grossesse ; mais elle est surtout avantageuse contre l'œdème qui survient pendant les premiers mois et celui qui semble constituer un état de pléthore séreuse, un œdème actif. Le repos dans la situation horizontale diminue presque toujours l'œdème ; mais cette situation est quelquefois rendue impossible par la difficulté de respirer qu'elle augmente. On doit administrer de temps en temps quelques purgatifs doux, faire usage des boissons diurétiques lorsqu'elles ne provoquent pas de l'irritation. La chaleur portée autour des membres, les frictions sèches, peuvent être utiles. Par ces divers moyens, on peut diminuer l'œdème, mais on ne doit point espérer de le voir se dissiper complètement avant l'accouchement. Dans les cas extrêmes, on a proposé et souvent pratiqué des mouchetures, surtout aux grandes lèvres, pour livrer issue à la sérosité. Ce moyen procure toujours un soulagement momentané : mais il expose singulièrement aux inflammations érysipélateuses, et on ne doit y avoir recours qu'à la dernière extrémité.

10. VARICES DES MEMBRES INFÉRIEURS. Les varices des membres in-

férieurs sont exclusivement déterminées par la compression exercée par l'utérus sur les troncs veineux qui se rendent à la veine cave inférieure. Toutes les femmes n'y sont pas également prédisposées. Quoique la compression soit à peu près la même chez toutes, un grand nombre d'entre elles en sont complétement exemptes. Parmi celles qui en sont affectées, les unes le sont avec la plus grande facilité. Ce n'est pas exagérer que de dire que leur constitution semble être sous l'influence d'une diathèse variqueuse; les autres offrent une plus grande résistance et ne sont jamais affectées au même degré. Chez les premières, les varices diminuent après l'accouchement, mais elles ne disparaissent jamais complétement, ou du moins quelques parties restent variqueuses. Chez les dernières, non seulement elles diminuent, mais disparaissent et ne deviennent permanentes qu'à la suite d'un plus ou moins grand nombre de grossesses. Les varices n'apparaissent que pendant les quatre derniers mois de la gestation ; elles affectent les gros troncs des veines sous-cutanées et la plupart de leurs ramifications ; elles offrent une foule de variétés relativement au nombre des veines dilatées et à l'étendue en tous sens des dilatations ; au plus haut degré, les membres inférieurs, couverts de bosselures d'une couleur brune foncée et réunies les unes aux autres sur le trajet de la veine, à la manière de grains de chapelet, présentent un aspect hideux. Elles ne sont pas bornées aux membres inférieurs : la vulve, le vagin, la partie inférieure de l'abdomen, en présentent souvent un grand nombre.

Lorsque les varices sont médiocrement développées, elles ne présentent aucun danger et ne réclament aucune indication particulière. Il n'en est pas tout-à-fait de même lorsqu'elles sont très prononcées; elles peuvent donner lieu, quoique rarement, à des accidents graves : quelquefois un ou plusieurs points variqueux s'enflamment, le sang se coagule dans leur intérieur, et il se forme de petits abcès qui laissent échapper du pus sanieux mêlé de beaucoup de sang ; d'autres fois, un des points variqueux se rompt brusquement sans inflammation préalable. On cite l'observation d'une dame enceinte de neuf mois qui périt en moins de trois heures des suites de la rupture de la veine iliaque interne. Une femme enceinte, admise à la Maternité en 1837, et employée, en attendant le terme de sa grossesse, au service de la cuisine, portait sur les membres inférieurs de nombreuses tumeurs variqueuses. Un soir en se couchant, une de ces tumeurs formée par la saphène interne au-devant de la malléole, s'ouvrit ; le sang coulant sans doute en abondance lui inspira la malheureuse idée de descendre à la cuisine vers deux heures du matin pour prendre un bain de pieds avec de l'eau tiède : le sang continuant à couler avec abondance, elle chercha à établir une espèce de compression sur le pied au moyen de linges qui furent trouvés couverts de sang. En se rendant dans son dortoir, elle tomba de faiblesse en montant l'escalier. Le bruit et de sourds gémissements sont entendus; on accourt aussitôt et on trouve la malade baignée dans son sang, le pouls imperceptible, les yeux ternes, le corps couvert d'une sueur froide et visqueuse. Un appareil compressif est appliqué et on s'empresse de ranimer la circulation. Elle donna pendant quelques instants des signes de vie, mais elle ne tarda pas à expirer. On conçoit d'ailleurs que les hémorrhagies veineuses des membres inférieurs soient plus graves et moins faciles à arrêter pendant la grossesse que dans les autres circonstances de la vie, la pression de l'utérus produisant en quelque sorte l'effet de la ligature qu'on applique pour pratiquer la phlébotomie. On ne doit cependant pas craindre qu'elles résistent à une compression méthodique bien faite. Lorsque les varices sont assez développées pour causer des incommodités, on doit avoir recours à une compression uniforme, soit à l'aide d'une bande, soit à l'aide de bas lacés, et faire garder le repos autant que possible dans une position horizontale.

11. Hémorrhoïdes. Elles dépendent de la même cause que les varices à laquelle il faut ajouter l'état de constipation qui est presque habituel chez les femmes enceintes ; puis, comme pour toutes les maladies que nous avons déjà passées en revue, toutes les causes ordinaires, dont les femmes enceintes ne sont pas plus exemptes que les autres individus. Elles sont en général plus volumineuses et plus douloureuses que dans les autres circonstances de la vie. Si elles existent au moment du travail, elles sont irritées par le passage du fœtus, s'enflamment vivement, et deviennent fort douloureuses pendant les premiers jours de couches. Le traitement doit se borner à des moyens palliatifs propres à calmer les douleurs et à diminuer la turgescence. On doit d'abord combattre la constipation, appliquer sur les tumeurs des cataplasmes émollients et laudanisés, de l'onguent populéum, etc., faire prendre des bains. Si elles font saillie à l'intérieur du rectum, on peut y introduire des suppositoires de beurre de cacao. Si ces moyens étaient insuffisants et que les douleurs fussent très vives, ou si elles produisaient une réaction sur l'utérus, il faudrait avoir recours à la saignée du bras. Des sangsues au voisinage des tumeurs soulagent très promptement. On ne devrait s'en abstenir que s'il y avait de la prédisposition à l'avortement. M. Gendrin conseille les applications froides autour du bassin, les bains de siège frais.

12. Toux, dyspnée. Lorsque ces deux symptômes sont sympathiques de la grossesse, ils se distinguent par des caractères nerveux tranchés de ceux qui sont le résultat de la compression mécanique du poumon, de la pléthore, des affections chroniques antérieures ou aiguës intercurrentes qui sont assez fréquentes pendant la grossesse. La dyspnée et la toux sympathiques, que je rapproche parce qu'elles donnent lieu aux mêmes considérations, se montrent plus souvent isolées que réunies. Les femmes irritables, nerveuses, y sont particulièrement exposées. La dyspnée apparaît sous la forme d'accès passagers qui se répètent plus ou moins fréquemment, quelquefois d'une durée assez longue ; ils se manifestent fréquemment avant que le volume de l'utérus puisse gêner la respiration, et sont quelquefois accompagnés de symptômes d'hystérie. La toux est ordinairement sèche ; cependant elle est quelquefois accompagnée de l'expectoration de matières visqueuses ou séreuses : c'est par accès qu'elle se reproduit le plus souvent ; d'autres fois elle est presque continuelle. Lorsqu'on applique l'oreille sur la poitrine, on ne trouve rien qui puisse l'expliquer. Elle est très opiniâtre ; elle offre quelquefois de longues suspensions, mais elle ne disparaît souvent qu'après l'accouchement. Lorsqu'elle est intense, elle devient très fatigante et douloureuse par les secousses qu'elle produit, et fait craindre une hémorrhagie utérine ou l'avortement, et rend le muscle du ventre douloureux ; elle occasionne aussi des douleurs de tête assez vives. La saignée, lorsqu'elle n'est pas contre-indiquée par l'état général de la constitution, calme souvent ces accidents. On peut aussi avoir recours à l'opium, à la jusquiame, à la belladone. On a conseillé un petit vésicatoire à l'union des vertèbres dorsales avec les cervicales, qu'on panse avec de l'acétate de morphine.

13. Fièvre des femmes enceintes. Plusieurs auteurs ont décrit sous ce titre un état fébrile assez commun chez les femmes enceintes, dont on ne peut trouver la cause ni dans des phlegmasies accidentelles, ni dans les troubles que nous avons passés en revue. Il semble au contraire être sympathique de la grossesse, et se lier d'une manière intime à l'excitation de la portion du système nerveux qui influe particulièrement sur l'action du cœur. Cet état fébrile peut se développer peu de temps après la conception, et persister pendant une grande partie de la durée de la grossesse, et même quelquefois jusqu'à la fin ; mais il cesse le plus ordinairement du quatrième au cinquième mois. Le pouls prend une fréquence insolite qui devient encore plus grande vers le soir ; la peau est chaude ; il existe de l'agitation, qui se manifeste surtout

le soir par de l'insomnie, des rêves fatigants, le besoin de changer fréquemment de place dans le lit. Au point du jour, il survient un peu de repos et un court sommeil souvent accompagné de transpiration partielle. Le matin on trouve les symptômes fébriles calmés, mais l'après-midi ils reviennent, et la nuit suivante se passe aussi mal que la précédente (Burns). Lorsque cet état persiste, il survient de la maigreur, cependant les forces se conservent assez bien. Cette maladie ne se présente pas avec les caractères de la fièvre hectique, mais elle simule souvent de manière à s'y méprendre l'état fébrile qui accompagne la phthisie pulmonaire sub-aiguë, lorsqu'elle n'est pas encore parvenue à une période avancée, et peut facilement pendant les premiers mois éloigner l'idée d'une grossesse, ou faire concevoir des craintes qu'on est tout étonné de ne pas voir se réaliser. Dans deux cas de ce genre qui se sont offerts à mon observation, il y avait en outre de la toux, et malgré l'absence complète de signes positifs, ce n'est que longtemps après l'accouchement que j'ai été convaincu que les symptômes observés ne devaient pas être attribués à la présence de tubercules dans le poumon.

M. Burns, à qui j'ai emprunté la plupart des détails qui précèdent, conseille, lorsque cet état est modéré, de se borner à tenir le ventre libre, à tirer un peu de sang, afin de diminuer l'excitation du système nerveux. On peut être conduit à recourir plusieurs fois à la saignée, qui devra être chaque fois peu abondante, surtout pendant le dernier mois de la grossesse. Mais il ne faut point perdre de vue la constitution de la malade, qui peut rendre l'usage des émissions sanguines extrêmement limité, et même le contre-indiquer. Un régime doux, des boissons tempérantes, les bains tièdes et même froids sont très propres à calmer cette excitation fibrile. Si les laxatifs ne suffisaient pas pour tenir le ventre libre, il faudrait recourir à des purgatifs doux; on remédie à l'insomnie en faisant couvrir peu la malade. D'après M. Burns, les opiacés réussissent rarement et ne doivent pas être portés trop loin. Si une dose modérée d'opium ou de jusquiame ne procure pas un sommeil réparateur, il ne faut pas attendre plus de succès d'une quantité plus grande; souvent rien ne peut améliorer la condition de la malade avant l'accouchement.

14. TROUBLES SYMPATHIQUES DES CENTRES NERVEUX. On pourrait faire entrer dans cette division la plupart des troubles sympathiques que nous avons déjà signalés dans les divers viscères; mais nous devons nous borner ici à caractériser ceux qui sont plus directement sous l'influence de l'action cérébro-spinale. Ces troubles

s'expliquent, soit par une réaction sympathique sur le système nerveux, soit par une augmentation d'activité qu'il partage avec l'utérus et qui le rend plus impressionnable. Il en résulte une idiosyncrasie particulière aux femmes enceintes qui s'affectent sous l'influence de causes qui restent généralement sans effet dans d'autres circonstances.

1° La *manie* se développe quelquefois pendant la grossesse chez des femmes qui n'offrent aucune prédisposition, soit héréditaire, soit individuelle, à ce genre de maladie. Ce qui est fort remarquable, c'est que la grossesse suspend quelquefois momentanément la manie chez des femmes qui en sont atteintes depuis longtemps. C'est ordinairement sous la forme de *monomanie* que les troubles de l'intelligence et des instincts se manifestent chez les femmes grosses; ce qui a fait dire à Goubelley, avant les travaux de Gall, « qu'on pourrait inférer de là qu'il y a dans le cerveau un organe particulier à chaque sens interne, comme il en est un pour chaque sens externe : c'est au moins ce que démontre l'observation journalière. » Il rappelle à cette occasion une dame qui n'avait le jugement sain que pendant la grossesse, mais qui perdait en même temps la mémoire : après l'accouchement, elle recouvrait la mémoire au détriment du jugement. Nous avons déjà parlé des désirs déterminés pour certains aliments, de ces goûts étranges pour des substances non alimentaires et plus ou moins repoussantes. Ces *aberrations* du sens du goût peuvent être portées au point de ne pouvoir plus être contenues par la volonté, et de conduire à commettre des actions condamnées par la raison et la morale. On cite, d'après Baudelocque, une jeune femme qui ne mangeait rien avec autant de plaisir que ce qu'elle avait dérobé en allant faire ses provisions au marché. Une femme des environs de Cologne, citée par Longius, désirant manger de la chair de son mari, l'assassina pour satisfaire à son appétit, et en sala une partie pour prolonger son plaisir. Roderic rapporte l'histoire d'une femme qui voulait manger un morceau de l'épaule d'un boulanger qu'elle voyait souvent de sa fenêtre. Chez d'autres on voit naître une antipathie profonde que rien n'explique ni ne justifie et qui ne peut être maîtrisée. Quelques unes tombent dans un état d'inquiétude et de tristesse qui dégénère bientôt en une *hypochondrie* plus ou moins prononcée. Enfin, dans quelques cas, à la vérité rares, on a constaté une *monomanie homicide*. Je ne puis insister davantage sur les faits qui ont trait à la manie et aux monomanies des femmes grosses sans être conduit à des critiques et à des discussions qui ne doivent trouver place que dans les traités de médecine légale. Je me bornerai à faire remarquer que c'est mal poser la question que de demander si l'état de grossesse peut faire excuser les crimes commis pendant son cours. La grossesse ne constitue point un état morbide, mais seulement une idiocyncrasie spéciale qui laisse aux femmes enceintes leur libre arbitre dans toute son intégrité. Elle les expose à divers états morbides parmi lesquels on ne peut se refuser d'admettre les monomanies que nous avons signalées. Mais on s'est autorisé de quelques faits extraordinaires et rares qu'on a fini par croire fréquents à force de les répéter, pour tracer un tableau faux ou exagéré des phénomènes de la grossesse. D'ailleurs la folie, comme les autres accidents, peut se déclarer sous l'influence de prédispositions diverses sans que la grossesse y concoure pour sa part. La question se réduit, comme pour tous les cas d'aliénation mentale, à constater le dérangement intellectuel par ses caractères et non par ses causes présumées.

2° *Troubles des sens.* La vue s'affaiblit assez souvent. M. Imbert a observé à l'hospice de la Charité de Lyon une femme qui eut une goutte sereine complète pendant huit mois, et qui en fut guérie aussitôt après son accouchement. Salmuth cite une dame qui devenait aveugle toutes les fois qu'elle était en grossesse, et qui recouvrait la vue lorsqu'elle était accouchée et que ses lochies coulaient convenablement. Les troubles de la vue se présentent sous plusieurs autres formes. Quelques femmes sont tourmentées pendant la grossesse par des bourdonnements d'oreilles. Goubelley a vu une femme sourde qui recouvrait l'ouïe pendant ses grossesses : c'est quelquefois le contraire qu'on observe. L'ouïe, comme la vue, peut être exaltée et donner lieu à des perceptions douloureuses.

Nous avons déjà fait connaître la perversion du goût qui est une des anomalies les plus fréquentes de la grossesse. L'odorat devient quelquefois si impressionnable que les plus faibles odeurs déterminent du malaise et suffisent quelquefois pour provoquer une perte de connaissance. Il n'est pas très rare de voir les aberrations des organes des sens prendre les caractères de véritables hallucinations.

3° *Troubles de la sensibilité.* On observe souvent dans le cours de la grossesse les différentes formes de céphalalgie, des migraines opiniâtres, qui ne sont point liées à la pléthore ni à des maladies accidentelles. Nous avons déjà signalé les diverses névralgies qui se manifestent le plus souvent chez les femmes enceintes. La sensibilité de la peau est quelquefois augmentée au point que le contact le plus léger devient douloureux ; d'autres fois ce sont des chaleurs ardentes vers les pieds ou les mains, ou bien une sensation de froid que rien ne peut dissiper. La sensibilité peut être diminuée sur une grande partie de la surface du corps. Ces aberrations de la sensibilité n'ont rien de commun avec celles qu'on observe dans les membres inférieurs et sur l'abdomen, et qui résultent de la compression et des distensions exercées par l'utérus. La diminution de la sensibilité dans les membres inférieurs, les douleurs sur le trajet de quelques uns des nerfs qui s'y distribuent, celles qui se font sentir dans les parois de l'abdomen, soit sur la peau distendue, soit à l'attache des muscles, sont ordinairement le résultat de la cause mécanique qui vient d'être indiquée. Ces souffrances retentissent souvent jusque sur la partie inférieure de la moelle, et sont alors accompagnées de pesanteur ou de douleur à la région lombaire.

4° *Troubles de la contractilité.* Ils sont plus communs que les précédents et se présentent sous différentes formes très distinctes.

Le *vertige épileptique*, qu'on observe surtout pendant les trois ou quatre premiers mois, n'est pas rare, mais il est ordinairement confondu avec la syncope, parce que les mouvements spasmodiques sont peu prononcés et ont une très courte durée. Au degré le plus faible, il n'y a pas perte de connaissance, la femme est prise de vertiges tout-à-coup ou après quelques instants de malaise. Si elle est debout, elle se hâte de s'asseoir, et le plus souvent sans tomber; quelques instants après, elle n'éprouve plus rien d'insolite; mais, à un degré plus fort, elle perd subitement connaissance, quelquefois en poussant un léger cri étouffé, et tombe à terre si elle est debout. Au moment où elle commence à perdre connaissance et à chanceler, les yeux deviennent fixes, et assez souvent il se manifeste des convulsions légères et partielles des muscles, des yeux, des lèvres, et plus rarement des membres Cet état a une durée à peine appréciable. La perte de connaissance persiste quelques instants encore après les mouvements spasmodiques, mais elle est complétement dissipée au bout d'une à deux minutes, et il ne reste pas même un air d'hébétude. Pendant l'accès, l'action du cœur n'est pas sensiblement modifiée, et la face est moins pâle que dans la syncope. La perte de connaissance épileptiforme survient ordinairement sans cause appréciable; elle semble quelquefois provoquée par un air trop chaud et renfermé. Il est très rare de voir survenir l'épilepsie sous sa forme ordinaire. Nous disons sous sa forme ordinaire, parce que l'éclampsie, qui est une maladie si souvent fatale aux femmes en travail, semble être une espèce d'épilepsie aiguë dont nous aurons à faire l'histoire dans une autre partie de cet ouvrage.

On observe assez souvent dans le cours de la grossesse, surtout pendant les trois ou quatre premiers mois, des *phénomènes hysté-*

riques chez des femmes qui n'y sont pas sujettes dans l'état ordinaire. C'est à cette maladie qu'il faut rapporter la contraction spasmodique du pharynx et de l'œsophage qu'éprouvent à différentes époques quelques femmes enceintes. Cet état donne à la malade la sensation d'un corps étranger qui serait arrêté au gosier et qui gênerait la déglutition. Le spasme s'étend quelquefois en même temps sur le larynx, et cause de l'oppression.

Les troubles du mouvement se présentent quelquefois sous la forme de *contractures prolongées*. M. Capuron a observé une femme qui fut affectée pendant toute la durée de la grossesse d'une rigidité tétanique des muscles de la partie antérieure du tronc.

Plusieurs cas remarquables de *catalepsie* paraissent avoir été provoqués par la grossesse. C'est à cet état que semblent se rapporter les cas de mort apparente qui ont été observés chez des femmes grosses.

On voit quelquefois survenir pendant le cours de la gestation des *hémiplégies* qui débutent tantôt d'une manière brusque, tantôt d'une manière lente, et qui donnent lieu aux principaux symptômes qui caractérisent l'apoplexie ou le ramollissement cérébral. Quelques observations prouvent, en effet, que c'est à l'une ou à l'autre de ces maladies qu'ils doivent être rapportés; car l'hémiplégie est restée permanente ou ne s'est dissipée que fort longtemps après l'accouchement. D'ailleurs, quoique les femmes grosses ne paraissent pas plus prédisposées à l'apoplexie que les autres, on a pu réunir plusieurs observations où cette maladie s'était terminée par la mort. Mais le plus souvent il est impossible de rapporter ces symptômes aux lésions organiques mentionnées; car ces paralysies présentent quelquefois des intermittences et ont une durée qui n'est pas en rapport avec la lésion cérébrale qu'elles peuvent faire supposer et n'en présentent pas les autres symptômes. Si on les observe à une époque rapprochée de l'accouchement, elles ne se dissipent que pendant les couches. Goubelly a observé chez une dame grosse de quatre mois une hémiplégie du côté gauche qui a présenté les caractères d'une affection sympathique de la grossesse. Cet auteur cite quelques exemples de paralysie essentielle chez des femmes enceintes. J'ai vu, en 1837, à la Maternité, une femme âgée de vingt-cinq ans, d'une forte constitution, qui fut prise, à la fin du septième mois d'une première grossesse, d'affaiblissement et de diminution de la sensibilité dans le membre abdominal droit. Je crus d'abord que cet état était un effet de la compression de l'utérus; mais les jours suivants le bras du même côté et la face partagèrent à peu près au même degré l'état du membre inférieur; il n'y avait pas perte absolue de la sensibilité ; la paralysie était également incomplète ; la circulation et les autres fonctions ne présentaient point de troubles notables. Comme cette femme était forte, sans être précisément pléthorique, je pratiquai une saignée qui n'amena aucun soulagement ; je la répétai le lendemain et le jour suivant sans plus de succès ; son état ne me paraissant pas alarmant, je cessai d'employer une médication active. Cette hémiplégie cessa tout-à-fait quinze jours avant l'accouchement, et avait présenté, avant de disparaître, de fréquentes intermittences, pendant lesquelles la malade se levait et marchait aussi facilement qu'avant. L'accouchement et les suites de couches ne présentèrent rien de particulier.

Ces considérations sur les troubles du système nerveux qui sont sous la dépendance de la grossesse me paraissent propres à servir d'introduction à l'*éclampsie* et à la *manie puerpérale*, qui, à cause de leur fréquence et de leur gravité, ont droit à des descriptions particulières parmi les complications de l'accouchement et les maladies des couches.

Les indications des troubles qui viennent d'être exposés d'une manière générale sont ordinairement fort simples : un régime doux, des bains tièdes, des laxatifs, quelques émissions sanguines si l'état général de la malade le permet, paraissent les moyens les plus propres à calmer ces accidents. On peut également essayer, mais avec ménagement, quelques antispasmodiques. On peut tirer quelques indications spéciales des formes morbides avec lesquelles ils ont le plus d'analogie. Mais il faut dans tous analyser avec soin leurs divers symptômes, afin d'éviter de les confondre avec des maladies accidentelles et indépendantes de la grossesse qui ne s'accommoderaient pas aussi bien de palliatifs et de temporisation.

15. Maladies des mamelles. Les changements provoqués dans les mamelles par la grossesse prennent rarement des caractères morbides. La douleur qui se lie au mouvement fluxionnaire dont elles sont le siège et à leur accroissement offre quelquefois une intensité assez grande et revêt les caractères d'une névralgie. Dans ce cas, la douleur est rarement continue, et revient ou s'exaspère à des intervalles plus ou moins éloignés qui coïncident souvent avec les époques menstruelles supprimées.

Les douleurs des mamelles pendant les derniers mois de la grossesse sont ordinairement déterminées par l'engorgement et la distension des conduits galactophores par le sérum lactescent trop abondant, qui ne trouve pas toujours un écoulement facile par le mamelon encore mal formé. Cet engorgement douloureux du sein est quelquefois produit par l'impression du froid. Les mamelles augmentent de volume, deviennent tendues et douloureuses, et les bosselures profondes formées par la glande deviennent plus apparentes et plus dures. A un degré prononcé, les glandes de l'aisselle se tuméfient, et le pouls devient plus fréquent et plus plein; mais il est extrêmement rare qu'à ce degré même il y ait lieu d'avoir recours à une médication active. Des cataplasmes émollients et calmants, quelques laxatifs, sont les seuls moyens qui soient indiqués; ils conviennent encore lorsque la douleur ne paraît pas dépendre de l'engorgement. Des douleurs vives, une réaction prononcée, autoriseraient à avoir recours aux émissions sanguines.

La congestion active des mamelles, la présence du sérum lactescent dans leurs conduits lactifères pendant la grossesse, ne les prédisposent ni aux engorgements inflammatoires ni aux extravasations sanguines. Les abcès du sein, si communs après l'accouchement, sont extrêmement rares pendant la gestation, et l'on ne peut rapprocher qu'un très petit nombre de cas de celui observé par Viardel.

Si je rapproche de l'excitation et de la congestion active dont les mamelles sont le siége pendant la grossesse une observation de Chambon, c'est seulement pour rappeler un fait rare et curieux. Une jeune femme eut pendant tout le cours de sa grossesse les deux seins couverts d'ecchymoses d'un jaune noirâtre; chacune des taches était de la grandeur d'un écu de six livres, quelques unes étaient beaucoup plus étendues : l'aspect en était effrayant. Elles persistèrent, quelque précaution qu'on prît pour les dissiper, et ne disparurent qu'après que le lait et les suites de couches eurent entraîné les liquides qui gonflaient les mamelles. Cependant cette personne était médiocrement serrée dans ses habillements et n'avait éprouvé le choc d'aucun corps solide. Rien n'indiquait d'ailleurs que cet état fût lié à une disposition générale.

16. Relachement des symphyses du bassin. Le relâchement des symphyses du bassin peut être porté au-delà du degré indiqué page 203. Dans ce cas, c'est un état morbide qui altère plus ou moins profondément la station et qui persiste souvent longtemps après l'accouchement. Mais il ne faut pas perdre de vue que plusieurs observateurs ont rapporté à cette espèce de relâchement différents états morbides qui lui sont étrangers, mais dans lesquels il y a ramollissement des symphyses, comme l'ostéomalaxie, les tumeurs blanches et même l'inflammation aiguë des articulations

du bassin qu'on observe quelquefois pendant les couches. La mobilité des os du bassin qui se développe sous l'influence de la grossesse peut constituer une maladie d'une longue durée, mais qui ne paraît pas avoir la gravité qu'on lui attribue dans quelques cas. Si on ne peut pas la considérer comme l'exagération simple des changements que produit ordinairement la grossesse dans les symphyses du bassin, ces changements en sont néanmoins le point de départ, la prédisposition la plus évidente. Une constitution molle et débilitée semble y prédisposer ; mais on a singulièrement exagéré cette influence : celle de grossesses nombreuses et très rapprochées paraît plus évidente. Parmi les femmes qui ont présenté cet état, plusieurs étaient fortes et bien constituées ; d'autres n'offraient rien de particulier dans leur état général ; quelques unes étaient rachitiques et avaient le bassin rétréci. Mais la cause qui paraît véritablement le produire, lorsqu'il existe déjà une prédisposition, est le développement de l'utérus, dont la force d'expansion si puissante réagit avec autant d'énergie contre le bassin que contre la paroi abdominale, surtout s'il rencontre quelque obstacle à son élévation dans l'abdomen.

Le relâchement des symphyses du bassin s'annonce par de la douleur dans les points correspondants aux articulations, lorsque la malade est debout ou qu'elle marche ; l'attitude debout est généralement plus pénible que la marche : ces douleurs cessent lorsqu'elle est couchée horizontalement et qu'elle reste immobile. Mais le mal peut être porté beaucoup plus loin : non seulement la station et la marche deviennent douloureuses, mais encore extrêmement difficiles et chancelantes ; la femme prend une attitude inclinée et éprouve le besoin d'un soutien ; elle a la conscience du déplacement des os, il lui semble que le tronc s'enfonce entre les membres pelviens et qu'elle rentre en elle-même. On peut reconnaître facilement la mobilité des os en appliquant les doigts sur les symphyses et en imprimant des mouvements aux membres inférieurs. On entend souvent en même temps un bruit de frottement et une crépitation très prononcés. Les ligaments qui affermissent les symphyses sont allongés et amincis comme s'ils avaient cédé à une distension mécanique. Sous ce rapport, le relâchement morbide diffère essentiellement de l'écartement purement physiologique dans lequel le fibro-cartilage inter-pubien s'est accru en conservant sa fermeté. Le relâchement des symphyses peut entraîner à sa suite l'inflammation et la suppuration des articulations du bassin et devenir la cause d'accidents graves et funestes, ou laisser pour toujours une mobilité insolite et une marche incertaine et pénible.

Lorsque le bassin n'est pas rétréci, ce relâchement est sans avantage pour la parturition. La distension et les mouvements imprimés au bassin par la contraction de l'utérus et des muscles abdominaux peuvent rendre l'accouchement plus pénible, plus douloureux et plus long, comme l'a observé Baudelocque dans un cas; mais on a trop généralisé cette particularité, qui ne doit être considérée que comme une exception. Dans plusieurs cas qui se sont présentés à l'observation de Désormeaux, ce praticien n'a pas vu que cette circonstance ait eu aucune influence sur l'intensité des douleurs, la durée et l'issue du travail. Il en a été de même dans la plupart des observations qui ont été publiées. S'il existait en même temps un rétrécissement du bassin et que le défaut de rapport entre ce canal et la tête du fœtus fût peu considérable, cet état de symphyse serait une ressource heureuse et permettrait la terminaison d'un accouchement qui, sans cela, eût été beaucoup plus difficile.

Les indications pendant la grossesse se bornent ordinairement à éviter de fatiguer les articulations par l'attitude debout et la marche, à garder le repos dans le décubitus horizontal, à maintenir autant que possible les os du bassin immobiles par un bandage de corps bien appliqué : une ceinture préparée à cet effet remplit mieux l'indication. S'il survient des accidents inflammatoires, on les combat par les antiphlogistiques ; sinon, on seconde les effets de l'immobilité par des applications toniques et un régime fortifiant. Pendant la grossesse, on ne peut que s'opposer aux progrès du mal, et l'on ne doit pas espérer d'obtenir la guérison. Au moment du travail, on doit soutenir avec encore plus de soin les articulations, car elles courent le danger très grave d'être déchirées. Il faut redoubler d'attention s'il devient nécessaire, pour une cause ou pour l'autre, de terminer l'accouchement artificiellement. Après la délivrance, on doit diriger le traitement pour obtenir la guérison radicale. S'il survient des accidents inflammatoires, on les combattra par des applications de sangsues, des topiques émollients; mais si cette complication, qui est d'ailleurs assez rare, ne se manifeste pas, il faut se borner à faire garder le repos, à maintenir pendant longtemps une compression méthodique autour du bassin, et revenir à une alimentation tonique et fortifiante aussitôt que l'état de la malade le permet. Assez souvent après six semaines ou deux mois, les articulations sont revenues à leur état normal; mais si, à cette époque, il n'est survenu aucune amélioration, on peut être presque assuré que le mal se prolongera très longtemps : c'est alors qu'on administre la médication tonique sous toutes les formes. Les bains froids, les bains de mer, l'habitation à la campagne, etc., ont eu dans quelques cas de bons résultats. Mais il ne faut pas abandonner l'usage des appareils qui maintiennent les os immobiles ; ils deviennent un palliatif très efficace dans les cas assez nombreux où l'on ne peut pas obtenir la guérison.

17. Distension de la paroi abdominale. On a vu, page 183, que cette distension pouvait être portée au point de produire des éraillures avec ecchymoses dans l'épaisseur du derme, la partie la plus résistante et la moins extensible des téguments. Chez beaucoup de femmes, la période pendant laquelle on voit se dessiner sur la partie inférieure de l'abdomen des lignes sinueuses rouges, bleuâtres ou brunes, est un temps de souffrances assez vives. Dans ce cas, la peau est tendue outre mesure ; son aspect luisant fait encore ressortir les stigmates dont elle se recouvre par degré ; elle est endolorie dans une grande étendue et devient par moment le siége de douleurs très vives.

La distension des aponévroses et des muscles occasionne assez souvent des douleurs plus ou moins vives au-dessous des téguments ; mais c'est surtout vers les attaches des muscles qu'elles se font sentir. Les points douloureux que beaucoup de femmes enceintes éprouvent à la base de la poitrine n'ont pas ordinairement d'autres causes. Ces douleurs, le plus souvent limitées dans un espace peu étendu, sont tantôt continues et fixes, tantôt intermittentes et mobiles ; mais dans tous les cas elles ont beaucoup de ressemblance avec les douleurs rhumatismales musculaires.

Les ressources propres à remédier à cet état de souffrance sont naturellement très bornées ; on obtient néanmoins un soulagement sensible des embrocations huileuses et calmantes, des bains, des laxatifs, si le cours des matières est géné. Un bandage disposé de manière à soutenir le ventre de bas en haut et d'avant en arrière, afin de concourir avec la paroi abdominale à supporter le poids de l'utérus, est le moyen le plus propre à procurer du soulagement. On peut atteindre ce but avec une serviette ; mais comme il faut donner au bandage de corps qu'elle forme une direction très oblique et qu'elle doit être fixée très haut en arrière, elle se dérange avec facilité et remplit souvent mal l'indication qu'on se propose. Si les souffrances sont considérables et prolongées, ou qu'on ait lieu de craindre, soit par des dispositions antérieures, soit par un excès de distension de la ligne blanche et des anneaux, de voir survenir des prédispositions aux hernies, il faut recommander l'usage d'un bandage mécanique approprié à l'indication à remplir.

18. Douleurs de reins. Les douleurs de reins sont fréquentes à toutes les époques de la grossesse. Elles précèdent et accompagnent ordinairement l'avortement, et sont souvent plus fortes et plus précoces suivant la cause qui les provoque. C'est également un symptôme très commun dans les différentes affections de l'utérus à l'état de vacuité. Dans l'état de plénitude, il est souvent fort difficile de distinguer les douleurs de reins qui se manifestent uniquement sous l'influence du développement de l'utérus, de celles qui sont symptomatiques d'une hémorrhagie utérine, d'un avortement éminent ou d'autres affections qu'il nous reste à faire connaître. C'est en prenant l'effet pour la cause qu'Hippocrate a dit, et qu'on répète encore que les douleurs des lombes sont une cause fréquente d'avortement. En dehors des hémorrhagies utérines, des différentes causes d'avortement et d'autres affections bien déterminées, dans lesquelles les douleurs de reins apparaissent comme prodromes et symptômes, on trouve encore ce phénomène à des degrés variables chez un assez grand nombre de femmes, sans qu'on puisse le rapporter à aucun état morbide ; il semble alors purement symptomatique ou sympathique du développement de l'utérus et de ses nouvelles fonctions. La plupart des femmes qui sont atteintes de ces douleurs ne semblent pas beaucoup plus prédisposées à l'avortement et à l'accouchement prématuré que les autres. Elles sont ordinairement peu intenses pendant les premiers mois ; c'est un sentiment de pesanteur et de lassitude accompagné d'une douleur sourde qui se fait plus particulièrement sentir le soir, ou après des occupations qui ont exigé quelques efforts corporels, une marche ou une attitude debout plus prolongée que de coutume ; mais souvent aussi, ces exacerbations surviennent sans causes appréciables. Les douleurs de reins offrent de longues intermittences ; chez quelques femmes elles reviennent assez régulièrement aux époques menstruelles et se dissipent au bout de quelques jours. Pendant les premières périodes de la grossesse elles paraissent souvent liées à un état de congestion de l'utérus, tandis que pendant les dernières, elles semblent provoquées par sa distension et par les pressions que subit son segment inférieur ; car dans les cas où elles se manifestent avec le plus d'intensité, il est souvent le siége d'une tension prononcée de douleurs passagères. Elles revêtent quelquefois vers la fin de la grossesse une grande intensité. Quelques femmes sont prises, huit, quinze jours et même un mois, six semaines avant d'accoucher, de douleurs de reins aussi intenses que celles qui se manifestent si souvent pendant le travail ; plusieurs même de celles qui ont déjà accouché restent convaincues qu'elles ont

souffert pendant plusieurs jours les douleurs de l'enfantement. Ces douleurs présentent des exacerbations qui sont tantôt provoquées par rien, tantôt par l'action de marcher ou de se tenir debout ; il faut à la patiente beaucoup d'énergie pour qu'elle continue à vaquer à ses occupations ; le plus souvent elle est forcée de garder le repos pendant une partie de la journée. L'utérus est quelquefois le siège d'un peu de tension et de douleur, mais sans présenter ni véritables contractions, ni contracture spasmodique ; il n'y a pas ordinairement de fièvre : seulement les traits de la figure sont plus tirés et expriment une grande fatigue ; elle arrive ainsi, après des alternatives prolongées de souffrance et de calme imparfait, au terme de la grossesse, qui n'est pas ordinairement avancée. Les douleurs de reins des derniers temps de la grossesse ne sont pas bornées à la région lombaire, elles s'étendent en bas, jusque vers la partie inférieure du sacrum et sur les côtés, dans les symphyses sacro-iliaques ; quelques femmes accusent en même temps un sentiment de distension dans le bassin. Quoique ces douleurs, qui sont sourdes, profondes, ressemblent assez bien à celles qu'on éprouve dans les articulations des membres inférieurs à la suite de longues fatigues, il ne paraît pas cependant qu'elles aient leur siége dans les parties fibreuses des symphyses sacro-iliaques ni dans celles des vertèbres. Elles doivent être rapportées, comme celles qui sont symptomatiques d'affections bien déterminées, à la partie inférieure de la moelle et aux cordons qui s'en séparent pour former les plexus lombo-sacrés. On ne peut pas les attribuer à la compression de leur branche par l'utérus, qui ne peut les atteindre que dans les cas où il se trouve dans un état d'abaissement peu ordinaire. Elles paraissent donc être à peu près exclusivement sous la dépendance de l'utérus, et résulter tantôt d'un état de congestion, tantôt d'un état de distension. Celles qui se manifestent dans les derniers temps de la grossesse dépendraient plus principalement de l'ampliation du col, qui se fait plus rapidement, d'une manière moins graduelle et en portant plus loin la distension mécanique.

Les douleurs de reins, surtout pendant les huit premiers mois de la grossesse, doivent être l'objet d'une attention toute particulière, jusqu'à ce qu'il soit bien démontré qu'elles ne sont pas le prodrome, soit d'une hémorrhagie utérine, soit d'un avortement. Si elles sont intenses et que l'état de la malade le permette, on devra avoir recours à des émissions sanguines modérées, alors même que la nécessité n'en paraît pas bien démontrée ; elles produisent ordinairement du soulagement en diminuant la congestion et l'irritabilité de l'utérus; on en secondera l'effet par le repos, les bains et des quarts de lavement rendus calmants par l'addition de quinze à vingt gouttes de laudanum, par des topiques adoucissants appliqués sur le ventre.

19. TROUBLES DE L'APPAREIL URINAIRE. Les conséquences du développement de l'utérus, par rapport à la vessie, exposées page 181 sous le point de vue de la disposition des parties, amènent ordinairement des troubles dans l'excrétion des urines. Un assez grand nombre de femmes enceintes éprouvent, du quatrième au sixième mois, des envies fréquentes d'uriner, qui diminuent à mesure que l'utérus s'élève dans la cavité abdominale; mais elles reparaissent fréquemment avec des caractères plus fatigants pendant les derniers mois, surtout à l'approche de l'accouchement. Il est cependant rare qu'il survienne une véritable rétention, à moins que l'utérus ne soit déplacé. Mais tout en conservant sa position normale, la difficulté d'uriner peut être portée plus loin, causer une incommodité très fatigante et douloureuse. Les femmes qui ont fait plusieurs enfants y sont plus sujettes que les autres. La vessie ne se vide qu'incomplétement, et reste dans un état de distension plus prononcée sur les points où elle trouve moins de résistance. Après des envies plus ou moins répétées, accompagnées de ténesme, elles rendent avec effort et douleur une petite quantité d'urine. Il en résulte pour plusieurs une espèce d'incontinence, soit que la vessie ait perdu en grande partie son énergie sous l'influence d'une distension trop prononcée, soit plutôt seulement par les secousses imprimées à ses parois par l'utérus. On voit, en effet, que le moindre mouvement suffit pour faire sortir l'urine; elles se sentent mouillées lorsqu'elles marchent, qu'elles descendent un escalier, qu'elles font un effort comme dans l'action de rire ou de tousser. Cette incontinence disparaît ordinairement lorsqu'elles sont couchées. Les urines peuvent être rendues ainsi, sans qu'il y ait paralysie ni même affaiblissement du col. Lorsque la difficulté d'uriner sans ou avec des symptômes d'incontinence est très prononcée, la malade doit être surveillée avec soin, car elle peut être prise momentanément d'une rétention complète. Si la vessie ne se vide que très incompéltement, et qu'elle forme une tumeur à l'hypogastre ou dans le bassin, il faut avoir recours au cathétérisme plusieurs fois par jour, jusqu'à ce que les urines aient repris leur cours ordinaire. A un degré moins prononcé, il suffit quelquefois de soulever le ventre pour permettre la sortie des urines; plusieurs éprouvent un soulagement très marqué d'une ceinture qui soutient le ventre, ou du cubitus dorsal pendant

une partie du jour. S'il y a du ténesme, de l'irritation au col de la vessie, il faut en outre recommander les bains, etc. La plupart des cas d'avortement, de rupture de la vessie, à la suite de la rétention de l'urine, appartiennent à la rétroversion de l'utérus.

Le besoin fréquent d'uriner et l'incontinence d'urine ne paraissent pas constamment produits par un obstacle mécanique ; ils semblent quelquefois dépendre d'une irritation de la vessie ou de son col, survenue à l'occasion de la grossesse. Dans quelques cas, on observe les principaux symptômes du catarrhe vésical. Les reins eux-mêmes paraissent quelquefois être le siége de troubles sympathiques. Plusieurs observations tendent à faire croire que les femmes sont plus sujettes aux douleurs néphrétiques pendant la grossesse que dans l'état ordinaire. C'est pour cela que les délayants, les bains, le nitre, le camphre, les opiacés, sont employés d'une manière avantageuse, lorsqu'on remédie aux obstacles mécaniques.

20. PRURIT DE LA VULVE. Les démangeaisons excessivement vives des parties génitales externes, sans être une maladie exclusivement propre à la grossesse, surviennent plus fréquemment chez les femmes enceintes que chez les autres. Les parties qui en sont le siége ne présentent pas de lésions appréciables ; la rougeur de la muqueuse, la tuméfaction et les excoriations qu'on observe souvent, lorsque la maladie dure depuis quelque temps, sont produites par les doigts de la malade, qui ne peut résister au besoin de se gratter fréquemment et avec force, et il se joint alors au prurit un sentiment d'ardeur douloureuse. Pour beaucoup de femmes, ce n'est plus une incommodité fatigante, mais un véritable état de souffrance qui leur donne de l'agitation, les prive du sommeil, et les force à réclamer les secours de l'art. Le prurit de la vulve n'est pas ordinairement continu ; il offre des suspensions plus ou moins longues qui sont suivies d'accès plus ou moins vifs, souvent provoqués ou exagérés par la chaleur du lit. Les bains, les lotions émollientes, souvent répétés, les cataplasmes de même nature, produisent ordinairement un soulagement marqué. Lorsque les démangeaisons sont accrues par la chaleur, on retire de bons effets des applications froides. On a aussi recommandé les lotions sulfureuses et les applications astringentes sous leurs différentes formes ; les pommades au calomel, au sous-carbonate de potasse, etc., avec addition d'opium. Quelques praticiens ont eu recours à la saignée, à des applications de sangsues, dont ils paraissent avoir retiré de bons effets. Quoi qu'il en soit, les ressources de l'art ne sont souvent que des palliatifs, et le mal cesse

après un temps plus ou moins long, sans qu'on puisse toujours l'attribuer aux remèdes employés.

21. Leucorrhée des femmes enceintes. Pendant les quatre derniers mois de la grossesse, les femmes grosses sont souvent prises d'écoulements muqueux abondants qui pourraient donner lieu à des doutes sur leur nature, si on n'était pas prévenu de cette circonstance ; d'autant mieux que dans les cas où ils se présentent avec des caractères aigus, la matière a une couleur jaune-verdâtre assez prononcée ; mais le plus ordinairement son aspect est muqueux et lactescent. Les écoulements coïncident souvent avec des granulations nombreuses sur la muqueuse du vagin. « Nous les avons fréquemment observées chez des femmes enceintes, dit Mme Boivin ; elles existaient avec un écoulement lactescent et un prurit parfois insupportable. Le vagin semblait, au toucher, grenu de toutes parts, et quelquefois les granulations étaient dures, saillantes, presque aiguës, de manière à simuler des verrues ou des boutons miliaires : tout cela disparaissait spontanément après l'accouchement, et l'on ne pouvait guère diminuer l'irritation locale durant la grossesse que par des bains, des injections, etc. » Cullerier avait déjà reconnu cet état de choses et son caractère bénin.

22. Hydrorrhée utérine. On désigne ainsi depuis quelques années, d'après M. Naegelé, les écoulements séreux généralement connus sous le nom de *fausses eaux*. La place que doit occuper cette espèce d'hydropisie n'est pas encore rigoureusement déterminée. On ne sait pas d'une manière précise si elle a son siége à la face interne de l'utérus ou dans les membranes de l'œuf. On voit survenir chez quelques femmes enceintes des écoulements séreux qui ont ordinairement lieu d'une manière brusque, et qui rappellent à part la quantité, l'écoulement du liquide amniotique pendant le travail ; quelquefois cependant ils se font goutte à goutte et durent quelque temps. Ce liquide, en apparence du moins, offre les caractères de l'eau de l'amnios ; il est tantôt incolore, tantôt légèrement jaune, quelquefois un peu sanguinolent ; son odeur rappelle celle des annexes du fœtus ; sa quantité est fort variable, médiocre le plus souvent, et quelquefois très considérable. Ces pertes séreuses peuvent n'avoir lieu qu'une seule fois, ou bien se répéter pendant une partie de la durée de la grossesse, à des époques plus ou moins rapprochées ; on ne les a guère observées que pendant sa dernière moitié. En général, aucun phénomène, aucun état morbide appréciable ne les précèdent ou les accompagnent. On a signalé dans quelques cas un état

de pléthore, et dans d'autres un état de faiblesse général. Elles surviennent tantôt au milieu du calme de la nuit, tantôt dans la journée, quelquefois à l'occasion de mouvements, d'émotion, etc. Lorsqu'elles surviennent pendant le travail, elles sont provoquées par les contractions de l'utérus, et passent ordinairement pour l'écoulement de l'eau de l'amnios. Mais à part cette circonstance, il n'y a pas de contractions. Cependant, dans les cas où l'écoulement séreux est très abondant, soit parce qu'il est continu, soit parce qu'il se répète fréquemment, il finit quelquefois par en déterminer; mais en général, il ne produit aucun trouble dans la gestation ni dans le développement et l'état de santé du fœtus; et après l'accouchement, on ne trouve pas dans ses annexes de lésions qui puissent faire reconnaître si elles en ont été le siége.

On a fait dans ces derniers temps des recherches assez nombreuses pour déterminer la cause et le siége de ce singulier écoulement séreux; mais elles n'ont guère eu d'autres résultats qu'une critique plus sévère et mieux raisonnée des diverses hypothèses qui ont été déjà proposées, et on a considéré comme vraie la moins invraisemblable. En comparant ces pertes d'eau et leurs conséquences avec celles qui résultent de la rupture du chorion et de l'amnios, on voit d'une manière assez certaine que ce n'est pas à un accident de ce genre qu'elles doivent leur origine. A une époque peu avancée de la grossesse, il existe du liquide entre le chorion et l'amnios, et dans la cavité de la caduque. Cette eau peut, à la rigueur, persister, devenir accidentellement plus abondante, et s'écouler à une époque plus avancée de la grossesse sans provoquer l'expulsion de l'œuf. Mais il faut remarquer que le chorion ne se prête pas aussi facilement à des ruptures spontanées. Quant à la poche formée par la caduque, elle peut facilement se déchirer; mais on conçoit difficilement qu'elle renferme une aussi grande quantité de liquide, et qu'il puisse se reproduire une fois qu'il a été expulsé. On ne peut pas supposer qu'il provienne de la rupture d'hydatides, puisque dans les cas où le délivre a été examiné, on l'a trouvé exempt d'altérations. Il est donc très vraisemblable que les *fausses eaux* ne proviennent pas de l'intérieur de l'œuf. Des auteurs ont pensé qu'elles étaient produites par une exhalation séreuse de la face interne de l'utérus, et qu'il se faisait un épanchement de liquide entre la caduque et l'utérus qui restait caché jusqu'à ce qu'il s'étendît vers le col, et que sa quantité ou une cause accidentelle le forçât à se frayer une voie au-dehors. Cette hypothèse explique d'une manière satisfaisante toutes les particularités de ces écoulements. Elle est encore fortifiée par l'improbabilité de celles que nous avons déjà énoncées. Elle a été adoptée par M. Naegelé, qui a cherché à la rendre plus précise en admettant une inflammation partielle de la surface interne de l'utérus et des membranes, qui entraînerait sur ce point un décollement et l'épanchement d'une partie des liquides qui pénètrent de la mère dans l'œuf. Lorsque l'épanchement qui a son siége entre l'utérus et la caduque a pris un certain développement, des contractions perçues ou non par la mère forcent le liquide à décoller de proche en proche les membranes jusqu'au voisinage du col. Mais l'absence de phénomènes morbides, soit du côté de la mère, soit du côté de l'œuf, ne permet guère de croire à l'existence d'un état inflammatoire quelconque. On n'a pas d'ailleurs retrouvé sur les délivres des traces d'inflammation ancienne. Mais l'utérus peut être le siége d'un écoulement séreux, sans qu'il soit nécessaire d'admettre, comme l'a fait M. Naegelé, l'existence d'une inflammation. Dans deux cas observés à la clinique de M. Dubois, et rapportés par M. Chailly, le liquide provenait évidemment de l'utérus. Une des femmes rendit à plusieurs reprises, pendant la grossesse, une quantité de liquide qui fut évaluée de sept à huit litres. Accouchée à terme, elle continua à rendre une très grande quantité d'eau, à peine teinte de sang le premier jour, et qui, dès le second, avait repris sa limpidité. Cet écoulement, qui semblait avoir remplacé les lochies, dura cinq à six semaines. L'autre femme, extrêmement infiltrée, entrée à la clinique dans les premiers mois de sa grossesse, perdait des eaux en abondance aux époques correspondantes à ses règles. L'écoulement continua plus de quinze jours après l'accouchement.

Les cryptes muqueux de la face interne de l'utérus, et particulièrement ceux qui occupent le col, prennent quelquefois pendant la grossesse un développement extraordinaire, et sont distendus par un liquide transparent. Lorsque de semblables kystes existent, ils doivent presque nécessairement se rompre à une certaine époque de leur développement et donner lieu à des écoulements aqueux plus ou moins répétés.

On voit, par ce qui précède, combien on est autorisé à regarder comme hypothétiques les différentes opinions sur le siége et l'origine des fausses eaux; on doit avouer qu'on ne sait rien de positif à cet égard. On ne peut pas même affirmer positivement qu'elles ne proviennent pas, au moins quelquefois, de la cavité de l'amnios; car si la perforation de l'œuf dans le point le plus déclive ou dans le voisinage du col est nécessairement suivie, après un temps assez court, de son expulsion, il pourrait bien ne pas en être de même lorsque la fissure existe vers le fond de l'utérus ou sur un point très élevé. Au reste, l'incertitude dans laquelle on est forcé de rester n'a aucune conséquence fâcheuse, puisque l'hydrorrhée n'est pas une maladie grave, et qu'elle n'exige le plus souvent aucune espèce de traitement. Dans des cas de pertes aqueuses réitérées, coïncidant avec un état de pléthore, M. Naegelé paraît avoir obtenu quelques succès des émissions sanguines, des délayants et des diaphorétiques. On donnerait aux femmes d'une constitution faible des toniques, des amers, une nourriture substantielle. S'il survenait des contractions utérines, il faudrait insister sur le repos, sur les quarts de lavements rendus calmants par quinze à vingt gouttes de laudanum.

23. DOULEURS DE L'UTÉRUS. En dehors des contractions expultrices et des contractures spasmodiques, l'utérus est fréquemment, dans le cours de la grossesse, le siége de douleurs plus ou moins vives et plus ou moins prolongées, qui appartiennent sans doute à des états morbides différents, mais dont les caractères distinctifs ne sont pas assez tranchés et n'ont pas encore été étudiés avec assez de soin pour être décrits séparément. D'ailleurs les désordres liés au développement de l'utérus et les phénomènes de la grossesse sont souvent si multipliés, qu'il devient presque impossible, dans ce chaos, de rapporter chaque phénomène à sa cause réelle et à son véritable état morbide : ce point de la pathologie des femmes grosses est encore loin de pouvoir être élucidé d'une manière satisfaisante. Tout en rapprochant ces états morbides sous un titre tiré d'un symptôme commun, nous chercherons autant qu'il nous sera possible à saisir et à établir les différences qui peuvent conduire à les distinguer les uns des autres.

1° On voit souvent, surtout pendant la première moitié de la grossesse, survenir sous l'influence de *congestions utérines, actives* et *passives*, des douleurs locales sur quelque point de l'utérus, et quelquefois sur une grande étendue ; ces douleurs offrent assez souvent des exacerbations, des suspensions, et même des déplacements. Si des moyens préventifs ne sont pas employés à temps, elles sont assez souvent suivies d'un écoulement de sang par le vagin. Nous ne devons pas insister ici sur cette variété qui est ordinairement accompagnée d'autres phénomènes propres à la faire connaître, parce que tout ce qui s'y rapporte est exposé avec détail aux articles *Hémorrhagie* et *Avortement*.

2° Chez un très grand nombre de femmes, à toutes les époques de la grossesse, mais surtout pendant les trois ou quatre derniers mois, l'utérus devient le siége de douleurs plus ou moins circonscrites ou étendues, tantôt d'une durée assez longue, tantôt passagères, fixes ou mobiles. Dans un assez grand nombre de cas, elles ne restent pas limitées dans les parois de l'utérus, mais s'irradient vers quelques uns des organes de la cavité abdominale, du côté du bassin, et occasionnent des ténesmes au col de la vessie, de la pesanteur et des douleurs de reins; elles sont augmentées par la pression sur l'abdomen, les mouvements du fœtus, etc. Si, dans le principe, on peut craindre des prodromes d'hémorrhagie ou d'avortement, on ne tarde pas à acquérir la certitude que ces douleurs ne sont pas le symptôme d'un état grave; le pouls reste calme et les autres fonctions n'éprouvent pas de dérangements. Il est très probable que ces douleurs sont dues à la *distension de l'utérus*, qui ne se prête pas chez toutes les femmes, soit à cause de dispositions primitives ou acquises, avec la même facilité au développement de l'œuf; il en résulte des tiraillements douloureux, qui sont de même nature et qui reconnaissent la même cause que ceux que nous avons signalés dans les téguments et dans les muscles de l'abdomen; car quoique le développement de l'utérus se fasse en grande partie sous l'influence de causes actives, cet organe n'éprouve pas moins une distension mécanique plus étendue sur certains points que sur d'autres. C'est ainsi que le péritoine du fond, surtout en arrière et dans le voisinage des trompes, subit assez souvent des éraillures qui sont analogues à celles de la peau du ventre.

3° Chez un assez grand nombre de femmes, l'utérus ne jouit pas d'une mobilité parfaite, à la suite d'anciennes inflammations de la portion du péritoine qui le recouvre et qui forme les ligaments larges, il a assez souvent contracté sur quelques points, soit par ses faces, soit par ses prolongements latéraux, des adhérences avec les parties voisines. La *fixité anormale de la matrice* est peut être moins souvent la cause d'avortement que ne l'a cru madame Boivin, parce que les adhérences sont de nature à se prêter, sans beaucoup de difficultés, à l'évolution de l'utérus; mais il est presque impossible qu'il n'en résulte pas ordinairement dans les parties tiraillées, des douleurs plus ou moins vives, plus ou moins persistantes. Les adhérences oblitérant partiellement la cavité du péritoine, et qui s'opposent à l'élévation de l'utérus dans l'abdomen, peuvent également occasionner des tiraillements douloureux. On voit en effet très souvent les femmes qui ont été affectées de métro-péritonite à la suite de couches, être tourmentées, aux grossesses suivantes, par des douleurs abdominales et utérines très persistantes.

4° On voit quelquefois survenir, pendant le cours de la grossesse, tantôt sans causes appréciables, tantôt à la suite d'un refroidissement, chez des femmes bien portantes, ou déjà tourmentées depuis longtemps par des souffrances de l'abdomen continues ou rémittentes, des douleurs vives et étendues avec une tension plus prononcée de la paroi utérine qui est endolorie et très sensible à la pression. Cet état semble se rapprocher beaucoup de l'irritation spasmodique qu'on observe si souvent pendant le travail, et sur laquelle nous aurons à revenir. Mais il paraît plus souvent lié, pendant la grossesse, à un état inflammatoire de l'utérus, car il est ordinairement accompagné de fréquence, de plénitude ou de dureté du pouls, de chaleur à la peau, de soif, d'inappétence, etc.; et l'état de la malade peut devenir grave, si les symptômes persistent en s'accroissant. Néanmoins, on peut avancer que l'inflammation aiguë franche de l'utérus pendant la grossesse est une maladie peu commune, et cela est d'autant plus remarquable, qu'il existe sous ce rapport un contraste frappant entre l'état de grossesse et l'état de couche, où le péritoine, les veines, les lymphatiques et même le tissu propre de l'utérus sont si prédisposés à l'inflammation rapidement portée jusqu'à la suppuration. On doit cependant admettre qu'il existe assez souvent pendant la grossesse 1° *un état d'irritation inflammatoire*, mal défini quant aux lésions anatomiques, caractérisé par les symptômes que nous venons d'indiquer et n'ayant pas une très grande disposition à revêtir des caractères graves ; 2° *des inflammations aiguës franches*, mais très rares, et qui peuvent se présenter sous les différentes formes qu'elles offrent à la suite de l'accouchement, c'est-à-dire envahir simultanément le péritoine et l'utérus, donner lieu à de la suppuration dans les veines et les lymphatiques, au ramollissement ou à la putrescence du tissu propre. M. Burns, qui a eu plusieurs fois l'occasion d'observer l'inflammation de l'utérus pendant la grossesse, s'exprime ainsi sur ses caractères et sur ses suites : « L'utérus lui-même, à différentes époques de la grossesse, est sujet à devenir douloureux et même à être affecté de spasme. Cet état est marqué par une grande douleur dans la région de l'utérus, sujette à des paroxysmes, mais jamais à une entière disparition ; elle est ensuite suivie d'inflammation, marquée par la fréquence du pouls, la soif, la chaleur de la peau, quelquefois par des maux de cœur, de la constipation et plus ou moins de sensibilité à la région hypogastrique, avec une douleur violente s'irradiant à une ou aux deux aines, quelquefois jusque dans le dos. Dans tous les cas qui sont à ma connaissance l'œuf a été expulsé, et dans quelques uns, la malade a succombé bientôt après. La pratique, même dans le cas évidemment spasmodique, consiste à tirer du sang, et, après avoir évacué les intestins, à donner de fortes doses d'opium, soit par la bouche ou par l'anus, et ce remède doit être répété aussi souvent qu'il sera nécessaire. Quand l'inflammation s'est déclarée, il faut pousser plus loin les saignées, faire des formentations chaudes, procurer des selles et administrer des lavements anodins. Quand l'avortement survient, il faut soutenir les forces et calmer l'irritation par de fortes doses d'opium ; mais la malade se trouve dans un état dangereux. »

M. Imbert cite dans son Traité des maladies des femmes l'observation d'une dame âgée de 26 ans, grande, forte, bien conformée, qui avait eu, deux ans auparavant, une péritonite puerpérale, à la suite de laquelle il lui était resté de légères douleurs dans le ventre, un peu de tuméfaction à l'hypogastre et une irrégularité de la menstruation. Devenue enceinte, les symptômes les plus fâcheux eurent lieu pendant les quatre premiers mois de la grossesse ; c'étaient des douleurs aiguës dans le bas-ventre, une sensibilité extrême de cette partie, puis des accès hystériques caractérisés par des suffocations, la perte de la parole, un serrement spasmodique du gosier. Les saignées générales, les émollients, les bains, parurent modérer l'intensité du mal, et les quatre derniers mois furent plus calmes ; l'accouchement fut long et douloureux, et quelques heures après un frisson violent annonça l'invasion de la péritonite. Elle y succomba le troisième jour au milieu de douleurs atroces et en poussant des cris déchirants. Dugès a observé une femme chez laquelle un abcès se développa dans le voisinage de l'utérus sinon dans ses parois ; l'avortement eut lieu à quatre mois ; le dépôt s'ouvrit dans le rectum, et la malade guérit. Les deux femmes observées par Dance, qui eurent jusqu'au moment où la mort survint, c'est-à-dire jusqu'au quatrième mois environ, des vomissements si opiniâtres, ne présentaient du côté de l'utérus que des symptômes assez peu marqués, quoique cet organe fût ramolli et en putrescence dans un espace assez étendu.

Les faits de la nature de ceux que je viens de citer sont assez rares, quoiqu'ils ne soient les seuls, pour qu'on soit autorisé à dire que la métro-péritonite ou la métrite, malgré les nombreuses prédispositions apparentes, est une maladie assez rare à toutes les époques de la grossesse.

5° On a décrit en Allemagne, sous le nom de *rhumatisme de l'utérus*, des douleurs qui paraissent bien plutôt se rapporter, tantôt à l'un, tant à l'autre des états indiqués ci-dessus. Le rhumatisme utérin, dit-on, se montre souvent chez les personnes prédisposées par leur constitution aux affections rhumatismales. Il peut exister avec une affection générale de la même nature ; mais dans le plus grand nombre de cas, l'utérus seul, ou avec ses dépendances et les parties qui l'entourent, en est atteint. Quelquefois il a succédé à la cessation brusque de la douleur fixée d'abord sur un autre point. Son principal symptôme est la douleur ; les parois de l'utérus sont endolories partiellement ou sur toute leur étendue. Lorsqu'il est fixé sur le fond, la douleur se fait sentir dans la région sus-ombilicale ; elle est augmentée par la pression, par la contraction des parois abdominales ; si son siége est plus bas, ce sont des tiraillements qui se propagent des reins vers le bassin, vers les cuisses, les parties génitales externes et la région sacrée, le long des ligaments de l'utérus ; lorsque le segment inférieur est affecté, ce sont les mêmes symptômes, mais de plus l'exploration vaginale provoque des douleurs vives. Dans tous les cas, les mouvements du fœtus en provoquent également qui, par leur répétition, fatiguent et agacent la malade. Ces douleurs peuvent se déplacer et passent quelquefois brusquement d'un point de l'organe à l'autre, ou vont affecter d'autres organes. Elles offrent des exacerbations fréquentes et variables dans leur durée et leur intensité ; pendant les rémittences, il reste souvent à peine un vague sentiment de pesanteur. On a encore rapporté à l'extension de l'affection rhumatismale le ténesme recto-vésical qui accompagne les douleurs utérines de toute espèce. Tantôt la réaction est peu marquée, tantôt elle est assez vive, surtout pendant la durée du paroxysme ; dans ce cas, il y a quelquefois un léger frisson, le plus souvent de la fièvre. On ne voit donc rien dans les symptômes qui ne puisse se rapporter aux différents états de l'utérus que nous avons cherché à apprécier ci-dessus.

Il en est de même de son influence sur la grossesse ; lorsque les accès ont persisté pendant quelque temps, ou qu'ils ont été très violents, ils sont assez souvent suivis des contractions utérines et peuvent provoquer l'avortement ou l'accouchement prématuré, dans les cas où il y a de la fièvre ; sinon ils peuvent persister plus ou moins sans interrompre le cours de la grossesse.

D'après ce qui précède, on voit qu'on a rapporté au rhumatisme utérin presque toutes les douleurs qui se développent dans l'utérus et dans les parties voisines, plus particulièrement pendant les quatre derniers mois de la grossesse ; car ces douleurs se présentent fréquemment avec des suspensions, des intermittences, des exacerbations, dans des cas où elles sont évidemment le symptôme d'une congestion utérine, d'une distension mécanique, de fixité anormale de l'utérus ou de ses annexes, d'adhérences du péritoine, d'irritations spasmodiques ou inflammatoires, et même d'une inflammation franche. On ne peut pas conclure que ces douleurs soient de nature rhumatismale parce qu'on les voit quelquefois survenir à la suite d'un refroidissement. D'un autre côté, on paraît avoir beaucoup exagéré leur coïncidence avec des affections rhumatismales sur d'autres parties du corps. Qu'est-ce d'ailleurs que le rhumatisme des plans musculaires des viscères intérieurs? En y rapportant la plupart des douleurs dont l'utérus peut être le siége pendant la grossesse et l'accouchement, on n'a fait que jeter encore plus de confusion sur un point de pathologie déjà si obscur. On voit assez souvent pendant un travail long et pénible les parois utérines être endolories, sensibles à la pression, aux mouvements, absolument comme les muscles extérieurs à la suite d'exercices fatigants. Parmi les douleurs utérines, ce serait celles-là qui auraient le plus d'analogie avec celles du rhumatisme musculaire; mais, pendant la grossesse, elles ne sont pas produites par la même cause; d'ailleurs elles ont peu d'importance et fixent à peine l'attention, s'il n'y a pas en même temps un état de spasme.

La plupart des faits sur lesquels on s'est fondé pour établir le rhumatisme utérin appartiennent à différents états, qui souvent n'ont pas même une analogie éloignée avec les affections rhumatismales. Quant à ceux qu'on ne peut pas classer, on n'a pas de raisons suffisantes pour les rapporter au rhumatisme utérin, dont l'existence même peut être révoquée en doute; car les inductions qu'on a faites pour les en rapprocher sont forcées, ou au moins prématurées. Les douleurs de l'utérus, quelle qu'en soit la cause, lorsqu'elles ont de l'intensité ou de la persistance, et surtout si elles déterminent une réaction fébrile, exigent qu'on recoure aux émissions sanguines, aux adoucissants, aux bains, aux laxatifs; puis aux calmants opiacés, qui ont sur l'utérus une action sédative très marquée.

SECTION II. — Grossesse extra-utérine.

On désigne par le nom de grsssesse extra-utérine celle dans laquelle l'œuf fécondé se développe au sein de l'organisme, en dehors de la cavité utérine. Ce genre de grossesse a excité si vivement l'intérêt et la curiosité des médecins, qu'ils ont presque toujours donné des relations détaillées des cas qui se sont offerts à leur observation ; et quoiqu'elle soit assez rare, considérée d'une manière absolue, les faits qui en constatent les diverses circonstances se sont à la longue beaucoup multipliés, au point qu'on pourrait aujourd'hui en réunir plusieurs centaines. La manière la plus instructive et la plus attrayante de faire l'histoire de la grossesse utérine consisterait à grouper ces faits dans l'ordre que l'analogie leur assigne; mais la nature de cet ouvrage nous force à ne faire connaître que le résultat de leur analyse.

1. Ils ne donnent que des renseignements peu nombreux et à peu près nuls sur les *causes* de cette grossesse anormale. Lorsqu'on se représente la progression de l'œuf, de l'ovaire à l'utérus à travers les trompes, canaux étroits, interrompus, et doués à un si faible degré de propriétés contractiles, on ne peut s'empêcher de concevoir quelques doutes sur leur aptitude à conduire d'une manière certaine l'œuf dans la cavité utérine; mais la précision et la sûreté avec lesquelles s'effectue la grossesse utérine, sa fréquence comparée à la rareté de la grossesse extra-utérine, dissipent bientôt toute incertitude à cet égard. On comprend du reste qu'une perturbation vive, un saisissement subit, puissent faire cesser l'application temporaire des trompes sur les ovaires, arrêter ou troubler leurs mouvements organiques, faire tomber l'œuf fécondé dans la cavité abdominale, le laisser dans l'alvéole de l'ovaire, ou dans un point de conduite des trompes. C'est cette pensée qu'exprimait Astruc lorsqu'il disait « que les grossesses extra-utérines sont plus ordinaires dans les filles, les veuves, et surtout dans les filles et les veuves qui ont passé pour sages, parce que la crainte, la honte, le saisissement dont ces femmes sont affectées dans un embrassement illicite y ont beaucoup de part. » Trois ou quatre faits semblent donner une espèce de sanction à cette manière de voir.

Des violences extérieures exercées sur le ventre peu de temps après la conception, et assez fortes pour déterminer une inflammation du péritoine dans le voisinage des organes génitaux, peuvent arrêter l'œuf dans sa marche, comme dans le cas observé par M. G. Jackson. On peut présumer avec beaucoup de vraisemblance que les changements de rapports, les adhérences anormales, et les diverses altérations organiques des trompes et des ovaires, capables de gêner le jeu de ces organes dans l'acte de la fécondation, sont souvent la cause de la grossesse extra-utérine; mais il est presque toujours impossible de constater les lésions antérieures, au milieu des changements produits par le développement du kyste extra-utérin.

2. *Espèces différentes de grossesses extra-utérines.* Relativement

au siège, on a divisé la grossesse extra-utérine en plusieurs espèces, qu'on a désignées par les noms de grossesse *ovarique, abdominale, tubaire, interstitielle, utéro-tubaire*. M. Dézeiméris, qui a donné l'analyse la plus complète et la plus exacte qui existe des différences de siége qu'ont présentées les grossesses extra-utérines qui ont été observées jusqu'à présent, a admis un plus grand nombre de divisions dont on peut facilement tenir compte en les rattachant d'après leur analogie aux divisions généralement admises.

1° *Grossesse ovarique*. On désigne ainsi celle qui a son siége dans l'intérieur même de l'ovaire. Son existence a paru naturelle ou contestable suivant les idées qu'on se faisait du mécanisme de la fécondation. Le grand nombre de faits qu'on a publiés comme des grossesses de l'ovaire ne tranchent pas la question aussi facilement qu'on pourrait le croire, tant il est difficile, dans un grand nombre de cas, de s'assurer si le kyste fœtal est réellement dans l'intérieur des enveloppes de l'ovaire ou à la surface. M. Velpeau rappelle avec raison les difficultés que l'on éprouve à préciser au juste le point de départ de beaucoup de tumeurs abdominales qui viennent des ovaires ou des trompes, à cause des changements qu'elles déterminent en se développant. Prenant des exemples dans l'espèce, il ajoute : « En 1824 et 1825 je rencontrai des débris de conception extra-utérine sur quatre sujets; j'enlevai les parties sexuelles avec le plus grand soin, et je crus avoir quatre faits en faveur de la gestation ovarique; je les présentai à la Société philomatique, où quelques membres manifestèrent des doutes sur la possibilité du fait. MM. Blainville et Serres furent nommés pour assister à la dissection que j'en fis le lendemain. Nous acquîmes la certitude que trois de ces tumeurs étaient en dehors de la glande. Nous éprouvâmes plus de difficultés pour la quatrième, qui ne dépassait pas le volume du pouce; mais enfin, après avoir isolé la trompe, qui était saine, nous reconnûmes que le détritus de conception occupait un sac particulier entre la couche péritonéale ou un reste de membrane séreuse accidentelle, et la membrane propre de l'ovaire qui en était entièrement distincte. » On voit quelle attention il faut apporter dans la dissection des parties. Il n'est pas douteux qu'on doit rester souvent incertain sur le siége précis de la grossesse, et qu'on a dû commettre, dans un grand nombre de cas, l'erreur signalée par M. Velpeau. Mais, d'un autre côté, les termes de plusieurs observations sont tellement précis, qu'il n'est pas permis de douter que l'œuf ne fût pas contenu dans l'ovaire. Plusieurs de celles rassemblées par M. Dézeiméris ont ce caractère.

La fécondation de l'œuf encore contenu dans l'ovaire, et avant la rupture de son alvéole, ne peut point être rejetée *à priori*. Le passage de fluides de diverse nature à travers des membranes est un phénomène dont l'économie vivante donne trop d'exemples pour qu'on doive regarder comme impossible la pénétration du sperme dans l'ovaire. En admettant que c'est à son influence que sont dus le gonflement et la rupture de la capsule ovarienne, on admet implicitement la fécondation ovarienne. Mais nous avons vu que cette théorie de la fécondation est fortement ébranlée par des découvertes récentes, qui nous montrent l'accroissement, la maturation des œufs et la déchirure des capsules qui les contiennent comme le résultat d'un travail organique périodique dont l'hémorrhagie menstruelle est la manifestation extérieure. La fécondation par la rencontre du sperme avec l'œuf devenu libre, par la rupture préalable de son alvéole, semble assez bien établie pour qu'on doive chercher à la concilier avec la grossesse ovarique, et à lever la contradiction qui semble exister entre deux faits qui paraissent l'un et l'autre constatés. L'œuf rendu libre et fécondé peut tout aussi bien s'arrêter, être retenu et se développer dans la capsule ovarienne déchirée que dans tout autre point de la longueur du canal des trompes.

L'épanchement de sang qui se fait au moment de la rupture de la capsule et la formation d'un caillot dans son intérieur peuvent dans quelques cas retenir l'œuf et l'empêcher de pénétrer dans l'orifice externe de la trompe. Le travail de cicatrisation refermant l'ouverture destinée à lui livrer passage, il se trouve de nouveau enfermé dans l'ovaire, dont le tissu mou lui permet un développement facile pendant les premiers temps. Quoi qu'il en soit de la difficulté de distinguer, dans la plupart des observations publiées, si la grossesse ovarique a été *interne* ou *externe*, réelle ou apparente, on voit, en faisant abstraction de cette distinction, que la grossesse extra-utérine dans laquelle l'œuf conserve des rapports très intimes avec l'ovaire est, relativement aux autres espèces, assez fréquente. M. Petsch en avait rassemblé trente-six cas en 1828, et M. Dézeiméris croyait, en 1837, pouvoir en ajouter une vingtaine à ce nombre.

2° *Grossesse tubaire*. Elle a été observée dans tous les points de la longueur des trompes. L'œuf est même quelquefois arrêté dans le pavillon, qui forme avec la partie correspondante de l'ovaire auquel il adhère le kyste extra-utérin. Cette particularité a servi à M. Dézeiméris pour établir une espèce particulière de grossesse extra-utérine qui tient à la fois de l'ovarique et de la tubaire, et qu'il a désignée par le nom de *grossesse tubo-ovarique*. Mais ces adhérences et cette confusion de la trompe avec l'ovaire sont souvent consécutives au développement du kyste, quoique la grossesse soit primitivement ovarienne ou franchement tubaire. Lorsque l'œuf fécondé s'arrête dans la trompe, il la dilate ordinairement d'une manière régulière dans toutes ses parties; mais il arrive quelquefois cependant que la dilatation se fait d'une manière moins uniforme, et qu'un côté seulement se prête à l'accroissement de l'œuf; la partie non dilatée de la trompe, au lieu de correspondre au centre du kyste, se trouve portée sur un point de sa circonférence. Dans quelques cas, le canal de la trompe semble placé tout-à-fait en dehors de la cavité du kyste, et sans communication avec lui, ou même oblitéré dans le point qui lui correspond, comme si l'œuf s'était arrêté et développé dans une crevasse, une lacune de la face interne de la trompe. C'est ainsi qu'on voit des kystes gestateurs développés dans l'épaisseur des ligaments larges. Cette disposition n'est pas exclusive à la grossesse tubaire. Dans la grossesse ovarique, le développement peut aussi se faire aux dépens d'un point des enveloppes de l'ovaire, et s'étendre dans les ligaments larges en écartant leurs feuillets qui concourent à former les parois du kyste, qui se trouve alors dans des conditions de solidité plus considérables et d'une élimination moins grave et plus facile. M. Dézeiméris a désigné cette variété par le nom de grossesse *sous-péritonéo-pelvienne*; dénomination qui a peut-être l'inconvénient de ne pas caractériser suffisamment cette disposition; car les grossesses qui ont leur siège dans l'ovaire, dans un point des trompes, sont en dehors du péritoine, et tout aussi bien sous-péritonéales que la grossesse utérine elle-même : c'est plutôt un terme générique en opposition avec celui de grossesse *abdominale* ou *intra-péritonéale*, qui peut être employé pour désigner toutes les espèces qui ont leur siège dans l'ovaire et dans les divers points du trajet des trompes, jusque dans l'épaisseur des parois utérines. Dans d'autres cas, le développement se fait dans un sens opposé au précédent; c'est vers la cavité du péritoine que le kyste s'étend; et si une rupture brusque n'a pas lieu de bonne heure, il peut arriver qu'il s'éraille lentement, et peut-être aussi qu'il dilate la trompe du côté de son pavillon. Dans les deux cas, une portion de l'œuf se trouve en partie dans la trompe et en partie dans la cavité du péritoine; ce qui constitue la grossesse *tubo-abdominale* de M. Dézeiméris. Si je rattache à la grossesse tubaire ces diverses variétés de la grossesse extra-utérine relatives au siège, c'est qu'elles semblent consécutives au développement de l'œuf, et que si on voulait tenir compte d'une manière minutieuse de tous les changements qui résultent de ce développement, on serait conduit à multiplier les espèces jusqu'à la confusion. La grossesse tubaire est de beaucoup l'espèce la plus fréquente; on a trouvé qu'elle est aux autres dans le rapport de 9 à 3.

3° *Grossesse tubo-utérine.* Je désigne ainsi celle dans laquelle l'œuf, arrêté dans la portion de trompe qui traverse la paroi utérine, se forme un kyste aux dépens du tissu de l'utérus; elle est plus généralement connue sous le nom de grossesse *interstitielle* à cause d'une particularité sur laquelle nous reviendrons tout-à-l'heure. Les pièces décrites par MM. Albers, Mayer, Breschet, etc., sont les plus propres à établir d'une manière exacte cette espèce de grossesse extra-utérine. Lorsque l'œuf se développe ainsi dans les parois de l'utérus, il forme bientôt une tumeur à l'extérieur, au centre de laquelle on voit s'élever la trompe dont la portion utérine concourt, avec le tissu de l'utérus ambiant, à former le kyste fœtal ou matrice extra-utérine. Dans une pièce communiquée par M. P. Dubois à M. Dézeiméris, non seulement la base de la trompe répondait au kyste gestateur, mais elle en faisait partie. Mais cette disposition, loin d'être générale, semble, d'après les faits connus, plutôt une exception, et les tumeurs se sont rencontrées, le plus souvent, en dehors de l'insertion de la trompe, mais toujours à son voisinage, au-devant ou en arrière, au-dessus ou au-dessous. Ce qui est plus digne de remarque encore, c'est que non seulement la portion de la trompe qui leur correspondait était rejetée en dehors du kyste, mais que, dans quelques cas, il a été impossible de trouver de communication entre la cavité du kyste et celle de la trompe, restée libre dans toute son étendue : c'est la variété interstitielle à son plus haut degré, dont le mode de formation semble échapper aux lois connues de la fécondation. Mais je dois ajouter que M. Thompson a assuré avoir retrouvé une communication très étroite entre le kyste et la trompe dans la pièce de M. Breschet, et qu'il dit être arrivé au même résultat après une dissection attentive sur la pièce présentée à l'Académie de médecine, par M. Pinel-Grandchamp. On voit par là que la grossesse interstitielle se rattache à titre de variété à la grossesse tubo-utérine. Quoiqu'il ne soit pas facile d'expliquer pourquoi l'œuf s'échappe en quelque sorte de la cavité de la trompe, on peut supposer qu'il s'arrête dans une lacune de sa surface interne, ou qu'il se porte en se développant vers le point où le tissu de l'utérus présente le moins de résistance, de manière à se former un kyste latéral, qui conserve des traces tantôt évidentes, tantôt obscures de son origine. On peut admettre que, dans quelques cas, l'œuf s'arrête près de la face interne de l'utérus, derrière la muqueuse, et qu'au lieu de s'étendre en dehors, il s'étend vers la cavité utérine, dans laquelle il fait saillie. L'observation n'a rien appris de bien précis de cette vérité ; mais il est possible que quelques uns des cas rapportés à l'espèce suivante lui appartiennent. La grossesse tubo-utérine ou interstitielle, qui a passé si longtemps inaperçue, ne paraît pas aussi rare qu'on pourrait le croire ; car, quoiqu'elle n'ait fixé l'attention que depuis les observations de W. Schmitt (1804), d'Albers, on en possède déjà beaucoup d'autres. M. Velpeau croit pouvoir porter à vingt-cinq le nombre de celles qui ont été publiées.

4° *Grossesse utéro-tubaire.* On a élevé contre cette espèce de grossesse plusieurs objections tendant à établir des doutes sur son existence. A la difficulté de concevoir comment l'œuf peut se développer en même temps dans la cavité de l'utérus et de la trompe, et même s'étendre jusque dans la cavité du péritoine par voie de rétrocession, on a cru pouvoir admettre que le petit nombre de faits qui ont servi à l'établir se rapportent, soit à une rupture de l'utérus avec passage d'une partie de l'œuf dans la cavité abdominale, soit à une grossesse interstitielle, terminée par la rupture du kyste dans la cavité utérine. Mais en examinant les faits attentivement, on ne tarde pas à voir que plusieurs échappent à ces explications. Dans l'observation de Patune, si souvent citée, le fœtus à terme était dans la cavité abdominale, le cordon pénétrait dans la trompe droite, à un travers de doigt de distance de l'utérus, et le placenta était inséré vers le fond de l'utérus, qui avait un volume à peine supérieur à celui du poing, et ne présentait aucune trace de déchirure. Dans l'observation de W. Hey, la trompe droite formait la plus grande partie d'un kyste qui renfermait un fœtus du terme de huit mois. Le cordon pénétrait dans l'utérus, et était inséré à un placenta volumineux, des bords duquel partaient les membranes qui, après avoir tapissé le reste de la cavité utérine, allaient former la paroi interne du sac extra-utérin. L'observation de M. Hoffmeister, qui a sous le rapport qui nous occupe la plus grande analogie avec la précédente, est tout aussi concluante. C'est aussi à une grossesse de cette espèce qu'on doit rapporter les observations de Laugier, de M. Mondat et quelques autres. Quant à celles qui ont trait à des femmes qui n'ont point succombé, et chez lesquelles on a constaté la tête du fœtus ou une autre partie dans la cavité utérine et le reste en dehors, il est difficile de décider si on n'avait pas plutôt affaire à une rupture de l'utérus ou à une grossesse interstitielle dont le kyste se serait rompu dans la cavité utérine. M. Dézeiméris, distinguant les cas dans lesquels la trompe concourt avec l'utérus à former le kyste, de ceux où il a envahi en même temps la cavité du péritoine, a fait de ces derniers une espèce particulière, qu'il a désignée par le nom de *grossesse utéro-tubo-abdominale*. La grossesse utéro-tubaire n'est pas réellement plus difficile à concevoir que les autres espèces ; l'œuf, retenu à sa sortie de la trompe par des causes que nous ignorons, peut dans quelques cas trouver moins de résistance à développer le tissu de l'utérus dans la dissection de la trompe, que la cavité utérine elle-même, et offrir un développement en sens inverse de celui qu'on observe habituellement.

5° *Grossesse abdominale ou intra-péritonéale*. Nous avons déjà vu qu'on pouvait considérer comme telle, celle dans laquelle l'œuf se développe à la surface externe de l'ovaire, sur le pavillon frangé de la trompe; mais assez souvent l'œuf perd complétement toute espèce de rapports, soit avec l'ovaire, soit avec la trompe, et peut être porté, avant de contracter adhérence, dans les points de la cavité abdominale qui en sont les plus éloignés. On voit, en effet, que dans la grossesse intra-péritonéale l'ovaire, la trompe, et même une portion des ligaments larges sont tantôt plus ou moins confondus ou adhèrent avec une portion du kyste, tantôt complétement libres. L'insertion du placenta donne une idée assez juste des positions que peut prendre l'œuf dans la cavité abdominale. On l'a trouvé inséré sur l'ovaire, le ligament large, les fosses iliaques, au-devant du sacrum, sur le mésentère, sur la face interne de la paroi antérieure de l'abdomen, sur presque tous les viscères de la cavité abdominale, sur le colon transverse, l'estomac. Ce n'est pas ici le lieu de parler de la grossesse intra-péritonéale, consécutive à la rupture des kystes ovariques tubaires ou interstitiels ; ces kystes secondaires appartiennent à un des modes de terminaison que nous mentionnons ici, pour indiquer qu'il ne faut pas les confondre avec ceux de la grossesse abdominale primitive.

3. *Phénomènes de la grossesse extra-utérine*. Les phénomènes ovologiques sont les mêmes que dans la grossesse normale, et ne donnent lieu qu'à un très petit nombre de considérations spéciales. Le développement du fœtus se fait d'une manière régulière. Dans la plupart des cas, la nutrition ne paraît pas entravée, jusqu'au moment de la rupture du kyste, ou jusqu'au terme de la gestation, chez le petit nombre de femmes qui échappent, jusqu'à cette époque, aux accidents propres à la grossesse extra-utérine. Il paraît que la vie du fœtus peut continuer encore quelque temps après le terme ordinaire de la grossesse, comme l'assurent plusieurs observateurs, et comme semblent l'attester le volume et les dimensions qu'on a assignées au fœtus dans quelques cas.

Les membranes de l'œuf ne présentent aucune différence. Il en est de même du placenta, qui est souvent plus mince, plus étalé, et dont la surface est irrégulière ; mais en rapport avec les inégalités des surfaces sur lesquelles il est greffé. Il est beaucoup moins facile de constater l'existence et la disposition d'une membrane caduque, formée par l'organisme maternel. Peu d'observations ont à cet égard toute la précision désirable. On voit cependant, dans un assez grand nombre, qu'il existe à la surface du chorion une troisième membrane ou couche de tissu blanchâtre, celluleux, qui unit le chorion aux tissus ou organes avec lesquels il est en rapport. Cette couche doit être considérée comme identique, par sa composition et ses usages, à la caduque utérine ; mais il ne faut pas la confondre avec les produits pseudo-membraneux, résultats d'une inflammation du péritoine ou du kyste, qui survient à la suite de déchirures et par le seul fait d'un trop long séjour de l'œuf dans la cavité qui le renferme. Dans ces cas, on ne peut plus distinguer la caduque des produits de l'inflammation adhésive avec lesquels elle a la plus grande analogie. En n'étudiant que les cas simples, qui sont accompagnés de détails suffisants, on est conduit à admettre, comme l'analogue de la membrane caduque, la couche celluleuse à feuillet unique dont on retrouve des traces dans toutes les espèces de grossesses extra-utérines. On s'est mépris sur les faits et sur leur interprétation, lorsqu'on a cherché à établir que, dans la grossesse extra-utérine primitive, et particulièrement dans la grossesse extra-utérine abdominale, il n'existait pas de membrane caduque, et que l'œuf n'adhérait aux parties de la mère que par le point qui correspond au placenta. Il est évident que, dans le principe, l'œuf arrêté dans ses voies naturelles, ou tombé dans la cavité abdominale, forme un corps étranger trop petit et trop peu irritant pour déterminer une inflammation et une exsudation plastique autour de lui ; mais le travail organique qui produit autour de l'œuf fécondé une couche de nouvelle formation n'est point identique à celui d'une inflammation adhésive, malgré quelques phénomènes communs qui les rapprochent sous certains rapports. Si, dans la matrice, qui est spécialement organisée pour la conservation et le développement de l'œuf, ce travail est déterminé par la fécondation elle-même et commence avant le dépôt de l'œuf dans son intérieur, il ne s'ensuit pas que celui-ci soit inapte à le provoquer ; mais il le provoque moins sans doute en excitant les parties par sa présence que par l'activité vitale qui s'en empare immédiatement après la fécondation. Ne voit-on pas dans toutes les espèces de grossesses extra-utérines, très peu de temps après la conception, les vaisseaux des parties de la mère qui entourent l'œuf non seulement se congestionner, mais encore prendre un tel développement que leur rupture peut, dès le premier mois de ces grossesses, produire une hémorrhagie promptement mortelle ? Or, si les parties de la mère qui enveloppent l'œuf s'organisent si promptement en une matrice extra-utérine, on ne doit point s'étonner de voir de bonne heure se former à la surface externe du chorion une exsudation de matière caduque qui, comme dans l'utérus, sert à greffer l'œuf sur l'organisme qui doit fournir à son développement : aussi, sous ce rapport, la grossesse extra-utérine ne diffère pas de la grossesse utérine, et il est très probable que, comme dans la caduque utérine, il s'y développe des vaisseaux de nouvelle formation communiquant avec ceux du kyste et représentant les vaisseaux de la caduque et les vaisseaux utéro-placentaires.

Le kyste gestateur n'est pas composé de la même manière dans toutes les espèces de grossesses extra-utérines. Dans la grossesse ovarique, il est formé par le tissu propre de l'ovaire et par ses enveloppes fibreuse et péritonéale ; dans la grossesse tubaire par le tissu musculaire de la trompe et le péritoine qui l'enveloppe ; il est encore plus musculaire dans la grossesse tubo-utérine ou interstitielle. Dans la grossesse intra-péritonéale, le kyste, réduit au plus grand état de simplicité possible, est presque exclusivement formé par l'exsudation d'une matière caduque, qui unit les viscères en contact avec l'œuf, et forme à celui-ci une cavité spéciale qui se prête avec facilité à son développement. A l'exception des grossesses, intra-péritonéale et ovarique, le kyste renferme des éléments qui, comme dans la matrice, s'accroissent et présentent d'une manière distincte les caractères du tissu musculaire. Cela est évident dans les grossesses tubo-utérine et tubaire. La transformation musculaire de kyste semble s'étendre quelquefois jusqu'au kyste de la grossesse ovarique. M. Dézeiméris a donné en extrait une observation de Barkausen, de Brême, dans laquelle un kyste formé par l'ovaire, à parois fort épaisses, présentait distinctement du côté par où l'ovaire reçoit son ligament des fibres musculaires. On conçoit donc que, dans un assez grand nombre de cas, le kyste gestateur puisse présenter des phénomènes de contractilité expulsive.

Une disposition anatomique commune à tous ces kystes est le développement considérable des vaisseaux qui se distribuent dans leur épaisseur et dans les parties voisines ; ils deviennent presque inévitablement la cause d'hémorrhagies graves, lorsque l'accroissement de l'œuf détermine la rupture du kyste, comme cela arrive si souvent. Les kystes des grossesses extra-utérines représentent en quelque sorte une véritable matrice en état de gestation, fort exposée aux ruptures et manquant de deux conditions essentielles, d'un canal excréteur pour livrer passage au fœtus, car dans les grossesses de la trompe elle-même on trouve le canal oblitéré de chaque côté de la tumeur, et d'une puissance contractile qui n'existe, mais à un degré insuffisant, que dans les grossesses tubaire, tubo-utérine et utéro-tubaire.

L'utérus, quoique vide, éprouve des changements fort remarquables; il augmente presque constamment de volume; on le trouve double, triple de son volume ordinaire, et à l'intérieur il est ordinairement tapissé par une véritable membrane caduque.

En étudiant la grossesse extra-utérine sous le rapport de ses symptômes et de leur succession ou marche, nous la considérerons d'abord, en faisant abstraction des accidents qui lui sont en quelque sorte inhérents et qui y mettent fin, et nous la suivrons jusqu'au terme ordinaire de la gestation, bien qu'elle n'arrive, jusqu'à cette époque, que dans le plus petit nombre des cas.

Le kyste chargé du produit de la conception en se développant envahit la cavité abdominale, comme l'utérus, dans la grossesse ordinaire, dilate ses parois et refoule les viscères mobiles. Souvent la tumeur est située plus en dehors de la ligne médiane que dans la grossesse ordinaire, surtout pendant la première moitié de son existence. Il n'est pas rare de rencontrer deux tumeurs, l'une formée par le kyste, l'autre, près du pubis, formée par l'utérus. Lorsque le kyste est formé par l'ovaire et la trompe, tantôt il reste sur les parties latérales de l'utérus, reposant sur la fosse iliaque correspondante, tantôt il descend plus ou moins profondément dans l'excavation pelvienne, en arrière, vers l'excavation recto-vaginale, ou en avant, entre la vessie et l'utérus, qui est forcé de se renverser en arrière. Cet abaissement du kyste dans le bassin n'est pas toujours le résultat d'un déplacement dû à la mobilité des parties; il dépend quelquefois de l'accroissement de la tumeur qui trouve plus de facilité à se développer dans cette direction, en déplaçant l'utérus ou en le refoulant contre un point des parois du bassin. Quoi qu'il en soit, le kyste de la grossesse extra-utérine est souvent accessible au toucher vaginal ou anal. Tant que la grossesse extra-utérine se développe d'une manière régulière, que le kyste est intact, que le fœtus est vivant, et que le terme de la gestation n'est pas dépassé, l'organisme maternel montre la même tolérance que dans la grossesse ordinaire. La nouvelle matrice distend, écarte les parties avec lesquelles elle est en contact, sans déterminer ni travail d'expulsion ou d'élimination, ni travail d'inflammation.

Sous le rapport des phénomènes locaux et généraux et des troubles fonctionnels, la grossesse extra-utérine se rapproche beaucoup de la grossesse ordinaire. Cependant, dans la plupart des observations, on a signalé des douleurs abdominales plus ou moins circonscrites sur quelques points de la partie inférieure de la cavité abdominale. Ces douleurs ont présenté dans quelques cas beaucoup d'intensité ; on les a vues apparaître peu de temps après la fécondation, et continuer pendant un temps assez long, ou revenir à des intervalles plus ou moins rapprochés. La grossesse extra-utérine ressemble beaucoup aux grossesses ordinaires pénibles. La suppression des règles, les changements des mamelles, ont présenté plus fréquemment des exceptions que dans la grossesse ordinaire. Lorsqu'elle n'est pas interrompue dans son cours, on voit ordinairement au terme de neuf mois, quelquefois avant, les phénomènes d'un travail impuissant de l'enfantement, dont nous ferons connaître les particularités ci-après.

4. *Diagnostic de la grossesse extra-utérine.* On ne peut trouver que dans un petit nombre de phénomènes locaux les éléments propres à faire distinguer la grossesse extra-utérine de la grossesse ordinaire ; car nous voyons, d'une part, que les signes rationnels ne présentent que quelques différences sans valeur séméiologique. Les signes pathognomoniques, tels que les mouvements actifs et passifs, les battements du cœur du fœtus, sont des phénomènes communs aux deux genres de grossesses, qui ne peuvent présenter que des différences inappréciables dans la pratique. Les signes différentiels sont fournis par l'état de l'utérus et la présence d'une tumeur extra-utérine, avec des signes probables ou certains de gestation, suivant l'époque où la conception a eu lieu ; mais cette recherche présente pendant une partie de la grossesse des difficultés très propres à donner le change et à faire méconnaître la grossesse extra-utérine. Nous avons vu que l'utérus pouvait acquérir le volume qu'il y a au troisième, quatrième mois de grossesse, et que le kyste extra-utérin, encore peu volumineux, peut être situé profondément dans la cavité abdominale, éloigné de l'excavation pelvienne ou de la paroi antérieure de l'abdomen. Dans ce cas, il échappera facilement au toucher abdominal, parce que ses parois minces et souples n'offrent pas la résistance de l'utérus dans les mêmes conditions : aussi, pendant les trois ou quatre premiers mois, la grossesse extra-utérine ne peut être constatée que dans quelques cas exceptionnels, où le kyste est descendu dans l'excavation pelvienne, ou se trouve situé superficiellement dans la fosse iliaque. On voit que dans presque toutes les observations où elle s'est terminée d'une manière fatale pour la mère, pendant les trois ou quatre premiers mois, elle n'a

été reconnue qu'à l'autopsie. C'est ce qui arrive dans un grand nombre de cas, puisque plus de la moitié des grossesses extra-utérines se terminent par la mort de la mère, pendant la première moitié de la grossesse. Les grossesses interstitielles observées jusqu'à présent n'ont pas dépassé cette époque ; le plus grand nombre des grossesses tubaires sont dans le même cas. Lorsqu'elle se prolonge jusque dans la seconde moitié de la grossesse, où les différences deviennent très tranchées et faciles à saisir, l'examen de l'utérus ne tarde pas à faire reconnaître qu'il ne correspond plus, pour son volume, à l'époque présumée de la conception ; on le trouve souvent plus ou moins déplacé par une portion de tumeur qui se prolonge dans l'excavation pelvienne. Lorsque le kyste est accessible au doigt, ses parois minces permettent plus facilement que celles de l'utérus de constater qu'il est rempli par du liquide et un corps solide qu'on peut souvent déplacer. Il est même souvent possible de reconnaître la partie qu'on touche, si elle a des caractères tranchés, comme le crâne, les membres, par exemple. La rétroversion de l'utérus à l'état de gestation paraît en avoir imposé plusieurs fois pour une grossesse extra-utérine. Dans ce déplacement, le col relevé derrière le pubis et appliqué contre la paroi antérieure du vagin échappe facilement au doigt ; on prend le corps de l'utérus pour un kyste extra-utérin, qui déplace l'utérus ou le refoule au-dessus du détroit supérieur. Mais ces difficultés, bien que réelles, sont cependant de nature à être facilement surmontées par une exploration attentive. Si la tumeur formée par le kyste extra-utérin reste au-dessus du détroit supérieur, en combinant le toucher vaginal et abdominal, on parviendra presque toujours à reconnaître que la tumeur qui développe le ventre et qui donne des signes certains de grossesse n'est point formée par l'utérus, qu'on peut en séparer avec plus ou moins d'exactitude. Dans le cas où la grossesse extra-utérine a été méconnue jusqu'au moment de la rupture du kyste, les phénomènes qui se manifestent alors sont très propres à la faire connaître, ainsi que la nature de l'accident dont le kyste gestateur est le siége.

5. *Terminaisons.* La grossesse extra-utérine a deux modes généraux différents de se terminer, qui donnent lieu à plusieurs phénomènes immédiats ou consécutifs, qui constituent autant d'espèces particulières de terminaisons fort distinctes. Dans le premier, sous la force d'expansion de l'œuf qui s'accroît incessamment, le kyste se déchire à une certaine époque de la grossesse. Dans le second, soit que le fœtus périsse de bonne heure, soit seulement à une époque qui ne dépasse pas de beaucoup le terme ordinaire de la

gestation, le kyste est resté intact; mais les phénomènes généraux de gestation cessent, et l'œuf devient un corps étranger dont la présence a des conséquences diverses pour l'individu qui le porte.

1. *Rupture du kyste.* La rupture du kyste est un accident tellement fréquent dans la grossesse extra-utérine, qu'on peut avancer qu'elle a eu lieu dans les trois quarts des observations qui ont été recueillies. Tutes les espèces de grossesses extra-utérines n'y sont pas également sujettes. Il faut placer en première ligne la grossesse tubo-utérine ou interstitielle; la rupture a eu lieu dans tous les cas que j'ai pu consulter; elle est très fréquente dans les grossesses tubaire et ovarique. L'époque où elle survient est très variable. Suivant M. Dézeiméris, qui a analysé un très grand nombre de faits, elle a le plus ordinairement lieu avant la fin du second mois dans la grossesse tubo-utérine ou interstitielle; à la fin du quatrième, dans la tubaire; plus tard dans l'ovarique, et dans l'abdominale au neuvième mois. C'est aussi près du terme de la gestation qu'elle a eu lieu, dans les cas de grossesse utéro-tubaire que nous avons mentionnés.

Les cas dans lesquels elle a lieu beaucoup plus tard doivent le plus souvent être rapportés à un travail d'élimination qui se fait pour expulser le produit de la conception, devenu un corps étranger. Quelle que soit l'espèce de grossesse, le fœtus ne survit pas à la rupture du kyste. La cause de cette rupture est l'accroissement de l'œuf: aussi la voit-on survenir dans l'état de repos; dans quelques cas, des pressions sur le ventre en ont été la cause occasionnelle. Elle est annoncée par une douleur brusque, par un sentiment de déchirure. Dans la grossesse tubo-utérine, il n'est pas impossible que la rupture se fasse en dehors du péritoine, dans la cavité utérine elle-même. Dans les observations de grossesses interstitielles connues, elle a eu lieu du côté du péritoine; mais on ne peut nier que quelques uns des cas rapportés à la grossesse utéro-tubaire ne soient des exemples de grossesses interstitielles terminées par la rupture du kyste dans la cavité utérine; dans ce cas, les conséquences sont beaucoup moins graves que lorsque la rupture se fait dans la cavité du péritoine. Après la rupture, l'œuf passe ordinairement dans la cavité péritonéale; quelquefois il reste dans le kyste, dont la déchirure est fort étroite et n'a que quelques lignes d'étendue. L'œuf, en passant de son kyste dans la cavité abdominale, est déchiré ou reste intact: cette dernière circonstance est la plus ordinaire. Dans la grossesse intra-péritonéale la rupture du kyste est moins commune que dans les autres espèces, et consiste dans le déplacement de l'œuf, qui sort de son kyste primitif en détruisant sur un point les adhérences qui le forment.

Indiquons maintenant les divers phénomènes consécutifs à la rupture du kyste, qui se présentent sous des formes déterminées, et qui peuvent donner lieu à des indications spéciales.

1° *Mort avec symptômes d'hémorrhagie interne.* C'est la terminaison la plus commune des différentes espèces de grossesses extra-utérines; on l'observe surtout dans les grossesses interstitielle, tubaire et ovarique. Tout-à-coup la femme est prise de douleurs très vives dans l'abdomen, avec sentiment de déchirure, qui sont souvent remplacées, après un espace de temps assez court, par un calme précurseur d'une mort prochaine. La surface du corps se décolore, le pouls s'affaiblit, des syncopes, des mouvements convulsifs se déclarent, et au bout de quelques heures la malade a cessé d'exister. L'ouverture du corps montre la cavité du péritoine remplie de sang liquide et coagulé, au milieu duquel on trouve l'œuf ou le fœtus et la déchirure du kyste qui a été la source de l'hémorrhagie. Cette terminaison fatale a été observée dès le premier mois de la grossesse, à une époque où l'on pourrait croire *à priori* que les vaisseaux sont encore peu développés. Dans quelques uns des cas où l'on rencontre des épanchements sanguins mortels, la déchirure est si étroite que l'œuf est resté dans son kyste. On voit que l'absence de fibres musculaires dans le kyste extra-utérin, ou leur insuffisance le met dans des conditions beaucoup moins favorables de rétraction que l'utérus, et qu'il ne peut apporter que de faibles obstacles à l'écoulement du sang.

2° *Mort avec symptômes de péritonite aiguë.* Les symptômes primitifs de la rupture sont les mêmes que ceux qui viennent d'être indiqués; mais l'écoulement du sang est plus modéré, et au bout d'un ou plusieurs jours des symptômes de péritonite sur-aiguë se développent, et la mort ne tarde pas à survenir. A l'ouverture du corps on trouve dans la cavité du péritoine, outre le fœtus et du sang altéré, de la sérosité séro-purulente et des traces d'inflammation dans toute l'étendue du péritoine.

3° *Formation d'un kyste secondaire.* La rupture du kyste primitif avec passage de l'œuf ou du fœtus dans la cavité du péritoine n'est pas toujours un accident mortel. Il est même arrivé, dans quelques cas, que ce passage s'est fait d'une manière lente et en quelque sorte latente. On a trouvé des kystes secondaires chez des femmes mortes de maladies étrangères à la grossesse extra-utérine, qui n'avaient à aucune époque présenté les symptômes propres à la rupture du kyste. Mais, le plus ordinairement, celles qui échappent à l'hémorrhagie et à la péritonite aiguë présentent les symptômes d'une inflammation modérée, à la suite de laquelle des fausses membranes, des adhérences forment une nouvelle poche qui isole le fœtus et le sang épanché. Les fœtus enkystés dans la cavité du péritoine ne viennent pas toujours de la rupture d'un kyste extra-utérin ; celle de la matrice en a fourni plusieurs cas, qui ont été confondus avec la grossesse extra-utérine. Les phénomènes consécutifs relatifs à la mère et au fœtus étant les mêmes que ceux qui surviennent, lorsque la grossesse se prolonge après la mort du fœtus, ou après la prolongation de la grossesse au-delà de son terme ordinaire, sans qu'il y ait rupture du kyste primitif, ils seront exposés ci-après, afin de ne pas faire un double emploi.

2. *Terminaisons sans que la rupture du kyste ait lieu.* Dans les différentes espèces de grossesses extra-utérines, le fœtus est exposé aux mêmes causes de mort que dans la grossesse ordinaire, et de plus à toutes celles qui résultent des conditions moins favorables dans lesquelles il se trouve : aussi arrive-t-il que, dans le petit nombre de cas où le kyste reste intact, le fœtus meurt souvent avant d'être arrivé à son état de maturité. Après sa mort, l'œuf cessant de s'accroître, le kyste est beaucoup moins exposé aux ruptures traumatiques. Enfin, dans un certain nombre de cas, la grossesse continue à se développer régulièrement jusqu'au terme ordinaire de la gestation, sans que la rupture du kyste, ou la mort du fœtus viennent y mettre fin. Les recueils scientifiques renferment un grand nombre d'observations où les choses se sont passées ainsi : c'est la grossesse abdominale qui parcourt le plus souvent toutes ses périodes. Les grossesses ovarique et tubaire en offrent également quelques exemples. Nous avons déjà dit que la plupart des grossesses utéro-tubaires étaient arrivées près du terme ordinaire, tandis que les grossesses interstitielles les plus prolongées n'ont pas dépassé le terme de quatre mois.

Dans la grossesse extra-utérine qui arrive à terme, et dans celle où le fœtus succombe comme par avortement à une époque moins avancée, on voit ordinairement, et ce n'est pas le point le moins curieux de l'histoire de cette grossesse, se déclarer des efforts d'expulsion, un travail nécessairement infructueux. Des douleurs intermittentes, avec efforts d'expulsion, semblables à celles du travail ordinaire de l'enfantement, apparaissent; il s'écoule souvent par le vagin des glaires, des mucosités, et même des débris de fausses membranes. Il survient quelquefois un écoulement de sang assez abondant. Le col de l'utérus s'entr'ouvre et produit sur le doigt qui le touche la sensation de contraction. On cite quelques cas dans lesquels la tumeur extra-utérine est descendue plus profondément dans l'excavation du bassin, pendant ces efforts d'expulsion. Plusieurs observateurs assurent avoir senti le kyste se contracter. Cette contraction se conçoit d'ailleurs dans les grossesses tubaire et interstitielle, dont les kystes sont en grande partie formés par du tissu musculaire; mais il n'est pas impossible qu'on ait pris pour un effort de contraction du kyste des mouvements de tension et de relâchement, d'abaissement et d'élévation, produits par l'action du diaphragme et des muscles abdominaux. Quant à l'utérus, il a été constaté d'une manière indubitable qu'il se contracte, quoique le produit de la conception soit en dehors de sa cavité. Ce travail infructueux dure ordinairement trois ou quatre jours avant de cesser; il se reproduit souvent à des intervalles plus ou moins rapprochés, et quelquefois très éloignés. Dans le cas publié par Schmitt, il s'est renouvelé plusieurs fois longtemps après la mort du fœtus, puisque, dans l'intervalle de trois ans que dura la grossesse, les douleurs revinrent huit fois, et se prolongèrent chaque fois pendant plusieurs semaines. Dans quelques cas, on n'a rien observé qui ressemblât au travail de l'enfantement. Le fœtus peut assez souvent arriver vivant jusqu'au terme ordinaire de la gestation, mais il est fort rare qu'il continue de vivre encore longtemps. A la suite du travail dont nous venons de donner les principaux caractères, ou après la mort du fœtus, on voit souvent se manifester les symptômes de la fièvre de lait : les seins se gonflent, et le mamelon laisse échapper une certaine quantité de colostrum. On cite un ou deux cas dans lesquels le lait a continué à couler pendant plusieurs années.

Il nous reste à faire connaître les conséquences de l'impossibilité d'expulser le fœtus par la voie naturelle, soit qu'il reste dans son kyste primitif, soit qu'il se forme autour de lui un kyste secondaire.

1° *Mort par épuisement*. Lorsque la grossesse extra-utérine se prolonge jusqu'à terme ou au-delà, plusieurs femmes succombent sans présenter de lésions organiques appréciables, à la suite des troubles organiques causés par la gestation et par la présence du fœtus vivant ou mort. On ne trouve ni rupture du kyste, ni hémorrhagie, ni inflammation du péritoine, ni travail d'élimination dans le kyste. Pour expliquer plus clairement ma pensée je ferai connaître les principales circonstances de quelques unes des observations qui s'y rapportent. Une femme de trente-six ans, d'une constitution délicate, enceinte pour la seconde fois et parvenue au terme de sa grossesse, fut transportée à l'hospice de la Maternité le 1er août 1841. La grossesse de cette femme avait été très pénible; l'abdomen était depuis les premiers mois le siège d'une vive douleur, qui s'était aggravée à mesure que la gestation approchait de son terme; sa faiblesse et sa maigreur étaient extrêmes; la peau était très chaude, le pouls très fréquent, la face profondément altérée, l'abdomen fort développé et très douloureux à la pression; une diarrhée considérable et des vomissements abondants de matières vertes compliquaient cet état de choses. Enfin cette femme offrait toutes les apparences, tous les symptômes d'une inflammation péritonéale. Elle vécut encore quatorze jours dans cet état. A l'autopsie, on trouva une grossesse abdominale; le fœtus, mort depuis peu, pesait sept livres, et il n'existait pas de traces d'inflammation péritonéale (P. Dubois). Dans un cas de grossesse tubaire observée par Lobstein, on retrouve à peu près les mêmes circonstances, et la mort semble devoir être rapportée aux mêmes causes, malgré quelques traces de péritonite chronique. Il s'agit d'une femme encore éloignée de quinze jours du terme de sa grossesse, sujette à la fièvre hectique, qui ressentit les douleurs de l'enfantement étant déjà dans les derniers degrés de l'épuisement : elle y succomba; l'opération césarienne fut faite à l'instant même dans la vue de sauver l'enfant, qui ne survécut pas. Cette terminaison fâcheuse ne survient quelquefois que longtemps après la mort du fœtus et le terme ordinaire de la gestation.

2° *Terminaison par l'élimination du produit de la conception.* Lorsque le fœtus est mort et que toute espèce de vie est éteinte dans l'œuf, le produit de la conception rentre dans les conditions d'un corps étranger ordinaire, dont l'organisme tend à se garantir, soit en fortifiant encore le kyste qui doit l'envelopper provisoirement ou définitivement, soit en l'éliminant au-dehors par différentes voies. Dans ce dernier mode, dont nous allons exposer les principaux traits, à une époque variable, tantôt très rapprochée, tantôt très éloignée de la mort du fœtus, il survient un travail inflammatoire dans le kyste, qui se propage aux parties voisines; celles-ci ne tardent pas à contracter de nombreuses adhérences, de manière à mettre un kyste primitif dans les mêmes conditions qu'un kyste secondaire. Ce travail continuant, la matière purulente tend à se frayer une voie dans divers sens; et une inflammation ulcérative finit par mettre le kyste en communication avec l'extérieur sur quelques points de l'abdomen, ou avec quelques uns des organes creux qui sont renfermés dans cette cavité, et le fœtus est expulsé à la longue, en partie ou en totalité, par fragments avec les produits de l'inflammation. Le travail d'élimination présente des phénomènes différents, des conditions plus ou moins favorables, suivant la voie par laquelle il se fait. En tenant compte des observations, on voit que l'élimination peut avoir lieu sur tous les points de la paroi antérieure de l'abdomen : on l'a observée aux aines, à l'hypogastre, à l'ombilic, etc. Lorsque le kyste s'ouvre ainsi à l'extérieur, il présente cela d'avantageux qu'on peut facilement agrandir l'ouverture et extraire les parties du fœtus à mesure qu'elles se présentent. Le canal intestinal, et en particulier le rectum et le gros intestin sont les voies par lesquelles le produit de la conception se fraie le plus ordinairement un passage; il est ensuite expulsé par les selles. Dans quelques cas rares, il a pénétré dans l'intestin grêle, l'estomac, et des parties de fœtus ont été rendues par le vomissement. Le kyste s'est ouvert assez souvent dans le vagin. Plusieurs fois les débris du fœtus ont passé dans la vessie, qui a pu, dans quelques cas, se débarrasser par l'urètre de quelques os, d'un volume même assez considérable; mais le plus souvent, ils sont restés dans la vessie et sont devenus l'origine d'incrustations calcaires. Dans un cas rapporté par Morlane, les débris du fœtus sortirent successivement par le rectum et la vessie; mais deux pierres et cinq portions d'os du crâne, non encore incrustées, furent retirées par la lithotomie avec un succès complet. La circonstance d'une double communication du kyste, qui se trouve signalée dans cette observation, se rencontre dans plusieurs autres. On a vu assez souvent des kystes ouverts à la fois dans l'intestin et sur un point de la paroi abdominale; enfin le kyste peut s'ouvrir dans la cavité du péritoine et donner bientôt lieu à une péritonite promptement mortelle.

Le travail d'élimination est souvent accompagné d'accidents graves, et met ordinairement un temps fort long à s'accomplir. Il peut survenir une inflammation violente qui s'étend aux parties voisines et qui détermine la mort; mais le plus souvent, elle survient à la suite de la suppuration abondante et prolongée, qui produit l'épuisement et le marasme. Dans un grand nombre de cas, l'organisme résiste, les parties du fœtus sortent les unes après les autres, le kyste se déterge et revient sur lui-même, la plaie finit par se cicatriser, ou se réduit à un ulcère fistuleux sans gravité. Lorsque la perforation du kyste est ainsi le résultat d'une inflammation ulcérative, on n'a pas d'hémorrhagie mortelle à redouter; et s'il survient assez souvent des écoulements de sang, ils sont généralement peu abondants.

L'époque où commence le travail d'élimination est très variable; c'est tantôt peu de temps après la mort du fœtus, tantôt après plusieurs années seulement.

3° *Conservation prolongée ou définitive du produit de la conception à l'intérieur.* Dans un autre ordre de faits, l'organisme semble s'habituer tout-à-fait à la présence de ce corps étranger, et le kyste, soit primitif, soit secondaire, qui renferme le fœtus, devient un organe protecteur et isolant définitif. L'effort de l'organisme n'est pas dirigé dans le but de produire une élimination, mais de rendre le kyste plus approprié à son usage; il perd en partie ses caractères de kyste gestateur ; les vaisseaux qui étaient si développés tendent à revenir à leur type primitif; les parois s'épaississent, deviennent plus résistantes: tantôt sa surface externe reste libre; mais le plus souvent, surtout si le fœtus a un certain volume, il survient un léger travail d'inflammation qui détermine son adhérence à la portion du péritoine avec laquelle il est en contact, et se fortifie en rentrant dans les conditions des kystes secondaires : ceux-ci prennent également avec le temps plus de consistance et de solidité. Les changements qui surviennent dans l'œuf, consécutivement à la mort du fœtus, rendent compte de l'innocuité d'un pareil corps et de la tolérance de l'organisme à son égard : c'est très improprement qu'on a appliqué le mot de putréfaction à ces changements ; la décomposition putride y est complétement étrangère. Si on l'observe dans les cas d'élimination, où elle favorise la dissolution des parties molles et l'isolement des pièces osseuses, elle ne commence qu'après la communication du kyste avec l'extérieur, mais on n'observe rien de semblable lorsque le fœtus reste renfermé dans son kyste. Tantôt les membranes de l'œuf sont détruites, tantôt elles restent intactes, et sont plus ou moins confondues avec la paroi du kyste. L'eau de l'amnios finit par disparaître complétement ; la peau, les muscles et toutes les parties solides conservent longtemps leur aspect. Les parties moins consistantes, comme le cerveau, le foie, se liquéfient. Dans quelques cas, un ramollissement très prononcé s'empare de toutes les parties molles, et plusieurs os deviennent libres. Dans cet état de choses, il se déclare assez souvent un travail d'élimination provoqué par la présence d'un os dont les aspérités et les saillies déterminent l'inflammation et la perforation du kyste. Une certaine portion des parties liquéfiées, ou ramollies du fœtus sont emportées par les voies de l'absorption. Dans le cas où l'âge peu avancé du fœtus permet une dissolution facile de toutes les parties molles, elles peuvent disparaître complétement. Puisqu'il existe quelques cas où l'on n'a trouvé pour toute trace de fœtus que des os, on conçoit qu'à une époque encore plus rapprochée de la conception, l'embryon tout entier puisse disparaître. Mais dans les cas ordinaires, surtout lorsque le fœtus a acquis un certain volume, il n'y a que les parties les plus fluides qui sont éliminées par les voies de l'absorption ; les parties solides subissent à la longue diverses transformations; on les a trouvées converties en une substance analogue au gras de cadavres, infiltrées et incrustées de matières terreuses, crétacées et même osseuses; et dans plusieurs cas le kyste, en se resserrant, est devenu fibreux, fibro-cartilagineux. C'est dans ces états divers qu'on a trouvé le kyste et les débris du fœtus sur des femmes qui ont porté dans leur sein des produits de conception pendant dix, vingt, trente, quarante, cinquante ans, sans que rien dans leur état en ait fait soupçonner l'existence pendant la vie.

Parmi les femmes qui ont porté pendant un temps plus ou moins long, ou le reste d'une vie ordinaire, des produits d'une grossesse extra-utérine, les unes ont joui d'une santé sinon parfaite, au moins satisfaisante. Les troubles fonctionnels ont cessé, la menstruation s'est rétablie, et quelques unes ont conçu et ont accouché heureusement. Dans un cas, la conception a suivi de près la mort du fœtus extra-utérin ; et peut-être ces deux grossesses ont-elles pu exister simultanément pendant quelque temps. Hérissant rapporte l'observation d'une femme qui avait porté pendant vingt-sept mois un fœtus extra-utérin, dont on fit l'extraction par la gastrotomie; pendant ce temps, elle en avait conçu un autre dont elle était accouchée heureusement. Les autres restent valétudinaires; leur santé ne se rétablit jamais d'une manière complète, et le terme de leur vie est abrégé, soit qu'elles périssent dans le marasme, ou à la suite de complications dont la présence du produit extra-utérin est la cause.

Maintenant que nous avons suivi la grossesse extra-utérine dans toutes ses phases, il nous reste une juste idée de sa gravité. Nous avons vu qu'abandonné aux ressources de la nature, le fœtus est inévitablement voué à la mort, et que la mère succombe, dans la grande majorité des cas, aux accidents propres à cette grossesse.

6. *Indications.* Les ressources de l'art, envisagées d'une manière générale, se présentent à l'esprit sous deux points de vue opposés, mais également décourageants, soit que, comptant sur les efforts de l'organisme, que nous nous sommes attaché à faire connaître plus haut, on se borne par des palliatifs souvent insuffisants à prévenir les accidents, à les combattre, et à favoriser l'issue des parties du fœtus, lorsque la grossesse marche vers la terminaison par l'élimination du produit de la conception, soit qu'on ait recours à l'instrument tranchant pour frayer une voie au fœtus et débarrasser la mère du danger qui la menace incessamment. Mais, dans ce cas, en sauvant la vie de l'enfant, on met la mère dans un état excessivement fâcheux, et on la prive des deux chances de salut qui lui restent, l'élimination spontanée et la trans-

formation du kyste et de son contenu en une tumeur compatible avec un état de santé satisfaisant.

Nous allons déduire des indications précises des divisions mêmes que nous avons établies d'après la marche et la terminaison de la grossesse extra-utérine.

1° Lorsque la grossesse extra-utérine a une marche régulière et qu'elle n'est pas compliquée d'accidents sérieux, elle n'exige pas de détermination grave avant le terme ordinaire de la grossesse ou au moins avant que le fœtus soit viable. Si elle est reconnue, ou au moins soupçonnée, car nous avons vu qu'il était fort difficile, pendant les premières périodes, de la distinguer de la grossesse ordinaire, on recommandera d'éviter les mouvements brusques et les efforts qui peuvent déterminer la rupture du kyste. Dans le même but, on tiendra le ventre libre, on ne laissera pas accumuler l'urine dans la vessie. Les douleurs vives que détermine l'ampliation du kyste seront combattues par la saignée, par des fomentations émollientes, par les calmants; car, à chaque instant, on doit craindre de voir survenir la rupture du kyste, qui fait périr avant le cinquième mois près de la moitié des femmes affectées de grossesse extra-utérine. L'événement le plus heureux pour la mère, qui puisse arriver, est la mort du fœtus à une époque encore rapprochée du terme de la conception : l'œuf, cessant de grossir, devient moins souvent une cause de rupture du kyste, et forme un corps étranger d'un volume médiocre dont le séjour définitif dans l'économie, ou l'élimination n'offre plus, en général, les mêmes dangers que lorsqu'il a acquis un développement plus considérable. La pensée de mettre obstacle au développement de l'œuf a dû naturellement se présenter à l'esprit des praticiens; et, comme l'a fait observer M. Dézeiméris, le fœtus pouvant être considéré comme voué à une mort presque inévitable, il serait rationnel de tout tenter en vue de la conservation de la mère. Si donc il y avait un moyen de faire périr, sans compromettre l'existence de la mère, le produit de la conception, qui menace sans cesse les jours de celle-ci, ce moyen il faudrait l'employer sans scrupule, et la morale le sanctionnerait comme un bienfait de l'art. Peut-être est-ce là une chose qui n'est pas absolument impossible.

2° Si, pendant la période qui nous occupe, la rupture du kyste survient, comme cela n'arrive que trop souvent, rien ne saurait justifier le conseil d'aller chercher le produit de la conception dans le sein de la mère par une section d'un point de la paroi abdominale. Le fœtus n'étant pas viable, ses intérêts ne doivent pas entrer en ligne de compte. Le danger le plus immédiat pour la mère est dans l'hémorrhagie; puis, si elle survit, dans l'inflammation du péritoine; et, quoique la présence du fœtus ne soit pas dans ce dernier cas, comme dans le précédent, une chose indifférente, son extraction en ouvrant le péritoine la mettrait dans des conditions beaucoup plus défavorables. On se bornera d'après les symptômes à combattre l'hémorrhagie, par les réfrigérants, la glace sur le ventre, etc., et l'inflammation par les moyens antiphlogistiques appropriés à l'état de la malade, afin de la limiter le plus possible et de favoriser la formation d'un kyste secondaire autour de l'œuf et du fœtus. Si elle survit, elle rentre dans l'une des catégories dont les indications seront établies ci-après.

3° Si la grossesse extra-utérine est parvenue d'une manière régulière à une époque où la viabilité du fœtus est pleinement assurée, et s'il donne des signes positifs de vie, on aura à décider si on doit continuer la médecine expectante ou pratiquer la kystotomie. Ce dernier moyen a été plusieurs fois employé, et il est généralement conseillé, malgré quelque opposition. Les fausses applications qu'on a faites de ce précepte et la confusion qui en est résultée rendent nécessaire d'établir une doctrine précise à cet égard. Dans le cas posé ci-dessus, les raisons de pratiquer la section de la paroi abdominale et du kyste semblent péremptoires. Non seulement le fœtus est vivant, mais il est viable, et l'époque peu avancée de la grossesse permet d'établir d'une manière certaine qu'il s'agit bien réellement de grossesse extra-utérine. En agissant à temps, on est presque assuré de sauver la vie du fœtus. Si ce dernier point ne semble pas complétement justifié par l'observation, cela dépend de ce que l'on a plusieurs fois opéré dans des circonstances où l'on ne pouvait pas espérer le résultat qu'on cherchait à obtenir. Du côté de la mère, ce moyen extrême est justifié par les dangers prochains ou éloignés dont elle est menacée. Il existe des cas où la nécessité d'opérer est plus urgente et ne permet pas de temporiser, comme on pourrait à la rigueur le faire dans le cas posé plus haut : c'est lorsque des douleurs opiniâtres de travail se manifestent et menacent de faire éclater le kyste dans le péritoine, ou bien lorsque la femme tombe dans cet état d'épuisement qui menace de devenir mortel. En la débarrassant à temps, on peut dans quelques cas prévenir une terminaison funeste. La plupart des motifs qui légitiment l'opération césarienne, lorsque l'extraction du fœtus par la voie naturelle est absolument impossible, sont applicables aux cas de grossesse extra-utérine qui nous occupent. La gravité de ces deux opérations, ou de la même opération dans deux circonstances différentes semble plus grande encore dans l'état de grossesse extra-utérine. Cette inégalité provient de la différence d'organisation des kystes gestateurs. Dans l'opération césarienne, l'hémorrhagie n'est pas ordinairement la cause de la mort; la contraction de l'utérus ferme les vaisseaux ouverts par la division de son tissu et par le décollement du placenta. Le kyste extra-utérin ne jouissant que d'une contractilité obscure, sa section et le décollement du placenta deviennent la source d'hémorrhagies très abondantes; nous avons vu la rupture du kyste être ordinairement suivie d'une hémorrhagie mortelle, même à une époque très rapprochée de la conception. Le placenta est souvent plus adhérent que dans la grossesse ordinaire, et on est exposé à déchirer le kyste : aussi plusieurs auteurs ont-ils donné le conseil de l'abandonner à l'élimination, si son décollement présente des difficultés, malgré les accidents dont sa décomposition peut être la cause. En présence de ces faits, on doit trouver très rationnel le conseil de Guentz, rappelé par M. Dézeiméris. Il pense que, dans les cas de grossesse tubaire, où la trompe aurait acquis un développement ou une vascularité considérable, et où la portion par laquelle elle tient à l'utérus aurait peu de volume, il vaudrait peut-être mieux en faire l'extirpation que de la laisser dans cet état, surtout si la totalité de l'œuf ne pouvait s'en détacher sans violence; on pourrait en faire autant pour la grossesse ovarique dont le kyste serait resté libre d'adhérence. Dans quelques cas, le kyste présente une particularité avantageuse pour pénétrer dans son intérieur par une incision : c'est lorsqu'il a contracté des adhérences en avant avec la paroi abdominale.

Le lieu de l'incision, qui se rencontre ordinairement sur un point de la portion sous-ombilicale de la paroi de l'abdomen, et quelquefois sur le vagin, est déterminé par le siège du kyste. Lorsqu'il s'agit d'extraire un fœtus vivant, il vaut mieux inciser la paroi abdominale que le vagin. Par cette voie, il faudrait encore appliquer le forceps, ou aller chercher les pieds avec la main. Dans l'un et dans l'autre cas, on s'expose à déterminer des ruptures; cependant, si la tête était fortement engagée dans l'excavation, c'est par le vagin qu'il faudrait pénétrer dans le kyste.

La kystotomie faite dans les conditions précitées compte déjà de dix à douze succès; dans deux cas, on a pu sauver la mère et l'enfant.

4° Lorsque la rupture du kyste survient à cette époque avancée de la grossesse, soit sans cause appréciable, soit par les efforts d'un travail infructueux, l'hémorrhagie et l'inflammation sont toujours les accidents les plus immédiatement redoutables, qu'il faut avant tout s'empresser de combattre, et on ne doit avoir recours à l'opération que lorsque la mort de la mère est imminente et qu'on conserve quelque espérance de sauver le fœtus : car elle ne peut nullement remédier à l'écoulement du sang, et la présence du fœtus dans le péritoine est moins propre à déterminer une inflammation mortelle que l'opération nécessitée pour l'enlever. On ne peut pas même s'autoriser du devoir de sauver l'enfant : car, à moins que l'accident n'arrive en quelque sorte sous les yeux du chirurgien, il succombe peu de temps après la rupture de son kyste. Dans ce cas, à moins qu'il ne donne des signes de vie, il faut se borner à combattre les accidents inflammatoires et à favoriser la formation d'un kyste secondaire qui isole de nouveau le produit de la conception.

5° Si la grossesse extra-utérine est parvenue à cette période indéterminée par sa durée où les phénomènes organiques de la gestation cessent par la mort du fœtus, et où celui-ci, renfermé dans un kyste primitif ou secondaire, rentre dans les conditions d'un corps étranger, plus ou moins volumineux suivant le temps qu'il a vécu, plusieurs cas peuvent se présenter : 1° la santé générale n'est que médiocrement compromise ; les incommodités et les douleurs qui en résultent ne diffèrent pas sensiblement de celles que provoqueraient un corps fibreux, un kyste ordinaire de volume égal ; tant que cet état de choses durera, on doit s'interdire formellement toute opération dans la vue d'extraire le fœtus ; 2° sa présence cause des accidents plus ou moins graves ; l'amaigrissement, la faiblesse, augmentent, et l'existence est prochainement menacée. Si le kyste est accessible, on devra pratiquer l'opération avant que la malade soit tombée tout-à-fait dans l'épuisement. Les conditions de succès sont moins défavorables que dans les cas où les phénomènes actifs de la gestation persistent. Les kystes secondaires adhèrent de toutes parts aux parties avec lesquelles ils sont en contact ; leur vascularité n'est pas assez grande pour donner lieu à des hémorrhagies graves. Les kystes primitifs finissent fréquemment par contracter des adhérences fort étendues, et rentrent, sous ce rapport, dans les mêmes conditions que les précédents ; les changements consécutifs survenus dans leurs parois ne font plus redouter au même degré l'hémorrhagie. Toutes les fois qu'ils seront en contact avec le vagin ou avec un point de la paroi abdominale, on peut espérer de pénétrer dans le kyste par des points adhérents et isolés du reste du péritoine. S'il restait quelques craintes, on pourrait employer la méthode qu'on a conseillée pour les abcès ou les kystes de l'abdomen, qui consiste à pratiquer l'opération en deux temps : dans le premier, on incise toutes les parties jusqu'au péritoine ; dans le second, on ouvre le kyste quelques jours après. Le lieu de l'élection est déterminé par le point où la tumeur est le plus rapprochée de l'extérieur. Si le vagin se trouve dans ce cas, on doit préférer cette voie à toute autre, à moins de contre-indications particulières : la matière, les humeurs y trouvent un écoulement plus facile. Dans quelques cas, c'est par le rectum qu'on a été forcé de pénétrer dans le kyste. Si un travail d'élimination s'était manifesté sur un point de l'abdomen par la formation d'un abcès, c'est sur ce point qu'il faudrait inciser, car on serait certain qu'il est adhérent au kyste. Des adhérences du fœtus avec le kyste peuvent rendre difficile et même impossible son extraction immédiate, sans compromettre le succès de l'opération, qui est complétée par un travail d'élimination. Chez une femme arrivée au vingt-deuxième mois d'une grossesse extra-utérine, M. P. Dubois pratiqua l'incision vaginale, se proposant d'appliquer le forceps sur la tête du fœtus, et de l'extraire en totalité. Les parois du vagin et du kyste étant incisées, il s'aperçut qu'il existait des adhérences intimes entre les parois du kyste et la tête du fœtus, qui le forcèrent de renoncer à l'opération. Elle ne fut pas tentée sans résultat : les lèvres de la plaie ne se réunirent pas ; au bout de quelques jours, il survint une fonte putride de toutes les parties molles du fœtus ; les os du squelette, désunis, furent peu à peu extraits à l'aide de longues pinces et d'injections souvent répétées. Deux mois après l'opération, la malade fut complètement guérie.

6° Lorsque la grossesse se termine par l'élimination du corps étranger, c'est un travail souvent difficile et dangereux, qu'il faut aider. On devra, dans beaucoup de cas, débrider l'ouverture, afin de rendre plus facile la sortie ou l'extraction des parties du fœtus. Suivant les cas, on aura à modérer l'intensité de l'inflammation, à favoriser l'écoulement du pus et des matières putrides, à soutenir les forces de la malade par un régime approprié.

Si les débris du fœtus ont passé dans la vessie, on devra décider si on doit les extraire par l'une des méthodes à l'aide desquelles on débarrasse cet organe des corps étrangers qui se forment dans son intérieur. Lorsque le kyste s'est ouvert dans le rectum ou le gros intestin, les parties du fœtus entraînées par les selles sont quelquefois arrêtées à l'anus ; mais il suffit le plus souvent d'en changer la direction, et de tractions modérées pour les attirer au-dehors.

SECTION III. — Déplacements de l'utérus pendant la grossesse.

I. RÉTROVERSION DE L'UTÉRUS. — Elle est le plus commun des déplacements de l'utérus pendant la gestation. Le développement de cet organe, se faisant d'abord avec plus d'activité par son fond et sa face postérieure, y prédispose d'une manière toute particulière. Nous avons déjà dit que, pendant les deux ou trois premiers mois de la grossesse, le col s'abaissait et se portait en avant. Cependant la tendance de l'utérus à se renverser en arrière est déjà très prononcée dans son état de vacuité. Dans ces deux conditions de la vie des femmes, la rétroversion est beaucoup plus fréquente que l'antéversion. La rétroversion, de même que l'antéversion, le prolapsus, est favorisée par une laxité anormale des parties qui unissent l'utérus au bassin, par un premier degré de ce même déplacement antérieur à la grossesse, par une trop grande amplitude du bassin, etc.

La constipation et la réplétion de la vessie, qui sont un des effets constants de ce déplacement, en sont quelquefois la cause. On ne peut cependant pas partager l'opinion de G. Hunter, qui considérait la rétention d'urine comme étant la cause et non l'effet de la rétroversion : car, pendant la période de la grossesse où on l'observe ordinairement, l'excrétion de l'urine éprouve peu de difficulté, si l'utérus conserve sa position ordinaire. D'ailleurs, la distension de la vessie n'a pas l'effet qu'on peut lui supposer *à priori*. En effet, M. Burns a fait voir qu'en distendant la vessie, le col de l'utérus est porté en haut et en avant, et le fond repoussé en arrière, redressé, et même quelquefois un peu incliné vers le sacrum. Mais si, dans cet état, on cherche à entraîner le fond dans la courbure du sacrum, on rencontre plus de difficulté que dans l'état de vacuité de la vessie, et il reprend sa place primitive avec plus de vitesse, lorsqu'on cesse de le fixer. Cela dépend de ce que l'utérus est uni à la vessie d'une manière assez intime par plus de la moitié de sa face antérieure ; celle-ci, en se distendant, soulève la portion de péritoine qui se réfléchit sur l'utérus, le fixe plus étroitement à sa face postérieure, et l'empêche de basculer en arrière. Je ne crois pas qu'on puisse en conclure qu'il doit toujours être de même : lorsqu'on distend brusquement la vessie sur le cadavre, elle conserve sa forme primitive ; tandis que, si la distension survient à la longue, par l'accumulation de l'urine, elle peut contenir une grande quantité de ce liquide sans être fortement tendue, ses parois s'étant dilatées partiellement, et surtout en arrière, où elle forme une grande poche qui repousse le fond de l'utérus vers la courbure du sacrum, tandis que le col est retenu à sa place ordinaire. Ajoutez que, dans quelques cas, il peut exister une grande laxité dans le tissu qui unit l'utérus à la vessie : mais il existe des observations qui prouvent que, dans quelques cas exceptionnels au moins, la rétroversion de l'utérus est produite et entretenue par la distension de la vessie. Hunter cite un cas dans lequel l'utérus se replaça de lui-même immédiatement après que la vessie fut vidée. Dans un autre, observé par M. Croft, l'utérus remonta tout-à-coup, après qu'on eut évacué l'urine, pendant six jours.

La rétroversion est bien plus souvent produite par l'accumulation des matières fécales dans le rectum. On sait que la constipation est un effet très commun de la grossesse, avant l'époque où le volume de l'utérus peut mettre un obstacle au cours des matières fécales. Lorsque le rectum est rempli dans le point où il se réfléchit dans l'excavation pelvienne en formant une courbure, il peut exercer une pression sur le fond de l'utérus, l'empêcher de s'élever, et le forcer de s'abaisser et de se renverser en arrière. La contraction brusque de la paroi antérieure de l'abdomen, dont l'action s'exerce d'avant en arrière, est fréquemment une cause de rétroversion, qui, dans ce cas, survient brusquement et d'une manière complète, avec des douleurs vives et la sensation d'un déplacement intérieur ; on l'a vue se produire ainsi, dans l'action de se baisser pour lever un fardeau plus ou moins pesant. Les circonstances dans lesquelles cette action peut s'exercer sont très nombreuses et très variées. Elle a été plusieurs fois déterminée par des tumeurs développées dans le voisinage de l'utérus. M. Ingleby a observé un cas de rétroversion causée par une tumeur du fond de l'utérus, qui avait entraîné le corps de cet organe à l'état de gestation jusqu'au fond du bassin.

On observe ordinairement la rétroversion pendant le 3e et le 4e mois de la grossesse ; quelquefois pendant le 5e et même le 6e ; les différences d'amplitude du bassin, de volume de l'œuf, et son arrêt de développement par la mort du fœtus, en font d'ailleurs concevoir la possibilité à une époque aussi avancée de la gestation. Suivant la cause qui la produit, elle survient tantôt d'une manière lente et graduelle, tantôt d'une manière brusque, et quelquefois la femme a senti au même instant un mouvement dans l'intérieur du bassin.

Suivant le degré du déplacement et le volume de l'utérus, l'examen interne montre les particularités suivantes : l'utérus est placé dans une position plus ou moins transversale; le fond répond à l'un des points de la moitié inférieure de la courbure du sacrum, et à la face antérieure du coccyx, lorsque le déplacement est aussi complet que possible; sa face postérieure repose sur le périnée, quelquefois sans l'intermédiaire du rectum, dont la partie moyenne est déviée sur les côtés. Dans les cas qui se sont terminés par la mort, on a trouvé le rectum aplati entre le fond de l'utérus et la paroi postérieure du bassin. Le col est alors beaucoup plus élevé que le fond de l'organe, et correspond à la partie la plus élevée de l'arcade, ou à la face postérieure des pubis; il peut même atteindre la partie inférieure de la paroi abdominale. Lorsque le col est porté très haut, il presse contre la vessie au-dessus de l'orifice interne de l'urètre, et divise ce réservoir en deux parties inégales. Le museau de tanche ne donne pas ordinairement une idée exacte de l'élévation du col, qui est fréquemment recourbé en forme de cornue. La partie postérieure du vagin est tellement poussée en avant dans beaucoup de cas, que l'introduction du doigt en devient difficile. Dans un cas cité par Baudelocque, le fond de l'utérus faisait saillie à l'orifice externe du vagin. Il existe entre la rétroversion, dans l'état de vacuité et dans l'état de plénitude, une différence qui fait facilement comprendre leur inégale gravité. Dans la première, l'utérus n'est pas assez long pour occuper toute l'étendue du diamètre antéro-postérieur du bassin, suivant lequel il est placé, et la difficulté apportée dans l'émission de l'urine est moins grande, et même quelquefois nulle; tandis que, dans la seconde, le canal de l'urètre ou la partie inférieure de la vessie est toujours plus ou moins fortement comprimé.

Si l'utérus n'est pas replacé, soit par l'art, si par les progrès de la grossesse, en continuant à se développer, il s'incarcère dans l'excavation pelvienne, et ne peut plus s'échapper par e détroit supérieur, qui est plus étroit. Dans un cas rapporté par Hunter, la malade ayant succombé, l'utérus était tellement enclavé, qu'il fallut inciser la symphyse pour le replacer; il en a été de même dans un autre cas recueilli par M. Wilmer. L'utérus déplacé peut contracter des adhérences qui le maintiennent dans cette position vicieuse. Lorsqu'il ne peut pas être réduit, soit parce qu'il est incarcéré, soit parce qu'il a contracté des adhérences, le plus souvent des accidents de diverses natures viennent mettre fin à cet état; il peut se faire cependant qu'il conserve sa même position jusqu'à la fin de la grossesse; dans ce cas, il est probable que la portion de l'utérus qui correspond à l'entrée du détroit supérieur se dilate, forme une poche qui s'étend dans la cavité abdominale, et qui permet à l'œuf de se développer régulièrement ; il est impossible de s'expliquer autrement les cas auxquels je fais allusion.

Les phénomènes et les troubles fonctionnels que déterminent la rétroversion varient en intensité, suivant le degré du déplacement, la rapidité avec laquelle il s'est produit et le volume de l'utérus. Les femmes qui en sont affectées éprouvent un sentiment de gêne à l'hypogastre, des tiraillements ou des douleurs aux aines et à la région lombaire ; l'excrétion des urines, des matières fécales, se fait avec plus ou moins de difficultés ; l'attitude debout les fatigue, tandis que le décubitus horizontal les soulage d'une manière sensible. Cet état de souffrance survient lentement ou rapidement, suivant que le déplacement s'est fait graduellement, lentement ou brusquement. Ces phénomènes sont d'ailleurs communs à tous les déplacements et à la plupart des affections de la matrice. La gravité de la rétroversion provient de quelques uns de ces phénomènes, qui constituent autant d'accidents particuliers qu'il importe de bien connaître.

1° Le danger le plus immédiat et le plus commun vient de la distension de la vessie. Soit que la maladie ait été méconnue, ou que la femme n'ait pas réclamé les secours de l'art, la vessie se remplit, se distend considérablement. Tantôt la rétention devient promptement complète, tantôt la vessie ne se vide qu'en partie, et l'urine n'est plus rendue qu'en petite quantité, au milieu d'efforts violents. Si on ne remédie pas promptement à cet état, on voit bientôt des symptômes formidables se déclarer : tantôt une fièvre intense accompagnée de frissons violents et de vomissements, tantôt une inflammation aiguë de la vessie. Dans quelques cas, elle s'est rompue, et a donné lieu, soit à une péritonite mortelle, soit à des abcès gangréneux. Lorsque la maladie ne devient pas promptement mortelle, parce qu'il s'échappe encore assez d'urine par regorgement, il survient assez souvent de l'amaigrissement ; les urines sont mêlées de matière purulente ; la fièvre hectique se déclare, et les jours de la malade sont prochainement menacés.

2° La rétention des matières fécales est moins souvent une cause d'accidents graves ; cependant, dans quelques cas, on a observé une obstruction complète et tous les symptômes d'un étranglement interne, avec vomissements de matières stercorales.

3° Lorsque la rétroversion est complète, la femme est de temps en temps prise de douleurs comme celles de l'enfantement, accompagnées d'efforts, comme pour expulser l'utérus lui-même. Dans quelques cas, elles sont aussi fortes que dans le travail ordinaire. Ces douleurs sont le résultat simple ou combiné des ténesmes causés par le déplacement et la compression de l'utérus, l'accumulation de matières dans le rectum et la distension de la vessie. Lorsqu'elles se répètent fréquemment, on voit quelquefois survenir un renversement du vagin et de l'anus. Nous avons vu par l'observation de Baudelocque, dans laquelle on a noté des efforts d'expulsion, que le fond de l'utérus peut venir faire saillie à la vulve ; mais on aurait difficilement supposé que le vagin pût être rompu et livrer passage à l'utérus : c'est cependant ce qui a eu lieu dans un cas rapporté avec détails par M. Mayor de Lausanne. Une paysanne âgée de trente-deux ans, mère de trois enfants, était grosse d'environ trois mois et demi, lorsqu'elle fut prise, dans la journée du 7 novembre 1836, de douleurs vagues. Ces malaises ne l'empêchèrent pas de sortir, et de se livrer à quelques occupations pénibles de la campagne ; en rentrant chez elle, vers huit heures du soir, elle se coucha, et fut prise peu après de douleurs vives dans le ventre et les reins, qui lui arrachèrent des cris, et que sa belle-mère attribua aux prodromes d'une fausse couche ; à dix heures et demie, le mari voulant donner quelques soins à sa femme, aperçoit une tumeur qui sort des parties génitales et un écoulement de sang. On fit appeler une sage-femme, puis un médecin, qui arrive à trois heures et demie du matin. Après quelques recherches pour s'assurer de la nature de la tumeur, il reconnaît qu'elle est formée par la matrice dans l'état complet de rétroversion, et parvint à la repousser et la replacer dans sa position naturelle. Mais la femme, qui était déjà dans l'état le plus déplorable, expira à quatre heures et demie, peu après la réduction de l'organe. Cette mort, attribuée par la rumeur publique à des tentatives criminelles, devint l'objet d'une instruction médico-légale. L'autopsie, faite avec le plus grand soin, dissipa complètement les soupçons, et révéla les particularités suivantes : en dehors, les parties génitales, légèrement entr'ouvertes, laissèrent apercevoir, à deux lignes de profondeur, dans la direction de la fourchette, une plaie frangée ; en dedans, on trouva dans la paroi péritonéale du bassin, au-devant du sacrum, une plaie transversale qui établissait une communication entre la cavité abdominale et la partie postérieure et inférieure du vagin. Les experts ayant poussé le corps de la matrice dans l'ouverture supérieure, la virent sortir sans efforts par l'ouverture inférieure près de la fourchette, et prendre la position qu'elle avait dans les derniers temps de la vie. L'utérus présentait quelques ecchymoses ; la vessie, très large et flasque, ne contenait pas d'urine ; elle s'élevait au-dessus du pubis, et paraissait avoir été distendue, mais n'offrait d'ailleurs aucune altération.

4° Lorsque la rétroversion de la matrice persiste longtemps sans qu'on puisse obtenir sa réduction, l'utérus peut devenir lui-même le siége de lésions diverses, s'enflammer, s'engorger, et contracter consécutivement des adhérences qui le fixent dans cette position anormale. Mais je ne m'arrêterai que sur un point moins connu et moins bien établi : je veux dire la sortie du fœtus par une ouverture accidentelle, comme dans la terminaison des grossesses extra-utérines par suppuration et élimination des débris du fœtus. Non que je veuille donner à cette manière de voir la même extension que S. Merriman, qui, n'admettant pas de grossesse extra-utérine abdominale primitive, a considéré comme des cas de rétroversion la plupart des observations de grossesse extra-utérine qui se sont terminées par l'élimination des débris du fœtus, soit dans le vagin, soit dans le rectum. M. Dewes a suffisamment démontré que Merriman s'est mépris sur la nature de plusieurs des observations qu'il cite à l'appui de son opinion ; mais il en est quelques unes qui appartiennent véritablement à la rétroversion. On conçoit, en effet, que le col comprimé derrière le corps du pubis ne puisse dans quelques cas se prêter que très difficilement à la sortie du produit de la conception.

5° L'avortement doit être placé au nombre des effets assez communs de la rétroversion. Ce n'est ordinairement qu'après que quelques uns des accidents qui ont été signalés ont pris une certaine intensité qu'on le voit survenir. Dans un assez grand nombre d'observations, on trouve qu'il ne s'est déclaré qu'après que la réduction a été opérée : ce qui semble prouver que les efforts qu'elle exige ont quelquefois leur danger, ou que la sortie de l'œuf peut être momentanément entravée par la situation vicieuse de l'utérus.

Indications. Souvent, la première indication est de remédier sans retard à la rétention d'urine. Dans cette circonstance, le cathétérisme présente quelquefois des difficultés fort grandes à cause du changement de direction du canal de l'urètre et de la compression plus ou moins forte dont il est le siége. On dirigera la sonde plus directement en haut que dans les cas ordinaires, et même quelquefois il faut la diriger d'arrière en avant : non seulement le méat urinaire peut être porté en haut, mais encore être dirigé en arrière. Si la compression est très forte, on portera un ou deux doigts dans le vagin, à l'aide desquels on cherchera, soit à refouler en arrière, ou à déprimer, soit à soulever, soit à porter à droite ou à gauche l'utérus, suivant que l'un ou l'autre de ces déplacements est moins difficile. Si le col est porté très haut, il refoule l'orifice interne de la vessie en avant, vers la partie supérieure du pubis, et on ne peut pénétrer dans la vessie qu'en inclinant fortement le pavillon de la sonde en arrière. Une sonde plate ne présente pas une différence de volume assez grande pour qu'on la recommande de préférence; une sonde en gomme élastique peut être plus utile, parce qu'on peut lui donner des courbures en rapport avec les obstacles qu'on rencontre. Il n'est peut-être pas de cas de ce genre où le cathétérisme, bien compris et tenté avec la persévérance nécessaire, soit impossible. Il faut avoir soin de ne pas pousser la sonde avec violence: on a déjà plusieurs fois fait des fausses routes; dans un cas, on a poussé l'extrémité de la sonde dans la cavité de l'utérus. Dans la supposition que l'introduction de la sonde et la réduction de l'utérus peuvent être impossibles, on a donné le conseil de faire la ponction de la vessie ou de l'utérus. Ces deux moyens sont praticables; dans des circonstances données, on trouvera des motifs de préférer l'un à l'autre.

Lorsqu'on a remédié à la rétention d'urine, il faut débarrasser le rectum, soit au moyen de lavements, soit, s'ils restent sans effet, en faisant l'extraction, avec le doigt ou avec une curette, des matières fécales durcies; combattre, s'il y a lieu, les accidents inflammatoires et les efforts d'expulsion, par la saignée, par les bains généraux, les injections calmantes, etc. Il faut recommander à la malade de se tenir couchée sur le ventre. La vessie doit être vidée trois ou quatre fois par jour: c'est, au dire de M. Burns, souvent tout ce qu'il est nécessaire de faire. Il ajoute: « En agissant ainsi, on trouve souvent que la matrice reprend sa place dans l'espace de quelque temps, quelquefois au bout de quarante-huit heures, et la rétroversion dure rarement plus d'une semaine, à moins que le déplacement n'ait été très complet. Du reste, le temps précis qu'il faut pour que la matrice remonte sera déterminé, toutes choses égales d'ailleurs, par le degré de la rétroversion et par l'attention qu'on apportera à vider la vessie. Si le fond est très bas, le replacement sera lent; mais je suis autorisé par l'expérience à dire que, dans toute rétroversion à un degré modéré, lorsque le cas est récent, l'on peut se contenter de vider régulièrement la vessie sans chercher à refouler en haut la matrice, à moins que, d'après sa position, lorsque la rétroversion est partielle, nous ayons raison d'espérer qu'en introduisant la main, l'on puisse la replacer avec peu de difficulté et peu de force. Mais si la tumeur que forme l'utérus est très basse, s'il y a tendance à ce que le déplacement augmente, s'il y a beaucoup d'irritation provoquée par l'état de la matrice, si elle ne cède pas à l'emploi du cathéter et des lavements anodins, alors ce qui, dans le dernier cas, était plutôt conseillé que commandé, peut devenir dans ceux-ci plus nécessaire, et il faut chercher à replacer la matrice. »

Pour pratiquer la réduction de la matrice, plusieurs auteurs conseillent de faire placer la femme sur les genoux et sur les coudes pour diminuer la pression que les muscles et les viscères exercent sur l'utérus. M. Moreau a remarqué que dans cette attitude les malades supportent difficilement les douleurs qui résultent de la pression de l'utérus, et il recommande de les placer sur le dos comme pour la réduction d'une hernie. On introduit ensuite deux doigts dans le vagin ; on refoule avec force, mais lentement, le corps de l'utérus, soit directement en haut, soit obliquement d'un côté, tandis que le doigt indicateur de l'autre main abaisse le col. Mais cette dernière précaution est peu importante, non seulement parce que son action est très limitée, mais encore parce que les deux mains ainsi rapprochées se gênent dans leur action. En agissant ainsi, on réussit dans les cas où la réduction n'offre pas beaucoup de difficulté. Si on échoue, on pourrait, comme l'a conseillé Baudelocque, se servir d'un pessaire pour agrandir le champ d'action du doigt. Lorsqu'on n'a pas réussi par ces procédés, on conseille de porter deux doigts dans le rectum, en agissant ou non de l'autre main dans le vagin pour abaisser le col. Ce moyen est plus douloureux, mais le doigt peut arriver plus haut sur la face postérieure de l'utérus. Voici comment M. Amussat, qui a réussi dans deux cas difficiles, conseille d'agir. Après avoir placé la femme comme pour l'opération de la taille, il faut introduire un ou deux doigts dans le rectum et repousser doucement le globe utérin en longeant la concavité du sacrum, directement en haut d'abord, puis de droite à gauche et de gauche à droite pour relever toute la surface de l'utérus. Si le doigt ou les deux doigts introduits dans le rectum n'atteignaient pas assez haut, on introduirait le pouce dans le vagin pour soulever le périnée, afin de pénétrer à une plus grande profondeur. Enfin, pour arriver plus haut encore, il reste la ressource de se faire pousser le coude par un aide ou de le soutenir soi-même avec la hanche et le corps. Plusieurs médecins assurent avoir pu porter la main tout entière dans le rectum sans causer de très grandes douleurs. Pour le cas difficile, M. Evrat a remplacé avec succès le doigt par une baguette appropriée, longue de huit à dix pouces, garnie à une de ses extrémités d'un tampon de linge qu'on enduit d'un corps gras. La femme étant couchée sur le côté, il l'introduit dans le rectum pour refouler le fond de l'utérus de bas en haut; tandis qu'avec deux doigts placés dans le vagin, il accroche le col pour le porter en bas et en arrière : ce procédé a réussi plusieurs fois entre les mains de MM. Évrat et Moreau, lorsque la plupart des autres avaient échoué. Parmi les soins qu'exige l'état de la femme après la réduction, il ne faut pas négliger de l'engager à se tenir autant que possible couchée sur le ventre.

La réduction est quelquefois impossible, soit à cause d'adhérences, soit à cause de l'état d'incarcération dans lequel se trouve l'utérus. D'ailleurs les efforts de réduction ne doivent pas être très forts, ni trop longtemps prolongés, si l'on ne veut pas s'exposer à provoquer l'avortement. Si la réduction ne peut se faire à l'aide des divers moyens que nous venons d'indiquer, deux cas peuvent se présenter, qui réclament des indications différentes. Dans le premier, on peut, en vidant régulièrement la vessie, en favorisant l'expulsion des matières fécales, éloigner les accidents graves. Tant que la grossesse persistera, il convient alors d'attendre, car elle pourra se terminer, soit par l'avortement, soit par un accouchement prématuré et même à terme. Dans le second, le danger étant plus imminent, soit parce que la vessie ne peut pas être vidée complétement, soit parce que d'autres accidents menacent prochainement les jours de la malade, on est légitimement autorisé à déterminer l'avortement. Toutes les fois qu'il sera possible de procurer l'évacuation du liquide amniotique, en arrivant aux membranes de l'œuf à travers le col, il faudra suivre cette voie ; mais sa position doit souvent rendre ce procédé impossible ; c'est à la ponction de l'utérus avec un trois-quarts ou avec le bistouri qu'il faut alors avoir recours. Cette ponction peut être faite, soit par le vagin, soit par le rectum. Dans deux cas où cette opération a été pratiquée avec succès par MM. Jourel et Viricel, le premier pénétra dans l'utérus par la paroi postérieure du vagin, et le second par le rectum. Ce n'est pas une chose indifférente pour le succès de l'opération de pénétrer ou non dans la cavité du péritoine. On évitera ce danger en portant l'extrémité de l'instrument dans l'espace embrassé par l'extrémité supérieure du vagin. La plus grande épaisseur des parties à traverser, la difficulté d'arriver dans la cavité utérine, ne peuvent être comparées au danger de pénétrer en même temps dans la cavité du péritoine. Après l'évacuation du liquide amniotique, on opère la réduction, si elle est possible, parce qu'on doit supposer que l'expulsion du fœtus sera plus facile. Quant à la symphyséotomie, proposée dans les mêmes circonstances par Purcell et Gardien, elle a été justement désapprouvée par tous les praticiens.

2. Antéversion de l'utérus. — Ce déplacement, assez commun dans l'état de vacuité, beaucoup moins, cependant, que la rétroversion, devient excessivement rare pendant la grossesse. Presque tout ce qu'on sait sur ce sujet se borne à deux observations : l'une, communiquée par Chopart à Baudelocque, n'est accompagnée d'aucuns détails et se rapporte à une femme enceinte de deux mois. L'autre, plus récente, est rapportée par madame Boivin ; le fond de la matrice s'était incliné en avant plus bas que le col, et la réduction paraissait impossible ; mais la nature en vint à bout, sans difficultés, par les progrès mêmes de l'accroissement de la matrice, qui fut ainsi forcée de s'élever dans l'abdomen. On trouve dans l'augmentation du volume de l'utérus et la disposition de la symphyse du pubis des raisons suffisantes pour expliquer la rareté et le peu de dangers de l'antéversion. Si elle survenait, elle ne réclamerait que quelques uns des moyens les plus simples que nous avons indiqués pour la rétroversion ; les efforts de réduction seraient tentés par le vagin, et dirigés d'avant en arrière et de bas en haut.

3. Prolapsus de l'utérus. — Ce déplacement, qui est très fréquent dans l'état de vacuité de l'utérus, n'est pas rare dans la première moitié de la gestation. Le léger abaissement qu'éprouve assez souvent l'utérus dans les premiers mois de la grossesse doit être considéré comme une prédisposition, mais qui reste ordinairement sans effet, si elle n'est réunie à d'autres, antérieures à la grossesse, ou si une action brusque ne vient pas changer les rapports de l'utérus : aussi la plupart des causes qui ont été signalées comme propres à favoriser et à produire la rétroversion sont applicables au prolapsus. Je ne mentionnerai que la laxité des attaches de la matrice, du vagin, et les déchirures étendues de la commissure postérieure de la vulve. Dans une observation de Wagner, qui se rapporte à un prolapsus qui a duré pendant toute la grossesse, la matrice avait été entraînée par une énorme tumeur du mont de Vénus. Quelques unes des tumeurs de la cavité abdominale, provenant des organes génitaux ou des parties voisines, ont produit un semblable déplacement. Le plus souvent, peut-être, le prolapsus des premiers temps de la grossesse n'est que la continuation d'un prolapsus préexistant, qui n'a point empêché la fécondation de s'effectuer. On a observé plusieurs cas dans lesquels la conception a eu lieu, chez des femmes affectées de prolapsus complets et irréductibles.

Quand le prolapsus utérin ne préexiste pas à la grossesse, tantôt il se développe d'une manière lente et graduelle, tantôt d'une manière brusque, à la suite de grands mouvements, d'efforts, etc., avec douleur, et sensation d'un déplacement intérieur. Il peut présenter les trois degrés qu'on a distingués dans le prolapsus ordinaire. Souvent il se borne au premier; l'abaissement dépasse sensiblement les limites que l'on considère comme propres à la grossesse; la matrice descend vers le fond de l'excavation pelvienne, raccourcit le vagin, remplit sa portion la plus élevée, qu'elle dilate, ou bien refoule plus ou moins ses parois vers l'orifice externe; elle conserve encore à peu près sa direction naturelle; le col est seulement porté un peu plus en avant. Dans le deuxième degré, qui est moins commun que le précédent, le museau de tanche vient faire saillie à la vulve; l'utérus remplit le vagin, dont la moitié supérieure est retournée sur elle-même. Dans cette situation, l'utérus a pris la direction du vagin, et présente un premier degré de rétroversion. Dans le troisième, dont l'état de grossesse offre quelques exemples aussi rares qu'extraordinaires, le prolapsus est complet; l'utérus a franchi la vulve; il pend entre les cuisses, recouvert par le vagin, qui a entraîné une partie de la vessie et du rectum. Les troubles fonctionnels sont à quelque chose près les mêmes que dans la rétroversion. La femme se plaint de tiraillements douloureux sur divers points du bassin, de pesanteur vers le périnée; incommodités qui augmentent dans l'attitude debout, diminuent ou disparaissent dans le décubitus; de difficulté dans l'excrétion des urines et des matières fécales. Les progrès de la grossesse, surtout lorsque la femme prend les précautions que réclame son état, ont pour effet ordinaire, dans les deux premiers degrés, la réduction de l'utérus, qui remonte comme dans la grossesse ordinaire, lorsque l'excavation pelvienne devient trop étroite pour le loger. Ainsi la plupart des prolapsus de l'utérus disparaissent dès les quatrième et cinquième mois, un peu plus tôt ou plus tard, suivant le degré d'amplitude du bassin ou le volume de l'œuf. Mais le déplacement peut persister plus longtemps et la réduction devenir impossible. L'état de la vessie demande une grande surveillance. La rétention d'urine, sans être aussi complète et aussi difficile à vaincre que dans la rétroversion, devient la cause d'accidents graves. Dans un cas cité par Kulm, une femme enceinte de quatre mois, et affectée d'un prolapsus au deuxième degré, fut prise d'accidents mortels; l'urètre était fortement comprimé par la matrice distendue, et la vessie contenait vingt livres d'urine. La rétention des matières fécales peut aussi être portée très loin et donner lieu à des accidents graves, si on n'a soin d'entretenir la liberté des selles. Les efforts d'expulsion provoqués par le ténesme vésical et anal, par la présence de l'utérus à la vulve, peuvent déterminer brusquement un prolapsus complet, qui enlève les chances d'une réduction spontanée.

Dans quelques cas, le prolapsus de l'utérus se prolonge bien au-delà de l'époque que nous avons supposée, et reste irréductible, ou survient à une époque où l'on a de la peine à la regarder comme possible, au terme de la grossesse, par exemple, et pendant le travail de l'accouchement. Il est arrivé plusieurs fois que des prolapsus incomplets et réductibles ayant disparu à trois ou quatre mois, se sont reproduits plus tard, et même seulement pendant le travail. P. Portal fut appelé, le 14 janvier 1666, pour donner des soins à une femme chez laquelle il y avait entre les cuisses une tumeur prodigieuse de la grosseur d'un ballon, qui contenait un enfant. Cette tumeur arrondie présentait inférieurement une fente d'où il s'écoulait une humeur muqueuse. La malade, enceinte pour la première fois, était sujette depuis longtemps à un relâchement de l'utérus, et avait été soustraite à cette incommodité pendant tout le temps de sa grossesse. Ce ne fut que la veille, à la suite de quelques douleurs, pendant la durée desquelles cette femme se livrait à de grands efforts, que la tumeur apparut. Il procéda graduellement à la dilatation du col, jusqu'à ce qu'il pût faire l'extraction du fœtus, qui était vivant. La délivrance effectuée, Portal réduisit l'utérus. La femme se rétablit très bien, et ne se ressentit pas par la suite de son indisposition, et n'eut pas d'autres enfants. D'autres fois, le prolapsus est incomplet : la matrice reste partie hors du bassin, et partie dans le bassin et la cavité abdominale. Levret assure avoir vu plusieurs femmes chez lesquelles la tête était sortie de la vulve, quoique encore renfermée dans le col de l'utérus. Le prolapsus peut être irréductible, même à une époque peu avancée de la grossesse, et dans quelques cas l'utérus s'est développé à l'extérieur jusqu'à terme, au milieu d'accidents plus ou moins graves, mais qui n'ont été mortels ni pour la mère ni pour le fœtus. Dans d'autres, l'avortement est survenu à des époques variables, à cinq mois, dans l'observation de Pichausel, citée par M. Capuron, et à une époque moins avancée dans la plupart des autres. La femme peut succomber aux divers accidents qui résultent d'un semblable déplacement. Lorsque la matrice est retenue dans le bassin, elle n'y reste pas en totalité ; si la grossesse continue, le fond se développe au-dessus du détroit supérieur et s'étend dans la cavité abdominale ; au terme de la grossesse, cet état ne diffère pas beaucoup de ce qu'on observe dans plusieurs cas de grossesse ordinaire, où la tête plonge profondément dans l'excavation pelvienne, entraînant devant elle le segment formé par le col. Mais il est beaucoup plus rare de voir l'utérus, au lieu de se dilater partiellement du côté de l'abdomen, s'étendre progressivement vers l'extérieur, de manière à rendre le prolapsus de plus en plus complet.

Quelques unes des indications que réclame le prolapsus utérin pendant la grossesse sont les mêmes que celles de la rétroversion : il faut surveiller avec la même attention le cours des urines, débarrasser plusieurs fois la vessie chaque jour. Dans quelques cas, le cathétérisme peut offrir de grandes difficultés; mais en général il est beaucoup plus facile de déplacer un peu l'utérus que dans la rétroversion, pour faire une voie à la sonde. Quelques femmes peuvent continuer à rendre leur urine spontanément en repoussant l'utérus avec les doigts, ou en le soulevant et en le repoussant en arrière par des pressions à l'hypogastre. On aura également soin de ne pas laisser accumuler dans le rectum et les autres parties du gros intestin les matières fécales. Les ténesmes, l'irritation de l'utérus et du conduit valvo-vaginal, seront combattus par des bains, des lotions calmantes et résolutives, et par la saignée, suivant leur intensité. Tant que l'utérus conserve beaucoup de mobilité dans l'excavation du bassin, sa réduction est très facile; mais, aussitôt qu'il est abandonné à lui-même, il reprend sa situation vicieuse. L'application d'un pessaire ne serait qu'un moyen insuffisant pour maintenir réduite la matrice en état de gestation; ce corps serait d'ailleurs une cause d'incommodités ajoutée à celles du déplacement. Il faut se contenter de prescrire le décubitus dorsal dans une situation horizontale, et de surveiller l'excrétion des urines et des matières fécales. Si la réduction ne se fait pas spontanément par les progrès de la grossesse, on cherchera à l'opérer lorsque l'utérus commencera à perdre un peu de sa mobilité dans le fond de l'excavation et à prendre des rapports exacts avec le détroit supérieur du bassin. Si le col faisait saillie à la vulve, et, à plus forte raison, si l'utérus tout entier était sorti, il faudrait non seulement le réduire, mais encore le maintenir dans l'intérieur du vagin, afin qu'il rentrât dans les conditions des cas précités, c'est-à-dire du prolapsus au premier degré. Lorsque le corps de l'utérus a franchi l'anneau vulvaire, la réduction présente souvent d'assez grandes difficultés : il faut comprimer doucement la tumeur, la refouler lentement de bas en haut, dans la direction du vagin, pour la faire rentrer dans le bassin. Si l'utérus est déjà assez volumineux, on peut essayer de le porter à sa place normale en continuant de le refouler avec deux doigts, qu'on fait agir autant que possible dans la direction de l'axe du détroit supérieur. S'il revient prendre sa place quand on l'abandonne, on doit se borner à l'empêcher de sortir du vagin. Si les pessaires, les éponges, sont inefficaces pour le maintenir à sa place normale, il n'en est pas de même pour le retenir au-dessus de l'anneau valvaire. Si ces moyens étaient difficilement supportés, ou s'ils causaient des contractions utérines, on se contenterait d'un bandage contentif approprié à la forme des parties, et si la réduction ne se fait pas par les progrès de la grossesse, on la tentera de temps en temps, lorsque le volume de l'utérus commencera à faire espérer que son corps peut être retenu par le détroit supérieur.

L'engorgement, la rougeur, l'endurcissement, les ulcérations du vagin ou du col de l'utérus, ne contre-indiquent pas la réduction; ce sont des effets du déplacement, qui disparaissent plus promptement lorsque ces parties sont soustraites à l'action de l'air; mais il faut, comme le conseille Boyer, avoir soin d'enduire le vagin d'un corps gras, afin de prévenir des adhérences accidentelles. Il peut arriver que le prolapsus ne survienne qu'à une époque de la grossesse où le corps de l'utérus est déjà soutenu par le détroit supérieur, ou que les secours ne soient réclamés que lorsqu'il est déjà incarcéré dans l'excavation pelvienne; alors la réduction peut présenter de grandes difficultés, être même tout-à-fait impossible. Dans deux cas de prolapsus observés par Mauriceau, l'un dans le 4e et l'autre dans le 5e mois de la grossesse, la réduction complète fut obtenue. Dans un autre, observé par Giroud, on y est parvenu dix jours seulement avant l'accouchement; tandis qu'au contraire, M. Capuron l'a trouvé déjà complètement irréductible dans un cas, après les deux premiers mois de la conception.

Enfin, que le prolapsus soit complet ou incomplet, lorsque la réduction est impossible, il faut s'attacher à combattre les accidents que détermine une semblable tumeur à mesure qu'elle s'accroît, à la soutenir par un bandage en forme de suspensoir, faire garder à la femme la position horizontale. Ce qui peut lui arriver de plus heureux est un avortement, un accouchement prématuré. Si les jours de la malade étaient prochainement menacés par quelques uns des accidents que nous avons signalés, ou qu'il survînt une fièvre hectique, le praticien se trouverait dans les conditions où il peut légitimement provoquer non seulement l'accouchement prématuré, mais même l'avortement. Si la grossesse marchait jusqu'à son terme sans compromettre la vie de la malade, on se conduirait comme l'ont fait les accoucheurs dont j'ai cité quelques unes des observations. Si la dilatation du col se faisait incomplétement ou trop lentement, on aurait recours à l'introduction des doigts, de la main, afin d'obtenir graduellement une voie qui permît d'aller chercher le fœtus et de lui livrer passage. Si ce moyen était insuffisant ou trop douloureux, on aurait recours au débridement du col. Lorsque la délivrance est opérée, on réduit l'utérus. Les femmes qui ont été affectées de prolapsus pendant la grossesse, alors même que la réduction ne se serait pas fait attendre longtemps, doivent prendre beaucoup plus de précautions que les autres, éviter les fatigues, les mouvements ; plusieurs doivent garder le repos, soit au lit ou sur une chaise longue. Lorsque le moment de l'accouchement sera venu, elles devront être couchées dès le début, éviter les efforts d'expulsion. Après l'accouchement, on leur fera garder le lit jusqu'à ce que la matrice soit revenue à son état naturel ; et, malgré cette précaution, le prolapsus ne revient que trop souvent : car la grossesse ne le guérit le plus souvent que momentanément, et devient elle-même une des causes prédisposantes les plus efficaces de ce déplacement, qu'on observe principalement chez des femmes qui ont fait des enfants.

4. L'utérus est susceptible de se déplacer au-dessus du bord supérieur du bassin en distendant inégalement la paroi abdominale, et en s'inclinant d'une manière exagérée en avant. Dans quelques cas, l'*inclinaison vicieuse* de l'utérus se rapproche d'une véritable hernie. Quant à celle-ci, dans le petit nombre de cas où elle a été constatée, elle existait avant la conception. Les indications que réclament la hernie de l'utérus et son inclinaison vicieuse se rapportant plus particulièrement au travail de l'enfantement, nous n'en traiterons pas ici. Pendant la grossesse, elles exigent que la tumeur soit soutenue par un bandage du corps approprié, qu'on réduise et qu'on maintienne réduites les portions d'intestin qui peuvent s'échapper par les points où la paroi abdominale est en quelque sorte réduite à n'être presque plus formée que par les téguments.

SECTION IV. —Des maladies de l'œuf.

I. ÉPANCHEMENT DE SANG DANS LE PLACENTA. — Ce n'est qu'une forme de l'hémorrhagie utéro-placentaire, mais qui se présente avec des caractères qui méritent de fixer l'attention d'une manière toute particulière. L'étiologie des épanchements de sang dans le placenta, et entre le chorion et la caduque, se confond avec celle de l'hémorrhagie utérine pendant la grossesse. Voyez *Avortement*.

L'hémorrhagie utéro-placentaire n'a pas toujours pour effet le décollement complet de l'œuf et son expulsion immédiate. Le sang épanché peut être retenu à la surface de l'œuf, s'infiltrer et se creuser des foyers dans le placenta lui-même ; mais assez souvent l'épanchement se fait directement dans l'épaisseur de son tissu par la déchirure des vaisseaux utéro-placentaires entrecroisés avec les vaisseaux ombilicaux, et c'est plus particulièrement aux foyers qui en résultent qu'on doit donner le nom d'*apoplexie utéro-placentaire*. Je vais reproduire ici une analyse succincte du mémoire que j'ai publié sur ce sujet. Ces épanchements dans le tissu du placenta présentent, tant sous le rapport de leur siége que de leur forme, des différences assez grandes, qui dépendent particulièrement de l'état de développement du placenta. Jusqu'au troisième mois, non seulement le sang s'épanche dans tout le placenta, mais il peut s'étendre au-delà de ses bords, occuper toute la surface externe du chorion. Il est presque impossible qu'il en soit autrement : dans le principe, les tiges arborescentes du chorion qui se vascularisent pour former le placenta ne sont pas encore réunies, par le tissu cellulaire amorphe, en lobes compactes ; à la circonférence, le placenta n'est pas encore exactement limité, parce que les tiges arborescentes et villeuses des autres points du chorion moins longues ne différant des précédentes qu'en ce qu'elles ne sont pas canaliculées, restent isolées les unes des autres, et constituent, entre la surface externe du chorion et la caduque réfléchie, un espace libre qui communique de toutes parts, sous le point de réflexion de la caduque, avec l'espace occupé par les rudiments du placenta, jusqu'à ce que l'atrophie des villosités choriales ait amené en contact la surface externe du chorion avec la face interne de la caduque réfléchie. Survient-il dans les vaisseaux utéro-placentaires en voie de formation ou d'une existence encore récente, une rupture, le sang qui s'en écoulera baignera bientôt les touffes vasculaires de tout le placenta et les vilosités du chorion, en s'étendant sous le point de réflexion de la caduque sur toute la surface externe du chorion. Ce que je viens de dire n'est point une hypothèse, mais le résumé d'un grand nombre de faits. Depuis ceux que j'ai publiés, j'en ai rencontré plusieurs autres présentant cette altération sous toutes ses formes. L'œuf abortif a souvent à l'extérieur une apparence charnue ; sa surface est plus ou moins bleuâtre ou noirâtre ; ses parois forment une coque plus ou moins épaisse, plus ou moins dure. S'il est entier, et qu'on l'étudie avec soin, on trouve assez souvent à la surface externe du placenta des déchirures étroites qui pénètrent dans des foyers, et qui sont fermées ou non par du sang coagulé; mais fréquemment aussi il n'existe aucune déchirure, quoique le placenta offre profondément des foyers sanguins circonscrits ou des infiltrations diffuses étendues. Si l'on dépouille l'œuf des lames de la caduque, on trouve toute la surface du chorion, y compris les points occupés par le placenta, recouverte par du sang coagulé, et fortement retenu par les ramifications vasculaires du placenta et les villosités du chorion, qui sont emprisonnées dans son épaisseur; le chorion et l'amnios sont intacts, le liquide amniotique un peu coloré en rouge par imbibition. Lorsque l'embryon est très jeune, on le trouve quelquefois complétement dissous, ne laissant souvent pour toute trace de son existence qu'un très petit bout de cordon qui tient au placenta, quelques fragments d'un tissu amorphe très mou, ou bien seulement l'eau de l'amnios un peu plus épaisse, ressemblant par sa consistance à une solution de gomme. Si la consistance de l'embryon est plus grande, on le trouve à l'état normal ou plus ou moins flétri et macéré suivant que l'époque de sa mort est plus ou moins ancienne. Le sang qui recouvre ainsi toute la surface du chorion forme tantôt un coagulum ferme et dur, qui se décolore quelquefois dans quelques unes de ses parties, et ressemble à la couenne du sang de la saignée; tantôt il est mou, et représente un liquide noir, épais, grumeleux. La quantité de sang épanché est très variable, et la couche qu'il forme peut n'avoir que 2 à 4 millimètres d'épaisseur ou 20 à 30. Dans ce cas, les extrémités des villosités ont perdu leur rapport avec la caduque réfléchie et avec la caduque utéro-placentaire; il s'est produit un écartement artificiel de l'interstice, qui, à l'état normal, est très étroit. Cette couche n'a pas toujours la même épaisseur sur tous les points : le sang peut être accumulé en plus grande quantité sur quelques uns, et le plus souvent sur ceux qui répondent au placenta. Les œufs qui ont éprouvé cette altération peuvent se présenter à l'observateur sous un autre aspect: si pendant l'expulsion ils sont dépouillés de la membrane caduque, comme cela arrive fréquemment, ils ont l'aspect d'un caillot de sang; mais, par la dissection et le lavage, on retrouve bientôt dans leur épaisseur les ramifications vasculaires du placenta et les villosités du chorion, qui montrent que le siége de l'épanchement est le même que dans le cas précédent, et qu'on n'a pas affaire à des œufs pourvus de leur caduque et enveloppés dans un caillot de sang. A une époque un peu plus avancée de la grossesse, dans le 3e et le 4e mois, l'épanchement s'étend beaucoup moins loin sur la surface du chorion, et tend à rester limité dans le placenta; il dépasse encore quelquefois ses bords, en présentant dans divers sens des traînées qui s'avancent plus loin. L'épanchement est ainsi limité, parce que l'atrophie des villosités choriales a rapproché le chorion de la caduque réfléchie, qui sont assez solidement unis; l'écartement n'existe plus que vers le bord du placenta dans une étendue variable. Quoiqu'on puisse supposer que ces épanchements se fassent avec une certaine force, ils rompent assez rarement les enveloppes membraneuses qui les limitent. Cependant il n'est pas rare que le feuillet réfléchi de la caduque se déchire, et que le sang pénètre dans sa cavité, et même qu'il arrive entre la face interne de l'utérus et la caduque utérine; mais il l'est beaucoup plus qu'il se fraie une voie en déchirant le chorion et l'amnios. Cependant M. Gendrin paraît avoir observé quelques cas semblables, et avoir trouvé du sang épanché entre le chorion et l'amnios, et dans la cavité de l'amnios, où il enveloppait de toutes parts l'embryon. Dans les périodes de la vie fœtale que nous venons d'embrasser, il n'est pas douteux que le sang épanché ne provienne de la rupture des vaisseaux utéro-placentaires, même dans les cas où l'on ne peut constater ni décollements ni déchirures à la surface externe du placenta. Cependant, dans quelques cas, ces lésions et même la déchirure de quelques veines utéro-placentaires peuvent être reconnues. Mais il est de toute impossibilité de supposer que le sang soit fourni par les vaisseaux ombilicaux : car nous avons vu que dans quelques cas l'embryon est encore si peu développé qu'il ne tarde pas à tomber en dissolution, et, dans les autres, la quantité du sang épanché dépasse ordinairement de beaucoup son volume. La lésion des vaisseaux ombilicaux, si elle existe quelquefois, n'est que consécutive à celle des vaisseaux utéro-placentaires; alors le sang du fœtus peut venir se mêler à celui qui est fourni par la mère. Une semblable altération, avec l'étendue que nous venons de lui supposer, a pour effet ordinaire l'interruption de la vie fœtale; mais l'expulsion de l'œuf est plus tardive; le sang épanché n'étant pas en contact avec les parois de l'utérus, ne provoque pas de suite la contraction de cet organe; assez souvent, lorsqu'il est expulsé, le sang commence déjà à se décolorer et à présenter d'autres changements qui supposent, dans quelques cas, des épanchements d'une date ancienne. Il ne paraît même pas impossible que la gestation continue : c'est du moins ce que semble prouver l'état de quelques placentas d'enfants nés avant terme et même à terme. Ces placentas, remarquables par leur petitesse, leur peu d'épaisseur et leur consistance, sont d'un gris blanc, et infiltrés dans toute leur étendue d'une matière amorphe blanchâtre qui ressemble assez à de la matière tuberculeuse, mais qui n'est autre chose que de la fibrine décolorée et durcie, au milieu de laquelle les vaisseaux du placenta n'ont pris qu'un développement très incomplet. On ne doit pas perdre de vue que le placenta n'a pas été décollé de la surface de l'utérus, ou qu'il ne l'a été que dans une très petite partie de son étendue. Ce qui semble encore confirmer que telle est l'origine de ce tissu étranger à l'œuf, c'est que souvent on trouve en même temps sur la surface externe du chorion, à des distances variables des bords du placenta, des plaques blanches, dures, hémogènes, qui semblent de même nature que le tissu qui infiltre le placenta.

A partir du milieu de la vie intra-utérine, le placenta continue à être assez souvent le siége d'épanchements sanguins ; mais ces épanchements présentent cela de particulier qu'ils cessent de s'étendre au-delà de ses bords entre le chorion et la caduque, qui sont déjà solidement unis. Les épanchements, au lieu d'être diffus et d'occuper en totalité ou en grande partie le placenta, sont plus ou moins exactement circonscrits et limités dans les lobes, où s'est faite la rupture des vaisseaux d'où ils tirent leur origine ; mais ils conservent toujours une grande tendance à s'étendre vers la face fœtale du placenta. A cette époque, les lobes sont isolés les uns des autres par le tissu cellulaire, qui unit également les ramifications vasculaires entre elles. Le développement de ces vaisseaux se faisant par une espèce d'efflorescence de leur extrémité, ils forment un tissu plus serré à la surface utérine que vers la surface fœtale ; de là une tendance du sang à s'étendre dans ce sens, déplacement qui est encore favorisé par la position ordinairement déclive de la face fœtale par rapport à la face utérine du placenta.

Les épanchements de sang dans le placenta entièrement développé se présentent sous trois aspects différents. Dans le premier, le sang épanché se creuse une cavité fort irrégulière qui envoie des prolongements dans plusieurs directions ; les parties voisines sont infiltrées, teintes en rouge dans une étendue assez considérable. Ces foyers sont ordinairement assez grands et communiquent le plus souvent avec la surface externe du placenta, qui offre ordinairement une déchirure plus ou moins étendue et un décollement dans la partie correspondante ; ils sont irréguliers et se rencontrent souvent vers le bord du placenta, dans le voisinage de la veine coronaire, qui offre quelquefois une déchirure qui communique avec le foyer. Lorsqu'ils correspondent au centre du placenta, ils s'étendent ordinairement jusque sur la face externe du chorion; et s'ils ont des rapports avec le point où les principales branches du cordon traversant le chorion, on voit quelquefois un peu de sang imbiber dans une étendue variable le tissu cellulo-séreux qui entoure la veine et les artères ombilicales à la naissance du cordon. Plusieurs observateurs ont déjà signalé cette circonstance. M. Gendrin a publié dans ces derniers temps une observation de ce genre très intéressante. Le cordon, dans l'étendue de 2 ou 3 pouces, à partir du foyer du placenta, était infiltré de sang, sans que ni la veine ni les artères ombilicales présentassent de déchirure. Ces foyers irréguliers dans le tissu du placenta peuvent être simples ou multiples, de mêmes époques ou d'époques différentes.

Dans la seconde variété, il n'y a pas, à proprement parler, de foyers; le sang est infiltré dans un ou plusieurs lobes du placenta, dont le tissu semble plus raréfié; il est plus abondant sur quelques points, où il forme de petits foyers remplis d'un fluide très noir, qui prend dans quelques cas l'aspect d'une gelée peu consistante.

La troisième variété est la plus remarquable : les foyers sont nettement circonscrits et réguliers, alors même que l'épanchement paraît très récent; ils sont ordinairement multiples, et l'aspect du sang qu'ils contiennent annonce des formations successives. On en compte assez souvent jusqu'à sept ou huit dans le même placenta, et quelquefois une vingtaine; ils forment des cavités peu spacieuses. Les caillots les plus volumineux ne dépassent guère en volume un œuf de pigeon; ils sont à des profondeurs inégales : les uns s'étendent jusqu'à la surface interne du placenta, d'autres se rapprochent de la face utérine, avec laquelle quelques uns communiquent par une ouverture étroite et irrégulière. Le tissu du placenta qui les environne est à l'état normal; le sang ne s'est extravasé qu'à quelques lignes seulement en dehors. C'est par leur circonférence que ces caillots réguliers commencent à se décolorer; de manière qu'à une certaine époque la cavité présente une pellicule blanche, mince, se séparant plus facilement du reste du caillot que du tissu du placenta, et ressemble à un kyste de nouvelle formation. Mais un examen attentif m'a toujours fait reconnaître que c'était la portion la plus superficielle du coagulum restée adhérente au tissu du placenta. Les foyers réguliers peuvent présenter une particularité qui a quelque chose de spécial. Jusqu'à présent nous avons vu que le tissu du placenta qui les entoure est à l'état sain : il n'en est pas toujours ainsi. Dans quelques cas, il a été déjà, à une époque antérieure, le siège d'une infiltration sanguine qui l'a rendu plus dense; il présente des traces du sang épanché et décoloré, transformé en une matière grisâtre uniformément infiltrée. Il se forme dans ces placentas de tout petits foyers réguliers, renfermant des caillots de sang qui représentent assez exactement des grains de raisin noir. Ces foyers sont souvent très multipliés, et le sang qu'ils renferment présente un très grand nombre de degrés différents de transformation qui indiquent des coagulations récentes et anciennes.

Les diverses espèces de foyers sanguins du placenta que je viens de faire connaître peuvent coïncider avec les lésions qu'on rencontre dans les hémorrhagies utérines ordinaires, soit internes, soit externes, c'est-à-dire avec un décollement partiel ou complet du placenta, et la présence d'un caillot plus ou moins volumineux dans cette cavité artificielle avec des traînées de sang coagulé, qui s'étendent entre la face interne de l'utérus et la caduque utérine jusqu'au col. Mais ces épanchements placentaires sont fréquemment isolés des altérations que je viens d'indiquer, ou ne les produisent que tardivement.

Nous avons été conduit, pour les foyers qu'on observe dans la première moitié de la grossesse, à placer la source de l'épanchement dans la rupture de quelques vaisseaux utéro-placentaires, et plus particulièrement des veines. Nous pensons qu'il en est habituellement de même à une époque plus avancée de la grossesse : non que les divisions des vaisseaux ombilicaux qui forment le placenta fœtal ne puissent se rompre et former des foyers semblables, mais parce qu'on peut assez souvent observer cette rupture sur les veines utéro-placentaires, tandis qu'on n'a point encore pu la constater d'une manière certaine sur les vaisseaux ombilicaux qui concourent à former le placenta. On acquerra de nouvelles présomptions en faveur de cette manière de voir, si on oppose à la solidité des vaisseaux ombilicaux la fragilité des vaisseaux utéro-placentaires, aux troubles si communs et si variés de la circulation utérine le calme et la régularité de la circulation fœtale. Mais il est très vraisemblable que dans quelques cas où les foyers sont très étendus, des vaisseaux ombilicaux ont été déchirés consécutivement, et qu'ils versent une certaine quantité de sang dans le foyer placentaire.

Les épanchements sanguins du placenta, dans la dernière moitié de la grossesse surtout, sont dans de certaines limites compatibles avec la continuation de la gestation et ne provoquent pas d'une manière habituelle la contraction de l'utérus et l'expulsion de l'œuf; et même, lorsque les foyers ne sont pas très nombreux et qu'ils laissent une grande partie du placenta intact, la gestation parcourt toutes ses périodes, et rien n'annonce que le développement du fœtus en ait souffert. Mais il n'en est plus de même lorsque les foyers sont très multipliés ou que le placenta a été infiltré dans une très grande étendue. L'œuf est tantôt expulsé prématurément avec les symptômes d'une hémorrhagie utérine ordinaire, tantôt il continue à vivre ; mais la nutrition ne se fait que d'une manière incomplète, et le fœtus succombe souvent avant d'arriver à terme, ou un accouchement plus ou moins prématuré se déclare, et l'on voit naître un enfant peu développé, très maigre et très faible.

Les changements consécutifs qui surviennent dans le sang épanché ou infiltré et dans le tissu du placenta sont un des points de l'histoire anatomique des épanchements sanguins de cet organe qui offrent le plus d'intérêt.

Le sang épanché dans le tissu du placenta, lorsque l'œuf n'est pas expulsé, se divise en parties solides et en parties liquides ; le sérum s'infiltre au loin et disparaît. La partie solide, réunie en caillots plus ou moins volumineux, se resserre, devient plus dense et diminue un peu de volume plutôt par le fait de sa condensation que par un travail d'élimination. La partie colorante du sang disparaît peu à peu ; cette décoloration commence ordinairement par la circonférence, à moins que le caillot n'ait été formé par addition successive, ce qui arrive fréquemment. Le caillot est alors plus dur au centre, où il est déjà quelquefois décoloré, tandis qu'à la circonférence, il a la couleur rouge du sang récemment épanché, et on peut observer plusieurs couches de couleur et densité différentes ; il est même souvent facile de le séparer en lames ou couches régulières sans qu'il ait été formé par l'addition d'épanchements successifs. Dans un grand nombre de cas, il est encore facile de reconnaître les caractères du sang durci, quoique l'époque de son épanchement soit assez éloignée ; mais dans plusieurs autres, la tranformation est beaucoup plus profonde. On ne penserait même pas pouvoir rapporter ces masses à du sang épanché, si d'autres, sur le même placenta, à des degrés moins avancés de transformation, ne venaient démontrer l'origine des premières. Parmi les transformations où l'on ne reconnaît plus les caractères de la fibrine, il faut placer ces masses ou plaques de tissu homogène, sans organisation, très ferme, coloré en blanc grisâtre ou jaunâtre qu'on peut comparer, tantôt à du cartilage friable, tantôt à un tissu squirrheux, tantôt à de la matière tuberculeuse en masse ou infiltrée. Quelquefois elles présentent au centre, ou sur quelques autres points, de petites cavités remplies d'un sang ramolli, brunâtre, qui leur donne l'apparence de squirrhe ramolli ou de matière encéphaloïde. Dans une autre variété, le sang décoloré forme une masse moins compacte, se séparant par la pression en grumeaux qui s'écrasent facilement sous la pression des doigts. Dans ce cas, la matière ressemble à celle de quelques kystes mélicériques, à du tissu adipeux ramolli, à du stéatome, etc. Il se dépose quelquefois dans ces tissus transformés de la matière crétacée ou terreuse qui ressemble plus ou moins à de la matière osseuse. Les parois des foyers, même les mieux circonscrits, manquent de kystes, produits organisés, comme on en voit autour des épanchements sanguins anciens, dans les autres parties de l'économie. J'ai déjà fait remarquer qu'on ne doit pas considérer comme tels, la couche régulière qu'on ne peut séparer du tissu du placenta, qui l'envahit dans une très petite étendue. Souvent les extrémités des vaisseaux ombilicaux qui pénètrent dans cette couche sont flétries et oblitérées. Lorsque l'infiltration s'est étendue au loin autour des foyers, le tissu du placenta est plus ferme, d'une couleur blanchâtre ; les vaisseaux sont affaissés, flétris et en très grande partie oblitérés. On trouve quelquefois ainsi un ou plusieurs lobes complétement atrophiés. Le placenta tout entier partage quelquefois à des degrés différents cet état d'atrophie en conservant encore une vascularité assez prononcée ; car l'oblitération des vaisseaux n'est complète que lorsque la matière infiltrée est très abondante ; et s'il reste quelques points qui ne soient point envahis ou qui ne le soient qu'à un faible degré, les fonctions du placenta ne sont pas encore complétement abolies ; mais la nutrition du fœtus ne se fait plus que d'une manière très incomplète ; et s'il peut arriver jusqu'à terme, il naît dans un état de maigreur et de petitesse fort remarquable ; mais le plus ordinairement il succombe avant ce temps.

Nous avons vu qu'il peut arriver que la portion du placenta qui correspond aux foyers placentaires soit décollée ; d'ailleurs le décollement d'une portion du placenta est un fait ordinaire dans les hémorrhagies utérines qui surviennent pendant la grossesse. Nous sommes donc naturellement conduit à rechercher si dans ce cas la portion décollée contracte de nouvelles adhérences quand la grossesse persiste. On a généralement répondu par la négative, mais à tort : il n'y a guère que dans les cas d'insertion du placenta sur le col que la portion décollée reste libre ; dans les autres, le sang épanché et retenu en quantité variable, entre la face interne de l'utérus et une portion de la face externe du placenta, se condense et diminue par l'élimination de la partie séreuse, s'unit solidement d'une part au tissu du placenta, dans lequel il pénètre plus ou moins profondément, de l'autre à la face interne de l'utérus, dont la surface unie se prête à une union moins solide : aussi, lorsque le placenta est expulsé, les plaques fibrineuses, diversement transformées, sont toujours entraînées avec lui. Mais je me hâte d'ajouter que ce mode d'adhérence est incompatible avec le rétablissement de la circulation dans cette partie qui est affaissée et dont les vaisseaux sont atrophiés. On peut croire cependant, sans toutefois pouvoir le démontrer, que, lorsque l'épanchement est très peu considérable, le sang peut être résorbé, et qu'il se fait une nouvelle exsudation, une reproduction d'une portion de la caduque utéro-placentaire, dans laquelle peuvent se développer de nouveaux vaisseaux utéro-placentaires, qui rétablissent non seulement l'adhérence, mais encore l'état primitif, de sorte que la circulation dans les vaisseaux ombilicaux correspondants n'est pas suspendue.

Les épanchements sanguins dans le placenta ne sont souvent révélés par aucun symptôme, si l'hémorrhagie reste ainsi limitée. Dans quelques cas, on observe la plupart des symptômes des pertes internes peu abondantes ; mais on peut plutôt soupçonner cette lésion qu'affirmer qu'elle existe, à moins que la femme sur laquelle on les observe n'ait déjà présenté plusieurs fois ce genre d'altération ; car il n'est pas rare de voir la même femme avorter plusieurs fois de suite, toujours pour la même cause ; et si elle finit par accoucher à terme, on trouve encore sur le placenta un certain nombre de foyers sanguins, anciens et récents.

Lorsqu'on soupçonne cette maladie, ou s'il s'agit d'une femme qui y soit prédisposée, on fera l'application du traitement prophylactique des hémorrhagies utérines pendant la grossesse.

2. Dépots purulents sur le placenta et sur la caduque. — On vient de voir dans l'article précédent quelle est l'origine et la nature des prétendus squirrhes tuberculeux, etc., du placenta. On a généralement mis trop de facilité à transporter aux annexes du fœtus les diverses altérations qu'on observe dans nos organes. C'est ainsi qu'on a décrit une inflammation du placenta, qu'on regarde même comme très fréquente et à laquelle on a donné pour symptôme le plus fréquent et le moins équivoque, des douleurs abdominales et lombaires, de la fièvre, phénomènes qui sont communs à l'inflammation et aux congestions utérines. Les causes qu'on lui attribue sont aussi celles de l'inflammation, des congestions utérines et des pertes latentes. Cependant le placenta et les autres parties de l'œuf, aussi bien que le fœtus, sont en quelque sorte en dehors de l'organisme maternel, et les ma-

ladies qui les affectent ne peuvent réagir que faiblement sur lui. On a donné pour caractère anatomique de l'état aigu de l'inflammation du placenta, l'augmentatiou de volume, la coloration foncée, qui sont quelquefois portées à un très haut degré, en même temps que le tissu de l'organe a perdu en partie sa consistance. On rencontre fréquemment des placentas qui sont dans cet état; mais il dépend ordinairement de la congestion des vaisseaux ombilicaux, ou d'un état d'hypertropie du placenta, avec mollesse et infiltration de son tissu par une sérosité souvent abondante ; et nous ferons voir plus bas, en parlant d'une manière spéciale de l'hypertrophie du placenta, qu'elle n'a rien de commun avec une inflammation. Pour un degré plus avancé, on a indiqué l'exsudation d'une lymphe plastique et la formation de pus ; et pour l'état chronique, les diverses transformations que nous avons vu prendre au sang épanché. Mais lorsqu'on trouve ces dernières altérations à l'état le plus avancé, sans qu'il existe de traces de la série des changements antérieurs, et qu'il n'y a pas eu de symptôme d'hémorrhagie, soit externe, soit interne, l'analogie est en faveur d'épanchements sanguins anciens. D'ailleurs des matières ressemblant à du tissu fibreux se décomposant en lames ou couches, à de la matière grasse ramollie, au stéatome, à des tubercules, à des cartilages, etc., ne sont pas des produits ordinaires de l'inflammation, à moins qu'on ne la confonde avec d'autres altérations organiques dont elle est pourtant bien distincte. Quant au pus, c'est tout autre chose, et ce n'est véritablement qu'avec cet élément évident d'une inflammation qu'on peut poser et discuter la question de l'inflammation du placenta. Exposons d'abord sommairement les faits. Une femme en proie dès le commencement de la grossesse à des vomissements sympathiques presque continuels et très opiniâtres, qui amenèrent un amaigrissement considérable, succomba dans le troisième mois de sa grossesse et n'eut de la fièvre que quelques jours avant sa mort. L'utérus ne présenta aucune altération évidente ; mais entre la membrane caduque et l'utérus, ou plutôt dans les cellulosités de celle-ci, on voyait des concrétions pseudo-membraneuses assez résistantes formant une couche d'une à deux lignes d'épaisseur, à laquelle l'utérus adhérait assez faiblement. Entre cette couche et la face interne de l'utérus existait également une couche de pus concret qu'on soulevait sous forme de flocons jaunâtres. Le fœtus paraissait avoir vécu autant que la mère (Dance). MM. Cruveilhier et A. Bérard ont constaté du pus bien caractérisé, déposé à la surface externe du placenta et de la caduque. Dans une de mes observations d'apoplexie utéro-placentaire, il y avait de la matière purulente déposée à la surface du placenta et infiltrée dans son tissu. M. Brachet a trouvé au centre de deux placentas des foyers purulents sans communication avec la face utérine ; les femmes qui avaient rendu ces placentas avaient éprouvé à une certaine époque de leur grossesse des symptômes d'inflammation utérine ou d'hémorrhagie latente : des faits semblables ont été observés par Stratfort et d'Outrepont. Ainsi la présence du pus sur la surface externe du placenta et de la caduque et même dans leur épaisseur est un fait certain, bien qu'il paraisse assez rare. Ce pus peut provenir de deux sources fort différentes, de la surface interne de l'utérus, ou bien du placenta, ou de la membrane caduque. L'inflammation de l'utérus pendant la grossesse n'a pas été étudiée avec tout le soin qu'elle mérite. Dugès affirme que sa surface interne pendant la grossesse est plus souvent le siége d'exsudations purulentes et de fausses membranes qu'on ne pourrait le croire d'après le silence des auteurs. L'inflammation de l'utérus, pendant la grossesse, présente déjà quelques uns des caractères que nous exposerons avec détail en traitant de la fièvre puerpérale, savoir : la suppuration des canaux veineux du tissu de l'utérus, l'accumulation du pus dans leur intérieur, et les oblitérations qui s'établissent souvent dans les points enflammés, forment de petits abcès enkystés dans divers points des veines enflammées. Si la sécrétion augmente dans ces foyers et que le pus trouve une barrière qui l'empêche d'être versé dans le torrent de la circulation, il pourra plus facilement s'étendre, s'il correspond à l'insertion du placenta, dans les veines utéro-placentaires, qui, n'étant pas soutenues par le tissu dense de l'utérus, se rompent facilement, et le pus s'épanchera dans le tissu mou et perméable du placenta, dans lequel il se creusera des foyers à des profondeurs variables. Mais les conditions les plus favorables à l'inflammation et à la suppuration des veines utérines dans le point où elles s'abouchent avec les veines utéro-placentaires se trouvent dans leur rupture et le décollement d'une portion de placenta. Cette solution de continuité et la présence du sang épanché sont dans quelques cas une cause suffisante d'inflammation et de suppuration qui peuvent laisser les traces que nous avons signalées plus haut. Il ne faut point perdre de vue que le placenta, par sa disposition et sa texture, est favorablement disposé au déplacement du pus, comme de tout autre fluide, par une espèce de migration qui peut le porter vers la face fœtale. D'ailleurs, si la grossesse n'est pas interrompue, l'accroissement du placenta et l'allongement des vaisseaux ombilicaux peuvent rendre profonds de petits foyers, qui dans le principe étaient superficiels. Les remarques qui précèdent prouvent seulement qu'à la suite de l'inflammation de quelques points de la face interne de l'utérus, ou des veines utérines qui correspondent au placenta, il peut se déposer du pus sur la caduque utérine, à la surface externe du placenta, et même dans leur épaisseur. Mais on ne peut pas démontrer d'une manière directe que telle a été l'origine du pus dans les cas précités : car, si le placenta et la membrane caduque sont susceptibles de s'enflammer et de suppurer, on peut avec autant de raison les considérer comme l'ayant fourni. Mais il est fort douteux que ces organes temporaires, d'une texture si simple, soient doués de la propriété de s'enflammer. Faisant abstraction de toute idée théorique pour n'interroger que les faits, tels que l'observation nous les montre, nous voyons les foyers purulents, alors même qu'ils sont anciens, n'être jamais entourés de kystes de nouvelle formation : le pus est en contact avec le tissu du placenta sans intermédiaire, comme dans les abcès métastatiques les plus récents; nous avons déjà constaté qu'il en était de même dans les foyers sanguins. Cependant les autres organes de l'économie, dans des conditions semblables, offrent sur les parois des foyers purulents et apoplectiques anciens des membranes de nouvelle formation. Mais, bien plus, on ne voit jamais, malgré la persistance de l'adhérence et de la vitalité, de traces d'inflammation sur le placenta à la suite de lacérations, telles que celles qu'on observe souvent dans les cas de son insertion sur le col ou d'adhérence contre nature, soit à la suite de l'accouchement, soit à la suite d'un avortement. S'il arrive quelquefois dans ces cas qu'il s'écoule de l'utérus un liquide purulent, tous les observateurs l'ont rapporté à sa véritable origine, c'est-à-dire à la face interne de l'utérus; il suffit d'ailleurs d'examiner les fragments de placenta expulsés pour voir qu'ils ne présentent aucune trace d'inflammation, mais seulement des altérations physiques. On ne peut pas non plus invoquer en faveur d'une inflammation du placenta l'oblitération des divisions des vaisseaux ombilicaux qui surviennent dans les points qui ont été décollés ou fortement infiltrés de sang : cette atrophie des vaisseaux se fait par un mécanisme semblable à celui qu'on observe après la naissance dans la portion fœtale des artères et de la veine ombilicale; elle est un effet de la cessation de la circulation dans ces vaisseaux. C'est donc avec raison que je rapporte à une inflammation de l'utérus la présence du pus dans le placenta et la caduque; mais ce pus, lorsqu'il existe et que la grossesse continue, peut subir quelques unes des transformations que nous avons indiquées pour le sang épanché.

L'origine que nous venons d'assigner aux dépôts purulents du placenta et de la caduque nous conduit à renvoyer, pour les indications, au traitement de l'inflammation de l'utérus pendant la grossesse, page 363, inflammation encore mal étudiée, dont nous venons d'essayer de faire connaître une des formes les moins connues.

3. Hypertrophie du placenta. — Il n'est pas rare de rencontrer sur des œufs abortifs, mais principalement sur le délivre d'enfants putréfiés, expulsés prématurément ou seulement à terme, des placentas ayant le double et même le triple de leur volume ordinaire. Ils ont été mentionnés par plusieurs observateurs, et étudiés d'une manière plus particulière par madame Lachapelle. Ils sont frais, et non flétris comme les fœtus auxquels ils tiennent; leur tissu, devenu très spongieux, est abondamment pénétré de fluides séreux rougeâtres, quelquefois tirant sur le brun ; ce fluide entre pour beaucoup dans leur augmentation de volume. La face fœtale est un peu flétrie et macérée, tandis que celle qui correspond à l'utérus a conservé toute sa fraîcheur. Les divisions placentaires des vaisseaux ombilicaux sont flétries, affaissées, et contiennent du sang qui se trouve dans le même état d'altération que celui qui est dans les organes du fœtus. On voit que la vie s'est principalement maintenue dans la portion maternelle du placenta ; cependant les extrémités villeuses des vaisseaux ombilicaux paraissent avoir conservé leur fraîcheur, et ne sont pas flétries ; le tissu cellulo-muqueux du placenta paraît seul avoir augmenté ; je dois ajouter, cependant, que l'augmentation de volume paraît dépendre en grande partie de l'accumulation des fluides qui le pénètrent. Néanmoins il n'est pas douteux que la vitalité ait persisté et que la nutrition ait été plus active dans la portion du placenta qui est la plus éloignée de sa face fœtale. Il est bien certain que le fœtus peut succomber sans entraîner toujours et immédiatement la cessation des phénomènes de nutrition qui constituent la vie propre de ses annexes. Ce travail de gestation, tout incomplet qu'il est, explique pourquoi la matrice reste souvent assez longtemps avant de se contracter pour expulser des fœtus morts, devenus pour elle des corps étrangers. D'ailleurs, ce n'est pas seulement pendant que le fœtus mort est conservé dans l'utérus que le placenta peut continuer à vivre : Ruysch, Morgagni, Franck, etc., ont vu des placentas continuer à végéter longtemps après la sortie de l'enfant : c'est un phénomène qu'il n'est pas rare d'observer à la suite de l'avortement. Faut-il admettre avec madame Lachapelle que la mort du fœtus a dû précéder le développement anormal du

placenta et qu'elle en est la cause? Il paraît en être ainsi généralement. Mais il doit rester cependant des doutes pour quelques uns des cas qui se présentent, où l'on trouve des placentas très volumineux appartenant à des fœtus dont la mort ne peut guère remonter au-delà de huit à dix jours. J'ajouterai que rien n'est moins fondé que la prétention de vouloir trouver dans cette hypertrophie les caractères d'une inflammation soit aiguë, soit chronique. Lorsque l'hypertrophie du placenta survient dans les premiers temps de la grossesse, le fœtus peut être dissous, ou même être expulsé seul; la masse charnue formée par le placenta continuant à s'accroître, et expulsée plus tard, représente une de ces altérations de l'œuf qu'on a désignées sous le nom vague et générique de *môles charnues*.

4. ATROPHIE DU PLACENTA. — Nous avons déjà fait voir que l'atrophie du placenta est un effet consécutif de son décollement, des épanchements de sang à sa surface et dans son épaisseur, et des transformations qu'il subit. Rien n'est plus commun que de trouver des atrophies partielles d'un ou de plusieurs lobes. Quelquefois l'atrophie est générale, et porte sur tout le placenta, lorsqu'à la suite d'hémorrhagies successives, le sang épanché a fini par envahir l'organe dans toute son étendue. Les vaisseaux ombilicaux s'affaissent, reviennent sur eux-mêmes; un grand nombre s'oblitèrent complétement; le sang qui est dans leur intérieur peut se solidifier et éprouver diverses transformations. Quelques observateurs paraissent y avoir constaté des dépôts crétacés et calcaires. L'atrophie du placenta ne paraît pas être toujours consécutive aux altérations qui ont été signalées dans les articles précédents. On trouve quelques placentas dont les dimensions en épaisseur, en largeur, sont considérablement réduites sans que leur tissu offre rien de particulier. Lorsque cet état, qui semble primitif et qu'on peut rapporter aux anomalies du placenta, est très prononcé, la nutrition du fœtus en souffre d'une manière très évidente, mais pas au même degré que dans l'atrophie consécutive, lorsqu'elle s'étend à la totalité ou à la plus grande partie du placenta.

5. KYSTES VÉSICULEUX EN GRAPPE DU PLACENTA ET DU CHORION, *môle hydatique ou vésiculaire*. — Albinus et Ruysch s'étaient fait une idée exacte de la nature et du siége de cette singulière altération en la rapportant au développement anormal des glandules ou nodosités qu'on observe sur les rudiments vasculaires du placenta et les villosités des autres parties du chorion qui doivent

s'atrophier plus tard. Qu'on se figure une de ces tiges rameuses et arborescentes dont les branches et les rameaux s'allongent et dont les renflements spongieux se dilatent en ampoule, on aura une image exacte de la disposition de ces vésicules en grappe supportées par un pédicule commun. Cette manière de voir si simple et si conforme à la vérité n'avait pas prévalu et était à peu près complétement oubliée. Mais sur des observations nouvelles de M. Velpeau, confirmées par celles de M. Cruveilhier, de madame Boivin, on a abandonné les idées fausses qui avaient été adoptées sur le siége et la nature des hydatides du délivre. Les causes de ce développement anormal sont tout-à-fait inconnues, et les conjectures qu'on a émises à ce sujet ne méritent pas d'être reproduites.

Les villosités du placenta sont le siége le plus ordinaire des hydatides en grappe ; mais on les observe sur d'autres parties du chorion. Madame Boivin a observé la transformation hydatique des villosités du chorion sur deux points peu éloignés de la circonférence du placenta. D.-E. Burdach a fait représenter un œuf abortif, dont toute la surface est recouverte d'hydatides. Chaque grappe est constituée par un pédicule très grêle qui s'élève de la surface du chorion en fournissant un plus ou moins grand nombre de petits filets qui portent à leurs extrémités des vésicules transparentes remplies d'un fluide incolore. Les vésicules sont d'inégal volume ; les plus petites peuvent être comparées à un grain de chènevis, et les plus grosses à un œuf de pigeon. Dans quelques cas, le pédicule est simple ou peu divisé, et ne porte qu'une, deux ou trois vésicules.

Le nombre des grappes est ordinairement assez considérable ; les délivres qui offrent cette altération ont souvent doublé et triplé de volume ; on en trouve du poids de trois, de quatre, de cinq livres, et même de plus pesant. Les vésicules sont en grand nombre ; on en compte souvent jusqu'à plusieurs mille sur la même masse. Le pédicule et les filets qui les supportent sont très solides, quoique grêles, et conservent encore une ressemblance assez grande avec les villosités du chorion. On peut les suivre jusque sur la surface externe de ce dernier. Assez souvent on reconnaît encore la texture ordinaire du placenta ; une partie des villosités se sont vascularisées, et les autres se sont transformées en grappes hydatiques ; un certain nombre semble partir de l'extrémité des vaisseaux qui se sont consécutivement oblitérés ; alors le pédicule paraît plus volumineux. Les ampoules ou vésicules par lesquelles se terminent le pédicule et ses branches ont des parois très minces, transparentes, assez résistantes et d'une apparence séreuse. A part les filets qui les réunissent en grappes, ces vésicules ressemblent beaucoup aux petits kystes séreux des ovaires et des trompes. Madame Boivin assure que l'on voit quelquefois des vaisseaux sanguins ramper sur leurs parois. Le liquide qu'ils renferment est incolore, légèrement visqueux. On pense avec quelque raison qu'il contenait de l'albumine ; cependant Rudolphi prétend qu'il ne se coagule et ne se trouble pas par le feu ou l'alcool, et qu'il est simplement aqueux. Ce liquide est quelquefois jaunâtre, rougeâtre, trouble et même séro-purulent. D'après ce qui précède, on voit que les kystes vésiculeux en grappe ne présentent aucun caractère d'animalité, et qu'ils ne peuvent pas être considérés comme des vers vésiculaires ou de véritables hydatides.

Les observateurs sont d'accord à reconnaître dans la couche membraneuse épaisse qui les enveloppe la membrane caduque, dont elles sont assez souvent dépouillées dans le travail de leur expulsion. On peut rencontrer quelques vésicules détachées de la grappe dont elles faisaient partie, mais elles ne constituent pas une espèce particulière ; et le type sous lequel se présentent les kystes vésiculeux ou hydatiformes du placenta et du chorion est tellement uniforme, qu'il est impossible de les distinguer en espèces différentes. La division établie par madame Boivin en *môle hydatique embryonnée*, en *môle hydatique creuse* et en *môle hydatique en masse* est défectueuse, si on l'applique à l'altération elle-même ; mais elle résume très bien les altérations consécutives du fœtus et de ses annexes. En effet, si dans le principe l'altération a été peu considérable, ou si son développement a été tardif, l'œuf avorté contient dans l'amnios un fœtus plus ou moins développé. De semblables produits ont été expulsés à toutes les époques de la grossesse. Mais si l'embryon meurt à une époque peu éloignée de la conception, il se dissout dans l'eau de l'amnios, et on ne trouve plus qu'une masse plus ou moins volumineuse qui contient dans son centre une petite cavité remplie de liquide. Il arrive même assez souvent que cette cavité centrale n'est plus reconnaissable, soit qu'elle ait diminué par la résorption de la petite quantité de liquide qu'elle contenait, soit qu'elle se soit rompue. Mais il est fort rare qu'on ne retrouve pas quelques uns des caractères de l'œuf, par des traces du placenta, du chorion ou de la caduque. Ce qui reste du placenta est quelquefois hypertrophié.

Les kystes hydatiformes développés dans le placenta ont presque toujours une influence funeste sur le fœtus. Si dans quelques cas son volume fait présumer qu'il a dû continuer de vivre encore quelque temps, malgré leur présence, on n'a pas d'exemples bien authentiques d'enfant né à terme et vivant dans cette condition. Ceux qu'on pourrait considérer comme tels appartiennent à des grossesses doubles où l'un des œufs seulement était affecté de cette maladie. On conçoit cependant qu'un petit nombre de grappes, surtout si elles ont leur siége en dehors du placenta, ne doivent point interrompre le cours de la grossesse et le développement régulier du fœtus. Les délivres ne sont pas toujours examinés avec assez de soin pour qu'on puisse assurer que cette circonstance ne s'est présentée quelquefois.

L'utérus montre une tolérance assez prononcée pour ces corps étrangers qui se développent dans les annexes du fœtus en y entretenant un mode particulier de vitalité : aussi la durée de la grossesse hydatique est très variable ; et quoique le plus ordinairement l'expulsion ait lieu avant le sixième mois, il n'est pas très rare de la voir se prolonger au-delà et même jusqu'à terme. Il existe même quelques observations qui constatent que cette espèce de grossesse a duré plusieurs années.

Si on en excepte les signes fournis par la présence du fœtus, qui ne peuvent, d'après ce qui a été dit, se rencontrer que très rarement, la plupart des phénomènes ressemblent à ceux d'une grossesse ordinaire avec laquelle la môle hydatique est toujours confondue pendant ses premières périodes. A une époque plus avancée, il existe ordinairement une discordance manifeste entre l'époque présumée de la conception et le volume de l'utérus. Elle donne lieu beaucoup plus souvent que la grossesse normale à des pertes de sang plus ou moins abondantes et répétées : ce qui fait varier l'état du col, qui est quelquefois mou et entr'ouvert ; mais il peut être exactement fermé. L'expulsion de quelques fragments de grappes ou de vésicules isolées vient quelquefois éclairer sur la nature du corps qui distend l'utérus. Du reste, si les pertes ne sont pas abondantes ou fréquemment répétées, ces masses n'ont aucune influence fâcheuse sur les femmes qui les portent. Quant aux phénomènes de leur expulsion, aux accidents qui la compliquent quelquefois et au traitement, ils rentrent dans les conditions de l'avortement, et ils seront exposés plus loin.

6. MÔLE CHARNUE. — Ce n'est pas seulement aux masses hydatiformes du placenta qu'on a donné le nom de môle, mais à presque toutes les altérations primitives et consécutives du placenta et des membranes, qui ont changé d'une manière plus ou moins profonde la conformation de l'œuf. La connaissance très incomplète des maladies du placenta et des changements consécutifs qui

peuvent survenir dans le produit de la conception, ont dû nécessairement conduire à les réunir sous une désignation vague qui peut aujourd'hui être éliminée de la science ou recevoir une signification positive : c'est ce que je vais essayer de faire en peu de mots. Lorsque le fœtus est mort, il devient pour l'utérus un corps étranger qui ne tarde pas à provoquer, après un temps variable mais ordinairement assez court, des contractions expulsives ; mais les exceptions à cette loi sont très nombreuses, et l'on en rencontre de fréquents exemples dans les auteurs. La prolongation de la tolérance de l'utérus n'est que temporaire, et n'a même que rarement une durée équivalente à celle de la grossesse ordinaire. Lorsque la mort de l'embryon survient à une époque très rapprochée de sa formation, il ne tarde pas à se dissoudre ; et lorsque l'œuf est rendu il est souvent impossible de trouver la plus petite trace de son existence. C'est cette espèce de môle qui porte le nom de *faux germe*. Si la dissolution de l'embryon a réellement lieu comme il vient d'être dit, l'expression de faux germe consacre une erreur. Il est bien vrai que dans quelques uns, le liquide de l'amnios est parfaitement transparent et limpide et qu'on ne trouve plus, comme dans les cas de dissolution récente, de traces de l'existence de l'embryon. On conçoit, en effet, la possibilité du développement de l'œuf dans sa portion membraneuse seulement. Mais admettre, avec quelques accoucheurs, que les *œufs clairs* peuvent se développer sans conception, c'est accepter une hypothèse tout-à-fait gratuite et invraisemblable et montrer trop de confiance aux protestations de virginité des filles qui ont rendu de semblables produits.

Sous le nom de môle charnue, on peut comprendre tous les produits qui ont quelque rapport avec les précédents et dans lesquels l'œuf a subi dans sa forme et dans sa composition de notables altérations. Nous n'avons pas à revenir sur l'hypertrophie du placenta et sur les transformations consécutives à l'apoplexie utéro-placentaire, qui ont été à tort considérées comme des dégénérescences de cet organe. L'œuf tout entier peut être enveloppé par un plus ou moins grand nombre de couches fibrineuses de date différente. Morlane a vu un œuf composé de sept couches stratifiées, de couleurs différentes et parfaitement reconnaissables. Tantôt on retrouve des traces du chorion et la cavité de l'amnios, quoique le fœtus ait disparu, soit en se dissolvant, soit en s'échappant par une déchirure des membranes ; tantôt on retrouve des fragments de fœtus emprisonnés dans la masse commune. Les môles charnues n'acquièrent pas en général un volume très considérable ; cependant plusieurs s'accroissent d'une manière évidente par une espèce de végétation. Mais leur accroissement se fait le plus souvent par juxtaposition ; ces produits altérés sont fréquemment eux-mêmes des causes d'hémorrhagies internes, qui fournissent de nouvelles additions à la masse ; mais quelques parties s'accroissent par une véritable nutrition comme dans l'hypertrophie du placenta. L'état de fraîcheur dans lequel sont rendus quelques œufs clairs et la quantité de liquide qu'ils renferment prouvent que l'amnios peut continuer à être le siége d'un travail d'exhalation, et que ces œufs altérés peuvent augmenter par une accumulation progressive de liquide, qui du reste est rarement portée très loin, et jusqu'à hydropisie de la matrice.

Il me reste encore à dire quelques mots de ces fausses membranes qui sont rendues par quelques femmes sans être suivies ou accompagnées d'autres parties du produit de la conception. Ces masses membraneuses, molles, blanchâtres, se rapportent très probablement à ce qu'Hippocrate a appelé les mois charnus des femmes. Chaussier, Burns, Evrat, M. Moreau et beaucoup d'autres praticiens ont observé des cas d'expulsion de ces fausses membranes qui ont la plus grande analogie avec la caduque ou avec des fragments isolés de cette membrane. Ces produits peuvent avoir une autre origine que la grossesse. Cependant je ne pense pas qu'on puisse les rapporter à un état inflammatoire de l'utérus, qui est très peu disposé aux inflammations pseudo-membraneuses; d'ailleurs, l'état de santé de ces femmes doit exclure tout-à-fait cette idée. Mais il n'en est pas de même de la menstruation : il est bien vrai que le sang des règles est peu disposé à se coaguler et que dans les cas de rétention par une oblitération du canal vulvo-utérin, le sang retenu est presque toujours complétement à l'état liquide ou demi-liquide. Mais des hémorrhagies accidentelles compliquent assez souvent la menstruation, ou se montrent dans l'intervalle; alors des caillots peuvent être retenus dans l'utérus et être rendus plus tard. Mais outre leur forme qui représente assez exactement celle de l'utérus, il est ordinairement possible de reconnaître la nature de la masse fibrineuse décolorée, qui diffère assez des fragments de membrane caduque ; or, dans les cas rapportés avec assez de détails pour pouvoir établir la distinction, on voit assez clairement que la plupart de ces masses pseudo-membraneuses sont des produits de conception, réduits à leur seule membrane caduque. S'il est vrai que la formation de la membrane caduque précède, autant qu'on l'a dit, la descente de l'œuf dans l'utérus, on doit s'attendre à la voir expulsée quelquefois pendant cette période. D'ailleurs, tant que l'œuf est très petit, il échappe presque toujours à l'observation, parce qu'il sort souvent seul, ou n'entraîne que la caduque réfléchie, et le reste est expulsé un peu plus tard avec un écoulement sanguin qui ressemble aux règles; de là l'expression de mois charnus. Il est très vraisemblable que la caduque qui reste adhérente à l'utérus n'est pas toujours expulsée, et qu'elle est résorbée dans un grand nombre de cas; la possibilité de sa résorption est prouvée par ce qui se passe dans beaucoup de grossesses extra-utérines où il se forme une caduque utérine qui n'est pas toujours expulsée.

7. ALTÉRATIONS DU CORDON. — Il nous reste peu de chose à ajouter à ce qui a été dit des anomalies et de quelques dispositions particulières du cordon. Son évasement en entonnoir, son déplacement, l'écartement de ses vaisseaux du côté de l'ombilic dans le cas d'exomphale, d'absence d'une partie de la paroi abdominale, n'ont pas d'influence sur l'accomplissement de ses fonctions. Les circulaires les plus multipliées paraissent rarement gêner la circulation du sang dans son intérieur. Les nœuds que le fœtus forme assez souvent en passant dans une anse du cordon sont généralement dans le même cas; cependant on peut craindre que ses mouvements puissent serrer ces nœuds au point de gêner et même d'arrêter le cours du sang; mais il est difficile d'apporter des exemples bien concluants de mort survenue de cette manière. La veine offre quelquefois des dilatations variqueuses considérables, et une rupture peut en être la suite. M. Deneux, recherchant à connaître la cause de la mort d'un enfant qui avait succombé avant la naissance, trouva sur un cordon excessivement long et variqueux une tumeur formant autour des vaisseaux une virole complète de fibrine décolorée, située au-dessous de la gaîne membraneuse autour des vaisseaux qui étaient oblitérés dans ce point. On remarque quelquefois un retrait considérable des vaisseaux, mais cet état coïncide presque toujours avec l'atrophie du placenta résultant d'épanchements sanguins. La grosseur et la petitesse très prononcées du cordon dues à la grande quantité ou à l'absence presque complète de la gélatine de Wharton, ne paraissent devoir gêner dans aucun cas la circulation fœto-placentaire. L'enveloppe extérieure du cordon peut participer à l'inflammation de l'amnios et contracter des adhérences, soit avec le fœtus, soit avec divers points de la cavité de l'amnios. Mais ces adhérences sont excessivement rares. Parmi les cas que les auteurs rapportent, je me bornerai à citer celui qui a été observé par M. Velpeau. Un fœtus monstrueux, venu à sept mois, avait le cordon ombilical tellement disposé, qu'au premier coup d'œil il semblait en avoir quatre, deux qui partaient du ventre et les deux autres de la poi-

trine. Mais c'était tout simplement le cordon naturel replié plusieurs fois, et qui avait contracté par les angles de ses replis des adhérences avec les membranes de l'œuf, ainsi qu'avec la peau du fœtus. La flétrissure et le ramollissement du cordon sont des altérations consécutives à la mort du fœtus.

8. INFLAMMATION DE L'AMNIOS. — Nous avons établi, en parlant des maladies du placenta, que ses altérations et ses diverses dégénérescences, que quelques auteurs ont rapportées à l'inflammation, reconnaissent une autre cause, et que, dans l'état actuel de la science, il n'existe pas un seul fait qui puisse être considéré comme une preuve certaine de l'inflammation du placenta, du tissu qui unit ses vaisseaux et de la caduque. Nous en avons conclu qu'ils offrent une inaptitude sinon absolue, au moins excessivement peu prononcée à ce genre de maladie. Les autres parties de l'œuf ayant une organisation aussi simple et une vitalité aussi obscure, on doit naturellement penser qu'elles partagent jusqu'à un certain point la même propriété; mais nous ne connaissons pas assez la nature de ces tissus temporaires pour accorder à une telle induction une grande valeur. Les faits seuls doivent être invoqués, et ils prouvent que c'est sur la membrane amnios que l'on trouve les premières traces évidentes d'inflammation; mais ils ne sont pas encore assez nombreux pour permettre de tracer une histoire complète de cette maladie, d'autant mieux que plusieurs n'ont été observés que sous le rapport de l'anatomie pathologique. Dans quelques uns des cas qu'on a considérés comme une inflammation du placenta, on a trouvé du pus déposé sur la portion de l'amnios qui recouvre la face fœtale de cet organe vasculaire. C'est sur ce point que Dancé en a rencontré une fois, entre le chorion et l'amnios. Mais les observations suivantes ont plus d'intérêt, parce qu'on a noté les symptômes qui ont été observés pendant la grossesse. La plus remarquable est celle de Mercier, lue à la Société de médecine en 1812. Une femme convalescente d'une fièvre grave, enceinte de cinq mois, travaillant dans les champs, et couverte de sueur, boit une très grande quantité d'eau froide; elle ressent sur-le-champ des frissons, et une douleur vive dans la région hypogastrique, et bientôt tous les symptômes d'une inflammation vive de la matrice et du péritoine se manifestent. Un traitement antiphlogistique produit une grande diminution des symptômes, et même, vers le dixième jour, une sorte de convalescence. Le quatorzième jour, les douleurs et les symptômes fébriles existent encore, mais à un degré modéré; la matrice s'est rapidement développée; elle est volumineuse comme à la fin d'une

grossesse ordinaire. Le quinzième jour, surviennent les douleurs du travail, et le lendemain au soir, un fœtus qui donne à peine quelques signes de vie est expulsé. L'utérus ne s'affaisse pas ; après un repos de trois heures, un nouveau travail se déclare, et fait descendre dans le vagin une vessie flexible et allongée, dont l'ouverture donne lieu à l'issue d'un fœtus vivant et à plus de dix livres d'une eau trouble et blanchâtre dans laquelle nageaient des morceaux d'une substance semblable à du lait caillé. L'amnios, opaque et très épais, était recouvert sur sa face fœtale d'une fausse membrane adhérente, concrète, albumineuse, et de la même nature que la substance qui nageait dans l'eau de l'amnios. Cette surface ayant été nettoyée parut rosée, et présentait çà et là, soit des traces rouges de diverses formes, soit des veines sanguines flexueuses entortillées. Le chorion était sain et le placenta très rouge. M. Ollivier d'Angers a recueilli une observation qui a quelques rapports avec la précédente. Au 4e mois de sa première grossesse, une jeune dame de dix-huit ans éprouva sans cause connue un malaise général qui ne semblait être qu'une courbature accidentelle, de la constipation, un léger écoulement rougeâtre, des douleurs lombaires, un peu de sensibilité à la région hypogastrique ; puis, du quatrième au cinquième jour, une rapide et considérable augmentation du volume du ventre : tels furent les symptômes observés pendant une quinzaine. On les combattit par le repos et les émollients, et ils cessèrent par ce traitement simple. L'enfant naquit à terme bien conformé et bien portant. Les membranes, dans le tiers environ de leur étendue, étaient considérablement épaissies, blanchâtres, opaques, villeuses à leur surface interne ; toute la portion épaissie était parcourue dans le voisinage du placenta par des vaisseaux très déliés ; à mesure qu'elles s'éloignaient de sa circonférence, ces ramifications capillaires devenaient de moins en moins apparentes ; mais il existait encore à une assez grande distance du placenta des rougeurs ponctuées, semblables à celles qu'on observe à la surface des muqueuses. M. Braschet a vu, en 1832, à l'hôpital de la Charité de Lyon, une jeune fille, forte, bien constituée, dont le ventre était si volumineux qu'on pensait généralement qu'elle portait deux enfants ; elle accoucha au terme ordinaire d'un enfant vivant. Au moment de la division de l'œuf, on fut frappé de la quantité et de la couleur des eaux ; il y en avait au moins quatre litres ; elles étaient blanchâtres et savonneuses. Le placenta n'offrait rien de particulier ; mais les parties des membranes diamétralemnt opposées étaient enflammées dans l'étendue de la paume de la main, et présentaient une épaisseur trois ou quatre fois plus grande qu'ailleurs, et une rougeur intense qui contrastait avec la blancheur de tout le reste ; on y voyait du côté de la face fœtale une foule de petits vaisseaux très déliés ; mais ce qui augmentait surtout l'épaisseur, c'étaient des flocons celluleux attachés à la face utérine, et contenant dans leurs cellules une matière rouge consistante, semblable à des caillots de sang fort anciens. Au 3ᵉ mois de sa grossesse, cette fille avait reçu dans le bas-ventre un coup de pied, qui ne fut suivi d'aucun résultat fâcheux. Dans les observations de MM. Mercier et Ollivier, on voit des symptômes bien tranchés, mais qui peuvent tout aussi bien être rapportés à une péritonite hypogastrique ou à une métrite aiguë qu'à l'inflammation de l'amnios, et nous ne trouvons qu'un seul signe qui puisse servir au diagnostic de cette maladie si rare, c'est l'augmentation rapide de l'utérus ; mais il est très probable qu'elle n'est pas aussi tranchée dans tous les cas.

9. Hydropisie active de l'amnios. — Il existe une variété d'hydropisie de l'amnios qui mérite à juste titre le nom d'active, et sur laquelle Désormeaux a surtout appelé l'attention. Et quoique l'amnios et les autres parties de l'œuf n'aient pas présenté de trace d'inflammation, on ne peut méconnaître une grande analogie avec les observations qui précèdent. Une jeune dame enceinte de cinq à six mois, dit Désormeaux, est prise subitement de douleurs intolérables dans l'abdomen, accompagnées d'une agitation extrême et de beaucoup de fièvre. On emploie un traitement antiphlogistique énergique ; au bout de quelques jours les douleurs diminuent ; on peut alors palper l'abdomen, et l'on reconnaît à une fluctuation manifeste l'existence d'une hydropisie de la matrice. Environ deux mois après, elle accoucha de deux enfants très faibles, du volume de fœtus de six mois, qui moururent peu d'heures après la naissance. Les deux poches des eaux, à leur rupture, laissèrent écouler chacune cinq à six pintes d'un liquide qui ne présentait rien de particulier ; les membranes, examinées avec soin, n'offrirent ni injection, ni épaississement, ni fausses membranes. La mère se rétablit promptement. Une autre observation de Désormeaux offre encore plus d'intérêt. Une jeune dame, épileptique dès sa naissance, devint enceinte ; les accès d'épilepsie furent presque suspendus, et la grossesse n'offrit rien de remarquable, si ce n'est que l'abdomen était plus volumineux qu'il ne semblait devoir l'être. A quatre mois et demi environ, des contractions utérines se manifestèrent sans causes apparentes, et expulsèrent avec une grande quantité d'eau un fœtus mort depuis quelque temps. Une seconde grossesse survint ; des signes manifestes de pléthore exigèrent l'emploi réitéré de la saignée : l'avortement eut encore lieu

avec les mêmes circonstances, mais seulement du 6e au 7e mois. Dans une troisième grossesse, il mit en usage la saignée dès que le plus léger indice de pléthore se fit apercevoir : la grossesse se prolongea jusqu'au commencement du 9e mois ; il n'y eut pas d'hydropisie de l'amnios, et cette dame donna le jour à une petite fille bien portante. Une quatrième grossesse, pendant laquelle la saignée ne fut pas ménagée, parvint à son terme naturel, et donna naissance à un enfant vivant. A une cinquième grossesse, l'avis d'un médecin qui n'avait pas été témoin de ce qui s'était passé, et qui redoutait l'usage de la saignée chez une épileptique, voulut attendre des signes évidents de pléthore pour tirer du sang ; une saignée seulement fut pratiquée. La grossesse se développait sans accidents ; mais, vers le 6e mois, la matrice prit rapidement un grand volume. Une saignée fut pratiquée ; mais il était probablement trop tard ; l'hydropisie prit un accroissement rapide ; les contractions utérines se manifestèrent, et l'avortement eut lieu en même temps que l'expulsion d'une grande quantité de liquide, que Désormeaux évalue à quatre ou cinq pintes. Enfin, une sixième grossesse, dans laquelle la saignée fut prodiguée, eut un résultat complétement heureux. Désormeaux fait remarquer avec raison qu'on ne peut pas conclure de ces observations, auxquelles on peut en adjoindre une autre, rapportée par M. Ch. Maunoir, dans les *Mélanges de chirurgie étrangère*, que l'hydropisie de l'amnios soit toujours active et due à la pléthore sanguine, ou à un état inflammatoire ; c'est, au contraire, une des formes les moins communes, mais qui se distingue des autres par sa marche et par plusieurs de ses symptômes. Tout en tenant compte de l'absence de traces visibles d'inflammation sur l'amnios, on ne peut méconnaître qu'un grand nombre de traits communs rapprochent ces deux états, tant sous le rapport des causes que des symptômes et des indications.

10. HYDROPISIE PASSIVE DE L'AMNIOS. — Ce que nous allons dire sous ce titre se rapporte plus particulièrement à l'hydropisie chronique, la forme aiguë de cette maladie ayant plus naturellement trouvé sa place à la suite de l'inflammation. Comme la quantité de liquide amniotique, à l'état normal, varie dans des limites assez étendues, sans que la mère et le fœtus en souffrent, on ne saurait dire d'une manière précise à quel point commence l'état morbide. Cela importe peu du reste, cette distinction étant sans intérêt dans les premiers degrés de la maladie, tant que la quantité du liquide ne dépasse pas deux ou trois livres. Mais, à l'état morbide, elle est ordinairement beaucoup plus considérable, et cinq à six

pintes sont alors un terme moyen qu'on rencontre assez souvent ; elle est dans quelques cas portée extrêmement loin. Baudelocque mentionne une grossesse simple terminée par un avortement au terme de six mois, où l'utérus laissa échapper treize à quatorze pintes. Dans un autre cas, il évalue la quantité du liquide à trente livres. Il existe d'autres observations où l'on en a noté une quantité plus considérable. Ces évaluations ont sans doute été établies d'une manière approximative, et sont probablement un peu exagérées ; mais il n'en reste pas moins démontré que, dans quelques cas, l'utérus peut être distendu par une énorme quantité de liquide amniotique. Les propriétés physiques de l'eau de l'amnios ne paraissent pas altérées. L'époque où commence cette augmentation anormale est fort difficile à constater : elle peut rester un temps plus ou moins long à l'état latent ; on l'observe ordinairement pendant la dernière moitié de la grossesse ; mais son début peut remonter plus loin. Lorsque l'hydropisie de l'amnios est très prononcée, la grossesse arrive rarement à son terme, la distension de l'utérus l'excite à se contracter, et le fœtus est expulsé prématurément ; il est ordinairement chétif, et n'a pas un développement en rapport avec l'époque de la grossesse où il est parvenu ; souvent il est déjà mort depuis quelque temps lorsqu'il est expulsé, et à l'époque de sa mort il se fait, d'après Désormeaux, une augmentation plus rapide de la collection séreuse. L'hydropisie passive de l'amnios n'a ordinairement aucune influence fâcheuse sur la mère.

Le diagnostic est obscur et difficile tant que la grossesse est peu avancée, ou que l'accumulation du liquide est peu considérable. L'étendue du ballottement, et le développement de l'utérus, comparé à l'époque présumée de la grossesse, servent principalement à l'établir (voy. *Diagnostic de la grossesse*). Il existe souvent une douleur sourde du côté de l'utérus et un sentiment de pesanteur dans le bassin.

Les causes de l'hydropisie de l'amnios sont restées fort obscures ; on a d'ailleurs recherché avec bien peu d'attention l'état des fonctions et les conditions particulières des femmes enceintes qui se sont trouvées dans ce cas. L'œuf et le fœtus n'ont pas été l'objet d'une attention suffisante. Je me bornerai à rappeler les circonstances dont l'influence est bien constatée. La plupart des observations d'hydropisie de l'amnios publiées ont pour objet des grossesses doubles ; cette influence est mise complétement hors de doute. Les femmes d'un tempérament lymphatique très prononcé, celles qui pendant la grossesse éprouvent un dépérissement, un allanguissement des fonctions, celles qui sont sujettes aux infiltrations séreuses des extrémités inférieures en sont assez souvent affectées. Nous avons dit que le fœtus était ordinairement peu développé, maigre ; mais rapporter à une maladie du fœtus l'hydropisie, serait le plus souvent prendre l'effet pour la cause. Cependant, il n'est pas moins vrai que, dans quelques cas, les maladies de l'œuf et du fœtus sont la cause de l'accumulation anormale de l'eau de l'amnios. Nous avons vu que l'apoplexie utéro-placentaire ancienne et assez étendue pour nuire au développement du fœtus ou pour déterminer sa mort à la longue, coïncidait souvent avec une grande quantité de liquide amniotique. Dans les cas de vices de conformation profonds, qui sont encore comptables avec la vie fœtale, l'eau de l'amnios est ordinairement très abondante. Lorsque le fœtus succombe lentement dans le sein de sa mère, on voit quelquefois l'utérus prendre assez rapidement un développement plus considérable. La manière d'agir des causes diverses de l'hydropisie de l'amnios que nous venons de signaler nous paraît s'expliquer assez naturellement : la sécrétion du liquide amniotique se faisant entièrement sous l'influence de la mère, l'amnios représentant jusqu'à un certain point une séreuse tapissant l'utérus, et l'exhalation du liquide amniotique étant liée à la circulation utérine, il doit en résulter que les obstacles à la circulation veineuse qui déterminent une stase habituelle dans les vaisseaux de l'utérus, produisent l'hydropisie de l'amnios, de la même manière qu'un obstacle mécanique au cours du sang produit des épanchements séreux dans les cavités séreuses. Un développement plus considérable de l'utérus, tel que celui qui résulte de la présence de deux fœtus, apporte un ralentissement permanent et très sensible dans la circulation utérine. Cette stase mécanique est très manifeste chez les femmes lymphatiques, affaiblies, prédisposées à l'œdème des extrémités inférieures, chez celles qui sont déjà affectées d'ascite ; il paraît en être de même lorsque des altérations du placenta, des maladies du fœtus, diminuent l'activité organique du produit de la conception : les congestions actives, les irritations sub-inflammatoires dont l'utérus est assez souvent le siége sont plus particulièrement liées à l'hydropisie aiguë de l'amnios.

Si on en excepte la forme aiguë, dans laquelle, d'après les observations que nous avons citées, le traitement antiphlogistique paraît très efficace, l'art est presque impuissant, soit pour prévenir, soit pour dissiper l'hydropisie passive de l'amnios ; car il est presque impossible de changer les conditions qui, chez quelques femmes, semblent présider à son développement. La saignée ne produit qu'un dégorgement momentané de l'utérus ; d'ailleurs l'état général la contre-indique souvent. Un régime tonique et fortifiant, les boissons ferrugineuses conviennent à celles qui sont faibles et languissantes, jusqu'à ce que l'accouchement vienne mettre fin à cette maladie. Nous avons dit que, lorsqu'elle est très prononcée, ce terme ne se fait pas attendre très longtemps. Le petit nombre de cas dans lesquels on a pratiqué la ponction de l'utérus semble faire croire qu'il n'est pas toujours prudent d'attendre les efforts de la nature, et que la vie de la femme peut être en danger avant ce moment. Si des cas semblables se présentaient, on ne devrait pas, comme on l'a fait plusieurs fois, pratiquer la ponction de l'utérus à travers la paroi abdominale, comme dans l'ascite, ni à travers le vagin; cette opération doit être remplacée par la perforation des membranes à travers le col. On n'a pas en général à se préoccuper du fœtus, qui est presque toujours mort dans ces cas extrêmes; d'ailleurs, s'il était vivant et qu'il eût atteint l'âge de viabilité, on se trouverait dans les conditions où l'accouchement prématuré artificiel est légitime.

12. ALTÉRATIONS DIVERSES DU LIQUIDE AMNIOTIQUE. — Il n'est pas ici question des changements qu'il subit après la mort du fœtus. On trouve quelquefois ce liquide trouble, très fétide, sans que la santé du fœtus paraisse en avoir souffert. Nous avons déjà vu que la plupart des substances étrangères qui sont dans le sang de la mère peuvent passer non seulement dans le fœtus, mais encore dans l'eau de l'amnios. Il en est de même des substances volatiles répandues dans l'atmosphère. Dans un cas qui s'est rencontré à la clinique d'accouchement de Strasbourg, un fœtus vivant et à terme fut expulsé avec une grande quantité de liquide amniotique; au même instant il se répandit dans toute la salle une odeur insupportable de tabac en putréfaction : on apprit seulement alors que la femme travaillait dans une manufacture de tabac. L'eau de l'amnios peut contracter des propriétés irritantes. M. Naegelé cite un cas où elle a déterminé une sorte de macération de l'épiderme, qui s'enlevait par le plus léger contact; l'enfant était faible; mais au bout de quinze jours, après la chute de tout l'épiderme, il jouissait d'une santé parfaite.

SECTION V. — Maladies du fœtus dans l'utérus.

Il existe une grande classe de maladies dont l'origine obscure remonte à la formation et au développement des parties du fœtus : ce sont les monstruosités ou vices de conformation, que nous n'exposerons pas ici, parce que nous devons en présenter un tableau en traitant des affections des nouveaux-nés, afin de faire connaître celles de ces monstruosités qui sont compatibles ou non avec la vie extra-utérine, et afin d'établir les indications de celles qui réclament immédiatement l'intervention de l'art, pour que les nouvelles fonctions pussent s'établir. Nous nous bornerons à dire, pour ce qui concerne les considérations générales que nous avons à présenter dans cette section, que les vices de conformation profonds, tout en étant compatibles avec la jouissance de la vie intra-utérine, pendant toutes ses phases, exposent cependant davantage le fœtus à succomber dans l'utérus à mesure qu'il approche de sa maturité, et qu'ils sont assez souvent une cause d'avortement et d'accouchement prématuré.

1. Le fœtus, renfermé dans le sein de sa mère, est déjà exposé à la plupart des maladies qu'on observe après la naissance et dans tout le cours de la vie; mais on se ferait une fausse idée, si on supposait qu'elles sont également fréquentes. Ne rappelant que celles qui ont été observées, nous allons voir que non seulement un grand nombre de maladies particulières, mais des classes tout entières manquent; toutefois cette absence ne doit pas être considérée comme définitive. Jusqu'à présent, les recherches qui ont eu pour objet les maladies et l'anatomie pathologique du fœtus ne sont pas très nombreuses et n'ont pas été poursuivies avec tout le soin qu'elles méritent. Depuis qu'on y porte plus d'attention, des faits nouveaux assez nombreux ont été mis en évidence; il est vraisemblable qu'avec le temps le fœtus fournira des exemples de maladies à presque toutes les divisions du cadre nosologique. Mais on tomberait dans une grave erreur si l'on croyait devoir trouver ordinairement sur un fœtus qui a succombé pendant la grossesse la cause matérielle de sa mort dans quelques uns de ses organes; le plus souvent, malgré les recherches les plus minutieuses, on ne trouve rien d'apparent, et la lésion se soustrait à nos moyens d'investigation. Lorsque j'étais à la Maternité, j'ai examiné avec le plus grand soin les organes de tous les fœtus qui ont succombé pendant la grossesse, et ce n'est que sur le plus petit nombre que j'ai pu trouver, soit dans l'état morbide de la mère, soit dans les altérations du délivre ou du fœtus la cause de la mort. Ce qui est une règle générale pour les autres âges, si on excepte les névroses et quelques maladies particulières où l'on ne trouve aucune lésion après la mort, devient presque une exception pour le fœtus. Ainsi les altérations que je vais mentionner sont loin d'être en rapport de fréquence avec la mort du fœtus dans l'utérus. Nous nous bor-

nerons à de simples considérations générales pour tous les points qui n'offrent rien de spécial.

Les causes de ces maladies restent souvent aussi obscures que celles des vices de conformation. Il n'y a guère que celles qui agissent primitivement sur la mère qui puissent être reconnues. Certaines maladies, dont la mère est actuellement atteinte, peuvent se transmettre au fœtus : telles sont celles qui dépendent d'un principe contagieux évident, d'infection générale. La disposition héréditaire est quelquefois tellement prononcée, que ses effets se montrent déjà sur l'enfant avant qu'il soit arrivé à jouir de la vie extra-utérine.

1° Le fœtus dans l'utérus n'est pas complétement à l'abri des lésions physiques. On connaît plusieurs cas dans lesquels il a été atteint par des instruments vulnérants qui ont intéressé les parois du ventre et la matrice. On a vu quelquefois qu'un choc violent sur l'abdomen, sans solution de continuité, a déterminé la mort du fœtus, des contusions profondes, des ecchymoses, des plaies et même des fractures.

2° On a observé des traces d'inflammation sur les divers organes du fœtus. Les plèvres et le péritoine y paraissent particulièrement prédisposés. Plusieurs observateurs ont signalé la présence de pseudo-membranes, d'adhérences et d'épanchement séro-purulent dans leurs cavités. M. Véron a communiqué à l'Académie de médecine deux observations, l'une de pleurésie et l'autre de péritonite aiguë. Dans un autre cas observé par M. Véron, il existait une inflammation du thymus avec formation de pus dans l'intérieur de cet organe. J'ai rencontré moi-même, en 1837, deux cas de péritonite, un de pleurésie. M. Ducrest m'a communiqué depuis plusieurs observations de ces maladies.

On a publié un assez grand nombre d'observations d'inflammation du poumon; mais comme ces pneumonies ne s'étendent guère au-delà du premier degré, il est difficile de les distinguer de l'engouement avec lequel elles ont été plus d'une fois confondues. On a observé sur le canal intestinal les diverses formes d'entérite; on a signalé dans ces derniers temps quelques cas dans lesquels on a trouvé tous les caractères anatomiques de la fièvre typhoïde. M. Charcelay en a publié récemment un exemple très remarquable. La surface de la peau est quelquefois le siège d'inflammation et même d'ulcération : c'est par elles que s'expliquent quelques unes des adhérences qu'on rencontre entre une région du fœtus et la membrane amniotique ou la surface fœtale du placenta. Il n'est pas extrêmement rare de trouver à la naissance des rougeurs érythémateuses, des phlyctènes, des pustules, sur quelques points de la surface de la peau.

3° Le fœtus est déjà exposé aux fièvres éruptives. L'existence de la variole avant la naissance est un fait constaté par un grand nombre d'observations. On a vu des enfants naître prématurément ou à terme, vivants ou morts, avec les caractères récents de l'éruption, les mères étant affectées de la même maladie. On a parlé d'enfants qui ont présenté des traces de cicatrices varioliques, d'autres qui ont été affectés de la même maladie sans que la mère en fût atteinte. On peut répéter pour la rougeole et la scarlatine ce qui vient d'être dit pour la variole; mais ces dernières affections sont moins fréquentes. Il n'est pas certain qu'on n'ait pas pris pour telles, des rougeurs de diverse nature. J'ai vu à la Maternité un enfant né avant terme qui présentait sur presque toute la surface de la peau, d'une manière bien tranchée, les caractères de la rougeole dont la mère était atteinte : il mourut peu d'instants après la naissance.

Les femmes enceintes affectées de syphilis constitutionnelle peuvent la transmettre au fœtus par voie d'infection générale. Cette transmission est un fait tellement vulgaire, qu'il est inutile d'y insister. Les symptômes syphilitiques qu'on observe le plus souvent sur le fœtus sont des pustules plates, qui ont leur siège sur la peau et à l'origine des muqueuses. Il est beaucoup moins ordinaire de rencontrer d'autres symptômes. Il n'est pas très rare de trouver des femmes infectées de la syphilis avorter ou accoucher prématurément de fœtus morts, sur lesquels on ne trouve pas de traces de la maladie, et avoir ensuite des grossesses régulières, si un traitement convenable a été administré dans l'intervalle. Je dois ajouter qu'il s'en faut de beaucoup que l'infection syphilitique de la mère ait pour effet ordinaire l'infection ou la mort du fœtus. Comparativement au grand nombre des femmes enceintes qui offrent des symptômes de maladie vénérienne, le nombre des fœtus qui en sont atteints au terme de la gestation est réellement très petit; mais ils n'en sont pas toujours exempts pour cela ; il n'est pas rare de la voir se déclarer peu de temps après la naissance.

4° On voit quelquefois se transmettre de la mère au fœtus des affections qui n'ont rien de contagieux. Les mouvements convulsifs dont les femmes enceintes sont fréquemment atteintes peuvent se répéter chez le fœtus, et s'il ne succombe pas dans le sein de la mère, on les voit quelquefois se reproduire après la naissance. Les mouvements convulsifs du fœtus peuvent exister isolément, sans être liés avec un état semblable de la mère, qui dans ce cas peut souvent rendre compte de l'agitation désordonnée du fœtus. Cette agitation peut d'ailleurs être reconnue par la vue et par le toucher. Si les mouvements convulsifs sont fréquemment répétés, ils amènent ordinairement la mort du fœtus ou un accouchement prématuré. Lorsqu'ils se terminent par la mort, on ne trouve ordinairement aucune lésion apparente dans les centres nerveux.

5° Les fièvres intermittentes paraissent pouvoir atteindre à la fois la mère et le fœtus. Les faits sur lesquels s'appuie cette assertion sont peu nombreux, mais ils paraissent concluants. Schurig rapporte qu'une femme enceinte pour la troisième fois fut prise dans le second mois de sa grossesse d'une fièvre quarte très rebelle ; dans le dernier mois, avant ou après le paroxysme, elle sentait le fœtus s'agiter, trembloter, se rouler manifestement d'un côté à l'autre. Enfin, après un fort paroxysme, elle accoucha d'une fille qui, à la même heure que sa mère, était prise d'accès de fièvre très forts, qu'elle supporta pendant sept semaines. Hoffmann et Russel ont été témoins de faits semblables.

6° Plusieurs observateurs ont vu des femmes atteintes d'ictère donner le jour à des enfants dont la peau et plusieurs autres organes présentaient la même coloration que celle de la mère. Désormeaux a reçu un enfant à terme, faible et maigre, qui avait la peau d'une couleur jaune-verdâtre, comme celle d'un jaune d'œuf durci. L'eau de l'amnios était fortement teinte de la même couleur, et la communiquait aux linges avec lesquels elle était en contact. Cet enfant reprit au bout de quelque temps sa couleur naturelle et une bonne santé. Lobstein a décrit, sous le nom de cyrronose, une altération pathologique du fœtus dans laquelle les membranes séreuses, encore transparentes, sont teintes d'une belle couleur de jaune doré. Cette coloration s'étend quelquefois à d'autres organes et en particulier aux centres nerveux.

7° C'est la classe des hydropisies qui fournit le plus grand nombre des maladies qui atteignent l'enfant dans le sein de sa mère. L'hydrocéphale, l'hydrorachis, l'hydrothorax, l'ascite, sont des affections assez communes. On trouve déjà quelquefois des kystes séreux dans divers organes. Les causes de ces lésions restent complétement ignorées. On trouve cependant quelquefois dans l'état général de la femme des conditions qui peuvent, jusqu'à un certain point, en rendre compte. Hoffmann a observé qu'après un été extraordinairement humide dans des pays plats, il naissait beaucoup de cochons atteints d'hydrocéphale ou d'autres anomalies, et de chevaux aveugles, portant les traces manifestes d'ophthalmies qu'ils avaient éprouvées dans la matrice.

8° On a trouvé assez souvent des tubercules dans les poumons, le mésentère et même dans d'autres organes. Il est beaucoup plus rare de rencontrer des masses qui présentent d'une manière évidente les caractères du squirrhe ou de l'encéphaloïde.

9° On a constaté chez des enfants nouveau-nés des calculs vésicaux qui n'avaient pu se former que pendant la gestation. F. Hoffmann a trouvé sur un enfant qui éprouvait de vives douleurs en urinant et qui mourut trois semaines après sa naissance, un calcul dans la vessie, du volume d'un gros noyau de pêche; la mère était affectée de douleurs néphrétiques et de calculs rénaux.

10° Il paraît certain que des entozoaires peuvent se développer pendant la vie fœtale. J. Dolœns parle d'un fœtus mort en naissant, dans les intestins duquel il trouva un peloton de vers qui semblaient appartenir à des ascarides lombricoïdes. C. Schrœter rapporte un fait semblable. Au dire de Bresmer, on aurait rencontré quelquefois des tænias chez le nouveau-né et même chez le fœtus.

11° *Fractures spontanées.* Malebranche a écrit qu'on voyait de son temps aux Incurables un jeune homme qui était né fou, dont tout le corps était rompu aux mêmes endroits où l'on rompt les criminels. Il a attribué la cause de cet accident à l'imagination de la mère qui avait assisté à l'exécution d'un criminel condamné à être rompu. N. Hartzocker, W. G. Muys rapportent chacun un fait semblable; mais comme ils ne les avaient pas observés eux-mêmes et qu'ils ne leur étaient arrivés que par une tradition populaire, dont ils portent les caractères, on les a généralement considérés comme erronés. Il est évident qu'ils sont dépourvus de caractères scientifiques suffisants pour attester même le fait principal, savoir : la fracture des membres dans le sein de la mère. Mais, si on fait abstraction de l'explication, on hésitera à les rejeter d'une manière absolue, en lisant le fait suivant : Amand, appelé par son confrère Biget, dans la nuit du 10 octobre 1691, pour une dame enceinte de quatre à cinq mois, qui faisait une fausse couche d'un enfant mort, furent surpris du triste état dans lequel il leur parut. « Nous trouvâmes, dit Amand, qui rapporte le fait, qu'aux parties moyennes, c'est-à-dire au milieu des avant-bras, des cuisses et des jambes, il y avait des impressions entièrement semblables à celles que fait la barre de fer sur les membres d'un patient auquel on fait subir le supplice de la roue; dans ces endroits, les parties de ce fœtus avaient du mouvement comme dans les autres articles naturels des bras, des cuisses et des jambes. Les os étaient distinctement séparés, de même que si on les avait rompus à dessein, et ils n'étaient joints que par la peau. » Chaussier a vu, en 1803, à l'hospice de la Maternité, un enfant qui vint au monde après un accouchement prompt et facile sans qu'aucune violence eût été exercée sur lui, et qui avait quarante-trois fractures, tant au crâne que sur d'autres parties du squelette. De ces fractures les unes étaient récentes, les autres présentaient un commencement de cal, quelques unes étaient complétement consolidées. Le même observateur a recueilli un fait encore plus extraordinaire. Le fœtus qui en fait le sujet fut expulsé après un travail extrêmement court et facile ; né faible et d'une couleur bleuâtre, il ne tarda pas à succomber ; cet enfant fixa surtout l'attention par son extrême brièveté et une mobilité insolite dans la continuité des os. Chaussier constata sur le squelette cent treize fractures, réparties sur les différents os du crâne, de la poitrine et des membres. Les causes de cette singulière lésion du système osseux sont complétement ignorées.

12° *Amputation complète ou incomplète des membres.* Parmi les observations de vices de conformation par défaut de développement, on a depuis longtemps cité des enfants, nés à des époques variables de la grossesse, privés d'une partie ou d'un segment de membre dont l'extrémité présentait l'aspect d'un moignon au centre duquel existait une cicatrice. Chaussier a observé trois fœtus privés de la main et d'une portion de l'avant-bras. Dans l'un de ces cas, on trouva sur la face fœtale du placenta un petit cylindre osseux qu'on reconnut être une portion du radius. Le moignon, en voie de cicatrisation, était recouvert à son centre de bourgeons charnus. M. Watkinson, appelé en 1824 auprès d'une femme enceinte pour la première fois, et dont la grossesse n'avait rien offert de particulier, reçut un enfant né prématurément, qui succomba vingt minutes après sa naissance. La jambe gauche de cet enfant semblait avoir été amputée à peu de distance au-dessus des malléoles. Il trouva dans le vagin le pied, qui était plus petit que l'autre, mais qui ne présentait d'ailleurs aucune trace de gangrène, et aucune altération de couleur et de consistance ; les deux surfaces, celle qui correspondait au pied, aussi bien que celle qui correspondait à la jambe, étaient presque cicatrisées ; l'une et l'autre offraient deux petites saillies formées par les extrémités des os. M. Montgomery, dans un travail sur ce sujet, rapporte deux faits à peu près semblables aux précédents ; les pieds détachés furent expulsés avant le fœtus ; sur l'un la cicatrice était complète, et très avancée sur l'autre. Il existe d'autres faits qui semblent n'être qu'un degré moins avancé de la même maladie, et qui paraissent très propres à mettre sur la voie de la cause de ces séparations des membres. M. Montgomery a vu en 1829, sur un fœtus de cinq mois, des brides, qui, après avoir entouré séparément la partie moyenne des deux mains imparfaitement développées, se portaient ensuite l'une et l'autre autour des deux jambes, qu'elles avaient étreintes ensemble au-dessus des malléoles ; cette construction était telle, qu'elle avait creusé un sillon comprenant au moins les deux tiers de l'épaisseur des jambes. M. Zagorsky a publié en 1834, dans les *Mémoires de l'Académie impériale des Sciences* de Saint-Pétersbourg, l'observation d'un fœtus de cinq mois qui n'avait point de jambe droite, et dont la cuisse se terminait par un moignon arrondi, cicatrisé, et au centre duquel existait une petite saillie ; de ce point partait un filament délié qui se portait en travers à l'autre jambe, l'entourait à l'instar d'une ligature serrée, au-dessus des malléoles, et y avait produit un sillon profond. Au-dessous de ce filament transversal était suspendu un petit corps ovalaire, qui n'était autre chose que le pied, développé comme sur un fœtus de deux à trois mois. Dans trois cas, on a observé sur les membres de fœtus de trois mois, sous des constrictions du cordon, des dépressions circulaires profondes, qui allaient jusqu'aux os, mais sans ulcération et sans division de la peau. Il existe d'autres faits où l'on voit des sillons profonds autour des membres sans qu'on retrouve le lien constricteur, s'il a existé. La plupart des cas qui se rapportent à cette affection, sont consignés dans le tome 21 du *Dictionnaire de médecine*. Bédard a publié en 1817, dans le *Bulletin de la Faculté*, l'observation d'un fœtus qui avait sur la jambe gauche une dépression circulaire pénétrant jusqu'aux os, et paraissant être le résultat d'une ligature serrée autour du membre. M. Montgomery cite un fœtus de huit mois, mort-né, qui présentait sur la jambe gauche, au-dessous des malléoles, un sillon tellement profond que la peau et les os étaient seuls restés intacts, quoique aucun lien n'existât autour du membre. Malgré la liaison que ces faits semblent avoir entre eux, il n'est pas complétement démontré que les dépressions circulaires plus ou moins profondes ne soient que les premiers degrés d'une lésion qui peut aller jusqu'à séparer le membre en deux. Cependant cette explication, qui a été donnée par M. Montgomery, paraît très plausible, puisque, dans deux cas, on voit sur le siége de la séparation des brides qui semblent avoir été les agents constricteurs. Mais ces brides ne pourraient bien elles-mêmes n'être que les effets consécutifs de la cicatrisation, comme on en voit à la région lombaire dans quelques cas de spina-bifida très étendu ; il est difficile de concevoir que des brides formées par des exsudations membraneuses, et même par des adhérences avec divers points de l'amnios, soient capables de couper par étranglement les membres de fœtus même très jeunes. Quant au cordon ombilical, il est certain qu'il produit dans quelques cas, non seulement sur les membres, mais encore sur d'autres parties, des dépressions assez profondes, sans que la circulation soit interrompue dans son cours, au moins pour un temps, et il est vraisemblable qu'il est l'agent de ces dépressions circulaires, sans division de la peau, bien qu'on ne l'ait pas trouvé au fond du sillon dans quelques uns des cas observés; et s'il peut produire un sillon profond sans que la circulation fœto-placentaire soit compromise, on conçoit qu'une compression prolongée puisse aller jusqu'à l'amputation des membres, sans que le fœtus cesse de vivre. Quoiqu'on ne puisse pas admettre avec Chaussier que ces séparations d'une partie d'un membre sont le résultat de la gangrène, il n'est pas possible d'affirmer qu'elles soient dans tous les cas le résultat mécanique d'un agent constricteur; elles peuvent dépendre d'une lésion locale profonde et du resserrement que produit sur la peau un travail de cicatrisation étendue.

2. Il est à peine nécessaire d'ajouter que, quel que soit le genre de lésions dont le fœtus est affecté pendant la vie intra-utérine, elles restent méconnues jusqu'à la naissance ou jusqu'à ce qu'il ait cessé de vivre. Si on en excepte les mouvements convulsifs, tous les troubles fonctionnels que le fœtus malade éprouve dans le sein de sa mère, même à une époque avancée de la grossesse, ne peuvent pas être constatés, ou seulement d'une manière très incomplète. Cependant les mouvements spontanés peuvent donner quelques renseignements sur le bon ou mauvais état de sa santé: souvent, lorsqu'il souffre, ou que sa vie est menacée, tantôt il éprouve une activité insolite et une espèce d'agitation, après laquelle il cesse définitivement de remuer; tantôt c'est le contraire qu'on observe, les mouvements deviennent plus lents, plus faibles, et ne se font sentir qu'à des intervalles éloignés: ces deux états peuvent se succéder. Mais les nombreuses particularités que nous avons signalées dans les mouvements du fœtus font perdre à ces signes une partie de leur importance. L'accélération, le ralentissement et l'affaiblissement, et les autres troubles de la circulation peuvent être constatés jusqu'à un certain point par l'auscultation, pendant les deux ou trois derniers mois de la grossesse; mais il se présente des difficultés variées, qui sont souvent surmontables; la vitesse de la circulation variant dans des limites fort étendues, ce n'est que lorsque la vitesse ou le ralentissement sont très considérables qu'ils indiquent qu'il y a trouble de la circulation: la force ou la faiblesse que l'on perçoit est le plus souvent relative au rapprochement et à l'éloignement de la poitrine du fœtus, circonstances qui

dépendent des situations extrêmement variées qu'il peut prendre dans la cavité de l'utérus. A moins que la cause de la souffrance du fœtus ne dépende de la mère, celle-ci ne présente pas de phénomènes particuliers. Dans le cas contraire, ce n'est qu'après la mort du fœtus qu'ils se manifestent. On voit ordinairement les phénomènes sympathiques de la grossesse cesser, et quelque vagues que soient les renseignements qu'on peut en tirer, ce sont presque les seuls qui puissent, pendant la première moitié de la grossesse, faire soupçonner que le fœtus a cessé de vivre. Il survient assez souvent un peu d'accablement, de la faiblesse et des urines plus abondantes; il n'est pas rare de voir survenir une légère diarrhée.

Lorsque la grossesse a dépassé le terme de cinq mois, il survient ordinairement une véritable fièvre de lait, mais peu intense, deux ou trois jours après la mort du fœtus. Les mamelles, qui s'étaient d'abord affaissées, se gonflent et sécrètent une petite quantité de lait. Après vingt-quatre ou quarante-huit heures, elles s'affaissent de nouveau, et si la mort du fœtus ne dépend pas d'un état morbide aigu de la mère, la santé de celle-ci n'éprouve pas de changements, quoique le fœtus continue à rester encore quelque temps dans la matrice. Mais nous n'avons pas à revenir ici sur le diagnostic de la grossesse après la mort du fœtus; il a été établi, page 234, avec tous les détails qu'il exige.

Les conséquences des maladies graves, des altérations profondes, survenues au fœtus pendant la vie intra-utérine sont ordinairement sa mort et son expulsion prématurée; lorsqu'il naît vivant soit avant terme, soit à terme, il succombe presque toujours peu de temps après sa naissance.

Lorsque la vie a cessé dans l'œuf, il devient un corps étranger pour lequel la matrice n'a plus la même tolérance, et qu'elle se prépare à expulser. Mais le travail d'expulsion ne se déclare pas ordinairement d'une manière brusque, immédiatement après la mort du fœtus : même en faisant abstraction des cas qu'on peut considérer comme exceptionnels, il s'écoule un temps variable qui embrasse une période assez courte, mais dont la durée n'a rien de bien fixe. On s'en fera une idée juste par l'exposé suivant, qui est le résumé de ce qui se passe ordinairement. Un certain nombre de fœtus morts dans la matrice ne présentent encore, au moment de leur expulsion, aucune trace sensible d'altérations consécutives à la mort, et on a la preuve que le fœtus a été expulsé très peu de temps après avoir cessé de vivre. Plusieurs présentent ces altérations à leur premier degré; la mort a dû devancer l'expulsion de quatre à cinq jours; d'autres, à des degrés très prononcés ; et en s'aidant des renseignements que peut donner la femme, on voit que l'expulsion a très souvent lieu de huit à quinze jours après la mort du fœtus ; il n'est pas très rare qu'elle n'ait lieu qu'après vingt jours, et même un mois. Lorsque le terme de l'accouchement n'est pas très éloigné et que la femme se porte bien, la tolérance se prolonge souvent jusqu'à cette époque. Les cas dans lesquels l'expulsion n'a lieu qu'après six semaines, deux mois, peuvent déjà être considérés comme rares et exceptionnels ; cependant on en a rassemblé un assez grand nombre où la rétention du fœtus mort s'est prolongée pendant un temps beaucoup plus long. Les recueils d'observations contiennent des exemples de fœtus qui n'ont été expulsés que trois, quatre, cinq, six mois après la mort. Quelques uns, après avoir subi les transformations que nous avons indiquées dans la grossesse extra-utérine, ont été gardés indéfiniment, et n'ont été trouvés qu'après la mort de la femme, survenue dans la vieillesse.

Les altérations cadavériques du fœtus dans la matrice varient suivant l'époque de la grossesse où il a cessé de vivre, et suivant que sa rétention a été plus ou moins prolongée. Ces altérations sont très improprement désignées par le mot de putréfaction : car les sels que contient l'eau de l'amnios paraissent suffisants pour garantir les parties du fœtus mort de la décomposition putride et les maintenir dans un état de demi-conservation. Nous avons déjà dit qu'à une époque très rapprochée de la conception, l'embryon tombait facilement en dissolution dans l'eau de l'amnios, qui se trouble et s'épaissit. A une époque plus avancée, et jusqu'au 5e mois à peu près, après avoir éprouvé un premier degré de macération et de ramollissement, il se flétrit, se ride, ses tissus se resserrent, se durcissent, principalement à l'extérieur, comme s'il avait été conservé dans une solution saline peu concentrée. L'œuf participe à cette espèce de conservation ; l'eau de l'amnios est trouble, et plus ou moins diminuée suivant le temps qui s'est écoulé. Lorsque la mort survient dans les trois derniers mois, la macération est beaucoup plus prononcée, le fœtus semble avoir augmenté de volume, ses tissus se ramollissent et deviennent plus friables, la peau se macule, l'épiderme se soulève et se détache ; les tissus mous, comme le cerveau et le foie, tombent en déliquium ; les cavités séreuses, le péritoine, les plèvres, le péricarde, etc., se remplissent d'un liquide trouble, rougeâtre ; le tissu cellulaire est infiltré de sérosité trouble ; les os de la tête sont lâchement unis entre eux, et sont très mobiles les uns sur les autres ; leur périoste se détache facilement ; le tissu cellulaire qui double le cuir chevelu est infiltré de sérosité épaisse et rougeâtre. Les changements qui surviennent dans l'œuf sont de même nature ; le cordon, moins résistant, est rougeâtre, mollasse, infiltré de sérosité. Lorsque le séjour du fœtus est très prolongé, il survient des transformations qui dénaturent complétement les tissus. Il existe bien certainement dans la plupart des changements qu'éprouvent les divers tissus un commencement de décomposition, mais qui ne ressemble pas à la décomposition putride qui se fait à l'air ; le fœtus et ses annexes n'exhalent qu'une odeur fade. Il n'est cependant pas rare de voir les tissus les plus mous devenir légèrement emphysémateux ; mais ces gaz ne répandent pas une odeur fétide propre aux matières animales en décomposition. Il se développe cependant quelquefois des gaz fétides qui semblent le produit des altérations que le fœtus et ses annexes subissent dans la matrice. Sans parler de quelques cas dont l'authenticité peut être contestée, je me bornerai à citer le suivant, observé à la clinique d'accouchement de Strasbourg et rapporté par M. Deubel. Il s'agit d'une femme syphilitique qui portait un enfant mort depuis quelque temps ; au moment de la rupture de la poche des eaux, il se fit une explosion comme celle d'un coup de pistolet, et des gaz infects remplirent tout l'appartement ; les eaux étaient troubles et corrompues, et le fœtus dans un état de putréfaction très avancée.

Quelques praticiens, supposant à tort que la présence dans la matrice d'un fœtus mort, quoique renfermé dans l'œuf entier, où il subit les altérations cadavériques que nous venons d'indiquer, était une cause incessante de danger pour la mère, ont donné le conseil de provoquer artificiellement le travail de l'accouchement. Mais ce conseil ne doit pas être suivi, puisque, chez la presque totalité des femmes, le travail doit se déclarer spontanément après un espace de temps assez court, et que leur santé ne semble pas en souffrir d'une manière sensible. Mais cette conduite serait rationnelle dans les cas rares et exceptionnels où l'expulsion se fait attendre d'une manière insolite. En général, la présence d'un fœtus mort dans la matrice, l'œuf étant encore intact, et l'eau de l'amnios non écoulée, ne réclame aucune indication. Celles qui sont relatives aux maladies du fœtus sont au-dessus des ressources de l'art, ou ne peuvent être saisies. Dans les cas où les troubles fonctionnels du fœtus sont appréciables, ou sous la dépendance de l'état de la mère, il se présente plusieurs indications à remplir ; mais elles trouveront plus naturellement leur place en parlant du traitement préservatif de l'avortement. Les indications qui sont relatives à l'expulsion d'un fœtus mort se confondent aussi avec celles qui seront posées pour l'avortement ou pour l'accouchement.

SECTION VI. — De l'avortement et de l'hémorrhagie utérine pendant les six premiers mois de la grossesse.

I. Le cours de la grossesse est fréquemment interrompu avant son terme. Lorsque l'interruption a lieu dans les six premiers mois, le travail d'expulsion de l'œuf prend le nom d'*avortement*, le fœtus n'ayant pas encore acquis le développement nécessaire pour vivre hors de l'utérus ; et après cette époque celui d'*accouchement prématuré*. L'expulsion de l'œuf avant terme survient, soit parce que l'embryon ou le fœtus a cessé de vivre ; dans ce cas, elle est inévitable et ne doit point être combattue ; soit parce que l'organisme maternel se refuse ou se montre peu apte à conserver le produit de la conception, quoiqu'il soit plein de vie ; ici, au contraire, on ne doit la considérer comme inévitable qu'à la dernière extrémité et la combattre par des moyens appropriés. La division en avortement et en accouchement prématuré, fondée sur l'époque de la viabilité du fœtus et sur les phénomènes de l'expulsion du produit de la conception a dans de certaines limites quelque chose d'arbitraire, en établissant une distinction tranchée là où des phénomènes se succèdent et se transforment d'une manière graduelle et presque insensible et peut-être jusqu'à un certain point variable. Ainsi, s'il n'est pas absolument impossible qu'un enfant né dans le sixième mois continue à vivre, on n'est pas moins forcé de convenir que la plupart de ceux qui naissent dans le septième périssent encore par défaut de développement. Sous le rapport de l'expulsion, le travail de l'avortement dans le sixième mois ressemble déjà davantage, par le mode d'expulsion du fœtus et de ses annexes et par d'autres circonstances, à un accouchement à terme, qu'à un avortement dans les trois ou quatre premiers mois de la grossesse. Sous le rapport des causes, la distinction n'est nullement fondée, à part l'insertion du placenta sur le col, la présence de deux fœtus dans l'utérus, l'éclampsie, dont les effets ne se font généralement sentir qu'après le sixième mois. En étudiant les causes de l'avortement, on étudie celles de l'accouchement prématuré ; ses phénomènes se rattachent à ceux de l'accouchement à terme, dont il ne diffère souvent que par sa plus grande gravité, suivant la cause qui l'a provoqué ; c'est aussi un trait qui lui est commun avec l'avortement. Ainsi, sous le point de vue de la physiologie et de la pratique, l'accouchement prématuré peut être rattaché d'une part à l'étude de l'avortement et de l'autre à l'accouchement à terme et à ses complications ; non qu'on puisse l'étudier avec intérêt sous son titre ; mais, d'après le plan de ce livre, il ne peut en être traité d'une manière spéciale sans faire à chaque instant un double emploi, ou donner lieu à des renvois continuels. J'ai, à l'exemple de madame Lachapelle, réuni à l'avortement les hémorrhagies utérines qui surviennent pendant la même période de la grossesse. Cette réunion, justifiée par l'observation, est fondée sur la nature même des phénomènes; car l'hémorrhagie utérine, modérée ou forte, accompagne presque constamment le travail de l'avortement. Tantôt elle en est la cause première, tantôt elle est primitivement étrangère aux contractions utérines; mais le décollement et l'expulsion de l'œuf sont souvent accompagnés dès le début d'un écoulement qui prend fréquemment par son abondance les caractères d'une hémorrhagie. Il y a entre le travail de l'accouchement et celui de l'avortement cette différence, que, dans le premier, les contractions ne décollent le placenta et la plus grande partie de la caduque qu'après la sortie du fœtus, tandis que, dans le second, ce décollement commence de très bonne heure, soit que l'œuf soit expulsé entier ou divisé. Le travail de l'accouchement à terme n'est sanglant qu'à la fin, tandis que celui de l'avortement l'est pendant la plus grande partie de sa durée. L'inégal développement des vaisseaux qui, de l'utérus, se rendent au placenta, fait que les hémorrhagies de l'avortement sont moins abondantes et moins graves que celles qui surviennent quelquefois pendant le travail et après l'accouchement; mais la difficulté plus grande du décollement complet du placenta rend ordinairement les premières plus opiniâtres que les secondes.

Les phénomènes de l'avortement ne diffèrent pas par leur nature de ceux de l'accouchement à terme; ils sont dans les deux cas sous la dépendance des contractions utérines, qui ont pour résultat la dilatation du col, le décollement de l'œuf de la surface interne de l'utérus et son expulsion entier ou divisé hors des organes génitaux de la femme; mais ils présentent cependant dans leur manifestation et leur succession des particularités qui constituent des différences importantes à faire ressortir. Dans l'accouchement à terme, et même dans la plupart des accouchements prématurés, les contractions se succèdent avec une plus grande régularité et avec une plus grande énergie. La portion du col à dilater est beaucoup moins longue, et moins dense que dans l'avortement. Dans le premier, la division de l'œuf a presque constamment lieu à une époque déterminée du travail; l'eau de l'amnios, le fœtus et le délivre sont expulsés séparément et successivement. Dans le second, tantôt l'œuf est expulsé entier, tantôt il est divisé; dans les trois premiers mois, il est plus souvent expulsé entier que divisé : c'est le contraire qui arrive après cette époque. Il n'est pas rare cependant de voir des œufs entiers expulsés à cinq et à six mois ; il existe des exemples d'une semblable expulsion encore plus tardive. Cependant l'avortement qui survient dans les cinquième et sixième mois se rapproche, sous la plupart de ses rapports, de l'accouchement prématuré et à terme ; l'expulsion du fœtus et celle du délivre sont deux phénomènes ordinairement distincts ; tandis que, dans les premiers mois, lors même qu'il y a rupture de l'œuf, écoulement de l'eau de l'amnios et issue de l'embryon, ce dernier n'ayant qu'un volume assez petit, et souvent moindre que le placenta et les membranes, les phénomènes ne sont pas sensiblement modifiés, et l'expulsion de l'œuf vide ou plein est le fait capital. Dans l'avortement, le fœtus n'ayant encore que des rapports de volume très éloignés avec le canal qu'il traverse, n'est point soumis aux mêmes lois mécaniques, et son expulsion n'est point empêchée, quelle que soit la situation qu'il affecte en le traversant.

II. L'avortement est un accident extrêmement fréquent, dont les relevés statistiques faits dans les établissements consacrés aux femmes enceintes sont loin de donner le chiffre réel ; car lorsqu'il arrive pendant le premier mois de la grossesse, il ne réclame pas l'admission dans ces maisons ; s'il est compliqué d'accidents, le plus souvent les secours sont administrés à domicile. Un relevé du dispensaire de Westminster, nous montre que, sur 515 femmes enceintes, 147 ont accouché avant terme. A Hambourg le nombre des fœtus morts avant terme s'est trouvé avec celui des mort-nés en général, : : 1 : 2,54 — 2,96. On retrouve la même incertitude pour la fréquence relative aux diverses époques de la grossesse. Les auteurs sont généralement d'accord à regarder l'avortement comme plus fréquent pendant les trois premiers mois. Cette opinion, qui n'est fondée que sur des souvenirs individuels, paraît assez conforme à l'observation ; mais on est tombé dans une grande erreur en supposant que, dans le reste de la grossesse, et surtout dans les trois ou quatre derniers mois, son cours était assez rarement interrompu, comparativement aux premiers mois. Sans partager complétement l'opinion de madame Lachapelle, qui a trouvé, d'après ses observations, que l'avortement est plus fréquent dans le sixième mois que dans le commencement, on ne peut méconnaître qu'à cette époque et aux suivantes, le cours de la grossesse ne soit interrompu dans une proportion qui ne diffère pas de beaucoup de celle des premiers mois ou de la première moitié de la grossesse. J'ai été conduit à émettre cette opinion en voyant dans les relevés annuels de l'hospice de la Maternité de Paris le grand nombre d'enfants nés avant terme ou putréfiés. Les conditions d'admission dans cet établissement font qu'on observe rarement et d'une manière tout exceptionnelle l'avortement proprement dit. Les enfants notés, nés avant terme et nés putréfiés se rapportent presque exclusivement aux trois ou quatre derniers mois de la grossesse. On trouve dans les procès-verbaux de la distribution des prix : en 1836, enfants nés avant terme vivants et morts pendant le travail, 138 ; enfants nés putréfiés avant terme et à terme, 69 : total 207, sur 2,632 naissances ; en 1837, enfants nés avant terme vivants et morts pendant le travail, 194 ; nés putréfiés avant terme et à terme, 63 : total 257, sur 2,754 naissances ; en 1838, enfants nés avant terme vivants et morts pendant le travail, 210 ; enfants nés putréfiés, nés avant terme et à terme, 69 : total 279, sur 2,958 naissances ; en 1839, enfants nés avant terme et morts pendant le travail, 209 ; enfants nés putréfiés, nés avant terme et à terme, 61 : total 270, sur 3,071 naissances. Il n'existe pas de relevés semblables embrassant les premières périodes de la grossesse, qui nous permettent d'établir des comparaisons ; mais il reste démontré que l'interruption de la gestation est un accident fréquent dans toutes les périodes de sa durée : ce que nous verrons d'ailleurs être confirmé par l'étude des causes dépendantes de la mère et du fœtus. Il est fort douteux qu'il existe plus d'avortons du sexe féminin que du sexe masculin. Les appréciations à cet égard ne reposent pas sur des tableaux comparatifs, mais sur de simples impressions individuelles qui ne garantissent pas suffisamment contre les chances de l'erreur ou du hasard.

III. *Causes*. L'étude des causes de l'avortement a une très grande importance : c'est sur leur connaissance que sont basées les nombreuses indications du traitement préservatif. Les causes de l'avortement résident dans le produit de la conception luimême ou dans la mère. Elles doivent être rapportées exclusivement au produit de la conception, lorsqu'il avorte ou meurt sous l'influence d'états morbides, soit de l'œuf, soit du fœtus, indépendants de la mère ou du père. Parmi elles qui sont inhérentes à la mère, quelquefois même au père, les unes agissent d'une manière lente et obscure, préexistent ordinairement à la conception, et se rattachent, soit à des dispositions générales, originelles ou acquises, soit à des états morbides constitutionnels. Elles ont pour effet de faire avorter le produit de la conception ; et la mort de l'embryon ou du fœtus, qui devient un corps étranger, dont la présence excite la contractilité de l'utérus, précède ordinairement le travail d'expulsion. Les autres, également d'ordres divers, tendent à provoquer directement ou indirectement, lentement ou rapidement, la contractilité utérine et l'expulsion de l'œuf vivant et parfaitement sain. Nous allons successivement passer en revue celles qui dépendent de la mère, quelquefois du père, et celles qui dépendent du produit de la conception, en les groupant d'après leur analogie, afin d'éviter ces énumérations fastidieuses qui ont jeté autant de confusion dans les phénomènes de l'avortement que d'incertitude dans les indications, et qui se résument à dire que tous les accidents, que toutes les particularités, toutes les maladies, qui peuvent survenir pendant la grossesse, sont des causes d'avortement.

I. *Causes dépendantes de la mère.* 1° Les états, soit primitifs, soit acquis, de l'appareil génital, qui prédisposent à l'avortement, peuvent être reconnus ou présumés chez un assez grand nombre de femmes. On n'a pas émis une idée complétement hypothétique, en disant que la trop grande rigidité ou résistance des fibres de l'utérus, qu'un excès de sensibilité ou d'irritabilité de cet organe étaient non seulement une prédisposition, à l'avortement, mais une cause assez commune de cet accident. Mais en remontant ainsi, en quelque sorte par induction à des causes qui ne peuvent pas être appréciées d'une manière certaine, et en les isolant d'autres circonstances qui sont du domaine de l'observation, on leur a donné les caractères d'assertions hypothétiques. Nous devons chercher à établir les conditions dans lesquelles un certain degré d'irritabilité, d'imperfection de l'utérus, coïncidant ordinairement avec des dispositions générales analogues, peut être invoqué comme prédisposant à l'avortement. On a observé que l'âge n'est pas sans influence sur le cours de la grossesse. Il n'est pas rare de voir des femmes avorter avec d'autant plus de facilité qu'elles approchent davantage de l'âge où cesse ordinairement l'aptitude à la fécondation. Cet âge semble arriver plus tôt pour les femmes qui sont âgées lorsqu'elles se marient, que pour celles qui se sont mariées de bonne heure et qui ont eu des enfants. Les femmes qui se marient très jeunes, lorsque le corps n'a pris qu'incomplétement son développement et que la menstruation n'est pas encore régulièrement établie, commencent souvent par avoir plusieurs fausses couches, avant que la grossesse puisse prendre un cours régulier. Il est très vraisemblable que dans ces deux périodes opposées, l'utérus a déjà en partie perdu, ou n'a pas encore complétement acquis l'aptitude à se laisser développer régulièrement. On trouve encore un certain nombre de femmes, dans des conditions d'âge, de constitution et de santé convenables, qui sont sujettes à l'avortement, et chez lesquelles la cause semble être un excès d'irritabilité de l'utérus.

Ces femmes ont plusieurs traits communs qui permettent d'en former un groupe assez tranché. Elles sont très prédisposées à la dysménorrhée, dont elles éprouvent assez souvent quelques accidents, tels que des suspensions et des irrégularités dans le retour des règles, qui sont souvent peu abondantes et douloureuses. Elles sont loin de présenter toujours les attributs du tempérament nerveux; mais il est rare qu'elles n'offrent pas de signes d'une grande excitabilité de l'appareil génital, se traduisant quelquefois par de l'hystéralgie. Chez quelques unes, cette disposition est acquise par l'abus des jouissances vénériennes, ou par les habitudes d'une vie oisive et dissipée. Ce genre de prédisposition offre cela de particulier qu'il diminue souvent après quelques avortements, et finit même quelquefois par disparaître complétement après quelques années de mariage, surtout si les habitudes de la vie sont réglées et conformes à une bonne éducation. Dans les circonstances précitées, il est très vraisemblable que l'avortement dans la plupart des cas est immédiatement déterminé par la contractilité mise anormalement en activité par la présence de l'œuf. La rupture des vaisseaux est ordinairement consécutive; mais, dans ces cas, elle peut être primitive et l'effet d'une congestion utérine active.

2° L'avortement survient souvent, et quelquefois d'une manière presque habituelle, chez des femmes qui sont dans des conditions opposées aux précédentes; l'appareil génital semble manquer d'activité et de ton. Les femmes qui se trouvent dans cette catégorie sont ordinairement pâles, d'une constitution faible, sujettes aux leucorrhées, à une menstruation abondante et peu régulière. Dans le commencement même de la grossesse, le col est déjà mou, entr'ouvert et très bas. Cet état de l'utérus existe quelquefois avec une constitution assez forte et nullement affaiblie. Ce genre de prédisposition augmente ordinairement à la suite d'avortements successifs. Toutefois, la faiblesse, soit locale, soit générale, n'agit ordinairement que d'une manière indirecte pour produire l'avortement; elle se lie fréquemment à un état de congestion ou d'irritabilité de l'utérus: de là des épanchements entre la caduque et la face interne de l'utérus, ou des contractions spasmodiques. L'avortement se produit d'autant plus facilement que les connexions de l'œuf avec l'utérus, et les vaisseaux utéro-placentaires doivent d'être plus faibles, et partager en quelque sorte l'état d'atonie de l'utérus.

3° Des femmes de constitutions faibles ou viciées par différentes cachexies qui ont plus ou moins altéré les humeurs, sont encore susceptibles de concevoir, mais elles semblent ne pouvoir transmettre au produit de la conception que des matériaux insuffisants ou nuisibles, qui déterminent sa mort après un temps variable; ou les ovules qui se détachent de l'ovaire, déjà viciés, n'ont pas encore complétement perdu la propriété d'être fécondés, mais ils sont déjà inaptes à parcourir toutes les périodes du développement intra-utérin; ils subissent l'influence fâcheuse de l'hérédité avant de naître. Plusieurs des femmes qui sont sujettes aux avortements répétés se trouvent dans ce cas. Cette influence fâcheuse est quelquefois transmise au produit de la conception par le mâle lui-même, dont la semence conserve encore la propriété de féconder, mais ne peut plus animer l'œuf que d'une manière très précaire : ainsi il n'est pas rare de voir des hommes âgés ou d'une constitution détériorée par la débauche, l'infection syphilitique, procréer des produits qui avortent souvent. M. Guillemot a observé une femme qui eut de nombreux avortements : son mari, d'un âge mûr, présentait tous les caractères de la caducité; devenue veuve, elle se remaria, et eut plusieurs enfants, dont elle accoucha à terme, et cessa de faire des fausses couches. Nous avons fait remarquer que les femmes qui sont très grasses sont souvent stériles; celles qui conçoivent sont, comme le fait observer M. Stolz, plus prédisposées à l'avortement, sans doute parce que la nutrition a pris une direction anormale et que les fluides nutritifs destinés à l'œuf sont insuffisants pour son développement. Une mauvaise alimentation, les privations, peuvent produire un effet semblable. Hoffmann rapporte qu'il y eut beaucoup d'avortements à Leyde, pendant le siége et la famine de cette ville. M. Naegelé a fait la même observation pendant la disette de 1816. Les maladies chroniques, les lésions organiques qui n'ont point encore imprimé une cachexie particulière à la constitution, n'ont pas une influence sensible sur la durée de la grossesse; mais il n'en est pas de même de la syphilis constitutionnelle, qui peut, quoique dans une proportion assez faible, se transmettre au fœtus et déterminer sa mort. Ajoutons qu'un traitement mercuriel mal administré ou trop prolongé paraît pouvoir produire une intoxication lente du fœtus.

4° Les maladies chroniques de l'utérus et de ses annexes, ses déplacements, les tumeurs du bassin, de l'abdomen et les grandes déformations de ces cavités, etc., sont, pour les femmes qui peuvent concevoir dans ces conditions, des causes fréquentes d'avortement ou d'accouchement prématuré. Nous avons déjà apprécié sous ce rapport l'influence des déplacements de l'utérus à l'état de plénitude, page 398 ; mais je dois faire observer qu'il n'est pas rare de voir des tumeurs assez volumineuses des ovaires et même du corps fibreux de l'utérus, des tumeurs volumineuses de l'abdomen et du bassin, permettre à la grossesse de parcourir régulièrement toutes ses périodes. Il en est quelquefois de même lorsque le col est le siége d'engorgement squirrheux, de cancer ulcéré, etc. Des polypes dans l'intérieur de l'utérus ne produisent pas constamment l'avortement. C'est tantôt dans l'obstacle au développement de l'utérus, tantôt dans les changements de son mode de vitalité, produits par ses différentes affections, que se trouve la cause qui met anormalement en jeu les contractions expultrices, peu de temps après la conception, ou à une époque qui se rapproche du terme de la grossesse, suivant la nature et le siége de l'obstacle ou de l'altération organique.

Les tumeurs volumineuses développées dans le bassin et la cavité abdominale, qu'elles aient des connexions ou non avec les organes génitaux, agissent en mettant obstacle au développement de l'utérus ; les déformations du bassin et du rachis agissent de la même manière ; mais les effets des unes et des autres ne se font sentir qu'à une époque avancée de la grossesse, de sorte qu'elles donnent plus souvent lieu à l'accouchement prématuré qu'à l'avortement. Il en est de même des affections organiques du col, tandis que celles du corps de l'organe provoquent l'avortement à une époque plus rapprochée de la conception.

Nous avons vu qu'il existe assez souvent, surtout chez les femmes qui ont accouché plusieurs fois, d'anciennes adhérences qui unissent l'utérus ou ses annexes aux parties voisines. Madame Boivin considère ces adhérences comme une des causes les plus fréquentes et les moins connues de l'avortement. Les observations qu'elle rapporte à l'appui ne justifient pas complétement son assertion. On conçoit, du reste, que l'extensibilité de ces adhérences, et souvent la mobilité des parties ainsi unies à l'utérus, dont le développement est lent et graduel, rendent l'obstacle peu sensible ; mais elles peuvent se présenter, cependant, dans des conditions qui rendent son développement extrêmement difficile. En disant que madame Boivin paraît avoir exagéré l'influence des adhérences de l'utérus, je ne veux nullement nier qu'elles ne sont pas souvent une cause d'avortement.

5° Les congestions actives et passives de l'utérus sont la prédisposition et la cause la plus ordinaire de l'avortement ; elles excitent l'utérus à se contracter anormalement, et déterminent fréquemment des épanchements, des extravasations entre l'utérus et le placenta par la rupture de quelques vaisseaux utéro-placentaires. L'observation démontre que ce n'est pas par exhalation, mais par la rupture des vaisseaux qui vont de l'utérus au placenta ou à la caduque que se fait l'extravasation sanguine dans les hémorrhagies utérines qui ont lieu pendant la grossesse. On ne peut guère rapporter à l'hémorrhagie par exhalation que ces écoulements sanguins qui semblent être la continuation de la menstruation, ou ces pertes légères qu'on observe pendant les cinq ou six premières semaines de la grossesse. La pléthore utérine, l'extravasation sanguine, précèdent le travail d'expulsion, et en sont la cause déterminante. En effet, dans un très grand nombre d'avortements, le phénomène primitif et dominant est l'imminence d'une hémorrhagie, ou sa manifestation à l'intérieur ou à l'extérieur; si elle est prévenue ou arrêtée à temps, le cours de la grossesse n'est pas interrompu. Les causes de l'hémorrhagie utérine se confondent donc avec celles de l'avortement, quoiqu'elle ne le détermine pas constamment.

Toutes les femmes grosses ne sont pas également prédisposées aux congestions utérines; celles qui sont sujettes à la pléthore et à l'hémorrhagie utérine, pendant l'état de vacuité, restent également plus prédisposées aux hémorrhagies puerpérales que les autres. Comme prédisposition antérieure à la grossesse, on peut citer la prédominance du système vasculaire, chez des femmes fortes et abondamment réglées, les dispositions originelles et acquises aux congestions utérines. Mais l'état de grossesse en produit encore de nouvelles. L'utérus, pendant la grossesse, est un organe infiniment plus vasculaire qu'avant; il envoie en outre dans l'épaisseur du placenta et de la caduque des vaisseaux de nouvelle formation, d'une texture molle et facile à déchirer. Ces changements dans l'organisation de l'utérus produisent des modifications dans la circulation du sang très favorables à la production des hémorrhagies utéro-placentaires. La contraction des fibres musculaires, lorsqu'elle est modérée et régulière, débarrasse momentanément l'utérus de la trop grande quantité de sang qui distend ses vaisseaux; mais si cette contraction est trop forte, spasmodique et locale, elle peut changer les rapports de l'œuf avec la face interne de l'utérus et produire dans quelques points un décollement qui entraîne une solution de continuité dans les vaisseaux qui se rendent de la face interne de l'utérus à la caduque utéro-placentaire ou à la caduque utérine. L'hypérémie active dont l'utérus devient le siége, et qui a pour but l'accroissement de cet organe, la formation de la caduque et le développement de l'œuf est une prédisposition aussi évidente que les précédentes. On peut en dire autant de la suppression de la menstruation, dont on aperçoit encore les phénomènes généraux, chez beaucoup de femmes, pendant les trois ou quatre premiers mois de la grossesse ; chez quelques unes, il y a même un écoulement sanguin : aussi tous les praticiens ont-ils remarqué que l'hémorrhagie utérine et l'avortement sont très fréquents aux époques correspondantes à la menstruation, surtout chez les femmes qui sont abondamment réglées. Indépendamment de la pléthore utérine, la grossesse produit souvent une pléthore générale qui trouve dans l'organisation des vaisseaux utéro-placentaires plus de facilité à produire une hémorrhagie utérine que toute autre. La gêne mécanique qu'éprouve la circulation à une époque plus avancée de la grossesse, par la pression de l'utérus sur plusieurs gros troncs artériels et veineux détermine une stase du sang dans les vaisseaux des membres inférieurs, du bassin et de l'utérus, qui est souvent suivie d'hémorrhagie.

On trouve une prédisposition aux hémorrhagies utérines puerpérales très prononcée chez des femmes qui sont loin de présenter les caractères d'un tempérament sanguin et les phénomènes de pléthore générale : elles sont pâles et décolorées ; le pouls est faible et lent ; il y a allanguissement de toutes les fonctions ; elles offrent la plupart des caractères qu'on est convenu de rapporter au tempérament lymphatique. Cet état d'atonie des tissus est extrêmement favorable aux congestions locales passives, surtout dans les organes vasculaires, comme l'utérus, dont la circulation repose en partie sur la contractilité de ses fibres.

On observe sur d'autres femmes la même prédisposition presque aussi prononcée. Celles-ci sont également décolorées, mais leur constitution diffère néanmoins beaucoup de celle des précédentes ; elles sont maigres ; leur système nerveux est très impressionnable ; elles ont souvent, dès le début de la grossesse, de la pesanteur, des douleurs gravatives aux lombes, à l'hypogastre ; les phénomènes sympathiques de la grossesse prennent souvent une intensité insolite ; l'utérus est le siége d'une excitation et d'une turgescence sanguine exagérées, qui devient non seulement une cause prédisposante, mais encore la cause déterminante de l'hémorrhagie et des contractions expulsives. Les hémorrhagies antérieures qui n'ont pas été assez fortes pour produire l'avortement, quelle qu'en ait été la cause, exposent pendant tout le reste de la grossesse au retour du même accident.

La plupart des prédispositions que nous avons signalées comme profondément liées à l'économie, sont ou ineffaçables ou au moins d'une longue durée : aussi voit-on la plupart de ces femmes avorter fréquemment. La disposition à l'avortement augmente ordinairement en raison du nombre des fausses couches ; on le voit assez souvent arriver à la même époque. Quelques femmes ont eu de nombreuses grossesses sans qu'aucune ait pu arriver à terme.

6° Au milieu de prédispositions aussi nombreuses, qui deviennent fréquemment la cause productrice de l'hémorrhagie ou de l'avortement, on ne doit point s'étonner qu'on ait accusé les événements les plus ordinaires de la vie, les accidents les plus légers, et même les sensations désagréables d'être la cause, soit de l'hémorrhagie utérine, soit de l'avortement. On s'en est rapporté aux apparences sans tenir suffisamment compte des prédispositions. On reste dans la vérité en disant que les causes occasionnelles, simplement accidentelles, doivent agir avec une intensité assez grande pour produire une hémorrhagie et surtout l'avortement, lorsqu'il n'existe pas d'autres prédispositions que celles qui sont inhérentes à la gestation régulière. Lorsqu'elles agissent seules et que leur action n'est pas continue, il arrive assez souvent que l'hémorrhagie et les autres phénomènes de l'avortement cessent spontanément, et tant que l'expulsion de l'œuf n'est pas imminente, on peut espérer, par l'emploi de moyens appropriés, de conserver la grossesse ; au reste, parmi les causes occasionnelles, un assez grand nombre agissent à la manière des causes prédisposantes, et sous ce rapport leur distinction n'est pas toujours tranchée.

On a vu l'hémorrhagie utérine et l'avortement produits par des vêtements, des liens fortement serrés autour du tronc, gênant la circulation abdominale. Madame Boivin cite l'observation d'une femme enceinte de cinq mois, affectée de nombreuses varices aux jambes, qu'elle combattit par l'application d'un bas de peau de chien ; quelque temps après elle eut une hémorrhagie utérine qui détermina la fausse couche. Devenue enceinte la même année, elle employa le même moyen, qui fut suivi d'un accident semblable. Cette espèce d'hémorrhagie s'étant renouvelée plusieurs fois, dans le cours de deux ou trois ans, on reconnut enfin la cause de cet accident. Cette femme employait, pour se faire avorter, le moyen qu'on lui avait indiqué pour la soulager de ses varices. On n'a pas à redouter le même accident chez la plupart des femmes grosses affectées de varices ; cependant ce fait doit rendre circonspect sur l'emploi des bandages compressifs, surtout chez les femmes prédisposées à l'avortement.

Les auteurs citent une foule d'observations dans lesquelles on voit des hémorrhagies abondantes, l'avortement survenir à la suite de commotions morales vives, comme une grande frayeur, un accès de colère, etc. Les troubles simultanés de l'action nerveuse et de la circulation qui les accompagnent expliquent suffisamment la manière d'agir de ces causes.

Les ébranlements mécaniques qui résultent de courses en voiture, à cheval, de coups, de chutes, etc., entraînent assez souvent à leur suite une perte utérine et l'avortement. Les violences extérieures peuvent agir directement sur l'utérus; dans quelques circonstances elles ont été assez fortes pour produire sur le fœtus des contusions, des plaies, et même des fractures des membranes; mais ces lésions sont fort rares et ne peuvent guère arriver qu'à une époque avancée de la grossesse. On conçoit qu'un coup violent porté sur le point de l'utérus qui correspond à l'insertion du placenta puisse en décoller une portion, déchirer les vaisseaux utéro-placentaires, malgré l'état de plénitude de l'œuf, qui rend dans ces cas sa séparation de la face interne de l'utérus très difficile. Mais c'est le plus souvent en déterminant de l'irritation, une congestion active de l'utérus, que les violences extérieures qui ont intéressé l'utérus produisent l'hémorrhagie; l'effet est rarement produit immédiatement après l'action de la cause. Le plus souvent l'utérus ne reçoit que d'une manière indirecte la commotion, et il partage avec le reste du corps l'ébranlement qui détermine l'hémorrhagie utérine, comme on le voit par les chutes sur les pieds, les genoux, etc., le cahotage d'une voiture non suspendue, le trot du cheval, etc., qui agissent en favorisant la stase du sang dans les vaisseaux de l'utérus et en troublant son mode d'action. On voit quelquefois l'hémorrhagie utérine survenir à la suite d'efforts musculaires : une femme se baisse et enlève du sol avec effort un corps lourd, elle éprouve aussitôt un sentiment de déchirure, une douleur vers le bassin, et l'hémorrhagie ne tarde pas à se déclarer. La même chose arrive à une autre en élevant un fardeau sur sa tête. Dans les chutes, l'effort souvent violent qu'on fait pour se retenir semble être la cause de la production de l'hémorrhagie. C'est à peu près de la même manière qu'agissent les efforts violents de vomissements, les secousses d'une toux très forte et très prolongée. Dans tous ces cas, la distension des vaisseaux veineux de l'utérus peut être portée très loin, car la circulation utérine partage avec la plus grande facilité tous les troubles qui surviennent dans la circulation de la veine cave.

7° Les maladies aiguës ont souvent pour effet d'interrompre le cours de la grossesse, tantôt en provoquant l'hémorrhagie, tantôt en exaltant directement la sensibilité contractile de l'utérus, d'autres fois en altérant les conditions de nutrition du fœtus, qui n'est expulsé qu'après avoir succombé. Dans l'histoire de plusieurs épidémies de fièvres graves, bilieuses, inflammatoires, gastriques, dysentériques, etc., on a signalé des pertes utérines et des avortements fréquents. Suivant Bartholin, la constitution de l'année 1672 fut froide et humide ; la plupart des femmes de Copenhague avortèrent, ou eurent des accouchements difficiles ; plusieurs rendirent leurs enfants morts, d'autres succombèrent elles-mêmes à la fièvre qui prédominait. Stoll et d'autres observateurs ont signalé des faits à peu près semblables, dans d'autres constitutions épidémiques. Les médecins qui ont rendu compte des maladies régnantes, à Paris, pendant les mois de floréal et de prairial, l'an VI, remarquèrent que les accouchements prématurés et même les avortements furent alors plus communs que jamais. Dans l'épidémie de fièvre bilieuse gastrique observée à Lille, en 1758, par Boucher, on observait des hémorrhagies avec avortement, chez les femmes qui étaient grosses. Dans l'épidémie de choléra qui a régné en 1832, les femmes enceintes qui en furent atteintes succombèrent, mais l'avortement ou l'accouchement prématuré était loin de se déclarer dans tous les cas, quoique la mort du fœtus précédât ordinairement celle de la mère ; la marche rapide de la maladie prévenait souvent le travail d'expulsion.

Les fièvres exanthématiques graves provoquent fréquemment l'avortement ; mais la variole mérite une mention particulière. Lorsqu'elle survient pendant le cours de la grossesse, la femme court les plus grands dangers, et succombe presque toujours, et le retour à la santé est une exception rare. Quelquefois le fœtus lui-même est couvert de pustules varioliques. La scarlatine et la rougeole, lorsqu'elles sont très intenses, se comportent souvent comme la variole ; mais la terminaison n'est pas aussi souvent fatale, ni l'interruption de la grossesse aussi constante. Sur quatre rougeoles observées par M. Grisolle, chez des femmes grosses, aucune n'a troublé la marche de la grossesse.

Les phlegmasies des viscères importants interrompent souvent le cours de la grossesse. Dans les faits rassemblés par M. Grisolle, la pneumonie a provoqué l'avortement 9 fois sur 12 ; tandis que sur 22 femmes, qui éprouvèrent pendant leur grossesse diverses maladies aiguës fébriles, telles que choléra, entérite, bronchite aiguë intense, pleurésie, érysipèle de la face et du cuir chevelu, 2 seulement avortèrent et moururent bientôt après (choléra et fièvre typhoïde).

8° Des opérations chirurgicales graves ont été pratiquées pendant la grossesse. M. Nicod a fait l'amputation de la jambe sur une femme enceinte de huit mois ; le terme de la grossesse ne fut pas avancé, et l'opération eut un plein succès. La taille fut pratiquée sur une femme qu'on ne savait pas enceinte et qui accoucha à terme six mois après sans accidents. Mais d'autres observations prouvent que l'avortement est survenu après l'opération de la fistule à l'anus, de la hernie étranglée, et plusieurs fois après la paracentèse. L'avortement et la mort de la femme survinrent après l'extirpation d'une tumeur du sein dans un cas rapporté dans les *Bulletins de la Société anatomique*.

9° Quelques méthodes de traitement, certains agents thérapeutiques, ont été considérés comme des causes d'avortements. L'effet révulsif des saignées locales autour du bassin, de la saignée du pied, d'applications irritantes sur ces parties, est un fait certain. Ces moyens employés sans ménagement, chez des femmes prédisposées à l'hémorrhagie utérine, peuvent provoquer l'avortement. Les bains de siége très chauds, les fumigations de vapeur, les injections très irritantes, peuvent éveiller l'action expultrice de l'utérus. Les vomitifs, les purgatifs drastiques, souvent répétés, paraissent avoir produit dans quelques circonstances des hémorrhagies, des irritations de l'utérus, qui ont déterminé l'avortement. Il ne paraît pas impossible que les narcotiques, les poisons administrés à la mère produisent l'intoxication du fœtus. D'Outrepont cite une femme qui, voulant mettre fin à ses jours, avala 8 onces d'opium. On lui en fit rejeter la plus grande partie, mais elle avorta, et le fœtus, bleuâtre, mourut dans les convulsions, et offrit à l'autopsie les traces d'une congestion encéphalo-rachidienne. Parmi les substances réputées emménagogues, un certain nombre paraît réellement agir sur l'utérus d'une manière spéciale et y exciter une stimulation et une turgescence capables de produire l'avortement. L'ergot du seigle, qui jouit de la singulière propriété de ranimer et de rappeler les contractions utérines pendant le travail, paraît, d'après quelques observations récentes, pouvoir les déterminer, mais avec beaucoup de difficulté, aux autres époques de la grossesse. M. Courhaut rapporte que dans les épidémies d'ergotisme de 1813, 1814, 1815, etc., les femmes grosses qui en furent atteintes avortèrent subitement et avec douleurs.

Je ferai remarquer en terminant que la plupart des causes occasionnelles n'ont d'effet que lorsqu'elles agissent avec une très grande intensité, ou chez des femmes qui sont éminemment prédisposées à l'avortement. Chez quelques unes, la grossesse semble suivre son cours d'une manière invariable; les nombreux exemples de grossesses non interrompues, malgré les causes les plus violentes, quelquefois malgré des conditions fâcheuses, sont des exceptions sans doute, mais assez fréquentes pour faire comprendre que dans les conditions ordinaires et lorsque le fœtus ne contient pas de germe de mort, la grossesse suit sa marche avec une activité et une persistance qui la garantissent dans des limites assez étendues, des modificateurs tant externes qu'internes qui sont propres à troubler ou à interrompre son cours.

2. *Causes dépendantes du produit de la conception.* Nous avons déjà fait connaître la plupart de celles qui sont appréciables, en traitant dans les *sections* IV et V des maladies de l'œuf et de celles du fœtus. Nous avons fait observer que le nombre des fœtus qui succombent dans l'utérus, aux différentes époques de la grossesse, sans présenter de lésions appréciables, soit dans leurs propres organes, soit dans leurs annexes temporaires, était comparativement très grand. Cette disproportion se maintient encore, en tenant compte des fœtus qu'on peut présumer être morts sous l'influence de dispositions morbides de la mère; de manière qu'on doit en conclure que beaucoup de causes de mort, qui peuvent se rencontrer, soit dans l'œuf, soit dans le fœtus, surtout pendant la première période de la grossesse, nous échappent complétement. C'est d'une manière tout-à-fait hypothétique qu'on rapporte à des altérations du produit de la conception quelques dispositions de la vésicule ombilicale et des autres membranes et de l'embryon. Il ne nous reste à faire connaître qu'un petit nombre d'altérations peu communes, qui n'ont pas trouvé place dans les deux sections précédentes. Mauriceau, Stein, etc., attribuent quelques avortements au peu de résistance que les membranes de l'œuf offriraient dans quelques cas. M. Deubel cite l'observation d'une femme qui était arrivée à son sixième avortement : chaque fois les membranes s'étaient rompues pour la cause la plus légère et sans symptômes précurseurs, trois ou quatre jours avant l'apparition des douleurs utérines. Examinées à la sixième fausse couche, les membranes parurent extrêmement minces, le doigt les traversait avec la plus grande facilité. Malgré les dénégations de quelques auteurs, et quoique les faits qui sont invoqués ne puissent être très exactement appréciés, il semble qu'on doive admettre qu'un cordon très court, ou rendu tel par des circulaires autour du cou, du tronc, tenant en quelque sorte le fœtus suspendu dans l'eau de l'amnios, puisse tirer assez sur le placenta pour le décoller, particulièrement dans des secousses, des mouvements brusques éprouvés par la mère. M. Guillemot a observé un fœtus parvenu à trois mois, qui présentait au cou des traces profondes, déterminées par l'impression du cordon fortement tendu lui-même et en partie déchiré à sa racine. Nous avons vu que les dépressions causées par le cordon pouvaient aller jusqu'à la séparation complète du membre, sans que la circulation fût interrompue ; mais il ne paraît pas en être ainsi dans tous les cas, puisque plusieurs des fœtus qui ont présenté ces sillons sont morts dans l'utérus. Smellie

et d'autres observateurs ont attribué plusieurs avortements aux nœuds formés par le cordon. Dans deux cas observés par Van-Swiéten sur la même femme, ils étaient tellement serrés que les vaisseaux ombilicaux étaient oblitérés. Mais les nœuds du cordon ont rarement une influence aussi fâcheuse, et dans la plupart des cas, ils ne paraissent déterminer aucune gêne dans la circulation fœto-placentaire. On a supposé dans ces derniers temps, sans preuve convaincante à l'appui, qu'à une époque avancée de la grossesse, la circulation pouvait être gênée dans le cordon par la pression exercée par la tête, lorsqu'il forme des anses dans la partie la plus déclive de l'œuf. Mais la différence de la pesanteur spécifique de l'eau de l'amnios et du fœtus n'est pas assez grande pour faire admettre qu'il doive résulter une gêne dangereuse dans la circulation, en supposant même que la portion du cordon placée sous la tête reposât sur un plan solide.

Nous avons déjà dit, en traitant de la grossesse multiple, que la présence de deux ou d'un plus grand nombre de fœtus dans la matrice était une cause d'accouchement prématuré ; mais la distension trop grande et trop rapide de l'utérus peut déterminer avant cette époque l'expulsion des œufs. L'avortement se produit quelquefois d'une autre manière : un des œufs semble étouffer l'autre, et tandis que l'un des fœtus s'accroît d'une manière régulière, l'autre languit, pendant un temps plus ou moins long, et finit par succomber. Lorsqu'on examine le délivre du fœtus qui s'est arrêté dans son développement, on trouve quelquefois le placenta atrophié avec ou sans traces d'épanchement sanguin ancien. Lorsque la mort de l'un des fœtus survient, trois cas peuvent se présenter : 1° la grossesse n'est pas interrompue, et le fœtus mort est expulsé avec l'autre seulement au moment de l'accouchement ; 2° ou il est expulsé seul plus ou moins de temps après avoir cessé de vivre ; 3° le travail d'expulsion provoqué par le fœtus mort entraîne à sa suite la sortie de l'œuf vivant. On trouve des exemples assez nombreux de ces différentes terminaisons de la grossesse multiple.

IV. *Symptômes*. Les symptômes de l'avortement se rapportent à l'hémorrhagie utérine, qui est tantôt primitive, tantôt consécutive, et au travail d'expulsion lui-même ; ils sont ordinairement précédés de phénomènes précurseurs qui doivent nous arrêter un instant.

1° Les *prodromes* ont une grande importance et méritent d'être étudiés avec le même soin que les causes : ils éclairent sur la nature des indications, et fournissent souvent une occasion facile de prévenir l'avortement. Les prodromes de l'avortement manquent rarement; mais ils ne sont pas identiques dans tous les cas, et se présentent sous plusieurs formes, que je vais essayer de faire connaître. Dans la forme la plus commune, ils peuvent déjà faire croire à une hémorrhagie latente : ce sont des phénomènes d'hypérémie utérine plus prononcés que dans la pléthore, soit générale, soit utérine, qu'on observe chez tant de femmes, pendant le cours de la grossesse ; il survient une douleur continue, obtuse, dans le bassin, aux lombes, qui augmente par la station et la marche, dans les efforts de défécation et dans l'excrétion de l'urine. Il n'est pas rare de voir se manifester en même temps des coliques sourdes, de la diarrhée avec ténesme, de fréquentes envies d'uriner, avec douleur au col de la vessie. Si le fœtus est déjà assez développé pour exécuter des mouvements, ils déterminent de la douleur dans les parois de l'utérus; mais, s'ils sont fréquents au commencement, ils ne tardent pas à s'affaiblir et à devenir plus rares. A ces symptômes locaux s'ajoutent de la plénitude et de la force dans le pouls, de la chaleur, quelquefois de petits frissons irréguliers. Dans quelques cas, l'hémorrhagie se déclare; mais elle est assez légère pour persister un certain temps ou s'arrêter sans déterminer dès le principe les phénomènes essentiels de l'avortement. Dans ce cas, sa manifestation doit être encore considérée comme un prodrome de l'avortement. Lorsque l'avortement se déclare spontanément ou sous la seule influence des causes prédisposantes, c'est aux époques menstruelles que ces prodromes apparaissent le plus souvent ; ils sont en général plus prononcés dans les premiers mois qu'aux autres époques. Mais, alors même que l'avortement est provoqué par une violence extérieure, des commotions morales, l'hémorrhagie et les autres phénomènes de l'avortement sont presque toujours précédés de symptômes d'hypérémie plus ou moins intense; ce n'est que dans le plus petit nombre des cas qu'on voit l'écoulement sanguin et les contractions utérines suivre immédiatement l'action de la cause. La durée des prodromes n'est pas en général très prolongée : elle s'étend rarement au-delà de quatre à cinq jours ; ordinairement du deuxième au troisième, lorsque l'avortement doit avoir lieu, l'hémorrhagie apparaît. Si la femme est enceinte de plus de deux mois et demi, elle éprouve dans le globe utérin des douleurs aiguës, revenant à des intervalles plus ou moins longs : ce sont les contractions utérines qui commencent. Dans une deuxième forme, les prodromes se présentent sous un autre aspect : les causes qui tendent à provoquer l'avortement agissent en excitant directement la contractilité de l'utérus. Si l'on voit encore à un certain degré des phénomènes de congestion, ils sont consécutifs et accessoires. Le premier phénomène est un état de spasme de l'utérus ; mais il ne peut guère être perçu par le médecin avant le 3e mois. La femme accuse la sensation de mouvements dans l'utérus, qu'elle rapporte quelquefois aux mouvements de l'enfant ; si l'époque de la grossesse est peu avancée, il est évident qu'elle se trompe sur la nature des mouvements qu'elle éprouve. Plus tard, en portant la main sur le globe utérin, on sent qu'ils dépendent de la contraction de l'utérus, qui se durcit par place, qui est animé comme de mouvements péristaltiques ; ces contractions plus ou moins douloureuses sont quelquefois provoquées par les mouvements du fœtus si la grossesse est déjà avancée. Les femmes qui éprouvent ces spasmes ont en même temps un malaise, une excitation générale qui les prive de sommeil et de repos, souvent de la fièvre, de légers frissons, et quelquefois des mouvements spasmodiques des membres. Après quelques jours de durée d'un semblable état, les symptômes de l'avortement se déclarent franchement. Dans une troisième variété, les prodromes de l'avortement sont les maladies aiguës qui surviennent chez les femmes grosses. Dans ces cas, soit que les phénomènes utérins soient peu marqués ou rendus latents par les symptômes de la maladie intercurrente, il arrive souvent que le travail de l'avortement est déjà très avancé, lorsque les symptômes utérins fixent l'attention. Dans une quatrième forme, les prodromes sont souvent difficiles à saisir : ils se rapportent aux cas assez nombreux dans lesquels le placenta ou le fœtus est atteint de maladies propres aux produits de la conception. Le plus souvent ils n'apparaissent que lorsque le fœtus est mort, c'est-à-dire lorsque l'avortement est consommé pour ce qui concerne le produit de la conception ; on doit considérer dans ces cas les signes de la mort du fœtus comme les prodromes de son expulsion prochaine. Quant aux phénomènes utérins, ils sont généralement obscurs jusqu'au moment où le travail se déclare, et, comme dans l'accouchement ordinaire, les contractions utérines sont les premiers phénomènes sensibles qu'on observe d'une manière tranchée.

2° Parmi les *symptômes* de l'avortement, l'*hémorrhagie* tient en quelque sorte la première place, non seulement par sa fréquente intervention, comme cause et comme phénomène concomitant, mais encore par sa gravité dans beaucoup de cas. L'hémorrhagie considérée comme cause de l'avortement débute ordinairement par une douleur qui se manifeste d'une manière subite dans le globe utérin, aux lombes, à la région sacrée, à l'hypogastre. Cette douleur coïncide avec un sentiment de malaise, de faiblesse générale, de courbature dans les cuisses, de refroidissement aux extrémités. On ne tarde pas à voir survenir de l'accélération dans le pouls, des bouffées de chaleur, des frissons irréguliers. Si la maladie débute avec intensité, ces symptômes augmentent, la surface de la peau pâlit; il survient de la faiblesse et de l'accablement, et l'on voit souvent se manifester une disposition à la syncope; en même temps il s'échappe le plus ordinairement du sang par la vulve; mais dans quelques cas le sang est retenu dans la matrice, et l'hémorrhagie est, comme on l'appelle, *interne, latente* ou *cachée*.

Nous allons d'abord compléter tout ce qu'il importe de savoir des symptômes de cette forme de l'hémorrhagie. Nous avons vu, page 407, en étudiant l'apoplexie utéro-placentaire, que l'hémorrhagie interne était souvent légère, et qu'alors les symptômes étaient fort obscurs, que les phénomènes énumérés plus haut manquaient en partie, ou n'existaient qu'à un faible degré, et que dans beaucoup de cas on n'observait que de faibles prodromes de congestion utérine ou d'hémorrhagie. Ces hémorrhagies légères internes ne déterminent pas ordinairement, immédiatement, soit le travail d'expulsion de l'œuf, soit la mort du fœtus; lorsque l'un ou l'autre de ces accidents survient, c'est le plus souvent à la suite de semblables hémorrhagies plusieurs fois répétées. C'est une des raisons qui m'ont conduit à en traiter séparément, sous le nom d'épanchements sanguins dans le placenta, quoiqu'ils ne soient réellement qu'une forme particulière de l'hémorrhagie utérine, qui peut se combiner avec les autres formes de l'hémorrhagie puerpérale, interne et externe. Aussi l'hémorrhagie interne, même des premiers mois de la grossesse, peut-elle se présenter avec des symptômes d'une certaine gravité; tout le placenta peut être décollé, son tissu être entièrement infiltré de sang ou criblé de foyers, et la plus grande partie de l'œuf décollé, sans que le sang arrive à l'orifice interne du col, ou au moins sans qu'il s'échappe par ce canal. La quantité de sang qui peut ainsi s'accumuler dans l'utérus, occupé par l'œuf entier, n'est pas en général très considérable; elle est même toujours assez petite, dans les quatre premiers mois de la grossesse; mais, dès le 5e ou 6e mois, elle peut être assez grande, dans quelques cas rares toutefois, pour devenir par elle-même un accident grave, comme nous le verrons en parlant de l'hémorrhagie interne des derniers mois de la grossesse, à laquelle ces cas se rapportent plus particulièrement.

Ainsi circonscrite, l'hémorrhagie interne est d'abord caractérisée par les symptômes que j'ai indiqués comme étant le début des hémorrhagies utérines puerpérales; ils sont plus ou moins intenses suivant que le décollement et l'épanchement sont plus ou moins considérables. S'ils ne font pas reconnaître d'une manière certaine la perte interne, ils la rendent extrêmement probable. Les douleurs utérines et lombaires sont ordinairement plus prononcées que lorsque le sang s'écoule librement au-dehors. Il en est de même du sentiment de malaise et de faiblesse. La céphalalgie est très intense. On observe souvent des vertiges presque continuels, de l'anxiété précordiale, et quelquefois des spasmes hystériformes. Si l'épanchement reste stationnaire, ces symptômes diminuent d'une manière sensible au bout de quelques heures. Mais le plus ordinairement l'écoulement, momentanément arrêté, se reproduit, et les symptômes s'exaspèrent; l'hémorrhagie interne se transforme en hémorrhagie externe, et l'utérus distendu, irrité par la présence de caillots plus ou moins volumineux, est pris de contractions qui sont plus ou moins rapprochées, qui dilatent assez promptement le col de l'utérus et qui amènent après un temps plus ou moins court l'expulsion de l'œuf, de caillots et d'une certaine quantité de sang liquide, qui commence du reste à couler au-dehors avant l'expulsion de l'œuf, dès que le col est sensiblement dilaté.

La forme la plus fréquente de l'hémorrhagie puerpérale est sans contredit celle dans laquelle le sang s'écoule en grande partie au-dehors, dès le début, à mesure qu'il est versé dans l'utérus : c'est celle dont les auteurs se sont plus particulièrement occupés, et qu'ils ont désignée par le nom d'hémorrhagie utérine *externe* ou *apparente*. Dans cette forme, en même temps, ou peu après les symptômes du début, il s'échappe par le vagin du sang liquide en plus ou moins grande abondance : tantôt il coule comme par ondées, à de courts intervalles, tantôt d'une manière continue et sans interruption, goutte à goutte.

Lorsque l'écoulement est peu abondant ou qu'il a été d'une courte durée, il n'est pas rare de voir les douleurs pelviennes diminuer, et lorsque le sang et rejeté par ondées, il se manifeste de nouvelles douleurs utérines; et l'on voit ainsi l'hémorrhagie se continuer avec des alternatives de diminution et d'augmentation. Au moment de la récrudescence, le sang sort fortement coloré, entraînant souvent des caillots. Pendant l'intervalle, tantôt la suspension est complète, tantôt il s'écoule encore un peu de sang, tantôt simplement de la sérosité sanguinolente, et il survient quelquefois plusieurs retours dans l'espace de quelques heures ou à des intervalles plus éloignés, retours qui sont presque toujours marqués par la manifestation des symptômes du début. Les forces de la malade diminuent en raison de l'abondance et de la rapidité de l'écoulement sanguin; il existe presque toujours une céphalalgie continue et très intense; il survient quelquefois des syncopes. Quand la perte est abondante ou souvent renouvelée, l'expulsion du produit de la conception ne tarde pas à avoir lieu et se fait souvent avec rapidité. Lorsque la grossesse est peu avancée et qu'elle n'a pas dépassé le troisième mois, l'œuf est ordinairement entraîné entier avec des caillots, sans déterminer d'autres symptômes, et quelquefois sans que la femme s'en aperçoive, surtout pendant le premier mois; souvent la femme ne croit avoir eu qu'une perte à l'occasion de ses règles, ou seulement une menstruation très abondante et très douloureuse. A une époque plus avancée, le travail de l'avortement prend des caractères plus tranchés; les douleurs utérines deviennent plus franchement expulsives, et se répètent à des intervalles plus ou moins rapprochés, jusqu'à ce que l'utérus soit débarrassé du produit de la conception. Le toucher fait reconnaître que l'utérus est le siége de contractions qui dilatent le col et poussent l'œuf dans son intérieur. Le plus souvent l'expulsion ne s'opère qu'au bout d'un temps assez long, comme deux ou trois jours, et quelquefois même, qu'après huit ou dix jours. Dans ce cas, la perte offre des interruptions plus ou moins longues, et il y a une diminution très prononcée dans les autres symptômes. Lorsque les douleurs expulsives sont fortes et rapprochées, elles diminuent ordinairement ou suspendent en partie la perte; mais les douleurs lombaires et sacrées sont très vives; elles s'irradient quelquefois dans les cuisses; le pouls devient plus fort et plus fréquent; les extrémités se réchauffent; il survient des bouffées de chaleur à la face; la céphalalgie est très vive; la sensibilité générale est exaltée; la femme se livre à des impatiences, s'agite, et éprouve quelquefois des spasmes hystériformes. Au moment de l'expulsion, la perte est toujours assez abondante; elle l'est d'autant plus que la grossesse est plus avancée et que les symptômes se sont succédé avec plus de rapidité. Il n'est pas rare de voir survenir dans ce moment une syncope complète, et il peut y avoir danger imminent, si la quantité de sang antérieurement perdue a été très considérable. L'œuf est assez souvent divisé pendant le travail de son expulsion, et c'est même ce qui arrive le plus ordinairement lorsque la grossesse est parvenue dans le cinquième et le sixième mois. L'eau de l'amnios s'écoule d'abord; et suivant l'état de dilatation du col, le fœtus suit plus ou moins promptement l'écoulement des eaux. Le reste du délivré, surtout le placenta et la caduque, qui forment une masse assez volumineuse, et qui adhèrent d'ailleurs encore par plusieurs points à la face interne de l'utérus, restent plus ou moins de temps encore dans sa cavité. Le travail de l'avortement continue avec des alternatives des diminutions ou de suspensions et de recrudescences de la perte, jusqu'à ce que le placenta soit expulsé. L'expulsion définitive du placenta et des débris de membranes peut être très tardive, et n'a quelquefois lieu qu'après huit ou dix jours et même après un temps beaucoup plus long. Il y a alors des suspensions plus ou moins longues de tous les accidents; mais l'hémorrhagie avec tous ses symptômes se reproduit de temps en temps. Elle peut être assez abondante au moment de cette expulsion tardive, à moins que le placenta ne soit rendu dans un état de décomposition avancée. Pendant le travail de l'avortement, causé par l'hémorrhagie utérine, le fœtus meurt ordinairement, et il est très rare qu'il donne des signes de vie au moment de son expulsion, à moins qu'elle n'ait été très prompte. L'hémorrhagie est rarement assez abondante pour faire succomber la femme. Ce n'est guère qu'à commencer du sixième mois qu'elle prend une gravité qui met si souvent en danger la vie des femmes enceintes et en travail de l'enfantement. Mais il arrive assez souvent que les femmes qui ont fait une fausse couche à la suite d'une hémorrhagie utérine sont longtemps à se rétablir; plusieurs sont sujettes pendant un temps plus ou moins long à des accidents de dysménorrhée. La menstruation devient douloureuse ou très abondante; et tant que cet état dure, elles ne conçoivent que difficilement, avortent avec la plus grande facilité sous l'influence des causes les plus légères.

Les symptômes de l'avortement ne se présentent pas toujours avec une prédominance aussi marquée à l'hémorrhagie. Nous avons signalé un grand nombre de causes d'avortement qui agissent en provoquant directement la contractilité de l'utérus ; c'est presque toujours ainsi que les choses se passent lorsque le fœtus est mort avant que le travail d'expulsion soit commencé; les prodromes sont plus vagues, et s'il existe quelques phénomènes d'hyperémie utérine, ils sont beaucoup moins tranchés. L'hémorrhagie ne précède pas le travail proprement dit ; elle ne commence qu'après que les contractions ont décollé de la face interne de l'utérus quelques points de l'œuf, surtout du placenta. L'hémorrhagie est consécutive, mais dans ces cas même, il n'est pas rare de la voir se manifester de bonne heure, et peu de temps après le début du travail. D'autres fois, l'écoulement sanguin survient très peu de temps avant l'expulsion de l'œuf. L'organisation du placenta à cette époque, et l'expulsion en masse de l'œuf, rendent facilement compte de ce décollement prématuré, alors même que l'avortement ne dépend pas d'une hémorrhagie utéro-placentaire; car dans l'accouchement à terme et même prématuré, il ne commence qu'après l'expulsion du fœtus et se fait d'une manière rapide, tandis que dans l'avortement l'œuf est ordinairement entièrement décollé avant que le fœtus soit expulsé. Les pertes qui résultent d'un décollement du placenta, consécutivement aux progrès du travail, sont en général beaucoup moins abondantes; cependant, si l'expulsion est longtemps à se faire, ou que le placenta, en partie décollé, reste seul dans l'utérus, elles peuvent être aussi abondantes et se répéter de la même manière que dans les cas précédents.

Nous avons peu de chose à ajouter sur les autres phénomènes du travail de l'avortement. Le col de l'utérus est fréquemment mou, entr'ouvert avant que les contractions utérines soient bien tranchées. L'état de dilatation du col fait juger de l'imminence et des progrès de l'avortement. Lorsque, pendant la contraction, l'œuf fait saillie dans l'intérieur du col et qu'on peut le sentir avec l'extrémité du doigt, son expulsion est presque inévitable; on rencontre cependant quelques exceptions. Plusieurs observateurs ont constaté, dans quelques cas, des contractions bien tranchées pendant un temps variable, une dilatation du col telle qu'ils ont pu toucher l'œuf avec l'extrémité du doigt, sans que la grossesse ait été interrompue. On cite aussi quelques cas dans lesquels, malgré l'écoulement de l'eau de l'amnios, les symptômes de l'avortement ont cessé, et la grossesse a continué son cours; mais il est à peu près certain que, dans ce cas, on s'est mépris sur la nature du liquide et qu'on a pris l'écoulement de fausses eaux, ou d'une certaine quantité d'urine rendue involontairement pour le liquide amniotique.

Toutes les difficultés de la sortie de l'œuf dans l'avortement se rencontrent dans son passage à travers le col ou dans les adhérences que quelques portions de la caduque ou du placenta conservent assez souvent avec la face interne de l'utérus. A une époque plus avancée, dans le cinquième ou le sixième mois, l'issue du produit de la conception est ordinairement favorisée par la rupture des membranes, et le mode suivant lequel se fait l'avortement se rapproche de celui de l'accouchement ordinaire; le fœtus parcourt le conduit utéro-valvaire sans beaucoup de difficultés, alors même qu'il se présente par le tronc. Cette circonstance peut rendre son expulsion plus longue, plus difficile, mais sans apporter d'obstacles très sérieux. L'expulsion des kystes hydatiformes en grappes, de môles charnues, donne lieu à un travail semblable à celui de l'avortement; l'hémorrhagie est toujours le phénomène dominant, elle offre d'ailleurs les mêmes caractères et réclame des indications semblables. Le placenta seul, ou avec une partie de ses membranes, retenue dans la cavité utérine, peut en se putréfiant donner lieu à divers accidents; il paraît même pouvoir être résorbé. Voyez *Accidents de la délivrance.*

Le *diagnostic* de l'avortement se déduit des symptômes qui précèdent. Nous ne reproduirons pas ici les signes précurseurs qui annoncent qu'il est plus ou moins imminent, parce que nous les avons déjà présentés réunis. Dans un assez grand nombre de cas, ils peuvent se dissiper ou être dissipés, sans que l'avortement s'effectue. Le travail d'expulsion commence quelquefois sans être annoncé par aucun signe précurseur.

Relativement à l'hémorrhagie, il ne faut pas perdre de vue qu'il se fait quelquefois, pendant les premiers mois de la grossesse, un écoulement sanguin ou séro-sanguin par les parties génitales, qui n'est autre chose que les menstrues qui se distinguent de l'hémorrhagie utéro-placentaire, en ce qu'elles surviennent à l'époque périodique, en ce qu'elles se présentent sans causes accidentelles et particulières, en ce qu'elles sont peu abondantes et d'une courte durée, en ce que les femmes se portent bien, ou qu'elles éprouvent exactement les mêmes accidents et les mêmes symptômes qui précèdent ou accompagnent ordinairement les menstrues hors l'époque de la grossesse. Quoiqu'elles n'aient pas la même importance que l'hémorrhagie, on doit toutefois les regarder comme un phénomène insolite offrant quelques dangers de provoquer l'avortement; c'est pourquoi il faut recommander aux femmes qui sont dans ce cas de se tenir tranquilles pendant quelques jours, d'éviter tout ce qui pourrait exciter les congestions utérines. L'hémorrhagie utéro-placentaire primitive, légère, modérée, s'arrête assez souvent sans provoquer l'avortement, mais lorsqu'elle est intense ou qu'elle s'est répétée plusieurs fois, il est fort rare que l'expulsion de l'œuf ne survienne pas à sa suite.

Les signes à l'aide desquels on reconnaît que le travail de l'avortement est commencé, et par conséquent presque inévitable, sont des sensations semblables aux douleurs de l'enfantement reconnues être produites par des contractions intermittentes de l'utérus, qui ont déjà produit un commencement de dilatation du col. Si la vie n'est pas éteinte dans l'œuf, et que les contractions dépendent d'un état d'irritation ou de spasme de l'utérus, il n'est pas absolument impossible de faire cesser les symptômes de l'avortement, quoiqu'ils soient accompagnés d'écoulement sanguin, et on doit se conduire encore comme si on pouvait le prévenir. Lorsque le fœtus a cessé de vivre, le travail commencé ne s'arrête plus ou ne présente plus que des suspensions de courte durée, et on ne doit rien faire pour l'entraver, si on a la certitude de la mort du fœtus. Nous avons déjà fait connaître, page 234, les signes qui l'annoncent, signes obscurs pendant les quatre premiers mois, mais qui prennent assez de précision après cette époque. A mesure que le travail avance, le col s'ouvre de plus en plus, et l'on touche les membranes, le placenta ou le fœtus. Le moment de l'expulsion de l'œuf ou du placenta, lorsque l'œuf est divisé, est ordinairement précédé de frissons qui alternent avec des chaleurs, du malaise, de la fatigue, de la pesanteur dans les membres, des inquiétudes, des douleurs dans les reins, des envies fréquentes d'uriner; il y a quelquefois des douleurs extrêmement vives qui s'irradient dans les membres inférieurs. Je dois rappeler qu'à une époque rapprochée de la conception, il arrive assez souvent que l'œuf est expulsé enveloppé d'un caillot de sang, et si on n'a pas eu le soin de conserver tout ce qui a été rendu par la femme, on peut rester dans l'incertitude si la fausse couche est effectuée. Lorsque l'œuf se rompt, si le fœtus sort le premier, qu'il se perde ou qu'on le retrouve, on peut rester incertain si le placenta avec ses membranes est expulsé ou non. Souvent on le trouve en partie engagé dans le col; quoiqu'il se distingue assez facilement d'un caillot de sang durci, retenu dans la matrice et faisant saillie dans le vagin, il n'est pas moins nécessaire d'être prévenu que la distinction est quelquefois difficile. C'est une méprise qui est assez souvent commise si on n'apporte pas une grande attention dans l'examen. Lorsque le placenta reste en grande partie adhérent après la rupture de l'œuf, l'écoulement du liquide amniotique et la sortie du fœtus, le col, tout en restant mou et perméable, revient en grande partie sur lui-même, et les apparences ou de faux renseignements peuvent faire croire que l'avortement est effectué. On sera bientôt conduit à reconnaître que l'utérus n'est pas complétement débarrassé du produit de la conception à l'odeur fétide que prennent les fluides muqueux, séreux, mélés de sang, qui s'écoulent par le vagin, et au retour de pertes et de douleurs utérines, qui reviennent à des intervalles plus ou moins rapprochés sans cause appréciable. Tant que cet état de choses dure, on peut avec beaucoup de vraisemblance présumer que l'avortement n'est pas complétement terminé, alors même que le col est libre, et déjà sensiblement resserré.

V. *Pronostic.* On a porté des jugements fort différents sur la gravité de l'avortement : les uns veulent qu'il soit plus dangereux que l'accouchement spontané; les autres soutiennent le contraire. Cette dissidence vient de ce qu'on n'a pas suffisamment tenu compte des conditions dans lesquelles il survient. Sa gravité diffère d'une manière essentielle suivant les causes. Ce sont des notions exactes, mais partielles, qui, généralisées, ont donné lieu à ces opinions contradictoires. Il est un assez grand nombre de cas où l'on peut comparer l'avortement à l'accouchement; ce sont ceux où il existe une telle prédisposition à cet accident qu'il suffit de causes très légères pour le produire. On peut ranger dans la même catégorie les cas dans lesquels le fœtus succombe dans le sein de la mère à la suite de maladies indépendantes de celle-ci ou seulement liées à des dispositions vicieuses latentes de son organisation. L'avortement qui est ainsi en quelque sorte spontané est peu grave et fait courir à la femme moins de dangers que l'accouchement naturel. Mais dans la plupart des autres cas, il n'est plus permis de comparer l'avortement à l'accouchement naturel; nous avons vu que, lorsqu'une maladie aiguë est assez intense pour le provoquer, la femme échappe rarement à la mort; il est vrai que l'accouchement à terme dans les mêmes circonstances est aussi grave. Lorsque l'avortement est consécutif à une hémorrhagie utérine ou à des violences extérieures qui ont agi avec une grande intensité, ce n'est plus à l'accouchement naturel, mais à l'accouchement compliqué d'hémorrhagie, qu'il faut le comparer, avec cette différence que l'hémorrhagie des premiers temps de la grossesse, à cause de la moindre vascularité de l'utérus, est moins grave, quoique plus persistante, que celle qui survient dans les dernières périodes de la grossesse, et en particulier pendant le travail de l'accouchement, soit prématuré, soit à terme. Le nombre de cas funestes d'avortement est beaucoup accru par les tentatives criminelles pour le provoquer. Une particularité qui donne toujours une certaine gravité à l'avortement, c'est qu'il prédispose fréquemment au retour du même accident, à des accidents divers de dysménorrhée et aux phlegmasies chroniques de l'utérus, à une inaptitude temporaire ou définitive à la fécondation. Il expose aussi, quoiqu'à un moindre degré, à la métrite et à la métro-péritonite puerpérales.

VI. *Indications.* Le traitement de l'avortement et de l'hémorrhagie utérine des cinq ou six premiers mois de la grossesse comprend un très grand nombre d'indications souvent différentes. Les unes se rapportent au traitement prophylactique, qui est dirigé contre les causes, avant le début de l'avortement, et souvent dans l'intervalle d'une grossesse à l'autre; les autres au traitement curatif, destiné à combattre les accidents lorsqu'ils sont imminents ou déclarés, afin de prévenir l'expulsion de l'œuf ou de la faciliter lorsqu'elle est inévitable.

Dans le traitement prophylactique, nous ne rappellerons pas toutes les indications qui sont relatives aux avortements habituels. Un grand nombre sont trop directement la conséquence des causes prédisposantes indiquées, pour qu'il soit nécessaire de rappeler d'une manière particulière toutes celles qui préexistent à la grossesse, et qui sont dépendantes d'un vice de la constitution, d'états morbides variés. Ces indications doivent surtout être mises en usage dans l'intervalle d'une grossesse à l'autre. Il en est de même des maladies et des troubles fonctionnels des organes génitaux, dont les indications ont été exposées aux articles *Aménorrhée, Dysménorrhée*. Leur emploi est souvent difficile, et exige de l'habitude et de grandes connaissances en médecine pratique. Je dois ajouter qu'un assez grand nombre de ces prédispositions sont au-dessus des ressources de l'art, qui ne sont alors que des palliatifs peu efficaces. Même dans ces cas, il arrive cependant quelquefois qu'avec le temps et de la persévérance, on parvient à modifier avantageusement la constitution. Lorsqu'il existe une prédisposition très marquée à l'avortement qui s'est manifestée par plusieurs fausses couches successives, il faut recommander à la femme d'éviter de redevenir enceinte, avant qu'on soit arrivé à modifier ce qu'il y a de défectueux dans sa constitution. C'est surtout chez les femmes ainsi prédisposées à l'avortement qu'on doit prescrire avec rigueur, lorsque la conception s'est effectuée, l'observation des règles de l'hygiène propre aux femmes grosses, et recommander d'éviter l'action des causes occasionnelles les plus légères, qui, étant sans effet dans les conditions ordinaires, deviennent très puissantes dans ce cas. Des femmes qui avaient toujours avorté ont vu leur grossesse se continuer jusqu'à terme en suivant avec persévérance les précautions que réclamait leur état.

4. Nous avons vu que plusieurs des changements que produit la grossesse sont favorables à la production de l'avortement en prédisposant soit à l'hémorrhagie, soit à une excitabilité anormale de l'utérus. Ils produisent d'autant plus facilement leurs effets qu'ils rencontrent dans la constitution générale ou dans des dispositions individuelles des conditions qui favorisent leur développement d'une manière insolite. C'est ainsi que nous avons vu qu'une constitution naturellement débile ou affaiblie par divers états morbides, qu'un tempérament éminemment lymphatique, qu'une prédisposition aux stases veineuses et lymphatiques, sont autant de circonstances qui rendent les hémorrhagies utérines imminentes. Ces divers états, qui donnent si fréquemment lieu à des avortements répétés, ont un grand nombre d'indications qui sont communes. On cherche à donner plus d'activité et d'énergie à la nutrition par l'emploi des toniques sous différentes formes, tels que les préparations de quinquina, d'extraits amers, donnés

à petites doses et pendant un temps assez long, les eaux ferrugineuses, un régime substantiel composé de viandes rôties, de vin vieux. On peut en même temps avoir recours avec des avantages marqués aux frictions sèches ou aromatiques sur la peau, pour favoriser l'action des vaisseaux capillaires, aux bains frais, aux bains de mer; l'exercice doit être modéré, mais pris en plein air, pour éviter les inconvénients d'une vie trop sédentaire dans des appartements qui réunissent rarement toutes les conditions de salubrité dans les grandes villes. Cependant, dans quelques cas, l'état d'atonie de l'utérus est si grand que le décubitus horizontal doit être observé pendant une grande partie de la grossesse. Je dois faire remarquer ici qu'on donne généralement une extension abusive et exagérée au conseil de faire garder le repos dans une attitude plus ou moins horizontale, en l'appliquant presque indistinctement dans la pratique à toutes les femmes chez qui il s'est montré quelque prédisposition à l'avortement. On a accordé une si grande importance à l'état de mollesse et de relâchement du col, qu'on a cru qu'il pouvait difficilement retenir l'œuf dans ces cas; son poids est évidemment trop peu considérable pendant les trois ou quatre premiers mois, époque pendant laquelle on observe plus particulièrement les avortements répétés, pour qu'on puisse admettre une semblable supposition. Dans ce cas, l'état qui prédispose à l'avortement est fort complexe : à la mollesse et au relâchement du col, à l'atonie et à la laxité de l'utérus, qui s'abaisse et s'engorge plus facilement, se joint des dispositions générales qui ont souvent plus de part à l'avortement que l'état des organes génitaux eux-mêmes. Toutefois, lorsque le segment inférieur de l'utérus est mou, que l'organe se congestionne avec facilité et s'abaisse très sensiblement ou tend à se renverser, la position horizontale gardée avec persévérance est un moyen très important qu'il ne faut pas négliger, et qu'il faut encore faire conserver assez longtemps après que tous les prodromes de l'avortement se sont dissipés. Quelle que soit la cause de l'avortement, le décubitus doit être pris aussitôt qu'il se manifeste quelques prodromes même peu inquiétants. Mais il y a loin de là à l'habitude de faire garder le repos pendant presque tout le cours de la grossesse aux femmes qui sont sujettes à l'avortement. Dans beaucoup de cas, il en résulte une diminution de l'appétit, de l'alanguissement dans les fonctions, un étiolement, de la constipation, qui ne fait qu'accroître la prédisposition à la répétition du même accident. Une jeune femme d'un tempérament lymphatique, d'une constitution faible, fait trois fausses couches pendant les deux premières années de son mariage, malgré la précaution qu'on avait prise de lui faire garder le repos complet ; devenue enceinte une quatrième fois, et ignorant sa situation parce qu'elle avait continué de voir ses règles couler un peu pendant les trois premières époques, elle continue ses occupations, va à la campagne, et fait plusieurs voyages d'une vingtaine de lieues. Elle est avertie de sa grossesse par les mouvements ; mais elle ne change pas son genre de vie, et accouche à terme d'un enfant bien portant. Les faits plus ou moins analogues à celui-là ne sont pas rares. Depuis que je m'occupe de rechercher les maladies de l'œuf et de l'embryon, on m'a communiqué un assez grand nombre de produits qui portaient sur eux la cause évidente de l'avortement, et cependant les renseignements qui m'étaient fournis assignaient positivement une autre cause à cet accident, comme quelque imprudence, de la fatigue, des secousses, une marche prolongée, une course en voiture, etc. On attribue trop facilement les fausses couches à des circonstances extérieures, qui ne sont souvent qu'une coïncidence ; mais, quelque avantageux qu'il soit de suivre le traitement tonique et fortifiant après la conception, on est conduit à l'employer avec beaucoup plus de ménagement, surtout en ce qui concerne l'exercice, les bains salins et sulfureux. Les moyens généraux surtout, employés dans l'intervalle d'une fausse couche à une nouvelle grossesse, peuvent prévenir non seulement les avortements qui se font sous l'influence des troubles fonctionnels d'un mode de vitalité anormale des organes génitaux, mais encore ceux qui ont lieu sous l'influence de mauvaises dispositions dans les humeurs, dans le mode de nutrition, qui amènent la cessation de la vie dans le produit de la conception, lui font contracter diverses maladies graves. Lorsqu'il se manifeste des prodromes d'avortement chez les femmes qui se trouvent dans ces conditions, et que des symptômes de congestion, des spasmes utérins se déclarent, la conduite du médecin devient très embarrassante. Si la débilité et l'amaigrissement ne sont pas très considérables, on doit retirer une petite quantité de sang par les veines du bras ; la saignée pourra même être répétée suivant le besoin à des distances plus ou moins éloignées. Ces émissions sanguines peu abondantes agissent sur l'utérus comme déplétives et comme révulsives, et dissipent ordinairement les accidents du côté de l'utérus pour un temps plus ou moins long ; mais on conçoit qu'elles ne doivent pas être portées très loin, et qu'elles ne sont que des palliatifs qui peuvent aggraver l'état général : aussi ne faut-il négliger aucun des moyens accessoires.

Le plus important est le décubitus horizontal, qu'il faut faire garder jusqu'à ce que les symptômes de congestion soient complétement dissipés. Des réfrigérants peuvent être maintenus avec avantage à l'hypogastre et autour du bassin. Si les spasmes utérins paraissent prédominer, on doit avoir recours en même temps à quelques préparations opiacées, administrées de préférence par le rectum. Les mêmes moyens seraient continués s'il s'était déjà déclaré quelques phénomènes d'avortement, comme un écoulement sanguin. S'il est léger, on peut conserver de grandes espérances de retarder ou de prévenir l'avortement ; mais s'il est intense et que d'autres phénomènes se soient déjà déclarés, il reste peu de chances de les arrêter dans ces cas où il y a une prédisposition si grande à l'avortement.

Indépendamment des moyens rationnels qui viennent d'être indiqués pour prévenir l'avortement et arrêter les hémorrhagies utérines, souvent assez légères, mais très prolongées ou répétées, qui surviennent chez quelques femmes enceintes, dans les cas de débilité de la constitution et d'atonie de l'utérus, on a vanté quelques autres moyens dont l'emploi n'est pas aussi clairement indiqué, ni les bons effets aussi bien constatés : tel est l'usage de la cannelle en poudre, en teinture, qui a été préconisée par beaucoup de praticiens ; de la sabine, que Sauter dit avoir employée avec succès, pendant plus de vingt ans ; il la faisait prendre en poudre à la dose de 15 à 20 grains, trois fois par jour, pendant trois, quatre, cinq mois, pour des pertes qui faisaient craindre une fausse couche par faiblesse ou atonie. Il a pu ainsi arrêter les pertes, empêcher la fausse couche, chez des femmes qui en avaient éprouvé plusieurs par la même cause.

C'est dans des circonstances à peu près semblables que Beatty et Russel ont administré les préparations mercurielles dans tous les cas de récidives sans causes apparentes. Ils continuent cette médication pendant six semaines, pour la reprendre ensuite et à des doses qu'on ne peut point conseiller. Il est vraisemblable que l'utilité d'un pareil traitement se borne aux cas d'affection syphilitique. On a célébré beaucoup d'autres médicaments particuliers parmi les excitants des organes génitaux-urinaires ; mais ils sont encore moins bien sanctionnés par l'expérience que les précédents, et les cas dans lesquels ils conviennent encore plus mal déterminés. C'est surtout dans l'intervalle d'une grossesse à l'autre qu'on doit chercher à corriger par des moyens plus actifs ces prédispositions à l'avortement. Pendant la grossesse, les moyens propres à modifier la constitution et le mode de vitalité de l'appareil génital par des excitants doivent faire craindre de provoquer l'avortement au lieu de s'y opposer.

2. Nous avons signalé un genre de prédispositions en quelque

sorte opposé au précédent, et comme lui constitutionnel ou acquis. On l'observe chez des femmes généralement maigres, d'un tempérament nerveux, sujettes, hors l'état de grossesse, aux spasmes hystériformes, aux accidents de dysménorrhée, etc.; et pendant la grossesse, à des phénomènes sympathiques nerveux portés jusqu'à l'état morbide ; l'utérus est doué d'une irritabilité très grande, et l'œuf devient souvent pour lui un corps irritant qui excite d'une manière insolite sa contractilité, et il finit assez souvent par l'expulser : c'est dans ces cas qu'on attribue généralement l'avortement à la rigidité du tissu de l'utérus. Cette susceptibilité se révèle souvent par des douleurs, par des spasmes sur divers points de l'utérus, par des pesanteurs aux lombes, qui offrent des rémissions et des intermittences plus ou moins longues. L'utérus est quelquefois douloureux au contact, et à une époque avancée de la grossesse, les mouvements du fœtus deviennent très pénibles. Cet état paraît quelquefois produit par des impressions extérieures, les variations atmosphériques. Il n'est pas toujours facile de le distinguer de l'hyperémie utérine, avec laquelle il se confond d'ailleurs assez souvent. Il peut se développer sous l'influence de la grossesse, et on l'observe chez des femmes qui ne présentent pas les caractères du tempérament nerveux. Porté au degré où il détermine des spasmes, des coliques utérines, des accès d'hystéralgie, il provoque fréquemment l'avortement, soit en déterminant des contractions expulsives, soit des hémorrhagies. Cet état est combattu avec succès par divers moyens. Tant qu'on n'observe pas quelques prodromes d'avortement, on peut se borner à éviter avec soin toute cause d'excitation, et à combattre par des moyens appropriés cette disposition générale. La grossesse arrive ordinairement jusqu'à terme chez la plupart de ces femmes, si elles ont une manière de vivre bien réglée, si elles ne prennent que des distractions peu propres à donner des émotions morales vives. C'est surtout pour elles que le lit conjugal doit être interdit au mari jusqu'à une époque avancée de la grossesse. A un exercice modéré, à des distractions simples, on ajoutera l'usage des bains tièdes et même frais, un régime doux, on entretiendra le cours des selles par les laxatifs les moins irritants possibles. On pourra également essayer avec ménagement de quelques antispasmodiques. Si malgré ces soins, ou parce qu'ils ont été négligés, il se déclare des spasmes, des coliques utérines, des douleurs sacrées et lombaires, une excitabilité générale très prononcée, soit que l'avortement soit imminent et que le sang coule déjà au-dehors, ou s'accumule dans l'intérieur de l'utérus, soit qu'il paraisse encore assez éloigné, il faut avoir recours à des moyens plus énergiques. L'opium paraît être le sédatif par excellence de l'utérus.

Tous les praticiens qui ont l'habitude de soigner les femmes enceintes sont d'accord sur son utilité ; il a la propriété de pouvoir suspendre les spasmes, et même les contractions expultrices de l'utérus, lorsqu'elles surviennent accidentellement. On le donne en lavement et par la bouche, lorsque rien ne s'y oppose : la première manière est généralement préférée. On l'administre généralement à une dose plus forte, car la gestation paraît établir une tolérance très prononcée pour ce médicament. Il faut en continuer l'usage pendant un temps plus ou moins long et l'administrer à des époques assez rapprochées, plusieurs fois par jour, parce que son action n'a pas une durée très longue, car on la voit ordinairement cesser au bout de huit à dix heures. Toutes les préparations opiacées peuvent être administrées ; mais l'usage a en quelque sorte consacré le laudanum de Sydenham ; on le donne à la dose de 15 à 20 gouttes dans une potion gommeuse prise dans un temps assez court. Suivant l'intensité et la persistance des accidents, on en prescrit une nouvelle dose au bout de huit ou dix heures ; et suivant les effets produits, on continuera encore, soit à la même dose, soit à une dose plus faible, l'administration de l'opium. On voit ordinairement, dans ces cas, les femmes prendre trente, quarante, soixante, quatre-vingts gouttes de laudanum de Sydenham en vingt-quatre heures, et même quelquefois une bien plus grande quantité, sans éprouver de symptômes prononcés de narcotisme. Cependant, si l'usage doit en être continué longtemps après les premiers accidents calmés, il faudra en diminuer la quantité. On se conduit de la même manière en le donnant par l'anus ; il ne faut employer qu'une petite quantité de véhicule, le huitième d'un lavement ordinaire. Par cette dernière voie, les effets sont généralement plus marqués, même à une dose moins forte. Si les spasmes avaient déjà produit un décollement partiel du placenta ou d'une autre partie de l'œuf, et que le sang s'accumulât à l'intérieur de l'utérus, ou qu'il s'écoulât au-dehors, il faudrait encore employer la même médication tant que la grossesse ne paraîtrait pas interrompue et l'avortement inévitable.

Les émissions sanguines sont souvent un auxiliaire très important pour calmer l'excitation générale et les spasmes utérins, sans qu'elles soient indiquées par un état de pléthore. Si l'état général ne les contre-indique pas d'une manière formelle, on fera précéder l'administration de l'opium d'une petite saignée du bras ; mais si à l'état d'éréthisme, aux spasmes utérins, se joint un état de pléthore générale ou d'hyperémie utérine, l'administration de l'opium n'aurait que peu d'effet, si l'on ne débutait pas par une ou plusieurs saignées. On doit se conduire de la même manière lorsque les spasmes utérins sont purement symptomatiques, soit de la congestion, soit de l'hémorrhagie utérine. Le traitement par les opiacés sera associé aux émissions sanguines modérées, tant que la perte sanguine n'a pas produit une déplétion suffisante ou que l'avortement n'est pas inévitable. Dans les cas où l'état d'irritation spasmodique de l'utérus est accompagné de faiblesse générale, on associe avec avantage aux opiacés les toniques, tels que le quinquina, la cannelle. D'autres médicaments paraissent pouvoir remplacer avec avantage l'opium dans le traitement des spasmes et des hémorrhagies utérines. On a particulièrement vanté l'assa-fœtida, la valériane, la jusquiame, la digitale, l'antimoine, l'oxide blanc de zinc, etc.; mais l'efficacité de ces divers médicaments n'a point jusqu'à présent été sanctionnée par des épreuves aussi multipliées et d'une manière aussi complète que celle de l'opium.

3. Les hémorrhagies utérines, les avortements qui dépendent de la pléthore générale, de l'hyperémie, des congestions utérines et pelviennes, qui se développent pendant la grossesse, particulièrement chez les femmes fortes, à système vasculaire prédominant, chez celles qui sont abondamment réglées, ou dont les époques menstruelles sont marquées par des symptômes intenses de pléthore utérine, réclament comme moyens préventifs et curatifs la thérapeutique des hémorrhagies en général. En traitant de la pléthore des femmes enceintes, nous avons suffisamment fait connaître quel avantage on pouvait retirer de l'emploi des saignées générales et même des saignées locales, page 337. Je dois ajouter que lorsque les prodromes, soit de l'hémorrhagie, soit de l'avortement, se répètent à des époques plus ou moins déterminées, coïncidant ou non avec les époques menstruelles, c'est le cas d'avoir recours, dès l'apparition des premiers phénomènes et même avant, si la période où des avortements antérieurs se sont effectués n'est pas encore dépassée, à ces saignées à petites doses, déplétives et révulsives, dont j'ai déjà parlé plusieurs fois. On retire, dans ces cas, 120 à 180 grammes de sang. D'ailleurs, outre la nécessité de faire fréquemment usage des émissions sanguines chez les femmes grosses, sans qu'elles soient indiquées par l'état général, d'autres causes que nous avons fait connaître rendent en quelque sorte obligatoire de n'avoir recours qu'à des saignées modérées, même chez les femmes fortes; il vaut mieux les répéter que de retirer en une seule fois une grande

quantité de sang. On secondera les effets des émissions sanguines par un régime peu substantiel, des boissons tempérantes.

Lorsque l'hémorrhagie est imminente ou déclarée, soit qu'elle soit l'effet de la pléthore, d'une commotion physique ou morale, indépendamment des indications qui sont relatives à la cause, on doit avoir recours à des moyens communs à toutes les espèces d'hémorrhagies : on enlèvera les vêtements qui peuvent gêner la circulation, la malade sera couchée dans une position horizontale, le bassin élevé ; elle gardera cette position pour satisfaire à ses besoins naturels et aux soins de propreté. Ce que nous avons dit de la circulation utérine et du mode de production des hémorrhagies de cet organe pendant la grossesse explique toute l'importance de la position pour la cessation des hémorrhagies utérines ; ce n'est pas une simple précaution utile, mais un puissant moyen thérapeutique dans ces cas, dont on tire tous les jours un très grand parti. La malade doit être médiocrement couverte ; la température de l'appartement doit plutôt être fraîche que chaude. Des boissons froides seront administrées à l'intérieur. Ces moyens simples doivent presque toujours précéder et accompagner un traitement plus énergique ; ils suffisent cependant assez souvent seuls, continués pendant un temps plus ou moins long, lorsque l'hémorrhagie est légère et que les symptômes locaux et généraux sont peu intenses. Le moyen le plus actif qu'on puisse diriger contre l'hémorrhagie utérine, que l'écoulement sanguin soit léger ou abondant, lorsqu'elles sont liées à un état de pléthore ou de congestion utérine, avec réaction générale sur toute l'économie, est fourni par les émissions sanguines. Par ce moyen, on empêche souvent des hémorrhagies imminentes de se manifester, et on arrête aussi les hémorrhagies commençantes. Les recueils d'observations sont pleins de faits qui nous montrent des femmes dans ces conditions, dont la grossesse avait toujours été interrompue par des hémorrhagies, donner le jour à des enfants à terme, lorsque les émissions sanguines et les autres moyens accessoires ont été judicieusement employés, d'après les indications fournies par l'état d'hyperémie et de congestion de l'utérus. Lorsque l'hémorrhagie est imminente, il faut se hâter de pratiquer une ou plusieurs saignées au bras, suivant l'intensité des symptômes. On évitera, comme pour les saignées de précaution, de retirer à la fois une trop grande quantité de sang. On se conduirait de la même manière si l'hémorrhagie était déjà déclarée. Cependant, si elle avait débuté avec une grande abondance, ou si elle existait depuis un temps assez long pour que la quantité de sang perdu fût assez grande non seulement pour produire une déplétion générale et locale prononcée, mais encore pour déterminer un commencement d'anémie, il faudrait s'abstenir de toute émission sanguine, malgré l'état d'activité de la circulation et d'irritation de l'utérus, qui persistent souvent, ainsi que les douleurs lombaires et hypogastriques, quelque temps après la cessation de l'écoulement sanguin. L'emploi des émissions sanguines dans ces cas ne ferait qu'accroître la susceptibilité nerveuse et la céphalalgie, qui sont le résultat de la perte utérine. Si l'état du col indiquait que l'avortement est très avancé et qu'il est inévitable, on devrait s'abstenir d'émissions sanguines, pour avoir recours à des moyens plus propres à suspendre l'hémorrhagie, qui, par cela même qu'elle est en quelque sorte traumatique, est peu influencée par la saignée, lorsqu'elle a débuté et qu'elle a déjà produit une déplétion suffisante.

Les émissions sanguines locales autour du bassin ne sont pas, comme beaucoup de praticiens le pensent, contre-indiquées dans tous les cas; il en est même quelques uns où elles doivent être préférées. Déjà Smellie les appliquait avec succès sur les tumeurs hémorrhoïdales. Beaucoup de médecins en ont constaté l'utilité dans des cas donnés; M. Gendrin, qui paraît en avoir retiré de grands avantages, a cherché à déterminer les circonstances qui indiquent leur application. Les principales sont, d'après lui, la prédominance de la pléthore et de l'irritation utérines, comme causes déterminantes de l'hémorrhagie et des autres symptômes de l'avortement, la persistance du même état coïncidant avec la pléthore générale qui a cédé à une ou plusieurs saignées du bras, un état inflammatoire ou sub-inflammatoire de l'utérus ou des ovaires, déterminant souvent, outre les prodromes ou les symptômes de l'avortement, des phénomènes sympathiques intenses du côté de l'estomac; les inflammations locales qui ont leur siège dans des organes voisins de l'utérus, telles que celles qui accompagnent assez souvent la présence des hémorrhoïdes à l'anus et dans le rectum; les leucorrhées vaginales qui se manifestent quelquefois pendant la grossesse, etc. Dans ces divers cas, on peut être conduit à appliquer des sangsues à l'anus, à la vulve, aux aines, à l'hypogastre, au niveau des gouttières sacrées. La quantité de sang qu'on retirera par les émissions sanguines locales sera proportionnée à l'intensité des accidents locaux et à l'état général de la malade; mais dans tous les cas, elle devra être assez grande pour produire une déplétion de l'utérus qui compense l'effet révulsif. En cela elles diffèrent de ces émissions sanguines faibles et répétées qu'on pratique sur les mêmes points pour congestionner les ovaires et l'utérus dans certains cas de dysménorrhée et d'aménorrhée. On a eu recours, dans quelques cas, à des émissions sanguines locales sur des parties du corps éloignées de l'utérus, en rapports de sympathie avec cet organe. Les mamelles présentent au plus haut degré ce rapport sympathique avec l'utérus. Hippocrate avait déjà conseillé d'appliquer, dans les cas d'hémorrhagie utérine, des ventouses sur les mamelles. Lorsque le gonflement, les douleurs des seins sont intenses, il y a souvent réaction sur l'utérus ; on en a une preuve bien évidente dans les tranchées utérines qui se renouvellent souvent pendant la fièvre de lait ; une réaction semblable se manifestant dans le cours de la grossesse peut quelquefois déterminer des prodromes d'avortement et entretenir dans l'utérus une disposition à l'hémorrhagie ; dans ce cas, il faut donner de l'extension au précepte d'Hippocrate, non seulement en provoquant un effet révulsif, mais en dégorgeant les mamelles ; et l'on doit, à l'exemple de M. Gendrin, appliquer des sangsues du côté des mamelles, vers les aisselles ; on peut rendre leur action plus efficace en couvrant les piqûres de ventouses.

Lorsque les émissions ou la perte utérine ont produit un dégorgement sensible, il faut avoir recours aux opiacés, comme il a été dit ci-dessus, pour calmer les spasmes et les contractions de l'utérus.

Les révulsifs sont souvent utilement employés, soit pour prévenir une hémorrhagie utérine imminente, soit pour la combattre lorsqu'elle est déclarée. On applique des ventouses sèches, des sinapismes ; on fait des frictions irritantes sur quelques points de la partie supérieure du tronc, entre les deux épaules, sur le devant de la poitrine, au voisinage des mamelles, et on les renouvelle plus ou moins souvent, suivant la persistance des accidents ; mais on doit s'en abstenir s'ils déterminent une excitation générale trop vive.

Le froid est très fréquemment employé dans le traitement des hémorrhagies utérines puerpérales, quelle qu'en soit d'ailleurs la cause, soit comme auxiliaire, soit comme moyen principal. Le froid est un sédatif très propre à modérer l'activité de la circulation utérine, et à combattre les congestions actives et passives dont cet organe est fréquemment le siège, avant l'apparition et pendant la durée des hémorrhagies ; il produit de plus un resserrement des fibres utérines très propre à s'opposer à l'épanchement du sang. Pendant la grossesse, le froid ne peut être porté sur l'utérus que d'une manière indirecte. On remplit les indications qui sont relatives à son emploi, en administrant des boissons fraîches, dont on peut abaisser la température jusqu'à celle de la glace fondante s'il y a nécessité de le faire. Si les malades ne doivent pas être tenues à la diète complète, des aliments légers, tels que le bouillon, etc., seront pris froids. On fera des injections d'eau froide dans le rectum ; on couvrira l'hypogastre, la partie supérieure des cuisses, de compresses trempées dans l'eau froide ou dans des mélanges réfrigérants. En faisant ces applications extérieures, on devra éviter avec soin de mouiller le lit de la malade ; pour cela, il devra être garni d'alèzes qui puissent facilement être changées lorsqu'elles sont pénétrées d'humidité ; elles ne doivent point être faites avec cette profusion déplorable qui est en quelque sorte devenue une pratique vulgaire. L'eau froide portée directement sur le col de l'utérus par des injections vaginales a l'inconvénient de délayer, de détacher les caillots qui se forment au fond du vagin et dans le col, et qui sont souvent un moyen qui met fin momentanément ou définitivement à l'écoulement sanguin. Les applications froides autour du bassin, à l'épigastre et sur les cuisses, ne doivent pas être prolongées très longtemps, surtout à une température basse ; lorsqu'il y a indication d'insister sur leur emploi, il faut les suspendre de temps en temps, pour les reprendre ensuite, quand la réaction commence à se manifester.

Lorsqu'on est parvenu par les divers moyens mentionnés, employés suivant les indications, à suspendre ou à prévenir une hémorrhagie utérine et à dissiper les autres prodromes de l'avortement quelle qu'en soit d'ailleurs la cause, avant qu'il y ait interruption du cours de la grossesse ou avant que l'expulsion de l'œuf soit inévitable, il faut, pour prévenir les récidives auxquelles ces femmes sont très exposées, continuer au-delà de la cessation des accidents, et pendant un temps plus ou moins long, l'usage des moyens préventifs, et ne leur laisser reprendre leur habitude ordinaire de vivre que par degré et avec de grandes précautions. Chez celles qui sont éminemment prédisposées à l'avortement, on ne doit se relâcher de cette sévérité qu'à une époque rapprochée du terme de la grossesse.

4. Lorsque le produit de la conception a cessé de vivre, soit avant les accidents utérins, soit par le fait des lésions produites par l'hémorrhagie, ou lorsque le travail de l'avortement est assez avancé pour qu'on puisse considérer l'expulsion de l'œuf comme inévitable, on doit renoncer aux moyens propres à conserver la grossesse, pour remplir de nouvelles indications. Mais il est souvent impossible, du moins pour ce qui est relatif à la mort du fœtus, d'établir pratiquement cette distinction, surtout pendant les premiers mois de la grossesse. L'absence de signes certains de la mort du fœtus à cet âge n'a dans ces cas que l'inconvénient peu grave de faire continuer le traitement préservatif de l'avortement au-delà du temps strictement nécessaire, et de faire sus-

pendre momentanément ou prolonger un travail d'expulsion qui doit nécessairement avoir lieu. Les indications qui sont propres à l'avortement devenu inévitable sont relatives à l'hémorrhagie, aux spasmes utérins, à la rétention de l'œuf entier ou seulement du placenta complétement ou incomplétement séparés de la face interne de l'utérus.

1° Lorsque le travail de l'avortement se fait d'une manière régulière, sans prédominance de symptômes morbides particuliers, que l'écoulement sanguin inséparable du décollement de l'œuf et du placenta est modéré, on doit se borner à la surveillance et aux soins qu'exigent l'accouchement ordinaire non compliqué. Si l'hémorrhagie est plus abondante, mais sans présenter de gravité, on insistera sur quelques uns des moyens préventifs, tels que la position élevée du bassin, le froid à l'intérieur, à l'extérieur, et les opiacés s'il existe de l'irritation et des spasmes de l'utérus.

2° Si la femme est d'une constitution faible, ou si la déperdition sanguine antérieure est déjà considérable, que l'écoulement continue malgré l'emploi des moyens que je viens d'indiquer, et que le travail fasse peu de progrès, il faut soutenir et réparer les forces de la malade par des aliments légers, ranimer l'action de l'utérus affaiblie. On a vanté pour cela la teinture de cannelle; mais l'ergot du seigle remplit infiniment mieux cette indication et doit être préféré; on peut en attendre de bons effets si déjà des contractions de l'organe ont existé ; mais son administration devrait être différée autant que possible, si l'on avait encore quelque espoir de conserver la grossesse.

3° L'indication de suspendre l'écoulement sanguin persistant, lorsqu'il est abondant et trop prolongé, surtout chez des femmes naturellement faibles ou affaiblies par des pertes antérieures, peut être beaucoup plus urgente encore. Le moyen le plus sûr et le plus prompt est le tamponnement du vagin ; bien que son emploi ne soit indiqué que lorsque la grossesse est interrompue ou que l'avortement est inévitable, cependant, lorsque la mère court un danger réel par l'abondance ou la persistance de l'hémorrhagie, et que les autres moyens sont insuffisants ou inapplicables, il est indispensable d'y avoir recours avant que l'avortement soit arrivé à cette période avancée; et dans quelques cas, malgré l'excitation produite par la présence du tampon, non seulement l'hémorrhagie a été arrêtée, mais encore la grossesse n'a point été interrompue. Mais ce sont là des cas exceptionnels assez rares; car le mode d'agir du tampon est complexe. D'une part, il empêche le sang de s'échapper à travers le col, et favorise sa coagulation sur les points de la face interne de l'utérus dénudé ; de l'autre, par l'irritation que sa présence occasionne sur le col de l'utérus, sur la vessie et le rectum, il provoque des contractions utérines plus énergiques et hâte l'expulsion de l'œuf, et cette propriété est dans la grande majorité des cas un avantage plutôt qu'un inconvénient, car il est extrêmement rare qu'il y ait nécessité de recourir au tamponnement dans les hémorrhagies utérines des premiers temps de la grossesse, avant que l'existence du produit de la conception soit compromise. Le tamponnement ne doit pas inspirer la même sécurité à toutes les époques de la grossesse : cette sécurité sera d'autant plus grande que la grossesse est moins avancée ; car il convertit une hémorrhagie externe en une hémorrhagie interne. Pendant les cinq ou six premiers mois, le peu de capacité de l'utérus et d'extensibilité de ses parois ne permettent qu'une médiocre accumulation de sang dans sa cavité. Mais il ne faut pas perdre de vue que déjà dans le cinquième et le sixième, il n'est pas impossible que l'accumulation soit assez grande pour compromettre l'existence de la mère, comme quelques exemples l'attestent. Ainsi, si l'on a recours au tamponnement pendant cette période, il faut surveiller avec soin l'état général de la malade, et en particulier les changements qui peuvent survenir du côté de l'utérus. Nous aurons à revenir sur ce point à l'occasion des hémorrhagies utérines des derniers mois de la grossesse. Pendant les trois ou quatrième mois, lorsque l'expulsion tardive de l'œuf ou du placenta est accompagnée d'une hémorrhagie dangereuse, on peut avoir recours avec sécurité au tamponnement ; mais après cette époque, il ne faut y avoir recours qu'avec une grande circonspection. D'ailleurs la texture musculaire de l'utérus est déjà assez avancée pour qu'on puisse tirer un grand parti des moyens ordinaires d'exciter la contractilité de cet organe. La manière de pratiquer le tamponnement est très simple. On porte des bourdonnets ou des boulettes de charpie au fond du vagin, sur le col de l'utérus ; lorsqu'on se propose en même temps d'exciter la contractilité de l'utérus, on peut les faire pénétrer dans l'intérieur du col ; on en remplit exactement le vagin ; on les soutient par d'épais gâteaux de charpie appliqués sur la vulve, et le tout est maintenu en place par un bandage en T. Cette charpie, humectée par la partie séreuse du sang et par la sécrétion vaginale, n'adhère que faiblement au col de l'utérus et aux parois du vagin, et on peut la retirer avec facilité. La précaution qu'on recommande dans le but de rendre son extraction plus facile, de fixer chaque boulette par un fil, est tout-à-fait inutile. La présence du tampon ne tarde pas à exciter des douleurs utérines assez vives, des ténesmes du côté de la vessie et du rectum. Chez quelques femmes, après un temps assez court, elles deviennent insupportables. D'ailleurs son application ne doit pas, en général, être très prolongée. On est quelquefois obligé de le réappliquer plusieurs fois. Il arrive assez souvent que le tampon est expulsé avec force, et que le produit de la conception ne tarde pas à le suivre. Dans tous les cas, le col est presque toujours beaucoup plus dilaté qu'avant son application, et rempli de caillots plus ou moins solides.

4° Lorsque l'interruption de la grossesse est certaine, la ponction de la poche des eaux est, comme le tamponnement, un moyen très efficace de mettre fin à l'hémorrhagie utérine inquiétante, et de hâter la terminaison de l'avortement : c'est l'excitant le plus certain pour mettre en jeu d'une manière franche et énergique les contractions de l'utérus. Depuis Puzol, son efficacité a été constatée par presque tous les médecins habitués à soigner les femmes grosses. Ceux qui ont repoussé la ponction de la poche des eaux se sont généralement fondés sur d'autres considérations que son inefficacité. Pour y avoir recours, il n'est pas nécessaire, comme le recommandait Puzol, d'attendre la dilatation du col et un commencement de formation de la poche.

Il n'est pas indifférent de pratiquer la ponction des membranes à toutes les époques de la grossesse ; contrairement au tamponnement, elle est plus efficace et a moins d'inconvénient, à mesure que la grossesse approche de son terme. Eu égard à la durée de la grossesse, ces deux moyens doivent plutôt être considérés comme devant se succéder que se remplacer : aussi, pendant les premières périodes de la grossesse, le tamponnement doit être préféré, parce que, pendant les deux premiers mois, la transformation musculaire, les propriétés contractiles de l'utérus, ne sont pas encore complétement développés. A cette époque, lorsque l'écoulement des eaux de l'amnios arrive accidentellement, on voit bien que le travail de l'avortement ne tarde pas à marcher plus rapidement, que les contractions deviennent plus évidentes, que l'hémorrhagie diminue ou se suspend ; mais si l'expulsion du placenta se prolonge, il n'est pas rare de voir se manifester de nouvelles pertes, qui peuvent être dangereuses, chez les femmes naturellement très faibles et chez celles qui ont déjà été considérablement affaiblies par l'écoulement sanguin antérieur. D'ailleurs, pour la facilité et la sûreté du travail, il est préférable que l'œuf soit expulsé entier, afin d'éviter tous les inconvénients de la rétention du placenta. Il faut aussi qu'il ne reste pas de doute que la grossesse est interrompue et que l'avortement est inévitable, ou que l'hémorrhagie, qui n'a pas cédé aux moyens ordinaires, soit assez grave pour faire craindre un grand danger pour la mère. Ce n'est donc que d'une manière tout-à-fait exceptionnelle et dans des cas particuliers qu'on doit avoir recours à la perforation des membranes dans les hémorrhagies graves qui compliquent l'avortement des trois ou quatre premiers mois de la grossesse. Cependant, dès les cinquième et sixième mois, où le travail de l'avortement se rapproche déjà de celui de l'accouchement, on rencontre déjà un certain nombre de cas où la rupture des membranes doit être préférée au tamponnement. Mais nous aurons occasion de revenir sur ce sujet en traitant des hémorrhagies qui compliquent l'accouchement à terme et l'accouchement prématuré, où la perforation des membranes est plus particulièrement applicable.

5° On est quelquefois conduit à avoir recours à d'autres moyens propres à aider l'expulsion du produit de la conception entier ou divisé. Nous avons déjà dit que, dans un assez grand nombre de cas, il n'y avait pas d'accidents dominants, et que dès que l'avortement était inévitable, il suffisait de surveiller et d'attendre l'expulsion de l'œuf; dans d'autres, elle est retardée ou entravée par des causes différentes qui réclament souvent des moyens appropriés. 1° Lorsque les phénomènes d'afflux sanguins, d'éréthisme, de spasme utérin et d'excitation générale, persistent après le décollement de l'œuf ou l'interruption de la grossesse, la dilatation du col se fait ordinairement avec une grande lenteur ou reste stationnaire, jusqu'à ce que ces symptômes se soient dissipés. Si la femme est vigoureuse et pléthorique, et si elle n'a encore perdu qu'une petite quantité de sang, une saignée du bras plus ou moins abondante, suivant l'intensité des symptômes, fait cesser ces accidents, et des contractions utérines franches et énergiques ne tardent pas à se développer. C'est sans doute cette influence des émissions sanguines qui leur a suscité tant de préventions, que partagent quelques médecins, et surtout les gens du monde. Si on y a recours, on préviendra la malade et les personnes qui l'entourent qu'il n'y a plus aucun espoir d'éviter l'avortement. Si l'état général contre-indique les émissions sanguines, on aura recours à des bains tièdes, aux préparations opiacées qui affaiblissent cette contractilité fibrillaire anormale; et après un temps souvent assez court, elle est remplacée par de véritables contractions expulsives. 2° Il n'est pas rare de voir, à une époque avancée du travail d'expulsion, l'utérus tomber dans un état d'inertie prolongée, avec augmentation de l'écoulement sanguin qui devient continu. Les titillations du col avec l'indicateur, l'administration de l'ergot du seigle, sont les moyens qui se présentent en première ligne. Malgré le conseil que nous avons donné d'éviter pendant les trois premiers mois de diviser l'œuf, parce que l'expulsion en masse est préférable en ce qu'elle n'expose pas aux dangers de la rétention du placenta, on ne doit pas cependant attacher une importance excessive à l'intégrité de l'œuf ; car il est assez fréquemment rompu accidentellement pendant le travail de l'avortement, sans qu'on observe les inconvénients que nous avons mentionnés. Il y a même presque toujours diminution ou cessation temporaire de l'écoulement sanguin, un travail d'expulsion plus énergique ; et ce n'est que dans le plus petit nombre de cas que le placenta est retenu pendant un temps qui dépasse beaucoup la durée moyenne de son expulsion. Dans le cours du cinquième et du sixième mois, si le travail était languissant et que la dilatation du col fût complète et l'œuf en grande partie engagé dans son intérieur, il serait convenable, même en l'absence de pertes, de rompre les membranes : on abrégerait ainsi le travail et on le rendrait moins douloureux.

6° Le produit de la conception rencontre quelquefois des difficultés assez grandes pour traverser le col utérin, qui, tout en se dilatant, conserve de la longueur et de la fermeté. Depuis les justes critiques de Puzol, on a généralement abandonné les crochets, les pinces en forme de forceps, dont on faisait autrefois fréquemment usage pour saisir les différentes parties du produit de la conception et les extraire. Lorsqu'on est dans la nécessité de recourir à des secours manuels, les doigts suffisent ordinairement, et sont l'instrument le plus commode qu'on puisse employer. D'ailleurs il ne faut pas se hâter d'avoir recours à ces moyens mécaniques ; on doit attendre que l'œuf soit complétement ou presque complétement détaché de la face interne de l'utérus, et qu'il ne soit plus retenu que par le col largement dilaté ou très dilatable et revenu sur lui-même. Dans ces cas, il est souvent préférable de temporiser : après un temps de repos et de calme, le travail se ranime, et l'expulsion se fait naturellement. Mais l'indication d'agir serait formelle si l'écoulement sanguin continuait avec quelque abondance ou s'il existait un resserrement spasmodique du col ayant résisté aux moyens ordinaires. On dilatera doucement l'orifice de la matrice avec les doigts ; si l'œuf a déjà un certain volume, on rompra les membranes en glissant le doigt avec ménagement dans l'intérieur de l'utérus ; on cherchera à entraîner l'œuf, et successivement les diverses parties solides dont il se compose s'il est divisé. Il peut arriver, lorsque le fœtus se présente par l'extrémité pelvienne, que les membres inférieurs s'engagent dans le col, médiocrement dilaté et encore très résistant. Si on exerce intempestivement des tractions sur le membre sorti, on éprouvera une résistance extraordinaire à dégager la tête, surtout si le fœtus a cinq ou six mois, et l'on s'expose à déchirer le col de la matrice et à laisser dans sa cavité la tête séparée du tronc.

7° La conduite à tenir devient plus embarrassante encore lorsque le placenta semble devoir rester pendant un temps presque indéfini dans la cavité utérine ; car, s'il y a danger d'un côté d'abandonner au temps et à l'action de la matrice son expulsion ou son élimination, de l'autre il n'y en a pas moins à faire des tentatives violentes et souvent infructueuses pour l'extraire ; on doit même s'interdire, comme pour l'œuf entier, de l'arracher violemment de la face interne de l'utérus, lorsqu'il est en grande partie adhérent ; on doit se borner à exciter par les moyens indiqués la contractilité de l'utérus. Si l'écoulement sanguin était inquiétant, soit par son abondance, soit par l'état de faiblesse de la femme, il faudrait avoir recours au tamponnement. Si la présence du placenta dans l'utérus ne détermine pas d'accidents, on se bornera à une surveillance exacte et aux précautions que réclame cette situation. On cherchera à s'assurer, par un toucher exact, si le placenta est complétement ou en grande partie décollé, et si l'obstacle à son expulsion se trouve principalement dans l'état du col revenu sur lui-même ou contracté spasmodiquement; ces contractions locales, quoique bien plus rares qu'après l'accouchement ordinaire, se rencontrent quelquefois comme obstacle à l'expulsion de l'œuf ou du placenta dans le travail de l'avortement. L'extraction artificielle du placenta décollé n'offre pas toujours les mêmes difficultés ; il n'est pas rare de le trouver en partie engagé dans le col, où il est comme étranglé ; on peut alors facilement porter le doigt au-dessus, en dilatant ou sans dilater le col, et l'entraîner tout entier au-dehors. Lorsqu'il est retenu au-dessus du col et qu'il est libre, ou qu'il ne tient à l'utérus que par une surface peu étendue, la difficulté est plus grande ; quoique le doigt indicateur seul ou avec le médius le touche dans une partie de son étendue, il est rare qu'il puisse le saisir de manière à l'entraîner. On ne peut compter sur le cordon ombilical qui est trop faible pour supporter des tractions ; d'ailleurs il est le plus ordinairement rompu sur un point trop rapproché du placenta pour pouvoir être saisi et servir à cet usage. La main est souvent encore le meilleur instrument ; elle peut, chez beaucoup de femmes dont les parties génitales externes sont relâchées, être portée dans le vagin tout entière ou au moins jusqu'à la racine du pouce. Dans l'un et l'autre cas, le doigt indicateur seul ou avec le médius peut parcourir toute la cavité utérine, surtout si on a la précaution de comprimer avec l'autre main la région hypogastrique, de manière à maintenir l'utérus aussi bas que possible. On peut ainsi facilement entraîner le placenta et les caillots sanguins qui en augmentent souvent la masse; s'il reste encore quelques adhérences, autres que celles qui sont formées par le sang coagulé, on peut facilement en apprécier l'étendue et le degré de solidité; si elles cèdent à des tractions ménagées ou devant le doigt poussé entre le placenta et l'utérus, on achèvera le décollement pour tout entraîner. Si au contraire il faut employer une violence dangereuse et qu'on ne puisse l'arracher que par fragments, on se contentera d'enlever la partie détachée, qui se sépare assez facilement du reste, parce qu'elle est considérablement ramollie. Dans les cas où l'anneau vulvaire serait réellement trop étroit, trop résistant, pour permettre l'introduction de la main dans le vagin, on la remplacerait avantageusement par la pince à faux germe de Levret ou une pince à polypes dépourvue de crochet. Mais pour que ces instruments soient indiqués et sans dangers, si on les conduit et fait agir avec prudence et ménagement, il faut que le placenta décollé ou en grande partie décollé forme à l'entrée du col ou dans la cavité utérine une tumeur très distincte.

8° Nous avons dit qu'il existe des cas où le col se resserre assez sur lui-même et où il est si peu dilatable qu'il est impossible de le traverser sans danger pour la femme, soit avec le doigt, soit avec une pince fermée ; on ne peut ni extraire le placenta, ni constater son décollement. Tant que les choses restent dans cet état, on doit renoncer à toutes tentatives d'extraction. Trois cas différents peuvent se présenter : dans le premier, après un temps variable, il se manifeste des symptômes d'expulsion qui sont suivis de la sortie du placenta, qui est quelquefois assez frais dans une grande partie de son étendue, ce qui prouve que non seulement il était resté adhérent, mais encore qu'un certain degré de vitalité s'y était entretenu; d'autres fois il est ramolli et sort par lambeaux dans un état de dissolution putride, sans qu'il se montre aucun symptôme grave, ni du côté de l'utérus, ni dans l'accomplissement des autres fonctions. Dans le second, en même temps que le placenta se putréfie et se décompose, il se déclare des symptômes généraux de fièvre de résorption fort graves, et la maladie peut devenir promptement mortelle, lorsque la prostration est portée à un haut degré. Dans un troisième cas, mais très rare, le placenta n'est expulsé ni par fragment ni par dissolution putride; il paraît être éliminé par une résorption lente, sans effets fâcheux sur l'économie. Ces questions, et les indications qui s'y rapportent, seront traitées avec tous les détails qu'elles méritent au sujet des accidents et des terminaisons de la délivrance à terme.

6. Dans l'avortement du cinquième et du sixième mois, la délivrance se rapprochant sous tous les rapports de la délivrance à terme, il n'en sera pas question ici : ce que nous dirons de la délivrance naturelle et de la délivrance compliquée peut lui être appliqué.

7. À la suite de l'avortement, on observe du côté des mamelles des phénomènes identiques à ceux qui caractérisent la fièvre de lait à la suite de l'accouchement ordinaire; ils n'en diffèrent que par leur plus faible intensité et en ce qu'ils s'accomplissent assez souvent lorsque le travail de l'avortement a une longue durée, avant que l'expulsion se soit effectuée et même avant le commencement du travail, lorsque la mort du fœtus a précédé son expulsion ; ils sont à peine sensibles dans les cas où la perte utérine a été assez grande pour produire une anémie prononcée. Il se fait aussi un écoulement lochial, mais peu abondant et d'une courte durée, s'il n'est pas resté de fragments de l'œuf dans la cavité utérine ; mais ces différences et quelques autres qui ressortiraient d'une analyse plus complète ne sont ni assez essentielles ni assez importantes pour que nous traitions de ces phénomènes d'une manière spéciale à la suite de l'avortement. Nous nous bornerons à conclure que les conditions dans lesquelles se trouve une femme qui vient d'avorter réclament, en quelque sorte, les mêmes soins, les mêmes précautions, qu'après un accouchement à terme ou prématuré; car elle est exposée aux mêmes accidents et aux mêmes maladies. Cette règle de conduite est plus particulièrement obligatoire pour les femmes qui sont prédisposées aux avortements habituels.

Celles chez lesquelles la perte sanguine a été très considérable conservent assez souvent pendant plusieurs jours une céphalalgie intense, une grande fréquence du pouls, des dispositions à la syncope et des troubles sympathiques de l'estomac. Il faut bien s'attacher à distinguer cet état d'une phlegmasie puerpérale commençante. Il réclame comme indication particulière l'administration des opiacés, qui ralentissent la circulation, des boissons diffusibles et toniques, l'usage de bouillons légers, donnés en petite quantité à des moments assez rapprochés. Sous l'influence de cette médication, ces symptômes se calment promptement, et on arrive par degrés à une alimentation plus substantielle.

SECTION VII. — Influence de la grossesse sur les maladies intercurrentes, et réciproquement.—Hygiène des femmes grosses.

L'influence de la grossesse sur les maladies qui lui sont étrangères et de celles-ci sur la grossesse n'a pas été étudiée jusqu'à présent avec le soin qu'elle mérite. Dans cet état, l'économie est-elle plus réfractaire ou mieux disposée à l'action des causes morbifiques? ou bien n'y a-t-il à cet égard aucune différence appréciable? Ces questions, dans l'état actuel de la science, ne peuvent recevoir que des solutions incomplètes et vagues. Les observations sur lesquelles on peut s'appuyer ne sont pas assez nombreuses, et la plupart portent en outre des traces d'idées préconçues. Il est un fait qui doit être admis pour tout le monde : c'est que la grossesse, alors même qu'elle rendrait d'une manière générale les femmes enceintes plus réfractaires aux maladies, ne les prémunit contre aucune d'une manière absolue. En passant en revue les divers types d'affections aiguës, nous voyons que celles qui dépendent de causes actives, qui atteignent une grande partie d'une population, parce qu'elles prennent accidentellement la forme épidémique ou qu'elles sont de nature épidémique, frappent sans distinction les femmes enceintes et celles qui ne le sont pas. L'épidémie de *grippe* qui s'est manifestée à Paris au printemps de 1837 a atteint presque toutes les femmes enceintes qui étaient à l'hospice de la Maternité; mais elle n'offrit pas plus de gravité chez elles que chez les autres individus : trois seulement présentèrent des symptômes de pneumonie légère; le nombre des accouchements prématurés ne fut pas augmenté d'une manière très sensible, et les suites de couches ne furent pas plus graves. L'histoire du choléra-morbus et celle de la plupart des autres épidémies prouvent que les femmes enceintes ne sont pas plus ménagées que les autres. Cependant quelques observateurs assurent que quelques épidémies semblent avoir épargné les femmes grosses, et que d'autres les ont principalement attaquées. Ce qui est vrai pour les maladies épidémiques l'est à plus forte raison pour les maladies contagieuses.

Nous avons déjà apprécié la gravité de la variole, qui devient presque constamment mortelle pendant la grossesse ; de la scarlatine et de la rougeole, qui, sans être tout-à-fait aussi graves, doivent inspirer les plus vives inquiétudes, lorsqu'elles sont assez intenses pour provoquer l'avortement ou l'accouchement prématuré.

Quant aux inflammations aiguës franches, les choses ne semblent pas se passer de la même manière. En ne fixant l'attention que sur celles qui sont les plus communes et qui affectent chaque année beaucoup d'individus des deux sexes, on observe que la bronchite aiguë se développe avec une grande facilité chez les femmes grosses. Pendant que j'étais à la Maternité, j'ai comparé la fréquence des bronchites chez les femmes enceintes et chez les élèves sages-femmes, et j'ai trouvé que les premières ont été beaucoup plus souvent atteintes que les secondes; de sorte que je suis disposé à croire que la grossesse prédispose aux bronchites aiguës. Les angines paraissent encore assez communes pendant la grossesse; mais dans celles que j'ai rencontrées et dans les observations que j'ai pu consulter, la marche et la gravité n'ont rien offert d'insolite, et le cours de la grossesse n'a pas été interrompu. Mais il n'en est pas de même de la plupart des autres inflammations, qui semblent se montrer plus rarement pendant la grossesse. En recherchant dans les recueils d'observations, tant anciens que modernes, on ne peut réunir qu'un très petit nombre d'exemples de pneumonie, de pleurésie, de rhumatisme articulaire, de fièvre typhoïde, pendant la grossesse, quoique cet état, par sa fréquence et sa durée, tienne une si large place dans la période de la vie où les femmes sont aptes à concevoir.

Pour ce qui concerne la pneumonie, M. Grisolle, n'ayant eu occasion d'en observer que quatre cas, a consulté les principaux recueils que lui ont fourni onze autres observations d'inflammations pulmonaires affectant des femmes arrivées aux différentes époques de la gestation. A l'exception de deux femmes qui portaient une maladie organique du cœur assez avancée, toutes les autres étaient bien constituées et paraissaient jouir d'une bonne santé, lorsqu'elles furent prises de pneumonie. Parmi ces 15 femmes, il y en avait 10 qui n'avaient pas encore atteint le 6° mois de la grossesse, tandis que les 5 autres touchaient aux 7°, 8° et 9° mois. Des 10 femmes qui ne comptaient pas encore 6 mois de grossesse, 4 ont avorté les 4°, 5°, 6° et 9° jours, à dater du début de la pneumonie. Chez 3, l'avortement a été suivi d'accidents plus graves du côté de la poitrine, et la mort est arrivée trois ou quatre jours après; une seule, dont la pneumonie était peu étendue, a guéri sans éprouver aucun symptôme fâcheux. Les 6 femmes qui n'avortèrent pas succombèrent toutes aux progrès de la pneumonie. Des 5 femmes arrivées à une époque avancée de la grossesse,

2 étaient enceintes de sept mois, lorsqu'elles furent affectées de pneumonie; chez l'une et l'autre on observa un accouchement prématuré du 12e au 15e jour; l'expulsion du fœtus précéda de deux jours seulement la terminaison funeste. Les 3 autres entraient dans le 9e mois, 2 mirent au monde au 7e et au 8e jour de la maladie des enfants vivants; l'autre mourut le 5e jour, avant d'accoucher; l'opération césarienne fut faite aussitôt, mais l'enfant avait déjà cessé de vivre.

Les autres observations de M. Grisolle, qui portent sur des maladies aiguës fébriles, telles qu'entérite, bronchite aiguë, pleurésie, érysipèle de la face et du cuir chevelu, ont présenté une terminaison heureuse et n'ont pas interrompu le cours de la grossesse, à l'exception d'une fièvre typhoïde qui se termina par la mort. J'ai observé trois cas de rhumatisme articulaire intense chez des femmes arrivées à une époque avancée de la grossesse; un traitement antiphlogistique énergique fut employé, mais la maladie résista sans paraître sensiblement modifiée. Ces trois femmes accouchèrent à terme d'enfants vivants; chez deux, les symptômes se dissipèrent assez rapidement pendant les couches; chez la troisième, la maladie s'étant fixée sur le genou persista pendant plus de trois mois après l'accouchement.

Ainsi il semble qu'on peut conclure que la vitalité éveillée par la grossesse, tout en donnant naissance à plusieurs phénomènes morbides spéciaux, ne prédispose pas aux maladies aiguës ordinaires, à l'exception de la bronchite aiguë peut-être; elle tend même à éloigner celles dont les causes productrices agissent avec peu d'intensité; mais il faut aussi tenir compte des soins hygiéniques et des précautions que prennent la plupart des femmes enceintes, qui tendent à éloigner et à affaiblir l'action des causes morbifiques.

Lorsque les maladies aiguës ne parviennent pas à un degré d'intensité capable de provoquer l'avortement, et que les épiphénomènes qui dépendent de la grossesse ne sont pas très intenses, elles ne sont pas plus graves ni plus difficiles à guérir que chez les autres femmes qui sont dans les mêmes conditions, moins la grossesse; mais si l'avortement survient avant la terminaison de la maladie, elles succombent presque inévitablement. La sentence d'Hippocrate : *Les maladies aiguës sont mortelles chez les femmes enceintes*, qu'on a trouvée si exagérée, serait frappante de vérité, si on ne l'appliquait qu'aux maladies qui ont déjà par elles-mêmes de la gravité, ou si on ajoutait : lorsqu'elles déterminent l'avortement, ce qui malheureusement arrive fréquemment, lorsque ces maladies sont intenses ou d'une longue durée. Ce sujet a reçu tous les développements qu'il nécessite au sujet de l'avortement.

2. Il se développe rarement des maladies chroniques pendant la grossesse ; beaucoup de celles qui préexistent ne paraissent pas exaspérées ; elles ne prennent pas une marche plus rapide et troublent peu la marche de la grossesse, à moins qu'elles n'aient déterminé des cachexies particulières. C'est ainsi qu'on la voit souvent coïncider avec des tumeurs du bassin, de la cavité abdominale même, avec l'ascite, etc., sans autre inconvénient, pendant la grossesse, que la gêne mécanique causée par leur présence ; elles deviennent assez souvent une cause d'avortement et surtout d'accouchement prématuré ; mais elles n'offrent le plus souvent d'autres dangers, lorsqu'elles ne mettent pas obstacle à la parturition, qu'une prédisposition plus grande aux phlegmasies puerpérales.

La phthisie pulmonaire est de toutes les maladies celle qui, par sa fréquence et l'époque de la vie où elle se développe le plus communément, se prête le mieux à des observations suivies. Une remarque vulgaire et fréquemment confirmée, c'est que, chez les femmes dont la phthisie n'est pas encore arrivée à la période de la fièvre hectique, la grossesse parcourt régulièrement ses périodes jusqu'à terme, comme dans l'état de santé. Mais ce qui est plus remarquable, c'est que ces malheureuses femmes donnent ordinairement le jour à des enfants vigoureux et bien développés. D'un autre côté, du moins en apparence, la marche de la phthisie est souvent modifiée. Dans un certain nombre de cas, ces malades prennent un peu d'embonpoint et de fraîcheur ; il y a sous le rapport de l'état général une amélioration véritable, quoique la tuberculisation et la désorganisation suivent leur marche ; quelquefois cependant il semble y avoir un véritable temps d'arrêt ; mais ce n'est pas ce qu'on observe constamment : le plus souvent elle suit la marche ordinaire ; quelquefois même les progrès de cette maladie semblent plus rapides, surtout quand elle est arrivée à une période très avancée. Les malades accouchent à terme d'enfants vivants, mais elles succombent souvent après quelques semaines ; quelques unes meurent avant d'accoucher.

On peut conclure d'une manière à peu près certaine que l'activité développée par la gestation a une influence plutôt favorable que nuisible sur le travail organique des maladies chroniques ; mais cette influence est si peu marquée, qu'elle doit être considérée comme nulle dans toutes les affections qui offrent de la gravité. Il faut ajouter cependant que les maladies chroniques sont presque toujours une complication fâcheuse pendant la grossesse, parce qu'un grand nombre sont aggravées dans quelques uns de leurs symptômes par la compression mécanique qui résulte du développement de l'utérus. La dyspnée, la gêne de la circulation dans les affections organiques du poumon, du cœur, des gros vaisseaux, etc., peuvent être considérablement augmentées. Cette remarque est applicable à plusieurs maladies des organes contenus dans la cavité abdominale, qui deviennent quelquefois une cause d'avortement ou d'accouchement avant terme. D'ailleurs elles s'aggravent souvent pendant la période des couches, et prédisposent aux diverses phlegmasies puerpérales.

II. Hygiène des femmes enceintes. — Ce n'est pas ici le lieu de rappeler, comme on l'a généralement fait, tous les préceptes généraux de l'hygiène ; moins que toutes autres, les femmes enceintes ne peuvent s'en écarter sans dangers. Nous ne devons mentionner que les conseils et les précautions qui dérivent de l'état de grossesse, et forment en quelque sorte l'hygiène spéciale des femmes grosses. Nous avons déjà fait connaître en détail les soins que réclament les femmes chez lesquelles les troubles causés par la grossesse revêtent une intensité insolite ; et en traitant de l'avortement, nous avons indiqué les précautions particulières que rendent quelquefois nécessaires la constitution, l'état de santé antérieur d'un assez grand nombre de femmes ; il ne nous reste plus qu'à présenter quelques considérations générales et particulières qui conviennent également à toutes et dans tous les lieux. Je rappellerai avec Chaussier que la femme saine et active, qui n'éprouve aucune incommodité, comme c'est le plus grand nombre, n'a besoin ni des préceptes ni des formules de la médecine ; elle doit continuer le régime, les exercices et les travaux auxquels elle est habituée ; seulement elle doit éviter les excès, surtout dans les derniers mois.

Il importe beaucoup que les femmes enceintes respirent un air pur et frais. On a fait, dans les hospices de Lyon consacrés aux filles enceintes, des observations curieuses qui démontrent que celles qui y sont admises de bonne heure, condamnées à vivre dans des salles insalubres, donnent bientôt des signes de dérangement dans leur santé ; elles accouchent souvent dans cet état, et un plus grand nombre sont victimes de la fièvre puerpérale que celles qui sont admises dans les salles consacrées aux femmes mariées, où les conditions de salubrité sont moins mauvaises. On sait que certaines constitutions atmosphériques ont déterminé des épidémies qui ont été plus particulièrement funestes aux femmes enceintes. On doit les engager à se garantir autant que possible de l'humidité, des transitions du chaud au froid ; leurs vêtements doivent être en rapport avec le climat, les saisons, et propres à les garantir des variations atmosphériques; elles doivent avoir la poitrine et les bras couverts, porter des caleçons dans les saisons froides; car la saillie de l'abdomen, en écartant leurs vêtements, expose davantage les membres inférieurs au froid.

Les vêtements des femmes enceintes doivent réunir d'autres conditions : ils doivent être médiocrement serrés autour de la poitrine et de l'abdomen. La réprobation exclusive des corsets ne peut s'appliquer d'une manière absolue à la plupart de ceux qu'on fait maintenant; toutefois, si on permet aux femmes enceintes d'en faire usage, elles doivent les serrer infiniment moins qu'elles ne le font habituellement, et le busc doit être remplacé par de simples élastiques. La plupart des femmes habituées à en porter ne peuvent les quitter sans éprouver un sentiment de fatigue dans la région lombaire, que la grossesse augmente, et elles éprouvent un véritable soulagement à en faire usage. Mais, je le répète, il faut qu'ils soient appropriés à la forme du ventre, fort élastiques et en même temps médiocrement serrés. Les robes et vêtements de dessus ne doivent pas être très lourds, ni s'attacher au-dessus des hanches; les épaules doivent principalement en supporter le poids; ceux qui sont faits en forme de peignoir remplissent le mieux cette indication. Si le ventre est très développé, ou l'utérus incliné, et même chez la plupart des femmes, pendant les deux ou trois derniers mois de la grossesse, on apporte un soulagement très sensible dans leur état, en le faisant relever et maintenir par un bandage de corps très large.

La sobriété est un devoir dont la femme enceinte ne doit pas s'écarter; elle doit éviter les extrêmes : un régime trop strict, débilitant ou entièrement végétal, ainsi qu'un régime stimulant entièrement animal et trop succulent, seraient également nuisibles. La nature, la quantité et la qualité des aliments, doivent être proportionnées à l'habitude, à l'appétit, aux besoins réels, à l'état de l'estomac; elles doivent se borner au nécessaire et ne pas se croire dans la nécessité de manger pour deux. Elles doivent éviter les substances épicées et difficiles à digérer, celles qui causent des flatuosités; les boissons échauffantes, telles que le café, le vin, qui ne doivent être permis qu'avec ménagement; l'eau-de-vie et les liqueurs doivent être rigoureusement défendues. Vers la fin de la grossesse, les aliments doivent être pris en plus petite quantité, surtout au repas du soir. Si une femme enceinte éprouve quelque répugnance pour certains aliments, ou ne les supporte qu'avec difficulté, il faut lui en prescrire d'autres; mais cette condescendance ne doit pas aller jusqu'à satisfaire tous ses désirs, surtout s'ils portent sur des choses extraordinaires et nuisibles.

Les femmes enceintes doivent veiller à ce que le cours des matières fécales soit libre ; elles doivent avoir, surtout vers la fin de la grossesse, au moins une selle par jour ; dans le cas contraire, il faut solliciter l'expulsion des matières à l'aide de lavements.

Un repos trop prolongé ne convient pas aux femmes enceintes ; l'exercice, surtout celui qu'elles prennent à pied et en plein air, lorsqu'il n'est pas prolongé jusqu'à la fatigue, leur est utile. On doit recommander à celles dont la profession les oblige à rester assises, de faire tous les jours quelques promenades. L'exercice en voiture, à cheval, la danse, sont souvent des causes d'avortement ; je ferai remarquer, toutefois, que cet accident n'arrive guère que chez celles qui y sont prédisposées, ou lorsque ces divers exercices sont portés à l'excès ; les promenades en voitures douces sont ordinairement sans dangers et quelquefois avantageuses ; mais les longs voyages, surtout sur des voitures dures, doivent être évités, quoique nous constations tous les jours leur innocuité pour un grand nombre de femmes. Bien que l'équitation modérée puisse être sans dangers pour les personnes qui y sont habituées, la possibilité d'une chute et d'autres accidents exige qu'on s'en abstienne. Si on jugeait des effets de la danse par les personnes qui s'y livrent d'habitude, comme les danseuses, on pourrait la croire sans dangers ; mais il n'en est pas de même pour les autres femmes ; les mouvements qu'elle exige, la fatigue qu'elle produit, la chaleur et la viciation de l'air qui résultent de la réunion d'un grand nombre de personnes, doivent rendre les femmes très circonspectes, leur faire éviter ce plaisir ou les engager à n'en user que dans des limites très restreintes ; d'ailleurs une infinité de circonstances individuelles que le médecin peut seul apprécier rendent ces exercices innocents ou dangereux. Les femmes enceintes doivent éviter avec le plus grand soin les mouvements trop grands, les exercices trop violents, l'action de soulever ou de porter des fardeaux pesants.

Ce que nous avons dit de l'état du système nerveux chez les femmes enceintes doit faire comprendre combien il est important pour elles d'éviter tout ce qui l'ébranlerait trop fortement. Indépendamment des affections que nous avons signalées, il est très commun de voir survenir des hémorrhagies internes et d'autres accidents à la suite d'émotions vives. On doit autant que possible les mettre à l'abri de tout ce qui pourrait exciter des passions ou des affections vives, comme la colère, le chagrin, la frayeur ; elles doivent être rassurées sur les craintes qui leur viennent vers la fin de la grossesse sur l'issue de leur accouchement, craintes qui leur viennent naturellement ou sur le récit imprudent d'accouchements malheureux. On doit s'attacher à les rassurer, à ranimer leurs espérances et à relever leur courage.

Les femmes enceintes doivent être éclairées sur les suites que peut avoir le rapprochement sexuel. Le coït est une cause fréquente d'avortement pendant les trois ou quatre premiers mois de la grossesse, surtout chez les jeunes mariées; pendant le reste de la grossesse, on n'a pas remarqué qu'il eût des effets aussi fâcheux; mais les femmes prédisposées à l'avortement devront s'en abstenir soigneusement à toutes les époques.

Il est à peine nécessaire de nous récrier contre l'habitude banale de saigner toutes les femmes enceintes à certaines époques, sans autre motif que leur état de grossesse. Nous avons fait connaître les cas dans lesquels la saignée est indiquée ; ils sont assez nombreux pour qu'on ne doive pas y avoir recours sans nécessité. D'ailleurs elle est contre-indiquée chez un assez grand nombre de femmes.

L'usage des bains tièdes, que nous avons recommandé dans plusieurs des maladies causées par la grossesse, sans être nécessaire aux femmes enceintes bien portantes, leur est souvent utile. Ils ne sont contre-indiqués que chez les femmes disposées aux œdèmes et chez celles qui les supportent mal. Les bains de pieds irritants doivent leur être interdits, mais les simples pédiluves de propreté sont sans aucun danger. Les femmes enceintes doivent attacher une grande importance aux soins de propreté ; elles devront laver souvent les parties génitales externes avec une éponge trempée dans de l'eau tiède.

On doit veiller à ce que les mamelons des seins ne soient ni froissés ni comprimés par leurs vêtements; on doit conseiller dans les derniers mois de la grossesse de les frotter matin et soir, ainsi que l'aréole, avec de l'eau-de-vie ou un autre liquide spiritueux étendu d'eau; cette recommandation est surtout importante lorsque le mamelon est tendre et mou. S'il est peu saillant, on cherche à l'allonger à l'aide d'un anneau de corne ou de bois du volume du petit doigt. Lorsqu'il est très enfoncé, on peut le rendre saillant en le faisant sucer tous les jours, surtout dans la dernière semaine de la grossesse, par une personne saine.

LIVRE IV.

DE L'ACCOUCHEMENT.

NOTIONS PRÉLIMINAIRES.

1. *Définition*. L'accouchement (*parturition, part, enfantement*) est la terminaison naturelle de la gestation ; c'est l'acte par lequel le produit de la conception, apte à jouir d'une vie indépendante, est séparé de l'organisme maternel et expulsé au dehors. Dans l'espèce humaine et dans les autres classes de mammifères, cette fonction est réalisée par une série d'efforts involontaires, qu'on désigne par le nom de *travail*, dont le but et le résultat ordinaire sont la dilatation du col de l'utérus, la division de l'œuf et l'expulsion successive du fœtus et de ses annexes à travers le conduit utéro-vulvaire.

2. *Division*. Nous avons établi, pag. 212, que la durée de la grossesse comprend une période fixe ou peu variable qui est de 270 à 280 jours. L'accouchement se déclare ordinairement au bout de quarante semaines révolues, et il est appelé *accouchement à terme*.

Nous avons fait connaître, d'après les observations les plus concluantes, les exceptions à cette loi, exceptions qui constituent l'*accouchement tardif*, qui n'a lieu que dans la 42e semaine et au-delà, et l'*accouchement précoce* ; dans le premier, le fœtus semble avoir parcouru toutes les périodes de la vie embryonnaire avec plus de lenteur, avec plus de rapidité dans le second. On doit distinguer l'accouchement précoce de l'*accouchement prématuré* : dans celui-ci, pour peu que la parturition ait lieu à une époque qui ne soit pas très rapprochée du terme, on trouve sur le fœtus, quoique viable, des traces évidentes de non-maturité, et souvent même on peut reconnaître la cause qui la provoque. Les accouchements avant terme sont ceux qui se font entre la 26e et la 38e semaine. Un enfant qui naît à cette époque peut vivre, mais à condition qu'il sera entouré de beaucoup de soins ; sa viabilité sera d'autant plus assurée qu'il sera venu au monde à une époque plus rapprochée de la 40ᵉ semaine. Avant le 180ᵉ jour, l'expulsion du produit de la conception porte le nom d'*avortement*. Les phénomènes de l'accouchement tardif et précoce sont les mêmes que ceux de l'accouchement à terme; on peut en dire autant pour l'accouchement prématuré, toutes les fois que les causes qui le provoquent sont légères et ne constituent pas une complication grave ; sous ce rapport, nous en avons déjà parlé en traitant de l'avortement, et nous aurons à y revenir à l'occasion des complications de l'accouchement. Disons aussi que dans des circonstances données on *provoque* l'accouchement prématuré pour remplir des indications relatives à la conservation de la vie du fœtus et de la mère.

Relativement au nombre d'enfants contenus dans la matrice, l'accouchement est dit *simple* ou *multiple*. Dans le dernier cas, les enfants sont appelés *jumeaux*, *trijumeaux*, *quadrijumeaux*, etc.

On divise également les accouchements en *naturels*, en *non naturels*, et en *compliqués*. On peut considérer, comme devant entrer dans la division des accouchements naturels ceux qui se font, la mère et le fœtus étant dans les conditions à donner lieu à une expulsion régulière et facile du produit de la conception, sans qu'il survienne pendant le travail de complications capables de compromettre la santé de la mère et la vie du fœtus. En dehors de ces conditions, l'accouchement doit être considéré comme anormal, *compliqué* ou *non naturel*, quoique dans beaucoup de circonstances l'expulsion du fœtus puisse encore avoir lieu d'une manière spontanée et sans dangers graves pour la mère. M. Velpeau a proposé de remplacer la dénomination d'accouchement naturel par celle *d'eutocie*, qui a l'avantage d'exprimer la même chose par un seul mot. Les obstacles préexistants à la parturition, les complications qui surviennent pendant le travail et qui peuvent rendre l'accouchement difficile ou plus ou moins dangereux pour la mère et pour l'enfant, constituent des conditions de *dystocie* ou d'*accouchement non naturel*.

3. *Classification fondée sur la situation du fœtus dans l'utérus*. La région du fœtus qui se présente à l'orifice de la matrice et les rapports de cette région avec des points déterminés de la cavité pelvienne, donnent lieu à des divisions très importantes, classant les accouchements en groupes, qui peuvent fournir des genres et des espèces jusqu'à certain point comparables aux genres et aux espèces des classifications dites naturelles. Avec ces divisions on peut suivre par degrés et avec facilité le mécanisme de l'accouchement dans toutes les conditions où l'expulsion du fœtus est possible, comparer les divers genres et espèces sous le rap-

port du mécanisme, de la facilité ou de la difficulté, de la gravité de l'expulsion tant pour la mère que pour le fœtus, et saisir les indications; enfin ce qu'il y a de commun et de particulier ressort avec beaucoup de clarté. L'usage d'une classification méthodique est d'une grande importance pour exposer la matière; mais il faut éviter d'accepter les divisions fondées sur les caractères arbitraires qui ne sont pas consacrés par l'observation; car elles conduisent inévitablement à admettre souvent des vues théoriques et pratiques complétement imaginaires. La première classification régulière qui a été proposée, et qui est restée si longtemps classique, celle de Solaërès, complétée et popularisée par Baudelocque, mérite très justement ce reproche. Elle a en outre l'inconvénient d'introduire dans l'étude des accouchements une grande confusion; car, pouvant être modifiée par tout le monde dans ce qu'elle a d'arbitraire, il est peu d'accoucheurs qui se soient refusé cette satisfaction..

Les divisions et les classifications ne doivent être fondées que sur des caractères qui soient l'expression des faits. Il ne faut accorder le titre de *présentations* qu'aux régions du fœtus qui non seulement se présentent à l'entrée du bassin, mais y pénètrent et s'y fixent sous l'influence des contractions utérines; les *positions* indiquent différents rapports primitifs de ces régions avec des points déterminés du bassin, au début du travail.

L'attitude normale et anormale du fœtus dans la cavité utérine établit naturellement l'ordre et le nombre des présentations. Nous avons indiqué, page 300, que l'une ou l'autre de ses extrémités correspondait ordinairement au segment inférieur de l'utérus. Il en résulte que les présentations de l'*extrémité céphalique* et de l'*extrémité pelvienne* doivent être considérées comme *ordinaires* ou *normales*.

Dans cette situation, le fœtus se trouve dans les conditions les plus avantageuses pour traverser le bassin. Sa direction verticale, suivant le diamètre longitudinal de l'utérus, est la conséquence de la forme même de cet organe; mais les rapports ne sont pas très exacts même dans cette direction, et un grand nombre de circonstances peuvent les altérer, de manière qu'il n'est pas très rare de trouver à l'entrée du bassin le tronc du fœtus au lieu de l'une de ses extrémités, lorsque le travail se déclare.

La *présentation* du tronc est doublement vicieuse par l'altération de la situation du fœtus et par l'absence de conditions favorables pour qu'il soit expulsé à travers le bassin. Ces notions sont si simples, qu'elles ont fixé l'attention des premiers observateurs.

Reprenons en détail chacune de ces grandes divisions. La présence de la tête à l'entrée du bassin est tellement fréquente, qu'elle représente en quelque sorte l'attitude normale du fœtus dans la cavité utérine. Elle est ordinairement, ainsi que toutes les autres parties du corps, dans cet état de flexion qui caractérise l'attitude du fœtus dans l'utérus. C'est donc par le sommet ou la voûte qu'elle se présente ordinairement pour traverser le bassin, qu'elle peut parcourir avec facilité. Cette attitude n'est pas constante; dans quelques cas, au commencement du travail, la tête est renversée ou se renverse en arrière; dans cet état d'extension, la face correspond à l'entrée du bassin et s'avance ainsi jusqu'à l'extérieur. Bien que les conditions ne soient pas exactement aussi favorables que dans la présentation du sommet, elles le sont assez pour donner lieu à une expulsion spontanée, ordinairement heureuse pour la mère et pour le fœtus; elle doit par conséquent figurer parmi celles qui donnent lieu à l'accouchement naturel. Cette déviation de la tête de son attitude ordinaire n'est pas la seule qu'on observe. La direction du fœtus est dans quelques cas assez oblique pour que la tête ne se présente pas d'aplomb à l'entrée du bassin; elle peut aussi être inclinée vers l'une ou l'autre épaule, et, au lieu du sommet ou de la face, ce sont en partie l'un des côtés de la tête, l'occiput, ou bien le front, qui se présentent à l'entrée du bassin. Dans les unes et les autres de ces *déviations* de l'extrémité céphalique, lorsqu'elles sont très prononcées, la tête ne peut pénétrer qu'à une médiocre profondeur dans l'excavation pelvienne, mais elles sont ordinairement réduites spontanément. Lorsque les contractions utérines agissent sans intermédiaire sur le fœtus, la résultante des forces qu'elles développent, passant par le centre de l'utérus et de l'entrée du bassin, tend non seulement à le pousser dans cette direction, mais à y ramener son axe vertical lorsqu'il est primitivement dévié. Ainsi ces déviations se rattachent aux présentations du sommet et de la face, qui comprennent toute la tête et jusqu'aux épaules.

Lorsque l'extrémité pelvienne se présente à l'entrée du bassin, comme dans la présentation de la tête, le diamètre vertical du fœtus est à peu près parallèle à l'axe du détroit supérieur, et le siège correspond assez exactement à l'entrée du bassin. Dans quelques cas, cette région se trouve dans un état d'inclinaison par rapport à l'entrée du bassin. Ces déviations sont généralement portées moins loin que dans les présentations de la tête, parce que le bassin ne jouissant pas comme celle-ci d'une mobilité étendue sur la tige vertébrale, elles dépendent presqu exclusivement d'un changement de direction de la totalité du fœtus favorisé par sa petitesse, par une grande quantité de liquide amniotique ou d'une inclinaison anomale de l'utérus. Lorsqu'il existe une déviation du pelvis, la région qui se présente à l'entrée du bassin peut être une des hanches, la région sacrée, les parties génitales et la face postérieure des cuisses, en même temps qu'une portion plus ou moins étendue de siège ; mais ces déviations sont facilement ramenées par les progrès du travail à une présentation franche de l'extrémité pelvienne, et dans les conditions d'une expulsion spontanée.

Dans cette présentation, les rapports des membres inférieurs avec le tronc sont ordinairement tels, qu'ils peuvent être considérés comme s'ils en faisaient partie. En effet, tantôt ils sont étendus sur la face antérieure du fœtus, et ils ne s'en détachent que lorsque l'expulsion du tronc est presque complète, tantôt les cuisses et les jambes sont fléchies sous le devant du bassin, et les pieds sur le même niveau que les fesses, ou entrecroisés au-devant, et parcourent le bassin en même temps ; mais il n'est pas rare de voir les pieds s'en séparer et s'avancer les premiers. La même chose peut arriver pour les genoux, mais beaucoup plus rarement. Cette procidence des membres inférieurs est consécutive à la rupture de la poche des eaux, et ne change en rien le mécanisme de l'accouchement. Il est donc superflu d'en faire des présentations particulières, différentes de celle du pelvis ou siège, et la dénomination de procidence des membres inférieurs sous le siège, par opposition à ce qu'on observe quelquefois pour les membres supérieurs dans la présentation de la tête, et assez souvent dans celle du tronc, leur convient mieux que celle de présentation, pour exprimer un fait auquel se rattachent quelques considérations théoriques et pratiques.

Sous l'influence de causes qui seront appréciées plus loin, la déviation de l'une ou de l'autre extrémité peut être portée beaucoup plus loin, et le fœtus se présente à l'entrée du bassin par une région qui est en dehors des limites qui ont été assignées, d'un côté à la tête, de l'autre au bassin du fœtus, c'est-à-dire par la portion du tronc comprise entre le cou et les hanches. Dans cette situation vicieuse, le fœtus n'est pas exactement placé transversalement ; une de ses extrémités, ordinairement l'extrémité pelvienne, est plus élevée, et encore dirigée vers le fond de l'utérus ; ce n'est pas non plus indifféremment par toutes les parties de la portion du tronc indiquée qu'il se présente, ou du moins qu'il se fixe à l'entrée du bassin ; le plan antérieur et le postérieur ne s'y rencontrent presque jamais d'une manière franche ; c'est ordinairement l'un ou l'autre côté qui y correspond, et c'est par leurs parties les plus saillantes, c'est-à-dire par l'une ou l'autre épaule, qu'il s'y fixe, soit primitivement, soit consécutivement au progrès du travail. L'épaule, comme la tête et le siége, se présente ordinairement d'une manière franche, et correspond au centre du bassin ; mais elle peut être aussi plus ou moins déviée dans divers sens, de manière qu'il se présente en même temps que l'épaule, située vers un point de la circonférence du bassin, une des régions voisines, comme le côté du cou, une partie de la poitrine et du flanc, une partie du plan antérieur ou du plan postérieur. Le travail étant abandonné à lui-même, la femme peut encore quelquefois être délivrée par les forces de l'organisme, par deux modes différents. Dans l'un, le diamètre longitudinal du fœtus est ramené par les contractions utérines dans la direction de l'axe de l'utérus et de l'entrée du bassin ; dans l'autre, l'épaule s'engage jusque sous l'arcade du pubis où elle se fixe, et le fœtus est expulsé par le mode de parturition qu'on a désigné par le nom d'*évolution spontanée*. Mais la réduction et l'évolution spontanées ne sont ni assez sûres ni assez fréquentes pour qu'on puisse confier aux efforts naturels l'expulsion du fœtus ; d'ailleurs la dernière compromet presque inévitablement son existence, et fait courir les plus grands dangers à la mère. Ces présentations sont les seules qu'on doive considérer comme essentiellement vicieuses, et comme ne pouvant donner lieu qu'accidentellement à un accouchement spontané et heureux.

Toutes les présentations du fœtus peuvent donc se réduire aux cinq présentations qui viennent d'être établies ; elles sont ordinairement franches et quelquefois irrégulières. Dans le premier cas, la région se présente d'aplomb à l'entrée du bassin ; dans le second, elle est plus ou moins inclinée et correspond en partie à l'entrée du bassin par un de ses côtés, sans que cette circonstance, qui peut cependant devenir dans quelques cas une condition défavorable, change les caractères de la présentation. Les trois premières réunissent les conditions d'une parturition naturelle, facile et presque également heureuse pour la mère. Mais il n'en est pas de même pour le fœtus, et sa vie court beaucoup plus de dangers, toutes choses étant égales, dans les présentations de l'extrémité pelvienne, que dans celles du crâne et de la face, et celle-ci est sensiblement moins avantageuse pour la mère et pour le fœtus que celle du crâne, qui est la plus commune et la plus naturelle. Les deux dernières, c'est-à-dire les présentations de l'une et l'autre par l'épaule, doivent être considérées comme des présentations vicieuses qui réclament l'intervention de l'art, malgré les chances qu'elles offrent accidentellement d'une terminaison spontanée. Ces considérations sur le nombre et les caractères qu'on doit assigner aux présentations ont été établies avec beaucoup de force et de netteté par madame Lachapelle, et ses idées sont aujourd'hui généralement admises.

Il est plus difficile de s'entendre sur les *positions*, c'est-à-dire les rapports déterminés de la région qui se présente avec les divers points du bassin au commencement du travail, afin de connaître le trajet que la partie qui se présente la première parcourt depuis son entrée dans le bassin jusqu'à sa sortie par la vulve. Si le même point de cette région pouvait correspondre indifféremment à tous les points possibles de la circonférence du bassin, il ne resterait qu'à déterminer combien il est utile d'adopter des positions particulières pour embrasser le mécanisme de la parturition et pour satisfaire aux exigences de la pratique; et l'on pourrait procéder d'une manière arbitraire et conventionnelle à leur fixation. Si, au contraire, il existe un certain nombre de positions primordiales, peu variables à l'état de bonne conformation de la mère et du développement régulier du fœtus, dépendantes de la forme de l'utérus ou du bassin à laquelle le fœtus mobile s'adapte, elles doivent être adoptées comme des divisions naturelles, fondées sur des caractères analogues à ceux qui ont servi à fixer les présentations; or, c'est ce que constate l'observation de presque tous les praticiens.

Dans les présentations du sommet, il est extrêmement rare qu'à la fin de la grossesse et au commencement du travail, le diamètre antéro-postérieur du corps du fœtus corresponde exactement soit au diamètre antéro-postérieur, soit au diamètre transversal du corps de la mère, de manière que l'occiput du fœtus, qu'on prend ordinairement pour point de repère, soit en rapport dans le premier sens avec la symphyse des pubis ou la face antérieure du sacrum, et dans le second avec l'une ou l'autre des extrémités du diamètre transversal du bassin; lorsque ces rapports existent, ils sont ordinairement consécutifs aux progrès du travail. Le diamètre antéro-postérieur du fœtus correspond presque toujours à des points intermédiaires entre les diamètres antéro-postérieur et transversal du corps de la mère, et si ces points ne sont pas exactement dans tous les cas les extrémités des diamètres obliques, ils ne s'en éloignent pas d'une manière très sensible; car, s'il existe des divergences d'opinion à cet égard, c'est moins sur la fréquence absolue de ces positions que sur leur fréquence relative. Il est, en effet, assez difficile de constater d'une manière certaine les rapports de la tête du fœtus avec le bassin, au début du travail. Cette difficulté a introduit nécessairement un certain nombre d'erreurs dans les observations, erreurs qui jettent inévitablement de l'incertitude, non seulement sur la fréquence relative, mais sur la fixité et le nombre des positions. L'on s'est fait sur ces divers points des opinions différentes suivant le temps, les lieux et les idées dominantes sur le mécanisme de l'accouchement; mais il est à peu près démontré aujourd'hui par les observations anciennes et récentes que les extrémités du diamètre oblique du bassin qui se portent de gauche à droite sont les points où correspond ordinairement l'axe antéro-postérieur du corps du fœtus, de sorte que l'occiput se trouve tantôt derrière la cavité cotyloïde gauche, tantôt devant la symphyse sacro-iliaque droite, mais plus fréquemment à gauche qu'à droite ; ce qui constitue les deux positions fondamentales et primordiales les plus fréquentes. Les autres positions primordiales sont opposées aux précédentes, dans la direction du diamètre oblique dirigé de droite à gauche ; dans l'une, l'occiput correspond derrière la cavité cotyloïde droite, dans l'autre devant la symphyse sacro-iliaque gauche. Ces deux positions sont, relativement aux deux précédentes, assez rares pour que M. Nægelé ait cru pouvoir les considérer comme exceptionnels à l'état primitif, et n'admettre que deux positions fondamentales ordinaires qui sont : *l'occipito-cotyloïdienne gauche* (*première position*), *l'occipito-sacro-iliaque droite* (*seconde position*), et considérer les autres comme *extraordinaires* ou exceptionnelles. Mais une classification exacte semble devoir embrasser toutes les positions primitives : comme toutes celles du crâne se rattachent à des points opposés de la moitié gauche et de la moitié droite, ou de la moitié antérieure et la moitié postérieure du bassin, et comme, dans les unes et les autres, le mécanisme de l'accouchement ne diffère ordinairement que par des particularités peu importantes, on a été conduit, pour les embrasser toutes sans les multiplier, à les généraliser, en rattachant les rapports de la tête, soit avec les moitiés antérieure et postérieure, soit avec les moitiés latérales du bassin, et l'on a eu dans le premier cas *des positions occipito-antérieure*, *occipito-postérieure ;* dans le second, *des positions occipito-latérale gauche*, *occipito-latérale droite*, les unes et les autres embrassent toutes les positions primitives, aussi bien celles qui sont rares que celles qui sont communes. P. Dubois, qui avait d'abord accepté la première manière de voir, a adopté un peu plus tard la seconde. Ces désignations génériques ont l'une et l'autre des avantages et des inconvénients et doivent être conservées comme utiles, mais seulement à titre de désignations communes. Car, outre qu'elles n'expriment pas exactement ce qui est, employées exclusivement, elles conduiraient à l'oubli des positions primitives constatées par l'observation. D'ailleurs n'est-il pas nécessaire, en théorie comme en pratique, de connaître et d'exprimer exactement les rapports de la partie qui se présente avec le bassin? Si on voulait absolument n'admettre que deux positions, la manière de voir de M. Nægelé serait préférable. Il était indispensable de revenir aux idées des anciens sur les présentations; mais pour les positions, il faut suivre l'école de Baudelocque dans ce qu'elle a de conforme à l'observation. Plusieurs auteurs admettent encore des positions directes dans lesquelles l'occiput se trouve en rapport, soit avec l'une des extrémités du diamètre sacro-pubien, soit avec l'une des extrémités du diamètre transversal. Il est évident que dans les positions occipito-postérieures primitives, lorsque le mouvement de rotation en avant s'exécute, l'occiput, à un moment donné du travail, correspond directement à l'une ou l'autre des extrémités du diamètre transversal. Avant la connaissance d'un mouvement de rotation aussi étendu, on a pu naturellement prendre cette position comme primitive. À une époque plus avancée du travail, il correspond aux pubis et quelquefois au sacrum; mais toutes ces positions sont consécutives et ne représentent qu'un temps donné du travail d'expulsion. Elles doivent être par conséquent appréciées dans le mécanisme de l'expulsion de la tête; mais elles ne peuvent pas être considérées comme autant de positions particulières.

Sous le rapport des positions, la face donne lieu aux mêmes considérations que le crâne; il n'y a d'autres déplacements dans l'attitude du fœtus que l'extension de la tête sur la nuque. On a généralement choisi le menton pour exprimer les rapports de la face avec le bassin; les positions occipito-latérales gauches deviennent des positions mento-iliaques droites. Les rapports du menton avec les extrémités des diamètres obliques établissent les quatre positions primitives de la face. Le mouvement de rotation qui ramène le menton en avant, même lorsqu'il est placé primitivement en arrière, s'exécutant d'une manière beaucoup plus invariable que dans les mêmes positions du crâne, on serait mieux fondé à n'admettre que deux positions pour la face: 1° *une mento-iliaque droite*, 2° *une mento-iliaque gauche*. C'est cette simplification, proposée par madame Lachapelle, qui a été depuis appliquée aux autres présentations. Pour la face, elle n'a pas tout-à-fait les mêmes inconvénients que pour le crâne; mais ce n'est pas une raison suffisante pour ne pas maintenir, au moins en principe, les quatre positions primitives, comme elles ont été admises pour le crâne ; ce que, du reste, l'observation semble justifier. La difficulté de toucher convenablement la face au début du travail ne permet pas d'affirmer qu'elles sont aussi constantes que pour le crâne : aussi convient-il de conserver les désignations communes de mento-antérieure, de mento-postérieure, de mento-latérale droite et de mento-latérale gauche.

Lorsque le fœtus se présente par l'extrémité pelvienne, il conserve encore sa situation oblique par rapport à la mère ; et, en prenant le sacrum pour désigner ses rapports avec le bassin, on a, comme pour le crâne et pour la face, les quatre *positions diagonales*. (Voyez *Accouchement par le pelvis*.)

Quant aux présentations du tronc (voyez *De l'accouchement par le tronc*), se réduisant à celles des épaules, il est à peu près évident qu'il ne peut pas y avoir de positions directes suivant la direction du diamètre sacro-pubien ; le tronc se trouve plus ou moins dirigé suivant le diamètre transverse ou oblique du bassin, et le plus souvent primitivement dans la direction de ceux-ci, de manière qu'on est conduit à admettre pour chaque épaule quatre positions particulières, comprises sous la désignation de céphalo-latérale gauche, et de céphalo-latérale droite ; et, pour prendre un point de repère sur l'épaule elle-même, on peut remplacer le mot *céphalo* par celui *acromio*.

On arrive ainsi à une classification des positions très peu différente de celle qui a été admise par plusieurs des élèves de Baudelocque, et presque en tout semblable à celle de M. Capuron ; seulement l'ordre est interverti, la troisième position de ces auteurs doit, si l'on veut rester fidèle à l'ordre de fréquence, occuper la seconde place. Le tableau suivant présente le résumé des considérations qui viennent d'être développées sur les présentations et les positions du fœtus considérées au point de vue de l'accouchement.

PRÉSENTATIONS DU FOETUS A L'ORIFICE DE L'UTÉRUS.

I. Présentation du crâne.
- 1. Franche ou régulière, vertex ou sommet.
- 2. Inclinée ou irrégulière.
  - 1° et 2° Côtes du crâne.
  - 3° Front.
  - 4° Occiput.

II. Présentation de la face.
- 1. Franche ou régulière, face.
- 2. Inclinée ou irrégulière.
  - 1° et 2° Joues.
  - 3° Front et face.
  - 4° Menton et cou.

III. Présentation de l'extrémité pelvienne, sans ou avec des procidences des membres inférieurs . . . .
- 1. Franche ou régulière, fesse ou siége, pelvis.
- 2. Inclinée ou irrégulière.
  - 1° et 2° Hanches.
  - 3° Région sacrée.
  - 4° Parties génitales.

IV. Présentation du tronc.
- 1° De l'épaule droite, sans ou avec procidence du membre.
  - 1. Franche ou régulière.
  - 2. Inclinée ou irrégulière.
    - 1° De l'épaule et du cou.
    - 2° Du côté de la poitrine et de l'abdomen.
    - 3° De l'épaule et du dos.
    - 4° De l'épaule et du devant de la poitrine.
- 2° De l'épaule gauche, avec ou sans procidence du membre.
  - 1. Franche ou régulière.
  - 2. Inclinée ou irrégulière, comme ci-dessus.

DÉSIGNATIONS PAR RAPPORT AU CÔTÉ DU BASSIN.	POSITIONS PRIMITIVES.	DÉSIGNATIONS PAR RAPPORT AUX MOITIÉS ANTÉRIEURE ET POSTÉRIEURE DU BASSIN.	
1° Occipito-latérale gauche.	1'° position, occipito-cotyloïdienne gauche. . . 4° position, occipito-sacro-iliaque gauche. . . .	2° Occipito-postérieure.	1° Occipito-antérieure.
2° Occipito-latérale droite.	2° position, occipito-sacro-iliaque droite. . . . 3° position, occipito-cotyloïdienne droite. . . .		
1° Mento-latérale droite.	1'° position, mento-sacro-iliaque droite . . . . 3° position, mento-cotyloïdienne droite	2° Mento-antérieure . .	1° Mento-postérieure.
2° Mento-latérale gauche.	2° position, mento-cotyloïdienne gauche. . . . 4° position, mento-sacro-iliaque gauche. . . .		
1° Sacro-latérale gauche.	1'° position, sacro-cotyloïdienne gauche . . . 4° position, sacro-sacro-iliaque gauche	2° Sacro-postérieure . .	1° Sacro-antérieure.
2° Sacro-latérale droite.	2° position, sacro-sacro-iliaque droite. . . . . 3° position, sacro-cotyloïdienne droite.		
1° Céphalo ou acromio-latér. gauc.	1'° position, céphalo ou acromio-cotyloïdienne gauche. 4° position, céphalo ou acromio-sacro-iliaque gauc.	2° Céphalo ou acromio-postérieure. . .	1° Céphalo ou acromio-antérieure.
2° Céphalo ou acromio-latér. droit.	2° position, céphalo ou acromio-sacro-iliaque droite. 3° position, céphalo ou acromio-sacro-cotyloïdienne droite.		
1° Céphalo ou acromio-latér. gauc.	1'° position, céphalo ou acromio-cotyloïdienne gauche . 4° position, céphalo ou acromio-sacro-iliaque gauc.	2° Céphalo ou acromio-postérieure . .	1° Céphalo ou acromio-antérieure.
2° Céphalo ou acromio-latér. droit.	2° position, céphalo ou acromio-sacro-iliaque droit. 3° position, céphalo ou acromio-cotyloïdienne droite.		

CHAPITRE PREMIER.

DE L'ACCOUCHEMENT NATUREL (EUTOCIE).

On doit admettre sous le titre d'accouchements naturels ceux où, la tête ou l'extrémité pelvienne se présentant la première, la femme se délivre au moyen de ses douleurs ou des simples secours qu'on a coutume d'administrer en pareil cas, en l'absence d'accidents et dans un espace de temps qui n'entraîne généralement de dangers ni pour la mère ni pour l'enfant.

Les présentations du crâne, de la face et de l'extrémité pelvienne réunissent seules les conditions convenables pour que l'accouchement s'effectue d'une manière spontanée et heureuse. La *réduction* de l'une des extrémités de l'ovoïde fœtal à l'orifice de la matrice, et l'*évolution spontanée* dans la présentation du tronc, sont des phénomènes d'un caractère trop incertain et trop exceptionnel pour qu'on puisse compter sur l'expulsion du fœtus par les seuls efforts de la nature. La fréquence de la présentation du crâne nous montre qu'elle est le plus suivant les vues de la nature, puisqu'à terme, elle se rencontre 94 fois sur 100, tandis qu'on n'observe que 4 fois celle de l'extrémité pelvienne, et 1 fois sur 200 celle de la face. Ces deux dernières semblent être des anomalies, dans lesquelles toutefois, l'expulsion spontanée n'est pas sensiblement plus difficile, mais néanmoins plus dangereuse pour le fœtus. L'accouchement par le crâne est donc l'accouchement naturel ou normal par excellence. Le fœtus doit réunir d'autres conditions que celles d'être placé longitudinalement dans l'utérus; il faut encore qu'il n'ait pas pris un développement extraordinaire, résultant de maladies ou de vices de conformation; qu'il n'y ait avec l'extrémité supérieure ou inférieure aucune autre partie du fœtus qui rende difficile ou dangereuse l'action des forces expulsives ; que le cordon ombilical conserve une longueur suffisante, que le placenta ait une position convenable et qu'il n'adhère pas d'une manière anormale à l'utérus.

Du côté de la mère, il faut une conformation régulière des parties qui servent à l'accouchement : le bassin doit avoir une forme et une largeur convenable ; la femme doit être dans un état de santé qui ne puisse avoir aucune influence fâcheuse sur la grande fonction qu'elle accomplit. Les forces expultrices doivent avoir une régularité et une force convenable pour vaincre les obstacles qui s'opposent au passage du fœtus. Ces forces ont une prédominance très marquée sur les obstacles naturels qu'elles ont à vaincre, obstacles qui offrent de grandes inégalités; c'est par cela que l'accouchement est souvent spontané, alors même que les résistances offrent quelques conditions anormales; mais, dans les deux cas, il peut arriver que l'expulsion, tout en s'effectuant spontanément, mais à la longue, soit accompagnée, vers la fin, d'un danger imminent pour le fœtus ou d'un épuisement grave pour la femme. Toutes les conditions de l'accouchement naturel étant réunies, il peut survenir inopinément des complications qui impriment à la parturition des caractères morbides fort graves. Mais, d'un autre côté, la plupart des conditions de *dystocie* sont souvent, dans leurs degrés les moins prononcés, compatibles avec une expulsion spontanée heureuse pour la mère et l'enfant. C'est, dans beaucoup de circonstances, par une transition presque insensible et variable que les conditions de l'accouchement naturel disparaissent, et il faut beaucoup d'expérience et d'attention pour suivre dans ces conditions, en quelque sorte mixtes, la conduite la plus avantageuse aux deux individus dont les intérêts nous sont confiés.

La fonction de l'accouchement s'effectuant naturellement offre cela de particulier qui la distingue de toutes les autres fonctions de l'économie, c'est qu'elle s'opère avec douleurs et épuisement des forces; elle est plus ou moins laborieuse, en prenant ce mot dans son sens naturel et non celui qu'on lui a donné conventionnellement pour désigner une classe particulière d'accouchements anormaux réclamant des secours communs. Les accouchements essentiellement naturels sont rarement exactement semblables; ils sont sujets à des écarts très nombreux; chacun présente quelque chose de particulier, sous le rapport de sa durée générale, de la durée de ses différentes périodes, de l'intensité, de la persistance et de la fréquence des douleurs, de l'influence qu'elles exercent sur le reste de l'économie, de la quantité de sang qui s'écoule après l'accouchement, etc. De là les distinctions en accouchements *prompts, faciles, lents, pénibles, laborieux*, sans que ce dernier mot implique la nécessité de l'intervention de l'art et l'emploi de moyens spéciaux.

L'accouchement naturel comprend l'étude des causes qui mettent en jeu, au terme de la grossesse, l'action expultrice de l'utérus, les phénomènes physiologiques et mécaniques qui précèdent et accompagnent l'expulsion du fœtus, envisagés d'une manière générale, et le mode particulier de l'expulsion dans chaque présentation. Ce travail si complexe comprend un grand nombre de phénomènes simultanés et successifs, qui ne pourraient être exposés sans confusion dans une description générale. Nous étudierons d'abord le mode d'action des forces expultrices, leurs principaux effets sur l'œuf, le fœtus, et sur le conduit vulvo-utérin qu'elles doivent dilater pour que la parturition puisse s'effectuer. Nous exposerons ensuite la succession de ces phénomènes locaux et généraux pour établir la marche de la parturition. Dans une autre section, nous étudierons l'accouchement naturel dans chaque présentation en particulier, ce qui nous permettra d'exposer avec la plus grande précision les phénomènes mécaniques de l'expulsion du fœtus, et les lois d'après lesquelles elle se fait. De même que pour connaître les troubles, les anomalies et les maladies de la grossesse, il faut étudier avec détail ses phénomènes normaux ; de même il faut étudier avec détail tous les phénomènes de l'accouchement naturel pour reconnaître les obstacles et les complications de tout genre, afin de pouvoir y remédier. Sans la connaissance exacte du phénomène physiologique et mécanique de l'accouchement naturel, on ne peut espérer de pouvoir aider d'une manière efficace l'organisme lorsqu'il est impuissant à accomplir cette grande fonction. Car, comme l'a dit Levret : « Il ne faut pas moins de science pour reconnaître quand la nature peut se suffire à elle-même, qu'il ne faut avoir d'acquit dans l'art des accouchements pour la seconder à propos. » Enfin, dans une troisième et dernière section, nous ferons connaître les indications communes à l'accouchement naturel et celles qui se rapportent à chaque présentation en particulier.

SECTION Ire. — De l'accouchement naturel considéré d'une manière générale.

1. *Causes déterminantes de l'accouchement.* — La cause ou les causes qui donnent l'éveil aux forces qui opèrent la parturition qui se déclare naturellement à terme, ont vivement occupé l'attention des physiologistes ; mais leurs efforts jusqu'à présent n'ont donné aucun résultat satisfaisant. En faisant l'histoire de la grossesse, nous avons eu souvent l'occasion de signaler l'accord qui s'établit entre la mère et le produit de la conception ; ils semblent faire partie d'un même tout, jusqu'à ce que le fœtus soit arrivé à sa maturité ou au terme de la gestation. Nous avons exprimé par le mot *tolérance* cette disposition de l'organisme maternel, et en particulier de l'utérus, à ne point être affecté par l'œuf comme par un corps étranger. Ordinairement, au terme fixé pour la gestation, un phénomène en sens inverse apparaît ; une tendance à l'indépendance réciproque se manifeste, vient rompre l'équilibre et faire cesser la tolérance. L'organisme ma-

ternel tend à reprendre pleinement possession de lui-même, et se conduit vis-à-vis du fœtus arrivé à maturité comme à l'égard d'un corps étranger dont la présence dans son intérieur est une cause d'irritation qui provoque son expulsion. Si, chez la femme et les autres mammifères, on ne voit point du côté du fœtus arrivé au terme de la vie fœtale, des signes qui révèlent sa tendance à se séparer de sa mère, ce phénomène est des plus manifestes chez quelques ovipares, qui brisent l'enveloppe qui les sépare du monde extérieur. Il est donc très vraisemblable que les causes déterminantes du part à terme résident en même temps dans la mère et dans l'enfant, et non dans une circonstance isolée et déterminée, mais dans l'ensemble de phénomènes maternels et ovologiques qu'il est impossible à l'observation de saisir. Il est en effet difficile d'admettre que l'accouchement ait lieu seulement, soit parce que la transformation musculaire du tissu de l'utérus est arrivée à son dernier degré, soit parce que le système vasculaire utérin tend à revenir à son état ordinaire. Ce retour vers l'état primitif ne commence véritablement qu'après l'accouchement, et la transformation musculaire est entière assez longtemps avant le terme de la gestation. La supposition que la cause de l'accouchement se trouve dans la répétition des efforts menstruels n'est pas mieux fondée, bien qu'ils soient assez souvent une cause d'avortement dans les premiers mois de la grossesse, et quoiqu'il semble démontré par les observations de Stark, de Carus, de Mende et par celles de Merriman, que le terme de la parturition chez la femme coïncide avec l'époque du dixième retour menstruel, ce qui expliquerait pourquoi la parturition s'accomplit, tantôt un peu avant, tantôt un peu après le 280e jour de la fécondation. Mais alors même que cette coïncidence serait réelle, on ne pourrait en tirer d'autres inductions, que l'utérus offre deux espèces de retours périodiques fixes ou peu variables, l'un propre à l'état de vacuité, l'autre à l'état de plénitude, mais essentiellement différents, soit par le type, soit par les caractères; car les prodromes de l'accouchement sont tout-à-fait différents de ceux de l'écoulement menstruel.

Il est tout aussi difficile de placer dans des modifications de l'œuf ou du fœtus les causes qui concourent à donner l'éveil à la puissance contractile qui opère la parturition à terme; on ne peut les trouver ni dans une moindre quantité de l'eau de l'amnios, ni dans un changement de ses propriétés. C'est aussi à tort qu'on a dit que le placenta se flétrissait, que quelques uns de ses vaisseaux s'oblitéraient, et que la maturité du fœtus se révélait comme celle de la plupart des fruits par l'atrophie de ses points de connexion avec l'individu qui le porte intérieurement : on ne trouve rien dans la caduque et le placenta à terme qui puisse être considéré comme une atrophie et un commencement de chute. Ce n'est pas avec plus de raison qu'on a placé cette cause dans la disposition du système vasculaire du fœtus devenu par ses derniers changements moins propre à la circulation fœtale. Ces dispositions anatomiques sont extrêmement variables, non seulement à la fin de la vie fœtale, mais encore à une époque moins avancée. Le fœtus ne manifeste pas sa maturité par une antipathie subite pour sa demeure ; on n'observe point comme prodrome de l'accouchement une agitation, un état de souffrance du fœtus ; sa mort, loin de retarder le moment de son expulsion, le provoque ordinairement ; cependant, si elle survient seulement dans le cours du neuvième mois, l'expulsion n'a souvent lieu qu'à terme. Il n'est même pas indispensablement nécessaire que le fœtus soit renfermé dans la cavité de l'utérus pour que les forces expultrices de cette cavité soient mises en action ; nous avons mentionné, d'après des observateurs capables et dignes de foi, des cas de grossesse extra-utérines dans lesquels un véritable travail de parturition s'est manifesté au terme ordinaire de la gestation. De même qu'on ignore la cause de la tolérance ou de la sympathie qui existe, pendant le cours de la gestation, entre la mère et le produit de la conception, de même on ignore la cause de l'antipathie qui se révèle à la fin de la vie fœtale et qui donne l'éveil au travail par lequel la mère se sépare de son fruit. La réflexion modeste et résignée d'Avicenne : « Au temps fixé, l'accouchement se fait par la grâce de Dieu, » n'a encore rien perdu de son opportunité.

Les considérations qui précèdent me dispensent de faire une exposition et une critique plus détaillées des nombreuses hypothèses qui ont été émises sur ce sujet ; je n'en excepte quelques unes que parce qu'elles ont été généralement acceptées et qu'elles ne paraissent point encore abandonnées. D'après A. Petit, la cause déterminante des contractions utérines se trouve dans l'irritation que souffre la matrice, quand la grossesse est parvenue à son terme. Il regarde le col comme un magasin dans lequel la nature a mis en réserve la quantité de fibres musculaires dont elle a besoin pour fournir à l'expansion de l'utérus pendant les derniers mois de la gestation. Cette expansion, une fois commencée, marche d'un pas égal avec l'accroissement du fœtus ; quand il est assez développé pour supporter l'action des agents extérieurs et les tourner à son profit, toutes les fibres du col ont cédé et le magasin se trouve épuisé. L'accouchement se fera donc quand toutes les fibres qui avaient été mises en réserve dans les divers points de la matrice et principalement dans l'épaisseur du col auront été employées ; tant qu'il en restera, la matrice pourra s'étendre et il n'excitera aucune irritation. La même idée a été développée d'une manière différente et avec de notables modifications par Levret et Baudelocque. Suivant ces auteurs, les fibres du fond et du corps, plus molles et placées en long, se distendent d'abord sans réagir sur le col, dont les fibres sont circulaires et plus serrées ; mais vers le milieu de la grossesse, les fibres du fond tiraillent, en s'allongeant, les fibres du col, dont les anneaux disparaissent, et se trouvent ainsi successivement entraînés dans le corps de l'organe jusqu'à ce qu'il ne reste plus d'anneau en bas, mais un simple orifice ; alors l'équilibre ne tarde pas à être rompu et l'accouchement commence. Les fibres du corps, excitées par la présence de l'œuf comme par un corps étranger, en sollicitent l'expulsion ; mais elles ne produisent d'effet que lorsque toute la partie du col située au-dessus de l'orifice est dilatée. A. Petit, dans tout ce qui est relatif à l'ampliation des diverses parties de l'utérus, se bornant à constater les faits, reste à peu près dans la vérité ; tandis que, sous ce même rapport, Baudelocque et ceux qui l'ont suivi s'en éloignent beaucoup plus, en plaçant l'ampliation du col sous l'influence de l'action des fibres du corps, qui tendraient sans cesse à expulser l'œuf et qui dilateraient successivement les divers segments dont il se compose, de la même manière que se fait la dilatation de l'orifice externe pendant le travail. Mais nous avons vu que l'observation démontre que l'ampliation du col, quoique plus tardive, se fait de la même manière et sous l'influence des mêmes causes que celle du fond et du corps, par un accroissement de nutrition et par la transformation des tissus primitifs. Par sa position, le col est antagoniste du fond et tend à résister au poids de l'œuf, qu'il supporte en partie ; mais il ne le fait pas à la manière d'un constricteur actif et sans cesse en action ; le fond de l'utérus n'est pas dans un état de tension continuelle, excitée par la présence de l'œuf, qui établirait une lutte avec le col dans laquelle celui-ci perdrait peu à peu du terrain, jusqu'à ce qu'il soit complétement effacé. Cette lutte ne commence qu'avec le travail lui-même ; pendant le cours d'une grossesse régulière, les diverses parties de l'utérus sont à l'égard les unes des autres à l'état de repos. La tension, les légers mouvements vermiculaires qu'on y observe de temps en temps n'ont point pour effet l'évasement du col, tant qu'ils ne se convertissent pas en des contractions expultrices. Si le col offre plus de résistance par la disposition et la densité de ses fibres, et si le travail de son ampliation se fait tardivement, ce n'est vraisemblablement que pour mieux supporter les effets de la pesanteur de l'œuf. Bien qu'il soit vrai que le travail de l'accouchement à terme ne commence que lorsque l'ampliation du col est complète ou à peu près complète, il n'est pas rigoureux d'en conclure que la cause de l'accouchement réside dans cette circonstance, et que l'utérus ne peut plus s'agrandir sans ouvrir son orifice externe et sans exciter une irritation qui provoque des contractions. Les différences de volume presque infinies qui existent entre les divers œufs à terme, différences qui dépendent du volume du fœtus et de la quantité du liquide amniotique, rendraient la durée de la grossesse très variable et s'accorderaient peu avec un terme fixe un peu variable. On ne voit point que les accouchements précoces coïncident avec la présence d'œufs volumineux dans l'utérus, et les accouchements tardifs avec des œufs peu volumineux. Chaque femme accouche ordinairement à la même époque, malgré les différences que peut présenter le volume de l'utérus, à ses diverses grossesses. Je ne veux point dire que l'utérus soit indéfiniment extensible ; arrivée à un certain degré, la distension cause une véritable irritation qui provoque des contractions expulsives. Les cas de grossesses multiples, d'hydropisie de l'amnios, en offrent des exemples fréquents ; mais, dans ces cas, la cause de l'accouchement prématurée est accidentelle, et l'on ne peut point la généraliser et l'appliquer à tous les accouchements à terme.

On a, dans ces derniers temps, donné de l'importance à une hypothèse de S. Power, adoptée par M. P. Dubois. On peut jusqu'à un certain point, dit-on, comparer l'utérus gravide à la plupart des organes creux et musculaires, au rectum, à la vessie par exemple : une irritation portée sur le col de la vessie, sur le sphincter de l'anus, détermine un besoin pressant d'uriner ou d'aller à la garde-robe ; de même des irritations portées sur la partie inférieure du col utérin sollicitent des contractions expulsives. La plénitude et la distension des deux premiers organes sollicitent l'expulsion des matières qu'ils renferment ; de même, lorsqu'à la fin de la grossesse, et par suite de l'évasement progressif de la partie supérieure du col, toute sa longueur a été employée à concourir au développement de l'organe, et qu'il ne reste plus qu'une espèce de bourrelet constitué par les fibres circulaires appartenant à l'orifice externe, le développement de l'utérus ne peut continuer sans un tiraillement violent exercé sur les fibres de ce bourrelet, qui sont d'ailleurs irritées par le contact insolite de la poche amniotique qui s'avance jusqu'à l'orifice externe. Cette double cause d'irritation se renouvelant sans cesse, il doit nécessairement arriver pour les fibres du corps de l'utérus, ce qui arrive aux parois du rectum, de la vessie : quand leurs sphincters sont irrités, ils entrent en contraction. Cette explication mérite la plupart des reproches adressés aux précédentes : lorsque l'accouchement à terme se déclare, le col est loin de présenter le même degré d'ampliation et de tension. D'ailleurs l'observation la plus attentive de ce qui se passe du côté de l'utérus chez les femmes arrivées à la fin de la grossesse ne fait point reconnaître des signes de cette prétendue irritation causée par la présence de l'œuf arrivé près de l'orifice externe, et de ces tiraillements exercés sur le bourrelet saillant du col. Malgré son irritabilité assez grande, et sa propriété d'exciter les contractions du fond et du corps, lorsqu'on l'irrite artificiellement, le col de l'utérus se montre peu impressionnable aux distensions causées par l'œuf lui-même, et les supporte assez longtemps sans qu'il se développe des contractions expulsives. C'est du moins ce qu'on observe dans beaucoup de cas de présentation de la tête, où celle-ci s'engage profondément dans l'excavation pelvienne, souvent plus de quinze jours avant l'accouchement, en se coiffant en quelque sorte de la portion de l'utérus formé par le col qui est distendu et fort aminci. Dans cette situation, on n'observe ordinairement d'autres effets que de la difficulté d'uriner, d'aller à la garde-robe, du ténesme au col de la vessie, et quelquefois à l'anus ; mais l'utérus reste ordinairement à l'état de calme. Cependant, si cet état précède de beaucoup le terme de la grossesse, ou que l'utérus présente une susceptibilité anormale, il finit par amener des contractions utérines. Plusieurs accouchements prématurés dépendent vraisemblablement de cette cause, mais qui devient alors accidentelle et particulière à quelques cas seulement.

2. *Des forces qui opèrent la parturition.* — Ces forces peuvent être appréciées avec assez d'exactitude relativement à leur mode d'action et à leur puissance. D'un autre côté, la connaissance exacte de la forme du fœtus et du canal qu'il doit traverser imprime aux phénomènes mécaniques une marche qui, en général, peut être calculée d'avance jusque dans ses irrégularités ; et l'on a exprimé un fait généralement vrai, lorsqu'on a dit que l'accouchement était une opération naturelle jusqu'à un certain point susceptible de démonstration géométrique.

Ce sont les forces développées par la contraction expulsive de l'utérus, aidée par le diaphragme et les muscles de l'abdomen, qui opèrent l'accouchement. Depuis A. Petit, la part de ces deux ordres de forces a été exactement appréciée. Quoique l'action des muscles abdominaux concoure, à une époque avancée du travail, à l'expulsion du fœtus, ce n'est pas moins dans l'utérus que réside la force principale et essentielle chargée d'opérer la parturition. Des femmes ont accouché naturellement ayant un prolapsus complet de l'utérus; d'autres étant dans un état d'asphyxie, de narcotisme, de syncope; quelques unes de celles qui ont succombé pendant le travail, et même avant, ont encore pu expulser le fœtus hors des voies génitales par le seul effet de la puissance contractile de l'utérus, qui, placée moins directement sous l'influence de l'axe cérébro-spinal, perd moins immédiatement son action que les muscles sous l'empire de la volonté. Le part a lieu chez les animaux alors même qu'on leur ouvre le ventre, et qu'on met ainsi les muscles abdominaux hors d'état d'agir.

Les contractions utérines et les efforts musculaires de l'enfantement ont pour caractère commun d'être involontaires. Cela est si évident pour les contractions utérines, qu'il suffit d'énoncer le fait. La volonté ne peut pas plus les suspendre ou les accélérer que les faire naître. Il n'en est pas tout-à-fait de même pour l'effort musculaire : tant qu'il n'est pas vivement sollicité, il est possible de s'y soustraire. Lorsque la sensation qui le provoque se développe, elle n'est pas toujours d'abord très vive, et la femme peut en quelque sorte, dans le commencement, céder ou résister à volonté, de même qu'on peut d'abord céder ou résister à une sensation qui provoque le vomissement si elle est peu vive ; mais si elle augmente, l'effort convulsif involontaire se déclare. Il arrive aussi un moment dans le travail de l'enfantement où il est impossible de se soustraire à l'effort des muscles de l'abdomen, bien qu'il n'ait pas des caractères convulsifs aussi marqués que dans le vomissement. Les observations de Beaudelocque, de Velpeau, de Dewees, qui semblent prouver que quelques femmes ont le pouvoir de retenir non seulement les efforts des muscles abdominaux, mais encore ceux de l'utérus, et de retarder en quelque sorte à volonté le moment de la délivrance, doivent recevoir une autre interprétation ; une émotion morale, une surprise, une contrariété, un sentiment de pudeur, peuvent suspendre momentanément le travail de l'enfantement, et cette suspension peut, dans quelques cas, être selon les désirs de la femme, sans que cela se fasse par l'influence de sa volonté.

Exposons d'abord en détail les caractères de ces deux ordres de puissances et leur mode d'action respectif.

1° *Contractions utérines, douleurs.* — Les contractions utérines débutent lentement et s'accroissent par degrés : elles ne sont pas ordinairement, ou au moins de prime-abord, douloureuses. Nous avons vu que, dans les derniers mois de la grossesse, l'utérus était fréquemment le siége de mouvements ondulatoires, de légers resserrements, sans que la femme en eût la conscience. Ces contractions indolores, ou faiblement douloureuses, se montrent souvent comme prodromes de l'accouchement, et n'éveillent en général des douleurs que lorsqu'elles tendent à vaincre une résistance et que leur effet s'étend jusqu'à l'orifice de la matrice ; mais lorsque le travail est déclaré, la douleur est tellement inséparable de la contraction, que l'usage a consacré le mot *douleurs* comme synonyme de contractions utérines. C'est, comme les autres actions musculaires de la vie organique, sous le type intermittent que se manifestent les douleurs ou contractions utérines ; l'action est suivie d'un temps de repos d'une courte durée, mais soumis à beaucoup de variations. Les douleurs, plus éloignées dans le commencement, se rapprochent à mesure que le travail fait des progrès, de sorte que, vers la fin, chaque intervalle n'est plus séparé que par de courts instants ; mais il n'est pas rare de voir survenir des temps d'arrêt plus ou moins longs. Les contractions augmentent aussi en intensité et en durée à mesure que le travail avance ; mais il n'est pas rare de voir l'utérus ménager en quelque sorte ses forces, et produire des contractions courtes et faibles qui alternent avec de plus fortes et de plus prolongées. Si on étudie les contractions d'après les douleurs qu'elles font éprouver, on voit que celles-ci mesurent exactement la durée de chaque contraction ; qu'elles commencent lorsque l'utérus se durcit, et qu'elles s'affaiblissent et cessent lorsqu'il se ramollit et qu'il retombe à l'état de repos. Il en est généralement de même pour l'intensité ; mais les différences de sensibilité et d'énergie apportent, sous ce rapport, de nombreuses exceptions. La presque totalité du globe utérin est le siége des douleurs ; mais elles sont plus particulièrement reportées par la femme au point où elles se font sentir avec le plus de force. Dans le commencement, où elles sont moins fortes, elles semblent plus étendues, et se font sentir en même temps à l'ombilic, à l'hypogastre, dans les flancs ; lorsque le travail est bien commencé et qu'elles ont une plus grande intensité, elles prennent une direction mieux déterminée, et des environs de l'ombilic elles se portent généralement vers l'angle sacro-vertébral, ou plutôt remontent de l'orifice vers le corps de l'organe ; quelquefois elles se font particulièrement sentir dans la région lombaire, et dans ce cas, elles laissent presque toujours la femme, pendant l'intervalle, dans un état de souffrance et d'angoisse fort incommode dont elles se plaignent beaucoup. Pendant le temps qui est employé à dilater le col, les contractions de l'utérus ne font pas éprouver à la femme un sentiment d'expulsion, et on les désigne quelquefois sous le nom de *douleurs préparantes ou de dilatation.* Plus tard, lorsque le col est suffisamment dilaté et que la partie du fœtus qui se présente est sur le point de franchir, la sensation d'un corps à expulser devient plus distincte ; elles deviennent plus intenses, et ne tardent pas à être accompagnées d'efforts d'expulsion, et on les désigne plus particulièrement par le nom de *douleurs expultrices ou expulsives.* Elles sont précédées et accompagnées de pesanteur dans le fond du bassin, de ténesme à l'anus et au col de la vessie ; à la douleur ressentie par l'utérus se joint celle qui résulte de la distension du vagin, de la compression des parties voisines, de la vessie, du rectum, des branches du plexus sciatique. Au moment où la partie la plus volumineuse traverse le détroit inférieur, et il s'y joint un sentiment d'écartement, de déchirure qui se rapporte à l'écartement des os du bassin et à la distension excessive du périnée, ces douleurs, qui ont été appelées *concassantes*, sont excessivement vives ; les cris ne ressemblent plus à ceux arrachés pendant le temps de la dilatation du col, et pendant la première période de l'expulsion ; poussés dans l'effort, ils sont étouffés, ils cessent même quelquefois tout-à-fait au moment où l'effort est le plus grand ; ils sont d'ailleurs tellement différents des premiers, qu'il suffit d'avoir observé avec quelque attention un petit nombre de femmes pour reconnaître si les douleurs sont préparantes ou expulsives, et si celles-ci sont à leur dernière période. Lorsqu'elles sont expulsives, la douleur n'est pas ressentie par l'utérus seul ; la compression et la distension du canal utéro-vulvaire à mesure que le fœtus y pénètre concourent à la produire.

Ce que nous venons de dire des contractions utérines se rapporte plus particulièrement à l'impression ressentie et exprimée par la femme. L'observation directe constate d'autres phénomènes : au moment de la contraction, l'utérus s'abaisse, se porte en avant et se rapproche de la ligne médiane. Ces phénomènes ne se manifestent pas au début et sont peu appréciables pendant une partie de la première période, mais ils deviennent très manifestes avec les progrès du travail. On observe également que la contraction commence au fond de l'organe et se propage au corps et au col, et que les premières parties y prennent une plus grande part que la dernière, qui, néanmoins, ne reste pas à l'état d'inertie, malgré qu'elle cède et s'ouvre par degré. Devant traiter, à cause de son importance, d'une manière spéciale de la dilatation du col et de quelques autres phénomènes, nous aurons à revenir, sous ce rapport, sur les contractions dont ils sont la conséquence et dont ils ne peuvent être complétement séparés.

Nous avons déjà dit que la puissance et l'activité contractile de l'utérus présentent de nombreuses différences individuelles et qu'elles ne se trouvent pas dans un rapport nécessaire avec le développement du système musculaire extérieur : on voit des femmes fortes, chez lesquelles les contractions utérines sont médiocrement développées, tandis que d'autres, remarquables par des formes grêles, ont des contractions extrêmement énergiques.

Les contractions utérines trouvent dans le travail lui-même des causes d'excitation ; les mouvements du fœtus réveillent souvent les douleurs et leur donnent plus d'activité. La rupture de la poche des eaux, l'application de l'utérus sur le fœtus sans l'intermédiaire du liquide amniotique, agissent dans le même sens avec plus d'efficacité encore ; il n'est pas douteux que la distension mécanique du col du vagin, de la vulve, et la compression des organes voisins produisent le même effet, d'où l'on voit qu'à la cause primitive et inconnue des contractions utérines de l'accouchement à terme, viennent se joindre des causes de l'ordre de celles qu'on appelle accidentelles et qui sont du domaine de l'observation. Mais il peut aussi se rencontrer des circonstances, le plus ordinairement accidentelles, qui produisent un effet opposé. Lorsqu'il existe des obstacles très prononcés à l'expulsion du fœtus, les contractions, après avoir redoublé d'efforts pour vaincre l'obstacle, s'affaiblissent, se suspendent pendant un temps plus ou moins long, quelquefois d'une manière définitive, lorsqu'il est insurmontable, mais non sans mettre dans le plus grand danger la vie de la femme. Mais nous ne devons pas exposer ici les causes perturbatrices des contractions utérines, pendant le travail. Les douleurs sont dites *régulières*, lorsque les contractions utérines se présentent avec leurs caractères ordinaires et sont en rapport sous le point de vue de leur direction, de leur force, de leur durée, de leur fréquence, avec la force et les caractères physiques de la femme en travail ; qu'elles s'étendent convenablement à toute la matrice et avec une force décroissante du fond au col ; qu'elles sont suffisamment énergiques et durables, et reparaissent en temps opportun et développent une douleur modérément vive. Elles sont *irrégulières* lorsqu'elles sont trop fortes ou trop faibles, trop rapprochées ou trop éloignées ; lorsqu'elles agissent avec plus d'énergie et de persistance sur certains points de l'utérus que sur d'autres, lorsqu'elles sont excessivement douloureuses, qu'elles sont compliquées de douleur de rein. Les *vraies* douleurs sont celles qui résultent de la contraction de l'utérus ; les *fausses* surviennent soit avant, soit pendant le travail ; elles sont étrangères aux contractions utérines et ont leur siége dans d'autres organes ou se rapportent à l'un des états morbides que nous avons décrits page 362. Le toucher vaginal et abdominal fournit un moyen sûr de distinguer les douleurs vraies des fausses.

La force contractile de l'utérus, comme celle d'ailleurs de toutes les autres puissances musculaires, ne peut pas être mesurée exactement; mais l'on peut s'en faire une idée assez exacte en se représentant le volume du muscle que présente l'utérus développé par la gestation et la force qui doit être employée pour vaincre les obstacles qui s'opposent au passage du fœtus. Par ce qui se passe dans quelques accouchements difficiles, on voit que cette force peut être portée à un degré vraiment extraordinaire : ainsi, malgré l'épaisseur et la solidité des parois de cet organe, elles se déchirent quelquefois dans un point de leur étendue, sans lésion antécédente, sous la seule influence de la force qu'elles développent. Lorsqu'à la force contractile utérine exaltée se réunit l'action expulsive des muscles abdominaux, il peut survenir des effets plus extraordinaires encore. Dans quelques cas de rétrécissement du bassin, on a trouvé sur les os larges du crâne du fœtus des dépressions profondes, des fractures dans le point qui correspondait à l'angle sacro-vertébral; les articulations du bassin peuvent céder ; nous ferons connaître plus loin des cas de désunion de la symphyse et des fractures du corps pubis opérées par la seule influence des efforts de la parturition.

On a émis sur la cause et le siége de l'impression douloureuse qui accompagne les contractions utérines lorsqu'elles ont pris un certain degré d'intensité une foule d'opinions hypothétiques, tellement contraires à la saine physiologie, qu'on doit les passer complétement sous silence. Disons d'abord qu'on peut constater par l'observation directe que les contractions du col, comme celles du fond et du corps, ne sont accompagnées d'aucune douleur lorsqu'elles sont encore faibles ; à un degré supérieur, la femme n'éprouve encore qu'un sentiment de pression et d'engourdissement qui s'étend du col au reste de l'organe ; un peu plus tard succède un tiraillement douloureux qui s'étend du col aux autres parties de l'utérus. Si la distension du col par la réaction des fibres du fond et du corps et leurs tiraillements pendant qu'elles tendent à chasser l'œuf, n'en est pas la cause, il faut renoncer à en donner une explication satisfaisante. Quant à l'intermittence des contractions, c'est une propriété dont on doit, comme pour les autres viscères musculaires, se borner à constater l'existence. Le siége de la douleur devient complexe lorsque la distension s'étend au vagin, à la vulve, etc.

2° *Contraction des muscles abdominaux.* — L'intervention des muscles abdominaux dans le travail de l'enfantement est très tardive. Cette force n'est pas employée à la dilatation du col de la matrice ; elle ne se manifeste que lorsque l'extrémité de l'ovoïde fœtal qui se présente est engagée dans le col et le vagin, et qu'elle commence à presser sur le périnée. Ce sont des efforts plus grands, mais semblables à ceux que provoque l'excrétion des matières fécales. La cause qui met en jeu le diaphragme, les muscles de l'abdomen, ne paraît être autre que la pression exercée de toutes parts sur le périnée et sur les organes contenus dans le bassin ; ce qui provoque un sentiment de ténesme qui sollicite la contraction des muscles abdominaux, et finit par les forcer à obéir. Ainsi, tandis que la cause naturelle des contractions utérines reste complétement ignorée, celle des muscles abdominaux est des plus évidentes, et se trouve dans les progrès mêmes du travail. L'action des muscles abdominaux régulièrement sollicitée par le travail est tout aussi involontaire que l'action de l'utérus lui-même, avec cette différence, pourtant, que l'effort étant sous la dépendance de la volonté, il peut être produit dans le travail de l'enfantement sans être sollicité, et cela sans avantage, si la dilatation du col n'est pas encore opérée. Dans le cas contraire, elle peut hâter la terminaison de l'accouchement ; mais tant qu'elle n'est pas naturellement sollicitée, elle peut être considérée comme l'emploi d'une force artificielle, qui a l'inconvénient de fatiguer la femme sans avantage réel pour la terminaison de l'accouchement.

Lorsqu'aux contractions de l'utérus viennent se joindre celles des muscles abdominaux, l'action de ces deux ordres de puissances est simultanée ; mais la contraction utérine précède ordinairement de quelques instants celle des muscles abdominaux, pour cesser en même temps ou peu après. Mais, si l'action des muscles abdominaux est vivement sollicitée, on cesse d'observer cette succession, et les deux phénomènes sont exactement simultanés.

Au moment où la vulve est largement distendue, il n'est pas rare de voir des efforts musculaires très violents, et en quelque sorte désordonnés, non accompagnés de contractions utérines, tendre à expulser le fœtus et à précipiter la matrice après lui. Cependant, généralement, même pendant les derniers et les plus violents efforts d'expulsion, l'action des deux ordres de puissance est simultanée. La contraction des muscles abdominaux n'a point pour but de maintenir la matrice dans sa direction, ni l'empêcher de se déformer ; cependant en la comprimant de toutes parts, et en lui formant une ceinture solide, elle tend à la maintenir dans sa rectitude, et à l'empêcher de se rompre. Quoique l'effort des muscles abdominaux tende à pousser en même temps l'utérus et le fœtus vers le fond du bassin, l'utérus étant largement ouvert à son sommet et retenu par le bassin, c'est au fœtus en définitive qu'il est transmis. Lorsque l'effort est violent, tous les muscles du corps y prennent part, ceux de l'abdomen pour concourir à l'expulsion du fœtus, et les autres pour fixer le tronc. Beaucoup de femmes éprouvent déjà le besoin de fixer le tronc, en cherchant un point d'appui pour leurs membres, avant que l'intervention des muscles abdominaux soit sollicitée, lorsque l'utérus se contracte avec beaucoup d'énergie. D'après la remarque de M. J. Bourdon, le diaphragme n'est pas employé à l'expulsion, mais à maintenir immobile la base de la poitrine dilatée. Ainsi, au commencement de l'effort, la poitrine se dilate, le diaphragme s'abaisse, la glotte se ferme, la tête se renverse en arrière, les muscles des membres se contractent et se fixent solidement, de sorte que ceux de la paroi abdominale trouvant des points d'appui solides autour de la base de la poitrine et du bassin, agissent avec énergie devant, en arrière et latéralement; le diaphragme ne pouvant être relevé, la pression se transmet sur l'utérus et les autres viscères qui sont poussés vers l'excavation pelvienne. Le resserrement ou l'occlusion de la glotte, au moment où l'effort est le plus violent, fait que les femmes cessent souvent tout-à-coup de crier, ou bien ne font plus entendre que des cris sourds et étouffés pendant l'inspiration qui précède le moment où l'effort est le plus grand, et des cris plus aigus lorsqu'il diminue et que l'expiration commence à se faire.

3. *Conséquences des contractions de l'utérus et des muscles abdominaux.* — Ces conséquences sont : la dilatation de l'orifice de la matrice, la formation de la poche des eaux, la division de l'œuf, la progression de l'extrémité de l'ovoïde fœtal, qui se présente à travers le canal utéro-vulvaire, la dilatation du périnée en une gouttière membraneuse, qui termine inférieurement le canal pelvien. Ces phénomènes d'une grande importance pratique, n'ayant été indiqués dans les considérations qui précèdent que d'une manière très générale, doivent être étudiés avec des détails convenables.

1° *Dilatation de l'orifice de l'utérus.* — Les contractions douloureuses de l'utérus ont pour but de dilater sa partie rétrécie pour frayer une voie au fœtus; c'est seulement dans ce moment que se révèle l'antagonisme du fond avec l'orifice, et que commence la lutte de la partie dilatée, pendant la grossesse, contre celle qui reste fermée jusqu'à terme, c'est-à-dire l'orifice externe, et quelquefois la portion du col située au-dessus qui peut s'étendre jusqu'à l'orifice interne : c'est ce que l'on observe dans la plupart des accouchements prématurés. Comme il y a une grande inégalité entre la puissance et la résistance, le fond et le corps de l'utérus triomphent avec une certaine facilité du col. La résultante de toutes les forces motrices prend une direction qui s'étend du fond au col ; toutes les contractions régulières partent du fond et se propagent de proche en proche jusqu'au col. Wimmer a observé sur un utérus, dans un état complet de prolapsus, que le mouvement allait en rayonnant du fond vers le col.

On n'observe cette succession qu'au moment où la contraction commence ; bientôt la matrice tout entière est contractée, et il y a synergie non seulement de toutes les parties, mais encore de tous les plans musculaires qui la composent. En effet, si, au moment où une douleur commence, le doigt se trouve placé sur le col entr'ouvert, il perçoit d'abord un mouvement vibratoire, une espèce de tremblement ; bientôt l'orifice, comme tout le reste de la matrice, se durcit et se resserre ; ses bords se frangent et offrent des inégalités plus prononcées que dans l'intervalle des contractions.

La matrice peut bien se contracter localement, et le mouvement partir du fond ou de tout autre point, sans s'étendre jusqu'au col, ou au point diamétralement opposé. Ces mouvements péristaltiques partiels se montrent souvent pendant les derniers temps de la grossesse, et même quelquefois d'une manière accidentelle pendant le travail. Mais il n'est ici question que des contractions régulières, naturelles du travail ; et dans celles-ci le mouvement se généralise, devient plus énergique, au fond et dans le corps, en raison du plus grand nombre de fibres ; quelquefois la tension active du col cesse avant que le fond et le corps de l'organe soient revenus à l'état de repos. Les contractions utérines, par l'action combinée des fibres longitudinales, obliques et circulaires, tendent en même temps à rapprocher le fond de l'organe du col et les parois de son axe.

Les fibres longitudinales qui viennent se perdre dans les fibres circulaires du col tendent, non seulement à les porter en haut, mais encore à les distendre et à les allonger. Mais dans ce mouvement de retour sur lui-même, l'utérus rencontre l'œuf, qui représente une vésicule pleine, peu compressible, sur laquelle viennent se distribuer les forces qu'il développe ; et comme l'œuf ne trouve pas de voies ouvertes pour s'échapper, il réagit contre les parois de l'utérus, avec une égale intensité dan tous les points, de toute la force développée par la contractions S'il se rencontrait un point de l'utérus ramolli ou aminci, au point de présenter une résistance inférieure à la force développée par la contraction, c'est ce point qui, quel qu'il fût, céderait, et vers lequel s'avancerait l'œuf. C'est ce qui arrive dans les ruptures spontanées qui ont lieu pendant le travail. Mais l'utérus, présentant naturellement une ouverture dilatable à sa partie inférieure, d'une résistance beaucoup moins grande que les autres parties, cette ouverture, c'est-à-dire l'orifice de la matrice, s'ouvrira inévitablement sous l'influence des contractions répétées. L'action des forces expultrices et la réaction produite par l'œuf se trouvent, dès le début, dirigées de manière à vaincre la résistance du col : c'est la distension exercée par la partie de l'œuf correspondant au segment inférieur de l'utérus et par la région du fœtus qui se présente, lorsqu'il se trouve peu de liquide amniotique entre cette partie et l'orifice ou lorsqu'il s'est écoulé, qui, sous l'influence active des contractions, est le principal agent de la dilatation du col ; cette pression est secondée par l'action des fibres longitudinales et obliques qui, en se raccourcissant, tendent à remonter et à tirer en dehors les fibres annulaires du col. Les contractions de celles-ci ne peuvent pas s'opposer longtemps à l'action combinée dont nous venons d'exposer le mécanisme, l'effort qu'elles font pour tenir le col fermé tend même à les assouplir. Dans le commencement du travail, lorsqu'il est encore peu dilaté, on observe que l'orifice de la matrice se resserre pendant la douleur et qu'il est plus étroit qu'avant. A une époque plus avancée, quoiqu'il se contracte en même temps que le reste de l'utérus, il ne peut plus contrebalancer l'effort produit par le reste de l'organe, et se laisse distendre, élargir, malgré qu'il soit dans un état de tension active. Dans l'accouchement à terme, c'est sur l'orifice externe ou sur une petite portion seulement de la partie inférieure du col, que porte de prime-abord le travail de dilatation ; tandis que dans l'avortement et l'accouchement prématuré, c'est le col dans toute son étendue qui doit être successivement dilaté.

Lorsqu'on examine attentivement ce qui se passe du côté de l'œuf pendant chaque contraction qui tend à ouvrir de plus en plus l'orifice de la matrice, on sent au début qu'il remonte un peu, qu'il se tend et s'abaisse à mesure que la contraction s'accroît, et comme il n'est pas exactement plein, il s'allonge au-delà du col, et une portion tend à faire saillie à travers son orifice externe ; mais tandis que l'œuf est poussé en bas et qu'une portion avance vers le vagin, le fœtus, comme l'a remarqué M. Wigand, est mû dans un sens opposé et remonte plus ou moins haut vers le fond de l'utérus. Dans la plupart des cas, cette ascension du fœtus est inévitable : car, si la région qui correspond au segment inférieur de l'utérus remplit exactement cet espace dans l'intervalle des douleurs, devenant plus étroit pendant les contractions, il chasse le fœtus plus haut, où il trouve un espace plus étendu. Le mouvement en sens opposé du fœtus et d'une portion de l'œuf se reproduit ordinairement jusqu'à la division de celui-ci. Ce phénomène manque assez souvent, ou au moins est peu appréciable, suivant que le fœtus est éloigné de l'orifice de la matrice ou que son segment inférieur a une étendue très grande comparativement à la partie du fœtus qui se présente. Il ne faut pas confondre cette rétrocession avec celle qui survient immédiatement après la contraction, par le fait de l'élasticité du col, qui revient en partie sur lui-même; celle-ci se manifeste lorsque l'œuf n'est pas divisé par l'affaissement et la diminution de la poche des eaux.

La présence de l'œuf entier est sans contredit une condition favorable à la dilatation du col et à un travail régulier, mais nullement indispensable. L'écoulement du liquide amniotique peut avoir lieu dès le début du travail, sans que la dilatation du col soit très sensiblement entravée, même dans la présentation des régions qui semblent le moins bien disposées pour l'opérer. Dans ce cas, le mécanisme de la dilatation ne diffère pas d'une manière assez sensible pour qu'il soit nécessaire d'y insister. Je ferai seulement remarquer que, tant que la résistance du col n'est pas surmontée, que la région qui se présente n'y est pas engagée d'une manière définitive, et que l'orifice externe se contracte librement, il y a toujours une légère rétrocession du fœtus au début de la douleur, quoiqu'il ne soit plus flottant. La dilatation du col se fait plus lentement dans le commencement que lorsqu'elle a déjà acquis une certaine étendue. Lorsqu'elle commence à s'opérer, le cercle, souvent dentelé, qui circonscrit l'orifice de la matrice est d'abord mince; il le devient encore davantage, pour s'épaissir ensuite, lorsqu'il a acquis une grande étendue, et à mesure qu'il s'approche de la dilatation complète. M. Guillemot, qui a étudié avec beaucoup d'attention cette particularité, fait remarquer que la distension qui se produit sur le col utérin, agissant plus fortement sur le cercle utérin lui-même, que sur les autres points du col, l'amincissement qui en résulte doit s'effacer dès l'instant que le cercle utérin cède et se reporte vers des parties qui n'ont pas supporté une égale compression et qui ont conservé une partie de leur épaisseur. Bientôt, à la suite de nouvelles douleurs, la tension qui survient sur ce nouveau cercle lui fait perdre son épaisseur; enfin il arrive une

PHÉNOMÈNES DE L'ACCOUCHEMENT NATUREL. 529

époque où le cercle utérin, largement dilaté, conserve une épaisseur prononcée malgré sa dilatation croissante, par la raison que les fibres utérines, en se raccourcissant, épaississent le col et que la compression qu'il supporte n'est plus aussi directe. On conçoit également de cette manière pourquoi l'amincissement n'est pas égal sur tous les points du col; il n'est pas rare de rencontrer sa moitié postérieure très mince, tandis que la moitié antérieure conserve une épaisseur prononcée. De même, et c'est le cas le plus ordinaire, cette moitié postérieure arrive plus promptement à une dilatation complète que la moitié antérieure; souvent même une portion peu étendue de celle-ci, restée saillante, est poussée devant la tête du fœtus jusque sous l'arcade des pubis et apparaît quelquefois à l'extérieur sous l'aspect d'un rebord saillant et épais d'un rouge foncé. Lorsque la vulve commence à s'entr'ouvrir, l'orifice de la matrice dilaté a la forme d'un cercle ou plutôt d'un ovale dont la grosse extrémité est tournée en arrière. Cette forme est souvent un peu modifiée par la région du fœtus qui se présente : son étendue peut être comparée à celle de la circonférence occipito-bregmatique de la tête du fœtus. On indique ordinairement les différents degrés de dilatation par lesquels le col passe successivement, par des comparaisons avec des pièces de monnaie, ou bien en indiquant l'étendue d'un de ses diamètres en lignes ou en millimètres. Dès que la dilatation a une certaine étendue, elle est toujours plus prononcée au moment de la contraction, que pendant l'état de repos de l'utérus.

2° *Formation de la poche des eaux.* — A mesure que le col se dilate, une plus grande portion de l'œuf est mise à découvert et fait saillie à travers son ouverture. C'est cette portion des membranes qu'on désigne par le nom de *poche des eaux*. Sa formation et son accroissement sont entièrement subordonnés au degré de dilatation du col. Sa base est moulée sur l'ouverture qu'elle tend à traverser, et s'adapte sous ce rapport à toutes les modifications de forme de l'orifice de la matrice. Sa partie saillante est plus ou moins globuleuse, quelquefois fortement allongée, et peut s'avancer jusqu'à la vulve, si elle ne se divise pas lorsque la dilatation est complète; d'autres fois elle est peu éloignée de la région du fœtus qui se présente, et plus ou moins plate. Plusieurs causes tendent à rendre cette partie de l'œuf plus saillante. L'œuf n'étant pas exactement plein, ou au moins n'étant pas dans un état de distension lorsqu'il est mis à nu dans un point déclive, il tend à faire hernie à travers le col. Cet état de non-plénitude est souvent porté assez loin; dans le cas de mort prématurée du fœtus, la poche peut s'allonger en forme d'intestin et venir former une tumeur pyriforme hors de la vulve. Le col remontant vers le corps de l'utérus à mesure qu'il se dilate, met à découvert une égale portion des membranes. Quoique ces dernières soient à peine exten-

Fig. 33.

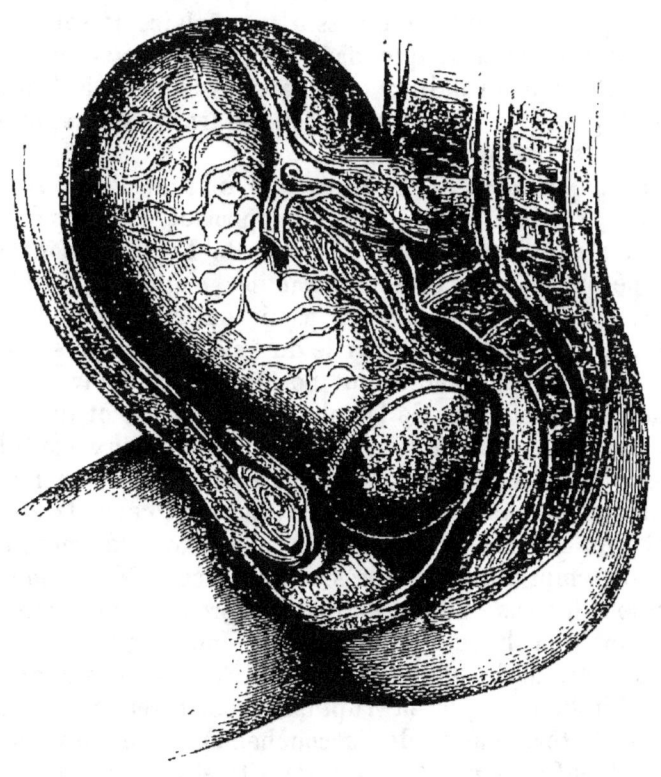

sibles sous une pression de courte durée, il est cependant vraisemblable qu'elles subissent une distension sensible sous les pressions prolongées et réitérées, exercées par l'utérus. Pendant la douleur, la poche des eaux est dure, tendue et élastique. Après la contraction, elle devient molle, se ride, et disparaît en partie. Lorsqu'il existe très peu de liquide au-dessous de la partie qui se présente, que la poche est *plate* et comme moulée sur le fœtus, c'est ordinairement le crâne qui se présente, et qui plonge profondément dans l'excavation pelvienne, coiffé par le segment inférieur de l'utérus; le liquide amniotique est chassé ou retenu au-dessus de la tête. Les autres formes de la poche des eaux ont rarement quelques rapports avec la présentation. On peut aussi conclure, en général, que la partie qui se présente reste élevée lorsque la quantité du liquide qui forme la poche paraît très grande. La forme de la poche des eaux ne paraît pas être en rapport avec les inclinaisons plus ou moins exagérées de l'utérus, par rapport à l'entrée du bassin, quoique M. Moreau prétende avoir remarqué qu'elle est hémisphérique, toutes les fois que le col correspond au centre du bassin, et ovalaire lorsque l'utérus est fortement incliné; que dans l'obliquité antérieure elle est transversalement ovalaire; que dans l'obliquité à droite ou à gauche le grand diamètre de la poche se trouve en rapport avec le diamètre sacro-pubien du bassin.

3° *Division de la poche des eaux.* — L'œuf mis à découvert dans une assez grande étendue, ayant à supporter sur ce point, sans être soutenu par le segment inférieur de l'utérus, tout l'effort développé par les puissances contractiles, s'amincit, finit par se rompre, et laisse s'écouler en partie ou en totalité le liquide amniotique, suivant que la partie du fœtus qui se présente bouche plus ou moins exactement l'orifice de la matrice. On se fait une assez juste idée de la solidité du chorion et de l'amnios réunis par le temps qu'ils mettent à résister aux contractions utérines; car si la rupture de la poche des eaux ne se fait pas à une période constamment la même, on peut cependant dire en général, qu'elle a lieu, lorsque le col est complétement dilaté, ou peu de temps avant ou après. On doit considérer comme exceptionnels les cas, quoique très nombreux, dans lesquels la rupture de la poche des eaux a lieu à une époque peu avancée du travail, dès le début, même avant. Nous aurons à examiner ailleurs l'influence que la rupture prématurée exerce sur la marche et la terminaison de l'accouchement. Dans les cas où les parois de l'œuf présentent plus de densité et de résistance, il peut bien arriver que la rupture de la poche amniotique se fasse attendre quelque temps après la dilatation complète du col, que cette circonstance retarde la terminaison de l'accouchement, et ajoute aux fatigues et à l'épuisement de la femme; mais c'est un obstacle que les forces naturelles finissent par surmonter sans trop de difficultés. C'est ordinairement vers le centre que se fait la rupture, mais elle peut avoir lieu sur des points plus élevés; peu au-dessus de l'orifice, ou sur un point qui en est assez éloigné; alors elle ne s'affaisse qu'incomplétement, et reparaît à chaque douleur.

Lorsque la division de l'œuf n'a lieu qu'au moment où la dilatation du col est complète, la région du fœtus qui se présente vient se substituer à la poche des eaux, sans toutefois s'avancer immédiatement aussi bas ; elle peut même rester pendant un temps variable assez élevée. Il n'est pas rare alors de voir le col revenir sur lui-même dans une assez grande étendue, et reprendre en partie la place que la dilatation lui avait fait perdre ; mais ce retour n'est que momentané, et la dilatation se reproduit bientôt si le fœtus se présente régulièrement. Après l'écoulement d'une partie du liquide amniotique, l'utérus, en vertu de sa propriété contractile, s'applique plus ou moins exactement sur le fœtus comme sur l'œuf entier; la région qui se présente à l'entrée du bassin remplace la poche des eaux pour continuer le travail de dilatation ; car, lorsque le col est complétement effacé, il n'est pas encore, dans la majorité des cas, suffisamment dilaté, soit pour laisser passer la tête ou l'ovoïde formé par le pelvis, qui ne le franchissent d'une manière définitive qu'en le distendant considérablement, au point de déterminer une légère déchirure dans le point qui correspond à la partie la plus dure et la plus saillante soit de la tête, soit du siége. Dans cet état de distension en tous sens, la portion la plus inférieure du col est entraînée, surtout en avant, profondément dans le bassin. Lorsque des parties aussi volumineuses sont engagées dans le col, et qu'il reste dans un état de distension forcée, il est mis dans l'impossibilité de se contracter, ou ne peut le faire que dans des limites fort étroites ; il devient en quelque sorte passif, tandis que le corps et le fond, revenus sur eux-mêmes de toute la quantité de liquide amniotique qui s'est écoulé et de la portion du fœtus qui fait saillie hors du col, agissent avec plus de force et d'énergie. Si, jusqu'à ce moment, l'état du col et de l'orifice de la matrice semblaient s'opposer à la sortie de l'enfant, en se contractant au-dessous et en le repoussant en haut, on observe manifestement le contraire vers la fin de la période de dilatation ; le col concourt, en quelque sorte, avec les autres parties de l'utérus à l'effort d'expulsion qui produit à peu près, pour me servir d'une expression de Levret, sur le corps du fœtus, comme la pression des doigts sur un noyau qui s'en échappe : il sortirait brusquement s'il ne devait pas dans sa marche s'accommoder à la forme du bassin, et dilater la partie inférieure du vagin, le périnée et la vulve, qui augmentent beaucoup les difficultés qu'il doit trouver à traverser le détroit inférieur.

4° *Dilatation du vagin.* — Ce canal, naturellement très extensible, s'évasant à sa partie supérieure dès que la dilatation du col a une certaine étendue, offre à peine d'obstacle à la partie qui se présente. Celle-ci n'a pas encore complétement franchi le col, que le vagin se trouve déjà dilaté dans son tiers supérieur.

A mesure qu'il est envahi, il se distend, et se raccourcit; mais lorsqu'il est distendu jusqu'à la vulve, il reste court en avant, et s'allonge en arrière pour suivre le mouvement de distension du périnée en bas et en avant. Pendant la progression du fœtus à travers le vagin, quelques auteurs ont avancé que ce canal se contractait en même temps que l'utérus et de la même manière; qu'il devenait à son tour le point d'appui de la matrice, et qu'il remplissait, à l'égard de celle-ci, le même rôle que le col avait rempli avant qu'il se fût laissé traverser par la tête du fœtus. C'est du vagin, suivant Ritgen, que partent désormais les douleurs; au début de la contraction, la tête rentre vers le milieu, elle reprend la place qu'elle occupait, à la fin elle se porte plus avant, de sorte que, dans cette portion de son trajet, le fœtus, en continuant à s'avancer vers l'extérieur, remonterait et descendrait alternativement à chaque contraction, comme nous avons dit qu'il le faisait avant que l'une ou l'autre de ses extrémités eût franchi le col en le forçant. Ces deux assertions doivent être rejetées. Il est si facile de constater que le vagin n'est dans aucune de ses portions le siége de contractions qui puissent être rapprochées de celles de l'utérus, qu'on a de la peine à concevoir comment cette opinion a pu prendre quelque crédit. La force d'expulsion qu'il manifeste dépend de toute autre cause : tout le monde sait qu'un pessaire volumineux ou un spéculum est souvent repoussé avec force au moment de son introduction. Le léger mouvement péristaltique que ce canal peut exécuter entre pour fort peu de chose dans cette répulsion; son élasticité y a une plus grande part. Mais la cause principale se trouve en dehors du vagin : la présence d'un corps volumineux auquel cet organe n'est pas habitué provoque involontairement les efforts d'expulsion des muscles abdominaux. Or, comme, dans les derniers temps de l'expulsion du fœtus, l'effort des muscles abdominaux se joint aux contractions utérines, le mouvement de pression se communique au vagin, qui, pressé de toutes parts, semble jusqu'à un certain point se contracter. La seconde assertion me semble aussi contraire à l'observation : lorsque l'extrémité qui se présente est fortement engagée dans le vagin, elle s'approche graduellement de la vulve pendant la durée de chaque contraction pour remonter aussitôt que la contraction cesse. La rétrocession, au moment où l'effort cesse, a lieu par le fait de l'élasticité des tissus, qui tendent à revenir à leur point de départ après chaque contraction, en vertu de leur élasticité. Ce phénomène, sur lequel nous aurons à revenir, est extrêmement prononcé pendant la dilatation du périnée et de la vulve. Mais la répulsion de la partie qui se présente correspond toujours au moment de la cessation de la douleur.

4° *Dilatation du périnée et de la vulve*. — C'est au détroit inférieur qu'on trouve en quelque sorte réunis les plus grands obstacles au passage du fœtus, qui ne peut arriver au-dehors qu'après avoir distendu l'orifice externe rétréci et résistant du vagin, le périnée et la vulve, dans un point où le cercle osseux offre des dimensions qui ne sont pas de beaucoup supérieurs à la tête du fœtus ou à l'ovoïde, qui forme la partie inférieure de son tronc réuni avec les membres abdominaux. Si les forces expultrices mettent ordinairement beaucoup moins de temps à surmonter cette résistance complexe que celle du col, c'est qu'elles ont acquis plus d'énergie par les progrès du travail, par la déplétion partielle de l'utérus et par le concours énergique des muscles abdominaux. Ce n'est pas en refoulant les parties molles qui ferment le détroit inférieur vers tous les points de sa circonférence, de manière à donner au détroit périnéal la forme et la direction qu'il a sur le squelette, que le fœtus, poussé par les efforts d'expulsion, se fraye une voie au-dehors. En dilatant la portion inférieure du vagin, il pousse au-devant de lui, de haut en bas et d'arrière en avant, le plancher périnéal, qui se creuse en gouttière et qui prend la forme et la direction du tiers postérieur et inférieur du bassin ; il forme comme un anneau membraneux très étroit en avant et très étendu en arrière, uni en haut à la circonférence du détroit inférieur, et se terminant en bas et en avant à la vulve, qui s'ouvre, et se distend à son tour par degrés jusqu'à ce que la partie volumineuse qui se présente puisse la franchir ; à ce moment, l'anneau ou la gouttière charnue et l'orifice de la vulve sont reportés d'une manière très sensible, surtout en avant, vers la circonférence du détroit inférieur.

Au moment de la plus grande distension, cette gouttière est extrêmement mince, et semble sur le point de se rompre sur tous les points compris entre le coccyx et la commissure postérieure de la vulve, surtout au niveau de l'anus, qui est renversé en dehors, étalé et très allongé d'avant en arrière ; les doigts qui soutiennent le périnée ne semblent séparés du fœtus que par une simple membrane. Nous avons essayé de donner, à la page 20, une description exacte de cette disposition, qui n'a qu'une existence momentanée, et de la représenter dans la figure 9, afin de familiariser l'esprit à voir le bassin tel qu'il est sur le vivant et avec la série des modifications qu'il présente, pendant qu'il est traversé par le fœtus ; ce n'est qu'à cette condition qu'on le connaît sous le point de vue de l'accouchement. Ce n'est pas brusquement, mais par degrés, que se forme le segment charnu du canal pelvien. Depuis le moment où le périnée commence à bomber, jusqu'à la dilatation complète de la vulve, se succèdent une série d'efforts pendant lesquels le fœtus s'avance et se retire alternativement. C'est surtout pendant la dilatation du périnée et de la vulve que la répulsion ou mouvement de rétrocession, après la contraction, est très prononcé et très étendu. La résistance et l'élasticité des parties distendues en rendent suffisamment compte. En voyant la tension et l'amincissement du périnée et de la partie postérieure de la vulve, on comprend toute l'importance des efforts répétés, suivant la plus ou moins grande résistance des parties et le danger des efforts trop violents et brusqués. Lorsque la succession des efforts est convenablement ménagée, il ne se fait aucune déchirure chez les femmes qui ont déjà accouché, et la lésion, lorsqu'elle a lieu, se borne, chez les autres, à la partie saillante et comme membraneuse de la commissure postérieure.

II. *Phénomènes généraux, marche de l'accouchement* — Outre les phénomènes que nous avons étudiés avec détail dans les articles précédents, il nous reste à indiquer les phénomènes généraux et plusieurs phénomènes locaux qui trouvent naturellement leur place dans l'exposition des prodromes et de la marche du travail de l'enfantement.

1° *Prodromes*. — En général, le travail ne débute pas d'une manière brusque et imprévue; le plus ordinairement des changements et des phénomènes particuliers annoncent, quelque temps avant, qu'il est imminent. Cette période n'a pas une durée très fixe; elle ne peut précéder l'accouchement que de quelques heures seulement, ou se prolonger pendant huit à dix jours. Déjà avant que cette période commence, on observe que l'utérus, lorsque le terme de la grossesse approche, s'abaisse plus ou moins dans l'excavation pelvienne, surtout lorsque le vertex est dirigé en bas. Le col ne forme déjà plus une partie distincte du reste de l'organe; la limite qui le séparait du corps s'est effacée, il forme le petit bout du globe ovoïde que représente l'utérus. Au-delà de son orifice externe plus ou moins exactement fermé, on ne rencontre pas un canal, mais une grande cavité tout entière remplie par l'œuf. Lorsque les choses sont dans cet état, l'orifice et la saillie que forment les lèvres ou le bourrelet épais et sillonné qu'on rencontre chez la plupart des femmes qui ne sont pas primipares, deviennent, pendant les quatre ou cinq jours qui précèdent l'accouchement, le siège d'un ramollissement beaucoup plus considérable et plus étendu. Les bords de l'orifice s'écartent souvent de quelques lignes, dans le cas où ils sont minces et tranchants, comme chez la plupart des primipares. Si les lèvres et une petite portion du col forment encore un bourrelet saillant, ce bourrelet est d'une telle mollesse que le doigt arrive, sans rencontrer le moindre obstacle, sur les membranes, et il peut écarter les bords de l'orifice dans une certaine étendue sans difficulté, parce que le ramollissement s'étend bien au-delà des bords de l'orifice de la matrice. Le ramollissement considérable, précurseur du travail de l'enfantement, ne se borne pas à l'orifice de la matrice et aux parties qui en sont le plus rapprochées ; le canal utéro-vulvaire tout entier y participe. Le vagin est plus chaud, plus turgescent, plus mou ; la muqueuse et ses follicules, ainsi que ceux du col de l'utérus, sécrètent un mucus plus épais, plus glaireux, ordinairement blanchâtre, quelquefois incolore ; cette sécrétion augmente encore pendant le travail. En même temps, la vulve se tuméfie, alors même qu'elle n'est pas le siège d'infiltrations séreuses. Les grandes lèvres forment une saillie beaucoup plus prononcée ; la partie inférieure du mont de Vénus, la partie du périnée qui correspond à la commissure postérieure de la vulve, prennent aussi part à ce ramollissement et à cette tuméfaction des tissus ; l'anus lui-même forme quelquefois un bourrelet très prononcé ; c'est vraisemblablement vers cette époque que les symphyses du bassin subissent en plus grande partie le ramollissement qu'on y observe. Peu après que ces changements précurseurs du travail se sont manifestés, on peut observer que la matrice, à des intervalles plus ou moins éloignés, devient plus rénittente, qu'elle se contracte d'une manière douce. Cette tension n'est pas ordinairement d'aussi courte durée que les contractions du travail lui-même ; elle se soutient assez souvent une demi-heure, une heure, et même un temps encore plus long, sans relâchement sensible ; quelquefois cependant elle se rapproche des contractions régulières, avec cette différence qu'elle n'est pas encore douloureuse ; mais assez souvent elle est accompagnée de légères douleurs. La femme a en quelque sorte le sentiment que le moment tout à la fois désiré et redouté approche ; elle éprouve une agitation intérieure, son sommeil est troublé, elle perd l'appétit, ses traits sont altérés, sa face est moins colorée et présente des alternatives de pâleur et de coloration, les mouvements du fœtus deviennent plus pénibles et douloureux ; elle est fréquemment tourmentée d'envie d'uriner et de ténesme. On observe quelquefois, chez les femmes primipares surtout, des phénomènes beaucoup plus marqués sans que le travail se déclare ; les contractions douloureuses se succèdent à des intervalles assez rapprochés ; cet état dure plusieurs heures, même une journée entière, puis les douleurs s'affaiblissent par degrés, tout rentre dans l'ordre et l'accouchement n'a lieu que quinze et quelquefois vingt jours après. Si on a pratiqué le toucher avant et après, on trouve souvent une différence très marquée dans le segment inférieur de l'utérus, il est beaucoup plus enfoncé dans le bassin, ses parois sont plus minces, et la portion du col qui restait s'est convertie en un orifice unique et tranchant : il semblerait que la dilatation de l'orifice interne, qu'on a supposée tardive et assez brusque, s'effectuerait dans quelques cas avec des symptômes qui simuleraient un accouchement commençant. Chez plusieurs, il débute sans que les prodromes soient sensiblement marqués.

2° *Travail de l'enfantement.* — Le travail de l'enfantement présente, dans la succession de ses phénomènes, des périodes plus ou moins tranchées qui permettent d'établir un plus ou moins grand nombre de divisions : je suivrai l'exemple des auteurs qui l'ont divisé en deux périodes ; il faut en admettre une troisième complémentaire des deux premières, qui comprend l'expulsion du placenta entraînant avec lui les membranes. La première embrasse tous les phénomènes, depuis le début, jusqu'à la dilatation complète du col. La rupture des membranes, bien qu'elle soit quelquefois consécutive à la dilatation complète, doit entrer dans cette période, mais sans servir de limites, à cause de sa variabilité. La deuxième période embrasse les différents temps de l'expulsion du fœtus. Dans l'ordre naturel, la délivrance, qui est le complément du travail de l'accouchement, doit être considérée comme la troisième et dernière période. Nous en ferons ressortir les traits principaux dans cette exposition générale ; mais les considérations pratiques nombreuses qui s'y rattachent, exigent qu'on en traite dans un chapitre particulier, à la suite des différents genres d'accouchements.

Première période. — Le travail débute par une sorte de convulsion rapide de l'utérus, qui reparaît à des intervalles d'une demi-heure ou d'un quart d'heure, plus éloignés ou plus rapprochés. Mais l'impression douloureuse est encore si peu marquée, qu'on désigne vulgairement ces premières douleurs par le nom de *mouches*. Pendant ces douleurs, le globe de l'utérus se durcit, devient plus préominent en avant, et le segment intérieur s'abaisse sensiblement vers le centre du bassin ; l'orifice utérin, déjà entr'ouvert, se resserre, et sa circonférence est fortement tendue ; la vulve laisse échapper quelques glaires. Les douleurs de dilatation du col deviennent par degrés de plus en plus vives, plus rapprochées et plus longues ; leur durée est à peu près d'une demi-minute à une minute entière; elles ne cessent pas toujours d'une manière très franche, et laissent souvent encore une impression douloureuse à leur suite. Elles reviennent toutes les cinq ou dix minutes; leurs retours sont assez souvent ou plus rapprochés ou plus éloignés; il se fait quelquefois, à une époque variable du travail, une suspension plus ou moins prolongée. Si la femme est surprise debout par la douleur, elle est obligée de s'arrêter, de ployer les genoux, de s'incliner en avant; elle saisit avec les mains les objets qui peuvent lui fournir un point d'appui. Lorsque les douleurs ont pris une grande intensité, toute l'économie est plus ou moins affectée; elles s'annoncent par un frémissement intérieur, quelquefois par un frisson. Pendant la douleur, le pouls devient plus fréquent, plus dur; le visage s'anime et se colore. A mesure qu'on s'éloigne du début, la peau devient plus chaude, le visage reste animé après les douleurs, les lèvres et la bouche se sèchent, une soif plus ou moins vive se déclare; il survient souvent des nausées et des vomissements. La sensibilité générale est exaltée; il survient de l'agitation, des impatiences, du découragement. Les souffrances sont encore plus pénibles et moins tolérables, lorsque le travail est plus particulièrement accompagné de douleurs de reins, qui persistent avec plus ou moins de force dans l'intervalle d'une douleur à l'autre. Cet état est porté chez quelques femmes jusqu'à de légers désordres dans les idées. Les glaires s'écoulent en plus grande abondance et se teignent de sang. Les besoins d'uriner, d'aller à la garde-robe, deviennent plus fréquents et plus prononcés; les contractions de l'utérus commencent à provoquer de temps à autre des crampes, des douleurs qui s'irradient suivant le trajet de l'un des nerfs sciatiques; le col marche vers une dilatation complète, les membranes mises à découvert forment une poche plus ou moins volumineuse. Pendant les douleurs, l'orifice de la matrice est contracté, tendu et fortement aminci, et tend encore à se fermer au plus fort de la douleur, comme au début, tant que sa dilatation est peu avancée. Plus tard il cède au contraire sur tous les points de sa circonférence, de sorte qu'il est plus largement ouvert pendant la douleur qu'après. La poche des eaux se tend et s'engage de plus en plus à travers son orifice; le fœtus s'élève; le fond de la matrice s'abaisse, se porte en avant et sur ligne médiane. La douleur cessant, la matrice reprend sa situation, la poche des eaux s'affaisse, la tête ou la région du fœtus qui se présente retombe sur le col; celui-ci se relâche, s'épaissit et se rétrécit, mais pas au même point qu'avant la douleur. Le travail continuant, l'orifice se dilate de plus en plus, jusqu'à ce qu'il soit presque totalement effacé et que la cavité de la matrice ne forme plus qu'un canal non interrompu avec la cavité du vagin, dont la partie supérieure se dilate en suivant la même progression que l'orifice utérin. Si la poche des eaux a résisté jusqu'à ce moment aux contractions utérines, elle ne tarde pas à se déchirer, et il s'échappe par la vulve un flot de liquide qui n'est pas toujours proportionné à la quantité du liquide amniotique contenu dans l'œuf, soit parce que la déchirure a eu lieu dans un point élevé, soit plutôt parce que la région qui se présente ferme exactement l'entrée du bassin ; il se fait un moment de repos, une suspension des efforts; l'utérus revient rapidement sur lui-même et s'applique exactement sur le fœtus. La tête ou la région qui se présente vient remplacer la poche des eaux pour franchir le col, et après quelques nouvelles douleurs, à la suite desquelles il s'échappe une petite quantité de l'eau de l'amnios, la tête triomphe du reste de résistance de l'orifice de la matrice et le franchit en le poussant en bas. Si la rupture de la poche des eaux a lieu prématurément, la région qui se présente fait l'office de corps dilatant, jusqu'à ce que la dilatation soit complète, et que la voie soit frayée pour livrer passage à l'extrémité de l'ovoïde fœtal qui se présente. Si, jusqu'à ce moment, la tête, par exemple, a pénétré plus ou moins profondément dans l'excavation pelvienne, c'est plutôt par le fait de la distension du segment inférieur de l'utérus que par une progression directe, sous l'influence de contraction utérine. Maintenant, cette progression va prendre une marche plus décidée vers l'extérieur, c'est l'objet de la deuxième période. La durée de la première, comme celle du travail en général, est très variable et ne peut pas être fixée d'une manière exacte : de deux à trois heures chez quelques femmes, de quatre à six heures chez le plus grand nombre. La dilatation du col marche beaucoup plus vite vers la fin qu'au commencement du travail.

Deuxième période. — Au commencement de cette période, la résistance qu'oppose encore l'orifice de la matrice est sur le point d'être surmontée; la tête ou la région du fœtus qui s'avance la première fait une saillie très prononcée au-dessous; encore quelques douleurs, et la partie la plus volumineuse le franchira. A ce moment les douleurs deviennent des plus vives, et font pousser des cris aigus à la femme; une légère déchirure s'est faite sur un point de l'orifice, et une petite quantité de sang vermeil vient souvent se mêler aux glaires qui s'écoulent par la vulve. On observe la plupart des phénomènes de la période précédente, mais portés à un plus haut degré. La chaleur générale est beaucoup plus considérable, la face et la partie supérieure du tronc sont couvertes de sueur; les extrémités inférieures sont ordinairement froides, le pouls est plein et accéléré, la respiration est fréquente; les douleurs deviennent de plus en plus expulsives; quoique plus vives, plus rapprochées, elles sont supportées avec plus de patience et de courage; elles se propagent non seulement dans le bassin, mais souvent le long des extrémités inférieures, en suivant le trajet des nerfs obturateurs et sciatiques. Il survient en outre des crampes, des fourmillements, des engourdissements qui persistent souvent dans l'intervalle des douleurs. Des contractions fortes alternent ordinairement avec de moins fortes. Pendant l'intervalle, les femmes jouissent de calme plus complet que dans la période précédente. L'utérus, devenu moins volumineux par l'écoulement de l'eau de l'amnios et par l'issue d'une portion du fœtus, s'est rapproché de la ligne médiane dans la direction de l'axe du détroit supérieur; son segment inférieur plonge toujours profondément dans l'excavation du bassin; à chaque douleur le fœtus pénètre plus profondément dans le vagin, et s'approche du fond de l'excavation pelvienne, en conservant toujours sa position primitive et une direction en rapport avec l'axe du détroit supérieur. A mesure que le vagin se dilate au-dessous du col, il se raccourcit; ses rides et ses saillies transversales s'effacent; bientôt l'extrémité du fœtus qui se présente vient presser sur le plancher périnéal. Mais déjà les contractions utérines ne sont plus isolées, l'action des muscles abdominaux est vivement sollicitée, et des efforts d'abord modérés accompagnent les contractions utérines, mais ils deviennent rapidement plus énergiques; au moment où ils commencent, la femme cherche à fixer solidement ses pieds, et à saisir les objets solides qui sont le plus à la portée de ses mains; elle renverse la tête en arrière, fait une profonde inspiration; le corps étant ainsi fixé, elle contracte de toute ses forces les muscles de l'abdomen; la face et le cou gonflés et gorgés de sang veineux deviennent pourpres ou livides; les veines jugulaires acquièrent un volume considérable, les carotides battent avec force, la glande tyroïde s'engorge, les yeux brillent et deviennent plus saillants; lorsque la contraction est sur le point de cesser, la femme laisse échapper des cris sourds, des sanglots, et tout rentre dans le calme. Une portion de la région qui se présente, correspondant à un espace vide, et soustraite à la pression qui s'exerce de toute part sur le fœtus se tuméfie en approchant de l'extérieur. Par la cessation de la douleur, les parties distendues tendent à revenir sur elles-mêmes; le fœtus éprouve un léger mouvement de retrait, et reprend un peu de mobilité qui résulte du relâchement de l'utérus, et souvent de la présence d'une petite quantité de liquide amniotique, de sorte que la circulation fœto-placentaire est peu gênée. Dans le mouvement de progression, l'extrémité du fœtus qui se présente s'accommodant à la courbure de la partie inférieure du bassin cesse de s'avancer selon l'axe du détroit supérieur; elle éprouve un mouvement d'inclinaison en avant dans le sens de l'inflexion antérieure de l'axe du canal pelvien, et les deux bosses pariétales ou les deux fesses se mettent sur le même plan; elle commence à exécuter en même temps un mouvement de rotation commun au fœtus tout entier, à mesure qu'elle s'engage dans le détroit inférieur et distend la partie postérieure du périnée; dans la présentation du vertex, l'occiput est ramené vers la partie la plus élevée de l'arcade des pubis par un mouvement très limité dans les positions occipito-antérieures et très étendu dans les positions occipito-postérieures; quelquefois il ne s'effectue pas dans celles-ci, ou s'effectue en sens opposé, et la flexion de la tête devient de plus en plus prononcée, pour que sa partie postérieure puisse s'avancer sur le périnée; dans la présentation de la face, c'est le menton qui se porte sous l'arcade des pubis, tantôt d'un point très rapproché, tantôt d'un point très éloigné; dans la présentation du pelvis, le mouvement de rotation porte une des hanches sous l'arcade des pubis et l'autre dans la gouttière sacro-périnéale. Ces phénomènes mécaniques ont dans chaque présentation une telle analogie, sans en excepter celle des épaules, lorsque l'évolution a lieu, qu'ils pourraient être présentés d'une manière générale; nous nous bornons à les indiquer, parce qu'il en sera traité d'une manière spéciale en étudiant le mécanisme de l'accouchement dans chaque présentation. En même temps que ces mouvements s'accomplissent, le périnée est de plus en plus pressé, les forces se concentrent encore davantage, et le travail marche avec plus de rapidité. Les matières fécales, si le rectum en contient, sont chassées; les urines sont rendues involontairement; le périnée est bombé et s'abaisse d'arrière en avant, la vulve s'entrouvre peu à peu, et se referme lorsque la douleur cesse; le mouvement d'abaissement, de retrait du fœtus, le gonflement de la partie libre, sont de plus en plus prononcés. En s'avançant, la partie qui se présente se relève par degrés vers l'arcade des pubis par un mouvement d'extension ou de flexion; la nuque, dans la présentation du vertex, par un mouvement d'extension qui succède à la flexion, la base de la mâchoire dans la présentation de la face, par un mouvement de flexion qui succède à l'extension forcée, une des hanches dans la présentation du pelvis, par un mouvement d'inflexion latérale, viennent prendre un point d'appui sous l'arcade du pubis, en se plaçant dans les conditions les plus favorables pour surmonter les derniers obstacles qu'opposent le périnée et la vulve.

La vulve devient de plus en plus béante, les grandes lèvres s'effacent, tandis que les nymphes restent saillantes; la partie inférieure du mont de Vénus s'abaisse, la peau des environs est tiraillée pour concourir à l'agrandissement de la vulve; le périnée, fortement distendu, est porté d'arrière en avant, et forme une gouttière élastique qui se termine à la vulve, et qui embrasse avec force les parties du fœtus qui lui correspondent; l'anus, qui forme d'abord un bourrelet saillant, s'efface ou s'étend d'arrière en avant; enfin, dans un dernier effort plus violent, qui arrache un cri déchirant à la femme, la partie franchit la vulve par un mouvement rapide d'extension dans la présentation du crâne et de flexion dans celle de la face; en même temps, les bords de la vulve et le périnée, surtout en avant et sur les côtés, sont refoulés vers la circonférence du détroit inférieur. Le tronc du fœtus ne suit pas immédiatement la tête, il est retenu quelques instants par les épaules; celles-ci sont ramenées par un mouvement de rotation qui s'exécute ordinairement en deux temps dans la direction de l'un des diamètres obliques, puis dans celle du diamètre coccy-pubien; une ou deux nouvelles contractions plus courtes ou moins fortes leur font ordinairement franchir le détroit inférieur et la vulve après un calme de quelques secondes ou de quelques minutes. Les autres segments du tronc passent sans peine avec rapidité, et sont suivis par un peu de sang et de liquide amniotique. Lorsque l'extrémité pelvienne s'avance la première, le dégagement des hanches se fait par un mouvement de redressement peu prononcé de la partie inférieure du tronc, en comparaison des mouvements d'extension et de flexion de la tête dans les présentations du vertex ou de la face. Le reste du tronc, conservant la même direction, ou prenant une direction un peu oblique jusqu'au moment où les épaules s'engagent à leur tour dans le détroit inférieur et la vulve, s'avance lentement sous l'influence d'efforts d'expulsion répétés. Ce mouvement est encore plus lent lorsque les membres inférieurs se sont avancés, déployés sous le siége. Les épaules et la tête, ne trouvant pas une voie suffisamment large, sont souvent retenus pendant un temps plus que suffisant pour compromettre l'existence du fœtus. La tête, du reste, parcourt le canal pelvien par un mécanisme analogue à celui qu'elle suit lorsqu'elle se présente la première, mais ordinairement avec une grande rapidité, parce que le passage est frayé par le tronc. La seconde période du travail est ordinairement moins longue que la première. Après l'expulsion de l'enfant, on le sépare de ses annexes par la section du cordon, et on le garantit contre les dangers d'une hémorrhagie en posant une ligature du côté de l'ombilic.

Troisième période. — Après quelques instants de calme, on voit se développer la série des phénomènes qui constituent la *délivrance*. Le retour de l'utérus sur lui-même, après la sortie du fœtus, entraîne ordinairement le décollement du placenta, qui est accompagné d'une effusion de sang assez considérable. Cette masse spongieuse, entraînant avec elle les membranes, vient se placer sur le col ; celui-ci, quoique assez largement ouvert, retient momentanément le placenta ; quelques contractions le poussent dans le vagin ; mais il en faut de nouvelles pour lui faire franchir l'orifice externe de ce canal et la vulve ; il est suivi par le sang liquide et coagulé qui s'est amassé derrière lui. L'habitude de hâter la délivrance en tirant sur le cordon après le décollement du placenta, a donné une idée peu exacte des phénomènes et de la durée de la délivrance abandonnée aux seules forces de la nature. Le col de l'utérus retient assez longtemps le placenta ; mais il a une tendance à séjourner plus longtemps dans le vagin, qui, ayant perdu, par le fait de sa distension antérieure, forcée en grande partie, son ressort et son irritabilité, ne provoque que difficilement et lentement les efforts d'expulsion nécessaires pour vaincre la résistance que lui oppose l'orifice inférieur du vagin et la vulve : aussi la délivrance se fait ordinairement attendre d'une à deux heures, souvent davantage ; elle peut, comme on le voit souvent, s'effectuer spontanément pendant la première demi-heure qui suit l'expulsion du fœtus. Quoique les efforts de contraction lents et éloignés soient peu intenses, les douleurs qui les accompagnent lorsque le placenta et les membranes franchissent le col et la vulve sont assez vives, et le sont d'autant plus qu'il s'est écoulé plus de temps après l'expulsion du fœtus. L'usage d'accélérer la délivrance, après le décollement du placenta, en tirant sur le cordon, est donc pleinement justifié.

Durée du travail de l'enfantement. — Elle varie dans des limites assez étendues ; le plus ordinairement elle est de quatre à neuf heures ; quelquefois elle ne dépasse pas une heure, et se prolonge assez souvent au-delà de douze heures. Madame Lachapelle a trouvé que, sur 2,335 accouchements, 1,476 ont eu lieu de 1 heure à 6, 719 de 7 à 12, 124 de 13 à 25, 15 de 25 à 36, 4 en 48, et 1 en 60. Merriman a observé que, sur 226 accouchements, 111 se sont terminés en 12 heures, 70 de 12 à 24, 12 de 24 à 30, 16 de 30 à 40, 7 de 40 à 50, 5 de 50 à 60, 3 de 60 à 70, et 2 en 80.

Rapports de fréquence des accouchements naturels à ceux qui exigent l'intervention de l'art. — Les praticiens n'ayant pas exactement les mêmes idées sur les ressources de l'organisme, ni les mêmes principes, leurs observations ne doivent être prises que comme des données approximatives. Voici celles qui ont été fournies par les principaux établissements de femmes en couches; elles portent sur toutes les femmes admises pendant une période déterminée et sans distinction de conformation et de présentation. Sur 20,547 enfants nés à l'hospice de la Maternité de Paris, dans l'espace de 15 ans, 20,148 accouchements ont été naturels et 338 non naturels ou compliqués; la proportion est de 61 2/5 à 1. A l'école de Vienne, de 1790 à 1793, sur 2,952 accouchements, 53 n'ont pas été naturels; le rapport est de 55 2/5 à 1. A la même école, de 1801 à 1806, sur 6,696 enfants nés, on ne trouve que 50 cas de dystocie (131 à 1). Au dispensaire de Westminster, 1,896 accouchements ont donné lieu à 32 cas de dystocie (60 à 1).

Dangers de l'accouchement relativement au fœtus. — Malgré les dispositions les mieux appropriées pour garantir le fœtus, pendant son expulsion du sein de la mère, il n'est pas complétement à l'abri de tous dangers, même dans les conditions les plus favorables; à plus forte raison lorsque la mère ou le fœtus s'éloignent de ces conditions. Les relevés qui portent indistinctement sur la population de tout un pays ou sur toutes les femmes admises dans les établissements publics, donnent une proportion d'enfants mort-nés assez considérable, qui ne doit pas être considérée comme représentant exactement le nombre de fœtus morts pendant le travail et par le fait du travail lui-même, car il s'y trouve inévitablement un certain nombre qui ont succombé un peu avant, même pendant le travail, sous l'influence d'autres causes. Le rapport des enfants mort-nés aux naissances a été de 1 à 19 dans les Etats prussiens, depuis 1820 jusqu'à 1827; de 1 à 20 dans le royaume de Wurtemberg; de 1 à 27 à Vienne; de 1 à 18 à Paris; de 1 à 30 à Londres; de 1 à 19 à la maternité de Dublin; de 1 à 36 à Stockholm; de 1 à 17 à Philadelphie, à New-York et à Baltimore. La mortalité est plus considérable dans les naissances multiples; elle a été de 1 à 20 à Dublin pour les naissances simples et de 1 à 13 pour les jumeaux. La mortalité est plus grande chez les enfants du sexe masculin, dont la prédominance numérique moindre se trouve encore diminuée par l'accouchement. Le rapport des naissances des filles à celui des garçons a été, à Berlin, depuis 1752 jusqu'en 1755, de 1 à 1,14, et celui des filles mort-nées aux garçons mort-nés, de 1 à 1,42. A Halle, dans l'espace de 24 ans, le rapport du sexe féminin au sexe masculin a été pour les naissances, en général, de 1 à 1,08, pour les mort-nés de 1 à 1,40; à Paris, en 7 années, pour les naissances de 1 à 1,05, pour les mort-nés de 1 à 1,27. Un grand nombre d'autres relevés statistiques fournissent des rapports à peu près semblables. La mortalité plus considérable des fœtus mâles pendant le travail est si générale, qu'il paraît ne point y avoir d'exception à cet égard; elle repose vraisemblablement sur ce que le volume du fœtus mâle surpasse celui des fœtus femelles; en effet, les observations de Clarke prouvent que, terme moyen, les premiers pèsent 9 onces de plus, que le pourtour de la tête est d'un demi-pouce plus grand. Il paraît certain qu'il meurt plus d'enfants naturels que d'enfants légitimes avant et pendant l'accouchement. D'après Gerson, dont nous avons déjà plusieurs fois cité les relevés, la proportion des mort-nés aux naissances a été à Berlin, pour les enfants légitimes, de 1 à 25; pour les enfants naturels, de 1 à 13; dans le Wurtemberg, de 1 à 26 pour les premiers, et de 1 à 22 pour les seconds.

Dangers de l'accouchement relativement à la mère. — Outre les angoisses et les douleurs dont nous avons fait le tableau; la femme en couches est exposée à une série d'accidents divers, non seulement pendant le travail, où il meurt très peu de femmes, mais encore pendant la durée des couches, où la mortalité est assez grande; mais on s'en ferait une idée exagérée si l'on prenait à la lettre pour terme de comparaison ce que l'on observe dans la plupart des établissements consacrés aux femmes en couches, parce que la fièvre puerpérale y sévit plus fréquemment et avec plus d'intensité qu'ailleurs. Nous ne devons citer ici que les relevés qui se rapportent aux conditions ordinaires. La proportion entre le nombre des morts pendant l'accouchement et après, et celui des accouchements a été de 1 à 130 à Breslau, et de 1 à 365, suivant un autre relevé; d'après un relevé récent, de 1 à 152 à Berlin, de 1 à 168 à Kœnigsberg, de 1 à 175 dans le Wurtemberg, de 1 à 384 à Vienne. On croit généralement que le travail de l'accouchement est plus douloureux, plus long et moins facile, et qu'il a des conséquences beaucoup plus graves chez les femmes des peuples civilisés que chez celles des peuplades barbares. La différence serait des plus tranchées si on devait prendre à la lettre les assertions de la plupart des voyageurs.

Suivant Grantz, les Groëlandaises vaquent à toutes leurs affaires immédiatement avant et après l'accouchement, et on entend rarement parler d'un enfant mort-né ou difforme. Suivant Schubert, de même que les femmes des Ostiaques, celles des Lapons accouchent aisément et promptement; quand elles viennent à être prises des douleurs de l'enfantement au milieu d'une excursion, elles peuvent continuer leur route quelques heures après s'être délivrées. Au dire de Perrin du Lac, les femmes des Indiens du midi de l'Amérique accouchent sans secours étrangers dans une hutte spécialement destinée à cet usage. Si elles sont surprises en voyage par les douleurs du travail, elles se rendent, selon James, dans un buisson écarté de la troupe, et, après avoir mis au monde leur enfant et après s'être lavées avec de l'eau ou de la neige fondue, elles reprennent leur fardeau, sur lequel elles placent leur enfant enveloppé d'une peau, et s'empressent de rejoindre leurs compagnons. On nous apprend que les Indiennes du Brésil se rendent au milieu des forêts pour y accoucher dans la solitude la plus complète. Les négresses et les Hottentotes, malgré les fatigues et les travaux qui portent sur elles, accomplissent cet acte avec une grande facilité. Bourne et Ellis assurent qu'il en est de même chez les insulaires de la mer du Sud, dont les femmes se plongent dans l'eau avec leur enfant aussitôt après l'accouchement. Cependant, d'après Bartholomeo, dans les Indes orientales, beaucoup de femmes perdent la vie la première fois qu'elles accouchent. Sans contester en rien ces récits, je me bornerai à faire remarquer qu'ils ne peuvent être considérés que comme de simples impressions qui nous apprennent seulement que les femmes accouchent généralement très facilement et sans secours, et que pendant la période de leurs couches elles s'entourent de peu de soins, sans qu'elles paraissent avoir à en souffrir. Mais il est impossible d'établir une comparaison sérieuse avec ce qui passe chez les peuples civilisés : chez ceux-ci, les femmes de la campagne, vouées à l'exercice, aux fatigues corporelles, accouchent plus facilement, courent moins de dangers après et peuvent reprendre plus vite leurs habitudes que les femmes des villes, vouées à une vie molle, oisive et sédentaire. On voit par l'exemple de quelques animaux domestiques que l'exercice physique a une influence réelle à cet égard : les vaches qui ne sortent pas de l'étable périssent fréquemment en vêlant.

SECTION II. — De l'accouchement naturel considéré dans chaque présentation.

I. DE L'ACCOUCHEMENT NATUREL PAR LE CRANE. Il est né, en treize ans, à l'hospice de la Maternité de Paris, 20,547 enfants, sur lesquels 19,730 ont présenté le crâne ou le vertex : les autres régions réunies ne se sont présentées que 776 fois. La fréquence de la présentation du sommet répond à la situation ordinaire du fœtus dans la matrice pendant la grossesse, et cette présentation doit être considérée comme la plus naturelle, non seulement par sa fréquence, mais encore par la terminaison plus heureuse de l'accouchement, et constitue en quelque sorte la présentation normale du fœtus dans le travail de la parturition.

Positions, leur fréquence relative. — Pour indiquer d'une manière générale les rapports du crâne avec le bassin, on a été conduit à admettre les deux positions fondamentales suivantes : *occipito-latérale gauche* et *occipito-latérale droite*, ou *occipito-antérieure* et *occipito-postérieure*, en prenant pour point de repère, soit les moitiés latérales, soit les moitiés antérieures et postérieures du bassin. Relativement à la fréquence respective des deux positions occipito-latérales, on trouve, sur 19,584 présentations du vertex, dont les positions ont été constatées, 15,785 positions occipito-latérales gauches et 3,794 positions occipito-latérales droites. Quoiqu'à la rigueur l'occiput puisse correspondre à tous les points de la circonférence du bassin, il n'est pas moins vrai que dans les derniers temps de la grossesse, et au début du travail, il affecte un certain nombre de rapports, sinon constants, du moins assez fréquents pour être considérés à juste titre comme autant de positions primitives et particulières, se rattachant à chaque position générale ; et s'il existe des dissidences parmi les observateurs, c'est moins sur la détermination des positions que sur leur fréquence relative : ainsi, sous le premier point de vue, le relevé cité peut encore nous servir de guide, et nous voyons que les 15,785 positions occipito-latérales gauches se partagent en position *occipito-cotyloïde gauche* ou *antérieure*, et en position *occipito-sacro-iliaque gauche* ou *postérieure*, et que la première s'est rencontrée 15,699 fois, et la seconde 92 fois seulement. Le premier rapport peut être considéré comme ordinaire ou fondamental, et l'autre comme exceptionnel.

Les 3,794 positions occipito-latérales droites se divisent de même en *positions occipito-cotyloïdiennes* ou antérieures, et en positions occipito-sacro-iliaques ou postérieures. Les premières se seraient rencontrées 3,682 fois, les secondes 109 fois. Ces rapports de fréquence entre les positions obliques du vertex, à quelques différences près peu importantes, étaient admis par presque tous les observateurs, lorsque M. Nægelé, après avoir étudié le mécanisme de l'accouchement d'une manière plus rigoureuse, est venu contester les rapports de fréquence assignés aux positions primitives occipito-cotyloïdiennes et occipito-sacro-iliaques droites surtout, et établir que les positions occipito-postérieures droites et gauches se convertissaient ordinairement pendant le travail en positions occipito-antérieures correspondantes, avec lesquelles elles se confondent dans les derniers temps de l'expulsion. Solayrès, Baudelocque et madame Lachapelle avaient déjà observé ces conversions, mais ils ne les avaient considérées que comme des exceptions très rares, de manière qu'on ne considérait comme positions occipito-postérieures que celles où l'occiput se dégageait en arrière; celles dans lesquelles le mouvement de conversion s'opérait venaient grossir les positions occipito-antérieures.

Pour se faire une idée exacte des positions primitives qu'on doit admettre, il faut les constater au début du travail ou à une époque peu avancée, et non au moment où la tête se présente à la vulve; c'est ce qu'a fait M. Nægelé, et la justesse de ses observations a été constatée par plusieurs praticiens, et en particulier par MM. Stoltz et P. Dubois, qui ont écrit exactement dans les mêmes idées, après un grand nombre d'observations très attentives. Comme leur relevé diffère peu, pour ne point multiplier les chiffres, je ne rapproche du précédent, pour le modifier, que celui de M. Dubois, qui embrasse d'ailleurs un plus grand nombre d'observations. Dans ce relevé, 1,913 présentations du sommet se divisent en 1,367 positions occipito-latérales gauches, dont 1,339 occipito-cotyloïdiennes et 12 occipito-sacro-iliaques, et en 546 occipito-latérales droites, dont 491 occipito-sacro-iliaques ou postérieures, et 55 occipito-cotyloïdiennes ou antérieures. D'après M. Nægelé, le rapport de celles-ci aux premières serait comme 1 est à 1,000. En supposant que la difficulté de constater exactement les rapports de la tête du fœtus à une époque peu avancée du travail ait laissé pénétrer dans ces appréciations quelques erreurs favorables à la nouvelle manière de voir, elles n'altéreraient pas d'une manière essentielle les résultats, et on doit accepter la réforme que ces nouvelles recherches apportent dans les rapports de fréquence des positions obliques primitives et dans le mécanisme de l'accouchement.

La très grande prédominance des positions obliques sur les directes, qui sont extrêmement rares, est un fait constaté par l'observation. Les positions obliques existent déjà dans les derniers temps de la grossesse, et se maintiennent non seulement au début du travail, mais encore pendant une grande partie de sa durée. Nous avons cherché à faire voir, page 305, que ces différentes positions tenaient à la forme et aux dimensions de la matrice plutôt qu'au bassin, qui, revêtu de ses parties molles, offre ses plus grandes dimensions dans le sens des diamètres obliques, et se trouve accommodé à la direction et à la position du fœtus dans la matrice, et ne tend point à l'en faire changer avant que la tête soit arrivée sur le plancher du périnée. Au reste, si les causes qui mentionnent ordinairement le diamètre occipito-frontal du fœtus dans la direction du diamètre oblique du bassin qui se porte de gauche à droite, de manière à établir deux positions fondamentales, l'une *occipito-cotyloïdienne gauche*, et l'autre *occipito-sacro-iliaque droite* moins fréquente, n'apparaissent pas nettement à l'esprit, les avantages ressortent avec une grande évidence. Dans ces deux positions, le rectum, qu'on suppose, avec quelque apparence de raison, repousser en avant l'occiput ou le front, est aussi peu comprimé que possible, non seulement pendant la grossesse, mais encore pendant la plus grande partie de la durée du travail. Il faut cependant convenir que, dans les cas exceptionnels assez nombreux où le diamètre occipito-frontal est dans la direction du diamètre oblique qui s'étend de droite à gauche, c'est-à-dire dans les deux positions complémentaires *occipito-cotyloïdienne droite* et *occipito-sacro-iliaque gauche*, on n'observe pas, ni dans les derniers temps de la grossesse, ni pendant le travail, des accidents bien manifestes se rapportant à la position particulière de la tête. La vessie se trouve aussi sensiblement ménagée dans les positions obliques.

Les positions directes primitives dans le sens du diamètre sacro-pubien sont extraordinairement rares. Cependant on trouve dans la plupart des relevés statistiques des positions directes du sommet dans le sens du diamètre sacro-pubien : ainsi, dans le relevé de madame Boivin, sur 19,584 présentations du vertex, on n'a noté que 6 positions *occipito-pubiennes* et 2 positions *occipito-sacrées*. On suppose que cette rareté dépend de ce que le front ou l'occiput ne peut conserver des rapports avec l'angle sacro-vertébral, et qu'il glisse d'un côté ou de l'autre. Cette remarque n'est exacte que pour le bassin à l'état de squelette; mais dans l'état ordinaire, cette saillie est presque effacée par la disposition des parties molles, et se trouve au sommet de l'angle formé par les psoas, où le bassin n'a que 74 mill., et forme un sinus plus propre à loger le front ou l'occiput qu'à le repousser. D'ailleurs, dans la présentation du vertex, la tête est ordinairement si basse, qu'elle doit être en grande partie au-dessous de l'angle sacro-vertébral. De ces deux positions, qui ne se rencontrent que d'une manière accidentelle pendant la grossesse et au début du travail, la première, surtout, devient très commune au dernier moment de l'expulsion, mais elle est alors consécutive au progrès du travail. Il en est de même des positions *directes transversales*, qui ont été admises comme primitives par plusieurs auteurs, et que M. Moreau conserve encore ; elles indiquent en général une des positions occipito-postérieures à un temps donné du travail de l'accouchement ; et comme en pratique il importe souvent de se faire une idée très exacte des rapports précis de la tête avec le bassin, on peut sans inconvénient conserver les positions directes à titre de positions consécutives.

Mécanisme de l'accouchement dans les différentes positions du crâne. — On suppose généralement, mais à tort, qu'au commencement

Fig. 34.

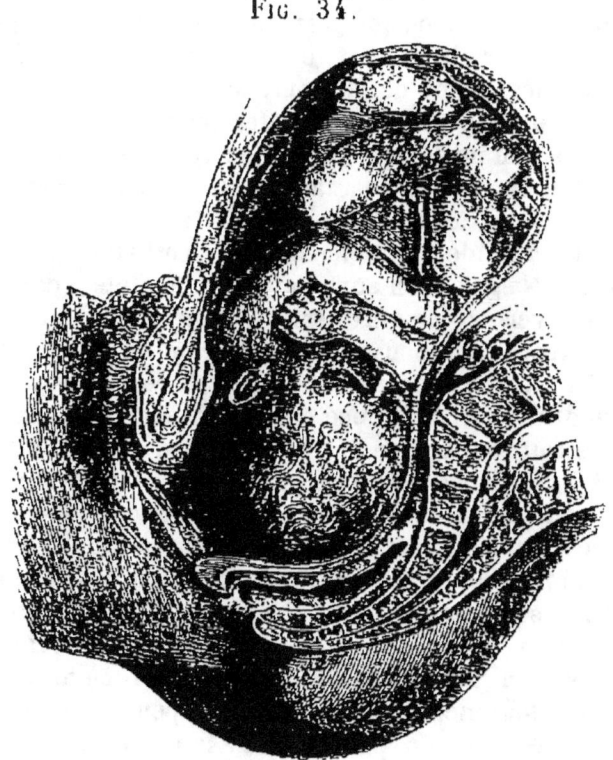

du travail, la tête est retenue au-dessus du détroit abdominal par le détroit lui-même. Lorsque la tête et le bassin sont régulièrement conformés et que la présentation est franche ou régulière, si on en excepte un petit nombre de cas, le vertex, coiffé du segment inférieur de la matrice distendu, pénètre déjà profondément dans l'excavation du bassin, à la fin de la grossesse, au point, dans quelques cas, de toucher à la partie postérieure du plancher périnéal. Pendant une partie de la première période du travail, le segment inférieur s'allonge encore un peu, pendant que l'orifice de la matrice se dilate sous l'influence des contractions utérines, et la tête descend dans l'excavation plutôt par l'effet de la pesanteur que poussée par les contractions. Si le col offrait une voie suffisamment large à la tête, au moment où se fait la rupture de la poche des eaux, elle descendrait rapidement au fond de l'excavation du bassin. Elle ne reste ordinairement comme suspendue dans le détroit supérieur ou dans l'excavation que parce qu'elle y est retenue par la résistance qu'oppose encore à son passage le col et la partie supérieure du vagin, et non par les obstacles qu'elle rencontre à l'entrée du bassin et à la partie supérieure de l'excavation, qui présentent un excédant de grandeur, et qu'elle parcourt librement, et non d'une manière forcée. En exposant le mécanisme de la progression de la tête à travers le bassin, tout en supposant la poche des eaux divisée et le col largement dilaté, on ne doit pas perdre de vue que celui-ci continue à opposer de la résistance, tant qu'il n'est pas complétement franchi par les parties saillantes de la tête.

On a émis une idée complétement hypothétique, comme l'a démontré M. Naegelé, en supposant que la tête, dans la présentation du vertex, en traversant le détroit abdominal et l'excavation, exécute un mouvement de flexion forcée qui tendrait à porter la fontanelle postérieure vers le centre du bassin, de manière à rendre la circonférence occipito-bregmatique parallèle au plan du détroit supérieur, et le diamètre occipito-mentonnier parallèle à l'axe de ce même détroit. L'observation fait voir que non seulement au début du travail, mais encore à une époque très avancée, même après la rupture de la poche des eaux, tant que le sommet ne presse pas sur le plancher périnéal, la tête n'est pas sensiblement plus fléchie qu'elle ne l'était avant le travail, alors même qu'elle se trouve profondément engagée dans l'excavation pelvienne. Elle reste modérément fléchie, de sorte que la fontanelle postérieure, un peu moins élevée que l'antérieure, se trouve à peu près sur le même niveau dans cet état de flexion modérée, et le vertex traverse le détroit abdominal, et s'engage dans l'excavation pelvienne en présentant le diamètre occipito-frontal à l'un des diamètres obliques du bassin, les deux fontanelles éloignées de son centre, mais l'occipitale plus rapprochée de sa circonférence que la frontale. Il n'est pas rare de trouver l'une ou l'autre fontanelle un peu plus élevée ; mais la différence est si peu considérable, qu'il est à peine nécessaire d'en tenir compte. Dans beaucoup de cas, cette légère différence semble dépendre de l'inclinaison latérale de la matrice qui entraîne une semblable déviation du fœtus.

Dans les cas peu communs ou exceptionnels où la présentation du crâne cesse d'être franche, soit par défaut ou excès de flexion, soit par une inclinaison exagérée de tout le fœtus, les rapports des fontanelles avec le bassin sont altérés d'une manière beaucoup plus prononcée. La tête, au lieu d'être fléchie, peut être dans un état de rectitude ou légèrement étendue, et la fontanelle antérieure est plus ou moins rapprochée du centre du bassin ; mais lorsque la tête arrive au fond de l'excavation, elle reprend ordinairement sa position sans que cette particularité ait une influence marquée sur la marche et la terminaison de l'accouchement. Quelquefois, cependant, l'extension de la tête se prononce de plus en plus, et la présentation du crâne se convertit en une présentation de la face. D'autres fois, on observe un état opposé dès le début du travail : la tête est fortement fléchie ou le fœtus très incliné sur son plan postérieur, et la fontanelle postérieure tend à occuper le centre du bassin et s'avance ainsi jusque sur le plancher du périnée, mais elle reprend par degrés sa place naturelle.

Au reste, il paraît bien évident que si la tête ne se fléchit pas davantage en traversant le détroit abdominal et la plus grande partie de l'excavation, c'est parce qu'elle y pénètre librement. Lorsqu'il excite un resserrement du bassin qui rend l'expulsion plus difficile, la tête se fléchit fortement, s'engage au détroit supérieur par sa circonférence occipito-bregmatique, et tout se passe d'une manière à peu près conforme aux idées popularisées par l'école de Baudelocque ; il en serait probablement de même dans l'état de conformation régulière, si le diamètre occipito-frontal se présentait dans le sens du diamètre sacro-pubien.

Avant M. Nægelé personne n'avait enseigné que la tête, en se présentant au détroit supérieur et en s'avançant dans l'excavation pelvienne, offre une inflexion latérale qui découvre la bosse pariétale qui en est avant et la met sur un plan beaucoup plus bas que celle qui est en arrière. Cependant Gardien avait déjà dit d'une manière positive qu'au début du travail, c'est ordinairement un des pariétaux qui se présente; ce qu'il explique fort bien en faisant remarquer « que si la tête, au lieu de se présenter dans une direction oblique, plongeait perpendiculairement, elle ne pourrait s'accommoder à l'inclinaison du détroit supérieur qui a lieu d'arrière en avant. Cette direction de la tête indique que l'une des protubérances pariétales parvient avant l'autre dans l'excavation pelvienne. » Mais M. Nægelé pense qu'outre l'inclinaison qui résulte du parallélisme de l'axe du détroit supérieur avec l'utérus, la tête est encore inclinée vers l'épaule qui est en arrière, de manière que la suture sagittale regarderait vers la seconde pièce du sacrum, et l'oreille qui est en avant serait assez basse derrière la symphyse du pubis. M. Stoltz, qui a écrit d'après ces idées, n'admet cependant pas que la tête soit autant inclinée au début; mais il croit que la déviation augmente en traversant le détroit abdominal. M. P. Dubois admet aussi l'inclinaison de la tête; mais elle lui paraît moins prononcée qu'aux deux observateurs que je viens de citer. Il suppose qu'au lieu du diamètre bi-pariétal, c'est un diamètre qui s'étend de la bosse pariétale qui est en arrière au bord inférieur du pariétal qui est en avant, qui se présente à l'entrée du bassin. Ce n'est pas une chose facile à constater, si une inflexion de la tête vient s'ajouter à l'obliquité du fœtus qui se présente à l'entrée du bassin, dans la direction de l'axe de la matrice. En cherchant à constater par le toucher les rapports les plus propres à éclairer, on trouve, en effet, que la suture sagittale est tournée en arrière, et qu'une ligne perpendiculaire abaissée de son centre tomberait sur un des points compris entre la première pièce du coccyx et les trois dernières du sacrum. En avant, la bosse pariétale abaissée se trouve presqu'au centre du bassin, le vertex s'avance en arrière vers l'extrémité du sacrum, et le diamètre vertical de la tête, qui était d'abord parallèle à la ligne centrale du bassin, s'en éloigne en se portant en arrière à mesure qu'il approche du plancher du détroit inférieur : aussi la moitié postérieure du col de la matrice est déjà complétement effacée quand la moitié antérieure présente encore une saillie prononcée. Mais cette inclinaison de la tête en arrière ne me paraît pas dépasser très sensiblement celle qui résulte de l'inclinaison du détroit supérieur et de la partie la plus élevée de l'excavation, avec laquelle l'utérus et le fœtus se trouvent plus ou moins exactement en rapport. D'ailleurs elle peut être plus ou moins prononcée sans qu'il soit nécessaire d'admettre une inflexion latérale. Chez la plupart des femmes dont les parois abdominales ont été distendues par des grossesses antérieures, l'inclinaison de l'utérus est plus grande que celle de l'entrée du bassin ; dans ces cas, la suture sagittale correspond à un point plus élevé de la courbure du sacrum, sans qu'il y ait inflexion de la tête vers l'épaule qui est en arrière. Le doigt explorateur étant porté dans une direction opposée, on peut facilement s'exagérer la direction de la tête en arrière, et attribuer à une inflexion du cou ce qui dépend peut-être uniquement de la direction générale du fœtus. On peut avancer que si cette inflexion existe réellement, c'est à un degré très peu prononcé.

Cependant cette inflexion latérale, qu'on peut considérer comme exceptionnelle, se rencontre dans un assez grand nombre de cas, sans altérer les conditions de l'accouchement naturel, quoique la présentation puisse être considérée comme irrégulière ou inclinée. Le bord supérieur des pubis, correspondant à peu près au niveau de la troisième pièce du sacrum, tend à repousser la tête dans la partie postérieure de l'excavation pelvienne, qui présente un large espace vide. La forme et la direction de la paroi antérieure du bassin concourent au même but. Cette inflexion est presque inévitable lorsque l'utérus est moins incliné que le détroit supérieur.

Il se fait quelquefois, mais à la vérité très rarement, une inflexion en sens opposé : la suture sagittale regarde en bas et même un peu en avant, et la bosse pariétale, qui est en arrière, s'avance d'abord la première et se trouve plus basse que celle qui est en avant ; mais cette déviation, comme la précédente, se corrige par les progrès du travail. On conçoit, d'ailleurs, comme pour le diamètre occipito-frontal, que les extrémités du diamètre bipariétal s'engagent successivement. Si un obstacle ou rétrécissement se trouvait à l'entrée du détroit supérieur, le pariétal qui rencontrerait le moins de résistance s'avancerait le premier.

En général, les diamètres occipito-frontal et bi-pariétal se présentent simultanément ou non successivement à l'entrée du détroit supérieur, et la tête conserve plus ou moins exactement cette attitude jusqu'à ce qu'elle soit parvenue vers le fond de l'excavation. La suture sagittale qui s'étend d'un côté à l'autre du bassin répond d'abord au centre de sa cavité, et s'avance en suivant cette ligne centrale tant qu'elle est le prolongement de l'axe du détroit supérieur ; mais en continuant à s'avancer suivant sa direction première, elle croise et se porte derrière la ligne du centre du bassin, jusqu'à ce que la tête soit repoussée en avant par la partie inférieure de la paroi postérieure du bassin.

Maintenant établissons les rapports précis que prend la tête avec le bassin dans ses diverses positions, pendant qu'elle s'avance du détroit supérieur au fond de l'excavation. Nous trouvons dans la première position fondamentale, ou occipito-cotyloïdienne gauche, la fontanelle occipitale dirigée vers la cavité cotyloïde gauche et peu éloignée de ce point de la circonférence du bassin, la fontanelle antérieure vers la symphyse sacro-iliaque droite et plus rapprochée du centre du bassin, situées toutes les deux à peu près sur le même plan. La suture sagittale, étendue d'un côté du bassin à l'autre dans le sens du diamètre oblique qui va de la cavité cotyloïde gauche à la symphyse sacro-iliaque droite, regarde en arrière de la dernière pièce du sacrum. Le diamètre transversal de la tête est situé dans la direction d'une ligne qui se rendrait de la symphyse sacro-iliaque gauche au milieu de la branche horizontale du pubis droit (P. Dubois). La bosse pariétale droite, plus abaissée que la gauche, correspond au vide de l'arcade des pubis, la gauche vers la deuxième pièce du sacrum. L'épaule gauche est au-dessus de la symphyse sacro-iliaque gauche, et la droite au-dessus de la cavité cotyloïde droite ; le plan postérieur du fœtus est dirigé à gauche et en avant, le plan antérieur à droite et en arrière, et le siége vers le fond de l'utérus. La tête descend dans cette attitude, vers le fond de l'excavation du bassin, l'occiput placé au-devant du trou sous-pubien et le front au-devant de l'échancrure sciatique, sans éprouver d'autres changements qu'un mouvement de progression. Dans la deuxième position fondamentale, les rapports sont dans un ordre inverse : l'occiput correspond à la symphyse sacro-iliaque droite, le front à la cavité cotyloïde gauche; c'est la bosse pariétale gauche qui est en avant et la plus basse : elle est plus éloignée du centre de l'arcade du pubis que les positions occipito-antérieures. L'épaule gauche est au-dessus de la cavité cotyloïde droite, et la gauche au-dessus de la symphyse sacro-iliaque gauche. Le plan postérieur du fœtus est dirigé en arrière à droite ; le plan antérieur, en avant et à gauche.

Dans cette position, la tête descend également jusqu'au fond de l'excavation pelvienne sans éprouver de déviation qui rapproche le diamètre occipito-frontal du diamètre sacro-pubien ; l'occiput correspond aux parties molles qui recouvrent l'échancrure sacro-sciatique, et le front au muscle obturateur du côté opposé : seulement le mouvement de flexion de la tête sur la poitrine est ordinairement plus prononcé, et la fontanelle postérieure est le plus souvent sur un plan plus bas que l'antérieure. La pensée complète trop facilement les rapports et la progression de la tête dans les deux autres positions obliques et dans toutes les positions intermédiaires aux précédentes, pour qu'il soit nécessaire d'y insister avec détails. Jusqu'à présent la tête a pénétré librement dans le bassin et en partie avec le segment inférieur de l'utérus ; elle n'est retenue à quelque distance du fond de l'excavation pelvienne que parce que l'œuf s'est divisé tardivement, ou parce que les derniers obstacles opposés par le col ne sont pas complétement surmontés.

Pendant la dernière moitié de la période d'expulsion, surtout lorsque l'action des muscles abdominaux vient s'ajouter aux contractions utérines, la tête du fœtus exécute des changements variés et complexes qui l'éloignent plus ou moins de sa position primitive, et la mettent dans les rapports les plus propres pour traverser le détroit inférieur. Mais avant que la voûte du crâne s'applique exactement sur le plancher de l'excavation pelvienne pour le distendre, elle est retenue par la circonférence du détroit inférieur et par les plans convergents musculaires et aponévrotiques qui en partent pour former le périnée, et on n'observe pas encore le refoulement en bas de toute la cloison, ni même sa tension. Par sa rencontre avec la partie inférieure de la courbure sacro-coccygienne et la partie postérieure du périnée, la tête éprouve un mouvement d'inflexion latérale opposé vers l'épaule qui est en avant, et de flexion plus prononcée sur le devant de la poitrine. Nous avons vu, en effet, que la tête s'engage dans le détroit supérieur parallèlement à l'axe de ce détroit, et que, poussée dans cette direction par la force contractile de l'utérus, elle s'avance dans l'excavation en suivant le prolongement de l'axe du détroit supérieur, jusqu'à ce que les parties supérieures et latérales, qui sont dirigées en arrière, viennent heurter contre la partie recourbée du sacrum et glisser sur le plan incliné en avant que forme la partie inférieure du sacrum et du coccyx et que continue la partie postérieure du périnée. La suture sagittale, d'abord inclinée en arrière, se dirige graduellement en bas, puis un peu en avant, et s'avance dans la direction de la ligne courbe centrale du bassin, qui est représentée par la courbure de la partie inférieure du sacrum, du coccyx et de la gouttière concave que forme le périnée à mesure qu'il se distend. La bosse pariétale qui est en arrière, primitivement plus élevée que celle qui est en avant, se met sur le même niveau, ensuite un peu plus bas, tandis que la bosse pariétale qui est en avant s'élève en se rapprochant de plus en plus du vide de l'arcade des pubis. Cette inflexion latérale se corrige graduellement, à mesure que la tête exécute son mouvement de rotation en avant, en franchissant le détroit inférieur. Mais dans les cas où elle sort au-dehors dans une position oblique, et mieux encore dans une position transversale, l'inclinaison la-

DE L'ACCOUCHEMENT NATUREL PAR LE CRANE. 557

térale persiste jusqu'à sa sortie complète; et la tête, par l'intermédiaire du cou, s'accommode à la courbure du canal pelvien, comme nous verrons que le tronc, qui est flexible, s'y accommode lui-même. La flexion sur le devant de la poitrine, que nous avons dit rester modérée et à peu près telle qu'elle était avant le travail, pendant que la tête traverse le détroit supérieur et qu'elle descend vers le fond de l'excavation, augmente d'une manière très notable lorsque le vertex commence à réagir sur le périnée; mais il s'en faut de beaucoup qu'elle soit aussi prononcée qu'on l'enseigne généralement. Cependant les deux fontanelles ne sont pas sur le même plan : la fontanelle occipitale est notablement plus basse que la fontanelle frontale. Le diamètre occipito-frontal, qui, dans le principe, croisait à peu près à angle droit la ligne centrale du bassin, forme maintenant avec elle un angle aigu, et se trouve remplacé par une ligne qui s'étendrait de la bosse occipitale au milieu de l'espace compris entre la fontanelle antérieure et les bosses frontales; la circonférence qui se pré-

Fig. 35.

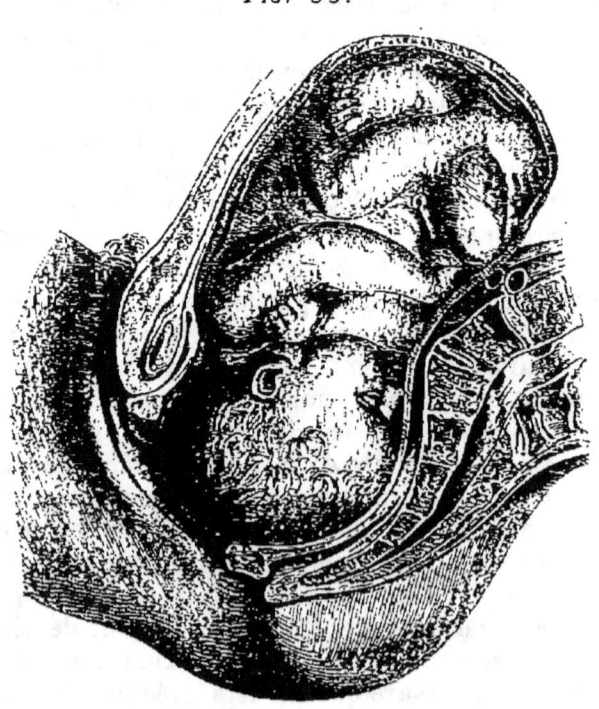

sente pour traverser le détroit inférieur se rapproche beaucoup de la circonférence occipito-bregmatique; mais dans beaucoup

47.

de cas, la flexion est même moins prononcée. Elle diminue à mesure que l'extrémité occipito-pariétale s'engage de plus en plus sous la branche ischio-pubienne correspondante au côté du bassin où se trouvait primitivement l'occiput; et le mouvement de progression est arrivé à son terme lorsque la nuque appuie sous l'arcade des pubis, qui devient un point d'arrêt et le centre du mouvement d'extension qui pousse la tête hors de la vulve. Mais avant d'arriver là, la tête exécute un mouvement de circumduction ou de rotation autour de son axe vertical, auquel participe le tronc tout entier et qui ramène directement, ou à peu près directement, en avant le plan postérieur du fœtus, mouvement d'autant plus étendu que l'occiput est primitivement plus éloigné de l'arcade du pubis. Si les diamètres antéro-postérieurs de la tête ne se placent pas exactement dans la direction des diamètres antéro-postérieurs du bassin, ils s'en rapprochent extrêmement. Ainsi, pendant que la tête se fléchit davantage sur la poitrine, qu'elle s'incline vers l'arcade du pubis, qu'elle distend lentement le périnée, elle commence à décrire un mouvement de rotation, suivant une ligne horizontale, ou plutôt spirale, mouvement qui se complète pendant qu'elle traverse le détroit inférieur et la vulve.

Pour donner à ces considérations plus de précision et pour compléter ce qui nous reste à dire de ces divers mouvements, nous allons brièvement en faire l'application à chaque position primitive. Dans les positions occipito-cotyloïdiennes ou antérieures, le mouvement de rotation est peu étendu et représente à peine le cinquième de la demi-circonférence du bassin. Si on prend, par exemple, la position occipito-cotyloïdienne gauche qui se rencontre ordinairement pour le côté gauche du bassin, on voit la fontanelle occipitale qui est descendue jusque vers la partie inférieure de la fosse obturatrice interne, sans se dévier, se porter graduellement en avant à chaque nouvelle contraction, et l'extrémité occipito-pariétale droite s'engager en glissant sous la branche ischio-pubienne gauche. La vulve s'entr'ouvrant laisse apercevoir la partie supérieure et postérieure du pariétal droit, une petite portion de la moitié correspondante de l'occipital. L'extrémité occipito-pariétale, continuant son mouvement de progression et de rotation, ne franchit complétement l'arcade du pubis que vers le point de réunion de la branche ascendante de l'ischion et descendante du pubis gauche, et c'est sur ce point que la nuque, qui occupe le haut de l'arcade du pubis, vient prendre son point d'appui. Le front a exécuté en arrière un mouvement en sens inverse qui rapproche la suture frontale des côtés du coccyx.

Le diamètre occipito-frontal est très rapproché du diamètre coccy-pubien, mais ils ne sont pas exactement dans la même direction ; le parallélisme devient ordinairement complet, pendant que la tête s'étend pour parcourir la gouttière périnéale et traverser la vulve.

Dans la position occipito-cotyloïdienne droite, les phénomènes sont exactement les mêmes, avec cette seule différence que le mouvement de pivotement se fait de droite à gauche, et que c'est l'extrémité occipito-pariétale gauche qui s'avance la première. D'après les observations de MM. Nægelé et Stoltz, dans les positions occipito-cotyloïdiennes, le mouvement de rotation serait beaucoup moins étendu et n'existerait même pas du tout, s'il faut prendre à la lettre quelques unes de leurs assertions. Ils le regardent comme exceptionnel non seulement dans le fond de l'excavation et au détroit périnéal, mais encore lorsque la tête franchit la vulve ; ils admettent qu'en général la tête descend dans l'excavation, qu'elle traverse le détroit inférieur et la vulve sans se dévier de sa position primitive. Mais s'il en était ainsi, ce serait immédiatement au-devant des tubérosités de l'ischion que l'extrémité occipito-pariétale se dégagerait, et non sous le milieu des branches ischio-pubiennes, comme ils l'admettent. Au reste, ce mouvement de rotation ne présente pas une uniformité invariable ; mais, en général, il commence lorsque la tête est arrivée au fond de l'excavation et qu'elle presse sur le périnée ; il continue à mesure qu'elle s'engage à travers le détroit inférieur, qu'elle traverse dans une direction légèrement oblique, et se complète en traversant la vulve.

Dans les positions occipito-sacro-iliaques ou occipito-postérieures, le mouvement de rotation est extrêmement prolongé. Les cas où l'occiput se dégage en arrière forment une exception importante à la loi générale, et nous en traiterons d'une manière spéciale un peu plus loin. En raison de la fréquence de la position occipito-sacro-iliaque droite, on a, pour le côté droit du bassin, de fréquentes occasions d'observer la transformation des positions occipito-postérieures en positions occipito-antérieures. Voici comment M. Nægelé, qui sur ce point a si justement réformé la théorie du mécanisme de l'accouchement, a décrit le mouvement de rotation qui porte l'occiput sous l'arcade des pubis : « Il s'exécute, dit-il, peu à peu et par un mouvement de va-et-vient, suivant la direction d'une lente spirale ; et si l'on touche pendant la douleur, la petite fontanelle, qui, avant, était dirigée à droite et en arrière, se place complètement à droite vers la branche descendante de l'ischion ; à mesure que la douleur cesse, elle revient peu à peu à l'endroit qu'elle occupait auparavant. Si l'on réitère ces explorations pendant et en l'absence de la douleur, ou bien si le doigt demeure en contact avec la tête, on observe ce qui suit : la fontanelle postérieure, qui, en l'absence de la douleur, est complétement à droite, se tourne, pendant la douleur, en avant, vers le trou sous-pubien, d'où elle s'éloigne de nouveau à mesure que la douleur cesse ; elle suit ces mouvements alternatifs jusqu'à ce qu'enfin elle demeure fixée vers le trou sous-pubien. » Puis ce mouvement se continue, comme il a été dit pour les positions occipito-antérieures. C'est le même mouvement dans la position occipito-sacro-iliaque gauche; mais au lieu de l'extrémité occipito-pariétale gauche qui s'avance la première, c'est l'extrémité occipito-pariétale droite. Ce mouvement étendu de rotation serait le plus long possible dans les cas excessivement rares où la fontanelle occipitale correspondrait primitivement à la ligne médiane du sacrum, et nul dans la position directement opposée; dans cette dernière supposition, la tête arriverait à l'extérieur par ses seuls mouvements de flexion, de progression et d'extension.

Dans quelques cas, le mouvement de rotation peu étendu des positions occipito-antérieures, et très étendu des positions occipito-postérieures, commence avant que la tête ait atteint le fond de l'excavation pelvienne, et semble s'accomplir sans l'intermédiaire du périnée et du détroit inférieur. D'autres fois, la tête descend sans se dévier de sa position primitive, et au moment où elle va franchir la vulve, on lui voit exécuter son mouvement de rotation d'une manière rapide et brusque. Comme le fait remarquer M. P. Dubois, la cause du mouvement de rotation réside dans la combinaison d'un assez grand nombre d'éléments qui se trouvent dans la forme et le volume de la tête du fœtus, la forme et la direction du canal pelvien, et dans les changements qui surviennent dans la direction des forces développées par l'utérus, à mesure que la tête descend. Nous avons déjà eu plusieurs fois l'occasion de faire observer que la résultante des forces de l'utérus agit à peu près dans la direction de l'axe du détroit supérieur; mais cette direction est déviée vers le fond du bassin par la rencontre de sa paroi postérieure recourbée en avant. Cette rencontre a non seulement pour effet d'incliner la tête vers l'épaule qui est en avant, mais encore, lorsque l'occiput correspond en arrière, de pousser dans le même sens l'extrémité occipito-pariétale, qui est arriérée, et de lui imprimer un mouvement de rotation ; le périnée prolongeant le plan formé par les ligaments sacro-sciatiques, l'occiput continue à se diriger en avant, d'une manière d'autant plus sûre que le périnée y présente des vides considérables et une résistance beaucoup moins grande. Si l'occiput se trouvait en rapport avec l'extrémité inférieure du sacrum ou avec la face antérieure du coccyx, pendant les contractions, il ne se maintiendrait pas sur cette crête saillante, il se déjetterait à droite et à gauche sur les parties molles plus dépressibles, et la tête rentrerait dans les conditions que nous avons supposées tout-à-l'heure. Lorsque l'occiput est parvenu au niveau des fosses obturatrices, où qu'il y est descendu directement comme dans les positions occipito-anterieures, les mêmes causes continuent à le pousser en avant ; mais comme il tend en même temps à pénétrer sous la branche de l'ischion qui lui correspond, une nouvelle cause, la forme du détroit inférieur, vient s'ajouter aux précédentes pour ramener le diamètre occipito-frontal dans la direction du diamètre sacro-pubien; et s'ils ne se correspondent pas exactement, même en traversant le détroit inférieur, c'est que la tête trouve plus de place dans la direction d'une ligne qui s'étendrait du tiers interne des ligaments sacro-sciatiques d'un côté, à l'union de la branche ascendante de l'ischion et descendante du pubis du côté opposé.

Nous avons déjà dit, en parlant de la marche de l'accouchement d'une manière générale, qu'après la rupture de la poche des eaux, il se forme une tuméfaction sur la partie qui correspond au vide du canal utéro-vulvaire. Lorsque les eaux se sont écoulées prématurément, ou qu'il n'existe pas de liquide entre la tête et les membranes, on voit souvent, si l'accouchement marche avec lenteur, surtout chez les primipares, que la partie du crâne qui regarde l'orifice utérin médiocrement dilaté devient le siège d'une tuméfaction qui masque plus ou moins la suture sagittale. Cette tuméfaction disparaît peu à peu pendant que la tête descend vers le fond de l'excavation, et ne sert pas de base à celle que l'enfant apporte en naissant. Mais lorsque la tête commence à s'engager dans le détroit inférieur, et qu'elle est plus fortement pressée de toutes parts par sa circonférence, il se forme très souvent sur toute la partie accessible au doigt des plis irréguliers d'un cuir chevelu ; une nouvelle tuméfaction œdémateuse devient apparente à mesure que la tête s'approche de l'extérieur, elle se prononce de plus en plus, et prend la forme d'une tumeur régulière. La tumeur œdémateuse du cuir chevelu, tantôt peu apparente, tantôt très volumineuse, suivant que la tête met plus de temps et a plus de peine à franchir le détroit inférieur, occupe dans les positions occipito-latérales gauches la moitié postérieure et supérieure du pariétal droit, anticipant un peu sur le pariétal gauche et sur la fontanelle postérieure, qu'elle recouvre tout-à-fait lorsqu'elle est volumineuse; dans la position occipito-latérale droite, elle occupe les mêmes points du pariétal gauche; son siége prouve que la tête s'avance bien réellement comme il a été dit.

Nous avons suivi l'expulsion de la tête du fœtus dans les positions occipito-antérieures et occipito-postérieures jusqu'au moment où l'extrémité occipito-pariétale se dégageant sous la branche ischio-pubienne du côté où elle correspondait primitivement, la nuque vient prendre un point d'appui vers le sommet de l'arcade. Mais avant ce moment, à mesure que cette extrémité est poussée en avant, et vient faire saillie dans le vide de l'arcade des pubis, le mouvement de flexion diminue par degrés, le menton presse avec moins de force sur le devant de la poitrine, et, comme le

FIG. 36.

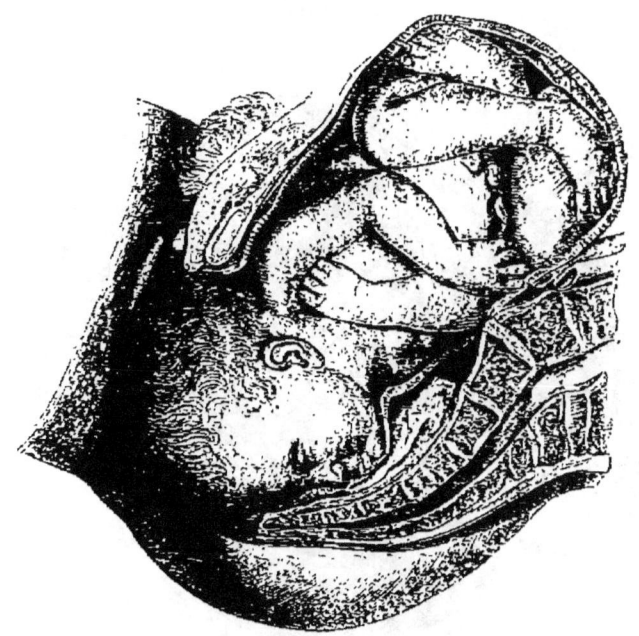

tronc, représente une tige flexible qui s'accommode à la courbure du bassin; le cou et la partie supérieure de tronc tendent à se redresser à mesure qu'ils approchent du bord inférieur de l'arcade des pubis, où la nuque trouve un point d'appui solide qui tend à limiter le mouvement de progression. La direction de l'effort d'expulsion transmis au fœtus se modifie à mesure

DE L'ACCOUCHEMENT NATUREL PAR LE CRANE.   563

que la tête, qui se réfléchit d'arrière en avant, en distendant le périnée, passe de l'état de flexion à celui d'extension. La portion de forces transmise par le rachis à la moitié postérieure de la tête est neutralisée par la résistance que rencontre sa partie postérieure sous la branche ischio-pubienne ; le reste des forces se distribue sur la partie de la tête qui est au-devant du trou occipital, de sorte que la face et le menton s'éloignent de plus en plus du devant de la poitrine, en distendant avec plus de force le périnée, qui offre une assez grande résistance à vaincre. En même temps l'extrémité occipitale remonte et se renverse au-devant du pubis, en exécutant un mouvement en arc de cercle. Plus la tête se renverse par son extension sur le cou, plus les forces qui ne sont pas absorbées par la résistance de l'arcade des pubis se rapprochent de la partie antérieure de la tête et du menton, qui ont à vaincre la résistance du périnée et de la vulve pour arriver au-de-

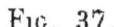
Fig. 37.

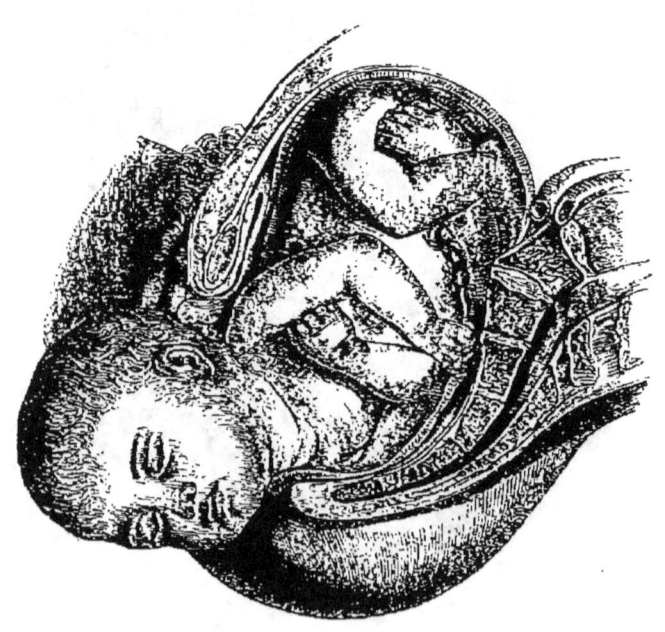

hors. Ce qu'on observe pendant les derniers temps de l'expulsion de la tête est la confirmation rigoureuse de ce qui précède. Lorsque l'extrémité occipito-pariétale apparaît en entr'ouvrant la vulve, a chaque contraction elle s'avance un peu plus, jusqu'à ce que la nuque ou la partie supérieure du col soit arrêtée par l'arcade des pubis; en même temps la portion ano-vulvaire du périnée se distend et s'abaisse de plus en plus, et l'on voit successivement sur la commissure postérieure de la vulve une plus grande étendue de la suture bi-pariétale ou la série des rayons menés de la partie postérieure du trou occipital sur la suture sagittale, à mesure que l'occiput se relève et se renverse de plus en plus sur le devant des pubis, et quelquefois vers une des régions inguinales. Les grandes lèvres s'effacent graduellement et s'amincissent de leur commissure périnéale vers leur extrémité pubienne : aussitôt que les bosses pariétales sont au-dehors, et au moment où les bosses frontales apparaissent, le reste de la tête, offrant moins de volume, est en partie chassé par la réaction des parties molles distendues ; le mouvement d'extension se complète brusquement, et la face du front au menton glisse rapidement sur la commissure postérieure de la vulve ; la tête, entièrement dégagée, retombe par son propre poids au-devant de l'anus.

A peine le menton est-il échappé de la vulve qu'on voit dans la position occipito-latérale gauche l'occiput se tourner vers l'aine gauche et le menton vers la rainure sous-ischiatique ; ce mouvement a lieu en sens inverse dans la position occipito-latérale droite, et la tête, immédiatement après sa sortie de la vulve, se retrouve momentanément dans la direction des diamètres obliques du bassin, position occipito-cotyloïdienne gauche ou droite, suivant le côté du bassin où sa partie postérieure correspondait primitivement. On avait admis, depuis Baudelocque, que les épaules restaient immobiles dans la direction de l'un des diamètres obliques en s'engageant dans le détroit supérieur, que le mouvement de rotation que la tête exécute dans le fond de l'excavation et en traversant le détroit inférieur et la vulve, se faisait par la torsion du cou sur les épaules, et qu'après sa sortie de la vulve, elle reprenait ses rapports primitifs et naturels par un mouvement de détorsion ou de restitution.

Dans une note pleine d'intérêt sur l'accouchement par le vertex, M. Gerdy est venu contester cette explication, et a cherché à prouver que le mouvement de rotation ou de pivotement de la tête était un mouvement de la totalité du fœtus. L'enduit sébacé dont est recouvert le fœtus, l'humidité et le poli des surfaces en contact, la quantité variable de liquide amniotique qui reste habituellement après la division de l'œuf, rendent parfaitement raison de la possibilité de ce mouvement de la totalité du fœtus. Il est de toute évidence que dans les positions occipito-postérieures primitives, qui se transforment en positions occipito-antérieures pour la terminaison de l'accouchement, le corps du fœtus participe tout entier au mouvement de rotation ; car, outre qu'il est peu rationnel d'admettre une torsion du cou aussi étendue, ce serait en arrière et non en avant que la restitution devrait s'opérer. Mais de cette première observation, on ne peut pas conclure qu'une torsion modérée ne vienne pas se réunir au mouvement de pivotement de tout le corps, et que cette torsion ne soit pas la seule cause du mouvement de rotation extérieure de la tête dans les positions occipito-cotyloïdiennes primitives. Les épaules étant soustraites à l'observation directe, le doute devra subsister si l'on ne trouve pas de nouvelles preuves dans l'observation d'autres phénomènes. En examinant attentivement la tête au moment où elle est expulsée au-dehors, on voit qu'elle retombe au-devant de l'anus, en conservant ordinairement pendant un instant très court qui passe inaperçu si on n'y prête une grande attention, la direction qu'elle avait en traversant la vulve.

Cette succession ne se remarquerait point si le mouvement de rotation extérieure de la tête était simplement le résultat de la torsion du cou et de sa restitution dans ses rapports avec le reste du corps : ainsi, tandis que la tête exécute son mouvement de rotation dans le fond de l'excavation et en pénétrant dans le détroit périnéal, le tronc entier participe au mouvement, et les épaules prennent une direction plus ou moins exactement transversale à l'entrée du détroit supérieur ; mais la tête est à peine échappée de la vulve qu'elles reprennent rapidement leur direction oblique. Il s'en faut de beaucoup qu'il en soit ainsi dans tous les cas ; il n'est pas rare de voir dans les positions occipito-cotyloïdiennes la torsion du cou participer au mouvement de pivotement, et même en faire tous les frais ; dans ce cas, on n'observe pas de temps de repos entre l'expulsion de la tête et la rotation de l'occiput vers la cuisse, où il correspondait primitivement : il y a un véritable mouvement de restitution. Nous avons déjà dit que, dans quelques cas, la tête conservait sa position oblique en traversant le détroit inférieur et la vulve, et que l'occiput s'élevait vers l'aine sans exécuter de mouvement de rotation. Une autre exception à la marche ordinaire des phénomènes mécaniques de l'accouchement par la tête, beaucoup moins commune, vient encore confirmer, comme le fait remarquer M. Gerdy, la réalité de la participation du tronc au pivotement de la tête. La plupart des accoucheurs ont eu l'occasion d'observer quelquefois que l'occiput se dirigeait vers la cuisse du côté opposé à sa position primitive, le tronc continuant à obéir au mouvement de rotation donné primitivement à la tête. Cette anomalie a été observée même dans les positions où l'occiput était primitivement dirigé en arrière. M. Stoltz a vu une position occipito-sacro-iliaque gauche se convertir d'abord en occipito-cotyloïdienne gauche, puis, en traversant la vulve, en occipito-cotyloïdienne droite. Dans une autre anomalie, heureusement beaucoup plus rare, la tête peut exécuter un mouvement de rotation très étendu, sans être suivie par le tronc. M. P. Dubois a rapporté deux cas, avec des détails qui ne laissent aucun doute sur la réalité de ce phénomène, dans lesquels l'occiput, correspondant primitivement en arrière, a été ramené en avant, de telle sorte qu'à la vulve, l'occiput correspondait presque à la région sternale, et la face à la région dorsale. Dans le premier cas, l'application du forceps fut nécessaire, et l'enfant put être ranimé; dans l'autre, l'expulsion fut spontanée, mais l'enfant succomba à la longueur du travail, et probablement à la rotation forcée.

Passons maintenant à l'exposition des phénomènes de l'expulsion des épaules et du reste du tronc. Nous venons de voir que, dans l'expulsion régulière, au moment où la tête va s'échapper de la vulve, les épaules, déjà profondément engagées, sont dans une situation transversale ou à peu près, que quelquefois elles conservent l'obliquité qu'elles ont dans les positions occipito-cotyloïdiennes, et que, dans le premier cas, elles reprennent aussitôt après la direction des diamètres obliques, en faisant exécuter à la tête son mouvement de rotation extérieure. Elles descendent rapidement dans cette situation jusqu'au fond de l'excavation du bassin, et pénètrent avec facilité dans le détroit inférieur en perdant graduellement leur direction oblique pour se présenter d'une manière presque directe à la vulve, mouvement que la tête reproduit à l'extérieur, en prenant une situation transversale; dans les positions occipito-latérales gauches, la fontanelle postérieure est dirigée presque directement vers la face interne de la cuisse gauche et la face vers le point opposé de la droite; le diamètre bi-acromial est dans la direction du diamètre coccy-pubien ou dans une direction qui s'en rapproche beaucoup. L'épaule droite, qui est avant, s'est engagée sous l'arcade du pubis du côté droit, a glissé vers le haut de cette arcade, et va se montrer la première à l'extérieur; l'épaule gauche, qui était au-devant de la symphyse iliaque gauche, s'est rapprochée du coccyx et s'est avancée sur le prolongement de cet os, à la commissure postérieure de la vulve, en distendant de nouveau le périnée, refoulé en arrière; la droite ne reste fixée que quelques instants sous le haut de l'arcade des pubis; la vulve et le périnée étant, à cause de leur distension antérieure, sensiblement repoussés en arrière, on n'observe qu'une inflexion de la partie supérieure du tronc vers le pubis, assez modérée, pendant que l'épaule postérieure parcourt la gouttière périnéale et s'avance au-delà de la commissure postérieure de la vulve. Dans les positions occipito-latérales droites, les phénomènes sont exactement semblables et ne présentent d'autres différences que celles qui résultent des rapports primitifs différents; il est superflu d'y insister. Ainsi, les épaules, après la sortie de la tête, descendent dans l'excavation pelvienne dans une direction oblique; en traversant le détroit inférieur et la gouttière périnéale, elles éprouvent un mouvement de rotation qui ramène l'épaule qui est en avant, sous la symphyse du pubis, celle qui est en arrière, dans la gouttière coccy-périnéale; en même temps le tronc s'incline en avant sur sa partie latérale, et se relève vers le devant des pubis; l'épaule qui est en avant se dégage la première et sert de point d'appui, tandis que celle qui est en arrière arrive rapidement à la commissure postérieure, dont elle est peu éloignée; aussitôt qu'elle l'a franchie, le reste du tronc, plus petit, est expulsé brusquement, soit en se maintenant dans la même situation, surtout quand les hanches traversent la vulve, soit en décrivant un mouvement de spirale allongée, mais le plus souvent en reprenant une direction oblique.

Les phénomènes que présentent les épaules, en traversant le détroit inférieur et la vulve, sont sujets à quelques irrégularités qui n'apportent d'ailleurs aucune difficulté dans leur expulsion. Je crois que c'est avec raison que, contrairement à l'opinion généralement admise, M. P. Dubois a cherché à établir que l'épaule qui est en avant se dégage la première. Cette succession dans le dégagement des épaules est évidente, lorsque, soit par leur volume, soit par toute autre cause, elles exigent quelques efforts pour être poussées au-dehors; mais dans les cas où elles ne rencontrent que très peu de résistance au détroit inférieur et dans la gouttière périnéale, soit parce que le détroit est plus grand que de coutume ou le fœtus plus petit, il n'est pas rare de ne pouvoir distinguer aucune succession: elles se dégagent en même temps; c'est dans les mêmes circonstances que l'on voit assez souvent l'épaule qui est en arrière se dégager la première. Dans quelques cas, elles se présentent au-dehors sans éprouver de mouvement de rotation: l'épaule qui est en avant, sous le milieu de la branche ascendante de l'ischion, celle qui est en arrière, au-devant des ligaments sacro-sciatiques du côté opposé, enfin les épaules se dégagent quelquefois transversalement sous les tubérosités de l'ischion; la tête, après sa sortie, ne s'incline ni d'un côté ni de l'autre.

Expulsion de la tête dans les positions occipito-postérieures non converties. — En décrivant le mécanisme de l'accouchement par le crâne, nous avons fait connaître les exceptions ou anomalies qui se rapportent à chaque phénomène ; nous nous sommes seulement réservé de revenir sur les cas où l'occiput, primitivement ou secondairement dirigé en arrière, y reste d'une manière définitive. Il s'en faut de beaucoup que la transformation des positions occipito-postérieures en occipito-antérieures ait lieu d'une manière constante. La persistance de la tête dans cette position, jusqu'à sa sortie hors de la vulve, donne lieu à une variété de l'accouchement naturel par le vertex qui mérite d'autant plus de fixer l'attention d'une manière spéciale que l'expulsion devient généralement plus difficile, et qu'elle nécessite quelquefois l'intervention de l'art. Les causes qui paraissent s'opposer au mouvement de rotation, qui ramène le plan postérieur du fœtus en avant, sont, le volume médiocre de la tête, de grandes dimensions du bassin, une résistance peu prononcée du périnée : aussi l'absence du mouvement de rotation se rencontre plus souvent chez les femmes qui ont fait plusieurs enfants que chez les primipares ; mais il n'est pas rare cependant de voir l'occiput se dégager en arrière spontanément et par les seules forces de l'organisme, sans qu'aucune de ces conditions soit sensiblement appréciable. Cette remarque est si bien confirmée par les faits, qu'on doit être étonné qu'elle rencontre encore quelques contradicteurs. Examinons maintenant dans quel rapport de fréquence le dégagement de l'occiput en arrière se trouve relativement aux positions occipito-postérieures. Dans un relevé de M. Nægelé on trouve que, sur 96 positions occipito-sacro-iliaques droites, l'occiput ne s'est dégagé que trois fois en arrière ; sur 26 positions occipito-postérieures notées par M. Stoltz, le mouvement de rotation en avant a eu lieu dans toutes ; sur 503 positions occipito-postérieures observées par M. Dubois, l'occiput s'est maintenu trente-neuf fois dans ses rapports primitifs jusqu'à son expulsion.

On a généralement exagéré les difficultés de l'expulsion de la tête dans les cas où l'occiput se dégage en arrière sur la commissure postérieure de la vulve. Jusqu'au moment où la tête arrive au fond de l'excavation, elles ne sont pas plus grandes, que dans les cas où l'occiput correspond primitivement en avant, c'est-à-dire qu'elle n'est guère retenue que par la résistance du col et des parties supérieures du vagin. Mais lorsqu'elle est arrivée au niveau des ligaments sacro-sciatiques, ou vers la partie inférieure du sacrum, elle ne peut s'avancer vers la commissure postérieure de la vulve qu'à l'aide d'une flexion forcée, le canal pelvien offrant une courbure de plus en plus prononcée jus-

Fig. 38.

qu'à la commissure postérieure de la vulve. La région occipitale et la face postérieure et supérieure du cou forment une tige inflexible d'une longueur à peu près égale au diamètre occipito-mentonnier, s'accommodent mal à la direction de cette portion de canal pelvien, et le périnée est forcé de subir une distension très considérable. Dans cette situation, une partie des forces destinées à faire avancer le fœtus ne pouvant arriver sur le point qui rencontre le plus de résistance que dans une direction très défavorable, est absorbée par les obstacles que la tête rencontre à parcourir ce canal courbe ; toutes choses étant égales, une plus grande somme de forces doit être employée dans les positions où l'occiput vient se dégager en avant. Du reste, l'expulsion de la tête se fait d'après les mêmes lois qui président à son expulsion dans les positions occipito-cotyloïdiennes. Si nous prenons pour en faire l'application la position occipito-sacro-iliaque droite qui est la plus fréquentée, nous voyons que, lorsque la tête est arrivée au fond de l'excavation du bassin, au lieu d'éprouver un mouvement de rotation qui porte en avant le plan postérieur du fœtus, elle continue à descendre dans sa direction primitive, et s'avance en arrière au-delà des limites de la partie osseuse, en conservant sa direction oblique, non toutefois sans exécuter un léger mouvement de rotation en dedans, et les diamètres occipito-frontal et coccy-pubien ne se croisent plus que sous un angle très aigu. C'est la partie supérieure du frontal gauche qui correspond au vide de l'arcade du pubis et qui s'avance la première vers l'extérieur, et la tumeur œdémateuse à base large recouvre la plus grande partie du frontal gauche, anticipe un peu sur la suture sagittale et la grande fontanelle; elle s'étend quelquefois jusque sur la bosse frontale; d'autres fois elle se prolonge assez loin en arrière. A chaque contraction, la tête s'abaisse et s'élève alternativement, et ne marche en définitive que très lentement; l'occiput glisse au-devant des ligaments sacro-sciatiques et du muscle ischio-coccygien du côté droit, le front au-devant de la fosse obturatrice et de la face postérieure de la branche

Fig. 39.

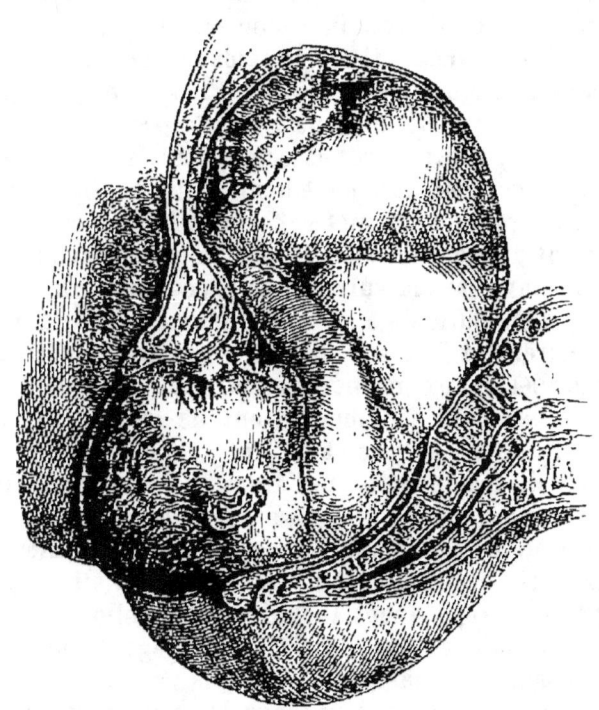

ischio-pubienne du côté gauche. La bosse coronale gauche, qui correspond à la symphyse pubienne, se découvre sous l'arcade des pubis ; une portion du front, quelquefois jusqu'à l'arcade sourcilière, apparaît derrière la commissure antérieure de la vulve. Tantôt le front remonte, tantôt il conserve cette position: si l'occiput ne peut s'avancer jusqu'au niveau de la commissure postérieure qu'à l'aide d'une flexion très prononcée, à mesure que la vulve s'entr'ouvre et laisse apercevoir le vertex, le front remonte derrière la branche descendante du pubis gauche, et en partie derrière la symphyse, et disparaît à mesure que la nuque s'approche de la commissure postérieure de la vulve, qu'elle refoule, après l'avoir franchie, vers l'arcade ischio-coccygienne, qui concourt à fournir un point d'appui solide, autour duquel s'exécute le mouvement d'extension par lequel la tête se dégage. Le périnée, en glissant en arrière sur la nuque, met en quelque sorte à découvert la partie la plus volumineuse de la tête, et l'on voit se dégager successivement, au sommet de l'arcade des pubis, et sous la commissure antérieure de la vulve, la partie antérieure de la suture bi-pariétale, la fontanelle antérieure, les bosses coronales, les yeux, le nez, la bouche, le menton. Ce mouvement d'extension se fait d'autant plus facilement que la moitié antérieure du détroit inférieur est en quelque sorte dépourvu de cloison charnue. Il arrive assez souvent, lorsque la tête est peu volumineuse ou que le bassin est très large, que le front engagé sous l'arcade pubienne ne remonte pas derrière le corps des pubis, l'occiput arrive sur la commissure postérieure de la vulve sans qu'il se fasse un mouvement de flexion très prononcé, et la tête sort par son diamètre occipito-frontal en exécutant un mouvement d'extension modéré par lequel la face se dégage en avant. En traversant la vulve, et en exécutant son mouvement d'extension, l'obliquité déjà si peu prononcée de la tête disparaît ordinairement, et ses diamètres antéro-postérieurs deviennent parallèles aux mêmes diamètres du bassin. La tête, devenue libre, exécute son mouvement de rotation extérieure; l'occiput se dirige en arrière et à droite vers la rainure ischiatique, et vers le même point de l'autre cuisse, dans la position occipito-sacro-sciatique gauche, soit par un véritable mouvement de restitution, soit plutôt parce qu'elle suit le mouvement des épaules, qui, devenues transversales en pénétrant dans le détroit supérieur, reprennent leur direction oblique. Sous l'influence de contractions nouvelles, elles s'engagent dans le détroit inférieur; l'épaule gauche apparaît vers la partie la plus élevée de la branche ischio-pubienne gauche ; la droite s'avance sur les ligaments sacro-sciatiques du côté droit, apparaît à la vulve peu de temps après celle qui est en avant; en la franchissant, elles complètent ordinairement leur mouvement de rotation, et la tête prend une direction transversale.

Comme pour les positions occipito-cotyloïdiennes, M. Nægelé a contesté la réalité du mouvement de rotation intérieure de la tête, et a soutenu qu'elle sort au-dehors en conservant la direction des diamètres obliques qu'elle avait primitivement. MM. Stoltz et Dubois professent la même opinion. Mais, si ces habiles observateurs, en constatant que la tête n'exécute pas, comme on l'a longtemps enseigné, en descendant vers le fond de l'excavation pelvienne, un mouvement de rotation qui rend ses diamètres antéro-postérieurs parallèles avec les diamètres antéro-postérieurs du bassin, et qu'elle n'a encore perdu sa direction oblique en s'engageant dans le détroit inférieur, sont restés dans le vrai, ils semblent, au contraire, être tombés dans une grande exagération en soutenant qu'elle conserve la même direction en franchissant le détroit inférieur et la vulve. On voit si souvent le contraire, qu'on ne peut se défendre de croire qu'ils ont généralisé l'exception. Au reste, ils conviennent qu'il n'est pas rare de voir la tête franchir la vulve dans la direction du diamètre coccy-pubien. On peut rencontrer dans ce mode exceptionnel de dégagement de la tête la plupart des anomalies que nous avons déjà signalées dans le dégagement de l'occiput en avant. Les positions occipito-postérieures donnent aussi quelquefois lieu à la transformation de la présentation du vertex en une présentation de la face. Nous en ferons connaître le mécanisme en traitant de l'accouchement par la face.

La plupart des auteurs ont cherché, par un examen comparatif, à faire ressortir les différences entre les deux modes de dégagement de la tête que nous venons de décrire, et les difficultés plus grandes de l'accouchement lorsque l'occiput se dégage en arrière. J'emprunte textuellement l'appréciation suivante à M. P. Dubois, parce qu'elle me semble parfaitement faire ressortir les différences et les analogies. « On comprend sans peine, dit-il, les difficultés que cette anomalie dans la marche de la tête peut apporter à l'accouchement. Quand l'occiput est primitivement en rapport avec le plan antérieur du bassin, ou lorsque, primitivement en arrière, il est ramené en avant par le mouvement de rotation, il s'engage dans l'arcade du pubis. La tige flexible que le fœtus représente se trouve dans les conditions les plus favorables pour se prêter à la courbure du canal qu'elle doit parcourir. L'espace compris entre la fontanelle occipitale et la partie postérieure de l'articulation occipito-atloïdienne, espace fort court, est est le plus long segment de cette tige qui soit inflexible; et remarquez que, par sa situation sur le plan antérieur, il échappe presqu'à la courbure du canal. Quant à la portion restante, depuis l'articulation occipito-atloïdienne jusqu'au sacrum, les articulations, par conséquent les moyens de flexion, s'y succèdent à des distances très rapprochées. Lorsque l'occiput conserve, au contraire, ses rapports avec la paroi postérieure du bassin, et la parcourt ainsi jusqu'à la vulve, tout l'espace compris entre la fontanelle postérieure et les premières vertèbres dorsales, c'est-à-dire toute la longueur du diamètre occipito-mentonnier, dont une partie couvre la région antérieure de la colonne cervicale, tout cet espace peut être considéré comme inflexible ; il représente une tige droite, solide, volumineuse, engagée dans un canal courbe, et qui ne peut le traverser qu'en faisant contre les parois un effort qui tend à en modifier la forme et à le redresser. On doit concevoir que le périnée soit plus distendu et plus exposé à se rompre que dans les conditions précédentes, et que la résistance opposée par le canal ait plus souvent aussi une énergie supérieure à celle des contractions qui doivent la vaincre. C'est à ces raisons, bien plus qu'au défaut d'analogie entre la forme du front et celle de l'arcade pubienne, ou même la longueur du trajet que doit parcourir l'occiput, qu'il faut attribuer les difficultés du travail dans les positions occipito-postérieures, lorsque le mouvement de rotation ne s'est pas exécuté. »

Diagnostic de la présentation et des positions du crâne pendant les différentes périodes du travail.—Nous avons fait voir (p. 292) que les espaces membraneux qui existent entre les os du crâne, c'est-à-dire les sutures et les fontanelles, constituent des caractères propres à la tête du fœtus, faciles à constater. Du reste, par sa forme et sa solidité seules, le crâne se distingue d'une manière assez nette des autres régions du fœtus qui peuvent se présenter à l'entrée du bassin. On peut arriver à la connaissance certaine de la partie qui se présente, sans qu'il soit toujours possible d'établir avec certitude ses rapports précis avec le bassin, ce qui importe ordinairement peu en pratique, au moins dans l'accouchement naturel. Mais sans la connaissance exacte des positions, on ne peut étudier que très imparfaitement le mécanisme de l'accouchement, et dans les cas qui exigent l'introduction de la main ou d'instruments, les manœuvres perdent beaucoup de leur précision, et le succès peut en être compromis par cela seul. Le crâne est de toutes les région du fœtus la plus facile à reconnaître, non seulement par la netteté de ses caractères, mais encore parce qu'il se trouve bien plutôt à la portée du doigt explorateur. Nous avons vu que, dans les derniers temps de la grossesse, la tête plonge ordinairement assez profondément dans l'excavation pelvienne, et, à moins d'une grande quantité d'eau, le doigt promené sur le segment de l'utérus, circonscrit par la partie supérieure du vagin évasé, reconnaît ordinairement la tête. Il arrive même quelquefois qu'on peut assez facilement se faire une idée exacte de sa position. Aucune autre région du fœtus n'est située aussi profondément au début du travail. La présence de parties volumineuses du fœtus occupant, à la fin de la grossesse ou au commencement du travail, une grande partie de l'excavation pelvienne, est une telle présomption de présentation de la tête, et du crâne en particulier, qu'elle équivaut presque à une certitude. Mais il ne faut pas oublier que le vertex peut rester au niveau du détroit supérieur, même dans des cas où le bassin est bien conformé. On peut avoir à établir le diagnostic de la présentation et des positions, avant et après la rupture des membranes, le col étant peu ou complétement dilaté, en un mot, à tous les périodes du travail. Ces différences apportent des difficultés qu'il importe de ne pas méconnaître. Dans l'un et dans l'autre cas, la recherche ne doit se faire que dans l'intervalle des douleurs. L'extrémité du doigt explorateur doit être portée en arrière pour atteindre l'orifice de la matrice, et le poignet doit être fortement abaissé, afin de rapprocher le doigt de la direction de l'axe du détroit supérieur. Sans cette précaution, le doigt va heurter contre le pariétal qui est en avant, et l'on est exposé à prendre les parties latérales de la tête pour le sommet. Lorsqu'on a fait pénétrer le doigt dans l'orifice de la matrice, on sent une partie solide, ronde, qui est ordinairement constituée par la partie supérieure et postérieure du pariétal qui est en avant; le doigt, en parcourant cette surface, rencontre une ligne enfoncée qui croise ordinairement diagonalement le bassin, dans la direction de l'un des diamètres obliques, et le plus souvent de celui qui s'étend de gauche à droite. Si on pousse l'extrémité du doigt entre les membranes et le col, en suivant le trajet de cette ligne, on trouve, à peu de distance de la circonférence du bassin, la fontanelle occipitale ou la fontanelle frontale, et les extrémités des sutures qui y aboutissent; les deux fontanelles se distinguent par des caractères si tranchés, qu'il est difficile de les confondre : un de ces espaces membraneux reconnu suffit pour déterminer la position du fœtus. La fontanelle occipitale, ordinairement un peu plus basse que la fontanelle bregmatique, est plus facilement accessible; cependant on touche presque toujours plus facilement la fontanelle qui est en avant; le vide de l'arcade du pubis favorise cette recherche, tandis qu'il faut déprimer assez fortement la commissure postérieure de la vulve pour que l'extrémité du doigt arrive au-devant des échancrures sciatiques, ou de la partie moyenne du sacrum. Les sutures seules qui font facilement reconnaître la présence de la tête ne donnent que des renseignements très incertains sur sa position, bien qu'elles soient faciles à distinguer à l'extérieur les uns des autres. Mais à l'intérieur, le toucher apprécie difficilement leurs caractères différentiels. Ces réflexions s'appliquent avec plus d'exactitude encore aux protubérances. Il y a une différence assez sensible entre les bosses frontales ou pariétales et la protubérance occipitale, et cependant cette différence ne peut guère être rendue sensible par le toucher. Nos sensations n'acquièrent, sur la situation réelle de ces diverses saillies, quelque certitude qu'après avoir rencontré et reconnu l'une ou l'autre fontanelle. Nous avons fait remarquer que, si l'on n'y fait une attention particulière, le doigt peut s'égarer sur la région latérale de la tête, qui est en avant, surtout dans les positions occipito-postérieures; et comme il est inexact de dire que la présence des parties molles qui recouvrent les fosses temporales empêche de sentir les fontanelles latérales, qui sont au contraire ordinairement sensiblement appréciables, le doigt, en suivant les sutures lambdoïde ou fronto-pariétale, arrivera sur ces espaces membraneux, qui seront presque inévitablement prises pour les fontanelles antérieure ou postérieure, et surtout pour la postérieure, avec laquelle leur petite dimension leur donne plus de ressemblance. C'est peut-être cette cause d'erreur qui a fait pendant si longtemps méconnaître la grande fréquence de la position occipito-sacro-iliaque droite.

Lorsque la tête se présente d'une manière irrégulière, que le front ou l'occiput ou les parties latérales se présentent au centre du bassin, on éprouve ordinairement plus de difficulté à constater la position, quoiqu'il n'y ait pas de doute sur la présentation du crâne. On reconnaît que la tête est fléchie outre mesure ou à demi étendue, ou bien que le fœtus est anormalement incliné, soit sur son plan postérieur, soit sur son plan antérieur, à la situation de la fontanelle antérieure ou postérieure qu'on trouve vers le centre de l'excavation. Dans les déviations très prononcées des côtés de la tête, la présence de l'oreille et sa direction devient un moyen de reconnaissance aussi facile à apprécier et aussi certain que la grande et la petite fontanelle, qu'il est alors difficile d'attendre. L'intégrité des membranes exige quelques précautions, et apporte quelques difficultés dans la recherche des présentations et des positions. Si la poche est volumineuse, tendue, on ne peut explorer qu'à sa circonférence, et le diagnostic devient très difficile : la mobilité de la partie qui se présente augmente encore les difficultés ; mais il suffit ordinairement de pouvoir toucher quelques points de la voûte du crâne pour pouvoir affirmer que la tête se présente, sans toutefois pouvoir préciser la position. L'élévation de la partie au-dessus du détroit supérieur pendant la première période du travail, quoique peu ordinaire dans la présentation du sommet, se rencontre cependant assez souvent dans d'autres circonstances que dans les vices de conformation de la tête ou du bassin, pour qu'on ne doive pas conclure *à priori*, d'une manière certaine, de cette élévation insolite, qu'une autre région du fœtus occupe l'entrée du bassin. Les vices de conformation de la tête rendent le diagnostic de cette présentation plus difficile, et peuvent la faire méconnaître (voy. *Hydrocéphale*). Après la rupture de la poche des eaux, lorsque la tête est fortement serrée, elle éprouve quelques changements qui peuvent jeter de l'incertitude sur le diagnostic ; on trouve, au niveau de la jonction des os, des plis saillants, et à la place des commissures, des saillies osseuses qui résultent d'un léger entrecroisement des os du crâne. Il se forme sur un point de la tête une tumeur œdémateuse, volumineuse, rénitente, qui couvre assez souvent la fontanelle occipitale, et qui rend l'exploration du crâne difficile. Cette tuméfaction en a plus d'une fois imposé pour la face ou les fesses ; mais un examen attentif garantit presque toujours d'une pareille erreur. Si le fœtus est mort et très ramolli, les difficultés peuvent devenir beaucoup plus grandes. Une certaine quantité de sérosité, mêlée à du sang altéré, peut être épanchée entre les os et leur enveloppe extérieure et former une poche allongée, volumineuse, qui ne permet que difficilement d'atteindre avec le doigt une portion du crâne. Si on n'a pas été témoin de l'écoulement du liquide amniotique, on peut prendre cette tumeur pour la poche des eaux, ou méconnaître l'existence de la tête d'un fœtus hydrocéphale. Dans un cas d'accouchement prématuré, observé par M. Nélaton, une poche volumineuse et fluctuante qui paraissait avoir tous les caractères de la poche des eaux, occupait le centre de l'excavation ; le col étant complètement dilaté, et l'expulsion ne faisant aucun progrès, malgré des contractions suivies, il fit sans peine la perforation de cette poche avec l'extrémité du doigt ; un flot de liquide clair s'en échappa ; il fut aussitôt suivi d'un fœtus d'environ six mois, putréfié ; et au lieu de la poche des eaux, il avait perforé les téguments du crâne d'un fœtus hydrocéphale. Un cas semblable s'est présenté à M. Monod. Dans les cas embarrassants, on ne doit pas négliger l'exploration du ventre. Lorsque l'utérus est moulé sur le fœtus, on peut quelquefois reconnaître si la saillie qui correspond au fond est formée par la tête ou les fesses. L'auscultation peut aussi donner quelques renseignements qu'on ne doit pas négliger dans les cas obscurs.

Pronostic de l'accouchement par le crâne. — L'accouchement dans la présentation du crâne est sans contredit le plus favorable, et mérite, autant par son heureuse terminaison que par sa fréquence, le titre d'accouchement naturel par excellence. Il ne faut pas croire, cependant, alors même qu'il ne survient aucune complication imprévue, et que l'expulsion se fait spontanément, que ce genre d'accouchement soit toujours innocent pour le fœtus. La tête étant la partie qui sort avec le plus de difficulté, sa solidité et sa forme globuleuse et ellipsoïde lui permettent de dilater graduellement les parties étroites qu'elle doit traverser; une fois dégagée, le reste du corps sort aisément et avec rapidité. Avant la division de l'œuf et l'écoulement du liquide amniotique, les effets de la compression sont nuls et les troubles de la circulation peu sensibles. Mais il n'en est plus de même lorsque la matrice est exactement moulée sur le fœtus : la circulation doit éprouver de la gêne dans le placenta et dans le cordon pendant chaque contraction; mais redevenant libre dans les intervalles, le fœtus peut rester assez longtemps dans cette situation sans courir de dangers imminents, à moins que l'utérus ne reste dans un état de forte tension continue, comme cela arrive quelquefois. D'ailleurs, après la division de l'œuf, la tête fermant assez exactement le col de la matrice, il y reste presque toujours une certaine quantité de liquide amniotique jusqu'à la fin, et dans la marche ordinaire de l'accouchement, la rupture de la poche des eaux ne précède pas d'un temps très long l'expulsion du fœtus. Quoique la compression de la tête soit assez considérable, pendant le temps où elle traverse le détroit inférieur, pour faire chevaucher les os du crâne, l'inflexibilité de la base garantit le cerveau d'une compression dangereuse. Cependant il est vraisemblable que, dans quelques cas, la faiblesse au moment de la naissance, la mort apparente ou réelle qu'il n'est pas rare d'observer dans l'accouchement naturel, dépendent de la compression de la tête, même dans les conditions d'une conformation normale de part et d'autre, mais la gêne de la circulation paraît en être généralement la cause la plus ordinaire. Or, dans les présentations de la tête, tout est disposé pour que cette gêne soit le moins prononcée possible, et que les mauvais effets qui en résultent soient promptement neutralisés par la respiration aérienne. Les différentes positions de la tête ne sont pas toutes favorables au même degré ; les positions occipito-antérieures doivent être, sous ce rapport, placées en première ligne. M. Dubois, qui a fait une étude si approfondie de l'accouchement naturel, n'a point observé que, dans les positions occipito-latérales droites, la présence du rectum retardât le mouvement de rotation ; si on observe plus souvent des difficultés que dans les positions occipito-latérales gauches, elles dépendent, dit-il, probablement de la situation plus fréquente de l'occiput en arrière et du trajet plus long qu'il a à parcourir pour arriver à l'arcade pubienne. Il n'est pas nécessaire de rappeler les circonstances défavorables à la progression de la tête lorsque l'occiput se dégage en arrière ; il est évident que ce mode de terminaison est moins favorable à l'enfant et à la mère que celui où le mouvement de rotation a lieu, et si on s'est élevé avec raison contre les auteurs qui regardent l'expulsion comme impossible, ou exigeant toujours les secours de l'art, on doit éviter de tomber dans une exagération opposée. Ainsi, dans la présentation du crâne, de toutes la plus favorable, lorsque les conditions d'un accouchement naturel se trouvent réunies de part et d'autre, que l'expulsion s'opère spontanément, sans complication accidentelle, le fœtus, quoiqu'à terme, court encore quelque danger dans le travail de son expulsion. M. P. Dubois, en tenant compte de ces distinctions, a trouvé qu'il meurt 1 enfant sur 49 à 50, tandis que, considérée d'une manière générale, la mortalité dans la présentation du vertex est d'environ 1 sur 30. Quant à la mère, le pronostic ne diffère pas de celui de l'accouchement naturel en général.

II. DE L'ACCOUCHEMENT NATUREL PAR LA FACE. — *Fréquence.* — L'accouchement par la face appartenant aux présentations de la tête, doit être exposé avant l'accouchement par l'extrémité pelvienne, quoique bien moins fréquent que ce dernier. Pour faire juger de son degré de fréquence, il me suffira de rappeler le résultat de quelques uns des tableaux statistiques de la Maternité de Paris. Dans celui qui a été publié par madame Boivin, il y a 74 présentations de la face sur 20,517 accouchements. Sur les 22,245 accouchements du second tableau de madame Lachapelle, il y a 103 présentations de la face, qui donnent le rapport de 1 à 215 ou 216. Dans le relevé de M. Dubois, qui fait suite aux précédents et qui comprend les accouchements qui ont eu lieu à la Maternité depuis le commencement de 1823 jusqu'à la fin de 1831, la face s'est précnté 85 fois sur 24,539 accouchements, c'est-à-dire 1 fois sur 272 à 273 accouchements.

Fréquence relative des positions. — Les accouchements par la face qui viennent d'être indiqués, répartis en positions mento-latérales droites et mento-latérales gauches, donnent dans le premier tableau 42 positions mento-latérales droites, 29 mento-latérales gauches; dans le second 58 mento-latérales droites, 45 mento-latérales gauches, et dans le dernier 47 mento-latérales droites, 38 mento-latérales gauches. Les positions directes dans le sens du diamètre sacro-pubien, *mento-pubiennes* et *mento-sacrées*, qui sont encore placées les premières dans la classification de Baudelocque, sont sinon impossibles, au moins tellement rares qu'on doit à peine en tenir compte comme exception. Mais comme le résultat du travail est de ramener le menton dans l'arcade des pubis, cette position secondaire de la face a dû d'abord faire admettre qu'elle existait fréquemment au début.

Du reste, quoique la face puisse se trouver primitivement dans tous les rapports possibles avec les différents points de la circonférence du détroit supérieur, elle n'en affecte pas moins ordinairement sur chacune des moitiés latérales des positions primitives déterminées, et ces positions déterminées sont les mêmes que par le vertex lorsqu'il se présente le premier, c'est-à-dire des positions diagonales. Il doit en être ainsi, puisque toute la différence consiste en ce que la tête est étendue sur le dos au lieu d'être fléchie sur la poitrine. D'ailleurs un assez grand nombre de présentations de la face sont le résultat d'une mutation qui s'opère pendant le travail à une époque où la tête conserve ordinairement encore sa situation oblique. Cependant madame Lachapelle et plusieurs auteurs après elle admettent que les positions directement transversales sont de toutes les plus fréquentes. Nous avons déjà fait remarquer, à l'occasion des présentations du crâne, que l'illustre sage-femme en chef de la Maternité paraît s'être exagéré la fréquence de la situation de la tête dans la direction du diamètre transversal au début du travail; cette restriction s'applique également à la face, non que je veuille soutenir qu'il soit rare de rencontrer le diamètre mento-frontal dans des points intermédiaires aux diamètres obliques du bassin. Il convient donc d'admettre en principe, pour chaque moitié du bassin, une position mento-cotyloïdienne et une position mento-sacro-iliaque. Celle-ci est pour le côté droit la position commune ou fondamentale, tandis que la mento-cotyloïdienne est la position exceptionnelle ou complémentaire: c'est exactement le contraire pour le côté gauche. Mais comme le mouvement de rotation qui entraîne la face et le plan antérieur du fœtus en avant s'exécute d'une manière beaucoup plus constante et qu'il ne souffre que quelques exceptions très rares, les expressions collectives des *mento-latérales* droites et des *mento-latérales* gauches sont ordinairement suffisantes pour indiquer les rapports de la tête. Mais il n'est pas permis de perdre complétement de vue que la face, comme le crâne, affecte ordinairement un certain nombre de positions primitives déterminées, qui préexistent au début du travail. Je dois faire remarquer cependant que la situation élevée de la face au début du travail et le peu de fréquence de cette présentation, rendant la détermination de ces rapports avec le bassin plus difficile et plus incertaine, il en résulte que les positions positives de la face ont été déterminées d'une manière moins certaine par l'observation que celle du crâne. On voit, par les relevés cités plus haut, que les positions mento-latérales droites sont plus fréquentes que les positions mento-latérales gauches, ce qui doit être, puisque les premières représentent en définitive la position occipito-latérale gauche et méritent autant par cette circonstance que par leur plus grande fréquence d'être placées les premières. Mais on voit, en outre, que la différence n'est pas très sensible et qu'elle est beaucoup moins grande que pour le crâne. Cette particularité semble pouvoir s'expliquer en partie par la considération suivante : les positions occipito-postérieures fournissent ordinairement les présentations de la face consécutives aux présentations du crâne : or, la position occipito-sacro-iliaque droite étant incomparablement plus fréquente que celle du côté opposé, il arrive nécessairement, par le fait de cette mutation, qu'elle fournit un plus grand nombre de présentations de la face et tend ainsi à établir l'équilibre entre les positions mento-iliaques droites et mento-iliaques gauches.

Causes de la présentation de la face.— En étudiant l'attitude du fœtus dans la cavité utérine, nous avons cru devoir attribuer à la pesanteur la cause de la présence de la tête en bas. Quant à son attitude et son pelotonnement dans le sens de la flexion, la forme de la matrice et la disposition des articulations et des parties du fœtus en sont la cause bien évidente. Ainsi, pour la tête, son centre de figure et de gravité se trouvant au-devant de l'articulation occipito-atloïdienne, lorsque le vertex vient reposer sur le segment inférieur de la matrice, elle se fléchit sur la poitrine si rien ne la retient. Les causes qui dans quelques cas lui font prendre une situation opposée, malgré sa tendance à se fléchir en avant et à présenter le diamètre occipito-frontal au lieu du diamètre mento-frontal à l'entrée du bassin, sont loin de pouvoir être toujours déterminées d'une manière positive. Ce qu'il y a de certain, c'est que, dans un assez grand nombre de cas, ce renversement de la tête en arrière est primitif ou au moins antérieur au début du travail. Madame Lachapelle a trouvé sur deux femmes mortes à la fin de la grossesse la face à l'entrée du bassin. Lorsque cette partie se présente, il n'est pas très rare de la reconnaître dès le commencement du travail. Ainsi, sur les 85 présentations du relevé de M. P. Dubois, cité plus haut, 49 ont été reconnues avant la rupture des membranes, c'est-à-dire à une époque où le fœtus jouit encore de la faculté de se mouvoir spontanément avec quelque latitude, et où les contractions utérines n'ont encore que peu d'influence pour altérer son attitude et changer ses rapports. Dans un grand nombre de cas la présentation de la face est consécutive à la présentation du vertex et n'arrive qu'à un temps plus ou moins avancé du travail.

On considère comme causes soit prédisposantes, soit déterminantes de la présentation de la face, l'inclinaison anormale de la matrice, la trop grande quantité de liquide amniotique, la petitesse du fœtus qui lui permet de prendre une direction beaucoup plus oblique que la matrice elle-même. Dans tous les cas, on conçoit que la face puisse se présenter naturellement d'une manière plus ou moins franche à l'entrée du bassin avant même la fin de la grossesse, car les positions déviées du crâne peuvent jusqu'à certain point être considérées comme un premier degré de la présentation du tronc. Mais il faut convenir que ces raisons, quelque plausibles qu'elles soient, ont plutôt été déduites de leur vraisemblance que de l'observation des faits. On voit ordinairement, chez les femmes dont l'utérus est le plus incliné, le fœtus se présenter par le vertex, comme si cette anomalie n'existait pas. M. P. Dubois fait remarquer que parmi les 85 femmes dont les enfants se sont engagés par la face, il n'y en avait que 3 chez lesquelles l'utérus fût dans une obliquité très prononcée, et chez une seule la quantité du liquide amniotique avait été assez grande pour devenir l'objet d'une remarque particulière. On ne doit pas tirer de ces observations des conclusions trop rigoureuses : extraites des bulletins quotidiens de la salle d'accouchement, elles sont exactes, sans doute, pour les circonstances principales, comme le genre de présentation et les anomalies très prononcées, mais elles ne méritent pas la même confiance pour les détails qui exigent une attention particulière. Ainsi, tout en admettant que le fœtus dont la tête est médiocrement fléchie pendant la grossesse puisse dans un certain nombre de cas se trouver plus commodément en la plaçant dans la demi-extension d'une manière passagère ou habituelle, et sans regarder comme indispensables les causes qui viennent d'être énumérées, on ne peut guère se refuser d'admettre qu'elles y concourent dans un assez grand nombre de cas.

Lorsque la présentation de la face est consécutive au travail lui-même, on trouve dans la résistance que la tête peut rencontrer sur quelques points de son trajet des raisons qui rendent compte de cette mutation. Elle s'opère tantôt à l'entrée du bassin, tantôt dans le fond de l'excavation, quelquefois seulement en traversant le détroit inférieur de la vulve. Ce sont surtout les positions occipito-postérieures qui y donnent lieu. Dans la présentation du crâne au début et pendant une grande partie de la durée du travail, la tête est modérément fléchie ; dans cet état, si l'extrémité occipitale rencontre quelque obstacle, l'extrémité frontale s'abaisse de plus en plus dans l'excavation, et la face finit par se présenter en plein. Mais il est difficile de supposer que l'obstacle à la descente de l'extrémité occipitale se rencontre dans la saillie du muscle psoas correspondant ou de la marge du détroit supérieur. Sur la femme vivante, le segment inférieur de la matrice forme à l'entrée du bassin un entonnoir très régulier et lisse qui se prête peu à cette espèce d'arrêt que l'habitude d'étudier le mécanisme de l'accouchement sur des bassins réduits à l'état de squelette a fait admettre sans preuves suffisantes. Sans accepter complétement l'influence que M. Guillemot attribue au plan incliné que forme le col en arrière, on doit convenir cependant que l'occiput est quelquefois retenu par l'orifice de la matrice, tandis que le front continue de descendre, et cet obstacle paraît être plus souvent la cause de la mutation que les bords du détroit supérieur. Mais la mutation qui est le mieux constatée, et dont la cause est la plus évidente, est celle qui se fait au fond de l'excavation, dans les positions occipito-sacro-iliaque, lorsque la tête y arrive dans un état de flexion peu prononcée : l'occiput étant arrêté contre la partie recourbée de la paroi postérieure du bassin, la tête s'étend quelquefois davantage à chaque contraction au lieu de se fléchir, le front descend, l'occiput remonte, et l'on voit la face se développer graduellement dans le fond de l'excavation pelvienne, quelquefois seulement en traversant le détroit inférieur. Nous aurons à compléter plus loin le mécanisme suivant lequel se font ces changements.

Mécanisme de l'accouchement par la face. —Nous allons retrouver les mêmes phénomènes mécaniques que dans l'accouchement par le vertex, et nous aurons à chaque instant l'occasion de constater leur analogie : seulement, dans la présentation de la face, la tête est ordinairement beaucoup plus élevée au début du travail que dans celle du crâne. Pour embrasser successivement toute la série des phénomènes, supposons que la présentation de la face est primitive ou suit de très près le début du travail. Le fœtus se présente dans la direction, ou à peu près, de l'axe du détroit supérieur, qui est celui de l'utérus ; la circonférence faciale correspond plus ou moins exactement à l'entrée du bassin ; la joue qui est en avant, la droite dans la position mento-latérale droite, la gauche dans les mento-latérales gauches, est plus basse que celle qui est en arrière ; la ligne mento-frontale regarde en arrière vers un point de la troisième pièce du sacrum, et le diamètre occipito-frontal est dans une direction qui se rapproche de l'axe du détroit supérieur. D'après M. Nægelé l'abaissement de la joue qui est en avant est plus considérable que celui que peut produire l'inclinaison du détroit supérieur, et il admet une inflexion de la tête vers l'épaule qui est en arrière. Les restrictions que nous avons faites à ce sujet en parlant de la présentation du vertex sont applicables à la face et nous ne les reproduirons pas ici.

Le diamètre mento-frontal est parallèle, ou à peu près, à l'un des diamètres obliques du bassin, et le bis-malaire à l'autre. Mais il n'est pas rare de rencontrer l'extension de la tête moins complète, au moins jusqu'après la rupture de la poche des eaux et la dilatation plus ou moins complète de l'orifice de la matrice, et c'est le diamètre mento-bregmatique, ou plutôt labio-bregmatique, qui correspond à l'un des diamètres obliques ou au transverse. La tête garde à peu près la situation qu'elle avait au début du travail jusqu'au moment de la rupture de la poche des eaux ; mais, après l'écoulement du liquide amniotique, lorsqu'elle est poussée à travers le col de la matrice, son extension s'achève dans les cas où elle était restée incomplète. On voit, par ce qui vient d'être dit, que la face se présente pour parcourir le bassin avec des diamètres moins étendus que ceux du crâne, qui se présente ordinairement par sa circonférence occipito-frontale. C'est surtout dans l'accouchement par la face qu'il convient de dire que la tête s'avance par la petite extrémité de l'ovoïde qu'elle représente ; mais cet avantage est amplement compensé par la présence du cou, qui ne laisse complétement libre que sa portion faciale : aussi voit-on la tête étendue rester plus élevée à la fin de la grossesse et au début du travail ; l'ovoïde qu'elle forme, étant moins régulier, s'adapte moins exactement à la forme du segment inférieur de la matrice et proémine moins bas dans le bassin. Après la rupture des membranes et la dilatation de l'orifice de la matrice, la portion libre de la face s'engage facilement jusqu'à la naissance du cou ; au-delà la face descend assez lentement jusqu'au fond de l'excavation, tandis que le crâne y tomberait en

584   TRAITÉ D'OBSTÉTRIQUE.

quelque sorte de lui-même s'il n'était pas retenu par l'orifice de la matrice.

Fig. 40.

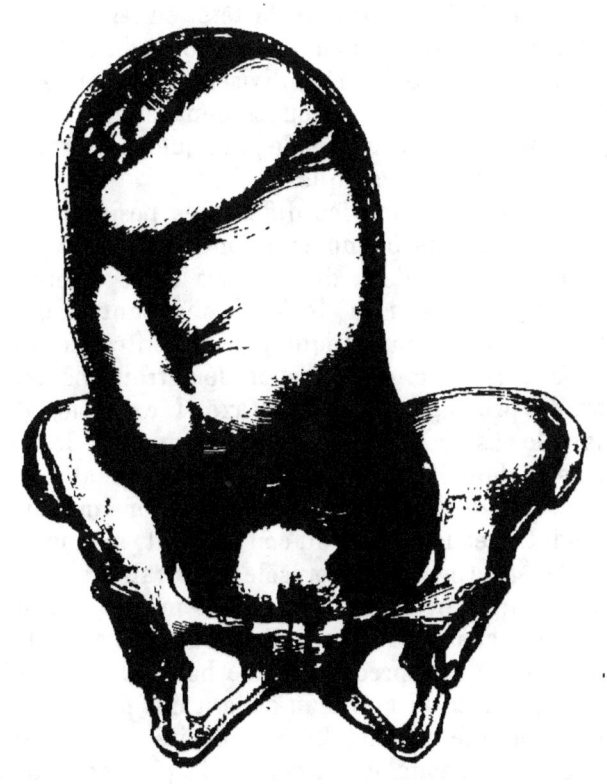

Pour parcourir le canal pelvien dans toute son étendue, la tête, se présentant la face la première, exécute, comme dans la présentation du crâne, une série de mouvements : 1° un mouvement de progression ou de descente ; 2° un mouvement plus prononcé d'extension de la tête sur le cou, persistant jusqu'au moment où le menton s'engage sous l'arcade des pubis ; 3° un mouvement d'inflexion latérale du cou en avant par lequel la tête s'accommode à la forme recourbée de la partie inférieure du canal pelvien ; il est, comme pour le crâne, peu prononcé, parce que le mouvement de pivotement y supplée en grande partie ; 4° un mouvement de rotation du fœtus qui ramène le menton sous les pubis, quelque éloigné qu'il en soit primitivement ; 5° un mouvement de flexion, à l'aide duquel, le devant du cou prenant un point d'appui sous l'arcade des pubis, la tête se dégage à l'extérieur, la face la première, en s'élevant vers le mont de Vénus. Plusieurs de ces mouvements étant simultanés pendant une partie du temps qu'ils mettent à s'exécuter, quoiqu'ils ne se produisent qu'à des époques déterminées du travail, on donnerait une fausse idée de la marche de l'expulsion de la tête, en les prenant comme autant de temps distincts; mais l'extension et la flexion offrant une succession bien déterminée, divisent, comme la flexion et l'extension pour le crâne, l'accouchement en deux temps bien distincts, d'une durée fort inégale, auxquels se attachent tous les autres phénomènes mécaniques.

Suivons maintenant dans les différentes positions de la face la marche de ces divers phénomènes mécaniques. Après l'écoulement d'une partie de l'eau de l'amnios et la dilatation complète de l'orifice de la matrice, le fœtus obéissant au mouvement d'expulsion qui lui est communiqué par les contractions utérines, s'avance la face la première à travers le détroit abdominal dans la direction du prolongement de son axe. L'extension de la tête s'achève dans le cas où elle est restée incomplète; les déviations dans un sens et dans l'autre, s'il en existe, tendent à se corriger à mesure que la tête s'engage. Dans les positions mento-latérales droites, le menton et le devant du cou glissent, soit au-devant de l'éminence iléo-pectinée et des muscles obturateurs, soit, ce qui est le plus ordinaire, au-devant des parties molles que recouvrent la symphyse et l'échancrure sacro-iliaque droite ou de tout autre point intermédiaire aux précédents, le haut du front et la partie antérieure de la voûte du crâne au-devant des points diamétralement opposés du côté gauche. La joue droite, qui est en avant, est plus basse que la gauche, et occupe la plus grande partie du vide du bassin accessible au doigt. Dans les positions mento-latérales gauches, la progression se fait de la même manière; mais les parties respectives ont des rapports inverses; c'est la joue gauche qui est en avant et la plus basse, et le menton correspond plus souvent à la cavité cotyloïde qu'à tout autre point de ce côté du bassin. Dans l'une et dans l'autre position fondamentale, la partie supérieure de la poitrine se présente à l'entrée du bassin en même temps que la partie postérieure du vertex. Le mouvement de progression serait interrompu si la tête, pressée avec plus d'énergie par les contractions expulsives, ne passait pas à un état d'extension plus prononcé, dans lequel la région occipitale est renversée sur la région cervicale qui forme un sinus pour recevoir la partie postérieure de la tête, qui se croise à peine avec la partie supérieure et postérieure du tronc. Ajoutez à cela que les épaules, en raison de leur mobilité, sont abaissées et allongent le cou en découvrant un peu l'extrémité conique que présente le thorax en haut, dont la portion la plus rétrécie peut pénétrer en partie dans le détroit supérieur avec la tête. Dans cette situation, la face peut atteindre le fond du bassin, et même réagir contre le périnée, non seulement dans les positions mento-antérieures, mais encore dans les positions mento-postérieures, où le menton peut dépasser le bord inférieur des ligaments sacro-sciatiques avant d'exécuter le mouvement de rotation qui doit ramener en avant la face et le plan antérieur du fœtus ; ce qui permet à la tête de se relâcher de son extension forcée à mesure que le menton s'approche du haut de l'arcade des pubis. Le bassin ayant peu de profondeur en avant, il n'est pas nécessaire dans les positions mento-antérieures surtout, si le menton descend sur une ligne peu éloignée de la symphyse, que l'extension soit portée à son dernier degré pour qu'il puisse s'engager sous l'arcade des pubis.

En avançant dans la partie inférieure et recourbée du canal pelvien, la face, qui regardait primitivement en arrière vers la concavité du sacrum, se dirige un peu en avant par un mouvement d'inflexion latérale qui tend à mettre les deux joues sur le même niveau, et qui rapproche celle qui est en avant du centre de l'arcade des pubis. Mais c'est toujours celle-là qui continue à s'avancer la première dans le canal vulvo-utérin ; car c'est principalement à dater de ce moment que commence la tuméfaction séro-sanguine, et cette tuméfaction a son siége, dans les positions mento-latérales droites, sur la moitié droite de la joue et de la bouche, et s'étend rarement jusque sur la joue gauche ; et même, lorsque la tête traverse rapidement le détroit inférieur et la vulve, elle reste bornée sur la partie antérieure de la joue droite sans s'avancer jusque sur la bouche. Dans les positions mento-latérales gauches, la tuméfaction séro-sanguine se forme sur les mêmes points de la joue gauche.

En même temps que la tête s'infléchit en avant en réagissant contre la partie inférieure et postérieure du bassin et du périnée, la résistance qu'elle rencontre lui imprime, ainsi qu'au tronc, un mouvement de rotation ; et l'on peut suivre dans les positions mento-postérieures, le menton s'avançant lentement à chaque douleur par des mouvements de va-et-vient au-devant des ligaments sacro-sciatiques, de la tubérosité et la partie inférieure de la branche ascendante de l'ischion. Ce mouvement est très étendu dans les cas où le menton correspond primitivement vers l'une ou l'autre des symphyses sacro-iliaques ou même à l'une des extrémités du diamètre transversal. Le mouvement de rotation qui, dans les positions mento-postérieures, ramène en avant le plan antérieur du fœtus, s'exécute d'une manière plus constante que dans les mêmes positions du vertex. Dans les positions mento-antérieures, il est fort peu étendu ; il est presque nul ou tout-à-fait nul lorsque le menton correspond primitivement à un point de la branche horizontale du pubis très rapproché de la symphyse. Dans quelques cas, le mouvement de rotation s'exécute avant que la face réagisse contre le fond de l'excavation, et se combine alors avec le mouvement de descente, qui est rendu plus facile. Pendant que le mouvement de rotation du fœtus continue, l'inclinaison latérale de la tête en avant se corrige, et le menton s'engage sous le milieu de la branche ischio-pubienne du côté où il correspondait primitivement, sous la droite, dans les positions mento-latérales droites, sous la gauche, dans les positions mento-latérales gauches, et glissent vers le haut de l'arcade des pubis, contre laquelle le devant du cou vient arc-bouter sans se placer exactement sous la symphyse ; et, si le diamètre mento-frontal ne correspond pas exactement au diamètre coccy-pubien, il en est plus rapproché que du diamètre oblique. Ce n'est pas que le menton ne puisse pas correspondre exactement sous la symphyse, mais ce n'est pas le cas ordinaire.

A mesure que le menton approche du haut de l'arcade des pubis, l'extension du cou diminue et le front s'abaisse sensiblement, tandis que le menton se relève sous la commissure antérieure de la vulve. Lorsque le haut du cou arc-boute sous l'arcade des pubis, le mouvement de progression est arrivé à son terme, et la tête va franchir la gouttière périnéale et la vulve en passant de l'état d'extension à l'état de flexion. La vulve laisse apercevoir, à mesure qu'elle s'entr'ouvre plus largement à chaque douleur, l'extrémité du menton, la partie inférieure et antérieure de la joue tuméfiée et violacée et une partie de la bouche du côté droit dans les positions mento-latérales droites, ou le côté opposé de la face dans les positions mento-latérales gauches. Les contractions utérines et les efforts des muscles de l'abdomen poussant avec énergie le fœtus, une partie des forces développées vient se perdre par l'intermédiaire du cou contre l'arcade du pubis ; l'autre est transmise à la partie postérieure de la tête, qui se fléchit peu à peu. A chaque nouvelle douleur le périnée s'abaisse davantage, et forme une gouttière plus profonde et plus allongée ; le mouvement de rotation s'achève, et la face se présente en plein à la vulve, le diamètre mento-frontal correspondant au diamètre coccy-pubien, et l'on voit apparaître successivement sur la commissure postérieure de la vulve le reste de la face, le front, la fontanelle antérieure, la suture pariétale et la fontanelle occipitale. La tête, qui s'était relevée vers le bas de la paroi abdominale en exécutant le mouvement de flexion en arc de cercle à l'aide duquel elle se dirige à travers le détroit inférieur, la gouttière périnéale et la vulve, retombe en arrière aussitôt qu'elle devient libre. Elle conserve assez souvent une direction légèrement oblique en traversant la vulve. Aussitôt qu'elle est dégagée, la face se porte vers l'aine droite dans les positions mento-latérales droites, et vers l'aine gauche dans les positions mento-latérales gauches, soit par un mouvement de restitution dans le sens qu'on attache à ce mot, soit plutôt parce que la tête suit le mouvement des épaules, qui se placent dans une direction oblique en s'engageant dans le détroit inférieur. L'expulsion des épaules au-dehors se fait comme nous l'avons indiqué dans l'accouchement par le crâne. Le dégagement de la tête dans la présentation de la face ne paraît ni plus long ni plus difficile que dans la présentation du vertex ; ce qui se conçoit du reste : le point d'union de la tige rachidienne avec la tête étant plus rapproché de l'extrémité occipitale que de l'extrémité faciale, la plupart des rayons trachélo-crâniens sont moins longs que les rayons cervico-crâniens, mais la saillie de la mâchoire inférieure compense en partie cet avantage.

Anomalies dans les phénomènes mécaniques de l'accouchement par la face.—Ces anomalies sont relatives à la mutation d'une présentation en une autre, à la persistance de la tête dans un état de déviation, à l'absence du mouvement de rotation dans les positions mento-postérieures.

1. Dans les présentations de la face consécutives à une présentation du vertex, lorsque la mutation se fait avant que la tête soit descendue dans l'excavation, son extrémité occipitale remontant en partie au-dessus du détroit supérieur pendant le mouvement d'extension, les extrémités du diamètre occipito-mentonnier ne se trouvent pas en même temps en rapport avec les points opposés de l'un des diamètres oblique ou transversal du bassin. Il en est en grande partie de même lorsque le crâne plonge déjà profondément dans l'excavation pelvienne, le diamètre occipito-mentonnier croise les diamètres du bassin dans une direction oblique et échappe aux obstacles qui peuvent résulter de ses dimensions étendues. Pendant la transformation, le menton s'éloigne lentement de la poitrine, et la tête passe de l'état de flexion à l'état d'extension, ce qui constitue un temps particulier pendant lequel la présentation est mixte, et l'on trouve en même temps des caractères appartenant au vertex et à la face, jusqu'à ce que celle-ci ait pris d'une manière franche la place du crâne.

Les positions occipito-postérieures fournissent les mento-antérieures, et réciproquement. Dans les premières, qui donnent plus souvent lieu aux changements de présentation, la mutation ne se fait quelquefois qu'au moment où la tête est sur le point de franchir le détroit inférieur et la vulve; après que le front s'est montré sous l'arcade des pubis, au lieu de rester immobile ou de se relever derrière les pubis pour permettre à l'occiput de s'avancer dans la gouttière périnéale, il descend de plus en plus, tandis que l'occiput remonte, et la tête, au lieu de se mettre dans un état de flexion forcée, s'étend de plus en plus sur le dos; le devant du cou s'applique derrière la symphyse des pubis, le menton s'engage sous l'arcade, les autres parties de la face apparaissent, puis le sommet et l'occiput se dégagent au-devant de la commissure postérieure de la vulve. Ce mode de dégagement de la tête est fort rare; madame Boivin n'en cite qu'un exemple; Béclard en a rencontré un autre; M. Moreau l'a observé trois fois dans le cours de sa pratique.

2. Dans la présentation de la face, les déviations latérales de la tête qui ne rentrent pas dans les présentations des épaules se corrigeant ordinairement sous l'influence des contractions utérines, pendant que la tête descend dans l'excavation, ne doivent pas nous arrêter. Mais il n'en est pas toujours de même lorsque le front s'avance le premier, soit primitivement, soit consécutivement; il persiste quelquefois à rester au centre de l'excavation, et la tête se présente dans cette situation pour franchir le détroit inférieur. A une période aussi avancée du travail, la réduction peut encore avoir lieu, soit du côté de la face, soit du côté du crâne. Dans le premier cas, le front, qui s'est avancé jusque dans l'arcade des pubis, se porte graduellement d'avant en arrière jusqu'à ce que le menton puisse s'engager sous l'arcade des pubis. Dans le second cas, le front, après s'être montré à la vulve, remonte derrière l'arcade, où il disparaît; la tête se fléchit de plus en plus et se dégage à l'extérieur comme dans les positions occipito-postérieures lorsque le mouvement de rotation n'a pas lieu. Dans les conditions ordinaires, si cette présentation intermédiaire à la face et au vertex persiste, ce qui arrive du reste très rarement, l'accouchement est impossible, la tête se présentant au détroit inférieur par des diamètres généralement plus étendus que ceux de cette ouverture. Cependant il se rencontre des cas où une tête petite, coïncidant avec un bassin très grand, peut franchir le détroit inférieur et la vulve dans cette situation. Madame Lachapelle assure avoir vu la tête sortir, le front le premier, soit par les seuls efforts utérins, soit à l'aide du forceps.

3. Nous avons dit que le mouvement de rotation qui ramène la face et le plan antérieur du fœtus en avant se fait avec beaucoup de constance ; cependant il peut rester incomplet et même n'avoir pas lieu du tout. Madame Lachapelle a vu deux ou trois fois la face se dégager dans une position transversale. Dans les cas où le menton est resté en arrière, la tête étant dans la direction de l'un des diamètres obliques ou dans tout autre qui s'en rapproche beaucoup, trois cas différents peuvent se présenter à l'observation.

1° Malgré la continuation des efforts d'expulsion, la progression de la tête est définitivement arrêtée sur le plancher du détroit inférieur, et l'expulsion du fœtus est rendue impossible par les seules forces de l'organisme.

2° La présentation de la face se convertit en une présentation du sommet. Ce changement, qui du reste paraît avoir été observé, doit être au moins excessivement rare, car on ne peut disconvenir qu'il présente de nombreuses difficultés ; la tête étant arrivée la face la première au fond de l'excavation pelvienne, ne peut passer de l'état d'extension à l'état de flexion sans que dans un mouvement donné le diamètre occipito-mentonnier soit paralèlle au diamètre oblique de l'excavation pelvienne. Bien qu'en général on ait un peu exagéré la longueur du diamètre occipito-mentonnier, qui n'a guère que 13 millimètres (6 lignes) de plus que l'occipito-frontal, et que la tête puisse à la rigueur, dans beaucoup de cas, passer de l'état d'extension à l'état de flexion dans le sens des diamètres oblique ou transversal, il est évident que ce mouvement, souvent impossible, doit rencontrer, même dans des conditions favorables, de grandes difficultés, tout en supposant avec M. Cazeaux que le menton puisse sensiblement déprimer les parties molles qui occupent l'échancrure sciatique et donner aux diamètres obliques une étendue rigoureusement suffisante. Ajoutons que l'action contractile de l'utérus ne paraît pas favorablement disposée pour opérer cette mutation, et qu'elle tend à maintenir la tête dans un état d'extension forcée, car le rachis transmet sur la partie inférieure de la face une grande partie de l'effort développé à chaque contraction. Cependant le cou et la partie la plus élevée du dos étant appliqués sur la partie inférieure et postérieure de la tête, c'est par cette surface étendue que l'impulsion communiquée au tronc se transmet en grande partie à la tête, et l'occiput, poussé directement, glisse derrière l'une des fosses obturatrices. Mais cette impulsion se ralentit à mesure que l'occiput s'éloigne de la partie supérieure du dos et que la tête passe de l'extension à la flexion. Pendant que l'occiput descend en avant, le menton remonte en arrière, et si la mutation se complète, l'accouchement se termine en position occipito-antérieure gauche ou droite, suivant que le menton répondait primitivement à la symphyse sacro-iliaque droite ou gauche.

3° Il peut arriver qu'il ne se fasse ni mouvement de rotation ni mutation en une présentation du sommet, et que le menton continue à s'avancer sur la paroi postérieure du canal pelvien jusqu'à s'engager au-devant de la commissure postérieure de la vulve, qui est refoulée en arrière vers l'arcade ischio-coccygienne pendant que la tête se dégage à l'extérieur par un mouvement de flexion. Il semble que ce soit de cette manière que l'expulsion de la tête s'est effectuée dans le petit nombre d'observations peu détaillées d'accouchements par la face terminés spontanément sans mouvement de rotation, le menton étant primitivement situé en arrière. Dans le cas observé par Smellie, l'enfant était petit et le bassin large; dans celui observé par Delamotte, l'enfant est né mort. Nous avons déjà dit plus haut que madame Lachapelle avait vu deux ou trois fois la face se dégager sous la tubérosité de l'ischion. Le trajet que le menton a eu à parcourir dans ce cas n'est pas très sensiblement moins long que s'il s'était avancé, soit au-devant du ligament sacro-sciatique, soit au-devant de la partie inférieure du sacrum, pour gagner la commissure postérieure de la vulve. Ainsi, si dans les conditions ordinaires du côté du fœtus et de la mère il y a peu de chances de voir, dans les positions mento-postérieures, l'accouchement pouvoir se terminer spontanément sans que la tête exécute un mouvement de rotation vers l'arcade du pubis, il peut se présenter fortuitement des circonstances qui permettent que le dégagement de la face se fasse dans ce sens : tels sont, un fœtus petit, né à terme ou prématurément, un bassin large, à plus forte raison ces deux circonstances réunies, la laxité que présentent les fœtus putréfiés. En effet, nous avons vu que, dans l'extension très prononcée, la partie postérieure de la tête et supérieure du tronc ne se doublaient que dans une très petite étendue, et que, les épaules étant abaissées, l'extrémité conique du thorax pouvait s'engager avec la tête jusque dans l'excavation pelvienne et permettre au menton de descendre en arrière au-delà du ligament sacro-sciatique. Lorsque le bassin est très large ou le fœtus petit, le menton peut facilement gagner la commissure postérieure et la tête se dégager à la vulve par un mouvement de flexion au-devant du périnée refoulé en arrière. Si le cou du fœtus était plus long, et pour ne pas faire une supposition, lorsqu'il est très extensible comme chez les fœtus morts et macérés dans l'eau de l'amnios, l'extrémité occipitale de la tête et la partie supérieure du tronc peuvent se mettre en quelque sorte bout à bout lorsque le mouvement d'extension est poussé aussi loin que possible, comme si le grand trou occipital se trouvait rapproché de la bosse occipitale et qu'il eût la situation et la direction qu'il présente dans les animaux. Il est même permis de croire que, si dans la présentation de la face le menton se dégage si rarement en arrière, cela dépend en partie de ce que cette présentation est peu fréquente, et de ce que les causes qui font tourner le plan antérieur du fœtus en avant sont très rarement en défaut.

Diagnostic de la présentation de la face.—On reconnaît que l'enfant se présente par la face, non seulement par les signes généraux de la présentation de la tête, mais encore par la forme des différentes parties de la face, du front et de ses sutures, des yeux, du nez, de la bouche, du menton, etc. Ces parties, lorsque la face n'est pas encore tuméfiée, offrent des caractères faciles à reconnaître ; si cette présentation est plus difficile à déterminer au début du travail, et reste plus longtemps obscure que celle du vertex, cela dépend de la situation ordinairement plus élevée de la face au début du travail et de la présence d'une plus grande quantité de liquide entre elle et le segment inférieur de l'utérus. Cependant il ne faudrait pas en conclure que ces difficultés empêchent le plus ordinairement de reconnaître la face avant la rupture des membranes. Dans les 85 présentations de la face, du relevé de M. Dubois, 49 ont été clairement reconnues et annoncées avant la rupture, 19 l'ont été immédiatement après ; enfin, dans les 17 dernières, cette région n'a été reconnue que longtemps après la division de l'œuf.

La direction du nez, ou la présence soit du menton, soit du front vers un point de la circonférence du bassin, sert à déterminer la position. Dans la position mento-latérale droite, si, après avoir reconnu le nez qu'on rencontre ordinairement sans peine, on dirige de droite à gauche l'indicateur le long de la face dorsale de cet organe, il tombe bientôt sur la suture frontale ; de gauche à droite sur les narines, en avant sur l'œil droit et la moitié droite de la face qui regarde le vagin. Dans la position mento-latérale droite, le toucher fait reconnaître les mêmes parties dirigées en sens inverse, et le côté gauche de la face qui regarde en avant. Le toucher doit être pratiqué avec beaucoup de ménagement ; car la pression du doigt sur certaines parties, sur l'œil par exemple, pourrait occasionner quelques lésions graves. Lorsque la présentation de la face n'est pas franche, le diagnostic est toujours plus difficile. Si le front avance le premier, les autres parties de la face sont peu accessibles, mais la suture frontale, le bord supérieur de l'orbite ou l'œil qui est en avant se présentent ordinairement au doigt. Dans la déviation latérale on peut rencontrer l'oreille.

A une période avancée du travail, la face est quelquefois tellement tuméfiée et déformée qu'on a de la peine à la reconnaître. Le nez est caché dans un sillon que forment les joues, de sorte qu'après un examen superficiel, l'ouverture de la bouche sur ce sillon, la saillie de la joue qui est avant semblent faire reconnaître le siége; et si on ne s'attache pas à constater la présence ou l'absence du rebord alvéolaire de la langue, la contractilité et la non-contractilité de l'orifice, on peut prendre la face pour le siége. Il faut aussi faire attention, en retirant le doigt, s'il est ou non recouvert de méconium. On a même quelquefois de la peine à reconnaître de suite la face au moment où elle apparaît à la vulve; mais à mesure qu'une plus grande étendue se montre, on découvre d'abord la bouche arrondie ou plutôt allongée longitudinalement par le changement de direction des lèvres qui sont saillantes et rapprochées de la ligne médiane, ce qui fait paraître le rebord alvéolaire situé profondément. Les lèvres exécutent assez souvent des mouvements, et l'on entrevoit quelquefois le bout de la langue qui se meut au fond de l'ouverture qu'elles circonscrivent. La cessation prolongée des mouvements de la langue et des lèvres pourrait faire craindre que le fœtus s'affaiblisse et ne soit dans un état de danger imminent.

Pronostic. — La présentation de la face a longtemps été considérée comme dangereuse, et ne pouvant se prêter à l'expulsion spontanée et heureuse du fœtus que dans des cas exceptionnels, c'est-à-dire lorsque le bassin est très large et la tête très petite. On prescrivait de ramener le vertex au centre du bassin, ou d'aller chercher les pieds si on ne pouvait pas déterminer la réduction. Les cas qui de temps en temps échappaient par hasard à cette pratique, et dans lesquels on voyait l'enfant naître spontanément et vivant, excitaient l'étonnement des praticiens sans les éclairer. Cependant Portal s'était exprimé à l'égard de ce genre d'accouchement d'une manière très propre à faire élever des doutes sur la manière de voir généralement admise. « Tout ce qu'il peut arriver, dit-il, à l'enfant, c'est de souffrir, d'avoir la face noire et tuméfiée, n'ayant pas plus de mystère en celui-là qu'aux naturels. » Deleurye s'exprime encore d'une manière plus formelle : « Des auteurs, dit-il, admettent la position de la face comme très mauvaise; je ne le crois pas, quand elle se présente bien directement, parce que l'on voit tous les jours pareils accouchements se terminer naturellement. Ils sont un peu plus longs, mais enfin ils se terminent sans le secours de l'art. » Quelques autres praticiens en France et à l'étranger avaient émis la même opinion sans faire plus d'impression. C'est à la pratique et aux travaux de Boer et de madame Lachapelle que l'on doit de considérer l'accouchement par la face comme un genre d'accouchement naturel, qu'il faut abandonner aux efforts de l'organisme. Cette pratique, aujourd'hui généralement adoptée, démontre que l'accouchement par la face n'est pas sensiblement plus dangereux, plus pénible et plus long que par le vertex, bien que les conditions de transmission de la force expulsive sur la tête soient sensiblement moins bien disposées, au moins pendant le temps de l'extension; mais il exige un peu plus souvent les secours de l'art.

Relativement au fœtus, l'accouchement par la face participe en grande partie des avantages de la présentation du vertex; néanmoins il donne lieu à une mortalité plus grande. Mais il est plus avantageux que l'accouchement par l'extrémité pelvienne; sur les 103 accouchements du tableau cité de madame Lachapelle, 15, sans distinction de causes, ont été artificiels, 88 se sont terminés spontanément : ceux-ci ont donné 5 enfants morts, 97 vivants, parmi lesquels 13 sont nés faibles. Il est vraisemblable que la compression du cou, la gêne de la circulation cérébrale qui en résulte, et peut-être la distension de la portion cervicale de la tige cérébro-spinale, sont les causes qui rendent l'accouchement plus dangereux que par le vertex.

Lorsque la face est inclinée dans un sens ou dans l'autre, elle est ordinairement redressée par le progrès du travail. Mais l'abaissement du front persiste quelquefois assez longtemps pour entraver la marche de la tête et rendre l'intervention de l'art nécessaire. Lorsque la présentation de la face est consécutive, le travail est plus long, et fait courir plus de danger au fœtus. Les positions mento-postérieures dans lesquelles le mouvement de rotation n'a pas lieu exigent ordinairement les secours de l'art dans des conditions très fâcheuses pour la mère et le fœtus; lorsque l'expulsion s'effectue spontanément, comme nous l'avons indiqué, la vie du fœtus n'est guère moins gravement menacée. Nous pouvons à peine placer au nombre des dangers particuliers à ce genre d'accouchement la tuméfaction, l'aspect violacé et noirâtre de la face qui est plus ou moins ecchymosée; il arrive souvent que la joue et la moitié de la bouche qui correspondait en avant offrent une tuméfaction plus prononcée, qui simule une déviation de la face du côté opposé. L'aspect de la figure de la plupart des enfants nés par la face est vraiment hideux; mais quelques jours suffisent pour dissiper l'engorgement, la coloration noirâtre ; il est même superflu de faire sur la face des applications de liquides résolutifs, comme on le recommande. La tête continue pendant quelque temps à se renverser en arrière, ce qui semble confirmer que cette attitude a préexisté plus ou moins de temps à l'accouchement.

III. DE L'ACCOUCHEMENT NATUREL PAR LE PELVIS. — Lorsque l'extrémité pelvienne se présente à l'orifice de la matrice, au début du travail, les membres inférieurs sont fléchis et rassemblés au-devant du bassin, et concourent à former l'extrémité inférieure de l'ovoïde que représente le fœtus. Nous avons vu (page 300) que les membres inférieurs affectent, dans leur rapprochement avec le tronc, des rapports à peu près constants et peu nombreux. Tantôt, et c'est le cas le plus ordinaire, les cuisses sont fléchies sur le devant du bassin et les jambes sur celles-ci ; les pieds, ordinairement entre-croisés, sont appliqués au-devant du siège. Dans cet état, la flexion peut être très prononcée, et les genoux remonter assez haut au-devant de l'abdomen pour que les pieds ne dépassent pas les limites inférieures du bassin. Cette élévation des pieds est souvent consécutive, et ne s'opère que lorsque les différents segments des membres inférieurs sont plus exactement rapprochés de la partie inférieure du tronc, et que le pelvis tend à s'engager dans l'orifice de la matrice. Dans les cas où les fesses se présentent seules, il arrive assez souvent que les pieds en sont fort éloignés. Les cuisses sont, comme il vient d'être dit, fléchies sur le devant du bassin et de l'abdomen ; mais les jambes, au lieu d'être fléchies, sont étendues et appliquées contre l'abdomen et la partie inférieure de la poitrine, le fœtus est en quelque sorte doublé. Cette situation des jambes est probablement souvent consécutive.

La flexion des cuisses et des jambes peut être moins prononcée que nous ne l'avons supposé d'abord, et les genoux sont moins élevés au-devant du plan antérieur du fœtus. Les pieds, placés au-devant des fesses, sont alors les parties les plus basses ; les membres inférieurs, très mobiles, semblent en quelque sorte être rassemblés sous le siège, comme si le fœtus était accroupi. Toutefois les genoux remontant encore assez haut au-devant du bassin, ces rapports ne sont pas sensiblement dérangés pendant le travail, tant que l'orifice de la matrice n'est pas largement ouvert et que la poche des eaux n'est pas rompue. Mais, après l'écoulement du liquide amniotique, deux cas différents se présentent : 1° les membres, plus fortement resserrés contre le tronc par le retrait de l'utérus, remontent un peu ; les pieds et la partie inférieure des jambes restent au-devant des fesses et s'avancent les premiers; mais ils ne deviennent libres que lorsqu'une partie du bassin du fœtus a franchi la vulve. Malgré cette situation basse des pieds, il arrive encore quelquefois qu'ils remontent à mesure que le siége s'engage plus profondément et que les fesses apparaissent encore les premières. 2° Au moment de la rupture de la poche, les membres inférieurs, mobiles et jusqu'à un certain point libres au-devant et au-dessous du siége, s'en détachent en s'étendant, et traversent d'abord seuls l'orifice de la matrice, le vagin, etc. L'extension des membres n'a lieu quelquefois qu'assez longtemps après la rupture de la poche des eaux. Il peut aussi arriver, mais très rarement, que les genoux, très rapprochés de la circonférence du bassin, ou de l'orifice de la matrice dilaté, s'étendent et s'avancent les premiers à travers le canal vulvo-utérin. Un des membres inférieurs peut s'étendre, tandis que l'autre reste fléchi. On voit par ce qui précède que les présentations isolées des pieds et des genoux sont en quelque sorte accidentelles et consécutives aux premiers phénomènes du travail ; qu'elles n'ont pas, à proprement parler, de mécanisme propre, différent de celui de l'expulsion du pelvis seul ou réuni avec les membres inférieurs fléchis : c'est, pour ainsi dire, la procidence des membres inférieurs sous le siége. Il est complétement superflu d'en traiter comme autant de présentations particulières de l'extrémité pelvienne. S'il convient de conserver ces expressions, c'est pour désigner des particularités qui se rencontrent assez souvent dans l'accouchement par le pelvis, et auxquelles se rattachent quelques considérations particulières qui trouveront naturellement leur place dans quelques unes des parties de cet article.

L'accouchement par l'extrémité pelvienne n'est pas très fréquent; il est d'ailleurs peu désirable à cause des dangers qu'il fait courir au fœtus. Sur les 20,517 accouchements rassemblés par madame Boivin, ceux de l'extrémité pelvienne y figurent pour 614, qui se partagent de la manière suivante : fesses 373, pieds 234, genoux 4. Les 22,243 accouchements observés par madame Lachapelle ont offert 804 présentations de l'extrémité pelvienne, savoir : fesses 492, pieds 303, genoux 9.

On éprouve de l'embarras à établir les rapports primitifs du bassin du fœtus avec celui de la mère ; car les observations et les assertions des auteurs sur ce point sont tellement contradictoires qu'on pourrait croire que ces rapports n'ont rien de bien fixe.

Cependant elles démontrent d'une manière satisfaisante que le diamètre sacro-pubien du fœtus est très rarement dans un rapport exact avec le diamètre sacro-pubien de la mère, et que le sacrum du premier, qui est pris pour point de reconnaissance, est ordinairement plus ou moins dirigé de côté, de manière qu'on est autorisé à maintenir pour le siége les mêmes divisions générales qui ont été adoptées pour les autres présentations. On trouve, en effet, sur les 611 présentations de l'extrémité pelvienne du relevé de madame Boivin, 353 positions sacro-latérales gauches et 244 sacro-latérales droites; 11 fois seulement le sacrum a correspondu à la symphyse des pubis. Sur les 804 du relevé de madame Lachapelle, il y a 516 positions sacro-latérales gauches, et 278 sacro-latérales droites; le dos du fœtus est indiqué comme ayant répondu 8 fois directement en arrière vers le sacrum et 3 fois directement en avant vers la symphyse des pubis. Mais ces positions directes dans le sens antéro-postérieur sont assez rares pour qu'il soit permis de les négliger dans une classification générale. On voit que les positions sacro-latérales gauches sont plus fréquentes que les positions sacro-latérales droites, mais dans un rapport qui s'éloigne beaucoup de celui qui existe entre les mêmes positions du vertex. Quant aux rapports déterminés du sacrum avec les points principaux de chaque moitié du bassin, les observations sont plus contradictoires encore; et l'on ne doit point s'en étonner: le pelvis restant fort élevé pendant la première période du travail, il est fort difficile d'établir avec exactitude ses rapports primitifs. Comme pour le crâne et la face, madame Lachapelle a cherché à établir que les positions directement transversales, soit dans un sens, soit dans l'autre, étaient très fréquentes; mais l'analogie et les observations de la plupart des autres auteurs semblent démontrer que le pelvis, comme le crâne, est placé, au début du travail, dans une direction diagonale, et que le diamètre sacro-pubien correspond ordinairement au diamètre oblique gauche de la mère, de sorte qu'on trouve sur chaque côté du bassin une position commune ou fondamentale qui est, pour le côté gauche, la position sacro-cotyloïdienne, et pour le droit, la position sacro-iliaque. Les positions dans le sens du diamètre oblique droit, la sacro-cotyloïdienne droite et la sacro-iliaque gauche seraient peu communes et en quelque sorte exceptionnelles. Ainsi le pelvis affecterait à l'égard du bassin les mêmes rapports que l'extrémité céphalique lorsqu'elle se présente; ce qui s'expliquerait, du reste, s'il est vrai, comme nous avons cherché à l'établir, que ce n'est pas seulement la forme du détroit supérieur, mais celle de la cavité de l'utérus qui déterminerait les rapports du fœtus avant qu'ils soient modifiés par la marche du travail.

En étudiant l'attitude du fœtus dans l'utérus et les exceptions à sa situation ordinaire, nous avons été conduit à apprécier les causes de la présentation de l'extrémité pelvienne. On conçoit sans peine que les mouvements actifs du fœtus, que ses déplacements passifs qui se répètent à chaque instant et de mille manières différentes, puissent faire remonter souvent la tête jusque vers le fond de l'utérus. Ces déplacements deviennent de plus en plus limités à mesure que le fœtus prend plus de volume; vers la fin du sixième mois, mais surtout dans le septième, son diamètre longitudinal commence à être plus étendu que les diamètres transverse et antéro-postérieur de la matrice. Si à cette époque une secousse, un mouvement fait remonter la tête vers le fond de la matrice, le fœtus tendra à conserver cette attitude, si de nouvelles secousses ou des mouvements ne lui font pas bientôt reprendre sa place; de jour en jour la capacité relative de la matrice devenant moins grande, le mouvement de culbute n'est plus possible, à moins qu'il n'y ait une grande quantité de liquide amniotique. A une certaine période de la grossesse, lorsque l'extrémité pelvienne vient occuper accidentellement le segment inférieur de l'utérus, il y a beaucoup de chances pour qu'il y reste définitivement. On s'explique ainsi d'une manière satisfaisante la présentation de l'extrémité pelvienne dans un certain nombre de cas, sa plus grande fréquence dans les accouchements prématurés, et lorsque le fœtus est mort et qu'il a perdu en grande partie sa fermeté. On rencontre cependant quelquefois une particularité que les déplacements accidentels du fœtus ne peuvent point expliquer, et qui tend à jeter du doute sur la cause que j'invoque : c'est que, dans un assez grand nombre de cas, la présentation pelvienne se reproduit dans toutes ou presque toutes les grossesses chez la même femme.

Mécanisme de l'accouchement par le pelvis.—Nous allons en partie reproduire ce qui a été dit à l'occasion du mécanisme de l'accouchement dans les présentations précédentes, tant il y a d'analogie dans les phénomènes mécaniques et la marche qui est imprimée au fœtus pendant son expulsion à travers le canal utéro-vulvaire, quelle que soit l'extrémité par laquelle il s'avance au dehors. L'ovoïde que figure l'extrémité pelvienne du tronc se présente ordinairement d'aplomb et d'une manière régulière à l'entrée du bassin, c'est-à-dire dans la direction de l'utérus, qui est la même que celle de l'axe du détroit supérieur ou qui s'en éloigne peu. Dans cette situation, la fesse qui est en avant est plus basse et plus accessible que celle qui est en arrière, et la rainure coccy-pubienne regarde la partie inférieure de la courbure du sacrum. Les parties restent élevées au niveau du détroit supérieur, à moins que les pieds ne se détachent de bonne heure des fesses, jusqu'à la dilatation complète du col et à la rupture de la poche des eaux, qui s'écoulent souvent immédiatement en totalité. L'utérus, revenu sur lui-même et s'appliquant immédiatement sur le fœtus, rapproche plus exactement les membres inférieurs du tronc et pousse le pelvis, comprimé et réduit à son plus petit volume possible, à travers l'orifice de la matrice et le détroit supérieur. C'est ordinairement pendant ce temps du travail que le fœtus est ramené à sa rectitude normale, lorsque la présentation n'est pas franche, que l'une des hanches, ou que la région sacrée ou pubienne s'est d'abord présentée à l'orifice de la matrice. Nous avons vu que le diamètre sacro-pubien du fœtus correspond presque toujours à l'un des diamètres obliques du bassin, et ordinairement à celui qui s'étend de gauche à droite, et le diamètre bis-iliaque correspond à l'autre diamètre oblique. C'est dans cette direction que se fait le mouvement de progression jusque vers le fond de l'excavation ; la hanche qui est en avant glisse dans le canal utéro-vaginal, au-devant de l'éminence iléo-pectinée, des muscles obturateurs ; celle qui est en arrière, au-devant des parties molles qui recouvrent la symphyse et l'échancrure sacro-iliaque du côté opposé. Ce mouvement de progression se fait avec beaucoup de lenteur lorsque les membres inférieurs restent réunis au tronc. Dans les cas rares où le diamètre sacro-pubien du fœtus correspond au diamètre sacro-pubien de la mère, de même que ceux où il correspond au diamètre transversal, il est ramené dans la direction de l'un des diamètres obliques à mesure que le siége s'engage dans le détroit supérieur, de sorte qu'il arrive au fond de l'excavation comme dans les positions diagonales.

En pressant contre le périnée pour s'engager dans le détroit inférieur, le pelvis exécute un léger mouvement de rotation. La hanche qui est en avant glisse d'arrière en avant derrière la branche ischio-pubienne en s'avançant au-dessous ; celle du côté opposé se rapproche des parties latérales du coccyx et de la ligne médiane du périnée. En arrivant dans la partie recourbée du canal et en distendant le périnée d'arrière en avant, la région lombaire du fœtus s'incline de ce côté, la fesse qui est en arrière parcourt un plus long espace, se dirige en avant, et se met sur le même niveau que celle qui est dans le vide de l'arcade du pubis, et qui s'avance toujours la première. L'inflexion latérale en avant augmente à mesure que le siége approche de la vulve ;

elle est beaucoup plus prononcée que dans les présentations de la tête, parce que dans celles-ci le mouvement de rotation qui ramène

Fig. 41.

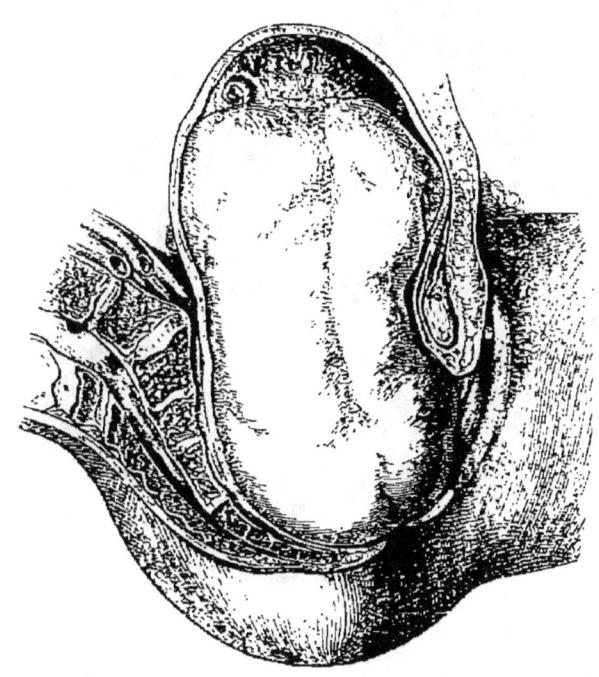

l'occiput dans la présentation du vertex, le menton dans celle de la face sous l'arcade du pubis y supplée en grande partie. Malgré, cette inflexion, la fesse qui est en avant continue à correspondre au centre du vagin et à s'avancer la première jusqu'à l'extérieur. La hanche qui est en avant apparaît la première, se place sous le haut de l'arcade du pubis et y reste fixée, jusqu'à ce que celle qui est en arrière se soit avancée jusqu'au niveau de la commissure postérieure de la vulve qui glisse sur elle et se reporte en arrière ; les deux hanches deviennent libres en même temps, et le pelvis est expulsé. Souvent, au moment où les deux hanches vont franchir la vulve, le mouvement de rotation se complète et le diamètre bis-iliaque du fœtus correspond exactement au diamètre coccy-pubien de la mère ; mais souvent aussi, le siége reste dans une direction légèrement oblique; dans le premier cas il reprend ordinairement aussitôt après sa direction oblique. Le pelvis une fois dégagé est un peu moins relevé vers les pubis, mais il ne retombe pas en arrière, et reste dans la direction du vagin, parce que l'incurvation latérale du tronc n'a pas cessé, mais elle porte sur un point plus élevé. Les membres inférieurs, suivant qu'ils

Fig. 42.

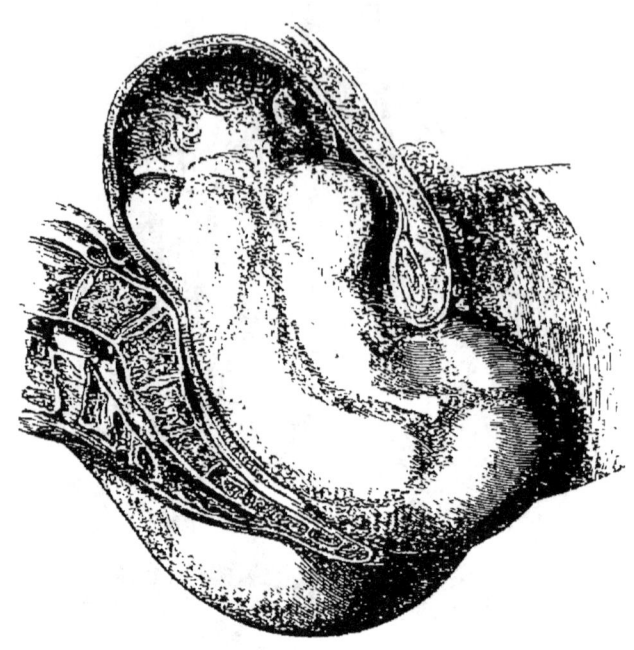

sont plus ou moins relevés, deviennent libres, tantôt aussitôt que le bassin a franchi la vulve, tantôt assez longtemps après. Lorsque l'enfant est vivant, ils restent dans un état de flexion assez prononcée et exécutent quelques mouvements. Dans la présentation de l'extrémité pelvienne rassemblée, la distension du périnée est ordinairement plus considérable que dans la présentation de la tête où le dégagement est régulier, et ce temps de l'expulsion est plus prolongé. Tantôt le reste de l'expulsion jusqu'aux épaules est assez rapide, tantôt elle est assez prolongée; elle l'est presque toujours beaucoup plus lorsque les membres inférieurs sont devenus libres dans le bassin et se sont avancés les premiers; mais dans ce cas, l'expulsion du pelvis est moins prolongée et plus facile. La partie du tronc qui correspond à l'abdomen et à la base de la poitrine reprend ordinairement une direction plus oblique que celle que présentait le siége en traversant le détroit inférieur, le diamètre transverse du fœtus redevient presque parallèle au diamètre oblique auquel il correspondait primitivement. A mesure qu'une nouvelle partie du tronc descend, elle s'infléchit en avant, en traversant la partie inférieure et recourbée du canal pelvien. C'est dans cette situation que la poitrine avec les bras, qui restent ordinairement exactement appliqués contre elle en conservant la position qu'ils avaient d'abord, s'engage dans le détroit inférieur ; le coude apparaît le premier sous la branche ischio-pubienne à laquelle il correspond, tandis que celui qui est en arrière se montre bientôt après, parce que l'état de dilatation dans lequel se trouve la vulve raccourcit la gouttière périnéale. Mais à mesure que les épaules s'engagent dans le détroit inférieur, le tronc exécute un léger mouvement de rotation analogue à celui que nous avons indiqué pour le passage des hanches ; le diamètre bis-acromial se rapproche du diamètre coccy-pubien, ou lui devient tout-à-fait parallèle : il arrive même assez souvent dans les positions sacro-postérieures, soit au moment du passage des hanches, mais plus souvent au moment du passage des épaules, que le mouvement de rotation se continue, et que l'épaule qui est en avant vient se placer sur la branche ischio-pubienne du côté opposé ; l'épaule qui est en arrière exécute un mouvement en sens inverse, et une position sacro-iliaque est convertie en une position sacro-cotyloïdienne du même côté. L'épaule qui est en avant se dégage la première, mais celle qui est en arrière ne tarde pas à la suivre. Lorsque les épaules sont dégagées, le tronc, n'étant plus soutenu que par le cou, qui est très flexible, tombe entre les cuisses de la mère. La tête, toujours pressée par l'utérus et fléchie sur le devant de la poitrine, se présente par sa base au détroit inférieur aussitôt que les épaules sont dégagées. Dans les positions sacro-antérieures, elle n'a à exécuter qu'un mouvement de rotation peu étendu pour que la nuque vienne se placer sous le haut de l'arcade du côté où elle correspond ou directement sous la symphyse, tandis que dans les positions sacro-postérieures où le plan postérieur du fœtus ne s'est pas dirigé en avant et de côté pendant l'expulsion du tronc, ce mouvement est très étendu, puisque l'occiput, comme dans les positions occipito-postérieures du vertex, se porte de la symphyse sacro-iliaque sous l'arcade des pubis. La nuque, arrêtée sous l'arcade des pubis, y prend un point d'appui ; la tête continuant à être poussée de haut en bas et d'avant en arrière se fléchit davantage, la face glisse dans la gouttière périnéale, et l'on voit apparaître successivement sur la commissure postérieure de la vulve le menton ; la bouche, les yeux, le front, la fontanelle antérieure, tandis que la partie postérieure du cou se relève directement ou un peu obliquement au-devant des pubis. La tête se dégage par un mouvement en arc de cercle sous la symphyse des pubis, et les rayons qui se présentent successivement à la vulve sont mesurés par les diamètres sous-occipito-mentonnier, sous-occipito-frontal et sous-occipito-bregmatique. La voie étant faite devant la tête, les mouvements de progression, de rotation et de flexion se font sans efforts, et ordinairement dans un temps très court. Dans la présentation de la tête, l'expulsion du fœtus peut en quelque sorte être considérée comme achevée dès qu'elle a franchi la vulve, tandis que dans la présentation de l'extrémité pelvienne, après la sortie du bassin, surtout si les membres inférieurs étendus se sont avancés les premiers, l'expulsion du reste du tronc et de la tête se fait avec lenteur et difficulté.

De l'exposition générale qui précède on déduit si facilement le mécanisme et la marche de l'expulsion du fœtus dans chaque position de la présentation de l'extrémité pelvienne, que nous devons nous borner à des indications sommaires. Dans la position sacro-cotyloïdienne gauche, qui est la position ordinaire pour le côté gauche du bassin, le plan postérieur du fœtus regarde à gauche et en avant, son plan antérieur à droite en arrière ; son diamètre sacro-pubien correspond au diamètre oblique gauche du bassin de la mère, son diamètre bis-iliaque au diamètre oblique droit ; la hanche gauche, qui est en avant, est la plus basse ; la rainure coccy-pubienne, qui s'étend de gauche à droite dans la direction du diamètre oblique, regarde vers la troisième pièce du sacrum. Le siége descend ainsi lentement dans le canal utéro-vulvaire, à travers le détroit supérieur, au fond de l'excavation pelvienne.

La hanche droite, arrivée au-devant des ligaments sacro-sciatiques du côté gauche, se réfléchit en avant pour parcourir la partie recourbée du bassin et la gouttière périnéale. En même temps, le tronc commence à exécuter son mouvement de rotation, la hanche gauche s'engage sous la branche ischio-pubienne droite en remontant vers le haut de l'arcade, la droite se rapproche de la ligne médiane du périnée, et tandis que la hanche gauche reste comme immobile sous l'arcade du pubis, la droite s'avance sur le plancher du détroit intérieur qu'elle creuse en gouttière ; l'inflexion du fœtus sur son côté gauche, au niveau de la région lombaire, se prononce de plus en plus, et quoique les deux fesses se placent à peu près sur le même niveau, la gauche continue à s'avancer la première, et apparaît avant l'autre à la vulve : aussi porte-t-elle les traces d'une tuméfaction séro-sanguine dont la droite est presque toujours exempte.

Lorsque la partie la plus saillante de la hanche droite s'approche de la commissure postérieure de la vulve, le mouvement de rotation devient plus prononcé, et les deux hanches franchissent la vulve tantôt un peu obliquement, tantôt directement. Après leur sortie, le tronc reprend ordinairement sa direction oblique, le dos s'avance sous la symphyse du pubis et la branche ischio-pubienne gauche, et le plan antérieur sur le côté opposé de l'ouverture vulvaire; le coude gauche apparaît le premier sous la branche ischio-pubienne droite, le droit bientôt après sur le côté gauche de la commissure postérieure de la vulve; au moment où les épaules vont franchir la vulve, le tronc reprend la direction qu'il présentait au moment où les hanches traversaient le détroit inférieur et la vulve; le diamètre bi-acromial se rapproche davantage du diamètre coccy-pubien, ou lui devient même tout-à-fait parallèle; l'épaule gauche se dégage la première, mais la succession est ordinairement très rapide. La tête, fléchie et par conséquent très rapprochée du tronc, est descendue dans l'excavation avant même que les épaules aient franchi la vulve; la nuque vient s'engager sous la branche ischio-pubienne gauche, tandis que le front s'avance au-devant des ligaments sacro-sciatiques et de la gouttière périnéale, et la face se dégage comme il a été dit plus haut, la tête restant un peu oblique, ou en complétant son mouvement de rotation.

Dans la position sacro-iliaque droite, la plus commune pour le côté droit du bassin, le plan postérieur du fœtus est dirigé en arrière et à droite, le plan antérieur à gauche et en avant; son diamètre sacro-pubien est encore parallèle au diamètre oblique gauche de la mère, et son diamètre bis-iliaque au diamètre oblique droit; la hanche droite est la plus basse, et s'avance la première. Le siége descend ainsi dans l'excavation; en parcourant la partie recourbée du canal pelvien, il s'infléchit sur le côté droit du tronc, et exécute un mouvement de rotation qui ramène la hanche droite sous le haut de l'arcade des pubis du même côté, situation dans laquelle les deux hanches franchissent ordinairement la vulve, quelquefois en continuant leur mouvement de rotation au point de transformer la position sacro-iliaque droite ou position sacro-cotyloïdienne du même côté. D'autres fois cette conversion se fait par un mouvement de spirale allongée d'arrière en avant et de droite à gauche, pendant que le tronc s'avance à l'extérieur des hanches aux épaules; mais le plus souvent par un mouvement rapide, lorsque celles-ci franchissent la vulve, et que la tête descend dans l'excavation pelvienne. L'occiput glisse sous la branche ischio-pubienne droite, et la tête se dégage de la manière indiquée plus haut. Dans la position sacro-cotyloïdienne droite, le plan postérieur du fœtus est dirigé en avant et à droite, et en arrière et à gauche dans la position sacro-iliaque gauche. Les changements dans les rapports du fœtus pendant son expulsion se présentent trop naturellement à l'esprit pour que nous les indiquions même d'une manière sommaire. Peut-être aurions-nous dû nous borner à la description générale pour éviter une foule de répétitions. Je vais terminer par une dernière remarque : il s'en faut de beaucoup que, dans les positions sacro-postérieures, le mouvement de rotation qui ramène le plan postérieur en avant soit constant. Il arrive même quelquefois que le dos se tourne en arrière dans les positions sacro-antérieures primitives. Mais il n'en est pas moins vrai que le plan que forme la partie antérieure du bassin et de l'utérus semble beaucoup mieux s'accommoder, lorsque les contractions utérines n'agissent plus sur l'œuf entier, avec l'arc que forme le dos du fœtus dans son état de pelotonnement que le plan opposé : aussi le mouvement de rotation qui dans les positions sacro-postérieures ramène le dos en avant est-il très fréquent.

Anomalies dans le mécanisme de l'accouchement par le pelvis. — Les exceptions au mode ordinaire d'expulsion du fœtus sont plus fréquentes dans la présentation de l'extrémité pelvienne que dans les autres; elles se rapportent au passage du siége, des épaules et de la tête à travers le canal pelvien.

1. Lorsque les hanches correspondent au diamètre sacro-pubien, elles descendent assez souvent jusque vers le fond de l'excavation pelvienne sans changer de direction, et ne deviennent obliques que pour s'engager dans le détroit inférieur. M. Moreau enseigne que c'est ainsi que les hanches franchissent, dans la plupart des cas, le détroit supérieur, et que ce n'est que lorsque le fœtus est trop volumineux qu'elles s'engagent suivant l'un des diamètres obliques. Mais il suffit ordinairement que les membres inférieurs soient rassemblés au-devant du tronc, pour que le pelvis acquière un volume assez considérable, surtout quand la compression n'a pas encore très exactement serré les parties les unes contre les autres. L'observation de M. Moreau, présentée d'une manière aussi générale, ne paraît applicable qu'aux cas où les membres inférieurs, étendus partiellement ou en totalité, s'avancent les premiers.

Quelque rares que paraissent être les positions dans lesquelles le sacrum correspond directement en avant ou directement en arrière, il arrive cependant quelquefois que le fœtus tend à franchir le détroit supérieur et l'excavation dans cette situation; mais non sans difficulté si le mouvement de rotation ne s'exécute pas, surtout lorsque le sacrum du fœtus correspond au sacrum de la mère : c'est la seule position des fesses qui ait obligé M. Moreau d'aller chercher les pieds. Madame Lachapelle a également reconnu qu'elle peut apporter des obstacles très sérieux à l'expulsion spontanée, si elle ne se réduit pas. La sage-femme en chef de la Maternité n'a rien observé de semblable dans la position sacropubienne ne se réduisant pas en une position diagonale avant d'arriver au fond de l'excavation. Mais si les hanches descendent quelquefois tout-à-fait transversalement dans le fond de l'excavation, il est extrêmement rare qu'elles se dégagent à l'extérieur dans cette situation, comme Baudelocque dit que cela arrive quelquefois; madame Lachapelle assure ne l'avoir jamais observé.

2. Il est très rare de voir les membres supérieurs se relever sur les côtés de la tête ou devant la face, lorsque l'expulsion du fœtus est abandonnée aux seuls efforts de la nature ; mais il n'en est plus de même lorsqu'on a exercé des tractions sur les pieds et sur les hanches. Dans ce cas, les extrémités thoraciques cessant d'être aussi fortement serrées par l'utérus contre les côtés et le devant de la poitrine peuvent être retenues en place, et rester au-dessus du détroit supérieur; ou, comme le dit madame Lachapelle, la tête descend entre elles plutôt qu'elles ne s'élèvent sur ses parties latérales. Le segment inférieur de l'utérus forme à l'entrée du bassin un entonnoir trop régulier pour qu'on puisse supposer que les coudes viennent arc-bouter contre quelques parties saillantes. L'élévation des membres supérieurs sur les côtés ou le devant de la tête n'apporterait pas un obstacle bien grand à l'expulsion du fœtus, et les ressources de l'organisme en triompheraient facilement, si la cause qui a dérangé la situation des membres n'avait en même temps redressé la tête et rendu son expulsion plus longue et plus difficile. Ainsi des tractions sur les pieds, quelquefois le déplacement spontané des membres supérieurs, mettent souvent dans la nécessité d'aider au dégagement des bras et de la tête, non qu'il soit rendu impossible autrement, mais parce qu'il exigerait un laps de temps peu compatible avec la conservation de la vie du fœtus.

3. Les anomalies dans le mécanisme de l'expulsion de la tête méritent la plus grande attention. Dans les positions sacro-postérieures, le mouvement de rotation qui, pendant le passage soit du tronc, soit de la tête à travers le bassin, ramène en avant et de côté le plan postérieur du fœtus, peut manquer. Il peut aussi arriver, lorsqu'on imprime artificiellement ce mouvement de rotation au tronc, que la tête ne l'éprouve pas et que la face reste en avant. Dans ce cas, l'expulsion de la tête peut encore être effectuée

spontanément, et peut-être sans plus d'inconvénients et de difficultés que les positions sacro-cotyloïdiennes. C'est une question que l'habitude d'intervenir ne permet pas encore de juger sur des faits assez nombreux. Le petit nombre de ceux que l'on peut consulter prouvent que la tête peut sortir, l'occiput étant dirigé en arrière, de deux manières différentes. Dans l'une et l'autre, nous allons supposer, pour en expliquer le mécanisme, le cas le plus commun, c'est-à-dire celui où le derrière de la tête est dirigé vers la symphyse sous-iliaque droite et la face vers la cavité cotyloïde gauche. 1° Aucune traction n'ayant été exercée sur le tronc, la tête, toujours pressée par l'utérus, reste fléchie sur le devant du cou; le menton et la face descendent au-devant de l'éminence iléo-pectinée et de la fosse obturatrice du côté gauche, la partie postérieure du cou et de la tête, au-devant de la symphyse sacro-iliaque et des ligaments sacro-sciatiques du côté droit; le côté droit de la face plus abaissé s'avance derrière la branche ischio-pubienne droite. L'occiput et le front doivent s'engager facilement dans le bassin, parce que dans l'état de flexion de la tête les bosses frontales sont sensiblement plus basses que la protubérance occipitale; le front se présente sous la branche ischio-pubienne gauche, en se rapprochant de plus en plus d'une position directe, tandis que la nuque arrivée sur le point opposé de la commissure postérieure du périnée très dépressible, et déjà en partie refoulée en arrière contre l'échancrure ischio-coccygienne droite, y reste comme fixée, tandis que le front et le reste de la tête se dégagent en avant par un mouvement de bascule qui porte le cou en arrière. Toutes choses étant égales, la tête se trouve dans des conditions plus avantageuses pour franchir le détroit inférieur et la vulve, que dans les positions occipito-postérieures du vertex, l'occiput restant en arrière pour se dégager. Un médecin de province a observé plusieurs cas où le dégagement de la tête, la face étant restée en avant, lui a paru si facile, qu'il a proposé de ramener, en pratiquant la version, le plan antérieur du fœtus en avant. Si cette proposition ne doit pas être prise en considération, on ne doit pas moins tenir compte des faits qu'il invoque, car ils conduisent à faire abandonner des procédés vicieux, et indiquent comme on devrait agir s'il fallait aider la nature à expulser la tête dans ce cas. Le mode d'expulsion de la tête que nous venons de décrire dans les positions sacro-postérieures, restées telles jusqu'à la fin, est celui qui doit être considéré comme régulier et normal, tandis que le suivant semble tout-à-fait anormal et exceptionnel.

2° Quelquefois, après l'expulsion du tronc, la tête, au lieu d'être inclinée sur la poitrine, se trouve, comme dans la présentation de la face, l'occiput renversé en arrière. Dans cette situation, qui peut être primitive, mais qui dépend ordinairement de tractions exercées sur les membres inférieurs, et peut-être quelquefois de ce que le menton vient s'accrocher sur un point de la moitié antérieure du détroit supérieur, l'expulsion de la tête peut s'effectuer spontanément. Leroux, Asdrubali, Michælis, en citent des exemples. Voici comment les choses se passent : Nous supposons que la région occipitale est tournée vers la symphyse sacro-iliaque droite, et que le menton relevé est retenu contre un point de la branche horizontale du pubis gauche. La tête, poussée par les contractions utérines, se renverse de plus en plus en arrière par un mouvement d'extension forcée; à mesure qu'elle descend, elle subit insensiblement un mouvement de rotation, de sorte qu'au moment où le tronc est complétement expulsé, la voûte du crâne remplit l'excavation du sacrum, et le bord inférieur de la mâchoire s'applique contre la face postérieure de la symphyse des pubis, où il reste fixé, pendant que la partie la plus élevée de l'occiput d'abord, puis les pariétaux et enfin le front, parcourent le périnée, en présentant successivement au détroit inférieur les diamètres trachélo-occipital, trachélo-bregmatique et trachélo-frontal. Néanmoins l'expulsion ne semble possible qu'autant que le fœtus a un volume médiocre ou que le bassin est très grand.

Dans les positions régulières de l'extrémité pelvienne, la tête est sensiblement mieux disposée pour traverser le canal pelvien que dans les positions du vertex ou de la face. Cependant, bien que le passage soit déjà frayé par la sortie du tronc, il arrive souvent que la tête tend à rester assez longtemps dans l'excavation, ce qui dépend assez souvent de tractions qui l'ont redressée, mais aussi de ce qu'étant déjà en partie dans le vagin, elle ne donne plus autant de prise à l'action de l'utérus, qui ne réagit que sur la partie la plus saillante du crâne; son segment inférieur, qui a été déjà fortement distendu par le passage du tronc, a perdu une partie de son énergie contractile, et les muscles abdominaux prennent une grande part à l'expulsion de la tête à travers la gouttière périnéale et la vulve; mais comme la sensibilité des parties est émoussée par le passage du tronc, la présence de la tête ne provoque pas des ténesmes très vifs, et il se passe souvent un temps assez long avant qu'il survienne des efforts d'expulsion efficaces; ce qui rend dans l'intérêt de l'enfant l'intervention de l'art souvent nécessaire dans le dernier temps de l'accouchement par l'extrémité pelvienne.

Diagnostic de la présentation et des positions de l'extrémité pelvienne.—Au début du travail, et tant que la poche des eaux n'est pas rompue, il arrive assez souvent que le toucher ne donne que des renseignements ou négatifs ou très vagues, pour faire reconnaître l'extrémité pelvienne; et cela, parce que les parties qui la composent restent longtemps élevées au-dessus de l'excavation du bassin, ou sont peu engagées. Chez les femmes maigres, chez celles dont la paroi abdominale est restée distendue à la suite de grossesse antérieure, dans les cas où le liquide amniotique est peu abondant, il est quelquefois possible de reconnaître avec la main la tête du fœtus vers le fond de la matrice. Les battements du cœur, qui se font entendre avec beaucoup de force sur un point très élevé de la matrice, donnent également une présomption en faveur de la présentation de l'extrémité pelvienne; mais il ne faut pas oublier que, même dans cette situation du fœtus, le point où les battements s'entendent de la manière la plus distincte est assez éloigné du fond de la matrice, et que, dans les présentations de l'extrémité céphalique, on ne peut quelquefois les entendre que très haut. Le doigt porté dans le vagin trouve l'excavation pelvienne complétement ou en grande partie vide; le segment inférieur de la matrice ne formant qu'une saillie peu prononcée à l'entrée du bassin, son extrémité ne peut toucher que trop imparfaitement les parties du fœtus qui l'occupent, pour pouvoir les reconnaître d'une manière certaine. Si, plus tard, la poche des eaux fait une saillie assez étendue dans l'excavation, l'extrémité pelvienne ne s'avance pas en proportion, à moins que les pieds ne soient placés sous le siége ou qu'ils n'aient de bonne heure de la tendance à abandonner les fesses. Dans ces cas, on peut les sentir assez bien dans la poche des eaux, où ils sont plus ou moins mobiles, sans pouvoir toujours les distinguer des mains; cependant on peut quelquefois toucher assez bien les autres parties pour les reconnaître positivement. En tenant compte des différents signes qui viennent d'être indiqués, on reconnaît dans un assez grand nombre de cas la présentation de l'extrémité pelvienne avant la division de l'œuf. Mais après la rupture de la poche des eaux, lorsque les parties se sont avancées, réunies ou séparées dans l'excavation, il devient en général facile, non seulement de constater la présence de l'extrémité pelvienne à des caractères tranchés, mais encore d'établir ses rapports précis avec le bassin. L'écoulement du méconium fournit un signe propre à ce genre de présentation qu'il ne faut pas négliger, et qui peut rectifier une erreur et éclairer le diagnostic de présentation dans les cas douteux. Nous avons vu que lorsque le fœtus est pressé immédiatement par la matrice, ou du moins sans l'intermédiaire du liquide amniotique, la portion qui correspond au vide du canal utéro-vulvaire se tuméfie, s'engorge de fluide. Comme cette compression s'étend profondément, les viscères de la cavité abdominale ne tardent pas à en sentir les effets, surtout le gros intestin. Dès que le siége n'est plus soutenu inférieurement, le méconium tend à surmonter l'obstacle que lui oppose l'anus, et cette matière s'écoule assez abondamment à mesure que le pelvis du fœtus s'engage dans le canal pelvien de la mère, où il est plus ou moins fortement comprimé. Mais comme le fœtus rend quelquefois du méconium dans les autres présentations pour des causes que nous ferons connaître, il faut chercher à bien établir les différences qu'il présente dans les deux cas.

Dans la présentation de l'extrémité pelvienne, l'écoulement du méconium est plus abondant; cette matière tombe dans le vagin, et même quelquefois à l'extérieur pendant les contractions, sans mélange de liquide amniotique, en conservent en grande partie sa consistance, tandis que, dans les autres présentations, c'est ordinairement dans l'intervalle d'une douleur que le méconium passe dans le vagin, avec une quantité variable de liquide amniotique qui l'entraîne, et il est plus ou moins délayé. Quant au caractère qu'on a prétendu tirer de l'odeur différente, il est réellement sans valeur. Le méconium a une odeur spécifique; mais cette odeur ne s'altère pas, et n'est pas remplacée par une odeur fétide, même lorsque le fœtus est mort depuis quelque temps, à plus forte raison, lorsqu'il est mort depuis quelques instants. S'il présentait une odeur fétide, et que ses caractères physiques fussent altérés, on pourrait en conclure que le fœtus a cessé de vivre depuis longtemps, sans faire préjuger la présentation. Dans celle du pelvis, il rend son méconium, qu'il soit vivant ou mort. Ainsi, l'issue du méconium pendant le travail, dans des conditions particulières bien constatées, est un signe non absolument certain, mais d'une grande valeur en faveur de la présentation de l'extrémité pelvienne.

Les signes fournis par le toucher sont plus ou moins nombreux, suivant les rapports des membres pelviens avec le plan antérieur du tronc. Tantôt les fesses seules font saillie dans l'excavation pelvienne, et le doigt rencontre celle qui est en avant, qu'il reconnaît à une tumeur volumineuse assez régulière, mollasse. En la parcourant d'avant en arrière, comme pour aller à la recherche de la suture sagittale, on trouve une rainure qu'il faut explorer avec attention; vers son centre on rencontre l'anus, qui présente une ouverture étroite et contractile si le fœtus est vivant, dans laquelle le doigt pénètre avec quelque difficulté. A l'une des extrémités de cette ligne, on rencontre la pointe du coccyx; cet os, par sa forme et sa mobilité, est, avec l'anus, l'une des parties les plus faciles à reconnaître. On trouve à l'autre extrémité les parties génitales; mais assez souvent on rencontre en outre les pieds entrecroisés ou séparés au-devant des fesses ou des parties génitales. La situation du coccyx et la direction de la rainure coccy-pubienne permettront d'établir facilement dans quelle position se présente l'extrémité pelvienne. Si les pieds sont plus abaissés que les fesses, et déjà en partie séparés de celles-ci, et que le doigt ne puisse pas les atteindre, ou ne les atteindre qu'incomplétement, les pieds et les jambes suffiront pour établir non seulement le diagnostic de la présentation, mais encore de la position de l'extrémité pelvienne. On ne peut confondre le pied avec la main, et le talon avec le coude, que lorsqu'on ne peut les atteindre que très incomplétement; mais lorsque l'exploration peut s'étendre sur le bas de la jambe, la confusion n'est pas possible. La direction des pieds indique celle du tronc; mais il ne faut pas oublier, lorsque les jambes sont fléchies et entrecroisées, que les membres pelviens sont dans un état d'adduction forcée, et que le plan antérieur du fœtus répond au côté vers lequel sont dirigés les deux bords péroniers ou externes des pieds. Je ferai observer que la présence des pieds ou d'un pied à l'orifice de la matrice ne prouve pas nécessairement une présentation de l'extrémité pelvienne. Dans la présentation de la tête, les membres inférieurs peuvent être étendus sur le devant du tronc, et les pieds, au début du travail, être la partie la plus basse et la plus accessible; aussi, on ne doit jamais négliger de chercher à reconnaître les parties qui sont au-dessus. Lorsque les genoux se présentent les premiers, ils sont tout aussi faciles à reconnaître que les pieds, il serait superflu d'y insister. Dans la présentation inclinée ou anormale de l'extrémité pelvienne, le diagnostic est plus difficile, et souvent impossible, tant que la présentation reste vicieuse : une hanche, la région sacrée, peuvent facilement être prises pour une portion du crâne, si on ne peut en même temps atteindre d'autres parties, propres à rectifier les premières impressions.

Pronostic. — La présentation de l'extrémité pelvienne est infiniment moins désirable que celle de l'extrémité céphalique : ce n'est pas par les dangers que court la mère dans ce genre de parturition ; car si le travail est un peu plus long, il n'est pas plus douloureux, et les forces de l'organisme suffisent presque toujours pour l'expulsion spontanée du fœtus, lorsque les conditions de l'accouchement naturel existent. Sur 2,000 accouchements par l'extrémité pelvienne observés à la Maternité, 82 seulement ont exigé des secours de l'art; savoir, 57, sur 1,214 présentations des fesses, 25, sur 772 présentations des pieds. Les suites de couches n'en sont pas plus fâcheuses. C'est surtout pour le fœtus que ce genre d'accouchement est dangereux, et les faits en donnent une triste confirmation. On voit dans les tableaux statistiques de madame Lachapelle que, les 804 présentations de l'extrémité pelvienne ont amené 102 enfants faibles, 115 enfants morts et 584 bien portants. La proportion des morts est aux naissances comme 1 à 7. Mais comme les causes de mort étrangères à la présentation n'ont pas été séparées, ce rapport exagère d'une manière très sensible les dangers de la parturition par l'extrémité pelvienne dans les conditions normales. M. P. Dubois, en faisant cette distinction, a trouvé que le rapport des morts aux naissances dans la présentation du pelvis était de 1 à 11, tandis qu'elle n'était que de 1 à 50 dans celle du vertex. Les relevés de madame Lachapelle prouvent aussi, toutes choses égales, que le danger est sensiblement plus grand lorsque le fœtus s'étend pour traverser le canal pelvien, et que les pieds et les genoux s'avancent les premiers. L'appréciation exacte des phénomènes mécaniques du travail rend parfaitement compte des dangers de la parturition par l'extrémité pelvienne, et de la différence que nous venons de signaler. Le fœtus est essentiellement vulnérable par son prolongement vasculaire extérieur ou fœto-placentaire. L'interruption de la circulation dans cette portion de son système vasculaire devient pour lui promptement une cause de mort, qui peut en quelque sorte être comparée à l'asphyxie. Dans l'accouchement par l'extrémité céphalique, la sortie du tronc se faisant très rapidement, et suivant de très près la sortie de la tête, qui par son volume a largement fait la voie aux autres parties, la compression du cordon est presque nulle et d'une durée fort courte. Il n'y a pas d'interruption sensible entre le commencement de la respiration pulmonaire et l'action du placenta, tandis que dans l'accouchement par l'extrémité pelvienne, la compression commence en quelque sorte aussitôt que le siége a pénétré dans le fond de l'excavation, se continue jusqu'à la sortie de la tête à la vulve, et augmente à mesure que les parties les plus volumineuses traversent lentement le bassin: et pour peu que la tête reste dans l'excavation, étant déjà en grande partie hors de l'utérus, le placenta doit être souvent en partie ou en totalité décollé avant qu'elle soit expulsée au dehors. L'accouchement par l'extrémité pelvienne est un accouchement avec procidence du cordon pendant une assez grande partie de sa durée, et souvent avec décollement du placenta avant sa terminaison complète. Dans les cas où les diverses parties qui composent l'extrémité pelvienne, traversent le canal pelvien réunies, l'ovoïde qu'elles forment alors, ayant un volume assez considérable, s'engage d'abord avec plus de lenteur et de peine; mais dilatant largement le col de la matrice et le périnée, le reste du fœtus s'avance plus facilement, et supporte une compression moins forte : de là les avantages de la présentation des fesses sur celle des pieds. Ajoutons que la flexion des membres sur le plan antérieur garantit plus ou moins le cordon contre la compression pendant l'expulsion du tronc. Lorsqu'on exerce des tractions sur les extrémités, on exagère encore les inconvénients de l'accouchement par les pieds, en forçant le tronc à traverser des parties incomplétement dilatées, et en déterminant le redressement des bras, ou de la tête, qui rend l'extraction toujours plus longue, et compromet les avantages qu'on pourrait supposer à *priori*. La répugnance des anciens pour l'accouchement par l'extrémité pelvienne n'était donc pas sans fondement. C'est à tort qu'on a supposé que le refoulement du sang vers le cerveau pouvait être une cause de souffrance et de mort dans l'accouchement par l'extrémité pelvienne ; le fœtus étant à peu près partout exactement comprimé, ce prétendu refoulement est un véritable non-sens, et il ne peut avoir lieu que sur les parties qui correspondent au vide du canal utéro-vulvaire dilaté : de là l'écoulement du méconium, la tuméfaction avec ecchymose qu'on observe sur la fesse qui apparaît la première à la vulve, tuméfaction qui s'étend du voisinage de l'anus aux parties génitales, mais qui se dissipe spontanément, et qui est sans danger. Il ne faut pas croire cependant que la suspension de la circulation ait lieu dans le cordon dès que la région ombilicale a plongé dans l'excavation du bassin ; la souplesse des parois du tronc, la fermeté du cordon, concourent à maintenir un passage libre au sang; mais il est certain que la circulation éprouve déjà une gêne assez sensible et une suspension plus ou moins complète pendant les douleurs; mais dans l'intervalle, si l'utérus n'est pas contracté d'une manière spasmodique, elle reprend avec plus ou moins de liberté son cours.

IV. DE L'ACCOUCHEMENT NATUREL MULTIPARE. — Il se rapporte ordinairement aux cas de jumeaux : les relevés de madame Lachapelle donnent, sur 37,441 accouchements, 36,992 accouchements simples, 444 doubles, 5 triples. Le rapport des accouchements multiples aux simples a été de 1 à 91 1/7. On voit combien sont rares les accouchements de trijumeaux, et à plus forte raison ceux de quadrijumeaux.

L'accouchement de deux enfants appartient le plus ordinairement aux parturitions naturelles, et se termine le plus souvent par les seules ressources de la nature. Il se classe dans les différents genres d'accouchements, suivant la présentation, et suivant qu'il est compliqué ou non ; il peut aussi offrir des difficultés qui lui sont propres, que nous aurons à examiner plus loin en traitant des indications. Le volume ordinairement moins considérable des fœtus jumeaux est une circonstance favorable à leur expulsion. Cependant le travail est généralement plus long, parce que l'utérus plus distendu a une action moins énergique. Le fœtus le plus volumineux se présente ordinairement le premier, et plus souvent d'une manière plus favorable. Les deux tiers environ des jumeaux présentent en même temps la tête, les autres la tête et l'extrémité pelvienne, quelques uns le pelvis, ce qui est peu commun. Il n'est pas rare de voir le premier arriver par les pieds. Le second se présente plus souvent par le tronc ou d'une manière moins régulière que le premier.

Ce sont deux accouchements successifs, dont le premier a la durée ordinaire, tandis que le second est généralement très court. On voit, d'après un relevé de l'hôpital de Dublin, qu'un plus grand nombre de seconds enfants sont nés au bout d'un quart d'heure qu'avant ou après ce temps; ensuite au bout de cinq minutes, puis d'une demi-heure, puis de dix minutes, puis de vingt; quatre femmes, sur 240, ont mis dix heures à accoucher de leur second enfant. Il est arrivé quelquefois que le travail s'est suspendu définitivement après l'expulsion d'un premier fœtus abortif ou d'une viabilité douteuse, et que la grossesse s'est continuée jusqu'à terme pour l'autre.

Le plus souvent la poche des eaux du second enfant est intacte après l'expulsion du premier ; mais il n'est pas rare de voir le second œuf se diviser avant l'expulsion du premier enfant. L'absence d'une seconde poche des eaux, ce qui est assez commun, est rarement la preuve que les deux fœtus sont contenus dans un chorion ou amnios commun.

L'expulsion du premier fœtus est quelquefois entravée par le second, dont quelques unes des parties tendent aussi à s'engager, ou sont placées plus bas; d'autres fois leur situation est telle qu'elles s'opposent réciproquement à leur descente. La nature surmonte plus ou moins facilement ces obstacles; celui des deux fœtus qui est le plus mobile est déplacé et repoussé par l'autre ; ces déplacements sont favorisés par l'état poli et onctueux des surfaces en contact. Néanmoins il peut arriver que l'intervention de l'art soit nécessaire. Nous aurons à revenir sur ces cas en traitant des différentes espèces de dystocie.

La délivrance ne se fait ordinairement qu'après la deuxième parturition, que les placentas soient unis ou séparés ; il n'est pas rare cependant de voir le premier placenta sortir avant le second enfant. Cela se conçoit d'autant plus aisément que les parties adossées des œufs, et même des placentas lorsqu'ils ne sont unis que par leurs bords, se séparent avec une grande facilité. Il survient quelquefois, après la section du cordon du premier fœtus, une hémorrhagie par le bout placentaire, qui est l'indice de communications anastomotiques entre les vaisseaux des deux placentas.

Lorsque l'expulsion d'enfants jumeaux se fait d'une manière régulière, et que le travail n'est pas compliqué d'accident particulier, on doit se borner aux soins communs qu'exige tout accouchement naturel.

Nous avons vu, page 230, que le diagnostic de la grossesse double pouvait rester obscur, même après une exploration attentive : aussi n'est-ce le plus souvent qu'après la naissance d'un enfant qu'on acquiert la certitude qu'il en existe un autre dans la matrice. L'écoulement d'une petite quantité de liquide, et la petitesse de l'enfant expulsé comparativement au volume du ventre, attirent ordinairement l'attention de l'accoucheur ; la main portée sur l'abdomen sent que l'utérus est encore distendu par un corps volumineux qui offre des inégalités et des duretés ; le toucher fait reconnaître la poche des eaux ou la partie du fœtus qui se présente.

L'accouchement d'enfants jumeaux est très souvent prématuré ; les trijumeaux arrivent rarement à terme, et plus rarement encore les quadrijumeaux. Après l'accouchement de jumeaux on observe plus souvent que dans les accouchements simples l'inertie de la matrice, l'expulsion difficile de l'arrière-faix, l'hémorrhagie utérine. Nous avons déjà dit que l'expulsion du premier enfant pouvait être entravée par le second : aussi l'accouchement multipare offre-t-il plus de danger pour la mère et l'enfant que l'accouchement ordinaire. A Dublin, suivant Clarke, la proportion de la mortalité, parmi les femmes en couches, a été de 1 à 70 dans les accouchements simples, et de 1 à 44 dans les accouchements de jumeaux. La mortalité des enfants a été également plus considérable ; de 1 à 20 dans les naissances simples, elle a été de 1 à 13 dans celles des jumeaux.

SECTION III. — Des indications à remplir pendant l'accouchement naturel.

I. INDICATIONS COMMUNES CONSIDÉRÉES D'UNE MANIÈRE GÉNÉRALE. — Nous n'avons pas besoin de justifier l'assistance d'une personne de l'art près de la femme en travail, bien que la parturition soit une fonction naturelle qui se termine ordinairement spontanément et d'une manière heureuse; mais les douleurs qui l'accompagnent et les dangers qui l'entourent en font une fonction à part qui exige la surveillance de personnes capables de prévoir les accidents et de reconnaître les obstacles qui peuvent la rendre dangereuse pour la mère ou pour l'enfant, et quelquefois pour les deux, afin que les indications les plus propres à y remédier puissent être appliquées au moment le plus opportun. Ainsi, le but de toute assistance dans l'accouchement est de faciliter autant que possible le travail, d'offrir à la femme toutes sortes de commodités, de prévenir et d'écarter les dangers qui pourraient la menacer elle ou son enfant. De là la sécurité et la patience salutaires que la présence de l'accoucheur inspire à la femme en travail, alors même que son rôle doit se borner, comme cela arrive le plus ordinairement, à celui d'un spectateur bienveillant, et à donner des conseils et des soins en apparence vulgaires.

1. *Constater si la femme est en travail.* — *Apprécier les diverses circonstances qui se rapportent directement et indirectement au travail.* — 1° Un des premiers soins du médecin est de s'assurer si la femme est réellement en travail. Cette recherche préliminaire doit être faite avec beaucoup de réserve; il faut éviter un empressement qui pourrait être blessant pour une femme que l'on verrait pour la première fois; mais il est superflu de donner des préceptes à cet égard, le tact et l'éducation sont les seuls guides en pareille matière. D'ailleurs, le plus souvent, le caractère des douleurs est tellement tranché, qu'il suffit d'être resté près d'elle quelques instants pour être convaincu que le travail est déclaré. S'il paraît encore peu éloigné du début, il n'est pas nécessaire de procéder immédiatement au toucher, l'occasion naîtra bientôt d'elle-même. S'il s'agit d'une femme qu'il ne connaît pas encore, il s'éclairera sur toutes les particularités relatives à l'accouchement qui va lui être confié, en demandant si elle se croit à terme; comment elle a calculé la durée de sa grossesse; depuis

quelle époque elle a cessé de voir ses règles couler, quel a été l'état de sa santé pendant le cours de sa grossesse : si elle sent ou a senti depuis peu les mouvements de l'enfant ; dans quelle région de l'abdomen ils se sont surtout fait sentir ; s'ils ont été bornés à la même région ; depuis quand elle éprouve des douleurs ; si les eaux se sont écoulées ; si elle a déjà eu des enfants ; si la marche des accouchements antérieurs a été lente ou rapide ; quelles en ont été les suites, etc. Si, au contraire, le travail est avancé, et que les douleurs soient vives et rapprochées, l'anxiété et la préoccupation de la femme sont si grandes, que les scrupules de pudeur et les sentiments de répugnance sont momentanément dominés, et l'on peut procéder immédiatement à l'exploration interne pour satisfaire de suite aux indications les plus pressantes.

Lorsque les phénomènes du travail sont obscurs et équivoques, il importe beaucoup de ne pas rester longtemps dans l'incertitude ou de prendre le change : c'est une déplorable confusion pour un médecin d'être forcé de convenir, après avoir fait tous les préparatifs d'un accouchement immédiat, que la femme n'est point en travail, et que l'époque de l'accouchement est encore éloignée, et même quelquefois qu'elle n'est pas enceinte, comme ces singulières grossesses nerveuses en fournissent des exemples. Après avoir interrogé la femme sur les diverses circonstances de sa grossesse, on sera naturellement conduit à compléter son investigation par le palper abdominal, par le toucher, pour reconnaître l'état de l'utérus, s'il est le siège de véritables contractions, ou bien de douleurs utérines pathologiques, produites par des causes diverses, ou de douleurs ayant le siège dans la vessie et les intestins, qui doivent être combattues par les moyens appropriés, indiqués aux pages 333 et 362.

Les contractions utérines, même au début du travail, sont généralement faciles à reconnaître à des douleurs plus ou moins aiguës, de courte durée, caractérisées par la dureté du globe utérin, la tension de l'orifice externe du col, et par leur relâchement après la cessation de la douleur. Lorsqu'on rencontre les prodromes d'un accouchement imminent, alors même qu'il paraît commencé, il est très important d'être fixé sur l'époque de la grossesse, car s'il s'agissait des prodromes d'un avortement à une époque avancée de la grossesse, ou d'un accouchement prématuré, imminent ou commencé, on pourrait en arrêter les progrès en remplissant les indications appropriées, au lieu de rester simple spectateur de ces phénomènes. Je dois rappeler ici une particularité que j'ai signalée avec quelques détails, en parlant des prodromes de l'accouchement à terme, et qui fait presque inévitablement croire que le travail est commencé. Plusieurs femmes éprouvent quinze, vingt jours, un peu moins, ou un peu plus, avant d'accoucher, la plupart des prodromes de la parturition à terme avec de véritables contractions douloureuses éloignées. Si l'orifice du col est mou et entr'ouvert, on sent l'œuf se tendre pendant les douleurs; après quelques heures, une demi-journée, etc., tout rentre dans le calme : seulement le segment inférieur de l'utérus plonge plus profondément dans l'excavation pelvienne. Il ne suffit pas de constater que la femme est en travail, il faut encore, si on l'observe pour la première fois, porter son attention sur d'autres objets, tels que l'état de sa constitution, de sa conformation générale, de sa santé; rechercher si la grossesse a déterminé des états morbides dissipés ou encore persistants, tels que de la pléthore, des varices, des œdèmes des membres inférieurs, une prédisposition marquée aux affections spasmodiques, etc.

2° Si le travail est commencé, on doit porter son attention sur d'autres objets. Il importe beaucoup de se faire une idée exacte de la position de l'orifice de la matrice, de ses divers états, de son degré de dilatation qui indique les progrès du travail. Dans la présentation du crâne surtout, le segment inférieur de l'utérus est souvent fortement distendu, et l'orifice peut être remonté très haut en arrière, du côté du promontoire ou de l'une des symphyses sacro-iliaques, quelquefois sur d'autres points; dans ce cas, sans être absolument inaccessible, il échappera très facilement à l'exploration ordinaire, et l'on pourra croire à une oblitération qui n'existe pas.

Que le col soit ou non dévié, la tête peut être si basse qu'il suffit de porter le doigt à peu de profondeur dans le vagin pour la rencontrer; le segment inférieur de l'utérus dont elle est comme coiffée, souvent sans l'intermédiaire d'une couche de liquide amniotique, est tellement mince, qu'on sent les os du crâne, les sutures, les fontanelles, en quelque sorte comme si le contact était immédiat. Quelque difficile qu'il soit de supposer qu'on puisse prendre cette impression pour la réalité, il faut bien admettre la possibilité d'une méprise pareille, si l'attention n'est pas éveillée sur ce point, lorsqu'on voit des médecins, peu habitués à la pratique des accouchements, croire à une expulsion prochaine, tandis que l'orifice de la matrice est encore fermé ou peu dilaté. Dans le cas où il existe une légère couche de liquide amniotique, entre la tête et la partie de l'utérus distendue et amincie, celle-ci peut être prise pour la poche des eaux. On voit quelles conséquences fâcheuses peuvent avoir de pareilles méprises. Je dois avouer que, dans le cas où l'œuf est tendu sur la tête sans intermédiaire de liquide amniotique, il est souvent difficile de constater s'il est divisé ou non; mais l'incertitude ou l'erreur à cet égard n'a pas les mêmes dangers que les méprises précédentes, qu'il est au contraire facile d'éviter par le simple toucher, dès qu'on est prévenu de leur possibilité.

D'autres particularités peuvent faire croire à l'existence de la poche des eaux, lorsque l'œuf est divisé depuis longtemps; les principales sont, un épanchement considérable de liquide entre les os du crâne et les téguments chez les fœtus putréfiés, les céphalomatomes, les têtes hydrocéphales, les trombus du vagin. Je rappelle ici ces divers états, dont la plupart ont été décrits d'une manière spéciale, non pour donner leurs caractères différentiels, mais pour montrer qu'il faut, pour assister la femme en travail, même dans la prévision de l'accouchement naturel, une attention soutenue et une connaissance pratique exacte de toutes les conditions normales, exceptionnelles et morbides que peut offrir la parturition.

On doit s'assurer de bonne heure comment le fœtus se présente à l'entrée du bassin. Dans la présentation du vertex, cette connaissance peut s'acquérir souvent dès le début du travail. En général, le segment inférieur de la matrice, distendu par la tête, descend plus ou moins profondément dans l'excavation pelvienne, et le crâne peut facilement être reconnu, soit à travers la paroi du col, et mieux encore en introduisant le doigt dans l'orifice de la matrice. Si on trouve la cavité du bassin complétement vide, qu'on ne puisse à peine ou pas du tout atteindre la partie qui se présente, si elle est séparée de l'orifice de la matrice par une grande quantité de liquide amniotique, on peut présumer avec beaucoup de vraisemblance que ce n'est pas le vertex qui s'avance le premier; car les cas où il reste aussi élevé, lorsque toutes les conditions sont régulières de part et d'autres sont très peu nombreux, et la pensée devra se reporter sur une présentation de l'extrémité pelvienne, du tronc, de la face. Dans un certain nombre de cas, le palper abdominal, l'auscultation, pourra faire reconnaître la véritable situation du fœtus; mais dans le plus grand nombre de ceux où il reste élevé au-dessus du détroit, ce n'est qu'après la dilatation de l'orifice et la rupture de la poche des eaux qu'on pourra reconnaître avec certitude la présentation. Je renvoie aux articles particuliers où j'ai traité du diagnostic de chacune d'elles et de ses difficultés. Mais je le répète, il importe de reconnaître de bonne heure la partie du fœtus qui se présente; car si, dans les présentations inégalement désirables dans l'intérêt du fœtus, où l'expulsion doit être abandonnée aux forces de la nature, cette connaissance n'a d'autre avantage que de fixer de bonne heure l'esprit sur le plus ou le moins de dangers que le travail va faire courir à l'enfant, il n'en est plus de même dans la présentation du tronc, où l'attitude du fœtus doit être changée, dans l'intérêt de la mère et de l'enfant, au moment le plus opportun ; d'ailleurs il faut en outre prendre quelques précautions pour prévenir la rupture des membranes avant la dilatation du col, et tenter, lorsque le fœtus est très mobile, de changer la présentation, en combinant l'attitude de la femme avec quelques manipulations extérieures. Lorsqu'il n'a pas été possible de distinguer l'espèce de présentation avant la dilatation plus ou moins complète de l'orifice de la matrice et la rupture de la poche des eaux, il faut, aussitôt que l'œuf est divisé, à moins que l'écoulement des eaux n'ait été prématuré, s'assurer de la partie qui se présente, et si elle se présente seule. Une partie des obstacles ayant disparu, et n'étant plus retenu par la crainte de rompre les membranes avant que le col soit complétement dilaté, cet examen conduit ordinairement à un résultat certain. En constatant la présentation, on reconnaît ordinairement si elle est franche ou irrégulière. La connaissance de cette dernière circonstance n'a pas la même importance ; car si elle donne quelquefois lieu à des indications particulières, c'est à une époque beaucoup plus avancée du travail ; à moins que la déviation de la tête ou du pelvis ne dépende d'une inclinaison anormale de l'utérus, alors c'est de celle-ci que se tire l'indication.

La connaissance des positions, c'est-à-dire des rapports précis avec le bassin de l'extrémité qui se présente, n'a pas la même importance, puisque dans toutes, l'expulsion doit être confiée aux forces de la femme. Dans les positions de la tête ou du pelvis où le plan antérieur du fœtus correspond primitivement en avant, l'expulsion peut à la vérité être entravée dans le mouvement de rotation qui ramène dans l'arcade des pubis le plan postérieur, et la tête éprouver de grandes difficultés à se dégager la face en avant ; mais dans ce cas, au moment où l'intervention de l'art devient nécessaire, le travail est si avancé, que le diagnostic n'offre plus de difficultés. Si nous avons paru mettre une grande importance à reconnaître les positions au début du travail et à distinguer celles qui sont primitives de celles qui sont consécutives, c'est plutôt en vue de l'étude du mécanisme de l'accouchement que des conséquences pratiques qui en découlent. Je ne voudrais pas cependant faire croire qu'après avoir constaté la présentation je ne mette plus aucune importance à reconnaître la position dans l'accouchement naturel ; je veux seulement dire que cette connaissance n'a qu'une importance secondaire, tant qu'il n'y a point d'indication à remplir, soit avec la main, soit avec le forceps, et que si on ne l'acquiert pas d'abord en constatant la présentation, ce qui arrive souvent, il ne convient pas de prolonger ou de répéter outre mesure des recherches qui peuvent provoquer de l'irritation dans les parties et troubler l'action dynamique de l'utérus.

3° Un autre point qui doit fixer l'attention de l'accoucheur, c'est de constater l'état du fœtus dans la matrice, de déterminer s'il est vivant ou mort, s'il souffre ou non. L'auscultation convenablement pratiquée peut résoudre la question d'une manière certaine quant au premier point ; mais les indices fournis par l'auscultation, les mouvements spontanés, lorsque le travail se prolonge, sont le plus souvent insuffisants pour indiquer si le fœtus est dans un état de souffrance ou en danger de perdre la vie. Comme ce n'est qu'après la rupture des membranes que le travail devient dangereux pour le fœtus, il faut s'assurer s'il ne s'échappe pas de méconium par la vulve. Dans les présentations autres que celle de l'extrémité pelvienne, ce signe a une grande valeur ; mais malheureusement il manque souvent dans la présentation de la tête, parce que celle-ci bouche presque hermétiquement le canal vulvo-utérin.

4° On doit également chercher à se faire une idée aussi exacte que possible de la terminaison probable de l'accouchement, relativement aux conséquences plus ou moins graves qu'il peut avoir pour la mère et pour l'enfant. Les cas dans lesquels le fœtus se présente par le tronc, ceux dans lesquels l'état de conformation du bassin, des organes génitaux, en un mot tous les cas de dystocie doivent être appréciés, autant que possible, d'avance ou pendant la première période du travail, afin que les divers moyens qu'ils réclament soient employés au moment le plus opportun, et qu'on ne promette pas à la famille de la patiente un accouchement ordinaire, quand une intervention active est nécessaire ou au moins extrêmement probable. L'existence de la mère ou de l'enfant, la réputation de l'accoucheur y sont également intéressées. Nous disons cela sans anticiper sur les différentes espèces de dystocie ; car, pendant la première période du travail, les phénomènes et la marche sont ordinairement les mêmes. Nous renvoyons pour les autres indications aux divers articles que comprend la dystocie.

Nous avons à nous occuper ici, principalement, des cas dans lesquels la conformation et la santé de la femme sont à l'état normal, le fœtus se présentant à l'entrée du bassin par l'extrémité céphalique ou par l'extrémité pelvienne, c'est-à-dire des accouchements réunissant les conditions d'une expulsion spontanée et heureuse, qu'on abandonne pour cela aux ressources de l'organisme, et qui sont, relativement aux autres, dans une immense majorité. Nous avons apprécié à leur juste valeur les dangers respectifs de l'accouchement par le vertex, la face et le pelvis, et nous avons vu combien, dans l'intérêt de l'enfant, il était à désirer qu'il se présentât par le vertex. Pour la mère, les dangers, les souffrances et la longueur du travail ne diffèrent pas sensiblement; mais comme l'accouchement par la face et surtout par le pelvis exige bien plus souvent une intervention active pour soustraire le fœtus aux dangers qu'il peut courir, l'accouchement par le crâne est préférable aux deux autres, non seulement pour le fœtus, mais encore pour la mère. Les présentations inclinées, les positions dans lesquelles le fœtus doit exécuter un mouvement de rotation étendu pour traverser plus facilement le détroit inférieur, imposent une certaine réserve et une attention plus suivie des phénomènes mécaniques de l'expulsion. Mais la présentation, la position et la succession plus ou moins régulière des phénomènes mécaniques de l'accouchement ne sont pas les seules circonstances qui font varier la gravité de l'accouchement. Chez quelques femmes, antérieurement prédisposées ou non, la grossesse développe une telle prédisposition soit aux affections spasmodiques, soit aux hémorrhagies, qu'il y a lieu de craindre que ces graves accidents n'éclatent pendant le travail. Chez d'autres, c'est un allanguissement considérable de l'utérus, des suspensions prolongées des contractions, qui donnent au travail une longueur propre à mettre à l'épreuve la patience de la femme et de l'accoucheur. Chez quelques unes, les contractions sont si douloureuses, si fatigantes, qu'elles menacent d'épuiser les forces de la patiente. Je ne mentionne seulement ici des accidents dont il a été traité plus loin que pour montrer sur combien d'objets l'attention de l'accoucheur doit se porter, et à quelle surveillance active il doit se livrer dans son rôle en apparence si passif.

Le travail peut être troublé d'une manière imprévue : tel accouchement qui se présente dans les meilleures conditions, et qui marche d'abord régulièrement, peut se terminer d'une manière fort inattendue, tandis que tel autre qui a débuté sous des auspices fâcheux se termine heureusement.

La femme en travail doit complètement ignorer les inquiétudes de l'accoucheur, dont l'attitude doit rester calme et inspirer la confiance. S'il juge à propos d'avoir recours à quelques moyens préventifs, il cherchera des prétextes qui ne puissent pas inspirer de craintes. D'ailleurs, il ne sera guère interrogé que sur le moment de la délivrance ; et quoique le travail présente une marche qui, dans un grand nombre de cas, permet d'établir d'une manière approximative le terme de l'accouchement, la durée du travail considérée individuellement est par elle-même trop variable, trop de causes différentes peuvent la ralentir, pour que l'on puisse se prononcer d'une manière certaine. En donnant des espérances qui peuvent ne se réaliser qu'assez longtemps après, on s'expose à jeter la femme et les parents dans l'inquiétude. Dans la prévision d'accidents graves, ou de la nécessité de l'intervention de l'art pour terminer l'accouchement, le médecin devra, dans l'intérêt de sa propre réputation, faire part de ses craintes à quelques personnes de la famille.

2. *Objets que l'accoucheur doit avoir à sa disposition.*—Cet appareil ne se compose pas seulement en vue des besoins de l'accouchement naturel, mais encore des complications qui peuvent surgir plus ou moins brusquement. Outre les instruments que tout médecin a constamment à sa disposition, tels que lancettes, sonde de femme, ciseaux, etc., il doit encore être muni, dans la prévision d'accidents inopinés, d'une sonde en gomme élastique avec son mandrin, pouvant servir à la réduction du cordon, d'un forceps, qui doit être soustrait aux yeux de la femme : quelquefois la vie de la mère, et assez souvent celle de l'enfant, dépendent d'une prompte extraction, qui dans quelques cas ne peut être accomplie que par le forceps, et dans d'autres beaucoup plus avantageusement que par la version. Il peut être également avantageux d'être muni d'un peu d'ergot de seigle récemment pulvérisé, d'extrait de belladone, d'éther, de teinture d'opium, etc. Mais la plupart de ces précautions ne sont guère obligatoires qu'à la campagne, ou dans les lieux où il ne peut pas se procurer ces objets dans un court délai. Il doit encore porter son attention sur d'autres objets qu'il trouve presque toujours à sa disposition près de la femme, tels que fils cirés, compresses, charpie, pour le cas où il serait forcé d'avoir recours au tamponnement ; seringue à injection, vinaigre, eau froide, eau chaude, linges chauffés, liqueurs spiritueuses propres à ranimer la femme et à faire des frictions sur le corps du fœtus, un morceau de flanelle, des plumes garnies de leurs barbes, etc.

3. L'accoucheur a besoin de peu d'aides : la garde-malade, une personne que la femme aura choisie pour être près d'elle suffisent ; il doit éloigner les importuns qui s'imposent par affection et

qu'elle n'ose repousser. Parmi ceux-ci se trouvent souvent sa mère, ses proches, son mari : le sentiment de la pudeur a quelquefois plus à souffrir de la présence d'une personne qui lui est chère, et dans l'intimité de laquelle elle a vécu, que de la présence d'une étrangère ; d'autres fois c'est le contraire ; plusieurs femmes désirent avoir près d'elles leur mari. Ce sont autant d'impressions que l'accoucheur doit s'attacher à saisir afin de mettre la femme en travail à son aise. Parmi les personnes désirées, on ne doit tolérer que celles qui sont habituées aux souffrances des femmes en couches, et qui sont prudentes, discrètes, et capables de maîtriser leurs impressions.

4. *Préparer le lit de travail.*—1° La meilleure position à donner à la femme en travail est de la faire coucher sur le dos ou sur le côté, sur un lit ordinaire, sur un lit de sangle, sur un large canapé, etc. L'usage a conservé, relativement au lit et à la position de la femme, des différences qu'il est bon de constater. Il paraît que dans quelques parties de l'Allemagne on se sert encore de *chaises-lits* des anciens, à dossier mobile, avec siége percé et soutien pour les pieds. De pareils fauteuils appropriés à la circonstance doivent être très commodes ; mais, outre les inconvénients de leur transport, il est si facile de les remplacer par des meubles usuels qu'on rencontre partout, qu'on a de la peine à concevoir comment des inutilités aussi embarrassantes ont pu faire partie de l'appareil de l'accoucheur. Il y a longtemps qu'ils ont complétement disparu en France. En Angleterre, les femmes accouchent dans leur lit ordinaire, où elles sont déshabillées et couchées sur le côté gauche, les jambes et les cuisses fléchies, et écartées par un oreiller placé entre les deux genoux, le siège très rapproché du bord. Le lit est préalablement garni par une toile cirée recouverte d'un drap plié en plusieurs doubles. Dans cette situation, les mouvements du médecin sont complétement libres et ne sont pas gênés par le dossier du lit ; les liquides qui s'échappent de la vulve, s'ils sont abondants, glissent facilement sur les pièces de linge qui garnissent le bord du lit, et l'on peut facilement éviter leur stagnation. Après la délivrance, les pièces sont retirées et remplacées par d'autres, et la femme n'a pas à changer de lit. Cette manière de faire a des avantages incontestables, mais elle a aussi des inconvénients : malgré tout le soin qu'on peut mettre à garnir le lit, il est difficile qu'on puisse le garantir complétement de toute humidité ; il est moins propre au repos que s'il avait été préparé pour recevoir la femme après sa délivrance.

En France, on leur fait prendre le décubitus dorsal sur un lit préparé exprès, qu'elles quittent après la délivrance. On se sert généralement du lit de sangle, dont l'usage est très répandu, et qu'on trouve dans presque toutes les maisons. On le dispose de manière que l'extrémité qui doit correspondre à la tête soit appuyée contre un des murs de la chambre, afin que l'on puisse circuler commodément sur les côtés et au pied. Il y a différentes manières de disposer les matelas : ordinairement sur un premier étendu dans toute sa longueur, on en place un second doublé, de sorte qu'on puisse faire correspondre le siége de la femme à la saillie qu'il forme sur le milieu de l'autre ; à la tête, ils sont relevés par deux chaises renversées, adossées au mur. Lorsqu'on n'a à sa disposition qu'un seul matelas, on l'étend dans toute sa longueur, ou on le double comme il vient d'être dit. Il vaut beaucoup mieux, qu'on en ait deux ou un seul, les étendre dans toute leur longueur, comme pour le coucher ordinaire, en ayant soin d'en soulever la partie qui doit correspondre au sacrum par un traversin de crin, de balle d'avoine, ou tout autre corps résistant dont la forme est appropriée au but qu'on se propose ; des oreillers ordinaires suffisent pour relever la tête et la partie supérieure du tronc. La femme est plus à son aise sur un lit ainsi disposé ; elle peut changer de position et y reposer. De quelque manière qu'on ait disposé les matelas, on les garnit d'un drap, d'alèzes, quelquefois d'une toile cirée fixée sur le second matelas ; cette toile ne doit pas être neuve, parce qu'elle répand, à mesure qu'elle s'échauffe, une odeur désagréable. On fixe ordinairement près de l'extrémité du lit qui correspond aux pieds une barre pour leur servir de point d'appui pendant les grands efforts d'expulsion ; un drap, une légère couverture suivant la saison, devront protéger la femme contre le froid.

Je le répète, un canapé, tout lit qui, outre ses oreillers, se compose d'une paillasse et d'un matelas de crin, peut aisément être transformé en lit de travail. Si on se sert de celui dans lequel doit reposer la femme, il faudra particulièrement s'attacher à en relever la partie qui correspond au sacrum, et à le garnir convenablement, afin qu'il ne conserve pas d'humidité lorsqu'on aura enlevé la toile cirée et les draps pliés en forme d'alèze, qu'on remplace par d'autres secs et chauffés. Le pied du lit est garni d'un traversin qui sert de point d'appui aux pieds de la femme. Malgré tout le soin possible, il est rare que le lit ne soit point sali et imprégné d'humidité, de sorte qu'un lit préparé pour le travail est réellement préférable, malgré la difficulté quelquefois assez grande de transporter la femme d'un lit à l'autre, et le danger qu'elle court de se refroidir.

2° Ce lit servant à la fois de lit de travail et de repos, et devant être pris et quitté plusieurs fois avant la terminaison de l'accouchement, la femme conserve une partie de ses vêtements, mais les liens qui entourent le tronc et les membres inférieurs doivent être relâchés et enlevés.

3° Jusqu'au moment où la femme doit se coucher, on peut lui permettre de se promener, de s'asseoir ou de se coucher à son gré. Le moment opportun pour la faire coucher est celui où l'orifice utérin est largement ouvert et la poche des eaux sur le point de se rompre, c'est-à-dire vers la fin de la période de dilatation. En général, on ne doit pas attendre la rupture de la poche des eaux, parce que, dans quelques cas, la sortie de l'enfant suivant de très près celle des eaux, la femme pourrait être surprise dans une position désavantageuse pour elle et pour l'enfant. Mais lorsque, après la division de l'œuf, la marche du travail est lente ou arrêtée, lorsque les douleurs sont éloignées et faibles, et que la partie qui se présente reste en place, on peut conseiller à la femme de se lever, de s'asseoir ou de marcher. C'est souvent pour elle un grand soulagement de changer de position dans l'intervalle des douleurs, et ce serait la condamner à un tourment inutile que de s'opposer à ces changements; mais à une époque avancée du travail, elle est souvent en sueur; il y aurait danger de lui permettre de se lever dans cette circonstance, parce qu'elle pourrait être prise de refroidissement. D'un autre côté, il est convenable de faire coucher dès le commencement du travail les femmes faibles, celles qui sont exposées aux hémorrhagies, celles qui ont le ventre pendant, ou qui sont affectées de hernies, d'œdèmes, de varices très prononcés des membres inférieurs et de la vulve, etc. Une grande mobilité du fœtus, une présentation du tronc, peuvent conduire également à faire coucher de bonne heure la femme, afin de prévenir une mauvaise présentation dans le premier cas, et la rupture prématurée des membranes dans le second. On est quelquefois forcé de soutenir presque debout, ou plutôt demi-assises, quelques femmes qui, se trouvant dans des conditions pathologiques particulières, ne peuvent rester couchées sans éprouver une suffocation intolérable.

4. *Soins hygiéniques.* — 1° Il faut, autant que cela est possible, que la chambre qu'occupe la femme en couches soit suffisamment grande, bien aérée et éloignée du bruit. Mais il est rarement au pouvoir du médecin de choisir les conditions de ce genre; ce sont là des indications qui ne peuvent que très imparfaitement être remplies dans les classes inférieures des grandes villes. La température de l'appartement doit être douce, trop élevée ou

trop basse, elle peut exposer à des accidents divers. On recommande d'en éloigner les substances odorantes, à cause de l'effet qu'elles produisent chez quelques femmes enceintes.

2° Les vêtements que la femme en travail conserve pour pouvoir se lever, se promener, doivent être amples, légers, toutefois en rapport avec la saison, et serrés sur aucun point. Elle doit se faire natter les cheveux, afin qu'elle ne soit pas dans la nécessité de se faire coiffer pendant les premiers temps des couches.

3° Quand la durée du travail reste dans les limites ordinaires, on ne doit point accorder d'aliments; l'estomac a peu d'aptitude à digérer, et, pour peu qu'il soit distendu ou chargé, il est disposé à les rejeter; il en résulte un malaise général, des nausées, etc., qui fatiguent beaucoup les femmes; mais, si elle se prolongeait d'une manière tout-à-fait insolite, s'il y avait de longues suspensions dans l'action de l'utérus, et qu'il y eût besoin réel de manger, il faudrait accorder quelques aliments liquides, du bouillon, un potage léger, du lait coupé. Des aliments solides pourraient bien, dans quelques cas, n'avoir aucun inconvénient, mais il vaut mieux s'en abstenir. Si la prolongation du travail coïncidait avec de l'agitation, un état fébrile, il faudrait proscrire toute espèce d'aliments, qui ne pourraient qu'aggraver cet état.

4° Les efforts du travail déterminent ordinairement le desséchement de la bouche, une soif plus ou moins vive; on satisfait à ce besoin avec de l'eau sucrée, une infusion adoucissante ou légèrement aromatique, de la limonade, de l'eau vineuse, etc., suivant les goûts et l'aptitude de l'estomac pour telle boisson plutôt que pour telle autre. Les femmes en travail désirent ordinairement des boissons froides qu'on peut sans inconvénients leur laisser prendre à la température de l'appartement. Lorsque la soif est très vive, il faut leur recommander de boire peu à la fois, afin de ne pas provoquer d'envies de vomir. Celles qui ont des nausées sont souvent tourmentées par des efforts de vomissements aussitôt après avoir ingéré même une petite quantité de liquide dans l'estomac; dans ce cas, une tranche d'orange, un fragment de glace, peuvent être avantageusement employés pour étancher la soif. Lorsqu'il y a indication de ranimer les forces, de déterminer un peu d'excitation générale, on doit administrer quelques cuillerées d'une boisson diffusible et excitante; une petite quantité de vin vieux, de vin de liqueur pur ou mélangé d'eau, est un des meilleurs excitants qu'on puisse employer. L'abus qu'on a fait de l'usage du vin ne doit pas le faire proscrire d'une manière absolue; d'ailleurs la funeste tradition de faire prendre en grande quantité du vin chaud aux femmes en travail et en couches paraît être tombée en désuétude jusque dans les campagnes les plus arriérées.

5° Il faut s'assurer, dès le début du travail, si le rectum contient des matières fécales; un lavement d'eau simple, ou rendue émolliente, suffit le plus souvent pour l'en débarrasser. S'il était insuffisant, ou qu'il y eût de la constipation, on le rendrait laxatif et même légèrement purgatif par l'addition d'une cuillerée de sel commun, d'une petite quantité de savon ou mieux d'huile ordinaire ou de ricin, mélangée à un jaune d'œuf pour le suspendre dans le liquide. Les selles procurées par ces lavements facilitent le passage du fœtus, déterminent la sortie des gaz intestinaux, dont l'accumulation pourrait occasionner des coliques; ils sont d'ailleurs utiles pour la propreté.

6° Il faut également l'engager à rendre ses urines, s'assurer si la vessie n'est pas distendue. Si elle ne peut se vider qu'incomplétement, il faut avoir recours au cathétérisme. Il ne faut pas oublier que quelques femmes, pendant le travail, retiennent leurs urines par un sentiment de pudeur, et que la présence de l'accoucheur ou de toute autre personne peut neutraliser le besoin d'aller à la selle, d'uriner; on doit avoir le soin de se retirer momentanément pour qu'elles essayent de satisfaire à leur besoin.

5.—L'assistance doit être sérieuse et réelle. On ne saurait trop blâmer la conduite de beaucoup de médecins qui ne semblent rechercher si le moment de la délivrance est prochain ou éloigné que pour gagner du temps et s'éviter les ennuis d'une longue assistance. Un rôle en apparence passif leur paraît au-dessous de leur dignité, et ils croient avoir tout fait s'ils sont là pour soutenir le périnée et pour recevoir l'enfant. Les gens de l'art qui veulent véritablement être dignes de leur profession doivent se conduire autrement, et apprendre de bonne heure à mettre la patience au nombre de leurs devoirs. Si au début du travail, et pendant le commencement de la première période, lorsque le travail marche lentement, on peut momentanément s'absenter lorsque l'esprit de la femme est calme, pour remplir quelques uns des devoirs de notre profession, ces absences, qu'il faut éviter autant que possible, doivent être de courte durée; il faut en outre pouvoir être rappelé dans le plus bref délai, s'il y a lieu. Dans l'accouchement le plus simple et le plus complétement exempt de complication, la femme en travail a besoin d'être tranquillisée, afin de ne pas donner place dans son esprit aux idées sinistres; les primipares, les femmes qui accouchent dans un âge déjà avancé, sont surtout dans ce cas, et la présence de l'accoucheur seule peut atteindre ce but. C'est pour cela qu'il doit être doux, affable, soit lorsqu'il l'engage à avoir de la patience, soit lorsqu'il relève son courage. Ses discours doivent respirer la confiance ; une conversation paisible et gaie, soit avec la femme en travail, soit avec les assistantes, contribue beaucoup à la calmer. Il doit surtout éviter de parler d'accouchements pénibles, lui faire comprendre que la parturition est une fonction douloureuse ; que les douleurs qu'elle éprouve sont très utiles alors même qu'elles semblent pour elle n'avoir aucun résultat ; qu'elles préparent lentement, mais sûrement les voies ; que des accouchements prompts ne sont nullement à désirer, etc.

On doit surveiller les efforts d'expulsion : il est des femmes qui, espérant être plus tôt délivrées, ou mal conseillées par les personnes qui les entourent, se livrent à des efforts volontaires qui sont faits en pure perte, et qui peuvent avoir d'autres inconvénients que de les fatiguer. On doit leur faire comprendre qu'elles ne doivent se livrer à aucuns efforts d'expulsion avant qu'ils soient sollicités par le sentiment de ténesme provoqué par la présence du fœtus dans les derniers temps de l'expulsion. D'autres, qui semblent vouloir se soustraire à l'action de l'utérus et des muscles abdominaux, s'agitent en divers sens, se renversent en arrière, etc. ; ce n'est souvent qu'avec beaucoup de peine, et en leur parlant avec autorité qu'on parvient à faire cesser ces mouvements désordonnés. Quelques unes présentent un phénomène inverse, et se livrent avec tant de violence aux efforts d'expulsion, qu'on a lieu de craindre quelques accidents si on ne parvient à régler leurs efforts et à les rendre plus dociles aux conseils qu'on leur donne. Une fois que l'accoucheur s'est assuré de la présentation et de la position, il ne doit plus pratiquer le toucher que de loin en loin ; il faut éviter, lorsque le travail se prolonge, de céder à un sentiment d'impatience qui nous conduit souvent à répéter le toucher à des moments très rapprochés ; outre qu'il n'est pas nécessaire, il peut produire de l'irritation dans le conduit vulvo-utérin. Cette exploration doit toujours être faite avec circonspection et sans découvrir la femme.

11. INDICATIONS RELATIVES A CHAQUE PÉRIODE DU TRAVAIL ET A CHAQUE PRÉSENTATION NATURELLE EN PARTICULIER. — L'ordre que nous avons suivi dans l'exposition des phénomènes de l'accouchement naturel nous conduit à renvoyer à d'autres chapitres les indications relatives au nouveau-né, à la délivrance et à la femme elle-même immédiatement après l'accouchement, malgré leur connexion immédiate avec celles que nous posons ici, et quoiqu'il convienne de les avoir également présentes à l'esprit dans l'admi-

nistration des soins que réclame le travail de l'accouchement.

1. *Période de dilatation de l'orifice de la matrice.* — 1° Aussitôt qu'on s'est assuré que la femme est en travail, qu'on a pris connaissance de son état de santé, de conformation, on prépare tout ce qui peut être nécessaire pendant le travail et après l'accouchement; on doit avoir tout sous la main, afin de ne pas être obligé de le préparer ou de l'envoyer chercher au moment où l'on en a besoin ; on met la femme dans les conditions les plus avantageuses pour l'acte qu'elle va accomplir, en remplissant les prescriptions qui sont indiquées avec détails dans les paragraphes précédents ; on doit également porter son attention sur ce qui est nécessaire dans un cas imprévu. On doit avoir constamment présent à l'esprit que, dans le cas même où les conditions les plus avantageuses pour la mère et pour l'enfant se trouvent réunies, telles qu'accouchements antérieurs faciles, santé florissante, bonne conformation, présentation naturelle, marche régulière du travail au début, en un mot; lorsque les circonstances promettent, d'après les connaissances humaines, un accouchement des plus faciles et des plus heureux, il peut arriver, soit pendant l'expulsion du fœtus, soit immédiatement après, des accidents capables de compromettre la vie de la mère ou de l'enfant.

2° Si l'on n'a pas pu reconnaître avant l'ouverture du col la présentation, il faut pratiquer de nouveau le toucher pour s'assurer de la partie qui se présente, et si elle se présente seule. Cet examen doit être fait avec beaucoup de ménagement et de prudence, afin de ne pas déchirer prématurément la poche des eaux. Lorsqu'on est convaincu qu'on a affaire à une bonne présentation, et que ni les mains ni le cordon ne tendent à s'engager en même temps, on doit s'abstenir de tout autre examen, et attendre que le col se dilate de lui-même.

3° Lorsqu'au début du travail, ou à une époque avancée de la période de dilatation, on ne sent aucune partie de l'enfant se présenter, le bassin n'étant pas rétréci, c'est une présomption assez fondée de la présentation du tronc ; il faut alors redoubler de soin pour empêcher la rupture prématurée de la poche des eaux, en faisant coucher de bonne heure la femme, et en l'empêchant de se livrer à des mouvements étendus et brusques. Si l'on peut s'assurer par le toucher abdominal qu'il s'agit réellement d'une présentation du tronc, on devra chercher, à l'aide de manipulations extérieures ménagées, à changer la présentation. (Voy. *Acc. dans la présentation du tronc.*)

4° Pour beaucoup de femmes, les douleurs qui ont lieu pendant la période de dilatation sont les plus violentes et les plus intolérables ; comme elles ne les voient suivies d'aucun résultat, que le ventre reste le même, le découragement, l'impatience, s'emparent souvent de leur esprit ; elles supposent qu'elles ne pourront jamais accoucher ; qu'elles sont dans la situation la plus grave. C'est le cas de déployer toutes les ressources propres à les rassurer, en leur faisant comprendre que les douleurs qu'elles souffrent ne sont pas perdues ; qu'elles préparent un accouchement heureux. Il faut éviter de répondre d'une manière précise aux questions pressantes qu'elles adressent pour qu'on leur dise combien de temps elles ont encore à souffrir ; car une erreur que le praticien même le plus consommé peut facilement commettre pourrait avoir pour résultat de leur enlever la confiance qu'elles mettent dans la personne qu'elles ont choisie pour les assister ; de plus, cette erreur augmenterait l'inquiétude, l'anxiété, ce qui pourrait avoir des conséquences fâcheuses. Il faut chercher à gagner du temps par les divers moyens que les circonstances peuvent suggérer, rester calme, patient, leur permettre de se coucher, de se lever, de s'asseoir, de se promener, de changer d'attitude, mais empêcher qu'elles ne se livrent à des mouvements désordonnés et dangereux.

5° Quoiqu'on ne puisse pas prévoir d'après des règles sûres l'effet que produiront les douleurs, ni apprécier exactement par le toucher les progrès et la durée probable du travail, on ne doit pas moins chercher à se rendre compte des circonstances qui, sans constituer un trouble dans l'action dynamique de l'utérus, une anomalie, un état pathologique du col, réclamant des indications particulières, rendent la dilatation de l'orifice de la matrice facile et peu douloureuse, où longue et pénible, sans réclamer d'autres soins que de la patience de la part de la femme et de l'accoucheur. Ces circonstances sont les suivantes : lorsqu'on trouve le segment vaginal de l'utérus infundibuliforme, l'orifice utérin mince, mou, extensible, correspondant au centre du bassin et les saillies formées par les lèvres en grande partie effacées ou très molles, la dilatation est ordinairement facile, rapide et peu douloureuse. Il en est généralement de même dans presque tous les cas où le segment inférieur de l'utérus modérément distendu plonge dans l'excavation du bassin, si l'orifice de la matrice n'est pas dévié de sa position normale. Dans la plupart de ces cas et dans ceux qui s'y rapportent, il se produit souvent, avec des douleurs modérées, une dilatation considérable dans un court espace de temps ; bien plus, on trouve quelquefois l'orifice utérin en grande partie et même complétement dilaté, sans que les contractions utérines se soient manifestées par des douleurs vives et fatigantes. Dans les cas où le segment inférieur de l'utérus distendu et fort abaissé dans l'excavation pelvienne, est exactement appliqué sur la tête, et si tendu, qu'un observateur superficiel le prendrait pour la tête elle-même, la dilatation est moins facile et plus douloureuse, bien que le col ne soit pas dévié; mais s'il est porté très haut en arrière, ou si la portion distendue du segment vaginal de l'utérus trop abaissée tend à former une espèce de prolapsus à l'entrée du vagin, le travail est ordinairement pénible et traîne en longueur. Un état de fermeté de l'orifice utérin avec des lèvres effacées ou proéminentes, un orifice épais et comme œdémateux, indiquent généralement un travail lent; car tant que ces états durent, la dilatation fait peu de progrès. Si au lieu d'un orifice aminci, plat, on trouve un orifice tubulé ou représentant un canal court, formé en partie par la saillie des lèvres et en partie par la portion vaginale du col qui les supporte, sa dilatation se faisant comme si l'accouchement était prématuré, de haut en bas, jusqu'à ce qu'on ne sente plus de dureté qu'à l'orifice, le travail dure longtemps, et les douleurs ne produisent que des effets lents et peu apparents. Cependant, lorsque l'orifice tubulé est formé par un tissu très mou et très extensible, non œdémateux, les progrès de la dilatation sont ordinairement rapides; tandis qu'il arrive assez souvent qu'un orifice mince sans proéminence des lèvres, parfaitement au niveau du reste de la matrice, mais formant un anneau dur et étroit, supporte plusieurs heures de travail pour s'ouvrir de quelques lignes. En général, lorsque la partie vaginale du col ne fait pas partie du segment infundibuliforme qui se caractérise de plus en plus à mesure que le terme de la grossesse approche, mais qu'elle forme un mamelon ferme, très apparent, surtout au niveau des lèvres, la première partie de la période de dilatation est longue. Il en est généralement de même dans les cas où, pendant la douleur, l'orifice s'ouvre assez largement, et où le reste de la saillie vaginale s'efface, mais se reforme aussitôt après, tandis que l'orifice de la matrice reprend son étroitesse primitive. Ces divers états de l'orifice utérin, peu favorables à une dilatation rapide, peuvent se changer très rapidement en un état tout opposé, et l'accouchement, qui semblait d'abord devoir traîner en longueur, se terminer avec une vitesse inattendue. Lorsque l'orifice utérin reste élevé, que le segment inférieur de l'utérus proémine peu dans l'excavation du bassin, la dilatation est ordinairement longue à se faire, et marche encore plus lentement lorsqu'elle approche de son dernier terme; et quoique l'orifice de la matrice soit largement dilaté, il se passera encore un temps assez long avant que la tête ou le pelvis puisse le franchir. Ces particularités et plusieurs autres que je passe sous silence doivent être présentes à la pensée de l'accoucheur, pour qu'il ne perde pas lui-même patience et qu'il ne suppose pas à tort des conditions de dystocie. Quelquefois cependant il sera conduit à avoir recours à quelques uns des moyens indiqués contre les troubles de l'action dynamique de l'utérus, symptomatiques d'un état particulier du col. (*Voy.* t. II, chap. II, sect. 1re.) Mais dans ces cas, il ne faut pas se laisser trop aller facilement et d'une manière hâtive à prescrire les moyens qui peuvent accélérer le travail; plusieurs de ces moyens, en excitant des douleurs trop vives, pourraient augmenter l'irritation et produire l'épuisement. Les accouchements dont la marche est lente au début se terminent souvent promptement et heureusement, tandis que ceux qui débutent par de vives douleurs et qui marchent d'abord rapidement, se terminent quelquefois lentement. Un travail de dilatation lent et pénible est souvent accompagné de douleurs de reins fatigantes qu'on soulage quelquefois d'une manière sensible en soutenant la région lombo-sacrée avec des linges convenablement disposés, avec les mains, etc.

6° L'accoucheur ne doit, sous aucun prétexte, lorsque la dilatation ne marche pas assez vite à son gré, s'aviser d'élargir, de dilater l'orifice utérin. Ces manœuvres, comprises sous le nom de *petit travail*, souvent pratiquées sur le vagin et la vulve par quelques sages-femmes ignorantes, ou ayant remplacé les préceptes qu'elles ont reçus contre de vieilles routines à l'aide desquelles elles se donnent plus d'importance, conservent encore de la faveur dans quelques pays arriérés et dans les basses classes. Ces manœuvres appliquées au col ont beaucoup plus d'inconvénient qu'à la vulve, et peuvent déterminer un trouble profond dans l'action de l'utérus, une irritation spasmodique de son col. On peut déclarer hautement que beaucoup d'accouchements sont rendus difficiles et laborieux, parce que l'ordre du travail a été dérangé par des soins officieux intempestifs ou mal entendus, et par une conduite déplacée.

7° Quoique la division prématurée de l'œuf ne paraisse pas, dans la plupart des cas, avoir des inconvénients bien sérieux, on ne doit pas songer à rompre les membranes avant la dilatation complète de l'orifice de la matrice, à moins de se trouver dans quelques uns des cas spécifiés dans le tome II ; il faut, au contraire, les ménager autant que possible en pratiquant le toucher : il est bien certain que leur conservation jusqu'à la dilatation complète de l'orifice utérin est avantageuse, et lorsqu'elles ne se rompent qu'à cette époque, l'accouchement est ordinairement facile.

8° C'est ordinairement vers la fin de la période de dilatation qu'on fait coucher définitivement la femme. Pendant les douleurs, un aide doit soutenir les membres inférieurs légèrement fléchis et écartés.

9° Lorsque la poche des eaux est assez développée pour qu'on puisse s'attendre à sa rupture prochaine, il est bon d'en prévenir la femme, surtout si elle est primipare, afin qu'elle ne soit pas effrayée. Pour empêcher les linges placés sous elle de se mouiller, il est convenable, dès que la poche des eaux fait une saillie prononcée, de placer au-devant des parties génitales une éponge préalablement trempée dans de l'eau tiède et bien exprimée, pour recevoir le liquide qui va s'écouler ; à défaut d'éponges, on peut se servir de serviettes chaudes ; il ne peut guère être reçu commodément dans un vase que lorsqu'on perce artificiellement la poche des eaux. On doit avoir le soin d'examiner si le liquide qui s'écoule offre ses qualités ordinaires, s'il contient du méconium, s'il a son odeur accoutumée.

10° On doit généralement attendre que la rupture de la poche des eaux se fasse spontanément par la seule influence des efforts de l'utérus afin de se conformer à la marche régulière de la nature. Lorsque la présentation est naturelle, la division prématurée de l'œuf est loin d'avoir tous les inconvénients qui lui sont attribués ; cependant elle paraît quelquefois troubler et ralentir le travail, souvent elle l'accélère, mais il devient plus douloureux. Si elle ne devient pas plus fréquemment un danger pour le fœtus, c'est que la partie qui se présente ferme assez souvent hermétiquement l'orifice de la matrice pour qu'il reste une notable quantité d'eau dans l'utérus jusqu'à la fin du travail. On ne peut donc pas dire, avec quelques auteurs, que la perforation artificielle de la poche des eaux est toujours nuisible ; car, outre les cas déterminés où elle est indiquée pour remédier à une hémorrhagie, à une inertie persistante de l'utérus, à une grande mobilité du fœtus, qui l'expose à se présenter d'une manière moins avantageuse, etc., il en est d'autres où, sans avoir les mêmes avantages, elle est permise et même utile. Mais dans beaucoup de cas, où l'on croit la dilatation complète, si la poche rompt d'elle-même, ou si l'on vient à la rompre, on s'aperçoit que le col forme encore un rebord saillant et épais qui retient pendant quelque temps la partie qui se présente, et que l'intégrité de l'œuf n'était pas l'obstacle qui s'opposait à sa descente. Les accoucheurs qui rompent souvent les membranes lorsqu'ils supposent le col complétement dilaté, cèdent presque toujours à un mouvement d'impatience, qui a l'inconvénient de faire opérer les derniers degrés de la dilatation du col par une partie plus dure, moins régulière, et déterminant plus de douleurs. Si on attend, la partie qui se présente s'abaissant de plus en plus, retient au-dessus d'elle une plus grande quantité de liquide amniotique, ce qui est un avantage très réel dans les cas où la période d'expulsion doit se prolonger. Mais il est aussi des cas où la rupture de la poche des eaux n'a lieu qu'assez longtemps après que la dilatation est complète, et il en résulte un retard réel pour l'expulsion du fœtus ; ordinairement alors la tête coiffée par l'œuf, dont elle n'est séparée que par une très petite quantité de liquide amniotique, est descendue profondément, ou la poche des eaux assez volumineuse s'approche beaucoup de la vulve ; dans ces cas, la rupture spontanée ou artificielle est promptement suivie de l'expulsion du fœtus : ainsi une densité plus grande des membranes ou un ralentissement de l'action de l'utérus à la fin de la période de dilatation conduit quelquefois à diviser l'œuf. Mais hors ces cas, qui sont beaucoup moins communs qu'on ne le suppose généralement, la rupture artificielle de la poche des eaux, au moment où l'on suppose gratuitement que la nature devrait l'opérer, sans être pernicieuse, n'est pas avantageuse, et a même quelquefois des inconvénients. Lorsqu'on juge à propos d'y avoir recours, l'extrémité du doigt par une pression brusque lorsque la poche est très tendue, l'ongle, une plume taillée, un cure-dent, un stylet mousse lorsqu'elle est flasque, suffisent ordinairement pour l'opérer.

2. *Période d'expulsion.*—1° Immédiatement après l'écoulement des eaux, on doit s'assurer qu'on ne s'est pas trompé sur la présentation, que c'est bien réellement le crâne, ou la face, ou l'extrémité pelvienne, et que le cordon ou une main ne tend pas à descendre en même temps. Si l'on n'a pas pu, avant l'écoulement du liquide amniotique, soit à cause de l'élévation du fœtus, soit à cause de la tension de la poche des eaux, s'assurer de la position exacte de l'extrémité fœtale qui se présente, et de ses rapports précis avec le bassin, il faut procéder à cette recherche dès que la poche est ouverte ; elle est souvent plus facile dans ce moment que lorsque la partie est plus basse, mais tuméfiée, et plus ou moins déformée. La connaissance de la position devient importante, parce qu'il peut arriver, pour des causes diverses, qu'on soit dans la nécessité de terminer artificiellement l'accouchement ; et pour la sûreté et le succès de l'opération, il importe beaucoup de connaître la position.

2° Dans le cours de cette période, on doit borner son attention à la descente de la partie et éviter tout examen inutile. Beaucoup de femmes sont disposées à seconder leurs douleurs par des efforts d'expulsion volontaires; on doit les engager à rester tranquilles tant que ces efforts ne sont pas sollicités par la pression exercée sur le fond du bassin, et en quelque sorte involontaires. Ces efforts peuvent accélérer un peu la marche du travail; mais ils fatiguent la femme, qui peut manquer de force au dernier moment, lorsque leur emploi est le plus nécessaire. On ne doit pas la laisser se tourner d'un côté et de l'autre, soulever le bassin, renverser la tête en arrière; il faut l'engager à modérer ses cris s'ils sont excessifs. En général, les femmes souffrent avec beaucoup de patience et de courage les douleurs de cette période, parce qu'elles ont la conscience des progrès du travail et de sa fin prochaine. Le devant de la vulve doit toujours être garni de linges chauds, afin de recevoir le liquide, les mucosités qui s'en échappent. On doit soutenir les membres inférieurs alors même que les pieds ont un point d'appui pour reposer. Il faut prévenir la femme que les besoins pressants qu'elle éprouve d'uriner, d'aller à la garde-robe, sont de fausses sensations, et qu'elle ne doit pas s'en tourmenter ni se fatiguer à les réprimer. Mais comme à cette époque les matières fécales passent souvent involontairement, on étendra sous le périnée un linge fin, pour être retiré s'il est sali. On doit s'abstenir d'enduire le vagin, l'intérieur de la vulve, d'huile, de graisse, etc.: ces pratiques sont d'une utilité plus que douteuse; mais il faut surtout s'abstenir de dilater la vulve et le vagin avec la main, de déprimer la commissure postérieure et le périnée avec le doigt: ces manœuvres, connues sous le nom de *petit travail*, qui étaient autrefois habituelles, et qui sont encore mises en usage par quelques sages-femmes et quelques médecins, peuvent devenir très nuisibles et troubler d'une manière dangereuse la marche du travail.

3° Lorsque la partie qui se présente s'approche de l'extérieur et commence à réagir contre les parties molles, il faut donner à la femme une position convenable pour qu'on puisse soutenir commodément le périnée; si jusqu'à ce moment elle a été couchée le dos élevé, on doit retirer les coussins, afin qu'elle se trouve dans une position horizontale, s'assurer si le bassin est suffisamment relevé et soutenu. L'accoucheur ne doit plus quitter le côté droit du lit où il est assis; il surveille avec attention les progrès du travail, afin de pouvoir soutenir le périnée dès qu'il en sera temps, et ne pas se laisser surprendre par la sortie de la tête, qui a quelquefois lieu brusquement.

4° *Prévenir la rupture du périnée.* Lorsqu'on voit pour la première fois la distension du périnée au moment où les parties les plus volumineuses du fœtus sont sur le point de franchir la vulve, on ne peut se défendre de la crainte de voir la cloison ano-vulvaire se déchirer dans une grande étendue ; de là sans doute l'idée de soutenir de la main le périnée, au moment où la tête, le siége, lorsqu'il se présente le premier, les épaules, traversent la vulve. Cette manière de faire, universellement adoptée, est sans doute utile ; mais il est cependant difficile de se faire une idée exacte de son degré d'utilité, et de dire dans quelle proportion elle prévient ou borne à une très petite étendue la déchirure de la commissure postérieure de la vulve. En effet, si on porte son attention sur les femmes qui accouchent sans être assistées, soit parce que le travail a marché trop rapidement, soit par toute autre circonstance, on verra que les parties génitales externes ont ordinairement conservé leur intégrité. Plusieurs praticiens qui ont douté de l'utilité de soutenir le périnée s'en sont abstenus chez un assez grand nombre de femmes ; et si leurs expériences n'ont pas suffisamment justifié leur manière de voir, elles prouvent au moins que, dans la très grande majorité des cas, le fœtus à terme peut traverser les parties génitales externes sans les léser. D'un autre côté, tout le monde sait que, malgré l'attention de soutenir le périnée, il n'est pas rare de voir la commissure postérieure de la vulve légèrement déchirée, et quelquefois dans une étendue considérable. Il est vrai que dans beaucoup de cas on peut se demander si le périnée a été soutenu avec une attention suffisante et de la manière la plus convenable et la plus efficace. Pour montrer dans quelles proportions on peut craindre de voir se manifester la déchirure de la commissure postérieure de la vulve en soutenant bien le périnée, je vais citer les résultats publiés par M. le docteur de Hoefft à Saint-Pétersbourg : ces résultats et la manière judicieuse dont l'auteur a exposé les soins à donner à la femme pendant le temps de l'accouchement, sont une garantie qu'ils ont été bien administrés. Sur 505 accouchées observées en 1839, il y a eu 277 primipares, parmi lesquelles, en ne comptant que celles dont l'accouchement avait été naturel, 25 ont eu des déchirures du périnée : 2 seulement étaient d'une certaine importance ; les autres n'intéressaient que la peau. En 1840, sur 700 accouchements, il n'y eu a que 33 déchirures du périnée, dont 14 étaient d'une certaine importance, c'est-à-dire intéressaient plus que la peau du bord périnéal. Précédemment, quoiqu'on eût l'habitude de soutenir le périnée jusqu'après le passage des épaules, il survenait plus de déchirures en un mois qu'il n'en survient maintenant en une année. Ainsi, quoique le travail de l'enfantement, dans des conditions normales de part et d'autre, soit une fonction naturelle qui n'est généralement défectueuse dans aucune de ses périodes et qui peut se passer de l'intervention de l'art, sans qu'il en résulte, dans la grande majorité des cas, de lésions de quelque importance, il n'en est pas moins certain, malgré ces présomptions, pour ce qui concerne le périnée et l'orifice de la vulve, qu'ils sont quelquefois profondément déchirés (voyez *Rupture centrale du périnée. Ruptures vulvo-anales*), et assez souvent superficiellement. Et comme l'action de soutenir le périnée est un moyen préventif, sans doute souvent inutile, mais sans inconvénient, laissant à l'accouchement tous ses caractères de fonction naturelle, mais pouvant prévenir souvent aussi des ruptures graves, ou au moins étendues, qui peuvent avoir des suites fâcheuses, il ne faut jamais négliger d'y avoir recours; et l'on doit apporter à ce soin une attention toute particulière.

Nous venons de voir que le périnée peut être profondément ou légèrement déchiré pendant le passage du fœtus; voyons maintenant quelles sont les parties qui produisent ordinairement ces lésions, et qui doivent être l'objet d'une plus grande surveillance au moment où il veut franchir la vulve. Il faut placer en première ligne la tête. Mais on a aussi supposé que la commissure postérieure de la vulve, épargnée par la tête, peut être déchirée par les épaules, et que la même chose peut arriver au moment du passage des hanches, etc., dans la présentation de l'extrémité pelvienne.

Il est incontestable que c'est la tête se présentant la première, qui est la cause de la presque totalité des déchirures du périnée, et si on en attribue un certain nombre au passage des épaules, c'est que s'opérant souvent au moment même où la tête s'échappe de la vulve, elles peuvent quelquefois passer d'abord inaperçues et être attribuées à la distension opérée par les épaules. M. de Hoefft, pour rechercher quelle pouvait être leur part dans cet accident, les a mesurées sur 433 nouveaux-nés, sans serrer ni comprimer la partie supérieure du tronc. Sur 78, la circonférence des épaules a été d'une ligne plus petite que celle de la tête; sur 21, les deux circonférences ont été parfaitement égales, et sur 34, la circonférence des épaules l'emportait d'une ligne et un peu plus. Sur 372, il mesura en comprimant modérément les épaules, et il constata qu'il était rare de voir leur circonférence égaler celle de la tête, que la première était toujours plus petite d'une ligne et plus. Les résultats avantageux que nous avons fait connaître plus haut ont été obtenus en ne soutenant le périnée que pendant le passage de la tête. M. de Hoefft conclut de ses observations et de sa pratique que l'action de soutenir le périnée pendant la sortie de la tête demande beaucoup de soin ; que cette action prolongée jusqu'à la sortie des épaules est inutile, quelquefois nuisible, et ne trouve son application que dans les cas où l'enfant est très gros.

L'extrémité pelvienne, lorsque les divers segments qui la composent sont réunis, alors même qu'ils sont fortement serrés, offre un volume généralement supérieur à celui de la tête ; cependant son passage à travers la vulve est rarement suivi de la déchirure de la commissure postérieure, ce qu'il faut moins attribuer à la mollesse des parties qu'à la manière lente avec laquelle elle s'avance à l'extérieur. La sortie du siége n'est presque jamais brusquée par les efforts de la mère, tandis que celle de la tête l'est assez souvent, et c'est dans ce cas que les déchirures surviennent ; néanmoins on ne doit pas négliger de soutenir le périnée dans la présentation de l'extrémité pelvienne au moment où les hanches vont franchir la vulve.

C'est moins le volume de la partie qui se présente qui est la cause de la déchirure du périnée que la distension rapide des parties externes de la génération. Dans la présentation de la tête, il n'est nullement rare de voir des déchirures étendues produites par des fœtus d'un petit volume et même nés avant terme. Aussi, si les épaules produisent rarement des déchirures, elles le doivent moins à leur volume, inférieur à celui de la tête, qu'à la dilatation antérieure de la vulve et à son refoulement en arrière ; et c'est pour cela que, dans la présentation de l'extrémité pelvienne, le passage des épaules, puis de la tête, dans l'expulsion naturelle, est presque toujours exempt de déchirures. Il faut conclure de ce qui précède qu'on doit, dans la présentation de l'extrémité céphalique, toujours soutenir avec beaucoup de soin le périnée pendant le passage de la tête, et que le danger de la rupture est plus grand lorsque la face se dégage en avant ; qu'on peut s'en dispenser pour le passage des épaules, à moins de circonstances particulières, telles qu'un commencement de déchirure, un volume considérable du fœtus ; que dans la présentation de l'extrémité pelvienne il faut également, sans y ajouter autant d'importance, soutenir le périnée pendant le passage des hanches, des épaules, de la tête.

Prévenir la rupture du périnée ne repose pas uniquement sur l'action de le *soutenir*, il faut souvent y ajouter deux autres actes : 1° *obtenir que la femme modère des efforts d'expulsion trop violents;* 2° si cela ne suffit pas, *s'opposer avec la main conve-*

nablement placée à la sortie de la tête, jusqu'à ce que les parties soient suffisamment relâchées. Il faut que, comme dans les cas où la nature se suffit seule sans produire la moindre lésion, la distension des parties, si elles ne sont pas considérablement relâchées, soit lente et graduelle jusqu'au moment où elles ont une largeur suffisante ; on comprend facilement que plus la tête distend avec lenteur le périnée, moins il est exposé. En se conformant judicieusement à ces règles, on préviendra toujours les déchirures de quelque importance. Une déchirure un peu étendue, lorsque les parties ne sont pas dans un état anormal ou pathologique, accuse presque toujours un défaut d'attention, ou une connaissance inexacte des soins à donner à la femme pendant ce temps de l'accouchement.

On obtient que la femme modère des efforts d'expulsion trop violents en insistant pour qu'elle reste tranquille, qu'elle ne cherche pas à favoriser l'expulsion en se livrant à des efforts volontaires. Lorsqu'elle se montre peu docile, ces observations doivent être faites avec un ton d'autorité et de sévérité qui puisse lui imposer ; il arrive même quelquefois qu'elles produisent une espèce d'intimidation qui ralentit l'action de l'utérus ; si elle continue, comme précédemment, à se cramponner avec violence pendant les douleurs, il faut lui retirer ses points d'appui, lui enlever les objets sur lesquels les pieds arc-boutent. Le changement de position qui en résulte diminue souvent d'une manière très sensible l'intensité des forces expultrices.

On s'oppose mécaniquement à la sortie brusque de la tête en embrassant avec la main qui soutient le périnée la tumeur qu'elle forme, et en lui opposant une résistance suffisante ; mais il faut avoir bien soin que la cloison périnéale, dans toute son étendue, soit soutenue en même temps que la partie saillante du crâne ; car si la main s'opposait seulement à la progression de la tête en avant sans soutenir d'une manière ferme le périnée dans toute son étendue, on dirigerait l'effort d'expulsion du côté de l'anus, et l'on s'exposerait à déterminer la rupture centrale du périnée. On peut encore s'opposer à la sortie trop brusque de la tête en soutenant le périnée d'une main, et en pressant, avec l'extrémité des doigts de l'autre, sur la partie du sommet engagée dans la vulve.

Ainsi, en soutenant le périnée, on doit se proposer encore, toutes les fois que cela paraît nécessaire, de remplir les indications dont je viens de poser les règles.

Le moment opportun pour soutenir le périnée est celui où l'extrémité de l'ovoïde fœtal qui se présente commence à écarter les lèvres de la vulve, et l'a déjà distendu et aminci : le soutenir avant est inutile, et pourrait empêcher sa dilatation préalable et nécessaire. On y procède de la manière suivante. La femme ayant une position convenable, les cuisses fléchies, et le bassin suffisamment relevé par un coussin lorsqu'elle est couchée sur le dos, suivant l'usage adopté parmi nous, l'accoucheur, placé au côté droit de la femme, passe le bras droit sous la cuisse et applique sur le périnée sa main, recouverte d'un linge fin et souple, de façon que le pouce se trouve près de la grande lèvre droite et les autres doigts près de la grande lèvre gauche sur la cuisse, et que l'espace qui sépare le pouce du doigt indicateur soit parallèle au bord de la commissure postérieure de la vulve. Lorsque la tête arrive au passage, on exerce sur elle une pression modérée d'arrière en avant; et à mesure qu'elle descend, on la laisse glisser sur le plat de la main en la soutenant. On modère ainsi la pression de la tête sur le périnée, et on la dispose à remonter plus facilement vers le haut de l'arcade des pubis, en ajoutant à la gouttière périnéale un plan solide qui continue jusqu'à un certain point la colonne sacro-coccygienne et les ligaments sacro-sciatiques.

Quelques accoucheurs ont donné le conseil de soutenir le périnée avec la main appliquée longitudinalement à plat, de manière que les extrémités des doigts soient tournées vers le sacrum, et la paume vers la commissure postérieure de la vulve. Cette manière de faire n'est pas précisément défectueuse; mais il n'en est pas de même de celle qui consiste à saisir des deux mains la peau des fesses et de la partie postérieure du bassin pour la ramener sur le périnée; ce moyen est d'une application presque impossible et n'atteindrait nullement le but qu'on se propose.

Présentation du crâne. — Ce que nous venons de dire des moyens de prévenir la rupture du périnée, quoique s'appliquant plus particulièrement à la présentation de l'extrémité céphalique, comme étant la plus applicable, et celle qui expose le plus aux dangers de déchirures que court le périnée dans cette présentation, est également applicable à la présentation de l'extrémité pelvienne; mais les indications et les soins ultérieurs dont le plus grand nombre se rapportent à l'enfant, sont trop différents dans chaque présentation pour qu'ils puissent être exposés en commun.

1° Lorsque la tête est sortie, la main qui soutenait le périnée, repoussée en arrière avec cette cloison, se trouve toute placée pour continuer à le soutenir encore, si on jugea propos de le faire pendant la sortie des épaules, et pour empêcher la face de l'enfant de rester appliquée contre les linges salis ou de plonger dans les liquides qui se sont échappés de la vulve ; il faut aussi examiner si des portions de membranes ne recouvrent pas sa bouche.

2° Dès que la tête est sortie, on doit rechercher si le cordon entoure le cou ; lorsque cela a lieu, on cherche à le relâcher, afin de faire glisser l'anse sur les épaules ou sur la tête. Mais comme une portion étendue du cordon peut être encore libre, il ne résulte souvent aucun inconvénient de ce que les circulaires restent jusqu'à la fin ; mais dans le cas où on le trouverait assez tendu pour éprouver un tiraillement dangereux ou opposer un obstacle à l'expulsion du tronc, on se conduirait comme il est dit à l'article *Brièveté accidentelle du cordon*.

3° Quelquefois l'expulsion du tronc suit immédiatement celle de la tête ou n'en est séparée que par l'intervalle de quelques secondes ; ce qui doit faire prendre garde que l'enfant, expulsé trop brusquement, ne nous échappe des mains. Mais ordinairement les douleurs cessent pendant un instant, qui peut durer une ou deux minutes, et même quelquefois davantage ; pendant ce temps, l'enfant commence déjà à respirer et souvent à crier avant la sortie de la poitrine. Dans ce cas, il faut attendre, en se bornant à soutenir la tête et à veiller à ce que la bouche et le nez soient libres, le retour des douleurs qui survient ordinairement assez tôt. En tirant précipitamment l'enfant au-dehors, l'utérus étant souvent dans un état de repos complet à cause de sa déplétion partielle assez considérable, on s'expose à déterminer son renversement, une hémorrhagie grave. Mais, si ce temps d'arrêt se prolongeait d'une manière insolite, et surtout, si la face de l'enfant était bleuâtre et tuméfiée, tandis que la main droite est appliquée sur le périnée, il faudrait faire avec l'autre des frictions circulaires sur la région du fond de l'utérus, et si elles réveillaient des douleurs, engager la femme à les seconder par ses propres efforts.

4° Si ces moyens restaient sans résultat, il faudrait, avec les doigts recourbés en crochet, aller chercher l'aisselle qui est en arrière ou sur le côté, et l'amener au-dehors en cherchant à lui faire exécuter son mouvement de rotation, si la position plus ou moins transversale des épaules semblait concourir au retard de leur expulsion.

La plupart des accoucheurs ont fait un précepte, dans les cas où il convient de hâter la sortie des épaules, de ne jamais exercer des tractions sur la tête. Quelques accoucheurs éclairés et circonspects ne s'astreignent pas rigoureusement à cette règle, et tirent modérément sur la tête embrassée en arrière et sur les côtés avec les deux mains, en l'élevant ou en l'abaissant, suivant qu'ils veulent faire avancer l'une ou l'autre épaule. Mais comme cette traction ne peut être portée très loin, non qu'on doive craindre, comme on l'a dit, la luxation de l'atlas sur l'axis, qui paraît excessivement rare et difficile à produire même chez le fœtus; mais les ligaments cervicaux étant encore peu serrés et assez extensibles, il peut arriver que la moelle éprouve une distension dangereuse; il vaut donc mieux, puisqu'un danger grave peut se trouver si près de ce moyen, innocent s'il est employé avec ménagement et circonspection, s'en abstenir et se conformer au précepte commun. Du reste, la nécessité d'intervenir pour la sortie des épaules est beaucoup moins commune que ne le pensent la plupart des accoucheurs, qui semblent croire que le fœtus ne peut être arrêté un seul instant au passage par les épaules, sans être dans un danger imminent, tant ils se hâtent d'intervenir.

5° Dès que l'enfant est sorti, on le place en travers de manière que la face regarde en haut, et soit éloignée des parties génitales de la femme, et que le ventre en soit rapproché, afin que le cordon n'éprouve aucun tiraillement; on l'enveloppe d'un linge sec et chaud qui laisse la face à découvert; si la respiration paraissait gênée par des mucosités amassées dans la bouche, on les enleverait avec l'extrémité du petit doigt ou les barbes d'une plume.

6° Dès que l'enfant est sorti, on porte la main sur l'abdomen de la mère, pour s'assurer si l'utérus se rétracte et forme un globe régulier et dur dans la région hypogastrique. Cette exploration, qui doit être répétée plusieurs fois à des distances très rapprochées, nous avertirait s'il y avait un second enfant.

7° Après avoir attendu, ou sans attendre que les battements aient cessé dans le cordon, on sépare le fœtus de ses annexes. Pour prévenir une hémorrhagie par les vaisseaux du fœtus, on porte une ligature sur le cordon à trois travers de doigt environ de l'abdomen. Avant de le diviser, il est bon de placer une seconde ligature à quelque distance en dehors de la première; en empêchant le dégorgement du placenta, on diminue la quantité du sang qui salit le lit, et dans le cas de grossesse double, ont prévient une hémorrhagie possible. L'enfant, si son état ne réclame aucun secours immédiat, est enveloppé de linge chaud, confié à un aide. (Voyez *Délivrance. Soins à donner au nouveau-né.*)

Présentation de la face. — 1° L'accouchement par la face étant, comme l'accouchement par le crâne, ordinairement spontané et heureux pour la mère et pour l'enfant, toutefois dans une proportion sensiblement moindre, on doit se conduire en général d'après les règles établies pour la présentation du crâne, c'est-à-dire qu'on doit d'abord attendre dans toutes les positions l'expulsion spontanée, alors même que la présentation ne serait pas exactement franche ou régulière; ce qui ne veut pas dire, moins encore dans l'accouchement par la face que dans celui par le vertex, qu'on ne soit pas quelquefois dans la nécessité d'intervenir d'une manière plus ou moins active et directe, par le fait seul de la présentation et de la position. On observe quelquefois pour la face comme pour le vertex, dans les présentations régulières et dans les positions les plus avantageuses où la tête n'a à exécuter qu'un mouvement de rotation peu étendu pour arriver à l'extérieur, que l'expulsion est lente, pénible, sans qu'il y ait dérangement évident dans l'ordre du travail, trouble dans l'action de l'utérus, défaut de rapports entre la tête et le bassin, résistance insolite des parties molles à dilater, etc. Je ne veux pas dire que la difficulté de l'expulsion ne tienne pas à quelques unes de ces particularités isolées ou réunies; mais il est souvent impossible, avec la plus grande attention, d'en reconnaître la véritable cause et de s'adresser à elle; dans ces cas, l'expulsion n'est pas absolument impossible; elle doit au contraire presque inévitablement avoir lieu après un temps plus ou moins long. Il ne faut cependant pas placer une confiance absolue dans les forces de la nature; on peut accorder un délai plus considérable que dans les cas d'obstacles mécaniques; mais il ne faut pas supposer que chaque fois que l'enfant peut naître sans aucune aide, il n'y ait aucun danger à courir en attendant. L'expulsion spontanée arrive en effet, mais l'enfant est souvent privé de la vie, ou si on le ranime momentanément, il finit par succomber quelques jours après; la mère est souvent longtemps à se remettre, et est très exposée aux accidents, suites de couches. Ce qui arrive quelquefois dans les présentations régulières et dans les positions les plus favorables n'est pas très rare dans les présentations irrégulières, et dans les positions où la tête a un long mouvement de rotation à décrire. Dans ce dernier cas, si la partie qui doit se dégager en avant reste en arrière, il y a, dans la présentation du crâne, des chances assez nombreuses pour qu'elle puisse se dégager ainsi (p. 568), sans que le travail se prolonge de manière à compromettre la vie du fœtus ou à devenir dangereux pour la mère; et si, dans l'intérêt de l'un ou de l'autre, ou des deux, on doit intervenir, les difficultés de l'intervention ne seront pas très grandes : car sans imprimer à la tête son mouvement de rotation, on pourra, sans trop de danger, entraîner dans cette position. (Voyez *Application du forceps dans la présentation du crâne.*) Mais, dans la présentation de la face, si le menton reste dirigé en arrière, la tête est presque dans l'impossibilité matérielle de s'avancer au-dehors (p. 591).

et l'on peut rarement lui imprimer un mouvement de rotation qui soit suivi par le tronc ; les difficultés de l'extraction deviennent excessives, le fœtus succombe presque inévitablement, et la mère court de grands dangers. (Voyez *Application du forceps dans la présentation de la face.*) Mais le mouvement de rotation qui ramène le menton en avant dans la présentation de la face est si rarement en défaut, et l'action d'abaisser le vertex pour lui faire prendre la place de la face est une manœuvre d'une exécution si incertaine et qui offre tant de difficultés, même au moment le plus favorable, qu'on a dû avec raison faire un précepte d'abandonner les positions mento-postérieures aux chances peu incertaines d'un accouchement spontané, plutôt que de recourir d'emblée à la version.

Lorsque dans la présentation, soit du crâne (p. 544), soit de la face (p. 589), la tête n'est pas dans l'attitude qu'elle présente ordinairement, et qu'elle s'en éloigne plus ou moins soit dans un sens, soit dans l'autre, elle y est ordinairement ramenée sans peine par l'action de l'utérus, pendant qu'elle descend dans l'excavation ; c'est un mouvement de plus que dans les présentations franches, qui se combine avec le mouvement de descente. Ces déviations deviennent dans quelques cas un obstacle réel ; mais comme l'observation a appris qu'elles se corrigent ordinairement, qu'on rencontre à le faire artificiellement des difficultés que leur peu de distance d'une présentation franche ne permettait pas de supposer *à priori*, et que plusieurs ne s'opposent pas à la sortie de la tête, on doit, plutôt que d'intervenir d'abord d'une manière active, abandonner l'accouchement à la nature, ou se borner à soutenir la partie opposée à celle qui doit s'avancer la première. Parmi ces déviations, il en est une assez commune qui mérite une attention plus particulière : c'est la variété *frontale*. Si elle ne se convertit pas en une présentation franche du vertex ou de la face, l'expulsion spontanée n'est pas absolument impossible, mais elle offre de si grandes difficultés qu'on peut à peine y compter ; l'extraction avec le forceps est elle-même entourée de grands dangers et de grandes difficultés. Ainsi, en faisant rentrer toutes les positions de la face comme toutes les positions du vertex, alors même que la présentation n'est pas franche, dans les conditions de l'accouchement naturel et spontané, on ne doit pas perdre de vue que certaines positions, que certaines déviations peuvent devenir une cause de travail plus long, plus pénible et plus dangereux pour la mère et pour l'enfant, et même, dans quelques cas, un obstacle insurmontable aux seules forces de la nature. J'en parle ici, non pour poser en détail les indications qu'elles réclament dans les cas exceptionnels des présentations du crâne, de la face, auxquels je fais allusion, ces indications devant trouver leur place dans l'un des articles consacrés à la *dystocie*.

Je me suis borné, dans la présente section, à poser les indications, à tracer les règles de la conduite qu'on doit suivre dans les différents accouchements qu'on doit abandonner aux seules forces de la nature, et qui ne réclament que de simples secours, pour mieux garantir la mère et l'enfant contre des dangers réels ou éventuels. Mais je devais faire pressentir, avant d'aller plus loin, que, dans les conditions mêmes de l'accouchement le plus naturel et en l'absence de complication, la nature a quelquefois besoin, pour accomplir son œuvre heureusement pour la mère et pour l'enfant, de l'intervention active de l'art, et qu'à plus forte raison il n'est pas très rare que cette intervention soit nécessaire, lorsque les conditions de l'accouchement naturel et heureux pour la mère et l'enfant existent toujours, mais à un degré moindre, et donnent plus souvent lieu à des exceptions. En assistant une femme en couches dans les cas où tout fait espérer dès le principe que la terminaison de l'accouchement devra être abandonnée aux seuls efforts de la nature, on a assez souvent à résoudre le problème suivant, qui exige tant de connaissances, d'attention et un jugement si sûr, et qui consiste à discerner parmi les accouchements qui peuvent encore être spontanés, mais dangereux à divers degrés, ceux qui dans l'intérêt de la mère ou de l'enfant ou des deux exigent les secours de l'art, de ceux qui, tout en étant longs et pénibles, peuvent être commis aux seuls efforts de la nature; car, s'il convient, en étudiant l'accouchement naturel, de se prémunir l'esprit contre une précipitation dangereuse et intempestive, en se rappelant les ressources de la nature dévoilées par le mécanisme de l'expulsion dans les différentes présentations et positions de la tête, il importe aussi de savoir que la temporisation trop prolongée peut aussi être dangereuse, afin de ne pas exiger de la femme, surexcitée par la pensée de devenir mère, un courage et une patience capables de compromettre l'existence de son enfant et la sienne propre.

2° Pour en revenir exclusivement à la présentation de la face et aux indications qu'il convient de poser d'une manière spéciale ici, je dirai que le moment où l'enfant est le plus exposé à souffrir et à courir des dangers, est celui où la partie supérieure du cou vient appuyer contre l'arcade des pubis. S'il restait dans cette situation aussi longtemps qu'il peut rester sans danger au détroit inférieur dans la présentation du crâne, il perdrait presque inévitablement la vie : ainsi, après une expectation d'une durée peu prolongée, si l'expulsion de la tête semblait devoir se faire attendre encore quelque temps, il ne faudrait pas hésiter à exciter l'action de l'utérus ou à appliquer le forceps.

3° Pendant qu'on soutient le périnée, il faut apporter un soin tout particulier à ne pas faire presser trop fortement la partie antérieure du cou contre les pubis; on ne doit point avoir la crainte, toutes choses égales d'ailleurs, de voir le périnée se déchirer plus facilement ; cette crainte supposée n'est pas justifiée par l'observation.

4° En général, si, après la sortie de la tête, il y a un temps d'arrêt, on doit mettre plus d'empressement que dans la présentation du crâne à provoquer les contractions de l'utérus et la sortie des épaules.

5° Comme la face est tuméfiée, bleuâtre, et qu'elle est quelquefois d'un aspect assez repoussant, il ne faut pas montrer brusquement l'enfant à sa mère, mais seulement après l'avoir préparée à le voir ainsi sans en être effrayée. Du reste, cet état disparaît en peu de temps spontanément.

Présentation de l'extrémité pelvienne.—1° Lorsque le bassin est bien conformé et que nulle autre circonstance ne requiert une prompte délivrance, c'est-à-dire en faisant, comme dans les présentations précédentes, abstraction des circonstances qui rendent la parturition vicieuse, l'accouchement par l'extrémité pelvienne, que les membres inférieurs soient déployés ou non sous le bassin, doit être abandonné aux forces de la nature, et n'exige ordinairement que l'application judicieuse des soins simples et ordinaires que réclame l'accouchement naturel en général, sous le double point de vue de l'intérêt de la mère et de l'enfant. Mais ce genre d'accouchement, par les raisons qui ressortent de son mécanisme (p.599), et de la gravité de son pronostic relativement à l'enfant (p. 611), donne à ces soins quelque chose de spécial et de la plus grande importance. En ne le considérant que sous le rapport de l'expulsion du fœtus, et des douleurs qu'a à supporter la mère, on peut dire que l'accouchement par l'extrémité pelvienne ne le cède nullement à l'accouchement par l'extrémité céphalique. Mais si l'expérience de tous les jours démontre qu'il se fait très bien par les seuls efforts de la nature, elle démontre également que, dans le cas même où la période d'expulsion peut être considérée comme facile, de moyenne durée, la vie du fœtus court incomparablement plus de dangers que lorsque le crâne s'avance le premier ; et ces dangers augmentent beaucoup dans les cas où il y a un arrêt passager du tronc dans le canal pelvien, dû, soit au volume du fœtus, soit à un premier degré d'étroitesse du bassin, à une certaine lenteur dans l'action de l'utérus, etc., circonstances qui ne portent le plus souvent aucun préjudice à l'enfant dans la présentation ordinaire de la tête, et qui ne s'opposent pas à l'expulsion spontanée et même facile du fœtus par l'extrémité pelvienne. En présence de ces faits, il semble tout naturel de venir dans l'intérêt de l'enfant au secours de la nature, afin d'accélérer la sortie du tronc, en tirant sur les membres inférieurs, les hanches aussitôt qu'on le peut. Cette pratique a longtemps prévalu et est encore suivie par les médecins qui n'ont prêté aucune attention à la réforme qui s'est opérée sur ce point depuis une vingtaine d'années. Aujourd'hui la plupart des accoucheurs n'interviennent que le moins possible, et ces deux conduites différentes peuvent être jugées par les faits : la première paraît donner près d'un tiers plus d'enfants morts que la seconde. On conçoit, du reste, qu'en faisant avancer le fœtus, soit en tirant sur les pieds, soit en les abaissant lorsqu'ils sont au-devant du bassin, pour agir de la même manière, on entraîne le tronc dans des parties peu dilatées, qui gênent et interceptent plus ou moins complétement la circulation à mesure qu'on fait descendre le fœtus. En outre, il est rare que ces tractions ne dérangent pas les rapports des membres supérieurs et de la tête avec le tronc. De là des difficultés et des lenteurs dans un moment où tout retard peut être funeste. Lorsqu'on laisse au contraire agir la nature, le col de la matrice, les parties molles du périnée sont dilatées et assouplies avant que le tronc s'y engage : elles sont très largement dilatées lorsque l'extrémité pelvienne se présente rassemblée, et le reste du fœtus médiocrement comprimé peut s'avancer facilement et assez vite ; de là, l'avantage pour le fœtus de la présentation des fesses sur celle des pieds et des genoux : le cône qu'il forme allant en grossissant, et le devant de l'abdomen n'étant pas protégé par la présence des membres, le cordon est plus facilement et plus fortement comprimé. Si au contraire on a laissé le bassin du fœtus s'engager lentement et s'avancer seul à l'extérieur, les passages sont aussi bien disposés que possible pour leur dilatation ultérieure, et pour laisser la circulation fœto-placentaire jusqu'à un certain point libre pendant l'intervalle des contractions. Je l'ai déjà dit, l'accouchement par l'extrémité pelvienne est un accouchement qui peut être considéré comme compliqué de la procidence du cordon, dès que la partie inférieure du tronc est profondément engagée dans le canal pelvien, et comme tel, il a toujours de la gravité pour le fœtus.

Les considérations qui précèdent et l'étude approfondie de l'accouchement par l'extrémité pelvienne, d'où est tiré le précepte posé en commençant, conduisent encore à d'autres conséquences qui le spécifient et qui en restreignent le sens dans des conditions déterminées.

2° Le précepte de s'abstenir de tirer sur les pieds, toujours en faisant abstraction des difficultés et des complications qui rentrent dans la *dystocie*, est absolu tant que la partie sus-ombilicale du tronc n'est pas au-dehors.

3° Jusqu'au moment où la partie inférieure du tronc se présente à la vulve, on ne doit rien faire pour hâter le travail, surtout si les pieds paraissent devoir s'avancer les premiers ; il faut, jusqu'au dernier moment, faire tout ce qui est possible pour ménager la poche des eaux, et s'abstenir de la rompre alors même que sa rupture spontanée paraîtrait tardive ; on doit éviter d'exciter la contractilité de l'utérus, empêcher la femme de se livrer à des efforts d'expulsion volontaires, qui auraient le désavantage de la fatiguer, d'affaiblir l'énergie de l'utérus dans un moment où le fœtus ne court encore aucun danger ; il faut réserver ces forces pour le moment où le retard commence à devenir dangereux, afin que le travail puisse suivre une marche progressivement croissante.

4° Si le siége se présente, on ne cherchera pas à dégager les pieds ; on devrait plutôt, s'ils avaient de la tendance à descendre et que les membres inférieurs fussent encore fléchis, les retenir avec l'extrémité de quelques doigts appliqués sur la face postérieure des cuisses ; le siége en s'avançant pourrait encore les fixer : par la même raison, si un seul pied se présente, il ne faut pas aller à la recherche de l'autre ; lorsqu'ils se présentent tous les deux, il ne faut ni tirer dessus, ni chercher à leur donner une autre direction pour faire prendre une meilleure position au fœtus, lorsqu'ils font supposer que le plan antérieur est dirigé en avant.

5° Lorsque les hanches se présentent à la vulve, on soutient le périnée d'une main et de l'autre le corps de l'enfant à mesure qu'il sort. Si le cordon se trouve placé entre les cuisses, on attire avec ménagement la portion qui correspond au dos, autant qu'il est nécessaire pour le dégager sous l'un des membres fléchis. La main occupée à soutenir le périnée, qu'on laisse en place jusqu'à la sortie de la tête, doit appuyer très modérément afin qu'elle n'apporte aucune gêne à l'expulsion du fœtus.

6° Lorsque les hanches ont franchi la vulve, on engage la femme à faire des efforts d'expulsion pour seconder les contractions utérines. Si celles-ci se succèdent trop lentement, ou si elles ne sont pas suffisamment énergiques, on peut faire avantageusement des frictions avec la paume de la main sur l'abdomen, ou exciter l'action de l'utérus par des moyens plus efficaces.

7° Lorsque le corps est sorti jusqu'à la base de la poitrine, on ne doit plus s'interdire d'une manière aussi absolue de tirer sur l'extrémité pelvienne ; l'expulsion se ralentit souvent, et un temps d'arrêt un peu prolongé dans cette situation peut devenir promptement funeste à l'enfant. Tant que, dans l'intervalle des douleurs, on sent les pulsations du cordon avec la même énergie, on peut encore patienter ; mais si elles s'affaiblissent, si elles deviennent obscures, on compromettrait les avantages qu'on a retirés jusqu'à présent, en s'interdisant de tirer sur le pelvis ; il faut s'empresser de saisir le moment des douleurs pour exercer des tractions modérées qui, faites ainsi, ont rarement l'inconvénient de déplacer les bras et la tête, et celle-ci sort aussi rapidement que si les épaules avaient franchi le détroit inférieur sous la seule influence des contractions de l'utérus et des efforts de la mère.

8° Qu'on soit entièrement resté passif ou qu'on ait fait de légères tractions pendant les douleurs dans le cas où la poitrine et les épaules s'avancent très lentement ou s'arrêtent trop longtemps au passage, la tête sort ordinairement sans difficulté et rapidement, et le plus souvent on n'a d'autre soin à prendre (p. 602) que de relever vers l'abdomen le tronc du fœtus avec la main qui le soutient.

9° Si la tête s'arrêtait momentanément, et qu'elle ne fût pas chassée à la première douleur ou après quelques efforts d'expulsion volontaires, la vie du fœtus serait bientôt en danger, non seulement parce que le cordon est comprimé, mais aussi parce que l'utérus étant vide presque en totalité, le placenta commence souvent à se détacher avant que la tête soit chassée au-dehors. Il faudrait de suite, avec la main qui est libre ou qui soutient le périnée, aider à l'expulsion de la tête, qui dans les circonstances que nous supposons est généralement facile et n'entraîne pas de retard. (Voy. *Extraction artificielle*.)

10° Dans les cas où le plan antérieur du fœtus, primitivement dirigé en avant, persiste à rester dans cette situation jusqu'à la fin, alors même qu'on a tenté pendant le passage de la poitrine et des épaules quelques efforts de rotation dans le sens où ce mouvement doit s'exécuter naturellement, il peut encore arriver que la tête en parcourant le bassin l'exécute. Si la face reste en avant, il ne faudrait pas désespérer de voir l'expulsion spontanée de la tête avant la mort du fœtus ; la main qui soutient le tronc lui donnerait une situation en rapport avec ce mode de dégagement (p. 607) ; et s'il fallait intervenir, la tête aurait déjà souvent pris, sous l'influence des efforts de la nature, une situation qui rendrait facile et prompte son extraction.

De la conduite à tenir dans l'accouchement naturel de jumeaux. — Outre les règles générales et celles qui sont relatives à chaque présentation, l'accouchement, dans le cas de jumeaux (p. 540) ou de trijumeaux, réclame quelques soins particuliers.

1° Lorsqu'après la sortie d'un premier enfant on s'est assuré qu'il en existe un second, on place une ligature sur l'extrémité placentaire du cordon, afin de prévenir une hémorrhagie possible.

2° On ne devra prévenir la mère de cette circonstance qu'avec beaucoup de ménagement, et en cherchant à raffermir son moral : toutes les femmes sont désolées d'avoir plusieurs enfants à la fois, et presque toutes s'exagèrent les douleurs qu'elles ont encore à souffrir et les dangers qu'elles courent.

3° On retirera les linges salis pendant l'expulsion du premier enfant; on les remplacera par d'autres secs et chauds; on fera garder à la femme une position convenable, et on attendra avec patience le renouvellement des douleurs. Si le second enfant se présentait par le tronc, on essaierait quelques manœuvres extérieures propres à ramener la tête à l'entrée du bassin, dans l'espoir de prévenir la version. Dès que les douleurs se manifestent il faut de nouveau s'assurer de la présentation et de la position.

4° Lorsque les douleurs ne reparaissent pas de suite, la conduite à tenir n'est pas toujours la même : s'il n'y a aucune complication, que la mère se trouve bien, il faudra attendre avec patience les douleurs, en se bornant à faire quelques frictions sur la région de l'abdomen occupée par l'utérus; comme la matrice a été très développée, une prompte délivrance, avant qu'elle soit sollicitée par de nouvelles douleurs, serait plus dangereuse que dans un accouchement simple, et exposerait davantage aux pertes graves, au renversement de l'utérus. Il arrive quelquefois que les douleurs, tout en se renouvelant, sont longtemps faibles, peu efficaces; et quoique la résistance de l'œuf soit peu considérable, le travail se prolonge assez longtemps avant que la nouvelle poche soit rompue : dans ces cas, on évite des souffrances et on abrège avantageusement le travail qui peut avoir déjà duré très longtemps, en provoquant artificiellement la rupture de la poche des eaux. On se conduirait de même si le décollement d'une portion du placenta du premier enfant entretenait un écoulement sanguin un peu prononcé; et si, en excitant l'utérus, en rompant les membranes, l'écoulement persistait, il faudrait aider encore d'une manière plus active aux forces de la nature.

FIN DU PREMIER VOLUME.

TABLE DES MATIÈRES

CONTENUES DANS LE PREMIER VOLUME.

	Pages
Préface.	v

LIVRE PREMIER. Du bassin et des organes génitaux considérés dans leurs rapports avec la parturition et la gestation. 1

   CHAPITRE I. Du Bassin. .... *ib.*

      Section i. Du bassin à l'état normal. .... *ib.*

         I. *Os du bassin.* .... *ib.*

           Sacrum, 2. — Coccyx, 3. — Os iliaque, 5.

         II. *Articulations des os du bassin.* 7

           Articulation sacro-coccygienne, 7. — Symphyse pubienne, 7. — Symphyse sacro-iliaque, 7. — Articulation sacro-vertébrale, 9. — Articulation coxo-fémorale, 9.

         III. *Du bassin en général.* 10

           Surface extérieure, 10. — Surface interne, 11. — Grand bassin, 11. — Petit bassin, 12. — Détroit abdominal, 12. — Excavation pelvienne, 14. — Détroit périnéal, 17. — Périnée, 18. — Périnée converti en canal, 20. — Inclinaison et axe du bassin, 21. — Différents types du bassin, 25. — Usages du bassin, 27. — Mouvements du bassin, 28.

      Section ii. Du bassin à l'état anormal, 29. — Bassin vicié par excès de grandeur, 29 ; par défaut de grandeur, 30. — Bassin rétréci oblique ovalaire, 34. — Bassin vicié consécutivement à la luxation coxo-fémorale, etc., 42. — Bassin vicié par le rachitisme, 46 ; par défaut de grandeur sans déformation, 47 ; par arrêt de développement et déformation, 48 ; détroit supérieur rétréci transversalement avec évasement du détroit inférieur, 48 ; détroit supérieur et inférieur rétréci transversalement, 50. — Bassin rachitique rétréci d'avant en arrière, 51 ; par projection de l'angle sacro-vertébral directement en avant, de côté, 51, 52. — Bassin vicié par l'ostéomalaxie, 57. — Bassin vicié par la présence de tumeurs osseuses ou autres, 61. — Bassin vicié dans sa direction, 64. — Fréquence des viciations du bassin, 69.

      Section iii. Modes d'exploration du bassin sur le vivant, 69. — Pelvimètres, 70. — Le toucher, 70 ; pelvimètres appliqués à l'extérieur, 72 ; à l'intérieur, 82.

   CHAPITRE II. De l'appareil sexuel de la femme. 91

      Section i. Des organes sexuels de la femme à l'état normal. ... *ib.*

         Ovaires, 91. — Capsules ovariennes et ovules, 93. — Trompes utérines, 94. — Utérus, 94. — Vagin, 101. — Hymen, 103. — Vulve, 104. — Clitoris, 104. — Urètre, 105. — Petites lèvres, 105. — Grandes lèvres, 105. Mamelles, 106. — Comparaison des organes de la génération des deux sexes, 108.

TABLE DES MATIÈRES.

Section ii. Vices de conformation des organes génitaux. 109
    Absence totale ou partielle, 109. — Arrêt de développement général ou partiel, 109. — Séparation de l'utérus et du vagin sur la ligne médiane, 110. — Imperforation des organes génitaux, 111. — Ouverture de l'appareil génital en dehors des limites de la vulve, 111. — Développement anormal de quelques parties de l'appareil génital, 111. — Hermaphrodisme, 112.

Section iii. Fonctions de l'appareil sexuel hors de l'état de gestation. 116
    Menstruation, 116. — Menstruation prématurée et tardive, 120. — Symptômes de la menstruation, 121. — Type des retours mensuels, 128. — Siège, cause, nature du fluide menstruel, 131. — Cessation des règles, 133.

Section iv. Troubles et anomalies de la menstruation (aménorrhée et dysménorrhée). 137
    1° *Aménorrhée* par oblitération du conduit vulvo-utérin, 138. — Aménorrhée par imperfection de l'appareil sexuel, 141. — Aménorrhée primitive ou par retard, 141. — Aménorrhée secondaire ou par suppression, 143. — Aménorrhée symptomatique, 145.

    2° *Dysménorrhée* pléthorique, 151. Dysménorrhée hystéralgique, 152. — Ménorrhagie, 155. — Déviation des règles, 156.

LIVRE SECOND. De la génération. 161

CHAPITRE I. De la fécondation, 161; sperme, 162; ovule, 163. Stérilité. — Obstacles à la fécondation. 171

CHAPITRE II. De la grossesse. 174

Section i. Des changements anatomiques et fonctionnels produits par la grossesse. 175
    I. *Modifications* de l'utérus et de ses annexes, 175. — Changements dans la forme et le volume de l'utérus, 176. — Changements du col, 177. — Changements dans la position et les rapports de l'utérus, 179. — Effets du développement de l'utérus sur la paroi abdominale, 182.

    II. *Modifications* dans la texture et les fonctions de l'utérus, 183. — Tissu propre, 184. — Nerfs, 185. — Sensibilité, 186. Contractilité, 186. — Vaisseaux, 191; artères, 191. — Veines, 193; lymphatiques, 194. — Circulation utérine, 194. — Bruit de souffle utérin, 196. — Modification des mamelles, 200.

    III. *Changements* qui ont lieu en dehors de l'appareil sexuel, 203. — Modifications des articulations du bassin, 203; des fonctions des voies digestives, 204; du sang et de la circulation, 207; de la respiration, 209; du système osseux, 209; des sécrétions, 210; des facultés intellectuelles et morales, 211; de l'attitude et de la locomotion, 212. — Durée et terme de la grossesse. 212

Section ii. Du diagnostic de la grossesse; division des signes diagnostiques. 214

I. *Diagnostic de la grossesse* pendant les deux premiers mois ; signes rationnels, 216 ; pendant les 3e et 4e mois, signes sensibles, 218 ; signes positifs après le 4e mois, 220. — Fixation de l'époque de la grossesse, 227. — Diagnostic de l'attitude du fœtus, 228. — Diagnostic de la grossesse composée de plusieurs fœtus, 230 ; diagnostic de la mort du fœtus, 231.

II. *Diagnostic différentiel de la grossesse*, 233. — États qui peuvent dissimuler la grossesse, 233. — États qui simulent la grossesse, 235. — Grossesse simulée par illusion pure, 238.

III. *Moyens d'exploration employés pour constater la grossesse*, 240. — Toucher, 240 ; toucher vaginal, 241 ; toucher anal, 243 ; palpation abdominale, 244. — Percussion, 246. — Auscultation abdominale, 247. — Vue, 248. — Application du spéculum, 249.

CHAPITRE III. De l'embryologie. 250
SECTION I. Parties transitoires ou annexes du fœtus. 251
Membrane caduque, 251. — Chorion, 256. — Amnios, 259. — Eau de l'amnios, 260. — Vésicule ombilicale, 262. — Allantoïde, 264. — Placenta fœtal, 266. — Placenta utérin, 274. — De l'œuf dans la grossesse multiple, 281.

SECTION II. Du fœtus. 284
Développement du fœtus, 284 ; à terme, 290. — Du fœtus considéré sous le rapport de l'accouchement, 292. — Tête du fœtus, ses diamètres et sa circonférence, 292. — Comparaison des diamètres de la tête du fœtus avec ceux du bassin, 298. — Articulation atloïdo-axoïdienne, 298. — Le tronc du fœtus considéré sous le rapport de l'accouchement, 299. — Attitude du fœtus dans l'utérus, 300.

SECTION III. Fonctions du fœtus. 306
Nutrition, 307. — Nutrition de l'embryon avant le développement du placenta, 307 ; après la formation du placenta, 310.
Circulation fœtale. 317
Température du fœtus, 322. — Exhalations, sécrétions, 322. Fonctions du système nerveux, 323.

LIVRE TROISIÈME. Maladies de la grossesse. 327
SECTION I. Modifications produites par la grossesse qui prennent des caractères morbides. 327
Ptyalisme, 327. — Odontalgie, 328. — Troubles sympathiques de l'estomac, 329. — Constipation, 332. — Diarrhée, 334. Pléthore, 336. — Palpitation, 338. — Syncope, 338. — Œdème des membres inférieurs, 339. — Varices des membres inférieurs, 341. — Hémorroïdes, 343. — Fièvre des femmes enceintes, 344. — Troubles sympathiques des centres nerveux, 345. — Maladies des mamelles, 350. — Relâchement des symphyses du bassin, 351. — Distension de la paroi abdominale, 354. — Douleurs de reins, 355. — Troubles de l'appareil urinaire, 357 ; prurit de la vulve, 358. — Leucorrhée des femmes enceintes, 359. — Hydrorrhée utérine, 359. — Douleurs de l'utérus, 362.

Section II. Grossesse extra-utérine. 367
Espèces différentes de grossesses extra-utérines, 368 ; grossesse ovarique, 369 ; tubaire, 370 ; tubo-utérine, 372 ; utéro-tubaire, 373 ; abdominale, 374. — Phénomènes de la grossesse extra-utérine, 374. — Diagnostic de la grossesse extra-utérine, 378. —Terminaisons de la grossesse extra-utérine, 379. — Rupture du kyste, 380. — Mort avec symptômes d'hémorrhagie interne, 381 ; de péritonite aiguë, 381. — Formation d'un kyste secondaire, 381. — Mort par épuisement, 383. — Terminaison par l'élimination du produit de la conception, 384. — Conservation prolongée ou définitive du produit de la conception, 385. — Indications, 387.

Section III. Déplacements de l'utérus pendant la grossesse. . . 393
Rétroversion de l'utérus, 393 ; antéversion, 402. — Prolapsus, 402.

Section IV. Des maladies de l'œuf. 407
Épanchement de sang dans le placenta, 407. — Dépôts purulents sur le placenta et sur la caduque, 416.—Hypertrophie du placenta, 420. — Atrophie du placenta, 421. — Kystes vésiculeux en grappe du placenta et du chorion, 421. — Môle charnue, 424.—Altérations du cordon, 427.—Inflammation de l'amnios, 428.—Hydropisie active de l'amnios, 430. — Hydropisie passive de l'amnios, 431. — Altérations diverses du liquide amniotique, 434.

Section V. Maladies du fœtus dans l'utérus. 434
Lésions physiques, 436. — Inflammation de divers organes, 436. — Fièvres éruptives, 437. — Mouvements convulsifs, 437. —Fièvres intermittentes, 438. — Ictère, 438. —Hydropisies, 438.—Tubercules, 438.—Calculs vésicaux, 439. Fractures spontanées, 439. —Amputation spontanée complète ou incomplète des membres, 440. — Indications, 442.

Section VI. De l'avortement et de l'hémorrhagie utérine pendant les six premiers mois de la grossesse, 446.
Causes de l'avortement, 449 ; causes dépendantes de la mère, 450 ; causes dépendantes du produit de la conception, 460. —Symptômes, 461 ; prodromes, 461 ; hémorrhagies, 463. — Diagnostic, 469. — Pronostic, 470.—Indications, 471 ; indications tirées de la constitution, 472 ; de la trop grande irritabilité de l'utérus, 475 ; l'hémorrhagie utérine, 478 ; favoriser l'expulsion inévitable de l'œuf, 482.

Section VII. Influence de la grossesse sur les maladies intercurrentes, et réciproquement.—Hygiène des femmes grosses. . . 495

LIVRE QUATRIÈME. De l'accouchement. 499
Notions préliminaires, 499. — Définition, 499. — Division 499.—Classification fondée sur la situation du fœtus dans l'utérus, 500.

CHAPITRE I. De l'accouchement naturel. 511
Section I. De l'accouchement naturel considéré d'une manière générale. 513

I. *Causes déterminantes de l'accouchement*, 513.—Des forces qui opèrent la parturition, 518.— Contractions utérines, 519.—Contraction des muscles abdominaux, 524.—Conséquences des contractions de l'utérus et des muscles abdominaux, 525. — Dilatation de l'orifice de l'utérus, 525. —Formation de la poche des eaux, 529.—Division de la poche des eaux, 531.—Dilatation du vagin, 532.—Dilatation du périnée et de la vulve, 534.

II. *Phénomènes généraux, marche de l'accouchement*, 535. — Prodromes, 535. — Travail de l'enfantement, 537 ; 1re période, 537 ; 2e période, 539 ; 3e période, 543.—Durée du travail de l'enfantement, 543. — Rapports de fréquence des accouchements naturels à ceux qui exigent l'intervention de l'art, 544. — Dangers de l'accouchement relativement au fœtus, 544. — Dangers de l'accouchement relativement à la mère, 545.

SECTION II. De l'accouchement naturel considéré dans chaque présentation. 547

I. *De l'accouchement naturel par le crâne*, 547.—Positions, leur fréquence relative, 547.—Mécanisme de l'accouchement dans les différentes positions du crâne, 550. — Diagnostic de la présentation et des positions du crâne pendant les différentes périodes du travail, 573.—Pronostic de l'accouchement par le crâne, 577.

II. *De l'accouchement naturel par la face*, 578.—Fréquence, 578. — Fréquence relative des positions, 579. — Causes, 580.—Mécanisme, 582.—Anomalies dans les phénomènes mécaniques de l'accouchement par la face, 588.—Diagnostic, 592.—Pronostic, 593.

III. *De l'accouchement naturel par l'extrémité pelvienne*, 595.—Mécanisme, 598.—Anomalies dans le mécanisme, 605.—Pronostic, 611.

IV. *De l'accouchement naturel multipare*. 613

SECTION III. Des indications à remplir pendant l'accouchement naturel. 616

I. *Indications communes considérées d'une manière générale*, 616. — Constater si la femme est en travail, apprécier les diverses circonstances qui se rapportent directement ou indirectement au travail, 616.—Objets que l'accoucheur doit avoir à sa disposition, 623.—Préparer le lit de travail, 624. Soins hygiéniques, 626.

II. *Indications relatives à chaque période du travail et à chaque présentation naturelle en particulier*, 629. — Période de dilatation de l'orifice de la matrice, 630.—Période d'expulsion, 635.—Prévenir la rupture du périnée, 636. — Présentation de la face, 643. — Présentation de l'extrémité pelvienne, 647. — Accouchement multipare, 651.

FIN DE LA TABLE DU PREMIER VOLUME.

www.ingramcontent.com/pod-product-compliance
Lightning Source LLC
Chambersburg PA
CBHW050318240426
43673CB00042B/1448